Gesellschafterstreit

Mag. Alexander Singer, Dr. Florian Kreis

# Gesellschafterstreit

Vermeiden oder gewinnen

1. Auflage

Haufe Group
Freiburg · München · Stuttgart

**Bibliografische Information der Deutschen Nationalbibliothek**

Die Deutsche Nationalbibliothek verzeichnet diese Publikation in der Deutschen Nationalbibliografie; detaillierte bibliografische Daten sind im Internet über http://dnb.dnb.de abrufbar.

**Print:** ISBN 978-3-648-11764-4   Bestell-Nr. 17201-0001
**ePub:** ISBN 978-3-648-11767-5   Bestell-Nr. 17201-0100
**ePDF:** ISBN 978-3-648-11769-9   Bestell-Nr. 17201-0150

Mag. Alexander Singer, Dr. Florian Kreis
**Gesellschafterstreit**
1. Auflage 2019

© 2019 Haufe-Lexware GmbH & Co. KG, Freiburg
www.haufe.de
info@haufe.de
Produktmanagement: Gabriele Vogt

Lektorat: Gabriele Vogt
Satz: kühn & weyh Software GmbH, Satz und Medien, Freiburg
Umschlag: RED GmbH, Krailling

# Inhaltsverzeichnis

# Vorwort

Seit über 30 Jahren hat Alexander Singer Gesellschafterstreitigkeiten aus unterschiedlichen Blickwinkeln kennenlernen dürfen (müssen): Früher als Unternehmer war er dreimal von Gesellschafterstreitigkeiten betroffen. Florian Kreis hingegen hat das Interesse für Strategie, Unternehmertum und alles »Menschelnde« bereits von Beginn seiner Berufstätigkeit an zu Gesellschafterstreitigkeiten geführt und seine Faszination für dieses Thema hat seitdem nicht nachgelassen. Als Rechtsanwälte begleiten wir nun mit unserem umfangreichen Wissen zur Problematik Gesellschafter, Geschäftsführer und Aufsichtsräte durch eine Vielzahl von Gesellschafterstreitigkeiten. Dieses Buch soll die daraus entstandenen Erfahrungen weitergeben.

»Ratschläge sind Schläge!« – Unsere Ausführungen verstehen wir deshalb als Empfehlungen. Sie selbst entscheiden, welche dieser Empfehlungen Sie in welchem Umfang umsetzen. Wichtig ist, dass Sie in Ihrem Handeln authentisch sind (und bleiben). Wählen Sie daher jene Empfehlungen aus diesem Ratgeber aus, die zu Ihnen, Ihrer Persönlichkeit und Ihrem Unternehmen passen.

Wir haben vielen zu danken: unseren Familien für ihre Geduld und für ihren Rückhalt, unseren Kanzleipartnern, insbesondere Dr. Nora Michtner, Dr. Lisa Rebisant und Mag. Horst Fössl sowie Dr. Margarete Spiecker, Carolin Maier, Dr. Markus Xander, Maximilian Spranger und Karl Langsch, ferner unseren Mitarbeitern, insbesondere Franziska Rovenszky und Erwin Seitler. Sie alle wissen, wofür wir ihnen zum Dank verpflichtet sind!

Bedanken möchten wir uns auch bei dem Haufe-Verlag und dabei insbesondere bei Herrn Heiner Huss, Herrn Jürgen Fischer und Frau Gabriele Vogt für die stets angenehme und unkomplizierte Zusammenarbeit.

Nicht zuletzt danken wir unseren – in diesem Buch stets anonym bleibenden – Mandanten, ohne deren Vertrauen wir dieses Buch nicht mit so vielen Beispielen bereichern hätten können.

Für konstruktive Kritik zur Verbesserung dieses Ratgebers für eine zweite Auflage wären wir Ihnen sehr verbunden. Wir wünschen Ihnen eine interessante Lektüre und viel Erfolg beim Vermeiden oder Führen von Gesellschafterstreitigkeiten.

Regensburg/Weidling, im Herbst 2018
Florian Kreis und Alexander Singer

# Abkürzungsverzeichnis

| | | | | |
|---|---|---|---|---|
| % | Prozent | | DStR | Deutsches Steuerrecht |
| a. A. | anderer Ansicht | | EBIT | Earnings before interest and taxes (Gewinn vor Steuern und Zinsen) |
| Abs. | Absatz | | | |
| AG | Aktiengesellschaft | | | |
| AHK | Anschaffungs- und Herstellungskosten | | ErbStB | Erbschaftsteuerberater |
| | | | EStG | Einkommensteuergesetz |
| AktG | Aktiengesetz | | ESUG | Gesetz zur weiteren Erleichterung der Sanierung von Unternehmen |
| Anh. | Anhang | | | |
| AR | Aufsichtsrat | | e. V. | eingetragener Verein |
| ARGE | Arbeitsgemeinschaft | | f. | fortfolgend |
| BaFin | Bundesanstalt für Finanzdienstleistungsaufsicht | | ff. | fortfolgende |
| | | | FamFG | Gesetz über das Verfahren in Familiensachen und in den An-gelegenheiten der freiwilligen Gerichtsbarkeit |
| BGB | Bundesgesetzbuch | | | |
| BGH | Bundesgerichtshof | | | |
| börsennotiert | Gesellschaften, deren Aktien an einer Börse gehandelt werden | | FuS | Zeitschrift für Familienunternehmen und Strategie |
| BSG | Bundessozialgericht | | GbR | Gesellschaft bürgerlichen Rechts |
| BVerfG | Bundesverfassungsgericht | | | |
| BWA | betriebswirtschaftliche Auswertung | | GesLV | Gesellschafterlistenverordnung |
| bzw. | beziehungsweise | | GF | Geschäftsführer/-führung |
| D & O | Directors-and-Officers | | ggf. | gegebenenfalls |
| DCGK | Deutscher Corporate Governance Kodex | | GmbH | Gesellschaft mit beschränkter Haftung |
| d. h. | das heißt | | GmbHG | Gesetz betreffend die Gesellschaften mit beschränkter Haftung |
| DIS | Deutsche Institution für Schiedsgerichtsbarkeit | | | |
| DIS-ERGes | Ergänzende Regeln für gesellschaftsrechtliche Streitigkeiten | | GmbHR | GmbH-Rundschau |
| | | | GV | Gesellschafterversammlung |
| | | | GWB | Gesetz gegen Wettbewerbsbeschränkungen |
| DrittelbG | Drittelbeteiligungsgesetz | | | |
| DSGVO | Datenschutz-Grundverordnung Verordnung (EU) 2016/679 | | h. M. | herrschende Meinung |
| | | | HGB | Handelsgesetzbuch |
| | | | Hrsg. | Herausgeber |

| | | | |
|---|---|---|---|
| HV | Hauptversammlung | PPP | Public Private Partnership |
| ICC | International Chamber of Commerce | RG | Reichsgericht |
| IDW | Institut der Wirtschaftsprüfer | S. | Satz oder Seite |
| InsO | Insolvenzordnung | s. | siehe |
| i.V.m. | in Verbindung mit | s.o. | siehe oben |
| KAGB | Kapitalanlagegesetzbuch | s.u. | siehe unten |
| KG | Kommanditgesellschaft | SGB | Sozialgesetzbuch |
| KG | Kammergericht | SchiedsVZ | Zeitschrift für Schiedsverfahren |
| KMU | kleine und mittlere Unternehmen | SpruchG | Spruchgesetz |
| LG | Landgericht | StGB | Strafgesetzbuch |
| MBO | Management Buy Out | UG | Unternehmergesellschaft |
| MediationsG | Mediationsgesetz | UmwG | Umwandlungsgesetz |
| MitbestG | Mitbestimmungsgesetz | usw. | und so weiter |
| MMVO | Marktmissbrauchsverordnung | UmwStG | Umwandlungsteuergesetz |
| Nr. | Nummer | UWG | Gesetz gegen den unlauteren Wettbewerb |
| Nrn. | Nummern | vgl. | vergleiche |
| NZG | Neue Zeitschrift für Gesellschaftsrecht | Vorb. | Vorbemerkung |
| NZM | Neue Zeitschrift für Mietrecht | WpHG | Wertpapierhandelsgesetz |
| OHG | Offene Handelsgesellschaft | WpÜG | Wertpapiererwerbs- und Übernahmegesetz |
| OGH | Oberster Gerichtshof (Österreich) | z.B. | zum Beispiel |
| OLG | Oberlandesgericht | ZIP | Zeitschrift für Wirtschaftsrecht |
| PartG mbB | Partnerschaftsgesellschaft mit beschränkter Berufshaftung | zzgl. | zuzüglich |

# 1 Zu diesem Ratgeber

Der Inhalt dieses Buchs soll Ihnen als Orientierungs- und Entscheidungshilfe zur Vermeidung sowie, wenn es sich nicht mehr vermeiden lässt, zur erfolgreichen Führung von Gesellschafterstreitigkeiten dienen.

Dieser Ratgeber orientiert sich ausschließlich nach deutschem Recht. Die rechtlichen Ausführungen stammen von Florian Kreis. Die nicht rechtlichen, also die psychologischen und strategischen Ausführungen und die Beispiele wurden von Florian Kreis und Alexander Singer gemeinsam verfasst, dabei sind also auch österreichische Erfahrungen eingeflossen. Wer die österreichische Rechtslage kennenlernen will, dem sei das von Alexander Singer 2009 im Manz Verlag herausgegebene Praxishandbuch »Gesellschafterstreit vermeiden oder gewinnen« empfohlen.

Dieses Buch richtet sich vorrangig an angehende oder bereits aktive Gesellschafter und Geschäftsführer, die Gesellschafterstreitigkeiten möglichst vermeiden wollen oder schon führen (müssen) und gewinnen wollen. Es richtet sich weniger an Rechtsanwälte und andere Berater, die dogmatische Lösungsansätze suchen, diesen empfehlen wir einschlägige Werke[1]. Rechtsanwälte und andere Berater auf der Suche nach praktischen Erfahrungen insbesondere zu strategischen Überlegungen und psychologischen Elementen des Gesellschafterstreits werden in diesem Buch jedoch fündig werden.

Ziel dieses Buchs ist es, Ihr Problembewusstsein zu schärfen und Ihre Fähigkeit zum frühzeitigen Erkennen streitanfälliger Situationen zu stärken. Die Lösung für einen konkreten Gesellschafterstreit oder gar die Patentlösung für Gesellschafterstreitigkeiten kann kein Buch anbieten, denn jeder Gesellschafterstreit wird von unterschiedlich agierenden Persönlichkeiten geführt, hat andere Ursachen und eine eigene Dynamik. Jeder Gesellschafterstreit bedarf daher einer eigenen, individuellen Lösung. Deswegen erhebt dieser Ratgeber weder Anspruch auf Vollständigkeit, noch kann er den Einsatz von Beratern ersetzen (Rechtsanwälte, Notare, Steuerberater, Wirtschaftsprüfer, Mediatoren, PR- und Kommunikationsberater usw.). Dementsprechend beleuchtet dieses Buch auch nicht alle bei der Gesellschaftsgründung beziehungsweise

---

[1]  Beispielsweise: Lutz, Der Gesellschafterstreit; Waclawik, Prozessführung im Gesellschaftsrecht; Happ, Die GmbH im Prozeß; Böhm, Konfliktbeilegung in personalistischen Gesellschaften; Binnewies/Wollweber, Der Gesellschafterstreit – GmbH/GmbH & Co. KG; Servatius, Corporate Litigation; Mehrbrey, Handbuch Gesellschaftsrechtliche Streitigkeiten oder das Münchener Handbuch zum Gesellschaftsrecht, Band 7, Gesellschaftsrechtliche Streitigkeiten (Corporate Litigation).

bei bestehender Gesellschaft wesentlichen Aspekte, sondern beschränkt sich auf jene, die zur Vermeidung oder Führung von Gesellschafterstreitigkeiten wichtig sind.

In diesem Ratgeber führen wir immer wieder Beispiele aus unseren beruflichen Tätigkeiten an. Wir ersuchen Sie um Verständnis, dass wir aus Gründen anwaltlicher Verschwiegenheit zu diesen Beispielen keine Namen nennen.

Der Großteil aller Gesellschafterstreitigkeiten findet in GmbHs statt. Ihnen gilt der Schwerpunkt dieses Buchs. Es kommen aber auch andere Gesellschaftsformen nicht zu kurz – insbesondere die Personengesellschaften (dabei insbesondere die GmbH & Co. KG) und AGs. Viele der Ausführungen zu diesen Gesellschaftsformen gelten auch für die ARGE, eine – vor allem in der Baubranche – für die Umsetzung von Großprojekten wichtige Gesellschaftsform, die üblicherweise als GbR (Gesellschaft bürgerlichen Rechts) organisiert ist.

Die Unternehmergesellschaft (haftungsbeschränkt), kurz »UG«, wird in diesem Ratgeber nicht gesondert behandelt. Sie ist dem Wesen nach eine GmbH, mit dem Unterschied, dass die Gründung nach §5a GmbHG mit einem niedrigeren Stammkapital zulässig ist (mindestens EUR 1). Auf die UG sind alle Vorschriften des GmbHG anzuwenden.

Ebenso wenig behandeln wir die Kommanditgesellschaft auf Aktien (KGaA), die eingetragene Genossenschaft (eG) und die Stiftung, weil es von ihnen im Vergleich zu den anderen Gesellschaftsformen nur wenige gibt.

Die Europäische Gesellschaft (Societas Europaea) hat in Deutschland vorerst nur eine geringe wirtschaftliche Bedeutung. Sie bleibt aus Gründen der Lesbarkeit und Praktikabilität daher vorerst unberücksichtigt, wenngleich auch für sie im Grunde die gleichen psychologischen, strategischen und allgemeinrechtlichen Überlegungen anzustellen sind wie für die in diesem Buch behandelten Gesellschaftsformen. Über grundsätzliche Überlegungen hinausgehende Rechtsausführungen in diesem Ratgeber sind aber aufgrund der unterschiedlichen rechtlichen Ausgestaltung der Europäischen Gesellschaft nicht ohne Weiteres auf sie anwendbar.

Dasselbe gilt für die britische Limited Company (Ltd.). Sie hat keine persönlich haftenden Gesellschafter, ähnelt einer GmbH, für ihre Gründung ist aber kein Mindestkapital erforderlich. Aufgrund der europarechtlichen Niederlassungsfreiheit konnten Limited Companies in Deutschland zigtausend Niederlassungen errichten. Fraglich ist, wie deren Schicksal nach dem Brexit aussieht?[2] Bei »echten« Niederlassungen (das sind rechtlich und wirtschaftlich unselbstständige Betriebsstätten eines Unternehmens, deren Verwaltungssitz tatsächlich in Großbritannien liegt) könnte alles beim Alten bleiben. »Falschen« Niederlassungen von Unternehmen, welche in Großbritannien keinen Verwaltungssitz, sondern bloß einen Briefkasten haben und deren Verwaltungssitz tatsächlich in Deutschland liegt, droht folgendes Risiko: Wegen der in Deutschland herrschenden Sitztheorie, welche besagt, dass Gesellschaften den Formalanforderungen jenes Staates entsprechen müssen, in welchem sie ihren tatsächlichen Verwaltungssitz haben, könnten »falsche« Niederlassungen als OHGs behandelt werden. Die Behandlung der Limited Companies als GmbHs wird daran scheitern, dass Erstgenannte nicht die Gründungsvoraussetzungen einer GmbH erfüllen, insbesondere kein Mindestkapital haben und auch nicht im deutschen Handelsregister eingetragen sind. Dies würde für die Gesellschafter der Limited Company – wahrscheinlich ab 1.1.2019 – eine plötzliche persönliche Haftung nach § 128 HGB mit sich bringen. Diese Haftung kann beispielsweise vermieden werden, indem der Geschäftsbetrieb der Limited Company entweder mittels eines Asset Deals auf eine deutsche Gesellschaft (zum Beispiel auf eine GmbH) übertragen wird, ein grenzüberschreitender Formwechsel zu einer GmbH oder eine grenzüberschreitende Verschmelzung auf eine GmbH erfolgt. Wir empfehlen daher Limited Companies ohne tatsächlichen Verwaltungssitz in Großbritannien, rasch eine rechtliche Beratung in Anspruch zu nehmen. Grundsätzliche Überlegungen in diesem Ratgeber sind zwar auch auf Gesellschafterstreite in Limited Companies gültig, näher eingehen werden wir auf sie aber nicht.

Für alle in diesem Ratgeber nicht behandelten Gesellschaftsformen gelten aber auch unsere allgemeinen psychologischen und strategischen Ausführungen.

Zum besseren Verständnis schildert dieses Buch wichtige Vorgänge weitgehend objektiv und berücksichtigt die Blickwinkel der verschiedenen Streitparteien vor allem dort, wo sich unterschiedliche rechtliche Konsequenzen ergeben. Lesen Sie diese objektiven Schilderungen aus dem Blickwinkel Ihrer Position. Sie werden dabei erkennen, welche Handlungsmöglichkeiten Sie selbst haben und mit welchen Handlungen der Gegenseite Sie rechnen sollten.

Vielleicht rufen manche Ausführungen (die weniger juristischen) bei Ihnen das Gefühl des »Eh-schon-Wissens« hervor. Tatsächlich erscheinen manche

---

2    Vgl. hierzu eingehend *Seeger*, Die Folgen des »Brexit« für die britische Limited mit Verwaltungssitz in Deutschland, DStR 2016, 1817.

Aussagen auf den ersten Blick trivial und logisch. Die Praxis zeigt allerdings, dass Gesellschafter die betreffenden Themenbereiche im Nachhinein als selbstverständlich erkennen, die entsprechenden Überlegungen aber im Vorhinein nicht anstellen oder schlicht übersehen. Auch die Vergegenwärtigung bereits bekannter Überlegungen kann ein Gewinn sein!

Der Aufbau dieses Buchs richtet sich nach dem »Lebenszyklus« einer Gesellschaft. In Kapitel 3 finden Sie Überlegungen, die Sie vor der Gründung einer Gesellschaft anstellen sollten, Kapitel 4 beschäftigt sich mit dem Gründungsvorgang selbst, Kapitel 5 enthält nützliche Maßnahmen zur Streitvermeidung bei bestehender Gesellschaft vor dem Ausbruch eines Gesellschafterstreits, beziehungsweise führt Vorbereitungsmaßnahmen an, mithilfe derer Sie Ihre Position im Fall eines Gesellschafterstreits absichern können, und Kapitel 6 zeigt empfohlene Maßnahmen und Strategien nach dem Ausbruch von Gesellschafterstreitigkeiten. Dieser Aufbau soll es Ihnen als Leser ermöglichen, an jener Stelle des Buchs einzusteigen, die Ihrer individuellen Situation entspricht, bedingt aber auch eine Vielzahl an Verweisen und die eine oder andere Wiederholung.

In den Kapiteln 7-11 gehen wir auf Besonderheiten spezieller Unternehmensformen ein (Familienunternehmen, Freie Berufe, Start-ups, Konzerne [Joint Ventures] und Public Private Partnerships).

Aufgrund des Umstands, dass das wirtschaftliche Schwergewicht in Deutschland bei den GmbHs liegt, verwenden wir häufig für alle Gesellschaftsformen lediglich die für die GmbH gebräuchlichen Vertrags-, Organ- und sonstigen Bezeichnungen. Jedenfalls dort, wo sich durch Verwendung dieser Bezeichnungen inhaltliche Änderungen ergeben, werden die für die jeweilige Gesellschaftsform gebräuchlichen Bezeichnungen verwendet. Der besseren Lesbarkeit wegen haben wir verzichtet, Personenbegriffe nach Geschlechtern zu unterscheiden. Ansprechen wollen wir natürlich Damen wie Herren gleichermaßen.

Die Lektüre dieses Ratgebers kann eine Rechtsberatung nicht ersetzen, weil unsere Ausführungen – vor allem aus didaktischen Gründen – allgemein gehalten sind und jeder konkrete Einzelfall spezielle Anforderungen aufweist, die einer besonderen rechtlichen Prüfung bedürfen. Außerdem werden wir aus Platzgründen nur auf die wichtigsten Themen eingehen. Aus diesen beiden Gründen ist jegliche Haftung für unsere Ausführungen sowie für diesen Ratgeber ausgeschlossen.

# 2 Grundsätzliches zum Gesellschafterstreit

Nach unseren Erfahrungen bricht bei jedem zweiten Unternehmen zumindest einmal während seines Bestehens ein Gesellschafterstreit aus. Vielleicht befinden Sie sich derzeit voller Euphorie inmitten einer harmonisch verlaufenden Gesellschaftsgründung. Die Chancen stehen dennoch hoch, dass auch Sie einmal einen Gesellschafterstreit zu führen haben. Dazu müssen Sie gar nicht unbedingt mit den übrigen Gründungsmitgliedern zu streiten beginnen. Der Gesellschafterkreis Ihrer Gesellschaft kann sich ändern. Vielleicht treten dabei – ohne Ihr Zutun und ohne, dass Sie es verhindern können – Personen in die Gesellschaft ein, die in der Gesellschaft andere Interessen verfolgen als Sie.

Nicht alle Unternehmen tragen ihre Gesellschafterstreitigkeiten bei Gericht aus. Von den rechtshängigen Gesellschafterstreitigkeiten wird ein sehr hoher Prozentsatz verglichen, bevor ein Urteil ergeht. Bei Gesellschafterstreitigkeiten besteht offenbar ein hohes Maß an Vergleichsbereitschaft. Ein ausgebrochener Streit bedeutet dementsprechend nicht das Ende Ihrer unternehmerischen Laufbahn. Wer rasch (re-)agiert, kann die offenbar vorhandene Vergleichsbereitschaft für sich nutzen (und für sein Unternehmen!). Quantitativ weniger streitgefährdet könnte allenfalls die AG sein, wenn deren Gesellschaftsstruktur weitgehend entpersonalisiert wird.

Nicht zu Unrecht wird ein Unternehmen oft in der Gesellschaftsform einer juristischen Person geführt. Schon die Bezeichnung »juristische Person« zeigt, dass jeder Gesellschafterstreit zumindest drei Personen umfasst (vgl. folgende Abbildung 1 »Akteure im Gesellschafterstreit«): nämlich zwei miteinander streitende Gesellschafter und die Gesellschaft als juristische Person mit eigenen Interessen (das Unternehmen).

Die streitenden Gesellschafter vergessen dabei nur allzu oft, dass auch die Gesellschaft eigene Interessen hat. Jeder Gesellschafter beteuert, dass er bloß das Wohl der Gesellschaft im Blick habe, viele Gesellschafter tragen ihren Streit aber auch auf Kosten der Gesellschaft aus. **Ein kompromisslos ausgetragener Gesellschafterstreit kann die Existenz eines Unternehmens gefährden!**

Je nach Rechtsform, Größe und Struktur der Gesellschaft kommen noch weitere Akteure dazu, die in unterschiedlichster Art und Weise untereinander und zur Gesellschaft in vertraglicher Beziehung stehen. Die Besonderheiten und Unterschiede dieser Akteure und deren vertragliche Beziehungen gilt es im Gesellschafterstreit zu erkennen und für die eigene Position zu nutzen.

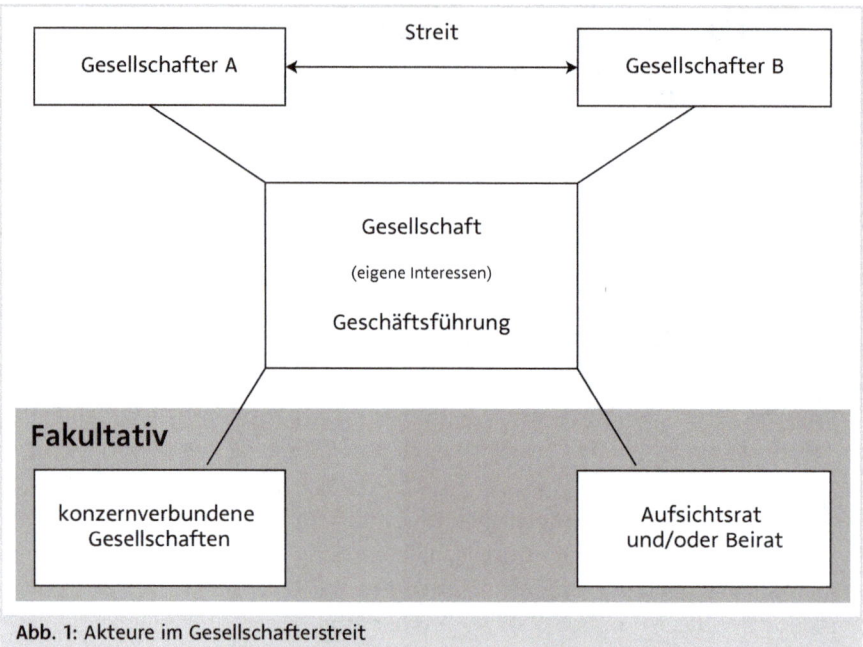

**Abb. 1:** Akteure im Gesellschafterstreit

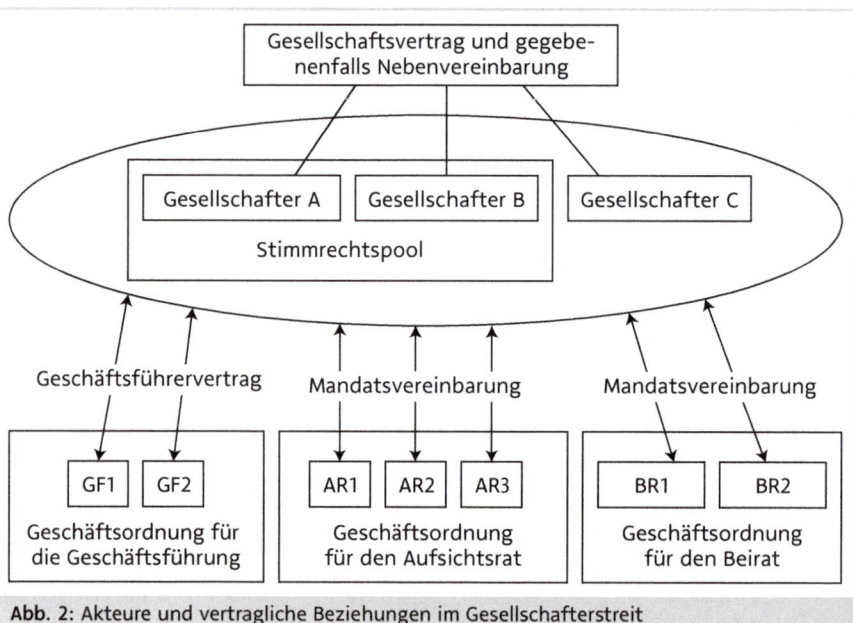

**Abb. 2:** Akteure und vertragliche Beziehungen im Gesellschafterstreit

Jeder Gesellschafterstreit verläuft anders. Dabei kommt es nicht nur auf die beteiligten Charaktere und die Art der Konflikte an, sondern auch auf die Unternehmensstruktur. Auf einzelne Charaktere und Konflikte einzugehen, würde den Rahmen dieses Buchs sprengen. Auf die einzelnen Unternehmensstrukturen einzugehen, ist allerdings möglich, denn die Praxis zeigt, dass in Deutschland im Wesentlichen drei Unternehmensstrukturen vorherrschen:

- **Klassische Familienunternehmen**, bei denen Gesellschafter und gegebenenfalls auch Geschäftsführer überwiegend aus einem Familienverband stammen. Familienunternehmen sind insbesondere im Bereich der kleinen und mittleren Unternehmen anzutreffen. Firmen wie Volkswagen, BMW, die Schwarz-Gruppe (Lidl, Kaufland), Aldi und Metro zeigen allerdings, dass Familienunternehmen durchaus auch größere Ausmaße erreichen – auch diese sind vor Gesellschafterstreitigkeiten nicht gefeit.
- **Internationale Konzerne**, die aus hierarchisch gegliederten Tochter- und Muttergesellschaften bestehen und vielfach Joint Ventures mit konzernfremden Unternehmen bilden.
- **Vergesellschaftungen im Bereich der freien Berufe** (insbesondere Ingenieure, Architekten, Unternehmens- und Steuerberater sowie Wirtschaftsprüfer, Gemeinschaftspraxen von Ärzten, Rechtsanwaltssozietäten usw.).

Schon aufgrund der unterschiedlichen emotionalen Bindung, welche Gesellschafter dieser drei Unternehmensstrukturen zueinander haben, ist der Zugang zu Gesellschafterstreitigkeiten in jeder dieser Unternehmensstruktur verschieden. Das sollten streitende Gesellschafter für ihr individuelles Unternehmen berücksichtigen. Die in diesem Buch dargestellten Überlegungen gelten aber über weite Strecken für alle drei Unternehmensstrukturen gleichermaßen.

Gesellschafterstreitigkeiten werden aus unterschiedlichsten Motiven geführt. Wer das Motiv seines Gegners erkennt, kann selbst zielgenauer (re-)agieren. Die augenscheinlichsten Motive sind die Vermehrung von Macht, das Streben nach Anerkennung und finanzielle Motive (diese Aufzählung erhebt keinen Anspruch auf Vollständigkeit). Gesellschafterstreitigkeiten werden nicht immer aus logisch nachvollziehbaren Gründen begonnen. Oft werden finanzielle Interessen oder andere Sachargumente zur Rechtfertigung rational nicht nachvollziehbarer Gründe nur vorgeschoben. Besonders häufig geschieht dies in Familienunternehmen: Der Firmengründer verweigert beispielsweise die Unternehmensübergabe, um es den »Jungen noch einmal zu zeigen«. Oder die ältere Schwester verweigert Gewinnausschüttungen, um den jüngeren Bruder finanziell auszuhungern und dadurch auf dessen unternehmerische Unzulänglichkeiten hinzuweisen. Gleiches gilt für das Streben nach mehr Anerkennung. Gesellschafter versuchen oft, dieses »unwirtschaftliche« Bedürfnis nach Anerkennung hinter angeblichen finanziellen Interessen oder Differenzen in Sachfragen zu verstecken. Der Blick auf gegebenenfalls bloß vorgeschobene Sachfragen verstellt oft den Blick auf die wahren Ursachen.

Versuchen Sie daher, möglicherweise dahinterstehende Motive zu entdecken, nicht nur bei Ihren Mitgesellschaftern, sondern auch bei Ihnen selbst!

Es zeigt sich also, dass jeder Gesellschafterstreit auch aus psychologischen Elementen besteht. Diese können Sie ebenfalls nützen. Dieser Ratgeber beschränkt sich daher nicht auf juristische Aspekte, sondern beleuchtet auch psychologische Hintergründe häufig wiederkehrender Verhaltensweisen in Gesellschafterstreitigkeiten. Manchmal ist das einzige Hindernis einer Einigung, dass sich ein Beteiligter die Altlasten der Geschehnisse nicht von der Seele reden kann.

> **!** **Beispiel: Psychologische Hintergründe**
>
> Mehrere Technologiebetriebe schlossen sich zu einer auf Dauer angelegten ARGE zusammen, die das Ziel hatte, Kapazitäten zu bündeln, um die mit hohem Know-how ausgestatteten Leistungen der Betriebe für große Infrastrukturprojekte weltweit anzubieten. Die Streitigkeiten in dieser ARGE schienen unlösbar. Außergerichtliche Vergleichsgespräche scheiterten ebenso wie mehrere vom Gericht angeregte Vergleiche.
>
> Bei der dritten Gerichtsverhandlung gingen die Emotionen hoch. Plötzlich begann ein – bis dahin unbeteiligt wirkender – Gesellschafter äußerst emotional seine Bemühungen zur Gründung der ARGE zu schildern. Seine Schilderung leitete er mit den Worten ein: »Als ich die ARGE gegründet habe.« Diese Aussage stimmte natürlich in dieser Form nicht, denn eine Gesellschaft wird in der Regel von mehreren oder zumindest zwei Gesellschaftern gegründet. Die aufgestaute Frustration darüber bahnte sich mit diesen Worten ihren Weg. Offenbar sah dieser Gesellschafter die ARGE als »sein Kind« an. Für seine Leistungen zur Gründung »seiner« ARGE hatte er die Anerkennung und Dankbarkeit seiner Partner erwartet, aber Streit geerntet.
>
> Sein »gegnerischer« Gesellschafter reagierte geschickt, bestätigte ausdrücklich die Ausführungen der anderen Seite und äußerte lediglich gezielt zu einigen Punkten seine etwas andere Sichtweise. Der Gesellschafter konnte sich so all das von der Seele reden, was sich in ihm seit Gründung der ARGE aufgestaut hatte. Juristisch waren die Ausführungen des Gesellschafters unerheblich. Die Möglichkeit, das »Aufgestaute loszuwerden«, hatte aber wertvolle Reinigungswirkung. Die übrigen Gesellschafter zeigten – trotz aller zwischenzeitigen Differenzen – zu den Leistungen des Gesellschafters anlässlich der Gründung der ARGE ihre Anerkennung. Eine halbe Stunde, nachdem der Gesellschafter seine Ausführungen beendet hatte, gelang, was zuvor monatelang und mehrmals gescheitert war: die Bereinigung des Streits durch einen Vergleich, den alle Beteiligten noch an Ort und Stelle rechtswirksam unterfertigten! Die ARGE existierte übrigens noch viele Jahre.

# 3 Vor der Gründung

## 3.1 Warum schon vor der Gründung an Streit denken?

Die Zeit vor der Gründung einer Gesellschaft verläuft meist harmonisch. Es herrscht Aufbruchstimmung, die Gesellschafter haben positive Erwartungen und Streitpotenzial wird von praktischen Fragen der Gesellschaftsgründung überlagert. Was also hat diese Phase der Vergesellschaftung mit Gesellschafterstreitigkeiten zu tun? Sie und Ihre Partner stellen aber zu diesem Zeitpunkt nicht selten die Weichen für das Auftreten und den Verlauf etwaiger zukünftiger Gesellschafterstreitigkeiten:

- Sie wählen Partner aus, mit denen Sie seltener oder öfter, konstruktiv oder destruktiv, sachlich oder emotional, öffentlich oder für Dritte nicht wahrnehmbar streiten;
- Sie legen Beteiligungs- und Machtverhältnisse fest, besetzen Machtpositionen und schaffen so die Ausgangspositionen aller Beteiligten in einem zukünftigen Gesellschafterstreit;
- Sie bestimmen – gegebenenfalls von den Zielen Ihrer Mitgesellschafter abweichende – Ziele, deren (Nicht-)Erreichung Ihre Zufriedenheit mit der Gesellschaft und damit Ihre »Streitlust« beeinflussen wird;
- Sie entscheiden, welche Vermögensgegenstände und Ideen Sie in die Gesellschaft einbringen, welcher Teil Ihres Vermögens zukünftig also der Gesellschaft überantwortet wird und im Streitfall Ihrem Zugriff entzogen ist und
- Sie schreiben die Spielregeln, die über die Austragungs- und die Beendigungsmöglichkeiten eines Gesellschafterstreits entscheiden werden.

Viele Unternehmer sind sich bei der Gründung einer Gesellschaft dieser Punkte gar nicht bewusst. Das gilt insbesondere für die Einbringung von Vermögensgegenständen und Ideen in die Gesellschaft. Der Gegenstand beziehungsweise die Idee bleibt zunächst weiterhin in der Einflusssphäre des einbringenden Gesellschafters (zumindest, wenn er auch Geschäftsführer der Gesellschaft ist). Der mit der Einbringung verbundene Eigentumsübergang wird von den Unternehmern deshalb oft nicht »gefühlt«. Bei Auflösung der Gesellschaft folgt das böse Erwachen. Der Gesellschafter versucht, »seine« Vermögensgegenstände und Ideen an sich zu bringen, und muss erfahren, dass ihm diese schon lange nicht mehr gehören (vgl. Beispiel »Strategie an der Gesellschaft vorbei« in Kapitel 6.4.2.2).

Immer wieder erkennen Gesellschafter auch erst im Zuge von Streitigkeiten, dass ihre Gesellschaft kaum Konfliktbereinigungsmöglichkeiten bietet. Für die Vereinbarung sinnvoller Streit- und Auseinandersetzungsregeln ist es zu spät, wenn erst einmal ein Gesellschafterstreit ausgebrochen ist. Wer vor der Gründung auch das mit der Vergesellschaftung verbundene Konfliktpotenzial thematisiert, kennt seine Rechtsposition und ist vor solch unliebsamen Überraschungen geschützt.

## 3.2   Wollen Sie wirklich?

Die beiden wichtigsten Fragen zuerst:

- Natürlich hat es Vorteile, seine unternehmerischen Ideen gemeinsam mit anderen umzusetzen und seine unternehmerischen Ziele gemeinsam mit anderen zu verwirklichen. Als Preis für diese Gemeinsamkeit müssen Sie aber auch Kompromisse eingehen, sowie den unternehmerischen Erfolg mit anderen teilen. Sind Sie dazu bereit?
- Ist Ihnen bewusst, dass Sie als Gesellschafter kaum Möglichkeiten haben, Beschlüsse der Gesellschaftermehrheit beziehungsweise deren Umsetzung zu verhindern? Mögen die Entscheidungen der Mehrheit aus Ihrer unternehmerischen Sicht auch falsch sein – solange sie gesetzlich zulässig sind, werden Sie sich der (allenfalls auch irrenden) Mehrheit wider besseres Wissen unterordnen müssen. Sind Sie auch dazu bereit?

Wenn Sie auch nur eine dieser Fragen mit »Nein« beantworten, sollten Sie Alternativen zur Vergesellschaftung suchen oder zumindest Gesellschaftsformen mit geringerer Bindung wählen (zum Beispiel eine stille Gesellschaft). Möglicherweise können Sie jene Mittel, die Ihnen zur Umsetzung Ihrer Ziele im Alleingang fehlen, auf andere Art als durch Vergesellschaftung beschaffen.

## 3.3   Profis helfen lassen

Zur Gründung einer Gesellschaft bedarf es verschiedener Fachkenntnisse und Fähigkeiten. Niemand weiß und kann alles. Lassen Sie sich unterstützen. Natürlich kostet diese Unterstützung Geld. Die Gründung eines Unternehmens ist nun einmal nicht kostenlos. Teurer ist es aber, wenn eine einmal gegründete Gesellschaft im Streit aufgeteilt oder vernichtet wird. Mit Profis an Ihrer Seite verringern Sie dieses Risiko bereits in der Vorgründungsphase.

Aber auch Profis können nicht jedes Streitrisiko ausschalten. Gesellschafterstreitigkeiten sind nicht grundsätzlich vermeidbar – das Risiko ihres Auftretens ist aber reduzierbar. Profis können darüber hinaus Spielregeln erarbeiten, die eine frühe und rasche Lösung eines aufkommenden Konflikts ermöglichen, beziehungsweise zumindest das Unternehmen vor den oft existenz-gefährdenden Folgen eines Gesellschafterstreits bewahren.

Jedenfalls sollten Sie in der Vorgründungsphase einen Rechtsberater (Rechts-anwalt oder Notar) und einen Steuerberater beiziehen. Der Rechtsberater kümmert sich um die Streitprophylaxe und sichert die Durchsetzung Ihrer Interessen (vgl. Kapitel 6.4.1.2). Der Steuerberater findet die steuerlich güns-tigste Umsetzung für Ihr Vorhaben, vor allem durch Wahl der richtigen Ge-sellschaftsform. Rechtsberater können in zwei Varianten beigezogen werden:

- Die Gesellschafter beauftragen gemeinsam einen Rechtsberater, der als neutraler Vertragsverfasser für alle Gesellschafter gemeinsam tätig wird.
- Jeder Gesellschafter beauftragt seinen eigenen Rechtsberater, der aus-schließlich den Interessen des jeweiligen Gesellschafters verpflichtet ist und dementsprechend auf einen Interessenausgleich zugunsten der übri-gen Gesellschafter keine Rücksicht nimmt.

> **Tipp**  !
>
> Ein Rechtsanwalt, der bei Gründung die Gesellschaft oder alle Gesellschafter gemeinsam beraten oder vertreten hat (beispielsweise durch Anfertigung des Ge-sellschaftsvertrags), darf im Gesellschafterstreit keinen Gesellschafter gegen einen anderen Gesellschafter oder gegen die Gesellschaft vertreten. Er unterläge insoweit einer Interessenkollision.[3]

Überlegen Sie auch die Beiziehung eines Unternehmensberaters. Vielleicht sind Sie von Ihrer Geschäftsidee überzeugter als ein objektiver Dritter. Viel-leicht schlummern in Ihrer unternehmerischen Idee noch unentdeckte Mög-lichkeiten, die Sie mit Hilfe Ihres Unternehmensberaters optimieren. Vielleicht enthält Ihre Idee aber in ihrer praktischen Durchführung auch Streitpotenzial, das Sie noch nicht erkannt haben.

Die Gründung einer Gesellschaft kann eine große Veränderung im Leben des Gründers sein. Sie müssen diese Veränderungen nach außen und sich selbst vermitteln. Setzen Sie sich daher auch mit der Frage auseinander, wie Sie selbst auf die Veränderungen reagieren werden. In der Politik und größeren Wirtschaftsbetrieben ist »Change-Management« – die professionelle Beglei-tung durch Veränderungsprozesse – mittlerweile Standard. Möglicherweise könnte diese Begleitung auch Ihnen dienlich sein.

---

3  Zu den möglichen Interessenkonflikten eines Rechtsanwalts im Gesellschafterstreit eingehend MHdB GesR VII/*Peitscher* §2 bis §5.

Ihr unternehmerischer Erfolg hängt nicht zuletzt davon ab, wie diese Veränderungen nach außen an die künftigen Mitgesellschafter (aber auch an Kunden, Lieferanten, Banken, Familie und Freundeskreis) transportiert werden. Oft bewirken bereits kleine sprachliche Nuancen eine vollkommen andere, positivere Färbung des von Ihnen transportierten Sprachbilds. Nützen Sie das praktische Wissen professioneller Kommunikationsberater, um Veränderungsprozesse erfolgreich an Ihre Zielgruppen zu kommunizieren.

> **!**  **Beispiel: Kommunikation von Veränderungen**
>
> Im Zuge eines Regierungswechsels wurden zwei Regierungsmitglieder befragt, ob sie nach ihrem Ausscheiden aus der Regierung in die Privatwirtschaft wechseln würden.
> Ein Regierungsmitglied antwortete auf diese Frage mit den Worten: »Dazu braucht man leider Angebote.« Ein anderes Regierungsmitglied reagierte auf dieselbe Frage sinngemäß mit den Worten, diese Frage erst nach Sichtung »der vielen Angebote« beantworten zu können.

## 3.4 Woran Sie denken sollten

Die gewissenhafte Auseinandersetzung mit den Motiven einer Vergesellschaftung ist nicht nur die wirksamste, sondern auch die billigste Form gesellschaftsrechtlicher Streitprophylaxe. Überstürzen Sie nichts, denn:

*Viele denken nach, einige denken mit, aber nur die Klugen denken voraus.*

Nur wer voraus denkt, erhöht seine Chancen, einen Gesellschafterstreit zu vermeiden oder zu gewinnen. Denken Sie deshalb vor der Gründung Ihres Unternehmens auch bis zum Schluss durch, ob Sie damit auch die gesetzten Ziele erreichen können und die gewählten Mitgesellschafter auch tatsächlich die geeigneten Partner zur Zielerreichung sind.

Jede Gesellschaftsgründung ist anders. Jedes Unternehmen verlangt andere Überlegungen. Die folgende Behandlung wichtiger Eckpunkte ist daher nicht abschließend. Sie fasst jedoch die wichtigsten und bei allen Vergesellschaftungen relevanten Punkte zusammen.

Wenn Sie diese Eckpunkte für sich zu Ende denken: Denken Sie auch an Alternativszenarien! Alternativen schaffen Entscheidungsspielraum. Nur wer diesen hat, ist in Verhandlungen flexibel. Lassen Sie daher gleichwertige Alternativen zu. Das bedeutet natürlich nicht, dass Sie jede mögliche Alternative als gleichwertig akzeptieren müssen. Es wird immer Alternativen geben, die Sie für sich ausschließen. Auch das ist legitim. Lassen Sie sich also keine Alternativen aufdrängen, die für Sie nicht gleichwertig sind.

### 3.4.1 Partnerwahl: So finden Sie geeignete Gesellschafter

Die Auswahl der Gesellschafter bestimmt, mit wem Sie die nächsten Jahre oder Jahrzehnte zusammenarbeiten. Die Auswahl der Gesellschafter und Geschäftsführer bestimmt auch, wer die Hauptakteure und Entscheidungsträger der Gesellschaft sind. Sie hat damit auch Einfluss auf den unternehmerischen Erfolg der Gesellschaft. Darüber hinaus entscheiden Seriosität und Finanzkraft Ihrer Mitgesellschafter im Fall eines unternehmerischen Misserfolgs über das Ausmaß Ihrer persönlichen Haftung. Auch daran sollten Sie schon bei der Gründung denken (vgl. Kapitel 3.4.1.6).

In einigen wenigen Fällen ist die Auswahl der Gesellschafter hingegen von untergeordneter Bedeutung. Die Mitwirkung des Kommanditisten in der KG oder eines stillen Gesellschafters erschöpft sich meist in seiner Kapitalbeteiligung. Gleiches gilt für die Aktionäre einer börsennotierten AG (Streubesitz). Persönliche Eigenschaften der Gesellschafter sind hier weitgehend unerheblich. Aber zumindest die Prioritätensetzung und die mit der Vergesellschaftung verfolgten Ziele sollten auch hier kompatibel sein (vgl. Kapitel 3.4.1.1).

Je personalistischer die Rechtsform beziehungsweise die Organisationsform einer Gesellschaft ist, umso wichtiger wird die Partnerwahl. Dies gilt insbesondere, wenn Sie (und Ihre Partner) sich nicht bloß auf eine Gesellschafterstellung beschränken, sondern auch als Gesellschafter-Geschäftsführer ins Tagesgeschäft der Gesellschaft eingreifen. Dann gewinnen verstärkt auch Überlegungen zu Charakter und Sympathie der Gesellschafter zueinander Bedeutung (vgl. Kapitel 3.4.1.2 und Kapitel 3.4.1.3).

Die folgenden Überlegungen helfen Ihnen bei der Partnerwahl. Ergänzen Sie diese Überlegungen um alle Aspekte, die Ihnen wichtig sind und für Ihr individuelles Unternehmen wichtig sein könnten.

> **Achtung**　　　　　　　　　　　　　　　　　　　　　　　　　　　　　　**!**
>
> Während der Gesellschaftsgründung kann man sich seine Partner meistens aussuchen. Ist man mit bestimmten Personen nicht einverstanden, verweigert man die Vergesellschaftung.
> Während der bestehenden Gesellschaft hingegen können – je nach Gesellschaftsform und Satzungsregelung mehr oder weniger – Situationen entstehen, in denen

es zum Eintritt neuer Gesellschafter kommt, obwohl einzelne Gesellschafter sich gegen den Eintritt des betreffenden Gesellschafters aussprechen.

In dieser Hinsicht gefährdet ist sowohl die AG als auch die GmbH, für deren Anteile (Aktien) das AktG und das GmbHG freie Übertragbarkeit vorsieht. Aber gänzlich ungeschützt vor »feindlichen Übernahmen« durch ungeliebte Mitgesellschafter sind auch Aktionäre und GmbH-Gesellschafter nicht. Es besteht die Möglichkeit, die Anteile (Aktien) zu vinkulieren, d.h., je nach Gestaltung dürfen diese dann nur mit Zustimmung der Gesellschaft oder der Gesellschafter (Aktionäre) übertragen werden.

Eine umsichtige Satzungsgestaltung kann Ihre AG und Ihre GmbH zu einem schwer verdaulichen Leckerbissen für potenzielle Investoren machen und so helfen, unwillkommene Interessenten abzuschrecken. Wer als Aktionär nach sorgfältiger Partnerwahl keine unliebsamen Überraschungen mit neuen Aktionären machen will, sollte sich insbesondere folgende Tricks überlegen:

- Großinvestoren wollen oft den Aufsichtsrat dominieren. Sehen Sie in der Satzung für bestimmte »Gründungsaktionäre« (Gründungsgesellschafter) großzügige Entsendungsrechte in den Aufsichtsrat vor (Entsendungsrecht = Recht eines Aktionärs (Gesellschafters), unabhängig von dem Umfang seiner Beteiligung ein Aufsichtsratsmitglied zu bestellen). Bis zu ein Drittel der durch die Hauptversammlung (Gesellschafterversammlung) zu bestellenden Aufsichtsräte kann über Entsendungsrechte besetzt werden. Durch Entsendungsrechte reduzieren Sie die Zahl derjenigen Aufsichtsräte, die durch die Hauptversammlung (Gesellschafterversammlung) bestellt werden. Dadurch vermindert sich der Einfluss Ihrer Mitaktionäre (Mitgesellschafter) auf die Gesellschaft.
- Sehen Sie in der Satzung unterschiedliche Aktienklassen (Stammaktien, Vorzugsaktien) vor und gewähren Sie nur bestimmten Aktionären Stammaktien mit Stimmrecht. Sehen Sie vor, dass alle anderen Investoren nur Vorzugsaktien ohne Stimmrecht erwerben können. Ungeliebte Investoren können dann zwar in den Aktionärskreis eindringen, haben aber kein Stimmrecht und können den Kurs der AG nicht mitbestimmen.
- Schließen Sie Stimmrechtspoolvereinbarungen mit den Ihnen genehmen Mitaktionären. Sichern Sie diese Stimmrechtspoolvereinbarungen ab, indem Sie vorsehen, dass jedes Poolmitglied seine Beteiligung entweder nur mit Zustimmung der übrigen Poolmitglieder verkaufen darf, oder nur veräußern darf, wenn der Käufer dem Stimmrechtspool beitritt, oder im Veräußerungsfall den anderen Poolmitgliedern ein Vorkaufsrecht zusteht. Beachten Sie aber, dass diese Regelungen nur schuldrechtlich gegenüber den anderen Poolmitgliedern wirken. Ein Verstoß führt daher nicht zur Unwirksamkeit der Übertragung, sondern nur zu Schadenersatzansprüchen gegen das veräußernde Poolmitglied. Ein konkreter Schaden ist oft schwer nachzuweisen und zu beziffern, weswegen derartige Verstöße durch empfindliche Vertragsstrafen sanktioniert werden sollten (vgl. Kapitel 4.2.5).

### 3.4.1.1 Passen die Prioritäten?

Konflikte entstehen meist wegen unterschiedlicher Prioritätensetzung der Konfliktparteien. Oft sind diese Prioritäten finanzieller Natur: Während ein Gesellschafter Gewinnausschüttungen durchsetzen will, um seinen Unterhalt zu bestreiten und seinen Lebensstandard zu heben, will ein anderer die Gewinne im Unternehmen behalten, um Investitionen oder Expansionen zu finanzieren; während ein Erbe den Betrieb des Erblassers fortführen will, plant der Miterbe die Veräußerung des gemeinsamen Unternehmensanteils (zu Lösungsvorschlägen dazu vgl. Kapitel 4.1.8.11; zum Konfliktpotenzial vgl. Kapitel 6.15). Dieser Blick auf finanzielle Prioritäten darf aber nicht davon ablenken, dass *jede* unterschiedliche Prioritätensetzung zwischen den Gesellschaftern Konfliktpotenzial hat.

Besprechen und vergleichen Sie daher vor einer Vergesellschaftung detailliert Ihre Prioritäten in Bezug auf Positionen, Vorhaben und Ziele mit jenen Ihrer potenziellen Mitgesellschafter. Vergessen Sie dabei auch Details nicht. Denn was für den einen ein unbedeutendes Detail ist, kann für den anderen eine Herzensangelegenheit sein (wenn beispielsweise ein Gesellschafter auf eine besonders repräsentative Ausstattung der Unternehmensräumlichkeiten Wert legt und die Gesellschaft in einem Ringstraßenpalais betreiben will, der andere solche Fragen für unbeachtlich hält und ein preisgünstiges Hinterhofgeschäftslokal bevorzugt).

Sind die unterschiedlichen Prioritäten in Bezug auf Positionen, Vorhaben und Ziele aller Gesellschafter in Übereinstimmung zu bringen? Falls dies nicht möglich ist:

- Sind sie parallel oder zumindest zeitversetzt zu verwirklichen? Ist in diesem Fall einer der Gesellschafter bereit, die Verwirklichung seiner Prioritäten zeitlich hintanzustellen?
- Oder schließen die Prioritäten eines Gesellschafters in Wirklichkeit die Prioritäten der anderen Gesellschafter aus?

Die Vergesellschaftung mit Personen mit einander ausschließender Prioritätensetzung sollten Sie vermeiden – oder das Risiko bewusst eingehen und sich nicht ärgern, wenn Probleme auftauchen. Denn manchmal lohnt es durchaus, dieses Risiko einzugehen. Aber nur derjenige, dem dies bewusst ist, kann sich vor besonders schweren Folgen dieses Risikos schützen (zum Beispiel durch klare Auseinandersetzungsregeln, vgl. Kapitel 4.1.8.15 ff., 6.18 und 9.2.1).

### 3.4.1.2 Stimmt die Chemie?

Unternehmerischer Erfolg bedarf intensiver Arbeit. Zumindest wenn Sie Gesellschafter-Geschäftsführer sind, werden Sie diese intensive Arbeit mit Ihren Mitgesellschaftern leisten. Sie werden viel Zeit mit Ihren Mitgesellschaftern verbringen – mehr Zeit sogar als vielleicht mit Ihrem Ehe- beziehungsweise Lebenspartner. Das wird Ihnen umso leichter fallen, je besser Sie mit Ihren Mitgesellschaftern »können«.

Bei der Auswahl der Mitgesellschafter sollten Sie nicht ausschließlich deren fachlichen oder finanziellen Beiträge zum Geschäftserfolg im Auge haben. Achten Sie auch auf deren Charaktereigenschaften. Weisen die Mitgesellschafter Eigenschaften auf, die Sie nur sehr schwer oder gar nicht ertragen können? Wie geht es umgekehrt Ihren Mitgesellschaftern mit Ihnen?

Nehmen Sie bei diesen Betrachtungen keine Wertigkeiten vor. Denn wer sich selbst als großzügig ansieht, gilt seinen Mitgesellschaftern möglicherweise als verschwenderisch. Diese Mitgesellschafter sehen sich selbst vielleicht als wirtschaftlich, während Sie diese als »Schnorrer« wahrnehmen. Es geht hier nicht darum, Personen zu beurteilen. Dieser Vergleich dient einzig dem Ziel, herauszufinden, ob Sie und Ihre Mitgesellschafter zueinander passen.

Stellen Sie diese Überlegungen besonders sorgfältig bei potenziellen Partnern an, die Sie noch nicht gut kennen und/oder die Ihnen von dritter Seite vorgeschlagen oder gar aufgedrängt werden – zum Beispiel von der das Unternehmen finanzierenden Bank.

### 3.4.1.3 Passt die Paarung?

Welche Ziele bezwecken Sie mit der beabsichtigten Vergesellschaftung? Welche Funktion soll der Partner ausüben? Wählen Sie Ihre Mitgesellschafter auch nach den Ergebnissen dieser Überlegungen aus. Denn wer zur Durchführung seiner unternehmerischen Idee Geld und technisches Know-how benötigt und selbst ein hervorragender Verkäufer ist, dem ist durch Vergesellschaftung mit einem finanzschwachen und technisch unbedarften Marketinggenie nicht geholfen.

> **!** **Beispiel: Kreativer und Macher**
>
> Eine typische Paarung ist das Zusammentreffen von Kreativem und Macher. Der Kreative ist für Konzepte, Ideen und die »großen Würfe« zuständig. Seine oft unorthodoxen Zugänge bieten neue unternehmerische Ideen. Für die unterneh-

merische Umsetzung dieser Ideen in einen Geschäftserfolg fehlt ihm aber oft das Organisationstalent, die nötige Detailverliebtheit und der Wille oder auch die Fähigkeit zu strukturiertem und geordnetem Arbeiten.

Der Macher kümmert sich um die Detailumsetzung der Konzepte des Kreativen. Er arbeitet genau und strukturiert, besitzt Fähigkeit und Erfahrung im täglichen Geschäftsbetrieb. Er krempelt die Ärmel hoch, geht Umsetzungsprobleme gezielt an und verwandelt die Vision des Kreativen in einen wirtschaftlichen Erfolg.

Die Paarung Kreativer und Macher ist einerseits sinnvoll. Zwei Personen mit unterschiedlichen Begabungen bündeln ihre Talente zur Verwirklichung eines gemeinsamen Ziels. Sie birgt aber auch Risiken: Denn der Kreative sieht sich als Impulsgeber, Ideenbringer und unverzichtbare Stütze des Unternehmens. Ohne seine Kreativität gäbe es keine Ideen, die der Macher umsetzen könnte. Der Macher bewertet hingegen seine Arbeit als wichtiger. Ohne ihn blieben die Konzepte des Kreativen im Entwicklungsstadium stecken, ohne jemals umgesetzt zu werden. Der Kreative ist für ihn ein Chaot mit unstrukturierter Arbeitsweise, den er an die Hand nehmen und zum Erfolg führen muss. Die Paarung Kreativer und Macher birgt damit auch erhebliches Konfliktpotenzial. Sie wird uns deshalb in diesem Buch noch öfter begegnen …

Verstärkt wird dieses Konfliktpotenzial, wenn sich Kreativer und Macher nicht selbst finden, sondern von dritter Seite zusammengeführt werden. Manchmal machen Banken die Kreditgewährung für eine Unternehmung des Kreativen von der Aufnahme eines Machers als Gesellschafter abhängig, um dessen Kreativität um die strukturierte und geordnete Arbeitsweise des Machers zu ergänzen.

Das Zusammentreffen von Kreativem und Macher ist trotz des Konfliktpotenzials nicht von vornherein schlecht. Es ist oft die beste Möglichkeit des Kreativen, Unterstützung für die unternehmerische Verwertung seiner Ideen zu erhalten; für den Macher die beste Möglichkeit für den Schritt in die Selbstständigkeit. Beide Seiten können von dieser Paarung profitieren, aber sie müssen sich auch des in dieser Paarung verborgenen Konfliktpotenzials bewusst sein und dieses bei der Ausgestaltung ihres Gesellschaftsverhältnisses berücksichtigen.

Beachten Sie auch das Umfeld Ihrer Mitgesellschafter. Das gilt insbesondere, wenn Sie sich mit einem Konzern (einer Konzerngesellschaft) vergesellschaften. Denn aus (Konzern)Schwestergesellschaften werden leicht Konkurrenten. So etwa, wenn die Konzernmutter vorgibt, dass mehrere Gesellschaften sämtliche Gewinne ausschütten müssen, damit diese für Investitionen einer anderen Gesellschaft bereitgestellt werden können.

Auch die familiäre Situation eines zukünftigen Mitgesellschafters gehört zu seinem Umfeld, welches Sie beachten sollten. Unterschätzen Sie nicht den – oft unbewussten – Einfluss von Ehe- beziehungsweise Lebenspartnern (vgl. Kapitel 7.4.2).

**!** **Achtung**

Regelmäßig drohen Konflikte, wenn die Ehe- oder Lebenspartner von Gesellschaftern in dem Unternehmen mitarbeiten. Der Ehe- oder Lebenspartner erwartet (zu Recht), dass sein Partner (der Gesellschafter) auf ihn eingeht, auf seine Bedürfnisse Rücksicht nimmt und auf seinen Rat hört. Andererseits hat der Mitgesellschafter ebenfalls die berechtigte Erwartung, dass der Gesellschafter auf ihn eingeht, auf seine Bedürfnisse Rücksicht nimmt und auf seinen Rat hört. Ein Loyalitätskonflikt ist vorprogrammiert. Soll das Gesellschaftsverhältnis eine Zukunft haben, muss der Gesellschafter den Loyalitätskonflikt zugunsten des Mitgesellschafters und zulasten des Ehe- oder Lebenspartners lösen.

Die Mitarbeit des Ehe- oder Lebenspartners eines Gesellschafters kann allenfalls dann funktionieren, wenn der Ehe- oder Lebenspartner sich diese Situation bewusst macht und mit der Lösung etwaiger Loyalitätskonflikte zu seinen Lasten leben kann.

### 3.4.1.4 Wer führt?

Eine entscheidungsfähige Führung ist das Kernelement unternehmerischen Erfolgs. Achten Sie bei der Auswahl Ihrer Partner darauf, dass diese fähig sind, unternehmerische Entscheidungen zu treffen. Das gilt insbesondere, wenn diese Partner als Gesellschafter-Geschäftsführer für die Gesellschaft tätig werden sollen.

Wer in einer Gesellschaft das Sagen hat, entscheidet zumeist das Beteiligungsverhältnis der einzelnen Gesellschafter (vgl. Kapitel 3.4.2). Mitunter ergibt sich aus der persönlichen Dominanz eines Gesellschafters beziehungsweise aus (zum Beispiel familiären oder finanziellen) Abhängigkeiten ein von den Beteiligungsverhältnissen abweichendes Bild. Insbesondere bei Vorhandensein zweier annähernd gleich starker Gesellschaftergruppen oder wenn mehrere Konstellationen zur Erzielung einer Stimmenmehrheit möglich sind, kommt es auf die Überzeugungskraft und Durchsetzungsfähigkeit einzelner Gesellschafter an.

Prüfen Sie daher, welche Konstellationen zur Erzielung von Stimmmehrheiten möglich sind und welchen Einfluss die einzelnen Gesellschafter auf das Stimmverhalten der übrigen Gesellschafter haben könnten. Durchleuchten Sie dabei auch den gesellschaftsrechtlichen und (soweit möglich) wirtschaftlichen Hintergrund Ihrer potenziellen Partner.

**Beispiel: Einfluss auf Stimmverhalten**    **!**

A-GmbH, B-GmbH, C-GmbH und D-AG sind zu je einem Viertel beteiligte Gesellschafter des als ARGE organisierten ABCD-Technologie-Zusammenschlusses (Cluster). Der Gesellschaftsvertrag der ARGE sieht für sämtliche unternehmerischen Entscheidungen die einfache Mehrheit der Stimmen vor. Jedem ARGE-Mitglied kommt eine Stimme zu.

Der erste Blick auf Kapital- und Stimmanteile zeigt keine Dominanz eines Gesellschafters beziehungsweise einer Gesellschaftergruppe. Das kann sich aber unter der Annahme ändern, dass A-GmbH die Hauptabnehmerin für Leistungen der C-GmbH ist (C-GmbH also in Bezug auf ihren Kunden A-GmbH ein sogenanntes Klumpenrisiko trägt). Dann ist nämlich nicht auszuschließen, dass A-GmbH ihre wirtschaftliche Macht über C-GmbH dazu nützt, deren Stimmverhalten im ABCD-Technologie-Zusammenschluss zu beeinflussen (zur daraus resultierenden Änderung der Mehrheitsverhältnisse vgl. folgende Abbildung 3).

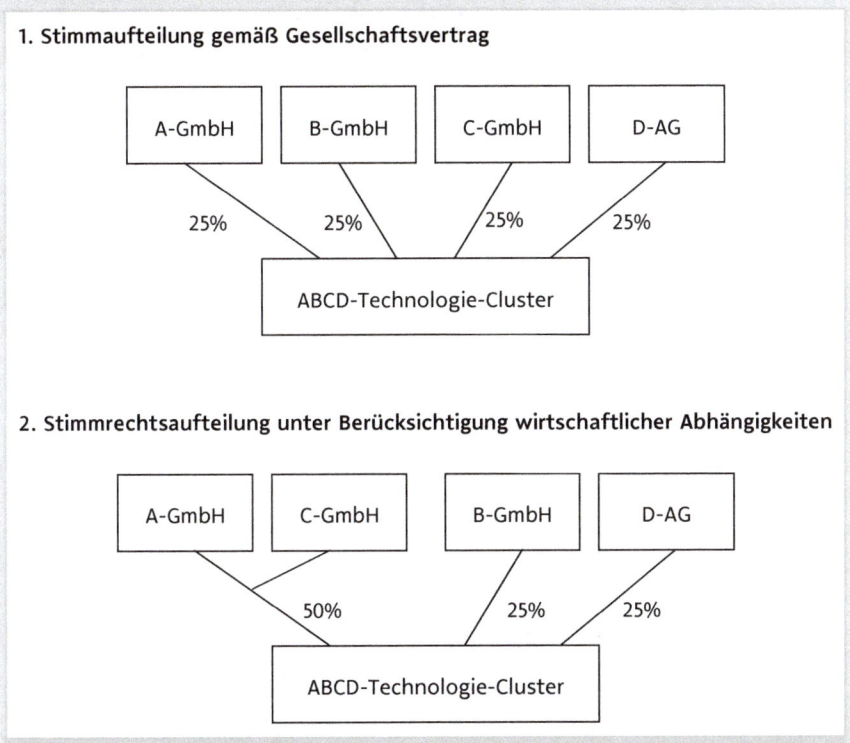

**1. Stimmaufteilung gemäß Gesellschaftsvertrag**

**2. Stimmrechtsaufteilung unter Berücksichtigung wirtschaftlicher Abhängigkeiten**

Abb. 3: Einfluss auf Stimmverhalten

### 3.4.1.5 Sonst noch wer?

Mitgesellschafter müssen nicht unbedingt Personen sein, deren Ressourcen oder Kompetenzen Sie für Ihr Unternehmen benötigen. Viele Unternehmer könnten ihr Unternehmen durchaus mit ihren eigenen Mitteln führen, nehmen aber (zum Beispiel aus Aspekten der Daseinsvorsorge) Familienmitglieder in ihre Gesellschaften auf (vgl. Kapitel 7).

Unternehmensbeteiligungen sind aber auch ganz gezielt als Motivationsanreiz für eigene Mitarbeiter einsetzbar. Insbesondere die Beteiligung des Managements in größeren Unternehmen oder die Beteiligung von Schlüsselmitarbeitern bei Start-ups kann wirtschaftlich sinnvoll sein, denn der Leistungsanreiz für das Management steigt dadurch. Bedenken Sie aber: Das Management und die Mitarbeiter sind nicht Ihnen als einzelnem Gesellschafter, sondern primär dem Unternehmen zur Loyalität verpflichtet. In den meisten Fällen sind Management- und/oder Mitarbeiterbeteiligungen nur empfehlenswert, wenn sie von allen Gesellschaftern mitgetragen werden – also jeder Gesellschafter anteilig zu der Management- und/oder Mitarbeiterbeteiligung seinen Teil beiträgt. Wieso auch sollten Sie alleine zur Beteiligung beitragen? Die positiven Auswirkungen von Management- und/oder Mitarbeiterbeteiligungen beschränken sich ja nicht auf Ihren Geschäftsanteil.

Von einer Management- und/oder Mitarbeiterbeteiligung im Alleingang (also auf Kosten alleine Ihrer Beteiligung) ist im Normalfall abzuraten, denn sie verringert Ihre Stimmanteile im Verhältnis zu Ihren Mitgesellschaftern. Sind Sie sicher, dass das Management bei wichtigen Abstimmungen in der Gesellschafterversammlung auf Ihrer Seite steht? Solange Sie trotz Managementbeteiligung über die Stimmenmehrheit verfügen, ist diese Frage möglicherweise von untergeordneter Bedeutung. Kritisch wird es aber, wenn das Management »das Zünglein an der Waage« zwischen zwei annähernd gleich starken »Gesellschafterlagern« ist. Im Falle der Managementbeteiligung sollten Sie daher entweder die auf die abgetretenen Geschäftsanteile entfallenden Stimmrechtsanteile behalten, oder Stimmrechtspoolvereinbarungen mit dem Management abschließen (vgl. Kapitel 4.2).

> **! Tipp**
>
> Jedenfalls sollten Sie sich bei Beteiligungen des Managements oder von Mitarbeitern vorbehalten, dass deren Geschäftsanteile beim Ausscheiden aus ihren Managementfunktionen beziehungsweise der Beendigung des Mitarbeiterverhältnisses automatisch an Sie rückübertragen werden. Der BGH[4] hat entschieden, dass eine derartige Regelung im Gesellschaftsvertrag oder in einer Nebenvereinbarung zulässig sein kann und nicht zwingend gegen das gesellschaftsrechtliche Verbot willkürlicher Hinauskündigung verstößt.

---

4   Urteil vom 19.09.2005, Az. II ZR 342/03 (»Mitarbeitermodell«) und Urteil vom 19.09.2005, Az. II ZR 173/04 (»Managermodell«).

Das OLG[5] München hat entschieden, dass eine Satzungsklausel wirksam ist, die den Ausschluss des an der Gesellschaft beteiligten Mitarbeiters erlaubt, wenn die Beendigung des Arbeits- oder Dienstvertrages zwar streitig, aber das Vertragsverhältnis faktisch beendet ist; das heißt, wenn nach den Umständen des Falls nicht mehr zu erwarten ist, dass der Mitarbeiter die tatsächliche Mitarbeit wieder aufnimmt. Um bei einer Kündigung des Arbeits- oder Dienstvertrages, deren Wirksamkeit zwischen den Parteien streitig ist, lange Schwebezustände im Hinblick auf die Frage des Ausschlusses des gekündigten Managers zu vermeiden, sollten Sie bei entsprechenden Beteiligungsmodellen eine derartige Satzungsklausel vorsehen. Als beteiligter Manager gilt es, derartige Klauseln zu verhindern.

**Achtung** !

Eine Vereinbarung dieses Inhalts kann eine notarielle Beurkundung erfordern (vgl. Kapitel 4.2.3).

Wollen Sie auch andere Mitarbeiter des Unternehmens beteiligen? Wenn ja: Erhalten die Mitarbeiter jeweils eigene Anteile oder einen gemeinsamen »Sammelanteil«? Wer übt die Stimmrechte der auf die Mitarbeiter entfallenden Anteile aus? Sollen die Mitarbeiter bei ihrem Ausscheiden ihre Anteile zurückverkaufen/zurückgeben (müssen). Das Ergebnis dieser Überlegungen sollte im Gesellschaftsvertrag detailliert Niederschlag finden, um Streitigkeiten und den Verlust von Stimmmehrheiten zu vermeiden.

**Tipp** !

Gerade kapitalmarktorientierte oder sehr junge Unternehmen (Start-ups) sind häufig daran interessiert, Mitarbeiter langfristig an die Gesellschaft zu binden und sie am Erfolg des Unternehmens zu beteiligen, um Motivation wie Identifikation mit dem Unternehmen zu erhöhen.
Neben Mitarbeiterbeteiligungsprogrammen sind sogenannte »Stock Options« sehr beliebt. Dabei gewährt eine AG oder eine GmbH Bezugsrechte auf Aktien beziehungsweise auf Geschäftsanteile. Gegenstand solcher Bezugsrechte können bei AGs entweder eigene Aktien (§71 Abs. 1 S. 1 Nr. 2 AktG) oder Aktien aus bedingtem Kapital (§192 Abs. 2 Nr. 3, §193 AktG) sein.
Sollten Sie derartige Stock Options gewähren, empfehlen wir, diese auf reine Kapitalbeteiligungen zu beschränken und mit der Beteiligung keine Stimmrechte zu verbinden. Aus Sicht der Gesellschaft sollte Wert daraufgelegt werden, dass jedenfalls aufgrund eigenen Verschuldens ausscheidende Mitarbeiter (sogenannte »Bad Leaver«) die von ihnen gehaltenen Aktien (Geschäftsanteile) rückübertragen müssen. Durch derartige »Vesting-Klauseln« erhöht sich die wirtschaftliche Bindung der Mitarbeiter an das Unternehmen und etwaige rückübertragene Anteile können an neue Mitarbeiter ausgegeben werden.

---

5    Urteil vom 05.10.2016, Az. 7 U 3036/15.

Im Start-up-Bereich ebenfalls beliebt sind sogenannte »Virtual Stock Options«. Bei derartigen Beteilungsprogrammen erlangen die Mitarbeiter (Optionsinhaber) im Falle eines Unternehmensverkaufs oder eines Börsengangs eine Beteiligung am Unternehmenswert. Der Optionsinhaber erhält keine echte Beteiligung und insbesondere keine Stimm-, Informations- oder Kontrollrechte. Vielmehr wird der Optionsinhaber nur wirtschaftlich beteiligt. Auch hier sollten aus Gesellschaftssicht Vesting- und Bad-Leaver-Regelungen vorgesehen werden.

### 3.4.1.6 Zahlungsfähigkeit der Mitgesellschafter

Die Finanzkraft Ihrer Mitgesellschafter kann im Rahmen einer Vergesellschaftung Auswirkungen auch auf Ihre Rechtsposition haben.

In Personengesellschaften (GbR, OHG, KG) haften Sie als persönlich haftender Gesellschafter gegenüber allen Gesellschaftsgläubigern für alle Schulden der Gesellschaft der Höhe nach unbeschränkt. Das heißt, diese Haftung trifft Personengesellschafter (mit Ausnahme des stillen Gesellschafters und des Kommanditisten) nicht anteilig entsprechend ihrer Gesellschaftsbeteiligung, sondern in voller Höhe der Gesellschaftsschulden. Gesellschaftsgläubiger können deshalb vom persönlich haftenden Gesellschafter die Zahlung solcher Schulden verlangen. Erst nach Zahlung kann sich der in Anspruch genommene Gesellschafter gesellschaftsintern bei seinen Mitgesellschaftern anteilig regressieren. Bei finanzschwachen Mitgesellschaftern tragen persönlich haftende Gesellschafter deshalb ein erhebliches finanzielles Risiko, da sie nicht sicher sein können, dass sie gegenüber Dritten geleistete Zahlungen von ihren Mitgesellschaftern rückerstattet erhalten.

Selbst für GmbH-Gesellschafter, die grundsätzlich nur für die von ihnen übernommene Stammeinlage, also beschränkt haften, bestehen Konstellationen, bei deren Eintritt sie über die von ihnen übernommene Stammeinlage hinaus haften. Das gilt insbesondere für die Haftung der GmbH-Gesellschafter für die nicht einbezahlten Stammeinlagen der Mitgesellschafter oder für verbotene Rückzahlungen der Stammeinlage (vgl. Kapitel 4.3, 5.5.2.2).

Aktionäre haften weder für nicht einbezahlte Einlagen von Mitaktionären noch für verbotene Rückzahlungen an Mitaktionäre.

Aber auch ein besonders finanzkräftiger Mitgesellschafter ist kein Garant für ein sorgenfreies Gesellschaftsverhältnis. Erheblich finanzstärkere Gesellschafter können ihre finanzschwächeren Mitgesellschafter unter Umständen durch Ausübung wirtschaftlichen Drucks oder Verwässerung der Anteile der finanzschwächeren Gesellschafter aus der Gesellschaft drängen (vgl. Kapitel 6.18). Bedenken Sie, dass Ihre Mitgesellschafter für den Fall, dass Ihr Unternehmen erfolgreich ist, an der Übernahme Ihrer Geschäftsanteile interessiert sein können. Ein erheblich finanzstärkerer Gesellschafter verfügt über eine gutgefüllte »Kriegskasse«, die Ihnen gefährlich werden könnte.

---

**Beispiel: Finanzstarker Mitgesellschafter** !

Drei Studenten gründen eine wirtschaftlich äußerst erfolgreiche Gesellschaft. Jeder hält ein Drittel der Geschäftsanteile. Student A und B sind intern für die technische und kaufmännische Abwicklung der Kundengeschäfte zuständig. Der reiche Student C übernimmt die Akquisition.

Zwischen A und C entstehen immer wieder Meinungsverschiedenheiten. C hat genug Kapital, um die Geschäftsanteile des A zu erwerben. A verweigert den Verkauf, verfügt aber selbst nicht über die Mittel zum Kauf der Anteile des C.

C kommuniziert B und den Mitarbeitern der Gesellschaft, dass er aus der Gesellschaft ausscheiden werde, falls A diese nicht verlässt. Die Gesellschaft würde dadurch alle wichtigen Kunden verlieren (der Standardvertrag des Steuerberaters sah kein wirksames Konkurrenzverbot nach Ausscheiden eines Gesellschafters vor; vgl. Kapitel 4.1.1). Um den Verlust von Kunden zu vermeiden, stellt sich schließlich auch B gegen A. Vor die Wahl gestellt, entweder die Gesellschaft zu verlassen oder alleine in einer von B, C, den Mitarbeitern und Kunden verlassenen, »leeren« Gesellschaft zu verbleiben, stimmt A widerwillig dem Verkauf seiner Anteile zu einem für ihn schlechten Zeitpunkt und zu einem schlechten Kaufpreis an C zu.

---

## 3.4.2 Beteiligungsverhältnisse

### 3.4.2.1 Die Standardaufteilung

Meist ist es zweckmäßig, die Geschäftsanteile entsprechend den finanziellen und nicht finanziellen Beiträgen der einzelnen Gesellschafter zum Unternehmenserfolg zu verteilen. Nicht finanzielle Beiträge sind beispielsweise Immaterialgüterrechte (vgl. Kapitel 3.4.7), Gesellschaftsideen, persönliche Kontakte, Kundenstamm, Arbeitsleistung usw. (letztere könnte auch durch eine dienstvertragliche Vergütung abgegolten werden). Die nicht finanziellen Beiträge der Gesellschafter sollten daher im Vorhinein bewertet und gemeinsam mit den finanziellen Beiträgen als Basis für die Festlegung der Beteiligungsverhältnisse herangezogen werden. Gegebenenfalls sind zusätzlich Ausgleichszahlungen zu leisten. Andernfalls läuft man Gefahr, dass ein Gesellschafter seinen Beitrag zur Gesellschaft nicht ausreichend gewürdigt sieht – ein Umstand, der viel Konfliktpotenzial aufweist. Das gilt vor allem, wenn sich das Missverhältnis zwischen Anteil am Unternehmenserfolg und Beteiligung zuungunsten eines Gesellschafters verschlechtert. Ideal wäre es daher, wenn die Gesellschafter etwaige Missverhältnisse durch nachträgliche Änderungen der Anteilsverteilung beseitigen. Das ist aber unrealistisch. Die bei der Gesellschaftsgründung festgelegten Beteiligungsverhältnisse werden üblicherweise auch bei einer Änderung der Beitragsverhältnisse nicht mehr geändert. Sie sollten Ihre Rechte und Ansprüche daher schon bei der Gesellschaftsgründung durchsetzen. Notwendig dafür ist auch die richtige Beratung.

### 3.4.2.2 Zwei gleich starke Partner – Pattsituationen

Unternehmerischer Erfolg ist nur möglich, wenn die Gesellschaft handelt. Grundlagen jeder Handlung sind unternehmerische Entscheidungen. Fehlen diese, ist das Unternehmen handlungsunfähig. Um eine Lähmung des Unternehmens zu verhindern, muss seine Führung auch in Konfliktsituationen entscheidungsfähig sein. Pattstellungen sollten daher aus unternehmerischer Sicht vermieden werden. Die Gefahr des Auftretens von Pattsituationen besteht vor allem in Gesellschaften mit zwei gleich starken Gesellschaftern (Gesellschaftergruppen). Denn will man die Anteile zweier, gleich zum Unternehmenserfolg beitragender Partner den tatsächlichen Stärkeverhältnissen entsprechend aufteilen, führt das dazu, dass man beide Partner zu je 50% an der Gesellschaft beteiligen muss. Eine solche Aufteilung führt ohne entsprechende Vorsorge bei Meinungsdifferenzen zu einer Pattsituation zwischen den Gesellschaftern und unter Umständen zur Handlungsunfähigkeit der Gesellschaft (insbesondere, wenn beide Partner geschäftsführungsbefugt sind).

Pattsituationen können besonders gefährlich werden, wenn einer der Gesellschafter in der Blockade eine Chance sieht, weil er davon ausgeht, dass die Blockade dem Mitgesellschafter mehr schaden wird als ihm. Dies kann der Fall sein, wenn ein Gesellschafter mehr auf einen konstanten Erfolg der Gesellschaft angewiesen ist als der andere. In solchen Fällen besteht die Gefahr, dass der Gesellschafter seine Blockademöglichkeit als gezieltes Mittel der Konfliktführung verwendet. Solange er mit seiner Blockadehaltung nicht Treuepflichten verletzt, weil er beispielsweise gezielt zum Nachteil der Gesellschaft handelt, ist dieses Mittel legitim. Gezielt treuwidriges Verhalten ist regelmäßig nur schwer nachweisbar.

> **!** **Beispiel: Der längere Atem**
>
> A und B sind Gesellschafter einer GmbH, deren Geschäftsgegenstand der Handel mit Elektrowaren ist. A betreibt daneben noch eine sehr erfolgreiche Online-Mediathek. B ist ausschließlich für die GmbH tätig und auf deren Erfolg angewiesen.
> B drängt bei der GmbH auf eine Expansion in das Ausland, da auf den heimischen Märkten langfristig kein profitables Geschäft geführt werden kann. Er will daher zu Wachstumszwecken bei einem Finanzinvestor ein Mezzaninedarlehen aufnehmen.

A teilt insgeheim die Meinung des B, wonach an einer Expansion und einer damit verbundenen Kreditaufnahme kein Weg vorbeiführt. A hat jedoch seit Längerem das Ziel, B möglichst günstig als Gesellschafter abzufinden, die Gesellschaft alleine fortzuführen und anschließend den Elektrohandel der GmbH in seine Online-Mediathek zu integrieren. A rechnet damit, dass eine wirtschaftliche Durststrecke der GmbH dem auf die Einnahmen hieraus angewiesenen B mehr schadet als dem durch das zweite Standbein wirtschaftlich unabhängigen A.

A nutzt die Situation aus und verweigert in der Gesellschafterversammlung die nach Satzung der GmbH notwendige Zustimmung zur Aufnahme des Mezzaninedarlehens. Er begründet dies ausführlich und vertretbar mit dem mit der Expansion und den Finanzierungskosten verbundenen Risiko.

Ohne Expansion verliert die GmbH schnell den Anschluss an die Wettbewerber und gerät in eine wirtschaftliche Krise. Die Einkünfte der Gesellschafter aus der Beteiligung an der GmbH brechen weg. B muss seine Anteile an der GmbH veräußern. Die Anteile sind jedoch vinkuliert und ein freihändiger Verkauf ist ihm nicht möglich. B bleibt nichts anderes übrig, als die Anteile an A zu veräußern und die von A angebotenen Konditionen zu akzeptieren.

Nach Erwerb der Anteile des B integriert A den von der GmbH betriebenen Elektrohandel in sein eigenes Geschäft, nimmt ein Mezzaninedarlehen auf und betreibt die internationale Expansion.

Eine Aufteilung in zwei gleich starke Gesellschafter(-gruppen) kann oft nicht vermieden werden. Das Risiko von Pattsituationen und der Handlungsunfähigkeit der Gesellschaft ist dann besonders hoch. Beteiligungen, bei denen sich zwei Gesellschafter(-gruppen) mit je 50% der Stimmrechte gegenüberstehen, sollten daher immer besonders genau geprüft werden.

Pattsituationen sind aber nicht nur bei zwei gleich starken Gesellschaftern möglich, sondern auch bei mehreren Beteiligten. Es gibt manchmal Aufteilungsvarianten, bei denen zwar eine Pattsituation für jene Beschlussgegenstände ausgeschlossen ist, die mit einfacher Mehrheit beschlossen werden, Gesellschafter sich aber bei Beschlussgegenständen blockieren können, welche qualifizierte Mehrheiten erfordern (vgl. folgendes Beispiel).

**Beispiel: Patt mit drei Beteiligten**  !

A und B sind mit einem Geschäftsanteil von je 40%, C mit einem Geschäftsanteil von 20% an der X-Tiefbau-GmbH beteiligt. Die Gesellschaft muss ihren Maschinenpark dringend erneuern und Baumaschinen ersetzen, die keine Betriebsgenehmigung mehr erhalten haben. Der Investitionsbedarf beträgt EUR 140.000. Der Gesellschaftsvertrag sieht vor, dass die Anschaffung von Wirtschaftsgütern mit einem EUR 100.000 übersteigenden Wert der Zustimmung der Gesellschafterversammlung mit einer Mehrheit von 75% des Stammkapitals bedarf.

A und C stimmen für die Anschaffung (60% Pro-Stimmen). B stimmt dagegen (40%

Contra-Stimmen). A und C erreichen die notwendige Mehrheit von 75 % des Stammkapitals nicht. B kann die Anschaffung der dringend benötigten Maschinen blockieren. A und C beziehungsweise der Gesellschaft bleibt nur die Möglichkeit, den von ihnen gewünschten Beschluss auf dem Klageweg durchzusetzen (vgl. Kapitel 6.16). Diese Vorgehensweise mag im Ergebnis erfolgreich sein, bedeutet aber erheblichen Aufwand und nimmt Zeit in Anspruch – Zeit, in welcher der Gesellschaft keine neuen Baumaschinen zur Verfügung stehen.

Mit entsprechender gesellschaftsvertraglicher Gestaltung können Sie Pattsituationen vermeiden. Dazu benötigen Sie aber die Beteiligung der übrigen Gesellschafter. Sind alle Gesellschafter einverstanden, kann der Gesellschaftsvertrag sicherstellen, dass bei Meinungsverschiedenheiten der Wille eines Gesellschafters (einer Gesellschaftergruppe) maßgeblich ist.

### 3.4.2.2.1 Patt vermeiden durch klare Mehrheitsverhältnisse

Pattsituationen werden durch klare Mehrheitsverhältnisse vermieden. Die Mehrheit kann dann viele – in der Regel aber nicht alle – Entscheidungen auch gegen den Willen der Minderheit treffen. Die Gesellschaft bleibt dadurch in Standardsituationen handlungsfähig. Die Entscheidungsfähigkeit der Gesellschaft in Bezug auf Angelegenheiten, die in der Gesellschafterversammlung mit einfacher Stimmenmehrheit beschlossen werden, ist so abgesichert. Lediglich bei Beschlussmaterien, die qualifizierte Mehrheiten erfordern (zum Beispiel Beschlüsse über die Änderung eines GmbH-Gesellschaftsvertrags: Dreiviertelmehrheit), sind weiterhin Pattsituationen denkbar. (Außer der Mehrheitsgesellschafter verfügt über so viele Stimmrechte, dass er sogar die qualifizierten Mehrheitserfordernisse erreicht).

Um bei gleich hohen Beteiligungen klare (Stimm-)Mehrheiten zu schaffen, können die Gesellschafter stimmrechtslose Geschäftsanteile vorsehen und damit von den Beteiligungsverhältnissen abweichende Stimmrechte vereinbaren (vgl. Beispiel in Kapitel 3.4.2.2.1). Eine solche Vereinbarung ist im Gesellschaftsvertrag zu treffen. Der Vorteil einer solchen Regelung liegt darin, dass ein Gesellschafter zwar weniger Stimmrechte hat, an der Kapitalbeteiligung und Gewinnverteilung beide Gesellschafter aber zu gleichen Teilen partizipieren. Der Verzicht auf Stimmrechte bei gleichbleibendem Kapitalanteil wird meistens durch Leistung einer finanziellen Abgeltung erkauft (zum Beispiel durch eine einmalige Abschlagszahlung oder dauerhaft durch Einräumung eines alinear höheren Gewinnanspruchs).

Die Zulässigkeit stimmrechtsloser Anteile ist für die AG gesetzlich geregelt (sogenannte Vorzugsaktien) und für die GmbH ständige Rechtsprechung. Während bei der AG im Höchstfall die Hälfte der Anteile am Grundkapital von einem Stimmrecht ausgeschlossen sein darf (§ 139 Abs. 2 AktG), können die Gesellschafter einer GmbH Stimmrechte nahezu beliebig gestalten. Es kann einzelnen Gesellschaftern sogar ihr Stimmrecht vollständig entzogen werden. Streitig und höchstrichterlich nicht geklärt ist, ob bei der GmbH der Ausschluss des Stimmrechts auch für Beschlüsse über Satzungsänderungen gilt.[6] Darüber hinaus ist es bei der GmbH (anders als bei der AG) auch zulässig, bestimmten Geschäftsanteilen ein »Mehrstimmrecht« zu gewähren. So kann auch auf diesem Wege ein Auseinanderfallen von Stimmrecht und Beteiligung erreicht werden.

Bei Personengesellschaften ist ebenfalls der gänzliche Ausschluss des Stimmrechts einzelner Gesellschafter zulässig. Dies gilt sowohl für (gewöhnliche und außergewöhnliche) Maßnahmen der Geschäftsführung als auch für Änderungen des Gesellschaftsvertrages. Streitig ist aber auch hier, inwieweit ein Stimmrechtsausschluss für Beschlüsse gilt, die in die Rechtsstellung des Gesellschafters eingreifen (zum Beispiel Änderung der Gewinnbeteiligung oder des Auseinandersetzungsguthabens).[7]

> **Beispiel: Vom Kapitalanteil abweichende Stimmrechte**
>
> Gesellschafter A und B halten je 50% der Geschäftsanteile an der AB-Handels-GmbH. Der Gesellschaftsvertrag sieht vor, dass die von A gehaltenen Geschäftsanteile ein vollwertiges Stimmrecht haben, die von B gehaltenen Geschäftsanteile jedoch nur zur Hälfte ein Stimmrecht haben, im Übrigen aber stimmrechtslos sind. Zum Ausgleich erhält B zwei Drittel des Gewinns. Obwohl A nur zur Hälfte am Stammkapital beteiligt ist, kann er zwei Drittel der Stimmrechte ausüben.

|  | gesetzliche Regelung | Gestaltungsmöglichkeiten |
|---|---|---|
| **Personengesellschaft** | jeder **Kopf** eine Stimme | • abweichende Gestaltung nahezu beliebig zulässig<br>• in der Regel richtet sich Stimmgewicht nach Kapitalanteil<br>• selbst gänzlicher Ausschluss einzelner Gesellschafter vom Stimmrecht zulässig<br><br>• aber: Mehrheitsbeschlüsse, die in den »Kernbereich« der Mitgliedschaft eingreifen, sind nur mit ausdrücklicher Zustimmung des betreffenden Gesellschafters zulässig; die Zustimmung kann bereits in der Satzung erfolgen*<br><br>* Im Einzelnen ist hier vieles streitig: Baumbach/Hopt/*Roth* HGB § 119 Rn. 33 ff |

---

6  Vgl. zur Stimmkraft bei der GmbH: Baumbach/Hueck/*Zöllner/Noack* § 47 Rn. 66 ff.
7  Vgl. exemplarisch zur OHG: Baumbach/Hopt/*Roth* HGB § 119 Rn. 13 f.

| | gesetzliche Regelung | Gestaltungsmöglichkeiten |
|---|---|---|
| **GmbH** | Stimmgewicht hängt vom Umfang der **Geschäftsanteile** ab (je EUR 1 gewährt eine Stimme) | • Stimmgewichte beliebig anders verteilbar, kaum inhaltliche Grenzen<br>• streitig, ob Stimmrecht auch für satzungsändernde Beschlüsse ausgeschlossen werden kann |
| **AG** | jede **Aktie** gewährt eine Stimme | • Abweichungen durch Ausgabe stimmrechtloser Vorzugsaktien möglich |

**Tab. 1:** Gestaltungsmöglichkeiten für vom Kapitalanteil abweichende Stimmanteile

**!** **Achtung**

Soll bestimmten Anteilen kein Stimmrecht zukommen, muss dies im Gesellschaftsvertrag vereinbart werden.

Der Gesellschaftsvertrag kommt bei Neugründung nur durch Einigung sämtlicher potenzieller Gesellschafter zustande. Die Vereinbarung abweichender Stimmrechte schon bei der (Neu-)Gründung einer Gesellschaft bedarf daher der Zustimmung aller Gesellschafter. Diese Zustimmung ist zum Gründungszeitpunkt am ehesten erreichbar, weil im Zuge des Gründungsvorgangs ohnehin »alle Karten gemischt« werden und dabei meistens umfangreiches Ausgleichspotenzial für einen »Kuhhandel« um Stimmrechte vorhanden ist.

Im laufenden Gesellschaftsverhältnis ist die Änderung des Gesellschaftsvertrages bei Erreichen qualifizierter Stimmmehrheiten zwar auch gegen den Willen einzelner Gesellschafter möglich (vgl. Kapitel 4.1.9). Die ganz herrschende Meinung[8] geht allerdings davon aus, dass die Einschränkung von Mitgliedschaftsrechten einzelner Gesellschafter (nichts anderes ist die Benachteiligung einzelner Gesellschafter hinsichtlich ihrer Stimmrechte) nur mit Zustimmung der betroffenen Gesellschafter zulässig ist. Es ist unwahrscheinlich, dass Gesellschafter, die bereits im Besitz umfangreicher Stimmrechte sind, der Reduktion dieser Stimmrechte zugunsten anderer Gesellschafter zustimmen.

Wer von den Beteiligungsverhältnissen abweichende Stimmrechte will, sollte dies also schon im Rahmen der Gesellschaftsgründung durchsetzen und im Gesellschaftsvertrag regeln.

All diese Überlegungen zeigen: Ein Ungleichgewicht im Machtverhältnis zwischen den Gesellschaftern muss nicht per se schlecht sein – aber es muss von Anfang an klar definiert sein. Die Folgen ungleicher Machtverhältnisse müssen den Gesellschaftern bewusst sein. Insbesondere der Gesellschafter mit dem kleineren Stimmanteil (Minderheitsgesellschafter) sollte sich intensiv mit den Konsequenzen dieser Vorgehensweise auseinandersetzen und entschei-

---

8   Vgl. zur GmbH: Baumbach/Hueck/*Fastrich* § 14 Rn. 17 und zur Personenhandelsgesellschaft: Baumbach/Hopt/*Roth* a. a. O.

den, ob er diese dauerhaft dulden will. Denn nur wer sich dieses Problem bereits vor der Gesellschaftsgründung bewusst macht, kann aktiv für sich selbst entscheiden, ob er eine Ungleichbehandlung auf Dauer duldet oder nicht.

---

**Tipp** !

Selbst dann, wenn Sie als Gesellschafter eine noch so große Mehrheit haben, sollten Sie auf die Bedürfnisse der Minderheit stets Rücksicht nehmen und versuchen, möglichst viele Entscheidungen durch einstimmigen Gesellschafterbeschluss zu fassen. Dadurch fühlt sich die Minderheit ernst genommen und Sie vermeiden die Gefahr, dass ein Gesellschafter eine Blockadeposition einnimmt und »lästig« wird. Überdies können Maßnahmen, die Sie als Mehrheitsgesellschafter gegen den Willen der Minderheit entschieden haben, auch schiefgehen. Wenn Sie eine solche Maßnahme mit Ihrer Mehrheit und gegen den Willen der Minderheit durchgesetzt haben, werden Sie sich für Ihre Entscheidung rechtfertigen müssen. Wenn der Minderheitsgesellschafter der Maßnahme ausdrücklich zugestimmt hatte oder Sie den Minderheitsgesellschafter wenigstens seine Gegenargumente vorbringen ließen und die Maßnahme aus Gründen gescheitert ist, die auch der Minderheitsgesellschafter nicht vorhergesehen hatte, sind Sie weniger angreifbar.
Nehmen Sie als Mehrheitsgesellschafter die Minderheit bei Ihren Entscheidungen mit und nutzen Sie Ihre Mehrheit allenfalls in wenigen, aber bedeutenden Fällen aus.

---

Aber nicht immer haben die Gesellschafter die Möglichkeit, selbst aktiv in die Anteilsaufteilung einzugreifen. Das gilt insbesondere, wenn diese Aufteilung Dritte vornehmen (zum Beispiel der Übergeber bei Unternehmensnachfolgen in Familienunternehmen; vgl. Kapitel 7). In diesen Fällen liegt es an den tatsächlich handelnden Personen, entsprechendes Problembewusstsein zu zeigen.

---

**Achtung** !

Bevor Sie einem anderen die Mehrheit der Stimmrechte in einer Gesellschaft überlassen, bedenken Sie, dass die handelnden Personen wechseln und so dritte Personen, die Sie jetzt noch gar nicht kennen, über die entscheidende Stimmmehrheit verfügen können. So zum Beispiel, wenn der Erbe dem verstorbenen Mehrheitsgesellschafter nachfolgt.

---

### 3.4.2.2.2 Patt vermeiden auf die sanfte Tour

Zur Pattvermeidung stehen aber auch andere Lösungen zur Verfügung, selbst wenn Sie eine 50%-50%-Aufteilung wählen. Mögliche Pattsituationen könnten diesfalls mit folgenden gesellschaftsvertraglichen Regelungen weitgehend vermieden werden:

- **Schaffen Sie ein neutrales Forum, das Konflikte entschärft und Pattsituationen auflöst!** Die Ausgestaltung eines neutralen Forums hängt von der Beziehung der Gesellschafter untereinander und vom vorrangigen Zweck des Forums ab (vgl. Kapitel 5.1.2). Ein Forum, das in gefährlichen Pattsituationen die notwendigen Kompetenzen zum Setzen der erforderlichen Maßnahmen hat, sollte formellen Charakter haben. Dazu bietet sich die Einrichtung eines (fakultativen) Aufsichtsrates oder Beirates an (vgl. Kapitel 4.1.8.25). Ein derartiger Beirat oder Aufsichtsrat sollte mit neutralen Dritten besetzt werden oder zumindest so ausgestaltet sein, dass sich die Pattsituation der Gesellschaft(-er) nicht auf das neutrale Forum überträgt und fortsetzt (vgl. Tipp am Ende dieses Kapitels). Die Einrichtung eines solchen Forums kostet natürlich Geld, das aber gut investiert ist, wenn dadurch ein substanzieller Gesellschafterstreit verhindert werden kann. Denn ein offen ausbrechender Gesellschafterstreit ist zumeist wesentlich teurer als die Einrichtung eines neutralen Forums.
- **Sehen Sie eine Entscheidung durch Los vor!** Rechtlich sind Regelungen zulässig, wonach im Falle einer Pattsituation bei Beschlussfassungen das Los entscheidet.[9] Eine derartige Regelung kann disziplinieren und zur Kompromissfindung motivieren, denn ein Kompromiss wird die eigenen Interessen immer noch besser verkörpern als ein durch Los gefasster Beschlussgegenstand, den der Mitgesellschafter auf die Tagesordnung gesetzt hat. Allerdings besteht die Gefahr, dass Beschlussfassungen zum Glücksspiel ausarten, denn der Gesellschafter, der einen ihm genehmen Beschlussgegenstand auf die Tagesordnung setzt, hat in der Regel nichts zu verlieren, aber viel zu gewinnen. Losentscheide sollten daher auf im Vorhinein in der Satzung konkretisierte Beschlussgegenstände beschränkt werden.
- **Reduzieren Sie die Möglichkeiten einer Pattsituation der Gesellschafter und die damit einhergehende Lähmung der Gesellschaft!** Dazu sind zunächst möglichst viele Entscheidungen von der Ebene der Gesellschafter auf die Geschäftsführung zu übertragen und die Weisungsbefugnis der Gesellschafter gegenüber der Geschäftsführung einzuschränken.
  - Für **AGs** sieht das AktG ohnehin die Weisungsfreiheit des Vorstandes gegenüber den Aktionären und gegenüber dem Aufsichtsrat vor. Diese Weisungsfreiheit kann auch nur durch Beherrschungsverträge oder eine Eingliederung eingeschränkt werden.
  - Für **GmbHs** sieht das GmbHG dagegen vor, dass die Geschäftsführer der Gesellschafterversammlung grundsätzlich weisungsunterworfen sind.

---

9   Vgl. Baumbach/Hueck/*Zöllner*/*Noack* § 47 Rn. 23.

Der Gesellschaftsvertrag kann das Weisungsrecht der Gesellschafterversammlung einschränken.[10]

– In **Personengesellschaften** herrscht unter den Gesellschaftern nach der gesetzlichen Konzeption das Einstimmigkeitsprinzip. Gleichzeitig geht das Gesetz davon aus, dass Gesellschafter und Geschäftsführer identisch sind. Das bietet dem einzelnen Gesellschafter besonders viele Möglichkeiten, unternehmerische Entscheidungen zu blockieren. Der Gesellschaftsvertrag kann die Gesellschafter- von der Geschäftsführungsfunktion entkoppeln, indem einzelne Gesellschafter von der Geschäftsführung ausgeschlossen werden. Dadurch können die Einflussmöglichkeiten auf die Geschäftsführung reduziert werden. Das muss aber im Gesellschaftsvertrag ausdrücklich vorgesehen werden.

■ **Räumen Sie Gesellschafter-Geschäftsführern Einzelvertretungsberechtigung ein!** Die Handlungsfähigkeit von Geschäftsführern kann erhöht werden, indem ihnen Einzelvertretungsberechtigung eingeräumt und der Katalog jener Geschäfte möglichst eingeschränkt wird, die der Zustimmung der übrigen Geschäftsführungsmitglieder bedürfen. Wären die Geschäftsführer gemeinsam vertretungsberechtigt, würde die Gefahr bestehen, dass die aus der Gesellschafterebene ausgelagerten Entscheidungen auf Geschäftsführungsebene zu Streitigkeiten führen. Die gefürchtete Pattstellung tritt dann erst recht ein. Der Vorteil der Einzelvertretungsberechtigung ist die Handlungsfähigkeit der Gesellschaft trotz unklarer Mehrheitsverhältnisse. Ihr Nachteil ist der weitgehende Kontrollverlust der Gesellschaft (beziehungsweise der übrigen Gesellschafter und Geschäftsführer) über das Verhalten des Gesellschafter-Geschäftsführers. Bevor Sie durch Einzelvertretungsberechtigung die Handlungsfähigkeit Ihrer Gesellschaft erhöhen, sollten Sie sich genau überlegen, ob Sie den damit verbundenen Kontrollverlust in Kauf nehmen wollen. Rechtstechnisch wird häufig im Handelsregister und in der Satzung die Vertretungsmacht der Geschäftsführer möglichst weitreichend geregelt und nur im Innenverhältnis entweder mit einer Nebenvereinbarung oder im Dienstvertrag eingeschränkt. Eine derartige Vorgehensweise sichert die Handlungsfähigkeit der Gesellschaft auch dann, wenn beispielsweise einzelne grundsätzliche zustimmungpflichtige Gesellschafter oder Geschäftsführer ortsabwesend sind. Andererseits besteht die Gefahr, dass ein Geschäftsführer die ihm im Außenverhältnis weitreichend eingeräumte Vertretungsmacht missbraucht. War die Kompetenzüberschreitung für den Vertragspartner nicht vorhersehbar, ist die Gesellschaft an den kompetenzwidrig abgeschlossenen Vertrag gleichwohl gebunden. Die eigenmächtige Kompetenzüber-

---

10  Vgl. Baumbach/Hueck/*Zöllner/Noack* § 37 Rn. 20 ff. und § 46 Rn. 93.

schreitung führt dann lediglich zu Schadenersatzansprüchen gegenüber dem Geschäftsführer.

Letztendlich sind der Handlungsfähigkeit einzelvertretungsberechtigter Gesellschafter-Geschäftsführer trotzdem Schranken gesetzt, weil die übrigen Geschäftsführer den Geschäftsführungsmaßnahmen jedes (also auch des einzelvertretungsberechtigten) Geschäftsführers widersprechen können (vgl. Kapitel 5.5.3.1).

- **Sehen Sie klare und rasch durchführbare Auseinandersetzungsregeln vor!** Dies bringt zwar mit sich, dass ein Gesellschafter bei einem Gesellschafterstreit zwangsläufig aus der Gesellschaft ausscheiden muss. Bei fairer Gestaltung der Auseinandersetzungsregeln erhält er dafür aber eine attraktive Entschädigung. Nichts ist wirtschaftlich schädlicher als die lange andauernde Handlungsunfähigkeit Ihres Unternehmens wegen streitender Gesellschafter. Der nach einer solchen Handlungsunfähigkeit zu verteilende Kuchen ist in der Regel kleiner als jener bei einer raschen Auseinandersetzung. Davon profitiert auch der ausscheidende Gesellschafter!

Sowohl die Schaffung klarer Mehrheiten als auch die 50%-50%-Aufteilung haben ihren Preis und bergen Risiken. Ist die Schaffung klarer Mehrheiten nicht möglich, sollte der Gesellschaftsvertrag zumindest klare Regelungen zur raschen Auseinandersetzung der Gesellschafter beinhalten (vgl. zum Beispiel Kapitel 4.1.8.19 und 4.1.8.21)

Der Vorteil der Patt-Vermeidung »auf die sanfte Tour« ist, dass – zumindest finanziell – kein Gesellschafter benachteiligt wird und für ihn nachteilige Stimmrechtsregeln in Kauf nehmen muss. Die Gesellschaft bleibt trotz Pattsituation handlungsfähig. Ein Restrisiko bleibt jedoch bestehen, selbst wenn die Gesellschafter die in diesem Kapitel beschriebenen Vorkehrungen treffen.

> **!  Tipp**
>
> Ein Forum zur Konflikt- und Pattvermeidung ist wirkungslos, wenn seine Besetzung derart vorgenommen wurde, dass sich die Konflikte oder Pattsituationen maßstäblich auf das Forum übertragen. Optimal wäre die gänzliche Besetzung des Forums mit neutralen Dritten, die ihre Entscheidungen ausschließlich auf Basis objektiver und von den subjektiven Einzelinteressen der einzelnen Gesellschafter losgelösten Überlegungen treffen. Eine solche Besetzung scheitert aber oft am Widerstand einzelner Gesellschafter, die auf »ihre« Vertrauensperson im jeweiligen Gremium nicht verzichten wollen.
>
> Für solche Fälle bietet sich folgender Bestellungsmodus an: Jeder Gesellschafter (jede Gesellschaftergruppe) ernennt ein Forumsmitglied. Die so bestellten Forumsmitglieder sind die Vertrauenspersonen der einzelnen Gesellschafter(-gruppe).

Diese Forumsmitglieder wählen gemeinsam ein oder zwei weitere Mitglieder – je nachdem, wie viele weitere Mitglieder zur Erreichung einer ungeraden Anzahl an Forumsmitgliedern notwendig sind.

Wichtig ist, dass das Forum letztendlich eine ungerade Anzahl an Mitgliedern aufweist. So können Pattsituationen im Forum vermieden werden.

---

**Achtung**

Bei mitbestimmungspflichtigen Gesellschaften sind Sonderregeln zu beachten. So führt die zwingende Zulassung von Arbeitnehmervertretern zu einer anderen Anzahl von Mitgliedern und zu geänderten Mehrheitsverhältnissen (vgl. Kapitel 4.1.8.25.2).

### 3.4.2.2.3 Unjuristisch Patt vermeiden

Dass der Gesellschaftsvertrag Pattsituationen zulässt, bedeutet noch nicht, dass die Gesellschafter auch tatsächlich in Pattsituationen geraten müssen. Ob eine Pattsituation wirklich eintritt, hängt letztlich stark vom Verhalten der Gesellschafter und insbesondere davon ab, ob die Gesellschafter in der Gesellschaft ihre Rechtspositionen ausreizen oder eher konsensorientiert handeln. Konsensorientierte Umgangsformen unter den Gesellschaftern führen meistens dazu, dass Pattsituationen auch bei Meinungsverschiedenheiten erst gar nicht entstehen. Sie funktionieren aber nur, wenn die Gesellschafter sie tatsächlich »leben«, und sie können im Krisenfall nicht »hervorgezaubert« werden.

Eine mögliche Strategie zur Entwicklung solcher konsensorientierten Umgangsformen ist eine **gesellschaftsvertragliche Klarstellung, dass Gesellschafter für den Beschlussantrag eines anderen Gesellschafters stimmen, wenn sie keine sachlichen Gegenargumente und begründete Bedenken dagegen vorbringen.** Die solcherart »verpflichteten« Gesellschafter können also nur entweder für den Beschluss stimmen oder sachliche Gegenargumente vorbringen. Stimmenthaltungen und Gegenstimmen ohne entsprechende sachliche Begründung sind nicht zulässig. Gerichtlich ist diese Klarstellung kaum durchsetzbar, aber sie erhöht die moralische Verpflichtung und den sozialen Druck der Gesellschafter zur sachlichen Zusammenarbeit. Überdies erzielen die Gesellschafter so besonders viele einstimmige Beschlüsse. Auch das hebt das Gemeinschaftsgefühl und damit die Konsensbereitschaft.

Der Vorteil einer solchen Regelung besteht in ihrer leichten Anwendbarkeit. Darüber hinaus erkennen die Gesellschafter meist rasch, wenn ein anderer Gesellschafter seine Umgangsform ändert – ein Alarmsignal, das nahende Konflikte ankündigen kann (aber nicht unbedingt muss). Ihr Nachteil besteht in ihrer mangelnden rechtlichen Durchsetzbarkeit. Diese Umgangsform funktioniert nur im Rahmen einer freiwilligen Selbstverpflichtung. Hält sich ein Gesellschafter plötzlich nicht mehr an sie, können die übrigen Gesellschafter ihre Einhaltung nicht erzwingen. Eine Faktenlage, die dieser Gesellschafter mit seinem Verstoß gegen diese Umgangsform geschaffen hat, kann (zumindest mit juristischen Mitteln) oft nicht mehr rückgängig gemacht werden.

### 3.4.2.2.4 Patt – *der* Rettungsanker

Pattsituationen bestehen in der Regel bei Gesellschaften mit lediglich zwei Gesellschaftern beziehungsweise zwei Gesellschaftergruppen. Es gibt dann drei relevante Parteien: die beiden Gesellschafter(gruppen) und die Gesellschaft. Auf den ersten Blick erscheint die Konstruktion eines Beteiligungsverhältnisses von 51 % zu 49 % attraktiv: Sie ermöglicht dem Mehrheitsgesellschafter zu jeder Zeit die Durchsetzung seines Willens. Dadurch wird die Gesellschaft handlungsfähig. Dies steigert langfristig ihren wirtschaftlichen Wert und kommt dadurch mittelbar auch dem Minderheitsgesellschafter zugute.

Sollten Sie der (Stimm-)Mehrheitsgesellschafter sein, können Sie von dieser Lösung profitieren. Was aber, wenn Sie der Minderheitsgesellschafter sind? Bereits bei einer Stimmrechtsverteilung von 49 % zu 51 % kann der GmbH-Mehrheitsgesellschafter durch wirksamen Gesellschafterbeschluss gegen Ihren Willen Weisungen an die Geschäftsführung erteilen – ausgenommen sind davon lediglich Weisungen, die gesetzlich oder gesellschaftsvertraglich größeren Mehrheitserfordernissen zugeordnet werden. Sind Sie bereit, diese ständige Dominanz Ihres Gegenübers zu akzeptieren? Dies, obwohl Sie »nur« zwei Prozentpunkte weniger Anteile halten als Ihr Geschäftspartner und damit wirtschaftlich nahezu in gleichem Umfang beteiligt sind? Wenn ja: Werden Sie auch in zehn Jahren noch dazu bereit sein?

Man erkennt: Auch diese Machtaufteilung birgt Konfliktpotenzial. Sie ist nur empfehlenswert, wenn sie die tatsächlichen Machtverhältnisse und das Verhältnis der Beiträge der einzelnen Gesellschafter widerspiegelt, der (Stimm-)Minderheitsgesellschafter an einer aktiven Mitwirkung in der Gesellschaft ohnehin nur geringes Interesse hat oder wenn der Minderheitsgesellschafter einen fairen wirtschaftlichen Ausgleich erhält. Andernfalls wird er eine sachlich unbegründete Ungleichbehandlung auf Dauer nicht akzeptieren. Ursache eines Streits wegen ungleich verteilter Machtverhältnisse muss nicht unbedingt eine objektiv ungerechte Gestaltung dieser Machtverhältnisse sein. Es genügt vielmehr schon (und ist oft sogar viel schlimmer), dass sie vom »benachteiligten« Gesellschafter subjektiv als ungerechtfertigt angesehen wird.

Eine gezielt gewählte Pattkonstellation kann dagegen streitvermeidend wirken. Die Gesellschafter sind gezwungen, auf die Bedürfnisse der jeweils anderen Partei einzugehen und im Vorfeld eine Kompromisslösung zu finden, mit der alle leben können. Dass der Kompromiss jeder Partei Zugeständnisse abverlangt, verschafft ihm Akzeptanz.

Ohne Zweifel kann eine Pattkonstellation die Gesellschaft im Falle eines Gesellschafterstreits mehr lähmen als eine Gesellschafterstruktur mit klaren Mehrheitsverhältnissen. Gerade dieser Umstand kann jedoch befriedend wirken, weil das Worst-Case-Szenario einer im Streit vollkommen blockierten Gesellschaft auf alle Parteien abschreckend wirkt.

Pattkonstellationen eignen sich daher nur dann, wenn beide Parteien in gleichem Maße auf die Handlungsfähigkeit der Gesellschaft angewiesen sind. Dies ist beispielsweise bei Freiberufler-Gesellschaften der Fall, bei denen die beiden in gleicher Höhe beteiligten Gesellschafter mit den Einkünften aus der Gesellschaft ihren Lebensunterhalt bestreiten müssen.

> **Tipp**                                                                    !
>
> Gestalten Sie bei Pattkonstellationen Ihren Gesellschaftsvertrag so, dass alle Gesellschafter in gleichem Maße auf ein Funktionieren der Gesellschaft angewiesen sind, beispielsweise durch ein umfangreiches Wettbewerbsverbot für die Dauer der Beteiligung.
>
> Wechselseitige Abhängigkeiten, ein Aufeinander-Angewiesen-Sein und der Umstand, dass Konflikte für alle Parteien sehr schmerzhaft sind, disziplinieren die Parteien und wirken befriedend. Nicht nur im Gesellschaftsrecht ist dieses Phänomen zu beobachten, sondern auch in anderen Bereichen, in denen die Disziplinierung der Parteien nicht durch staatliche Gerichte erfolgt: Beispielsweise tauschen die italienische und die kolumbianische Mafia wechselseitig Verwandte als Pfand aus. Diese Verwandten werden nicht als Geiseln betrachtet, sollen aber eine Gewähr bieten, dass sich der Vertragspartner »vertragstreu« verhält. Ein anderes Beispiel ist die Abschreckung durch Atomwaffen. Noch nie wurde zwischen zwei Atommächten eine direkte kriegerische Auseinandersetzung geführt. Jeder Atommacht ist bewusst, dass es in einer derartigen Auseinandersetzung für sie nichts zu gewinnen gibt. (Wäre Japan 1945 eine Atommacht gewesen …)
>
> Seien Sie (im Rahmen des rechtlich Zulässigen und mit weniger martialischen Mitteln) kreativ. Wie kann es Ihnen gelingen, Ihre Mitgesellschafter zu treuegemäßem Verhalten zu motivieren?

### 3.4.3 Gemeinsam oder einsam – Stimmrechtspoolvereinbarungen

Die Mehrheitsverhältnisse in einer Gesellschaft können sich grundlegend ändern, wenn sich einzelne Gesellschafter zu Stimmrechtspools zusammenschließen. Ein solcher Zusammenschluss ist denkbar, wenn die Gesellschaft zumindest drei Gesellschafter hat (zwei, die einen Stimmrechtspool bilden und einen, der daran nicht teilnimmt, oder gegen den es sich sogar richtet).

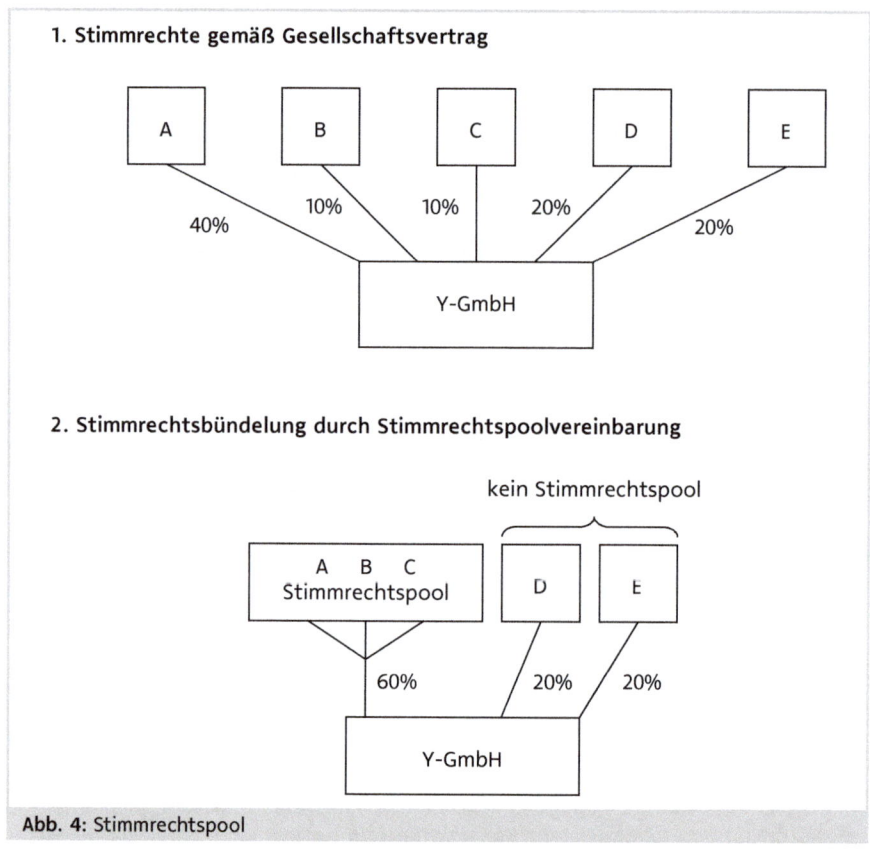

**Abb. 4:** Stimmrechtspool

Prüfen Sie, ob unter Ihren Mitgesellschaftern Stimmrechtspoolvereinbarungen bestehen oder sich entwickeln können. Stimmrechtspools werden meistens geheim gehalten. Folgende Umstände können aber Anzeichen für Stimmrechtspoolvereinbarungen sein:

- Mehrere Gesellschafter verfolgen außerhalb der zu gründenden Gesellschaft gemeinsame oder ergänzende (wirtschaftliche) Interessen;
- mehrere Gesellschafter setzen gemeinsame Projekte außerhalb der Gesellschaft um;
- mehrere Gesellschafter beherrschen große Teile eines (Teil-)Marktes;

- mehrere Gesellschafter haben dieselben (Rechts-)Berater;
- ein Gesellschafter tritt bei der Beschlussfassung wiederholt mit der Vollmacht eines anderen Gesellschafters auf (beziehungsweise beide Gesellschafter lassen sich bei Beschlussfassungen wiederholt von derselben Person vertreten);
- mehrere Gesellschafter positionieren sich Ihnen gegenüber über einen längeren Zeitraum inhaltlich weitgehend gleich;
- zwischen zwei Gesellschaftern besteht ein rechtliches (zum Beispiel Konzernverbindung; Verpfändungen usw.) oder wirtschaftliches (zum Beispiel Kundenbeziehung, Darlehen) Abhängigkeitsverhältnis;
- Sie erhalten während der Vorgespräche annähernd wortidente Unterlagen von verschiedenen Gesellschaftern (auch ein Zeichen für denselben Rechtsberater beziehungsweise für koordiniertes Vorgehen zweier verschiedener Rechtsberater);
- Medienberichterstattung über geplante gemeinsame Vorhaben, Zusammenschlüsse und Übernahmen.

Diese Aufzählung ist beliebig erweiterbar. Bei Vorhandensein eines der genannten oder ähnlicher Indizien sollten Sie mit der Entstehung beziehungsweise dem Bestehen von Stimmrechtspools unter Ihren Mitgesellschaftern rechnen.

Die Entstehung von Stimmrechtspools ist nicht per se negativ. Sie sollten die Konsequenzen aber bedenken. Wesentlich für Sie ist insbesondere, inwieweit sich durch die Bildung eines Pools die Mehrheiten in der Gesellschafterversammlung ändern. Minderheitsgesellschafter in Gesellschaften mit zwei weiteren, annähernd gleich starken Gesellschaftern können so vom »Zünglein an der Waage« schnell zu machtlosen Minderheitsgesellschaftern werden. Beziehen Sie in Ihre Überlegungen die erforderlichen Mehrheiten für Beschlüsse mit erhöhten Präsens- und Konsensquoren sowie die Möglichkeit mit ein, dass sich Stimmrechtspools auch auf die Geschäftsführung auswirken können (zum Beispiel, indem sich Poolvereinigungen bilden, um bestimmte Personen zu Geschäftsführern zu bestellen oder um bestimmte Weisungen an die Geschäftsführer zu erteilen). Selbst der Zusammenschluss zweier nicht einzelvertretungsberechtigter Geschäftsführer zu einem mittels eines Stimmrechtspools koordinierten Vorgehen ist praktisch denkbar.

Suchen Sie nach Möglichkeiten, selbst Allianzen zu schmieden. Möglicherweise bietet sich für Sie die Chance, als Minderheitsgesellschafter durch Bildung eines Stimmrechtspools zum Mitglied der Opinion-Leader zu werden.

### 3.4.4 Trau, schau, wem!

Im Wirtschaftsleben kommt es immer wieder vor, dass Unternehmer/Gesellschafter öffentlich nicht in Erscheinung treten wollen (dürfen). Sie wählen dann für ihre unternehmerische Tätigkeit Treuhandkonstruktionen.

In der Regel wird dafür eine sogenannte fremdnützige Treuhandbeteiligung gewählt. Bei dieser hält jemand (der Treuhänder) Rechte eines anderen (des Treugebers), welche der Treuhänder im eigenen Namen, aber aufgrund einer vertraglichen Verpflichtung (Treuhandvertrag) gemäß den Vorgaben (Weisungen) des Treugebers nur in dessen Interesse ausüben darf. Nach außen steht dem Treuhänder das volle Recht zu, er kann es uneingeschränkt ausüben. Nach innen ist der Treuhänder dem Treugeber verantwortlich und nur zum Schadenersatz verpflichtet, wenn er sich an die Vorgaben (Weisungen) des Treugebers nicht hält. Man sagt daher. *»Der Treuhänder kann mehr, als er darf.«*

Bei der Begründung einer Treuhandbeteiligung unterscheidet man zwischen:
- Erwerbstreuhand: Der Treuhänder erwirbt im Auftrag und auf Rechnung des Treugebers den Geschäftsanteil an einer GmbH von einem Dritten (derivativer Erwerb), oder bei der Gründung der GmbH oder durch eine Kapitalerhöhung (originärer Erwerb). Zwischen Treugeber und Treuhänder findet kein Verfügungsgeschäft statt. Sie schließen lediglich einen Treuhandvertrag ab.
- Übertragungstreuhand: Der Treugeber hält anfangs den Geschäftsanteil selbst. Er überträgt ihn in der Folge auf den Treuhänder unter der Voraussetzung, dass dieser ihn treuhänderisch verwalte. Der Treuhänder nimmt dadurch statt dem Treugeber die Stellung als Gesellschafter ein.
- Vereinbarungstreuhand: Der Treuhänder hält zuerst den Geschäftsanteil für sich selbst. Durch Abschluss eines Treuhandvertrages kommen Treuhänder und Treugeber überein, dass der Treuhänder den Geschäftsanteil nun für den Treugeber halte. Gesellschafter bleibt weiterhin der Treuhänder.[11]

Im Gesellschaftsrecht spielt sich eine Treuhandbeteiligung zum Beispiel so ab: Ein wirtschaftlich beteiligter Gesellschafter als Treugeber verpflichtet mit einem Treuhandvertrag eine andere Person, als Treuhänder die Gesellschafterrechte im Sinne des Treugebers auszuüben. Der Treuhänder wird in die

---

[11]  Vgl. zu den einzelnen Arten der Treuhand, den bei ihrer Begründung einzuhaltenden Formvorschriften (in der Regel ist notarielle Beurkundung erforderlich) und der Frage, inwiefern eine Vinkulierung von Geschäftsanteilen der Begründung einer Treuhandschaft entgegensteht: MüKoGmbHG/*Reichert/Weller* § 15 Rn. 209 ff.

beim Handelsregister veröffentlichte Gesellschafterliste aufgenommen und kann nach außen alle Gesellschafterrechte ausüben, im Innenverhältnis gegenüber dem Treugeber darf der Treuhänder diese Gesellschafterrechte aber nur gemäß den Vorgaben im Treuhandvertrag und gemäß den Weisungen des Treugebers ausüben.

Sollten Sie damit konfrontiert sein, dass Ihr Mitgesellschafter oder einer beziehungsweise mehrere Ihrer Mitgesellschafter bloß Treuhänder sind, empfehlen wir,

- zu prüfen, ob alles von uns in Kapitel 3 »Vor der Gründung« Geschilderte sowohl für den Treugeber als auch für den Treuhänder zutrifft, weil Sie in der Regel mit beiden zu tun haben werden, und
- besonderes Augenmerk auf Vinkulierungen sowie Vorkaufsrechte (vgl. Kapitel 4.1.8.14 f.) zu legen.

Sollten Sie Treugeber sein, wählen Sie Ihren Treuhänder äußerst sorgsam aus, denn er kann mehr, als er darf!

---

**Beispiel: Die neutralen Eltern ...**     !

Von Geschwistern (eine Schwester und ein Bruder), welche von ihren gemeinsamen Eltern eine erfolgreiche Schiliftgesellschaft je zur Hälfte geschenkt erhalten sollten, wollte der Bruder aus gerechtfertigten Gründen öffentlich nicht in Erscheinung treten. Die Eltern übertrugen daher von ihren Geschäftsanteilen je 50% an ihre Tochter, welche in die beim Handelsregister veröffentlichte Gesellschafterliste aufgenommen und alleinige Geschäftsführerin wurde. Mit Zustimmung seiner Schwester vereinbarte der Bruder mit den Eltern, dass diese die anderen 50% ihrer Geschäftsanteile nicht mehr für sich, sondern treuhänderisch für ihren Sohn (den Bruder) halten. Er wurde daher in die Gesellschafterliste nicht aufgenommen, seine Eltern blieben somit mit je 25% (in Summe 50%) auf der Gesellschafterliste, und zwar als Treuhänder für ihren Sohn (den Bruder).
Jahrelang verstanden sich die Geschwister, bis ein tobender Gesellschafterstreit ausbrach. Die Eltern litten, erstens wegen des Streits ihrer Kinder, zweitens wegen der drohenden Zerstörung ihres Lebenswerks. Dennoch waren sie zu schwach, ihre Autorität zu nutzen, um in den Gesellschafterstreit einzugreifen. Sie verhielten sich absolut neutral, für den Bruder zu neutral!
Dieser wollte nämlich seine Gesellschafterrechte wahrnehmen: Bucheinsicht und Ausübung seines Stimmrechts in der Gesellschafterversammlung. Er selbst konnte dies als Treugeber nicht, seine Eltern machten es nicht, weil sie gegen ihre Tochter nicht auftreten wollten, obwohl sie aufgrund der Treuhandbeteiligung und entsprechender Weisungen des Bruders dazu verpflichtet gewesen wären! Der Versuch des Bruders, einen anderen Treuhänder einzusetzen, scheiterte, weil die Schwester die Übertragung an einen solchen und dessen Eintragung in die Gesellschafterliste mit dem – zulässigen – Argument verweigerte, die Geschäftsanteile seien vinkuliert

(vgl. Kapitel 4.1.8.14). Dies führte dazu, dass die Schwester tun und lassen konnte, was sie wollte – zum Schaden der Schiliftgesellschaft und indirekt zum Schaden des Bruders. Dieser hätte nur eine einzige Möglichkeit gehabt: gegen seine Eltern wegen der Verletzung des Treuhandvertrages Klage zu erheben. Seine eigenen Eltern wollte er aber nicht verklagen.

Mittlerweile ist die Schiliftgesellschaft aufgelöst, maßgebliche Vermögensteile wurden ohne jegliche Kontrolle in eine andere Gesellschaft transferiert, an der – höchstwahrscheinlich – die Schwester beteiligt ist: über eine Treuhandkonstruktion …

Wir empfehlen daher, ernsthaft darüber nachzudenken, als Treuhänder gesetzlich zur Verschwiegenheit verpflichtete berufsmäßige Parteienvertreter zu nehmen. Sie kosten zwar Geld, bieten aber Sicherheit, dass diese die vom Treugeber übertragenen Gesellschafterrechte nur im Interesse des Treugebers ausüben – auch im Gesellschafterstreit. Allerdings wird in vielen Fällen von der Öffentlichkeit rasch vermutet werden, dass ein berufsmäßiger Parteienvertreter bloß eine Treuhandfunktion ausübt. Sollte das unerwünscht sein, muss man sich auf die Suche machen: Sinnvoll wird sein, einen Treuhänder zu engagieren, der in keinem (Nähe-)Verhältnis zu den anderen Gesellschaftern steht, sondern nur dem Treugeber verbunden ist.

### 3.4.5 Wahl der richtigen Gesellschaftsform

Fragen zur Wahl der Gesellschaftsform würden für sich alleine ein Buch füllen. Aus Platzgründen seien hier nur die Eckpunkte der wesentlichen rechtlichen Merkmale der einzelnen Gesellschaftsformen dargestellt. Die endgültige Festlegung der Rechtsform Ihrer konkreten Gesellschaft sollten Sie gemeinsam mit Ihrem Rechtsberater sowie Ihrem Steuerberater festlegen. Die folgende Tabelle bietet Ihnen eine erste Orientierung.

| | Personengesellschaft | GmbH | AG |
|---|---|---|---|
| Gründungs-aufwand | niedrig; schriftlicher Vertrag nicht zwingend (aber empfehlenswert; vgl. Kapitel 4.1.6.1) | Gesellschaftsvertrag notariell beurkundungspflichtig | Satzung notariell beurkundungspflichtig |

| | Personengesellschaft | GmbH | AG |
|---|---|---|---|
| **Kapital (Bar- und/oder Sacheinlage)** | kein gesetzliches Mindestkapital; bei KG: Kommanditisten verpflichten sich zu einer Kapitaleinlage, für welche sie persönlich haften (= Hafteinlage); Sacheinlagen sind zulässig (vgl. Kapitel 3.4.6) | Mindeststammkapital EUR 25.000; von dem gezeichneten Stammkapital sind bei Bargründung mindestens 25% des Nennbetrages jedes Geschäftsanteils, insgesamt jedoch mindestens EUR 12.500 zu leisten (§7 Abs. 2 GmbHG); Sacheinlagen sind zulässig (vgl. Kapitel 3.4.6), müssen aber bei Gründung vollständig geleistet werden | Mindestgrundkapital EUR 50.000; von dem gezeichneten Grundkapital sind bei einer Bargründung mindestens 25% des Nennbetrages zzgl. des gesamten Agios jeder Aktie einzubezahlen (§36a Abs. 1 AktG); Sacheinlagen sind zulässig (vgl. Kapitel 3.4.6), müssen aber bei Gründung vollständig geleistet werden (§36a Abs. 2 AktG) |
| **persönliches Haftungsrisiko der Gesellschafter** | Hoch! Gesellschafter haften für Verbindlichkeiten unbeschränkt auch mit ihrem Privatvermögen (Ausnahme bei KG für Kommanditist und Ausnahme bei PartGmbB für Haftung wegen Berufspflichtverletzungen) | Haftung auf übernommene Stammeinlage betragsmäßig beschränkt (keine weitere Haftung, bei vollständig einbezahlter und nicht wieder rechtswidrig zurückerhaltener Stammeinlage) (vgl. Kapitel 4.3) | Haftung mit dem Nennbetrag der gehaltenen Aktien |
| **gesetzliche Gesellschaftsstrukturen ausgelegt auf** | grundsätzlich einige wenige Gesellschafter (Ausnahme: Publikumsgesellschaften [Fonds]) | grundsätzlich wenige Gesellschafter (Anpassung an viele Gesellschafter möglich) | grundsätzlich viele Aktionäre (Anpassung an wenige Aktionäre möglich) |
| **Geschäftsführung** | grundsätzlich jeder persönlich haftende Gesellschafter; Fremdgeschäftsführung ist nicht zulässig | Fremdgeschäftsführung oder Geschäftsführung durch Gesellschafter | grundsätzlich Fremdgeschäftsführer (Aktionär als Vorstand möglich, aber in der Praxis unüblich) |

| | Personengesellschaft | GmbH | AG |
|---|---|---|---|
| **Übertragbarkeit der Anteile** | Gesellschafterwechsel grundsätzlich nur mit Zustimmung aller Mitgesellschafter möglich; Gesellschaftsvertrag kann Erleichterungen vorsehen | Anteile durch notariell beurkundeten Vertrag grundsätzlich frei übertragbar (Beschränkungen zulässig; vgl. Kapitel 4.1.8.14) | Anteile frei übertragbar (Beschränkungen unzulässig; Ausnahme: Namensaktien; vgl. Kapitel 4.1.8.14) |
| **Aufwand für Organisation und Strukturen** | Niedrig | insbesondere bei GF durch Gesellschafter niedrig (Achtung: AR-Pflicht bei großen GmbHs, vgl. Kapitel 4.1.8.25.1) | hoch (AR-Pflicht) |
| **Einfluss von Minderheitsgesellschaftern** | groß (grundsätzlich Einstimmigkeitsprinzip) | gering (außer Gesellschaftsvertrag sieht anderes vor) | sehr gering (außer Satzung sieht anderes vor) |
| **Kontrollausübung** | unmittelbar durch Gesellschafter | unmittelbar durch Gesellschafter, solange kein AR eingerichtet | unmittelbar durch AR |
| **Weisungen an Geschäftsführer** | praktisch nicht notwendig (alle Gesellschafter sind auch Geschäftsführer) | Geschäftsführer der Gesellschafterversammlung gegenüber weisungsgebunden | Vorstand weisungsfrei (Ausnahme: Beherrschungsvertrag oder Eingliederung) |
| **Wettbewerbsverbot für Gesellschafter** | Wettbewerbsverbot für Gesellschafter | Wettbewerbsverbot für beherrschende Gesellschafter | kein Wettbewerbsverbot für Gesellschafter |
| **Steuern\*** | **Personengesellschaft** ist kein eigenes Ertragsteuersubjekt; Ertragsbesteuerung erfolgt nur auf Ebene der Gesellschafter<br>**Kapitalgesellschaft** ist eigenes Ertragsteuersubjekt; Ertragsbesteuerung erfolgt zunächst auf Ebene der Gesellschaft (Körperschaftsteuer, Gewerbesteuer, Solidaritätszuschlag) und bei späterer Ausschüttung nochmal auf Ebene der Gesellschafter (Kapitalertragsteuer, Solidaritätszuschlag, ggf. Kirchensteuer)<br>**Vorteil Personengesellschaft** gegenüber Kapitalgesellschaft:<br>■ keine Gefahr verdeckter Gewinnausschüttungen<br>■ unter bestimmten Voraussetzungen Übertragung von einem Betriebsvermögen auf ein anderes ohne Aufdeckung stiller Reserven möglich<br>■ niedrigerer Steuersatz bei Vollausschüttung (häufig vorteilhaft für ertragsstarke Familienunternehmen) | | |

| | Personengesellschaft | GmbH | AG |
|---|---|---|---|
| **Steuern\*** | <ul><li>Anschaffungs- und Herstellungskosten (AHK; auch Firmenwert bei Unternehmenskauf) können entweder sofort oder jedenfalls pro rata temporis als Betriebsausgaben geltend gemacht werden; bei Kapitalgesellschaft mindern AHK den Ertrag erst bei Veräußerung der Anteile oder Liquidation der Gesellschaft</li><li>bei Veräußerung der Anteile nach dem 55. Lebensjahr kann unter bestimmten Voraussetzungen ein reduzierter Steuersatz von 56 % in Anspruch genommen werden (§ 34 Abs. 3 EStG)</li></ul>**Vorteil Kapitalgesellschaft** gegenüber Personengesellschaft:<ul><li>niedrigerer Steuersatz bei Thesaurierung der Gewinne (häufig vorteilhaft in Wachstumsphasen, zum Beispiel bei Start-ups)</li><li>Gesellschafter haben nur dann Steuern zu bezahlen, wenn Gewinne tatsächlich ausgeschüttet werden</li><li>bei Veräußerung der Anteile kann Teileinkünfteverfahren in Anspruch genommen werden, der Steuersatz beträgt dann 60 % des persönlichen Steuersatzes</li></ul>\* BeckGmbH-HdB/*Berberich/Haaf* § 1 Rn. 46 ff. | | |

Tab. 2: Wesentliche rechtliche Merkmale verschiedener Gesellschaftsformen

---

**Achtung**      **!**

Die Rechtsform hält nicht immer, was sie verspricht. Der Teufel steckt auch hier oft im Detail (und in der sich fortentwickelnden Rechtsprechung).

Außerdem verlangen wichtige Gläubiger haftungsbeschränkter Gesellschaften oft, dass die Gesellschafter für die entsprechenden Verbindlichkeiten Sicherheiten leisten. Insoweit werden beispielsweise finanzierende Banken oder die Vermieter der Geschäftsräume häufig von den Gesellschaftern Bürgschaften für die Darlehensverbindlichkeiten beziehungsweise für die offenen Mietzinsen verlangen. Zudem haften Geschäftsführer haftungsbeschränkter Gesellschaften gerade in der Krise unter bestimmten Voraussetzungen für Schäden, die Gesellschaftsgläubigern entstehen. Besonders gefährlich ist die Haftung des Geschäftsführers nach § 64 GmbHG und nach § 823 Abs. 2 BGB i.V.m. § 15a InsO bei Insolvenzverschleppung, aber auch die Haftung bei Nichtabführung der Arbeitnehmerbeiträge zur Sozialversicherung (§ 823 Abs. 2 BGB i.V.m. § 266a StGB).

Lassen Sie sich bei der Wahl der richtigen Rechtsform daher von Ihren Rechtsberatern unterstützen.

### 3.4.6    Kapitalaufbringung

### 3.4.6.1 Personengesellschaften

Gesellschafter müssen für Personengesellschaften kein Kapital aufbringen, weil sie ohnedies persönlich unbeschränkt haften. Gleichwohl können sie sich im Gesellschaftsvertrag verpflichten, der Gesellschaft Kapital zur Verfügung zu stellen. Falls sie das machen, spricht man von einer Pflichteinlage.

Bei KGs gibt es die Besonderheit, dass die nicht persönlich haftenden Gesellschafter (Kommanditisten) sich mit dem Gesellschaftsvertrag verpflichten, ein der Höhe nach begrenztes Haftkapital zu übernehmen. Dieses müssen sie der Gesellschaft nicht zur Verfügung stellen, haften aber in diesem Ausmaß (Hafteinlage) gegenüber Dritten (§171 Abs. 1 und §172 Abs. 1 HGB). Die Gesellschafter können untereinander eine von der Hafteinlage abweichende höhere oder geringere Einlage vereinbaren, die sogenannte Pflichteinlage.

Bei Personengesellschaften kann es auch reine »Arbeitsgesellschafter« geben, welche kein Kapital aufbringen, sondern nur Arbeit für die Gesellschaft leisten. Im Zweifel erhalten reine Arbeitsgesellschafter keinen Anteil am Vermögen der Gesellschaft. Bei der Gewinnverteilung wird den Arbeitsgesellschaftern zuerst ihre Arbeitskraft honoriert, erst der danach verbleibende Gewinn wird unter den anderen Gesellschaftern verteilt.

Wie so oft im Recht der Personengesellschaften kann von diesen Grundregeln Abweichendes vereinbart werden.

### 3.4.6.2 Kapitalgesellschaften

Gesellschafter einer AG beziehungsweise einer GmbH müssen im Zuge der Gründung (analog bei Kapitalerhöhungen) Kapital für die Gesellschaft aufbringen (einzahlen).

Das Mindestgrundkapital einer AG beträgt EUR 50.000. Von dem gezeichneten Grundkapital sind bei einer Bargründung mindestens 25% des Nennbetrages zzgl. des gesamten Agios jeder Aktie einzubezahlen (§36a Abs. 1 AktG).

Das Mindeststammkapital einer GmbH beträgt EUR 25.000. Von dem gezeichneten Stammkapital sind bei einer Bargründung mindestens 25% des Nennbetrages jedes Geschäftsanteils, insgesamt jedoch mindestens EUR 12.500 einzuzahlen (§7 Abs. 2 GmbHG).

Eine Sacheinlage ist sowohl bei GmbHs als auch bei AGs stets in voller Höhe zu leisten (§7 Abs. 2, 3 GmbHG und §36a Abs. 2 AktG).

### 3.4.6.3 Bar- beziehungsweise Sacheinlagen

In der Regel verpflichten Gesellschafter sich, der Gesellschaft in Form einer Bareinzahlung oder Banküberweisung Geld zur Verfügung zu stellen, man spricht dabei von Bareinlagen.

Es ist aber auch zulässig, der Gesellschaft Vermögensgegenstände zur Verfügung zu stellen, man spricht dabei von Sacheinlagen. Sacheinlagen sind ausdrücklich im Gesellschaftsvertrag zu regeln. Bei der GmbH ist erforderlich die genaue Bezeichnung der Sache, des Eurobetrages des Geschäftsanteils, für den die Sacheinlage geleistet wird, und des einbringenden Gesellschafters.[12] Es gibt

- materielle Sacheinlagen: zum Beispiel Gebäude, Wertpapiere (Aktien), Unternehmen, Maschinen, Waren, Forderungen usw.;
- Nutzungsüberlassungen: der Gesellschafter überträgt nicht das Eigentum seiner Sachen auf die Gesellschaft, sondern überlässt ihr bloß die unentgeltliche, dauerhafte Nutzung an diesen Sachen;
- immaterielle Sacheinlagen: zum Beispiel Patente, Lizenzen, Urheberrechte.[13]

Bei Kapitalgesellschaften gilt folgende Besonderheit: Damit das Registergericht bei Anmeldung der Gründung oder der Kapitalerhöhung die Werthaltigkeit der Sacheinlage prüfen kann, muss der Anmeldung ein Sachgründungsbericht beigefügt werden[14], der den Verkehrswert einer Sacheinlage feststellt und belegt (bei Nutzungsüberlassungen ist das die Höhe einer fiktiven Miete). Bei Aktiengesellschaften ist der Gründungsbericht durch einen Wirtschaftsprüfer zu erstellen (§33 Abs. 4 AktG), bei GmbHs durch die Gründungsgesellschafter.

Eine Bar- oder Sacheinlage ist erst dann wirksam geleistet, wenn sie mindestens für einen Moment der Gesellschaft zur freien Verfügung gestanden hat. Manchmal kommt es vor, dass Gesellschafter zwar offiziell eine Bareinlage leisten, aber noch vor Bareinzahlung vereinbart wird, dass die Gesellschaft mit genau dieser Bareinlage einen von vornherein bestimmten Gegenstand kaufen wird. Häufig steht dieser Gegenstand im Eigentum eines Gesellschaf-

---

12  Für die GmbH: Baumbach/Hueck/*Fastrich* §5 Rn. 43 ff.; für die AG: §27 Abs. 1 AktG.
13  Vgl. für die GmbH: Baumbach/Hueck/*Fastrich* §5 Rn. 23 ff.
14  Vgl. §5 Abs. 4 S.2 GmbHG und §32 Abs. 2 AktG.

ters. Einen solchen Vorgang nennt man »verdeckte Sacheinlage«, weil es sich wirtschaftlich betrachtet nicht um eine Bareinlage, sondern um eine Sacheinlage handelt. Relevant wird der Unterschied zwischen einer offenen und einer verdeckten Sacheinlage beispielsweise bei einer späteren Insolvenz der GmbH oder AG: Bei einer offenen Sacheinlage muss der Insolvenzverwalter beweisen, dass der eingelegte Gegenstand nicht den angegebenen Wert hatte und die Einlage nicht wirksam geleistet wurde. Bei einer verdeckten Sacheinlage liegt diese Beweislast bei dem die Einlage leistenden Gesellschafter. Bei einer Überbewertung besteht dann in Höhe des unter dem Nennbetrag liegenden Wertes der Sache eine Zahlungspflicht dieses Gesellschafters an die Gesellschaft (sogenannte »Differenzhaftung«: § 9 Abs. 1 GmbHG[15] für die offene Sacheinlage sowie § 19 Abs. 4 GmbHG und § 27 Abs. 3 AktG für die verdeckte Sacheinlage).

> **! Achtung**
>
> Es ist oft verlockend, solche Sacheinlagen möglichst hoch und über Verkehrswert bewerten zu lassen. Unabhängig davon, dass eine Überbewertung von Sacheinlagen bereits per se unzulässig ist, kann eine solche aus zweierlei Gesichtspunkten gefährlich werden: Erstens fühlen sich die Mitgesellschafter durch überbewertete Sacheinlagen benachteiligt. Dies führt zu Unfrieden in der Zusammenarbeit und kann zum Ausbruch eines Gesellschafterstreits führen. Zweitens führt eine Überbewertung von Sacheinlagen dazu, dass die Einlage nicht (vollständig) wirksam geleistet ist. Diese gilt jedenfalls in Höhe des über dem Verkehrswert liegenden Betrages als nicht erbracht. Es haften neben dem einlagepflichtigen Gesellschafter unter Umständen auch die Mitgesellschafter und die Geschäftsführung für die offen gebliebene Einlagepflicht.
>
> Erfolgt eine verdeckte Sacheinlage, machen die die Gründung oder die Kapitalerhöhung bei dem Handelsregister anmeldenden Personen insoweit falsche Angaben, als sie wahrheitswidrig angeben, die Bareinlage stünde zur freien Verfügung der Gesellschaft. Derartige falsche Angaben sind strafbar (§ 82 Abs. 1 Nr. 1 GmbHG und § 399 Abs. 1 Nr. 1 AktG) und können zu einer Haftung der jeweiligen Person auf Schadenersatz führen (§ 9a Abs. 1 GmbHG und §§ 46, 48 AktG).
>
> Eine überbewertete Sacheinlage kann sich auch im Gesellschafterstreit rächen. Eine überbewertete Sacheinlage kann nämlich nicht nur Gläubiger benachteiligen, sondern auch Mitgesellschafter, die auf die Werthaltigkeit der Sacheinlage vertrauen. Der Betrugsvorwurf ist dann schnell ausgesprochen. Der die Sacheinlage leistende Gesellschafter befindet sich in der unvorteilhaften Situation desjenigen, der sich rechtfertigen muss.

---

15  Die in § 9 GmbHG normierten Grundsätze gelten auch bei der AG: MüKoAktG/*Pentz* § 27 Rn. 44 ff.

## 3.4.7 Immaterialgüterrechte

Immaterialgüterrechte sind Rechte an unkörperlichen (immateriellen) Gütern, die absoluten Charakter (das heißt, sie gelten gegenüber jedermann) und gleichzeitig einen selbstständigen Vermögenswert haben (zum Beispiel Urheber- und Patentrechte).

Häufig gründen Gesellschafter eine Gesellschaft zur Umsetzung einer Geschäftsidee oder zur Verwertung einer Erfindung. Dabei übersehen sie oft, dass die Geschäftsidee oder Erfindung bereits ein Wert an sich sein kann, den sie unter Umständen mit der Gesellschaftsgründung aus der Hand geben und auf die Gesellschaft übertragen.

Meistens hat nur ein Gesellschafter eine Geschäftsidee gehabt oder eine Erfindung gemacht. Diesem ist möglicherweise gar nicht bewusst, dass er seine Geschäftsidee oder seine Erfindung auf die Gesellschaft überträgt.

Der Unterschied zwischen einer Geschäftsidee und einer Erfindung liegt darin, dass eine Geschäftsidee nicht geschützt werden kann, für eine Erfindung dagegen kann ein Patentrecht oder ein Gebrauchsmuster in ein entsprechendes Register eingetragen werden, wodurch sie nachweislich geschützt ist. Wenn mit einer Geschäftsidee auch Urheberrechte verbunden sind, sind diese zwar kraft Gesetz auch geschützt, aber es gibt kein Register, in welches man Urheberrechte eintragen lassen könnte. Der Nachweis eines Urheberrechts ist daher schwer. Bloße Geschäftsideen sind überhaupt nicht geschützt.

---

**Beispiel: Geschäftsidee – Urheberrecht – Erfindung**                                **!**

Jemand hat die Idee, ein Riesenrad zu entwickeln (ähnlich wie wir es kennen), auf dem sich allerdings nicht fix montierte Gondeln befinden, sondern Privatautos von Vergnügungsparkbesuchern, welche eine oder mehrere Runden mit dem Riesenrad drehen wollen. Vor dem Riesenrad werden Transportplattformen errichtet, auf welche die Autos auffahren müssen. Dort werden sie in einer Hängevorrichtung gesichert, sodass sie während der Riesenradfahrt weder vor- noch zurückfahren und die Autotüren nicht geöffnet werden können, damit kein Insasse aussteigen und sich dadurch gefährden kann. Die Transportplattform bringt die Hängevorrichtung mit dem Auto einschließlich der Insassen zum Riesenrad, wo die Hängevorrichtung auf dem sich drehenden Riesenrad einrastet; ähnlich wie eine Gondel bei einem Schilift. Schon drehen sich die Autos im Kreis! Nach der Fahrt erfolgt die Demontage: genauso wie die Montage, nur in umgekehrter Reihenfolge.

Nur: Die bloße Geschäftsidee, ein Riesenrad für Autos zu entwickeln, kann nicht geschützt werden. Jeder, der eine solche Idee hat, kann versuchen, sie umzusetzen. Im Zuge der Umsetzung wird es Beschreibungen der Geschäftsidee, Skizzen, Unterlagen für finanzierende Banken beziehungsweise Investoren, vielleicht eine Website

oder eine Computersimulation usw. geben. Daran hat derjenige, welcher die Beschreibungen, Skizzen, Unterlagen, Website oder Computersimulation erstellt, sein Urheberrecht. Es entsteht automatisch in dem Moment der Erschaffung, kann aber nirgends registriert werden. Für das Riesenrad selbst, die Transportplattformen, die Hängevorrichtung usw. wird es technische Pläne und dergleichen geben, mit welchen ein Patent angemeldet werden kann. Eine erfolgreiche Registrierung schützt Patente bis zu 20 Jahre. Solange genießt der Erfinder Patentschutz und hat das Recht, seine Erfindung exklusiv zu verwerten.
Wir lernen daraus, dass zwischen Geschäftsidee, Urheberrecht und Patent zu unterscheiden ist.

Praktisch besonders häufig stellt sich dieses Problem für Kreative, die zur Verwertung ihrer Schöpfung mit einem Manager und Marketing-Profi eine Gesellschaft gründen – also beim Zusammentreffen von Kreativem und Macher (vgl. Kapitel 3.4.1.3).

Für den Macher stellt die Einbringung einer Geschäftsidee, eines Urheberrechts oder eines Patentes in die Gesellschaft eine lukrative Lösung dar – er erlangt als Gesellschafter indirekt einen Anteil daran. Überdies sind die eingebrachten Rechte an die Gesellschaft gebunden und der unmittelbaren Verfügungsgewalt des Kreativen entzogen. Der Kreative kann über sie nur mehr im Rahmen etwaiger Geschäftsführerbefugnisse im Namen der Gesellschaft verfügen.

Die gute Nachricht für Kreative: Sie müssen Ihre Rechte nicht in die Gesellschaft einbringen! Damit die Gesellschaft Ihre Rechte verwerten kann, genügt es, ihr bloß ein Nutzungsrecht einzuräumen (Lizenzvertrag). Für den Kreativen empfiehlt es sich, dieses Nutzungsrecht mit der Dauer seiner Zugehörigkeit zur Gesellschaft zu befristen. Für den Macher hat das den Nachteil, dass der Kreative der Gesellschaft im Fall seines Ausscheidens die weitere Verwertung seiner Rechte untersagen kann. Als Kreativer sind Sie in diesem Fall – zumindest solange die Verwertung der jeweiligen Rechte Haupteinkunftsquelle der Gesellschaft ist – für die Gesellschaft unverzichtbar!

**!** **Tipp**

Sollten Sie als Kreativer Ihre Geschäftsidee beziehungsweise Ihre Rechte in die Gesellschaft übertragen, empfiehlt sich die Vereinbarung einer Vertragsklausel, wonach diese Rechte bei Ihrem Ausscheiden aus der Gesellschaft an Sie zurückfallen. Als Macher entspricht es Ihrem Interesse, die Vereinbarung gerade dieser Vertragsklausel zu verhindern, weil Sie die Rechte ja auch nach Ausscheiden des Kreativen in der Gesellschaft nützen wollen. Sollte Ihnen das nicht gelingen, berücksichtigen Sie das bei der Bewertung der eingebrachten Rechte als Sacheinlage. Der Wert unwiderruflich eingebrachter Rechte ist größer als jene Rechte, welche bei Ausscheiden eines Gesellschafters der Gesellschaft entzogen werden.

**Beispiel: Immaterialgüterrechte** !

Der Kreative K hat eine Geschäftsidee zur originellen Vermarktung von Handels-produkten. Er hat auch bereits ein Vermarktungskonzept erarbeitet, für dessen Um-setzung er Kapital benötigt. Das finanzierende Kreditinstitut weiß um die mangelnde unternehmerische Erfahrung des K und macht seine Finanzierungszusage von der Vergesellschaftung des K mit einem erfahrenen Betriebswirt abhängig. Sie schlägt dazu den Betriebswirt M (Macher) vor. K stimmt der Vergesellschaftung mit M zu je 50% Geschäftsanteil zu und bringt sein Vermarktungskonzept in die Gesellschaft ein. Bereits wenige Monate nach Gesellschaftsgründung treten Differenzen zwischen K und M auf. Sie erkennen, dass eine Zusammenarbeit zwischen ihnen unmöglich ist. Einziges »Gesellschaftsvermögen« ist das Vermarktungskonzept. K will nun »sein« Vermarktungskonzept alleine umzusetzen. M beharrt darauf, dass das Ver-marktungskonzept der Gesellschaft gehöre. Er schlägt als »Lösung« vor, dass das Konzept bewertet werden soll und K es zum halben Wert erwerben könne.
Im konkreten Fall konnte K diese »Lösung« verhindern, da Geschäftsideen nicht schutzfähig sind und der Gesellschaftsvertrag als Standardvertrag kein Wettbe-werbsverbot für die Gesellschafter vorsah (vgl. Kapitel 4.1.1). K verwertete seine Geschäftsidee einfach außerhalb der Gesellschaft. Bei Einbringung schutzfähiger Rechte (zum Beispiel Patente) beziehungsweise bei Vereinbarung eines wirksamen Wettbewerbsverbotes hätte K seine insoweit geschützte Geschäftsidee hingegen nicht außerhalb der Gesellschaft verwerten können!

**Achtung** !

Das Verwerten einer Geschäftsidee (»Geschäftschance«) außerhalb der Gesell-schaft kann als verdeckte Gewinnausschüttung qualifiziert werden (vgl. Kapi-tel 5.5.2.2) und damit bei der Gesellschaft und dem die Geschäftsidee nutzenden Gesellschafter Steuern auslösen.[16]

## 3.5 Unjuristische Entscheidungshilfen

Die Entscheidung, ob Sie nach all diesen Überlegungen die Chance beziehungs-weise das Wagnis einer Gesellschaftsgründung eingehen, kann Ihnen nie-mand abnehmen. Zum Abschluss dieses Kapitels bieten wir deshalb noch zwei Entscheidungshilfen, die Sie abseits komplizierter sachlicher Überlegungen »nach Gefühl« anwenden können (und unseres Erachtens auch sollten):

- Was mit Leichtigkeit passiert, ist gut. Was mit Krampf passiert, gelingt nur selten. Letztendlich lässt sich Zufriedenheit nicht erzwingen. Fielen Ihnen die bisherigen Überlegungen leicht? Hatten Sie Freude an der Planung? Wie liefen die Gespräche mit Ihren potenziellen Gesellschaftern?

---

16  BFH, Urteil vom 07.08.2002, Az. I R 64/01.

- Egal ob rein wirtschaftlich orientierte »Zweckgemeinschaft« zweier Unternehmerprofis oder »Hobbyunternehmen« eines harmonischen Ehe- oder Freundespaars – jedes Unternehmen ist ein Geflecht zwischenmenschlicher Beziehungen. Ob eine zwischenmenschliche Beziehung spannungsgeladen, konfliktanfällig oder harmonisch ist, merkt man unterschwellig zumeist schon an ihrem Anfang. Verlassen Sie sich auf Ihr Gefühl.
Wenn es nach Ihrem Gefühl stimmig ist, dann passt es fast immer. Die Beziehung ist durch vorausschauende Planung und umsichtige vertragliche Gestaltung ausbaufähig. Wenn Ihr Gefühl Nein sagt, passt es leider nicht. Selbst wenn die Vergesellschaftung noch gelingen sollte: Solche Zusammenschlüsse sind meist spannungsgeladen, konfliktträchtig und scheitern früher oder später. Denn auch die beste vertragliche Regelung kann Willen und Fähigkeit zur gemeinsamen Arbeit auf Dauer nicht ersetzen.

Als Rechtsberater hören wir nach Ausbruch von Streitigkeiten oft: »Ich habe mir das eh schon immer gedacht«, oder: »Hätte ich doch nur auf meine Freunde gehört, die mich gewarnt haben.« Diese Aussagen zeigen, dass Konfliktpotenzial schon vor der Vergesellschaftung spür- und sichtbar ist. Verlassen Sie sich bei Ihrer Entscheidung auf Ihre Intuition und berücksichtigen Sie auch Empfehlungen Ihrer Familie und Freunde, deren Blicke von außen möglicherweise Details wahrnehmen, die Ihnen als »Insider« nicht mehr auffallen.

## 3.6    Besser doch nicht …

Am Ende der Vorgründungsphase muss nicht zwingend die Vergesellschaftung stehen. Möglicherweise ist die Gesellschaftsgründung unrealisierbar, vielleicht nur die zweitbeste Lösung. Geben Sie sich mit der zweitbesten Lösung nicht zufrieden.

Auch die Erkenntnis, eine konkrete Gesellschaft nicht gründen zu wollen, ist ein (positives) Ergebnis. Vielleicht haben Sie während der Vorgründungsphase bessere Wege zur Erreichung Ihrer Ziele erkannt. In diesem Fall sollten Sie diese besseren Möglichkeiten auch nutzen. Vielleicht haben Sie bei Ihren Verhandlungspartnern (potenziellen Mitgesellschaftern) Eigenschaften erkannt, die Sie auf Dauer nicht mittragen wollen oder können. Hoffentlich haben Sie (oder Ihr Rechtsberater; vgl. Kapitel 6.4.1.2) sich die richtigen Fragen gestellt und vielleicht hat deren Beantwortung ergeben, dass der Markt doch anders gestaltet ist als vermutet, möglicherweise haben Sie noch andere sachliche Gründe entdeckt, die gegen eine Vergesellschaftung sprechen. Im Falle einer Vergesellschaftung entgegen solcher Erkenntnisse wäre das Auftreten eines Gesellschafterstreits wahrscheinlich. Mit Ihrem Entschluss, eine Gesellschaft nicht zu gründen, haben Sie sich zumindest dessen nervenaufreibende, zeit- und geldintensive Austragung erspart. Auch das Unterbleiben einer Vergesellschaftung ist Streitprophylaxe!

Das bedeutet natürlich nicht, dass eine Gesellschaftsgründung bei Auftreten von Zweifeln, Disharmonien und/oder Schwierigkeiten jedenfalls unterbleiben sollte. So wie es Gründe dafür gibt, unklare Vertragsbestimmungen ausnahmsweise doch zu akzeptieren, gibt es auch Gründe, eine Gesellschaft zu gründen, obwohl bereits in der Gründungsphase »Warnzeichen« auftreten (vgl. Kapitel 4.1.5). Potenzielle Gesellschafter sollten sich über diese »Warnzeichen« allerdings im Klaren sein, um eine Vergesellschaftung mit entsprechenden Risiken und Konfliktpotenzialen nicht »blind« einzugehen, sondern ihren Entschluss zur Vergesellschaftung »sehenden Auges« treffen zu können.

> **Tipp** !
>
> Wer sich auf Andere einlässt und eine zwischenmenschliche Beziehung eingeht, geht gleichzeitig immer ein Risiko ein und sei es nur das Risiko, in seiner Erwartung enttäuscht zu werden. Noch zwei Lebensweisheiten, weshalb es trotz aller Risiken lohnenswert ist, eine Gesellschaft zu gründen:
>
> Paul Mommertz: »*Wer nie was riskiert, kann nie scheitern. Und nie gewinnen.*«
> Martin Gerhard Reisenberg: »*Ein Risiko geht jeder ein, der auf Dauer kein Risiko eingeht.*«

## 3.7    Besonderheiten beim Anteilskauf

Der Anteilskauf oder der Einstieg in eine bestehende Gesellschaft als weiterer Gesellschafter (beide Vorgänge werden im Weiteren als Anteilskauf bezeichnet) führen für Sie zum selben Ergebnis wie die Gesellschaftsgründung: Sie werden Gesellschafter. Dementsprechend sollten Sie auch beim Anteilskauf alle Überlegungen anstellen, die in den vorangegangenen Kapiteln zur Vergesellschaftung angestellt wurden.

Im Gegensatz zur Gründung einer Gesellschaft bedeutet der Anteilskauf allerdings, dass Sie in eine bereits bestehende Gesellschaft, also in ein bereits bestehendes Unternehmen mit bereits aufgebauten gesellschaftsrechtlichen Strukturen einsteigen. Überprüfen Sie, ob diese Strukturen auch funktionieren. Darüber hinaus verfügt ein lebendes Unternehmen über eine Vielzahl an rechtlichen Verbindungen unterschiedlichster Art. Mit dem Kauf einer Gesellschaft beziehungsweise eines Unternehmensanteils (dem sogenannten Zielobjekt) übernehmen Sie nicht nur die Gesellschaft, sondern auch das breit gefächerte Netz an rechtlichen Bindungen zu Lieferanten, Kunden, Arbeitnehmern, Vermietern, Nachbarn, Finanzamt, Behörden usw. – und die damit verbundenen Risiken. Je besser die gesellschaftsrechtlichen Strukturen und die genannten Bindungen funktionieren, desto erfolgreicher und wertvoller ist das Unternehmen. Ihre Prüfung und Bewertung ist daher nicht nur zweckmäßig, um herauszufinden, ob die Vergesellschaftung Ihren Interessen entspricht, sondern auch notwendig, um einen angemessenen Kaufpreis zu bestimmen.

Dies gilt umso mehr, wenn das Ergebnis des Anteilskaufs eine 50%-50%-Beteiligung sein wird. Denn das aus dieser Situation entstehende Risiko einer Pattsituation (vgl. Kapitel 3.4.2.2) beeinflusst ebenfalls den Wert des Zielobjekts, da Pattsituationen das Risiko wirtschaftlich nachteiligen Stillstands im Unternehmen erhöhen. Je höher dieses Risiko ist, desto geringer ist der wirtschaftliche Wert des Zielobjekts. Nur wer in solchen Situationen die rechtliche und wirtschaftliche Situation der betreffenden Gesellschaft genau kennt, kann den wahren Wert des Zielobjekts richtig abschätzen.

> **!** **Achtung**
>
> Auf den Erwerb von Aktien einer AG mit Sitz in Deutschland, deren Beteiligungspapiere an einer deutschen Börse zum Handel auf einem geregelten Markt zugelassen sind, sind das WpHG und das WpÜG anwendbar.
> Nach §33 Abs. 1 WpHG hat ein Investor die Gesellschaft und die BaFin zu informieren, wenn er durch Erwerb, Veräußerung oder auf sonstige Weise die Schwellen von 3%, 5%, 10%, 15%, 20%, 25%, 30%, 50% oder 75% der Stimmrechte erreicht, überschreitet oder unterschreitet.
> §§29 ff. i.V.m. 10 ff. WpÜG schreiben für Investoren zudem verschiedene Pflichten vor, wenn ihre Beteiligung an der AG 30% der Stimmrechte erreicht. Dann muss der Inhaber einer solchen Beteiligung den anderen Aktionären gegenüber ein Pflichtangebot zur Übernahme von deren Aktien abgeben.
> Prüfen Sie daher bei jedem größeren Anteilskauf einer börsennotierten AG auch mögliche Berührungen mit dem WpHG und dem WpÜG. Stimmen Sie sich gegebenenfalls bereits vorab mit der Wertpapieraufsicht der BaFin ab.

Und letztendlich können sich in jedem Unternehmen auch »Leichen im Keller« finden, die den Unternehmenswert erheblich reduzieren (und damit zu einem niedrigeren Kaufpreis führen oder zum Absehen vom Anteilskauf). Beim Anteilskauf gilt daher frei nach Friedrich Schiller: »*Drum prüfe, wer sich ewig bindet!*«

Diese Prüfung erfolgt durch eine sogenannte Due-Diligence-Prüfung. Eine Due-Diligence-Prüfung beinhaltet neben einer Analyse der mit dem Kauf verbundenen Risiken eine systematische Stärken- und Schwächenanalyse sowie eine Bewertung des Kaufobjekts. Sie erfolgt durch Einsicht in jene vertraulichen Dokumente, die der Verkäufer dem Käufer zur Verfügung stellt. Zur Durchführung richtet der Verkäufer einen digitalen/virtuellen Datenraum ein. Vom Verkäufer beauftragte Fachleute nehmen über einen sicheren Online-zugriff im digitalen/virtuellen Datenraum Einsicht in diese vertraulichen Dokumente.

Man unterscheidet zwei Arten von Due-Diligence-Prüfungen:

- **Vendors Due Diligence:** Der Verkäufer führt eine Due-Diligence-Prüfung durch und bereitet sein Unternehmen zum Verkauf vor;
- **Buyers Due Diligence:** Der Käufer veranlasst die Due Diligence, um Risiken, Schwachstellen und Potenziale des Unternehmens zu erkennen und seinen Kaufpreisvorschlag an den Verkäufer zu kalkulieren.

In der Praxis werden oft sowohl Vendors- als auch Buyers-Due-Diligence-Prüfungen durchgeführt. So erhalten Verkäufer und Käufer die notwendigen Informationen jeweils von Personen ihres Vertrauens.

Bestandteil einer sorgfältigen Due-Diligence-Prüfung sind auch Gespräche mit dem Management und den wichtigsten Geschäftspartnern der Zielgesellschaft (insbesondere der »Hausbank«). Kaufinteressierte sollten zumindest mit der Geschäftsführung, möglichst aber auch mit der Hausbank, dem Aufsichtsrat und jedenfalls mit besonders wichtigen Arbeitnehmern sowie dem Betriebsrat der Zielgesellschaft über die aktuelle Situation der Gesellschaft sprechen.

Denken Sie im Rahmen der Due-Diligence-Prüfung auch die gesellschaftsvertragliche Situation Ihres Zielobjekts genau durch. Gehen Sie nicht davon aus, dass dieser Gesellschaftsvertrag auch tatsächlich für das Zielobjekt und/oder Ihre Bedürfnisse passt. Auch können sich durch den Anteilskauf die Verhältnisse in der Gesellschaft so ändern, dass der bestehende Gesellschaftsvertrag nicht mehr sachgerecht ist. Die in diesem Fall notwendigen Änderungen sollten im Zuge der Kaufpreisverhandlungen mitverhandelt werden. Vergessen Sie daher nie auf eine gründliche Beurteilung des Gesellschaftsvertrages und etwaiger Nebenvereinbarungen.

**Tipp**                                                                    **!**

Ein großes praktisches Problem für den Verkäufer ist im Zusammenhang mit Due-Diligence-Prüfungen die Einsichtnahme gesellschaftsfremder Dritter in sensible Daten. Dieses Problem lässt sich entschärfen, indem der Verkäufer alle wettbewerbsrelevanten Daten (Kundenlisten, Preiskalkulationen usw.) vorerst nur anonymisiert erhält und/oder diese in einem eigenen Bereich (sogenannter Red-File-Bereich) eingerichtet werden und es bestimmt wird, dass der Käufer erst nach Abschluss des Kaufvertrages einen sicheren Onlinezugriff in diesen sogenannten Red-File-Bereich erhält.

Dieser Kaufvertrag wird dann unter der aufschiebenden Bedingung stehen, dass sich aus den Daten im Red-File-Bereich nicht besonders gravierende negative Umstände für den Verkäufer ergeben (alternativ wird dem Käufer für derartige Fälle ein Rücktrittsrecht eingeräumt). Ebenso kann vereinbart werden, dass für den Käufer nachteilige Ergebnisse dieser Red-File-Due-Diligence-Prüfung zu einer Kaufpreissenkung führen.

Alleine die Tatsache, dass der Käufer das abstrakte Recht hat, nach Abschluss des Unternehmenskaufvertrages eine Rückabwicklung des Kaufvertrages oder eine (erhebliche) Reduktion des Kaufpreises zu verlangen, bringt für den Verkäufer Rechtsunsicherheit mit sich und ist erheblich streitanfällig. Will man diese Nachteile vermeiden, empfiehlt sich als Mittelweg, den Zugang zum Red-File-Bereich doch schon vor Unterfertigung des Kaufvertrages zu gewähren, aber erst in einem sehr späten Stadium des Verkaufsprozesses, vielleicht erst nach Abgabe eines verbindlichen Kaufangebotes.

**!  Tipp**

Halten Sie nicht stur an jenem Preis fest, der sich aus einer Unternehmensbewertung ergibt. Denn der tatsächliche Wert eines Unternehmens bestimmt sich bei seiner Veräußerung alleine danach, was ein Dritter dafür zu zahlen bereit ist. Das kann mehr oder weniger als der in der Unternehmensbewertung ermittelte Preis sein.

**!  Achtung**

Die Geschäftsführung steht beim Unternehmensverkauf in einem enormen Interessenskonflikt. Einerseits ist sie noch dem gegenwärtigen Eigentümer verpflichtet. Ihre Zukunft entscheidet aber der Käufer. Für die Geschäftsführung ist es deshalb oft schwer, im Interesse des Verkäufers oder wenigstens unparteiisch zu handeln. Die Erfahrung zeigt, dass die Geschäftsführung am Beginn eines Verkaufsprozesses dem Verkäufer gegenüber loyal ist. Diese Loyalität lässt in der Regel nach, wenn sich ein konkreter Käufer herauskristallisiert.

Es kommt auch immer wieder vor, dass sich die Geschäftsführung selbst am Kauf der Gesellschaft beteiligen (MBO – Management Buy Out). Manchmal verwendet die Geschäftsführung dafür Treuhänder, um ihre Beteiligung am Kauf der Gesellschaft gegenüber den Gesellschaftern zu verheimlichen. Üblicherweise kennt die Geschäftsführung den wahren Wert eines Unternehmens besser als Gesellschafter oder andere Kaufinteressenten. Diese heimliche Beteiligung am Kaufprozess kann verhindern, dass Sie als Gesellschafter das Optimum für sich herausholen können.

## Vorbereitung und Durchführung einer Due-Diligence-Prüfung

| Tipps und Strategien für den Verkäufer | Tipps und Gegenstrategien für den Käufer |
|---|---|
| **Schützen Sie sich vor Überraschungen.** Überlegen Sie die Durchführung einer Vendors Due Diligence. | **Vertrauen ist gut, Kontrolle ist besser!** Verlassen Sie sich nicht auf die Ergebnisse einer Vendors Due Diligence. Führen Sie jedenfalls eine – allenfalls reduzierte – Buyers Due Diligence durch. |
| Schützen Sie Ihr Unternehmen vor dem Zutritt durch Betriebsfremde – richten Sie den **Datenraum außerhalb Ihres Unternehmens** ein (zum Beispiel bei Ihrem Rechtsanwalt). | Taktik mancher Verkäufer ist es, dem Käufer die Prüfung möglichst unbequem zu machen. Vergewissern Sie sich, dass im **Datenraum geeignete Infrastruktur** zur Verfügung steht (Steckdosen, Kopiergeräte, Schreibgelegenheiten, Toiletten usw.). |
| **Schützen Sie Ihre Betriebsgeheimnisse!** Wählen Sie die einzusehenden Dokumente sorgfältig aus. Legen Sie Dokumente, die neben wichtigen Informationen für den Käufer auch Betriebsgeheimnisse enthalten, die Sie schützen müssen, bloß auszugsweise vor, sodass der Käufer Einsicht lediglich in jene Dokumententeile erhält, die die für ihn wichtigen Informationen enthalten. Bedenken Sie aber auch, dass Sie für zurückgehaltene Informationen unter Umständen haften. Es ist daher auch Verkäuferinteresse, dass der Käufer alle relevanten Informationen kennt! | **Verbreitern Sie die Basis für Ihre Analyse.** Bestehen Sie auf der Vorlage möglichst vieler Dokumente. Jedenfalls sollten Sie folgende Dokumente einsehen:<br>■ alle Gesellschaftsverträge samt Nebenvereinbarungen;<br>■ Jahresabschlüsse der letzten Jahre samt Bilanzen und Lageberichten;<br>■ die wichtigsten Verträge (zum Beispiel den Mietvertrag über die Geschäftsräume);<br>■ Liste aller Mitarbeiter;<br>■ Liste der wichtigsten Lieferanten und Kunden;<br>■ Liste aller derzeit gerichtsanhängigen Streitigkeiten;<br>■ Liste aller laufenden behördlichen Genehmigungsverfahren, gerichtlichen und Verwaltungsstrafverfahren. |
| Achten Sie bei der Beantwortung von Verkäuferfragen darauf, dass Sie nicht zu viele Betriebsgeheimnisse preisgeben. | **Vereinbaren Sie ein Fragerecht** an den Verkäufer, die Geschäftsführung, den Aufsichtsrat, die Hauptkunden, die Hausbank, den Betriebsrat und die wichtigsten Mitarbeiter der Gesellschaft! |
| **Schützen Sie sich vor Verzögerungstaktik!** Vereinbaren Sie eine Höchstdauer für die Prüfung. | **Vermeiden Sie Zeitdruck!** Vereinbaren Sie, bei unvorhergesehenen Schwierigkeiten die Due Diligence verlängern zu dürfen. |

| Tipps und Strategien für den Verkäufer | Tipps und Gegenstrategien für den Käufer |
|---|---|
| Erstellen Sie eine **Liste der zum Datenraum Zutrittsberechtigten**! Beschränken Sie den Zutritt auf gesetzlich zur Verschwiegenheit verpflichtete berufsmäßige Parteienvertreter. | **Wirtschaftsprüfer und Rechtsanwalt** dürfen bei einer Due Diligence nicht fehlen! Vergessen Sie branchenspezifische Fachleute nicht (zum Beispiel Umweltfachleute, Patentanwälte). |
| **Erstellen Sie Regeln** für die Nutzung des Datenraums. Kontrollieren Sie die Einhaltung dieser Regeln! | Wirken Sie bei der Erstellung der Datenraumregeln mit. Sie werden diese **Regeln genau einhalten** müssen! |
| Untersagen Sie Fotos und Fotokopien! Fertigen Sie etwaige Kopien selbst an. **Nie den Käufer unbeaufsichtigt kopieren lassen!** | Drängen Sie auf Fotokopien. Bei Kopierverbot **kritische Dokumente wortwörtlich abschreiben/diktieren!** |
| Im Interesse beider Seiten gilt: ||

- Erstellen Sie einen Letter of Intent, um den Zweck der Due-Diligence-Prüfung festzulegen.
- Legen Sie den Prüfumfang genau fest.
- Fixieren Sie die Datenraumregeln schriftlich.
- Sehen Sie durchsetzbare Konsequenzen für Verstöße gegen die Datenraumregeln vor (zum Beispiel Vertragsstrafen, Ausschluss vom weiteren Verkaufsprozess).
- Regeln Sie alle Kosten der Prüfung (zum Beispiel: Wer trägt Kopierkosten, wer kommt für Überstundenaufwand für Aufsichtspersonal im Datenraum auf usw.).

**Tab. 3:** Due Diligence Prüfung

**!** **Achtung**

Das gesetzliche Gewährleistungsrecht ist nach allgemeiner Meinung für Unternehmenskäufe nicht ideal geeignet. In der Regel wird daher bei Unternehmenskaufverträgen das gesetzliche Gewährleistungsrecht ausgeschlossen und durch einen in dem Kaufvertrag abschließend definierten Garantiekatalog ersetzt. Der Verkäufer haftet für Mängel des Unternehmens dann nur insoweit, als er eine vertraglich konkret definierte Garantie verletzt.

Je besser der Käufer das veräußerte Unternehmen kennt, umso kürzer wird regelmäßig der Garantiekatalog ausfallen. Erwirbt ein Mehrheitsgesellschafter Anteile eines Minderheitsgesellschafters, wird der Garantiekatalog regelmäßig auf ein Minimum reduziert sein.

**Tipp** !

Achten Sie als Käufer darauf, dass der in dem Unternehmenskaufvertrag definierte Garantiekatalog möglichst umfassend ist.

Als Verkäufer sollten Sie Wert darauf legen, dass bei Garantieverletzungen der Käufer nur Schadenersatz verlangen kann und das Recht zum Rücktritt oder zur Anfechtung ausgeschlossen wird. Denn ist das Unternehmen bereits einmal in die Hände des Käufers übergegangen, hat dieser Zugriff auf sämtliche Betriebs- und Geschäftsgeheimnisse. Im Falle eines Rücktritts wäre der Vertrag zwar rückabzuwickeln, die Kenntnis des Käufers von den Betriebs- und Geschäftsgeheimnissen lässt sich allerdings faktisch nicht mehr rückgängig machen. Insofern verbliebe dann trotz Rückabwicklung ein erheblicher Wert des Unternehmens beim Käufer, obwohl dieser seinen Kaufpreis vollständig zurückerhielte!

**Tipp** !

Die regelmäßig in Anteilskaufverträgen vereinbarte Haftung des Verkäufers für die im Garantiekatalog definierten Garantiefälle nützt dem Käufer nichts, wenn der Verkäufer vor Erfüllung seiner Garantieverpflichtungen insolvent wird. Zudem unterliegt die Haftung des Verkäufers häufig vertraglichen Beschränkungen, die dazu führen, dass der Käufer nicht den vollständigen Schaden ersetzt bekommt (zum Beispiel Haftungshöchstbeträge, Haftungsfreibetragsgrenzen, Haftungsschwellen, Verjährungsfristen usw.). In der jüngeren Praxis wird daher immer häufiger auf die aus dem anglo-amerikanischen Rechtsraum stammende Garantieversicherung zurückgegriffen (»Warranties & Indemnities-Versicherung« oder auch als »Risk & Insurance-Versicherung« bezeichnet), bei der die Garantiehaftung des Verkäufers durch eine Versicherungszusage eines wirtschaftlich potenten Versicherers zugunsten des Käufers zumindest teilweise substituiert wird.

Als Anteilskäufer, der in aller Regel der Versicherungsnehmer ist, sollten Sie sicherstellen, dass der Anteilskaufvertrag und der Versicherungsvertrag sorgfältig aufeinander abgestimmt sind, weil es andernfalls zu unliebsamen Deckungslücken oder sonstigen Schwierigkeiten bei der Durchsetzung Ihres Anspruchs gegen die Versicherung kommen kann. Besonderes Augenmerk sollte auf die Ausgestaltung des Garantiekatalogs gerichtet werden, zumal dieser als Grundvoraussetzung versicherbar sein muss, weshalb beispielsweise zukunftsbezogene und damit aus Sicht des Versicherers kaum kalkulierbare Garantiefälle grundsätzlich nicht versicherbar sind (zum Beispiel vom Verkäufer zugesicherte zukünftige Gewinn- oder Umsatzzahlen der Zielgesellschaft).

Aus Sicht des Anteilsverkäufers, der in der Regel umfassend in die Ausgestaltung des Versicherungsvertrages mit eingebunden ist, empfiehlt es sich, das Regressrisiko bei Abwicklung eines Schadens durch die Versicherung zu minimieren, indem sich der Käufer im Anteilskaufvertrag dazu verpflichtet, den Verkäufer in Bezug auf Regressansprüche des Versicherers schadlos zu halten.

In Kontinentaleuropa ist das Angebot von solchen Versicherungen (noch) stark beschränkt und die Versicherungsprämien sind dementsprechend hoch.

# 4 Gründung

## 4.1 Der Gesellschaftsvertrag

Ein Gesellschafterstreit ist auch durch den besten Gesellschaftsvertrag nicht vermeidbar. Aber Sie können durch vorausschauende vertragliche Gestaltung das Risiko eines Gesellschafterstreits verringern und der Gefahr vorbeugen, dass ein etwaiger Gesellschafterstreit für Ihr Unternehmen existenzbedrohend wird. Enthält der Gesellschaftsvertrag entsprechende Spielregeln, sind die streitenden Gesellschafter vertraglich an bestimmte Handlungsweisen gebunden, die eine existenzbedrohende Eskalation des Streits erst gar nicht zulassen. In diesem Sinn ist ein guter Gesellschaftsvertrag wie eine Versicherung: Seine Anschaffung ist nicht kostenlos, im »Schadensfall« minimiert er die »Schadenshöhe«. Ärgern Sie sich deshalb nicht, wenn Sie letztlich doch nicht auf Ihren aufwendigen Gesellschaftsvertrag zurückgreifen müssen. Man ärgert sich ja auch nicht, wenn man seine Feuerversicherung nicht benötigt, weil kein Feuer ausgebrochen ist.

Nach Ausbruch eines Konflikts ist die Einigung auf Spielregeln unrealistisch. Spielregeln muss man also vereinbaren, solange man nicht damit rechnet, sie tatsächlich zu benötigen. Gerade wenn bei Gründung der Gesellschaft Aufbruchstimmung herrscht und jeder nur mit dem Allerbesten rechnet, ist dies der beste Zeitpunkt, um konfliktfrei funktionierende Spielregeln für etwaige Gesellschafterstreitigkeiten zu vereinbaren.

Sorgen Sie daher schon bei der Gründung Ihres Unternehmens für vernünftige Spielregeln, Streitforen und Auseinandersetzungsregeln im Gesellschaftsvertrag. Dabei ist es üblicherweise zum Vorteil aller Gesellschafter, objektiv gerechte und rechtlich richtige Spielregeln zu vereinbaren. Denn zum Zeitpunkt der Vertragsgestaltung ist noch nicht klar, welcher Gesellschafter die Spielregeln einmal verwenden wird. Von einem Gesellschafter in den Vertrag reklamierte objektiv ungerechte Spielregeln können sich später auch gegen diesen Gesellschafter selbst wenden (wenn diese Spielregeln wider Erwarten von einem anderen Gesellschafter genützt werden).

> **Achtung** !
>
> Das Gesetz sieht nur für GmbH-Gesellschaftsverträge und Satzungen von AGs eine *Formpflicht* vor (jeweils notariell beurkundungspflichtig). Hingegen besteht keine gesetzliche Formpflicht für Personengesellschaftsverträge. GbRs, OHGs und KGs können daher auch durch **mündliche** Erklärungen errichtet werden, ja sogar konkludent – also **stillschweigend** durch Handlungen, aus denen ein Erklärungswert ableitbar ist.

Dies mag in der – meist ohnehin kostenintensiven – Gründungsphase dazu verleiten, bei der Errichtung von Personengesellschaften auf die formelle Errichtung schriftlicher Gesellschaftsverträge zu verzichten. Ein solches Vorgehen verhindert zwar nicht die Errichtung der Personengesellschaft an sich. Dennoch raten wir davon unbedingt ab. Denn im Streitfall sind sich die Gesellschafter über den Inhalt und die Reichweite ihrer mündlichen Erklärungen meist uneins. Der konkrete Inhalt mündlicher Vereinbarungen lässt sich häufig nicht mehr genau rekonstruieren. Zudem ist jeder Gesellschafter, der sich auf einen für ihn günstigen Umstand beruft, dafür beweispflichtig. Hier steht der Gesellschafter im Streitfall vor einem schwerwiegenden Problem: Wie lässt sich mündlich Vereinbartes beweisen, wenn die Mitgesellschafter eine solche Vereinbarung bestreiten?

Zwar greifen dort, wo sich mündlich Vereinbartes nicht beweisen lässt oder konkret gar nichts vereinbart wurde, die gesetzlichen Regelungen des BGB und des HGB zu Personengesellschaften. Diese gesetzlichen Regelungen sind allerdings auf die »Norm-Personengesellschaft« ausgerichtet. Auf individuelle Bedürfnisse der konkreten – Ihrer (!) – Gesellschaft nehmen sie hingegen keine Rücksicht. Zudem stammen diese Regelungen überwiegend aus dem 19. Jahrhundert und sind für das heutige Wirtschaftsleben nur bedingt zu gebrauchen. Ein Maßanzug für Ihre Gesellschaft sind die gesetzlichen Regelungen keinesfalls (vgl. Kapitel 4.1.1). Dementsprechend enthalten sie auch Bestimmungen, welche die Gesellschafter für ihre Gesellschaft übereinstimmend gar nicht wünschen. Dennoch sind diese Bestimmungen dann auf diese Gesellschaft anwendbar (weil nichts anderes vereinbart wurde, beziehungsweise sich eine anderslautende Vereinbarung nicht nachweisen lässt). Wir empfehlen daher, bei jeder Gesellschaftsgründung – auch bei der nach den gesetzlichen Bestimmungen grundsätzlich formfreien Gründung von Personengesellschaften – unbedingt zumindest einen schriftlichen Gesellschaftsvertrag zu errichten (soweit nicht ohnehin strengere Formvorschriften greifen). Zu Beweiszwecken gilt dies auch, wenn die Gesellschafter lediglich einen Standardvertrag vereinbaren wollen. Besser – aber auch teurer – ist selbstverständlich die Vereinbarung eines »Maßanzugs« für Ihre Gesellschaft (vgl. folgendes Kapitel 4.1.1).

## 4.1.1 Billiger Standardvertrag – teurer Maßanzug?

Manche Berater oder gar »Dr. Google« bieten – preislich meist günstige – Standardverträge an. Solche Verträge enthalten nur die gesetzlich erforderlichen Bestimmungen und berücksichtigen die besonderen individuellen Bedürfnisse Ihrer Gesellschaftsgründung nicht, die sich aus dem Unternehmensgegenstand, der beteiligten Charaktere der Gesellschafter, der beabsichtigten Unternehmensstruktur und der Art der möglicherweise auftretenden Konflikte ergeben. Dementsprechend enthalten sie weder generelle noch an Ihre beziehungsweise die Bedürfnisse Ihrer Gesellschaft angepasste Spielregeln.

Standardverträge sind zwar in ihrer Anschaffung billig. Der teuerste Vorgang im Leben einer Gesellschaft ist aber nicht deren Gründung, sondern ein etwaiger

Gesellschafterstreit. Der Standardvertrag regelt wichtige Punkte nicht und trägt durch etwaige Unklarheiten, insbesondere aber durch seine Unvollständigkeit zur Verlängerung eines teuren – in manchen Fällen sogar existenzbedrohenden (!) – Gesellschafterstreits bei. Der individuelle Gesellschaftsvertrag enthält klare Spielregeln und verkürzt dadurch diese teure Phase meist beträchtlich.

Noch einen bedeutenden Vorteil hat der auf Sie und Ihre Gesellschaft wie ein Maßanzug zugeschnittene Gesellschaftsvertrag: Die Verhandlungspartner sind gezwungen, ihre Motive und Erwartungen durchzudenken und gemeinsam zu besprechen. Dieser Vorgang macht den Vertragspartnern bewusst, was sie wirklich vorhaben. Sie sehen nochmals, ob sie zusammenpassen und die gemeinsame Gesellschaft wollen (vgl. Kapitel 3.2 bis 3.4). Ergebnis dieses Vorgehens kann auch sein, dass die Vergesellschaftung scheitert. Aber auch das ist in Ordnung. Die Gesellschafter sind eben zu dem Schluss gekommen, dass sie nicht zusammenpassen oder ihre unternehmerische Idee doch nicht so gut wie ursprünglich angenommen ist (vgl. Kapitel 3.6). Ist das Ergebnis eine Einigung, dann wissen die Gesellschafter, dass sie tatsächlich miteinander wirtschaften wollen. Es ist die Hauptaufgabe des beigezogenen Vertragserrichters (idealerweise ein Rechtsanwalt oder Notar), die Gesellschafter bei diesem Vorgang durch das Aufwerfen der richtigen Fragen zu unterstützen.

Die Anpassung des Gesellschaftsvertrages auf die individuellen Bedürfnisse der Gesellschaft(-er) bedingt, dass sich nachträgliche Änderungen im Umfeld der Gesellschaft auch im Gesellschaftsvertrag widerspiegeln sollten. So wie ein Maßanzug bei Zunahme oder Abnahme des Körperumfangs seines Trägers nicht mehr passt, »zwickt es« dann auch beim Gesellschaftsvertrag (vgl. folgendes Kapitel 4.1.2). Der Maßanzug wird spätestens zu diesem Zeitpunkt in die Änderungsschneiderei gebracht, der Gesellschaftsvertrag bleibt oft unverändert. Passen Sie auch Ihren Gesellschaftsvertrag an Änderungen an und machen Sie diesen entsprechend den Änderungen »weiter« oder »enger«!

**Tipp**                                                                                        !

In Gesellschaften, die zu 100 % im Eigentum eines Alleingesellschafters stehen, besteht – zumindest auf Gesellschafterebene – keine akute Streitgefahr. Detaillierte Konfliktbeilegungsregelungen und ein kostenintensiver Maßanzug erübrigen sich. Für solche Gesellschaften ist ein Standardvertrag ausreichend.
Achtung: Vergessen Sie aber nicht, bei Eintritt weiterer Gesellschafter den Standardvertrag an die geänderte Gesellschaftersituation anzupassen und entsprechende Konfliktbeilegungsregelungen vorzusehen. Der Eintritt auch nur eines einzigen weiteren Gesellschafters in eine Ein-Mann-Gesellschaft macht die Änderung des Standardvertrages notwendig!

## 4.1.2   Was muss ich wann regeln?

Jede Gesellschaft besteht aus einer Vielzahl an Rechtsbeziehungen. Dies können unter anderem sein:

- Gesellschaftsvertrag;
- Nebenvereinbarungen (Stimmrechtspoolvereinbarungen);
- Geschäftsführerverträge mit den einzelnen Geschäftsführern (Vorstandsmitgliedern);
- Geschäftsordnung für die Geschäftsführung (Vorstand);
- Mandatsverträge mit den einzelnen Aufsichtsrats- und Beiratsmitgliedern;
- Geschäftsordnungen für Aufsichtsrat und etwaige Beiräte
- usw.

Nicht immer ist es notwendig, sämtliche denkbaren Rechtsbeziehungen bereits bei Gründung der Gesellschaft zu regeln. Aber zumindest alle bereits bei Gesellschaftsgründung bestehenden beziehungsweise erforderlichen Rechtsverhältnisse sollten Sie anlässlich der Gründung schriftlich regeln.

Erfolgreiche Unternehmen wachsen. Dieses Wachstum erfordert oft Strukturänderungen, die zu neuen Rechtsverhältnissen führen. Das Abweichen gewachsener von den im Gesellschaftsvertrag festgelegten Strukturen birgt großes Konfliktpotenzial (zum Beispiel, wenn der Gesellschaftsvertrag von einem kleineren Kreis an Gesellschaftern ausgeht, die sich persönlich kennen und im Betrieb mitarbeiten, tatsächlich der Gesellschafterkreis durch Erbfolge und den Einstieg von Investoren groß wurde und nicht mehr von gemeinsamer Mitarbeit im Betrieb und von persönlichem Vertrauen geprägt ist). Neue Strukturen und Rechtsverhältnisse sollten deshalb unbedingt Niederschlag im Gesellschaftsvertrag, in einer Nebenvereinbarung und/oder in einer Stimmrechtspoolvereinbarung finden (zur beschränkten Wirkung von Nebenvereinbarungen und Stimmrechtspoolvereinbarungen sowie den Konsequenzen daraus vgl. Kapitel 4.2.4). »Den besten Gesellschaftsvertrag« für alle Zeiten und alle denkbaren Gesellschaftsstrukturen gibt es nicht. Ein Gesellschaftsvertrag und das ihn umgebende Regelwerk ist ein Maßanzug, der regelmäßig an die Bedürfnisse der Gesellschaft und der Gesellschafter angepasst werden sollte.

> **!** **Beispiel: Rechtsverhältnisse und Strukturänderungen**
>
> A und B verstehen sich hervorragend und gründen eine GmbH zur gemeinsamen Erbringung von Baukoordinationsdienstleistungen. Die gemeinsamen Überlegungen verlaufen harmonisch. Die Gesellschaft hat weder Arbeitnehmer noch nennenswerte Produktionsgüter.
> Anlässlich der Gründung sollten A und B (neben dem zwingend zu errichtenden Gesellschaftsvertrag) zumindest auch ihre eigene Position als Gesellschafter-Ge-

schäftsführer regeln (zum Beispiel in einem Geschäftsführerdienstvertrag). Zweckmäßig wäre auch die Erstellung einer Geschäftsordnung für die Geschäftsführung als »Fahrplan« im Fall von Differenzen bei der Geschäftsführung. Die Erarbeitung von Geschäftsordnungen für Aufsichtsräte und Beiräte sowie der Abschluss von Stimmrechtspoolvereinbarungen wären hingegen vorerst nicht notwendig.

Immer öfter treten Differenzen bei Geschäftsführungsmaßnahmen auf. Überdies erhält die GmbH zwei weitere – ebenfalls geschäftsführungsberechtigte – Gesellschafter. A und B halten nun je 33 %, die neuen Gesellschafter je 17 % der Geschäftsanteile.

Sollten die Gesellschafter noch keine Geschäftsordnung für die Geschäftsführer vereinbart haben, sollten sie das spätestens jetzt nachholen. Nach Auftreten erster Differenzen ist der Abschluss neuer Vereinbarungen oft schwierig. Wer die Geschäftsordnung schon zuvor abgeschlossen hat, profitiert hier von seiner Voraussicht. Zur Absicherung ihres Einflusses in der Gesellschafterversammlung könnten A und B zusätzlich einen Stimmrechtspoolvertrag abschließen. Dadurch könnten sie miteinander 66 % oder jeder für sich mit einem neuen Gesellschafter 50 % der Stimmanteile erzielen.

Das Unternehmen entwickelt sich hervorragend. Die GmbH beschäftigt inzwischen 40 Arbeitnehmer und nimmt fünf weitere (nicht geschäftsführungsberechtigte) Gesellschafter auf.

Nun sollten die Gesellschafter auch die Einrichtung eines Aufsichtsrates/Beirates erwägen. Der Gesellschaftsvertrag ist entsprechend anzupassen. Zweckmäßig ist die Erarbeitung einer Geschäftsordnung für den Aufsichtsrat. Stimmrechtspoolvereinbarungen könnten den Einfluss der »Altgesellschafter« absichern.

Achten Sie insbesondere auf das Überschreiten jener Größenmerkmale, die Ihre Gesellschaft mitbestimmungspflichtig macht. Denn in diesem Fall ist auch bei einer GmbH zwingend ein Aufsichtsrat einzurichten und ein Teil der Aufsichtsratsposten ist durch Arbeitnehmervertreter zu besetzen (vgl. Kapitel 4.1.8.25).

Auch die Aufnahme neuer Gesellschafter erfordert oft Anpassungen. Leider wird dies in der Praxis immer wieder vergessen. Aber auch in den Gesellschaftsverträgen von Mehrpersonen-Gesellschaften können Bestimmungen enthalten sein, die bei Aufnahme weiterer Gesellschafter anzupassen sind (zum Beispiel für zweipersonale Verhältnisse konstruierte Duellklauseln oder Versteigerungsklauseln; vgl. Kapitel 4.1.8.19 und 4.1.8.21).

Schließlich können sich auch im Leben der Gesellschafter Änderungen ergeben, die Auswirkungen auf die Gesellschaft haben (zum Beispiel Gesellschafts-Geschäftsführer A erreicht das Pensionsalter; das Kind des Gesellschafters B will im Unternehmen tätig werden, über das Privatvermögen des Gesellschafters C wird das Insolvenzverfahren eröffnet; Gesellschafter D lässt sich von seiner Ehegattin E scheiden, die ebenfalls Gesellschafterin des gemeinsamen

Unternehmens ist usw.). Auch solche Änderungen sollten im Gesellschaftsvertrag ihren Niederschlag finden.

Zur Änderung des Gesellschaftsvertrages benötigen Sie – soweit Sie nicht
selbst über die erforderliche qualifizierte Stimmmehrheit verfügen – die Mitwirkung der übrigen Gesellschafter. Es kann daher sein, dass Sie den Gesellschaftsvertrag nicht im gewünschten Umfang an geänderte Verhältnisse an-
passen können. Dann haben Sie aber zumindest Ihre Bedürfnisse mit Ihren
Partnern diskutiert und kennen deren Position – sollte diese Position mit der
Ihren nicht vereinbar sein, könnten Sie über Alternativen nachdenken (zum
Beispiel Ausstieg aus der Gesellschaft, mögliche Übernahme weiterer Anteile usw.).

> **!** **Tipp**
>
> Der Gesellschaftsvertrag (und seine Nebenvereinbarungen) sollte(-n) zu jeder Zeit
> den wirtschaftlichen Verhältnissen der Gesellschaft und den privaten Bedürfnis-
> sen sowie persönlichen Verhältnissen der Gesellschafter entsprechen. Vergessen
> Sie daher nicht, das Regelwerk Ihrer Gesellschaft auch bei Änderungen in Ihrem
> Privatleben anzupassen! Es empfiehlt sich, den Gesellschaftsvertrag auch ohne
> konkreten Anlass alle zwei bis fünf Jahre zur Hand zu nehmen und zu prüfen, ob
> er den tatsächlichen Verhältnissen der Gesellschaft und den eigenen Bedürfnissen
> entspricht.

### 4.1.3   Die Übereinstimmungskontrolle

Regelungen in verschiedenen Dokumenten (zum Beispiel Gesellschaftsvertrag
einerseits und Geschäftsordnungen oder Dienstverträge andererseits), nur in
einem Dokument vorgenommene Änderungen (zum Beispiel Änderung lediglich im Gesellschaftsvertrag, nicht aber in den Geschäftsordnungen) sowie
nachträgliche Errichtung weiterer Verträge (zum Beispiel Stimmrechtspoolvereinbarungen) bergen die große Gefahr in sich, dass der Inhalt eines Dokuments dem Inhalt eines anderen Dokuments widerspricht. Solche Widersprüche bergen Konfliktpotenzial und sind mit juristischen Mitteln oft schwer
aufzulösen – sie führen zu großen rechtlichen Unsicherheiten. Zum einen
stellt sich bereits die Frage, welche der unterschiedlichen Regelungen nun
gilt, zum anderen besteht die Gefahr, dass den Beteiligten der Widerspruch
nicht bekannt ist und einzelne Beteiligte »schuldlos« nach Regeln handeln,
die keine Gültigkeit mehr haben.

Wichtig bei der Vertragserrichtung sowie bei jeder Vertragsanpassung oder
nachträglichen Errichtung einer weiteren Vereinbarung ist daher die Überein-

stimmungskontrolle, ob also das neu errichtete Dokument (die Anpassung) mit allen bereits vorhandenen Vereinbarungen inhaltlich übereinstimmt und keinem anderen Dokument widerspricht.

---

**Beispiel: Übereinstimmungskontrolle**                                    **!**

Der Gesellschaftsvertrag sieht vor, dass der Geschäftsführer für Geschäfte mit einem Kaufpreis von mehr als EUR 100.000 vor Vertragsabschluss die Zustimmung der Gesellschafterversammlung einholen muss. Der Geschäftsführervertrag und die Geschäftsordnung für die Geschäftsführung sehen hingegen vor, dass dies erst ab einem Gegenstandswert von EUR 250.000 der Fall ist. Dem Geschäftsführer ist nur die Geschäftsordnung bekannt.

Der Geschäftsführer A will ein Geschäft mit einem Kaufpreis von EUR 180.000 abschließen. Muss er dazu die Zustimmung der Gesellschafterversammlung einholen? Eine allgemeingültige Lösung für diese Frage gibt es nicht. Vielmehr kommt es auf die Umstände und zeitliche Abfolge der Errichtung von Gesellschaftsvertrag, Geschäftsführervertrag und Geschäftsordnung, auf den hinter diesen Dokumenten stehenden Parteiwillen (soweit auf ihn abzustellen ist; vgl. Kapitel 4.1.4), auf den Inhalt, wie ihn der verständige Erklärungsempfänger hätte verstehen dürfen, und auf ähnliche Faktoren an, über die trefflich gestritten werden kann. Klarheit über die aufgeworfene Frage erhält man daher oft erst nach einem jahrelangen, kostenintensiven Rechtsstreit.

---

**Tipp**                                                                    **!**

Stimmen Wertgrenzen zwischen Gesellschaftsvertrag und Geschäftsordnung nicht überein, sind Geschäftsführer immer wieder dazu verleitet, für sich den größtmöglichen Freiraum auszunützen, die höhere Betragsgrenze als gültig anzunehmen und einen Vertragsschluss vorzunehmen, ohne die Gesellschafterversammlung (den Aufsichtsrat) damit zu befassen, obwohl dieser Vertragsschluss zumindest die niedrigere Wertgrenze überschreitet. Mit diesem Vorgehen setzen sich Geschäftsführer (insbesondere Gesellschafter-Geschäftsführer) aber dem Risiko von Angriffen durch die (Mit-)Gesellschafter aus.

Denn eine Antwort darauf, welche Betragsgrenze tatsächlich gilt, ist vorab oft nicht möglich (vgl. voranstehendes Beispiel). Hat ein Geschäftsführer die höhere Betragsgrenze ausgenützt und stellt ein Gericht (vielleicht erst nach Jahren) fest, dass tatsächlich die niedrigere Betragsgrenze Gültigkeit hat, ist das Ausnützen der höheren Betragsgrenze eine Verfehlung des Geschäftsführers, die ihn angreifbar macht und allenfalls sogar zu Schadenersatzansprüchen der Gesellschaft gegen ihn führt. Solche Verfehlungen sind willkommene und wirksame Munition in jedem Gesellschafterstreit – insbesondere gegen Gesellschafter-Geschäftsführer.

Nützen Sie solche Widersprüche daher nicht aus! Verzichten Sie darauf, vermeintlichen Freiraum voll auszuschöpfen und halten Sie sich im Fall von Widersprüchen immer an die niedrigere Wertgrenze. Nur so vermeiden Sie das Risiko vorwerfbarer Verfehlungen.

### 4.1.4 Auslegung von Gesellschaftsverträgen

Ist eine Regelung im Gesellschaftsvertrag nicht eindeutig formuliert, stellt sich die Frage, wie der Gesellschaftsvertrag auszulegen ist.

Verträge sind grundsätzlich nach den §§ 133, 157 BGB auszulegen. Demnach kommt es im Rahmen der Vertragsauslegung nicht nur auf das geschriebene Wort an, sondern vor allem darauf, was sich die Parteien bei Vertragsschluss vorgestellt haben. Haben sich die Parteien beispielsweise übereinstimmend etwas ganz Anderes vorgestellt als vertraglich niedergelegt, so ist nicht das vertraglich Vereinbarte maßgeblich, sondern die übereinstimmende Vorstellung (Parteiwille). Dadurch kann im Extremfall sogar das Gegenteil von dem gelten, was im Vertrag definiert ist. Ist die richtige Auslegung des Vertrages später streitig, kann der ursprüngliche Wille der Vertragsparteien durch die Entstehungsgeschichte des Vertragsverhältnisses, durch die Umstände bei Vertragsschluss, durch den Vertragszweck, durch Nebenabreden und durch die tatsächliche Durchführung des Vertrages ermittelt werden.

Diese allgemeinen Grundsätze zur Auslegung von Verträgen gelten auch für die Auslegung von Gesellschaftsverträgen einer GbR[17], einer OHG und einer KG.

Bei der Auslegung von Satzungen einer GmbH[18] oder einer AG wird differenziert: Regelungen, die nur die Gesellschaft einerseits und bestimmte einzelne Gesellschafter oder Geschäftsführer betreffen und die genauso gut außerhalb des Gesellschaftsvertrages getroffen werden hätten können, sind nach den oben dargestellten allgemeinen Regelungen auszulegen. Dagegen sind Regelungen, die die Grundlagen der Gesellschaft betreffen und für alle Gesellschafter gelten – und zwar für die aktuellen und für etwaige zukünftige Gesellschafter – oder gar unbeteiligte Dritte (zum Beispiel Gläubiger) tangieren, objektiv auszulegen. Demnach kommt es nicht darauf an, was sich die einzelnen Gesellschafter bei Vertragsschluss gedacht haben. Für die Auslegung sind vielmehr nur allgemein zugängliche Unterlagen heranzuziehen, beispielsweise der Wortlaut und der Sinnzusammenhang im Gesellschaftsvertrag oder andere, im Handelsregister veröffentlichte Unterlagen.

---

17 Zur Gbr: Henssler/Strohn/*Servatius* BGB § 705 Rn. 29; zur OHG und KG: Baumbach/Hopt/*Roth* HGB § 105 Rn. 59.
18 Zur GmbH: Baumbach/Hueck/*Fastrich* § 2 Rn. 29 ff.; zur AG: MHdB GesR IV/*Sailer-Coceani* § 6 Rn. 4.

Die Gesellschaftsverträge von Publikumspersonengesellschaften (in der Regel Kapitalanlagefonds) sind auszulegen wie Satzungen von GmbHs und AGs, also objektiv. Gleiches gilt im Wesentlichen für die Auslegung des Gesellschaftsvertrages einer GmbH & Co. KG.[19]

> **Tipp** !
>
> Gerade weil die Satzungen von GmbHs und AGs sowie die Gesellschaftsverträge von GmbH & Co. KGs objektiv auszulegen sind, müssen Sie erheblichen Wert darauf legen, dass der Gesellschaftsvertrag die zwischen den Gesellschaftern getroffenen Vereinbarungen unmissverständlich und vollständig wiedergibt. Lassen Sie den Entwurf der Satzung daher vor ihrer notariellen Beurkundung zur Kontrolle von einem unbeteiligten Dritten lesen. Versteht dieser auf Anhieb, was mit der betreffenden Regelung gewollt ist, dürfte diese ausreichend klar formuliert sein.

### 4.1.5 Klarer Blick auf Unklarheiten

Rechtliche Angelegenheiten sind oft komplex. Aber nichts ist so komplex, dass es nicht mit einer klaren Sprache verständlich ausgedrückt werden könnte. Lesen Sie daher den Entwurf Ihres Gesellschaftsvertrages kritisch durch. Was Sie trotz konzentriertem Durchlesen nicht verstehen, muss umformuliert werden. Weite Teile eines Gesellschaftsvertrages kann ein sorgfältiger Vertragsverfasser so formulieren, dass sich ihr Sinn auch dem juristischen Laien auf Anhieb erschließt. Manche Materien bedürfen allerdings inhaltlich besonders komplexer Regelungen (zum Beispiel Zwangseinziehung und Zwangsabtretung). Für das Verständnis solcher Regelungen kann es auch für Juristen notwendig sein, die betreffenden Passagen mehrmals konzentriert zu lesen. Dies sollte aber in einem sorgfältig formulierten Gesellschaftsvertrag die Ausnahme sein.

Unklarheiten, die Sie sehen, müssen klargestellt werden, denn sie sind der Nährboden für künftige Konflikte. Wo alles klar formuliert ist, bleibt kein Platz für Differenzen, beziehungsweise sind etwaige Differenzen anhand klarer Regeln (leicht und schnell) lösbar. Ein Gesellschaftsvertrag soll klare Strukturen und klare Spielregeln schaffen. Das ist nur mit einer klaren Sprache möglich. Sie sind derjenige, der mit diesen Strukturen leben muss, der diese Spielregeln anwenden wird. Außerdem sind Sie derjenige (gemeinsam mit Ihren Mitgesellschaftern), der die Vertragserrichtung bezahlen muss. Sie haben daher auch ein Recht darauf, den Inhalt des Vertrages leicht zu verstehen!

---

19  Baumbach/Hopt/*Roth* HGB § 105 Rn. 59.

Manche Angelegenheiten und Vertragsbestimmungen sind besonders komplex, sodass der Leser (selbst der juristisch geschulte) ihren Inhalt und insbesondere ihre Auswirkungen beim ersten Durchlesen nicht gänzlich erfassen kann (zum Beispiel Auseinandersetzungsregeln und »Duellklauseln«). Hier hilft es oft, sich den Inhalt durch eine selbst angefertigte Skizze zu veranschaulichen.

Unklarheiten sind aber nicht immer schlecht. Es kann vereinzelte Fälle geben, in denen das Belassen von Unklarheiten sinnvoll ist:

- Die Gesellschafter können in einzelnen Punkten (noch) keine Einigung erzielen, wollen die Gesellschaftsgründung aber um jeden Preis. Das Beharren auf Klarstellung dieser Punkte würde dazu führen, dass einzelne Partner die Gesellschaftsgründung verweigern.
- Die eigene Verhandlungsposition ist so schwach, dass die Unklarheit durch eine – für die eigenen Interessen – nachteilige Regelung ersetzt werden würde.
- Die Unklarheit wirkt sich ausschließlich zulasten der Mitgesellschafter aus.

In all diesen Fällen kann das Belassen der Unklarheit für Sie vorteilhafter sein als eine Klarstellung. Unklarheiten sind aber dennoch immer ein Risiko, das man nur aus wohlüberlegten Gründen und bewusst in Kauf nehmen sollte! Überlegen Sie daher jedenfalls alle für die unklare Regelung möglichen Auslegungsvarianten und die damit für Sie verbundenen Konsequenzen bis zum Ende durch. Manchmal ergibt eine ehrliche Analyse in Situationen, in denen Unklarheiten nicht ausgeräumt werden können, dass es vernünftiger ist, die Vergesellschaftung in der geplanten Form zu unterlassen (vgl. Kapitel 3.6).

Meistens erkennt zumindest ein Beteiligter die Unklarheit nicht. Wenn Sie aber derjenige sind, der eine Unklarheit erkannt hat, werden Sie in der Regel auf deren Klarstellung drängen. Gesellschaftern, die Klarheit wünschen, aber Vertragspartnern gegenüberstehen, die Unklarheiten belassen wollen, empfehlen wir, zunächst zu analysieren, warum Ihr Gegenüber auf diesen Unklarheiten beharrt. Auf Grundlage dieser Überlegungen empfiehlt es sich,

- entweder von der Vergesellschaftung zu diesen Bedingungen abzusehen oder
- das Ihnen durch die Unklarheiten entstehende Risiko durch klare Mehrheitsverhältnisse zu Ihren Gunsten auszugleichen.

Sollten diese Forderungen nicht durchsetzbar sein, sollten Sie besonders wachsam sein. Ihr Partner spielt voraussichtlich nicht mit offenen Karten.

**Tipp** !

Üblicherweise entsprechen klare Regelungen dem Interesse aller Vertragsparteien. Wer auf Beibehaltung von Unklarheiten besteht, versucht zumeist, etwas zu erreichen. Wenn Sie schon nicht mit Ihrer Forderung nach Klarstellung durchdringen, sollten Sie zumindest dokumentieren, warum die Unklarheit beibehalten wurde. Am besten versuchen Sie, von Ihrem Verhandlungspartner eine (möglichst schriftliche) Erklärung zu erhalten, warum er die Unklarheiten beibehalten will.

**Achtung** !

Manchmal kommt es vor, dass sich Gesellschafter über Nebenpunkte nicht einigen können, obwohl die Hauptpunkte der Vergesellschaftung rasch ausgehandelt wurden. Die Aufnahme operativer Tätigkeiten im Namen der Gesellschaft scheitert dann schlicht daran, dass aufgrund der Uneinigkeit in diesen Nebenpunkten noch kein Gesellschaftsvertrag errichtet wurde.

Immer wieder treten Mandanten in solchen Situationen mit dem Wunsch an uns heran, zunächst einen Standardvertrag abzuschließen, um die Gesellschaft rasch im Handelsregister eintragen lassen zu können und die Nebenpunkte erst nachträglich zu verhandeln. Der eigentlich beabsichtigte (individuelle) Gesellschaftsvertrag soll erst danach errichtet werden.

Ein solches Vorgehen ist grundsätzlich nicht empfehlenswert. Denn auch wenn die Errichtung eines weiteren Gesellschaftsvertrages geplant ist: Der bloß als Provisorium gedachte Standardvertrag gilt trotzdem. Scheitert eine Einigung über die noch streitigen Nebenpunkte (und wird der geplante individuelle Gesellschaftsvertrag deshalb nicht errichtet), bleibt der Standardvertrag samt seinen möglicherweise unpassenden Klauseln gültig!

### 4.1.6 Formerfordernisse

Im Zivilrecht herrscht weitgehend Formfreiheit. Vertragsparteien können ihre Vereinbarungen grundsätzlich in beliebiger Form gestalten. Wichtig ist nicht die Form einer Vereinbarung, sondern ausschließlich, ob es zu einer Einigung zwischen den Vertragspartnern gekommen ist!

Deshalb kommt ein Vertrag grundsätzlich bereits gültig zustande, sobald zwei Verhandlungspartner eine Einigung erzielen und zeigen, dass sie den Inhalt dieser Einigung als für sie verbindlich erachten. Ob sie diese Vereinbarung schriftlich festhalten, ist unerheblich. Rechtlich betrachtet liegen daher oft schon – gerichtlich durchsetzbare (!) – Verträge vor, ohne dass den Vertragsparteien dies auch tatsächlich bewusst ist.

Dogmatisch betrachtet ist eine mündliche Vereinbarung in der Regel daher »genauso viel wert« wie eine notariell beurkundete Vereinbarung gleichen

Inhalts. Praktisch können (werden) sich bei einer mündlichen Vereinbarung allerdings Beweisprobleme ergeben. Wie soll man einen Richter, der bei Vertragsabschluss nicht anwesend war und die entsprechenden Erklärungen nicht gehört hat, vom Wortlaut einer nicht schriftlich abgeschlossenen Vereinbarung überzeugen?

Für manche Vereinbarungen verlangt das Gesetz hingegen die Einhaltung bestimmter Formvorschriften. Dies gilt insbesondere für Rechtsgeschäfte im Gesellschaftsrecht (vgl. Kapitel 4.1.6.2 und 4.2). Aus diesen Formvorschriften ergibt sich im Wesentlichen:

- Im Bereich der Personengesellschaften sind mündliche Willenserklärungen genauso wirksam wie schriftliche.
- Im Bereich der Kapitalgesellschaften bedürfen die wichtigsten gesellschaftsrechtlichen Geschäfte der notariellen Beurkundung. Willenserklärungen sind daher in diesen Bereichen nur wirksam, wenn sie vor einem Notar abgegeben wurden.

**!** **Tipp**

Zur Vermeidung von Beweisproblemen sollten Sie **alle** gesellschaftsrechtlichen Vereinbarungen schriftlich abschließen. Ist ausnahmsweise eine noch strengere Form vorgeschrieben, sollten Sie diese einhalten.

Sollte dies nicht möglich sein (zum Beispiel, weil die Übereinkunft telefonisch erfolgte), halten Sie den Vorgang durch **zeitnahe** inhaltliche Dokumentation fest (zum Beispiel durch datierte Telefonnotizen mit zur Inhaltsangabe wesentlichen Schlagworten oder mit einer E-Mail über den Gesprächsinhalt an den Gesprächspartner). Gerichte messen nachweislich zeitnahen Dokumentationen üblicherweise einen höheren Beweiswert zu. Schlampige Schreibweise, Rechtschreibfehler usw. beeinträchtigen den Beweiswert solcher Notizen nicht, sondern können die Glaubwürdigkeit Ihrer Aussage unter Umständen sogar erhöhen.

Und selbst wenn der Inhalt derart fragmentarisch aufgezeichnet wurde, dass er die Vereinbarung nur lückenhaft wiedergibt, kann Ihnen die Notiz zumindest als Gedächtnisstütze dienen, deren Verwendung die Glaubwürdigkeit einer etwaigen Aussage vor Gericht erhöhen kann. Selbst wenn einer solchen Notiz nur wenig Beweiswert zuerkannt werden sollte: Wenig ist immer noch mehr als nichts.

Der notariellen Beurkundung bedürfen insbesondere folgende Vereinbarungen und Beschlüsse:

- Gründung einer GmbH oder AG;
- Nachträge zu und Änderungen von notariell beurkundungspflichtigen Gesellschaftsverträgen (GmbH-Gesellschaftsvertrag/AG-Satzung);
- Übertragung und Verpfändung von GmbH-Anteilen;
- Begründung und Übertragung von Mitberechtigungen am GmbH-Geschäftsanteil (zum Beispiel Vorkaufsrechte, Optionen);

- Kapitalerhöhungen;
- Begründung, Änderung und Aufhebung von Rechten zur Zwangseinziehung und/oder Zwangsabtretung bei Kapitalgesellschaften;
- Umwandlungsverträge/-beschlüsse – betrifft Spaltung, Verschmelzung, Formwechsel und Vermögensübertragung.

Werden diese Vereinbarungen ohne notarielle Beurkundung getroffen, sind sie formunwirksam – also gerichtlich nicht durchsetzbar. Diese Vereinbarung wirkt nicht, rechtlich ist es so, als ob sie gar nicht getroffen worden wäre.

Ein weitverbreiteter Irrtum ist, dass die Vereinbarung von Vertragsstrafen formunwirksame Rechtsgeschäfte durchsetzbar machen (zu Vertragsstrafen vgl. Kapitel 4.2.5). Das dahinterstehende Kalkül ist, dass die Hauptpflicht (zum Beispiel Übertragung von GmbH-Anteilen) zwar nicht durchsetzbar ist, aber die vereinbarte Vertragsstrafe für den Fall der Nichterbringung der Hauptleistung so abschreckend ist, dass der Vertragspartner die Hauptleistung jedenfalls erbringen werde. Tatsächlich ist bei Rechtsgeschäften, die aufgrund der Missachtung von Formvorschriften unwirksam sind, auch die getroffene Vertragsstrafe nicht wirksam vereinbart. Verweigert der Vertragspartner eines formunwirksam geschlossenen Rechtsgeschäfts die Erbringung der Hauptleistung, kann auch die als Nebenleistung vereinbarte Vertragsstrafe nicht gegen ihn durchgesetzt werden.

---

**Tipp**  !

Zur Vermeidung des Risikos einer nicht durchsetzbaren Vereinbarung empfiehlt es sich, Nebenvereinbarungen immer in der gleichen Form zu errichten wie den Gesellschaftsvertrag (also bei Kapitalgesellschaften durch notarielle Beurkundung, bei Personengesellschaften zumindest in Schriftform).

Das gilt insbesondere auch bei Vergleichen, mit denen Gesellschafterstreitigkeiten bereinigt werden sollen. Hier konzentrieren sich die Beteiligten oft so sehr auf die sachliche Lösung, dass sie etwaige Formvorschriften vergessen. Wer aber seine Verpflichtung aus einem formunwirksamen Vergleich erfüllt, kann nicht erwarten, die Gegenleistung dafür zu erhalten. Denn sein Anspruch aus dem Vergleich ist möglicherweise nicht durchsetzbar. Besondere Vorsicht ist beim Verzicht auf Machtpositionen angebracht (vgl. Kapitel 6.8.5.1).

---

### 4.1.6.1 Personengesellschaften

Für den Abschluss von Gesellschaftsverträgen für Personengesellschaften bestehen keine Formerfordernisse. Der Vertragsabschluss kann formlos erfolgen – eine mündlich getroffene Vereinbarung genügt. Aus Gründen der Rechtssicherheit und insbesondere wegen der Beweisbarkeit des vereinbarten Vertragsinhalts empfiehlt es sich dennoch, auch bei Personengesellschaften Gesellschaftsverträge schriftlich abzuschließen.

Das Bestehen auf schriftlicher Fixierung des Vereinbarten muss kein Misstrauen gegenüber den Mitgesellschaftern ausdrücken. Bedenken Sie, dass die Organmitglieder Ihrer Verhandlungspartner austauschbar sind (zum Beispiel, die Geschäftsführung Ihres Verhandlungspartners wird neu besetzt) und die neuen Organmitglieder weder Vorliegen noch Inhalt mündlicher Vereinbarungen mangels Information schlüssig nachvollziehen können (vgl. Beispiel in Kapitel 4.1.8.13.2).

Nach Auftreten von Streitigkeiten ist es manchmal sogar bei schriftlichen Verträgen schwer, den von den Streitparteien gemeinten Inhalt zu ermitteln. Bei mündlich geschlossenen Verträgen ist dies – wie die Erfahrung zeigt – nahezu vollkommen unmöglich. Dahinter muss nicht einmal böse Absicht der Gegenseite stecken: Es ist erwiesen, dass Erinnerungen umso unterschiedlicher sind, je weiter das betreffende Ereignis zurückliegt.

## 4.1.6.2 Kapitalgesellschaften

Der Gesellschaftsvertrag (die Satzung) bedarf der notariellen Beurkundung. Diese Beurkundung ist Voraussetzung für seine Rechtsgültigkeit. Bei Verletzung der Beurkundungspflicht gilt der Vertrag weder als Vorvertrag, noch lässt er irgendwie rechtswirksame Verpflichtungen der Vertragspartner entstehen. Er ist in diesem Fall rechtsunwirksam und Ansprüche daraus sind nicht durchsetzbar.

Neben der Errichtung der Satzung sind auch andere Vereinbarungen beziehungsweise Verfügungen über Kapitalgesellschaften notariell beurkundungspflichtig (insbesondere die Abtretung von GmbH-Anteilen). Bei Formverletzung sind diese Vereinbarungen und Verfügungen ebenfalls rechtsunwirksam und nicht durchsetzbar. Daraus ergeben sich Risiken insbesondere beim Abschluss von Nebenvereinbarungen (vgl. Kapitel 4.2) und Vergleichen (vgl. Kapitel 6.8).

> **!** **Beispiel: Zahnloses Vorkaufsrecht**
>
> A, B und C gründen die IT-Projekte-GmbH und schließen einen notariell beurkundeten Gesellschaftsvertrag. Nach mehreren Jahren vereinbaren A, B und C mündlich ein Vorkaufsrecht zugunsten der jeweils anderen Gesellschafter. Auf die Errichtung einer notariellen Urkunde über das Vorkaufsrecht verzichten sie.
> Einige Jahre später will C seinen Geschäftsanteil an D verkaufen, ohne diesen Geschäftsanteil zuvor dem A und dem B anzubieten. A und B wollen den Geschäfts-

anteil des C selbst erwerben und unter allen Umständen den Eintritt des D als Gesellschafter der IT-Projekte-GmbH verhindern. Sie fordern C deshalb auf, ihnen den Geschäftsanteil zu jenen Bedingungen zu veräußern, zu denen auch D den Geschäftsanteil erwerben will, und berufen sich dabei auf das mündlich vereinbarte Vorkaufsrecht. C verweigert dies unter Hinweis darauf, dass der Gesellschaftsvertrag kein Vorkaufsrecht vorsehe, und veräußert seinen Geschäftsanteil an D. Tatsächlich ist das mündlich vereinbarte Vorkaufsrecht unwirksam. Denn die Vereinbarung eines Vorkaufsrechts für GmbH-Geschäftsanteile bedarf zu ihrer Wirksamkeit der notariellen Beurkundung. Fehlt diese, sind die vereinbarten Ansprüche nicht durchsetzbar. C kann seinen Geschäftsanteil rechtswirksam an D übertragen. **Achtung:** Gleiches gilt übrigens bei der Einräumung von Entsendungsrechten oder einer Option auf Übertragung von GmbH-Geschäftsanteilen. Auch diese Vereinbarungen können wirksam nur in einer notariell beurkundeten Vereinbarung getroffen werden.

**Achtung**  !

Mitgesellschafter können sterben, insolvent werden oder (soweit sie selbst Gesellschaften sind) von Dritten übernommen oder liquidiert werden. In all diesen Fällen treten Nachfolger in die Stellung des ursprünglichen Gesellschafters ein (Erben, Insolvenzverwalter, neue Inhaber der Geschäftsanteile oder Liquidatoren). Niemand kann Ihnen daher garantieren, dass Sie auf Gesellschafterebene immer Ihren Gründungspartnern gegenüberstehen.

Vielleicht hätte Ihr Mitgesellschafter seine Pflichten aus einem formlos vereinbarten Vorkaufs- oder Entsendungsrecht persönlich eingehalten. Was aber, wenn Ihr Mitgesellschafter insolvent wird? Der Insolvenzverwalter ist verpflichtet, verwertbares Vermögen zugunsten der Gläubiger bestmöglich zu verwerten. Verstößt er gegen diese Verpflichtung, um zum Beispiel ein formlos vereinbartes Vorkaufsrecht zugunsten der Mitgesellschafter einzuhalten, wird er den Gläubigern gegenüber persönlich schadenersatzpflichtig. Es ist daher unwahrscheinlich, dass ein Insolvenzverwalter formlos und rechtsunwirksam vereinbarte Übereinkünfte einhält.

Halten Sie gesetzliche Formvorschriften unbedingt ein, auch wenn Sie grundsätzlich auf die Handschlagqualität Ihrer Mitgesellschafter vertrauen!

Wie das bereits das Reichsgericht entschieden hat, kann selbst ein Edelmannswort einen Formmangel nicht heilen, denn: *»Wer sich statt auf das Recht auf ein ›Edelmannswort‹ verlässt, muss es hinnehmen, wenn der ›Edelmann‹ sein Wort nicht hält.«*[20]

## 4.1.7    Gesellschaftsvertrag oder Nebenvereinbarung?

Das Gesetz selbst bestimmt nur einige wenige Inhalte, die zwingend im Gesellschaftsvertrag von Kapitalgesellschaften zu regeln sind (vgl. folgende Tabelle). Für Gesellschaftsverträge von Personengesellschaften besteht überhaupt

---

20   RG, Urteil vom 21.05.1927, Az. V 426/26.

Formfreiheit (vgl. Kapitel 4.1.6.1), sodass hier – sofern eine Vertragsurkunde errichtet wird – kein gesetzlich zwingender Mindestinhalt besteht.

| GmbH | AG |
| --- | --- |
| Firma | Firma |
| Sitz | Sitz |
| Gegenstand des Unternehmens | Gegenstand des Unternehmens |
| Höhe des Stammkapitals | Höhe des Grundkapitals |
| Zahl und Nennbeträge der Geschäfts-anteile (Stammeinlage der Gesellschafter) | Inhaber- oder Namensaktien?<br>Nennbetragsaktien und Nennbetrag oder Stückaktien und Stückzahl<br>Zahl der Vorstandsmitglieder<br>Form der Bekanntmachungen der Gesell-schaft |

**Tab. 4:** Mindestinhalte Gesellschaftsvertrag/Satzung

Dementsprechend großen Spielraum hat der Gesellschafter bei der Entscheidung, ob er eine Regelung in den Gesellschaftsvertrag aufnimmt oder lieber eine Nebenvereinbarung errichtet. Die Bindungswirkung von Regelungen in Nebenvereinbarungen ist allerdings in vielerlei Hinsicht begrenzt (vgl. Kapitel 4.2.4), sodass es sich zumeist empfiehlt, Regelungen im Zweifel in den Gesellschaftsvertrag aufzunehmen.

Anderes gilt, wenn Sie bestimmte Regelungen möglichst geheim halten wollen. Denn Gesellschaftsverträge von Kapitalgesellschaften werden von dem zuständigen Registergericht im Handelsregister veröffentlicht und sind damit für jedermann einsehbar (vgl. folgenden Tipp). Wollen Sie einzelne Regelungen von dieser öffentlichen Einsicht ausnehmen, dürfen Sie diese nicht in den Gesellschaftsvertrag aufnehmen. Solche Regelungen müssten dann – unter Inkaufnahme des Risikos ihrer begrenzten Bindungswirkung – in Nebenvereinbarungen verschriftet werden. Nebenvereinbarungen müssen dem Registergericht nicht vorgelegt werden. Ihr Inhalt ist für die Öffentlichkeit daher nicht einsehbar.

**!  Tipp**

Die Einsicht in die bei den Handelsregistern hinterlegten Gesellschaftsverträge ist jedermann auch ohne Nachweis besonderer Berechtigungen oder Interessen möglich. Inzwischen sind die dort hinterlegten Gesellschaftsverträge sogar schon über das Internet abrufbar. Ihr Rechtsberater kann Gesellschaftsverträge und andere bei dem Handelsregister hinterlegte Dokumente (zum Beispiel Verschmelzungsverträge) für Sie kostengünstig und schnell besorgen.

Wenn Sie erwägen, einzelne Punkte außerhalb des Gesellschaftsvertrages zu regeln, hinterfragen Sie Ihr Geheimhaltungsinteresse an diesen Regelungen. Nur wenn dieses Geheimhaltungsinteresse den Nachteil der begrenzten Bindungswirkung von Nebenvereinbarungen aufwiegt, sollten Sie diese Punkte in einer Nebenvereinbarung regeln. Sichern Sie diese Vereinbarungen jedenfalls entsprechend ab (zum Beispiel mit Vertragsstrafen; vgl. Kapitel 4.2.5) und halten Sie etwaige Formvorschriften ein (vgl. Kapitel 4.1.6).

Beachten Sie, dass einzelne Rechtsfolgen unabhängig von der Form der Vereinbarung eintreten. So können beispielsweise selbst formlose Nebenvereinbarungen (Stimmrechtspoolvereinbarungen) Rechtsfolgen nach dem Übernahmerecht (WpÜG) auslösen: Nach § 35 WpÜG ist derjenige, der gemäß § 29 Abs. 2, § 30 WpÜG die Kontrolle über eine Gesellschaft erlangt, zur Bekanntgabe der Kontrollübernahme und zur Abgabe eines Pflichtangebotes gegenüber den anderen Aktionären verpflichtet. Nach § 30 Abs. 2 WpÜG erlangt ein Aktionär die Kontrolle über die Gesellschaft nicht nur durch das Halten eigener Aktien. Vielmehr sind dem (kontrollierenden) Aktionär auch Stimmrechte solcher Aktionäre zuzurechnen, mit denen er eine Stimmrechtspoolvereinbarung abgeschlossen hat.

### 4.1.8 Zweckmäßige Regelungen im Gesellschaftsvertrag

Grundsätzlich gilt: Es gibt (fast) nichts, was nicht in einen Gesellschaftsvertrag aufgenommen werden könnte. Alles, was Ihnen im Zusammenhang mit der Vergesellschaftung wichtig ist, wird in weiterer Folge auch für die Gesellschaft und Ihre Mitgesellschafter wichtig sein und sollte deshalb in den Gesellschaftsvertrag aufgenommen werden. Sie müssen sich dabei nicht auf rein wirtschaftliche Angelegenheiten beschränken, auch eher »unjuristische« Angelegenheiten haben bereits Eingang in Gesellschaftsverträge gefunden:

- Vereinbarung der 4-Tage-Woche für Gesellschafter-Geschäftsführer;
- Vereinbarung von längeren Arbeitspausen für Gesellschafter-Geschäftsführer (»Auszeiten« – Sabbatical);
- Typenbeschreibungen von Dienstautos der Gesellschafter-Geschäftsführer;
- Beschreibung von Büroausstattungen usw.

Jede Regelung über ein mit der Vergesellschaftung verbundenes Anliegen eines Gesellschafters ist zweckmäßig. Der Gesellschaftsvertrag kann nie zu konkret sein (die Praxis zeigt, dass die meisten Gesellschaftsverträge einige den Gesellschaftern wichtige Angelegenheiten nicht regeln – also zu unkonkret sind). Lassen Sie sich von Ihrem Gegenüber nicht entmutigen, auch unjuristische Angelegenheiten in den Gesellschaftsvertrag aufzunehmen. Jedes

Thema, das klar geregelt wird, ist eine potenzielle Unklarheit weniger. Daher gilt: Bereden Sie alles, was Ihnen wichtig erscheint – keine Scheu vor dem Ansprechen bestimmter Themen. Das Ansprechen von unjuristischen Angelegenheiten kann dazu führen, dass auch Ihre zukünftigen Mitgesellschafter die ihnen wichtigen unjuristischen Angelegenheiten ansprechen. Ein Gewinn für Sie, weil Unklarheiten beseitigt werden (können), welche Ihnen sonst bei der Gründung Ihrer Gesellschaft verborgen blieben!

Regeln Sie Ihre Prioritäten im Sinn des gemeinsam Besprochenen und entscheiden Sie (gemeinsam mit Ihrem Rechtsberater), welche Inhalte in den Gesellschaftsvertrag aufgenommen werden sollen und was durch Nebenvereinbarungen geregelt werden soll.

Eine vollständige Liste von zweckmäßigen Regelungen in einem Gesellschaftsvertrag existiert daher nicht, weil jedem etwas anderes besonders wichtig ist. Die folgenden Unterkapitel besprechen allerdings besonders streitgeneigte Themen und geben Anregungen für deren zweckmäßige Regelung.

### 4.1.8.1 Art und Weise der gesellschafterlichen Willensbildung (Beschlussfassung)

Die im Konfliktfall wichtigsten Regelungen eines Gesellschaftsvertrages sind die über die Frage der Art und Weise der Bildung und Durchsetzung des Willens der Gesellschafter. Dabei geht es um die Frage, unter welchen Voraussetzungen Mehrheitsgesellschafter ihre Macht ausüben können und unter welchen Voraussetzungen Minderheitsgesellschafter diese Machtausübung kontrollieren beziehungsweise sogar verhindern können.

Die gesellschafterliche Willensbildung erfolgt durch Beschlussfassung. Ein Gesellschafter, der will, dass die Gesellschaft in eine bestimmte Richtung agiert, stellt den betreffenden Tagesordnungspunkt den Mitgesellschaftern gegenüber zur Abstimmung.

Bei AGs sieht das Gesetz vor, dass eine Beschlussfassung der Aktionäre in der Hauptversammlung erfolgt, bei GmbHs sieht das Gesetz vor, dass eine Beschlussfassung in der Gesellschafterversammlung erfolgt. Vor allem das GmbHG enthält nur fragmentarisch Regelungen zur Einberufung und Durchführung von Gesellschafterversammlungen. Definieren Sie aus Gründen der Präzisierung, der Anpassung auf die konkreten Bedürfnisse und aus Gründen der Übersichtlichkeit in der Satzung detailliert die für die konkrete Gesellschaft geltenden Regelungen zur Einberufung und Durchführung von Gesellschafterversammlungen.

Sowohl bei der GmbH als auch bei der AG werden nach den gesetzlichen Regelungen Beschlüsse durch die einfache Mehrheit der Stimmen gefasst. Lediglich bei besonders gravierenden Beschlüssen (Kapitalerhöhung, Umwandlung, sonstige Satzungsänderungen) wird eine Dreiviertelmehrheit verlangt. Es ist sowohl bei der AG als auch bei der GmbH zulässig, die gesetzlichen Mehrheitsanforderungen zu verschärfen (bis hin zum Erfordernis einer einstimmigen Beschlussfassung).

Bei Personengesellschaften sieht das Gesetz vor, dass Gesellschafterbeschlüsse einstimmig gefasst werden. Nach der gesetzlichen Grundregel ist damit jeder noch so geringfügig beteiligte Gesellschafter in der Lage, eine Beschlussfassung und damit die Gesellschaft zu blockieren (Vetorecht). Es mag bei Gesellschaften mit zwei oder maximal drei Gesellschaftern, die aktiv in der Gesellschaft mitarbeiten, deren Zusammenarbeit auf persönlichem Vertrauen beruht und deren Zufriedenheit und Motivation für die Gesellschaft von existenzieller Bedeutung ist, sinnvoll sein, jedem Gesellschafter eine Blockademöglichkeit einzuräumen (zum Beispiel Anwaltssozietät, Arztpraxis). Denn für derart strukturierte Gesellschaften kann die Unzufriedenheit des regelmäßig überstimmten Gesellschafters ebenso oder noch schädlicher sein wie ein blockierender Gesellschafter. In allen übrigen Fällen empfiehlt es sich jedoch, im Gesellschaftsvertrag einer Personengesellschaft von der gesetzlichen Regelung der Einstimmigkeit abzuweichen und eine Beschlussfassung durch Mehrheitsentscheidungen zu vereinbaren.

Weil nach dem Gesetz bei Personengesellschaften für die Beschlussfassung das Einstimmigkeitsprinzip gilt, findet sich in dem Gesetz auch keine Regelung, wie Beschlüsse gegen eine sich der Beschlussfassung verweigernde Minderheit wirksam gefasst werden können. Wenn Sie in dem Gesellschaftsvertrag Mehrheitsbeschlüsse zulassen, müssen Sie daher auch zwingend regeln, (a) wie Beschlüsse überhaupt zu fassen (in der Regel in Gesellschafterversammlungen) und (b) welche Abläufe hier einzuhalten sind. In der Regel orientiert man sich in Gesellschaftsverträgen von Personengesellschaften an den Regelungen aus dem GmbH-Recht.

## 4.1.8.2 Einberufung der Gesellschafterversammlung beziehungsweise Hauptversammlung

Regelungen zur Art und Weise der Einberufung einer Gesellschafterversammlung haben zwei Schutzrichtungen: Zum einen soll das Recht der Minderheit auf Information, Möglichkeit der Vorbereitung, Möglichkeit der Einflussnahme und auf Mitwirkung bei der Beschlussfassung geschützt werden. Ist der Minderheitsgesellschafter insoweit ausreichend geschützt, gilt es zum anderen, den Mehrheitsgesellschafter zu schützen, der in der Lage sein muss, seine Mehrheit durchzusetzen, ohne von dem Minderheitsgesellschafter blockiert werden zu können.

Die gesetzlichen Regelungen zur Einberufung von Gesellschafterversammlungen in Kapitalgesellschaften (vgl. folgende Tabelle) sind teilweise dispositiv. Insbesondere kann der Gesellschaftsvertrag längere Einberufungsfristen, strengere Formvorschriften und Erleichterungen bei der Zustellung der Ladung vorsehen.

| | Frist | Mindestinhalt | Form |
|---|---|---|---|
| GmbH | eine Woche (zwischen zu erwartender Zustellung der Einberufung und GV, Tag der GV zählt nicht mit, §51 Abs. 1 GmbHG) | ▪ Bezeichnung der Gesellschaft, für die einberufen wird (Firma) <br> ▪ Erkennbarkeit des Einberufenden <br> ▪ Zeit und Ort <br> ▪ Tagesordnung (Nachschieben von Tagesordnungspunkten zulässig) <br> ▪ (bei Börsennotierung weitergehende Angaben erforderlich: §125 Abs. 1 S.5 AktG und §49 WpHG) | ▪ schriftlich mit Einschreiben |
| AG | Bekanntmachung 30 Tage (zuzüglich Dauer etwaiger Anmeldefrist, §123 Abs. 2 AktG) vor Hauptversammlung und gesonderte Mitteilung (§125 AktG) 21 Tage davor (Tag der Bekanntmachung beziehungsweise der Mitteilung und Tag der HV zählen nicht mit) | | ▪ Veröffentlichung im Bundesanzeiger <br> ▪ wenn Aktionäre der Gesellschaft namentlich bekannt: auch schriftlich mit Einschreiben zulässig |

Tab. 5: Gesetzliche Regelungen zur Einberufung von Gesellschafter- und Hauptversammlungen

Die gesetzlichen Mindestfristen sind insbesondere bei der **GmbH** sehr kurz bemessen und kompliziert zu berechnen (vgl. Abbildung 11 in Kapitel 6.9.1.2.1). Es empfiehlt sich, diese Frist konkret zu definieren und beispielsweise eine Mindestladungsfrist von zwei Wochen vorzusehen, wobei der Tag der Versammlung und der Tag der Versendung der Ladung nicht mitzurechnen sind. Der Ladende muss den Zugang der Ladung nicht beweisen, nur deren Versendung. Bei der GmbH beginnt die gesetzliche Ladungsfrist mit dem Tag der zu erwartenden Zustellung (in der Regel drei Tage nach Versendung). Insofern müssen zwischen dem Tag der Versendung und dem Tag der Gesellschafterversammlung in der Regel zehn volle Tage liegen. Bei der AG beginnt die Ladungsfrist mit Bekanntmachung beziehungsweise mit Versendung der Ladung.

---

**Achtung**                                                                    **!**

Nach herrschender Meinung[21] kann die Form der Einberufung zu einer GmbH-Gesellschafterversammlung durch eine entsprechende Regelung in der Satzung erleichtert werden, beispielsweise soll die Einberufung per E-Mail (Telefax) wirksam vereinbart werden können. Der BGH hat darüber aber noch nicht entschieden.

---

Besonders heikel ist die Gestaltung der Regeln für die Bekanntmachung der Tagesordnungspunkte. Denn nur wer die Tagesordnungspunkte kennt, kann sich sinnvoll auf die Gesellschafterversammlung vorbereiten. Die aufgrund der knappen gesetzlichen Einberufungsfristen zur Verfügung stehende kurze Vorbereitungszeit kann ein Gesellschafter für die übrigen Gesellschafter nochmals verkürzen, indem er Tagesordnungspunkte ergänzt. Denn das »Nachreichen von Tagesordnungspunkten« ist bis zu drei Tage vor der Gesellschafterversammlung zulässig (§ 51 Abs. 4 GmbHG). Auch hier beginnt die Frist mit dem Zeitpunkt zu laufen, an dem üblicherweise mit einer Zustellung des die Tagesordnung ergänzenden Schreibens gerechnet werden kann. Insofern sollten zwischen dem Tag der Versendung und dem Tag der Gesellschafterversammlung nach Möglichkeit sechs volle Tage liegen. Können diese sechs Tage nicht mehr eingehalten werden, so sollten jedenfalls mindestens drei Tage zwischen der Versendung und der Versammlung liegen und die Ladung zusätzlich vorab per E-Mail und/oder Telefax versandt werden, wenn möglich, auch noch zusätzlich per Bote.

Die Ergänzung von Tagesordnungspunkten ist zwar grundsätzlich sinnvoll. Die mit ihr einhergehende Verkürzung der Vorbereitungszeit eröffnet jedoch Missbrauchsmöglichkeiten (vgl. Kapitel 6.9.1.2). Es empfiehlt sich daher, die gesetzlichen Fristen für die Bekanntgabe und Ergänzung der Tagesordnung

---

21   MüKoGmbHG/*Liebscher* § 51 Rn. 66.

im Gesellschaftsvertrag zu verlängern. Eine Verkürzung dieser Fristen ist unzulässig.

Bei **AGs** ist die kurze Vorbereitungsfrist aufgrund längerer Einberufungsfristen ein geringeres Problem (30 Tage zuzüglich einer etwaigen Anmeldefrist gemäß § 123 Abs. 2 AktG, vgl. nächster Tipp). Das Verlangen, die Tagesordnung zu ergänzen, muss der AG mindestens 24 Tage (30 Tage bei börsennotierten AGs) vor der Hauptversammlung mitgeteilt werden (§ 122 Abs. 2 S. 3 AktG) und die AG muss die Ergänzungen unverzüglich bekannt machen (§ 124 Abs. 1 S. 1 AktG). Insofern können Aktionäre im Regelfall auch nachgereichte Tagesordnungspunkte zweckentsprechend vorbereiten. Allerdings sind viele aktienrechtliche Angelegenheiten und Vorgänge wirtschaftlich und juristisch hoch komplex, sodass die Teilnahme an einer Hauptversammlung oft einer noch gründlicheren Vorbereitung bedarf als die Teilnahme an einer Gesellschafterversammlung. Gerade in Konfliktphasen benötigt man zur erfolgversprechenden Vorbereitung die Mithilfe von Fachleuten (technische Sachverständige, Wirtschaftsprüfer, Rechtsanwälte), die manchmal terminlich nur schwer zu koordinieren sind. Es empfiehlt sich daher auch bei der Satzungsgestaltung von AGs, die eigenen Bedürfnisse zur Vorbereitung einer Hauptversammlung durch entsprechende Gestaltung der Einberufungsfristen zu berücksichtigen.

> **! Tipp**
>
> Bei Aktiengesellschaften beträgt die Ladungsfrist 30 Tage zuzüglich der Länge einer etwaigen, in der Satzung geregelten Mindestanmeldefrist (vgl. § 123 Abs. 1, 2 AktG). Die Mindestanmeldefrist ist die Frist, bis zu der Aktionäre spätestens ihre Teilnahme an der Hauptversammlung anzumelden haben. Die Mindestanmeldefrist beträgt maximal sechs Tage vor dem Tag der Hauptversammlung. Die Satzung kann auf eine Mindestanmeldefrist verzichten. Abhängig von der Länge der Mindestanmeldefrist beträgt die Ladungsfrist also zwischen 30 und 36 Tagen. Bei börsennotierten Gesellschaften müssen Ergänzungsverlangen zur Tagesordnung mindestens 30 Tage vor der Hauptversammlung gestellt werden, sodass Aktionäre nach der Ladung nur maximal sechs Tage Zeit haben, ihr Ergänzungsverlangen zu stellen (vgl. folgende Abbildung 5).
> Sind Sie Aktionär mit satzungsändernder Mehrheit, können Sie durch eine Reduzierung der Mindestanmeldefrist das Recht der Aktionäre, eine Ergänzung der Tagesordnung zu verlangen, faktisch ausschließen. Den Aktionären bleibt dann nur ihr Recht, die Einberufung einer neuen Hauptversammlung zu verlangen.

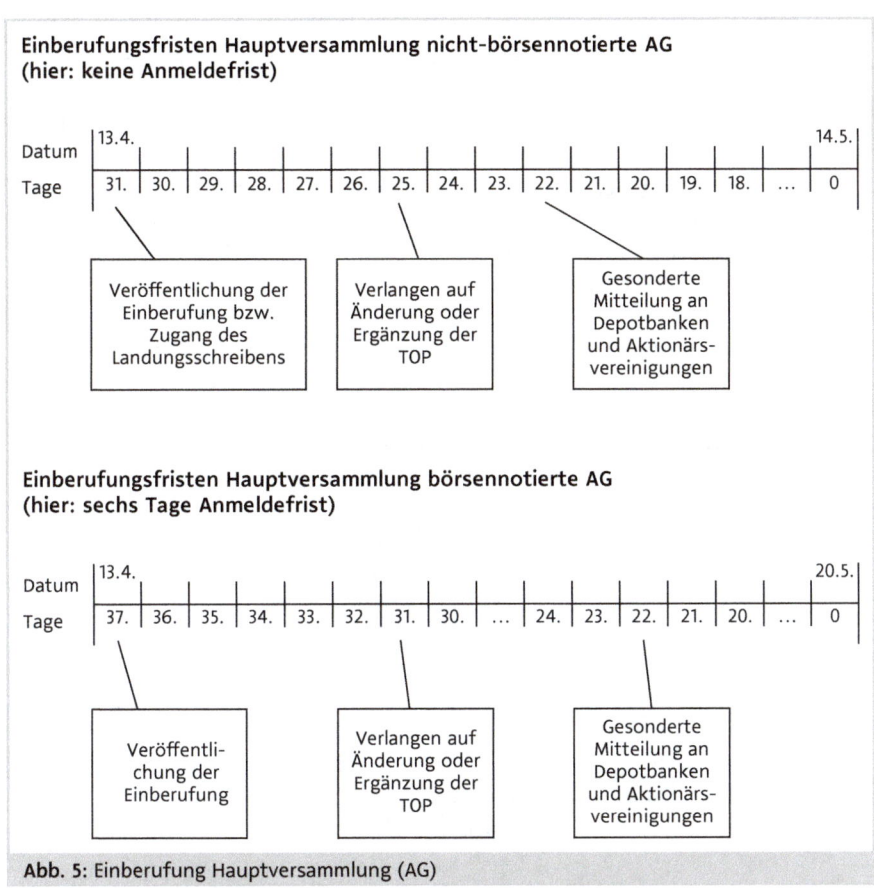

Abb. 5: Einberufung Hauptversammlung (AG)

Sind die Ladungsfristen beziehungsweise Fristen zur Bekanntgabe der Tagesordnung nicht eingehalten worden, so kann über die betreffenden Tagesordnungspunkte gleichwohl abgestimmt werden, wenn sämtliche Gesellschafter anwesend oder vertreten sind (Vollversammlung) und sich alle Gesellschafter rügelos auf die Versammlung und konkrete Beschlussfassung einlassen. Dies gilt sowohl für AGs (vgl. § 121 Abs. 6 AktG) als auch für GmbHs (§ 51 Abs. 3 GmbHG) und Personengesellschaften.

> **Tipp**                                                                    **!**
>
> Die Ladung zur Gesellschafterversammlung einer **GmbH** erfolgt durch einen Geschäftsführer (§ 49 Abs. 1 GmbHG). Gesellschafter, die zusammen mehr als 10 % des Stammkapitals halten, können von einem Geschäftsführer die Einberufung einer Gesellschafterversammlung und die Ergänzung der Tagesordnung verlangen (§ 50 Abs. 1, 2 GmbHG). § 50 Abs. 3 GmbHG gewährt ein Selbsthilferecht, wonach diese Gesellschafter die Ladung oder Ergänzung der Tagesordnung selbst vornehmen können, wenn die Geschäftsführung dem Verlangen nicht nachkommt. Gesetzlich

nicht geregelt und streitig ist die Frage, welcher Zeitraum abgewartet werden muss, bis die Gesellschafter ihr Selbsthilferecht ausüben dürfen. Vertreten wird dabei ein Zeitraum zwischen zwei Wochen und einem Monat.[22]

Für Mehrheitsgesellschafter ist diese gesetzliche Regelung optimal und es besteht insoweit kein Regelungsbedarf. Minderheitsgesellschafter sollten versuchen, sich in der Satzung ein eigenes Recht auf Einberufung der Gesellschafterversammlung und Ergänzung der Tagesordnung zu sichern, welches ohne vorheriges Verlangen gegenüber der Geschäftsführung ausgeübt werden kann.

Bei zu großem Gesellschafterkreis kann die Ladungskompetenz eines jeden Gesellschafters allerdings zu einem wilden Durcheinander mit mehreren parallel einberufenen Gesellschafterversammlungen an verschiedenen Orten und mit überschneidenden oder widersprechenden Tagesordnungen führen. Um dies zu vermeiden und gleichwohl aber einen rechtssicheren Minderheitenschutz zu gewährleisten, sollte die Satzung regeln, dass der Minderheit ihr Selbsthilferecht nach fruchtlosem Ablauf einer Frist von einer oder zwei Wochen ab Zugang des Einberufungs- oder Ergänzungsverlangen bei der Gesellschaft zusteht.

Die Ladung zur Hauptversammlung einer **AG** erfolgt durch den Gesamtvorstand (§121 Abs. 2 S. 2 AktG), in Ausnahmefällen durch den Aufsichtsrat (§111 Abs. 3 AktG). Aktionäre mit einem Anteil am Grundkapital von mindestens 5% haben das Recht, von dem Vorstand die Einberufung einer Hauptversammlung oder die Ergänzung der Tagesordnung zu verlangen (alternatives Mindestquorum bei Ergänzungsverlangen: Beteiligung am Grundkapital in Höhe von EUR 500.000). Entspricht der Vorstand dem Verlangen nicht, so können diese Aktionäre einen Antrag bei Gericht stellen, wonach sie zur Einberufung oder Ergänzung zu ermächtigen sind.

Für Mehrheitsaktionäre ist auch diese gesetzliche Regelung optimal. Wenn Sie Minderheitsaktionär sind, können Sie in der Satzung regeln, dass ein entsprechendes Verlangen auch von Aktionären mit geringerem Anteil am Grundkapital gestellt werden kann. Es empfiehlt sich auch, in der Satzung die Frist, innerhalb derer der Vorstand über das Verlangen zu entscheiden hat, konkret zu definieren. Im Übrigen besteht in der Satzung kein gesetzlich zulässiger Gestaltungsspielraum. Insbesondere darf die Satzung einzelnen Aktionären kein eigenes Einberufungs- oder Ergänzungsrecht zubilligen.[23]

---

**!**  **Tipp**

Es ist nicht notwendig, alle Gesellschafterbeschlüsse in formellen Gesellschafterversammlungen zu fassen. Für Personengesellschaften sieht das Gesetz diese Möglichkeit erst gar nicht vor. Bei GmbHs erlaubt §48 Abs. 2 GmbHG die Beschlussfassung außerhalb von Gesellschafterversammlungen im schriftlichen Umlaufverfahren. Zudem darf ein GmbH-Gesellschaftsvertrag regeln, dass die Beschlussfassung im Umlaufverfahren auch beispielsweise per E-Mail, Telefax oder telefonisch erfolgt.[24] Beschlussfassungen im Umlaufverfahren sind bei der GmbH aber nur zulässig, wenn sich alle Gesellschafter mit diesem Verfahren einverstanden erklärt haben.

---

22  Vgl. Baumbach/Hueck/*Zöllner/Noack* §50 Rn. 16.
23  MüKoAktG/Kubis §122 Rn. 77.
24  Baumbach/Hueck/*Noack/Zöllner* §48 Rn. 44.

### 4.1.8.3 Quorum für Beschlussfähigkeit definieren

Das Gesetz macht weder die Beschlussfähigkeit der Gesellschafterversammlung einer GmbH noch die Beschlussfähigkeit der Hauptversammlung einer AG von einem bestimmten Anwesenheitsquorum abhängig. Insofern können Beschlüsse auch gefasst werden, wenn nur eine Minderheit der Gesellschafter oder Aktionäre anwesend oder vertreten ist.

Bei personalistisch geprägten Gesellschaften mit überschaubarem Gesellschafterkreis besteht allerdings die Gefahr, dass Gesellschafterversammlungen gezielt zu Terminen einberufen werden, an denen ein bestimmter Gesellschafter bekanntermaßen verhindert ist.

Um dies zu vermeiden, sollte Ihr Gesellschaftsvertrag vorsehen, dass Beschlüsse nur gefasst werden dürfen, wenn ein bestimmtes Quorum der Stimmen anwesend oder vertreten ist. Häufig wird dabei die Anwesenheit sämtlicher Gesellschafter verlangt. Um Minderheitsgesellschaftern durch ihre bloße Abwesenheit keine dauerhafte Blockademöglichkeit zu geben, sollte Ihr Gesellschaftsvertrag aber auch vorsehen, dass unverzüglich nach einer beschlussunfähigen Gesellschafterversammlung eine weitere Gesellschafterversammlung mit selber Tagesordnung einzuberufen ist, die in jedem Falle beschlussfähig ist. Damit alle Gesellschafter gewarnt sind, sollte die Satzung vorsehen, dass in der Ladung zur zweiten Gesellschafterversammlung auf die in jedem Fall bestehende Beschlussfähigkeit dieser Gesellschafterversammlung ausdrücklich hinzuweisen ist. – Auch die Beschlussfähigkeit der Hauptversammlung einer AG kann auf diese Weise eingeschränkt werden.[25]

### 4.1.8.4 Begleiten oder nur vertreten?

Ein Gesellschafter kann sich ohne Weiteres auf der Gesellschafterversammlung vertreten lassen (Gleiches gilt für den Aktionär auf der Hauptversammlung: § 134 Abs. 3 AktG).

Lässt sich ein Gesellschafter vertreten, hat nur der Vertreter ein Teilnahmerecht an der Versammlung, nicht aber der vertretene Gesellschafter. Streitig ist, unter welchen Voraussetzungen ein Gesellschafter zur Beiziehung eines Beraters berechtigt ist. Nach der Rechtsprechung kann die Gesellschafterversammlung den Berater durch Mehrheitsbeschluss zulassen. Außerdem soll der

---

25 MüKoAktG/*Arnold* § 133 Rn. 20 f.

Berater zuzulassen sein, wenn besonders gravierende Umstände vorliegen, weil »schwerwiegende Entscheidungen« zu fällen sind und der betreffende Gesellschafter über die erforderliche Sachkunde nicht verfügt.[26]

Aus Gründen der Rechtssicherheit empfiehlt es sich, die Frage der Zulässigkeit der Begleitung auf der Gesellschafterversammlung ausdrücklich in der Satzung zu regeln. Sinnvoll ist es, die Begleitung durch zwei zur Berufsverschwiegenheit verpflichtete Berater zuzulassen. Auf diese Weise ist gesichert, dass bei komplexen Fragestellungen auch Berater mit unterschiedlichen Kompetenzen teilnahmeberechtigt sind, beispielsweise ein auf die Führung von Gesellschafterstreitigkeiten spezialisierter Rechtsanwalt und ein Wirtschaftsprüfer.

**!** **Tipp**

Ist ein Aktionär Inhaber mehrerer Aktien, so ist er nicht verpflichtet, sämtliche sich aus dem Aktienbestand ergebenden Stimmrechte selbst auszuüben. Vielmehr kann er einem Dritten für einzelne Aktien seines Bestandes Vollmacht erteilen.[27]
Sollten Sie bei Gründung einer AG mehrere Aktien erwerben, ist es für Sie nicht unbedingt erforderlich, auf eine Satzungsregelung zu bestehen, wonach Sie sich nicht nur vertreten, sondern auch begleiten lassen dürfen, denn im Streitfall brauchen Sie nur für eine Aktie einen Rechtsanwalt und für eine andere Aktie einen Wirtschaftsprüfer bevollmächtigen und sind zu dritt auf der Hauptversammlung, wenn Sie für den Rest Ihrer Aktien selbst erscheinen.

**!** **Tipp**

Häufig stellt sich vor einer Gesellschafterversammlung die Frage, ob es sinnvoll ist, Gäste zuzulassen. Auch der Geschäftsführer einer GmbH gilt als »Gast« und hat – wenn er nicht gleichzeitig Gesellschafter ist – kein eigenes Teilnahmerecht.
Im Gesellschafterstreit sind Sie auf möglichst viele Informationen angewiesen, die Ihnen Ihre Mitgesellschafter oder die Geschäftsführer aber möglicherweise vorenthalten. Nur so können Sie Ihre eigene Strategie entwickeln und möglicherweise die Strategie der Gegenseite erkennen. Gerade die Körpersprache ist bei weniger konfliktgeschulten Personen eine ergiebige Informationsquelle. Dies gilt vor allem, wenn solche Personen unter Stress stehen oder die Unwahrheit sagen.
Lassen Sie daher Personen, die für Sie Informationsquelle sein können, als Gast zu und beobachten Sie deren Körpersprache während der gesamten Gesellschafterversammlung. Lassen Sie sich gegebenenfalls von einem zusätzlichen Berater begleiten, der sich auf der Gesellschafterversammlung mit nichts anderem beschäftigt, als die Körpersprache der anderen Anwesenden zu beobachten.

---

26  Baumbach/Hueck/*Noack*/*Zöllner* § 48 Rn. 13.
27  MüKoAktG/*Arnold* § 134 Rn. 57.

All das in diesem Kapitel Ausgeführte gilt gleichermaßen für das Vertreten- beziehungsweise Begleitenlassen bei der Ausübung des Bucheinsichtsrechts.

### 4.1.8.5 Versammlungsleiter

Immer wieder unterschätzt wird die Stellung des Versammlungsleiters[28] (vgl. Kapitel 6.9.2.1). Die Hauptversammlung einer AG bedarf kraft Gesetz einer Leitungs- und Organisationsgewalt in Person eines Versammlungsleiters. Sinnvoll ist die Institution eines Versammlungsleiters aber auch für die Durchführung von Gesellschafterversammlungen bei allen anderen Gesellschaftsformen. Ein Versammlungsleiter hat folgende Aufgaben:

- die Zulassung von Aktionären und Gesellschaftern zur Versammlung (bei GmbH streitig[29], vertreten wird auch, dass darüber die Gesellschafterversammlung abzustimmen habe);
- die Zulassung von Nicht-Gesellschaftern und Nicht-Aktionären als Gäste oder Begleiter zur Versammlung (bei GmbH ebenfalls streitig, s.o.);
- die Vornahme von Sicherheitskontrollen;
- die Eröffnung der Versammlung;
- die Aufstellung eines Teilnehmerverzeichnisses nach § 129 Abs. 1 S. 2 AktG beziehungsweise die Feststellung der anwesenden Teilnehmer und die Prüfung der Legitimation von Vertretern sowie Begleitern;
- die Abhandlung der Tagesordnung (Festlegung der Reihenfolge der Tagesordnungspunkte, nicht aber Absetzung einzelner Punkte von der Tagesordnung);
- das Zulassen und Unterbinden von Wortmeldungen;
- soweit Satzung oder Versammlungsmehrheit nichts anderes bestimmen: die Festlegung des Abstimmungsverfahrens;
- die Feststellung von Stimmverboten;
- die Durchführung von Abstimmungen;
- die Feststellung und Verkündung der Abstimmungsergebnisse (bei GmbH differenzierend, s. u.; bei Personengesellschaften hat diese Befugnis keine rechtliche Bedeutung);
- die Schließung der Versammlung;
- die Veranlassung redezeitbeschränkender Maßnahmen;
- im Extremfall: die Beschränkung des sich aus § 131 AktG ergebenden Auskunftsrechts von Aktionären in der Hauptversammlung;

---

28  Vgl. zur Stellung des Versammlungsleiters in der Hauptversammlung einer AG: MüKoAktG/*Kubis* § 119 Rn. 105 ff.; für alle anderen Gesellschaftsformen: *Lutz*, Der Gesellschafterstreit, Rn. 128 ff.
29  Vgl. Baumbach/Hueck/*Noack*/*Zöllner* § 48 Rn. 14.

- die Veranlassung weiterer Ordnungsmaßnahmen gegen Aktionäre sowie Gesellschafter und
- die Durchsetzung von Ordnungsmaßnahmen bis hin zur Saalverweisung gegenüber Störern.

Bei **AGs** ist die im Gesellschafterstreit bedeutendste Funktion des Versammlungsleiters die Kompetenz zur Feststellung, ob mit den abgegebenen Stimmen ein bestimmter Beschluss wirksam gefasst wurde oder nicht (§ 130 Abs. 2 AktG). Von Bedeutung ist dies vor allem, wenn einzelne Aktionäre einem Stimmverbot oder Stimmgebot unterliegen. Ein Aktionär unterliegt beispielsweise einem Stimmverbot, wenn er bei der Beschlussfassung Richter in eigener Sache wäre, so etwa, wenn ein »wichtiger Grund in seiner Person« vorliegt, der den anderen Aktionären oder der Gesellschaft eine weitere Zusammenarbeit unzumutbar macht, und deshalb ein Beschluss über seine Abberufung als Vorstand gefasst wird und/oder über seinen Ausschluss aus der AG. Unterliegt ein Aktionär einem Stimmverbot und nimmt er dennoch an der Abstimmung teil, kann der Versammlungsleiter zunächst feststellen, dass ein Stimmverbot vorgelegen habe, und anschließend bei der Beschlussfeststellung diese Stimme unberücksichtigt lassen. – Ein Aktionär unterliegt andererseits einem Stimmgebot, wenn beispielsweise die Treuepflicht eine bestimmte Stimmrechtsausübung gebietet. In diesem Fall kann der Versammlungsleiter feststellen, dass eine bestimmte Stimmenthaltung oder eine Gegenstimme unbeachtlich sei, weil der Aktionär aufgrund seiner Treuepflicht gezwungen gewesen wäre, für den Beschluss zu stimmen. Der Versammlungsleiter kann dann die Gegenstimme als Zustimmung werten und dies bei der Beschlussfeststellung berücksichtigen.

Unter welchen Voraussetzungen dem Versammlungsleiter einer **GmbH**-Gesellschafterversammlung eine ebensolche Beschlussfeststellungskompetenz zukommt, hat der BGH noch nicht entschieden. Ein Teil der Literatur bejaht dies, wenn der Gesellschaftsvertrag einen Versammlungsleiter vorsieht, ohne dass gleichzeitig seine Beschlussfeststellungskompetenz geregelt sein muss, die Gegenauffassung verlangt eine in der Satzung ausdrücklich vorgesehene Kompetenz zur Beschlussfeststellung. Sieht der Gesellschaftsvertrag einer GmbH keinen Versammlungsleiter vor, kann durch Mehrheitsbeschluss gleichwohl ad hoc ein Versammlungsleiter gewählt werden. Ob in einem solchen Fall der Versammlungsleiter auch die Kompetenz hat, Beschlüsse festzustellen, ist ebenfalls sehr streitig.[30]

---

30  Zum Meinungsstand: Baumbach/Hueck/*Noack/Zöllner* § 48 Rn. 17.

> **Tipp**                                                                                                      **!**
>
> Aus Gründen der Rechtssicherheit sollte der Gesellschaftsvertrag einer GmbH einen Versammlungsleiter vorsehen und auch regeln, dass dieser die oben unter den Bullet-Points aufgezählten Kompetenzen hat.

Die Beschlussfeststellungskompetenz des Versammlungsleiters kann im Gesellschafterstreit einer AG und einer GmbH weitreichende Folgen haben: Von dem Versammlungsleiter innerhalb seiner Kompetenz festgestellte Beschlüsse sind zunächst bindend. Sofern diese Beschlüsse vom Vorsitzenden rechtswidrig festgestellt wurden, können sie durch Klage angefochten werden. Die Umsetzung der Beschlüsse kann gegebenenfalls mit einstweiliger Verfügung untersagt werden. Während der bei der Beschlussfassung obsiegende Gesellschafter damit zunächst Fakten schaffen kann, muss der unterlegene Gesellschafter »hinterherlaufen«. Er muss Zeit und Geld investieren, Rechtsanwälte beauftragen, Klagen erheben und versuchen, die Gerichte von seiner Auffassung zu überzeugen. In jedem Fall ist der bei der Beschlussfassung unterlegene Gesellschafter zunächst erheblich in der Defensive.

> **Tipp**                                                                                                      **!**
>
> Vermeiden Sie, aus der Defensive heraus agieren zu müssen. Versuchen Sie stets eine Regelung durchzusetzen, wonach entweder Sie über die Person des Versammlungsleiters entscheiden oder kein Versammlungsleiter gegen Ihren Willen gewählt werden kann.

Über die Person des Versammlungsleiters schweigt das Gesetz. Bei AGs sieht die Satzung häufig vor, dass diese Funktion der Vorsitzende des Aufsichtsrates wahrnimmt. Bei GmbHs ist oft geregelt, dass der Versammlungsleiter durch Mehrheitsbeschluss bestimmt wird.

Eine Diskussion über die Besetzung des Versammlungsleiters der Gesellschafterversammlung entsteht meist erst, wenn das Gesprächsklima zwischen den Gesellschaftern schon nachhaltig gestört ist. Vor allem bei unklaren Mehrheitsverhältnissen (insbesondere in Gesellschaften mit zwei 50%-Gesellschaftern) ist eine Bestimmung eines Versammlungsleiters zu diesem Zeitpunkt kaum mehr möglich – was den bereits vorliegenden Differenzen zwischen den Gesellschaftern eine weitere hinzufügt. Es empfiehlt sich daher, im Gesellschaftsvertrag klare Regeln für die Besetzung dieser Funktion vorzusehen. Denkbare Varianten dafür sind:

- die Bestellung des ältesten anwesenden Gesellschafters zum Versammlungsleiter;
- die Bestellung des Gesellschafters mit der größten Beteiligung;
- die Bestellung des Gesellschafters mit der kleinsten Beteiligung;
- die Bestimmung durch Los;

- die Bestimmung im Rotationsprinzip;
- die Bestimmung durch Wahl;
- die namentliche Bestimmung eines Versammlungsleiters im Gesellschafts-vertrag (Achtung: Nachfolgeregelungen bei Tod, Handlungsunfähigkeit, Ausscheiden aus der Gesellschaft vorsehen).

**! Achtung**

Hat der Versammlungsleiter Beschlussfeststellungskompetenz (immer bei AG, bei GmbH, wenn Amt des Versammlungsleiters gesellschaftsvertraglich vorgesehen), so verschafft seine Macht, über die Wirksamkeit von bestimmten Beschlüssen vorläufig zu entscheiden, einer Partei einen Vorteil. Ist die Satzung Ihrer Gesell-schaft gezielt auf ein Patt bei der Beschlussfassung ausgerichtet, wird dieses Ziel ausgehebelt, wenn eine Partei den Versammlungsleiter bestimmen kann. Achten Sie bei gezielter Vereinbarung einer Pattsituation darauf, dass diese nicht nur bei der Fassung von Gesellschafter- beziehungsweise Hauptversammlungsbeschlüssen besteht, sondern auch bei der Wahl des Versammlungsleiters.
Die Bestimmung im Rotationsprinzip hat zur Folge, dass der den Konflikt (heimlich) vorbereitende Gesellschafter mit der streitigen Beschlussfassung zuwartet, bis er turnusgemäß den Versammlungsleiter stellt. Nachteil einer solchen Regelung ist zum einen, dass der den Konflikt auslösende Gesellschafter auch noch belohnt wird, indem er ein situatives Machtübergewicht erhält. Zum anderen werden strei-tige Beschlüsse oft vorschnell gefasst, weil der turnusgemäß den Versammlungs-leiter stellende Gesellschafter die Gunst der Stunde nutzen muss. Dies läuft einer gütlichen Einigung diametral zuwider. Die letztgenannte Erwägung kann auch für die Bestimmung des Versammlungsleiters durch Los gelten.

**! Beispiel: Die faktische Macht des Versammlungsleiters**

Der ältere A und der jüngere B sind jeweils zu 50% an der C-GmbH beteiligt. Gemäß der Satzung ist der älteste Gesellschafter Versammlungsleiter. Beide Gesellschafter sind zwischenzeitlich heillos zerstritten. Sie werfen sich jeweils vor, zum Schaden der Gesellschaft agiert zu haben. Bei der nächsten Gesellschafterversammlung kommt es zum »Show-Down«. Die Gesellschafter wollen sich wechselseitig aus der Gesellschaft ausschließen und setzen die Einziehung der Geschäftsanteile des je-weils anderen Gesellschafters aus wichtigem Grund auf die Tagesordnung. Entspre-chend der Satzungsregelung leitet A als der ältere Gesellschafter die Versammlung. Bei der Abstimmung über die Einziehung der von B gehaltenen Anteile stimmt A für eine Einziehung, B stimmt dagegen. Bei der Abstimmung über die Einziehung der von A gehaltenen Anteile stimmt B für eine Einziehung, A stimmt dagegen.
Rein mathematisch ergibt sich also bei beiden Abstimmungen ein Patt. A stellt aber in seiner Funktion als Versammlungsleiter fest, dass die Gegenstimme des B bei der Beschlussfassung über die Einziehung seiner Anteile nicht mitzuzählen sei, weil B aufgrund des bei ihm gegebenen wichtigen Grundes nicht stimmberechtigt wäre. Ferner stellt A fest, dass der ihm zum Vorwurf gemachte wichtige Grund nicht vorliege, mithin er bei der Beschlussfassung über die Einziehung seiner Anteile rechtmäßig mitgestimmt hätte.

Der A stellt also in seiner Funktion als Versammlungsleiter einerseits fest, dass der Beschluss über die Einziehung der Anteile des B zustande gekommen sei, während der Beschluss über die Einziehung der Anteile des A nicht zustande gekommen sei. B scheidet also zunächst aus der Gesellschaft aus, während A vorläufig als Alleingesellschafter zu behandeln ist!

Ist B der Meinung, dass ihm tatsächlich kein »wichtiger Grund« vorzuwerfen ist, sondern dem A, so muss er sich gegen die Beschlussfassung mit einer Klage gegen die Gesellschaft (nicht gegen den A!) zu Wehr setzen (Klagefrist: ein Monat). Er muss zunächst gegenüber seinem Rechtsanwalt und gegenüber dem Gericht finanziell in Vorleistung treten. Verliert B die Klage, muss er die gesamten Gerichts- und Anwaltskosten tragen. Gewinnt er die Klage, hat die Gesellschaft die Kosten zu tragen; da B 50 % der Geschäftsanteile hält, ist er also selbst im Fall des Obsiegens wirtschaftlich mit der Hälfte der Verfahrenskosten belastet.

Will B verhindern, dass A während des Klageverfahrens irreversible Fakten schafft, muss er zusätzlich bei Gericht den Erlass einer einstweiligen Verfügung beantragen. Dies ist mit weiterem zeitlichen und finanziellen Aufwand und einem erheblichen Prozess(kosten)risiko verbunden.

Dagegen kann A die zwischen B und der C-GmbH geführten Gerichtsverfahren entspannt und ohne finanziellen Aufwand aus der Entfernung beobachten. A hat außerdem die Möglichkeit, dem Rechtsstreit auf Seiten der C-GmbH als sogenannter Nebenintervenient beizutreten und die C-GmbH zu unterstützen. Im Falle eines Beitritts kann der A neben der C-GmbH eigene Prozesshandlungen vornehmen, wie zum Beispiel ein Geständnis oder ein Anerkenntnis der C-GmbH verhindern oder Einspruch gegen ein Versäumnisurteil und Rechtsmittel gegen ein Endurteil einlegen. Der Beitritt als Nebenintervenient ist für A unbedingt zu empfehlen, wenn der den Prozess für die C-GmbH führende Geschäftsführer im Lager des B stehen könnte (sollte). Das Gericht entscheidet darüber, wer die Kosten der Nebenintervention zu tragen hat. Unterliegt der B, so hat er neben seinen eigenen Anwaltskosten, die des Gerichts, etwaiger Sachverständiger sowie Zeugen und zudem in der Regel auch die Anwaltskosten des Nebenintervenienten A zu tragen. – Wäre umgekehrt B in der Gesellschafterversammlung Versammlungsleiter gewesen, hätte selbst im Falle des Unterliegens in einem anschließenden Rechtsstreit die Gesellschaft die Verfahrenskosten getragen. B persönlich wäre nur dann mit eigenen Kosten belastet gewesen, wenn er dem Rechtsstreit als Nebenintervenient beigetreten wäre.[31]

Bei Personengesellschaften hat eine Beschlussfeststellungskompetenz des Versammlungsleiters keine Rechtswirkung. Rechtswidrig zustande gekommene Beschlüsse sind dort immer nichtig (nicht nur anfechtbar) und damit unverbindlich. Daran ändert auch eine Beschlussfeststellung durch einen wirksam bestellten Versammlungsleiter nichts, sodass seine Bedeutung gering ist.

---

31 Zur Nebenintervention im Beschlussmängelstreit bei der GmbH: Baumbach/Hueck/*Zöllner/Noack* Anh. § 47 Rn. 169.

## 4.1.8.6 Protokollführung

Grundsätzlich empfiehlt es sich, Gesellschafterversammlungen zu protokollieren (vgl. Kapitel 6.9.2.2). Für Hauptversammlungen einer **AG** besteht eine gesetzliche Pflicht zur Protokollierung durch den Versammlungsleiter der Hauptversammlung, bei börsennotierten Gesellschaften sogar durch einen Notar (§ 130 Abs. 1 AktG). Anschließend müssen die Protokolle bei dem Handelsregister eingereicht werden (§ 130 Abs. 5 AktG). Sie können dort von jedermann eingesehen werden. Börsennotierte AGs müssen Hauptversammlungsbeschlüsse bereits innerhalb von sieben Tagen nach der Versammlung auf ihrer Website veröffentlichen (§ 130 Abs. 6 AktG). So werden in einer Hauptversammlung protokollierte Vorgänge der Öffentlichkeit zugänglich.

Im **GmbHG** besteht lediglich bei bestimmten Beschlussfassungen eine Verpflichtung zur Anfertigung eines Protokolls (zum Beispiel notarielle Beurkundung bei Satzungsänderungen), ferner bei Ein-Personen-GmbHs (§ 48 Abs. 3 GmbHG).

Für **Personengesellschaft**erversammlungen bestehen keine gesetzlichen Protokollierungspflichten.

Der Gesellschaftsvertrag kann aber sowohl bei der GmbH als auch bei Personengesellschaften anderes vorsehen.

Sofern das Protokoll nicht notariell beurkundet werden muss, hat es bei der AG der Aufsichtsratsvorsitzende zu unterzeichnen (§ 130 Abs. 1 S. 3 AktG). Bei allen anderen Gesellschaftsformen gibt es zur Person des Protokollführers keine gesetzliche Regelung. Wir empfehlen eine gesellschaftsvertragliche Regelung, wonach der Versammlungsleiter auch die Protokollführung innehat, aber bei der Erstellung Hilfspersonal zuziehen darf. Von einer Übertragung dieser Kompetenz an den Geschäftsführer halten wir nichts, weil dieser als solcher kein Recht hat, an der Gesellschafterversammlung teilzunehmen. Das dürfte er nur, wenn er auch Gesellschafter wäre.

Das Protokoll einer Gesellschafterversammlung hält fest, zu welchem Zeitpunkt, in welcher Reihenfolge und welche Gesellschafterbeschlüsse gefasst beziehungsweise nicht gefasst werden (wurden). Jedes Protokoll sollte den Namen der Gesellschaft, die Anwesenden (einschließlich deren Funktion), das Datum, die Uhrzeit von Beginn und Ende sowie den Ort der Gesellschafterversammlung enthalten. Jedem Protokoll sind die wesentlichen Anlagen anzuschließen (Einberufung, deren Empfangsbestätigungen, Vollmachten, Tagesordnung usw.).

Es gibt drei verschiedene Möglichkeiten der Protokollierung:

- **Wortprotokoll** – das Gesagte wird wortgetreu wiedergegeben, es wird also jedes einzelne Wort, aber auch sonst Gehörtes und jeder Vorgang niedergeschrieben;
- **Verlaufsprotokoll** – nicht jedes einzelne Wort, sondern bloß die wesentlichen Inhalte der verschiedenen Wortmeldungen werden zusammengefasst und sinngemäß wiedergegeben, wodurch nachvollziehbar bleibt, was jeder Gesellschafter gesagt hat und was in der Gesellschafterversammlung behandelt beziehungsweise (nicht) beschlossen wurde; wesentliche Vorgänge werden ebenfalls vermerkt (zum Beispiel Abstimmungen, oder wenn Anwesende den Raum verlassen usw.);
- **Ergebnis- oder Beschlussprotokoll** – es werden keine Inhalte der einzelnen Wortmeldungen, sondern nur Anträge, Beschlüsse, Widersprüche und wesentliche Vorgänge wiedergegeben.

Aus Praktikabilitäts- und Kostengründen empfehlen wir, von Wortprotokollen Abstand zu nehmen. Sie können ohne Tonbandmitschnitt und/oder zwei sich abwechselnden Stenographen nicht erstellt werden, dauern sehr lange, bis sie fertiggestellt werden, kosten viel Geld und enthalten viele unnötige Passagen, wie zum Beispiel: »*Gesellschafter A niest. Geschäftsführer B und der Versammlungsleiter:* »*Gesundheit!*« *Gesellschafter A:* »*Danke!*«. *C öffnet das Fenster. Im Hintergrund läuten Kirchenglocken.* [...]«. In der Regel bestehen solche Wortprotokolle aus mehreren hundert Seiten, die Grenze nach oben ist offen! Keiner – vor allem der Richter – ist glücklich, wenn er hunderte Seiten lesen muss.

Zu bedenken ist auch, dass Protokolle von Gesellschafterversammlungen manchmal beim Handelsregister eingereicht werden müssen und damit öffentlich werden. Mitbewerber, Kunden, Lieferanten, finanzierende Banken und Mitarbeiter können mitlesen, weswegen gerade Protokolle streitiger Gesellschafterversammlungen nicht zu umfangreich sein sollten.

Wenngleich in guten Zeiten Gesellschafterversammlungen ein wertvolles Diskussionsforum sein können, sind streitige Gesellschafterversammlungen keine vorgezogenen Gerichtsverfahren. In der Regel wird es keinem bei einer streitigen Gesellschafterversammlung Anwesenden gelingen, andere zu überzeugen und zu einem bestimmten Stimmverhalten zu bewegen. Überzeugen muss man erst einen Richter mit Argumenten und Beweisen. Diese Argumente und Beweise in der Gesellschafterversammlung vorwegzunehmen sowie – wiederholend – breitzutreten und mehrmals im Protokoll stehen habend, hilft bei Gericht nicht. Sinn einer Gesellschafterversammlung ist es daher, Beschlüsse zu fassen und zu protokollieren oder Anträge abzulehnen und dies zu protokollieren, damit dies bekämpft werden kann. Statt ausführlicher Wortprotokolle reichen daher Verlaufsprotokolle oder Ergebnis- beziehungsweise Beschlussprotokolle.

Ob Verlaufsprotokoll oder Ergebnis- beziehungsweise Beschlussprotokoll ist Geschmacksache, wir bevorzugen das Ergebnis- beziehungsweise Beschlussprotokoll, denn es ist am objektivsten. Beim Verlaufsprotokoll liegt es in der Hand des Versammlungsleiters einer Gesellschafterversammlung, welche Inhalte der verschiedenen Wortmeldungen und welche Vorgänge er für wesentlich hält, wie (tendenziös) er sie zusammenfasst und wiedergibt.

In ein Ergebnis- beziehungsweise Beschlussprotokoll sind daher wirklich nur aufzunehmen:
- Namen der Gesellschaft;
- Namen der Anwesenden (einschließlich deren Funktion);
- Datum der Gesellschafterversammlung (einschließlich Uhrzeiten);
- Ort der Gesellschafterversammlung;
- Anlagen (Einberufung, Empfangsbestätigungen, Vollmachten, Tagesordnung usw.);
- Beschlussanträge;
- Stimmverbote;
- Abstimmungsvorgänge;
- Feststellung der Abstimmungsergebnisse;
- Widersprüche;
- Verzichtserklärungen;
- Termin bei Vertagung;
- Zeitpunkt der Erstellung des Protokolls;
- Unterschrift des Versammlungsleiters;
- Fragen an die Verwaltung, die unbeantwortet bleiben, auch wenn Antwort zu Recht verweigert wird (Anmerkung: Fragen an Gesellschafter müssen nicht beantwortet werden; ihre Antwortverweigerung muss daher auch nicht in das Protokoll).

**!** **Tipp**

Nehmen Sie in den Gesellschaftsvertrag/die Satzung Ihrer Gesellschaft auf, welche Art der Protokollierung der Versammlungsleiter vorzunehmen hat. Schließen Sie Wortprotokolle aus und entscheiden Sie sich für Verlaufsprotokolle, wenn Sie sicher sind, den Versammlungsleiter stellen zu können. Falls Sie das nicht können, versuchen Sie, Ergebnis- beziehungsweise Beschlussprotokolle durchzusetzen.

#### 4.1.8.7 Beseitigung von Beschlüssen der Gesellschafterversammlung und der Hauptversammlung

Grundsätzlich können Gesellschafter mit der erforderlichen Mehrheit fast jeden Gesellschafterbeschluss durch einen neuen Gesellschafterbeschluss beseitigen, seine Umsetzung verhindern oder rückgängig machen.

Liegen bestimmte Voraussetzungen vor (vgl. Kapitel 6.16.1 und 6.16.2), kann jeder einzelne Gesellschafter, auch der, der keine Mehrheit hat, einen Gesellschaftsbeschluss aufheben (lassen), ohne dafür die Mitwirkung der anderen Gesellschafter zu benötigen, insbesondere ohne einen neuen Gesellschaftsbeschluss fassen zu müssen. Diese Aufhebung ist allerdings nur bei Vorliegen bestimmter Voraussetzungen durch Erhebung einer Anfechtungsklage und eine anschließende gerichtliche Entscheidung möglich. Einem solchen Urteil geht oft ein jahrelanger und kostenintensiver Rechtsstreit voraus.

Für Kapitalgesellschaften bestehen im **AktG** umfangreiche gesetzliche Regelungen zur Beseitigung von Gesellschafterbeschlüssen durch Klageerhebung. Diese aktienrechtlichen Regelungen gelten weitgehend analog für **GmbHs**. Gleichwohl empfiehlt es sich, im Gesellschaftsvertrag einer GmbH eine Regelung zur Frist aufzunehmen, innerhalb derer Gesellschafterbeschlüsse durch Klageerhebung angefochten werden müssen. Die gesellschaftsvertraglich vorgesehene Frist darf nicht kürzer als einen Monat ab Beschlussfassung sein, andernfalls wäre sie nach der Rechtsprechung des BGH[32] zu kurz und damit unwirksam. Die gesellschaftsvertraglich vorgesehene Frist sollte aber auch eine Dauer von zwei Monaten ab Zustellung des Protokolls der Gesellschafterversammlung nicht überschreiten. Andernfalls besteht ein zu langer Schwebezustand, denn bis zum Ablauf der Anfechtungsfrist ist – vor allem dem Geschäftsführer, der in der Regel die Beschlüsse umsetzen muss – nicht klar, ob ein grundsätzlich anfechtbarer Beschluss von einem Gesellschafter angefochten und unter Umständen durch ein Gericht für nichtig erklärt wird oder ob der Beschluss bindend wird, weil kein Gesellschafter dagegen vorgeht.

Für **Personengesellschaften** fehlen entsprechende gesetzliche Regelungen hingegen vollständig. Dies deshalb, da in Personengesellschaften grundsätzlich das Einstimmigkeitsprinzip gilt. Wer mit einem (beabsichtigten) Personengesellschafterbeschluss unzufrieden ist, stimmt dagegen und verhindert auf diese Weise sein Zustandekommen. Die übrigen Gesellschafter müssten gegen den Gesellschafter dann auf Zustimmung klagen. Eine solche Klage hätte nur

---

32  BGH, Urteil vom 21.03.1988, Az. II ZR 308/87.

dann Erfolg, wenn die Verweigerung der Zustimmung treuwidrig und gegen die Interessen der Gesellschaft gerichtet wäre. Das Einstimmigkeitsprinzip kann Personengesellschaften daher blockieren. Es empfiehlt sich deshalb, in Gesellschaftsverträgen von Personengesellschaften vorzusehen, dass zur Beschlussfassung einfache oder qualifizierte Mehrheiten genügen. Diese Regelung sichert die Handlungsfähigkeit Ihrer Personengesellschaft.

Lässt der Gesellschaftsvertrag einer Personengesellschaft Mehrheitsentscheidungen zu, muss er auch Regelungen enthalten, wie Beschlüsse gefasst werden. Dazu gehört auch die Festlegung eines Forums der Beschlussfassung (in einer Gesellschafterversammlung) und eine Festlegung des erforderlichen Anwesenheitsquorums, also eine Regelung, dass die Gesellschafterversammlung auch beschlussfähig sein kann, obwohl nicht sämtliche Gesellschafter anwesend sind (andernfalls könnten die opponierenden Gesellschafter mit ihrer Abwesenheit eine Beschlussfassung verhindern). Im Ergebnis bietet es sich bei Personengesellschaften an, die Art und Weise der Beschlussfassung derjenigen bei der GmbH anzunähern. Sobald der Gesellschaftsvertrag einer Personengesellschaft Mehrheitsentscheidungen zulässt, besteht allerdings die Gefahr, dass die Mehrheit ihre Machtposition zum Schaden der Minderheit ausnutzt. Insofern stellt sich bei rechtswidrig gefassten Mehrheitsbeschlüssen stets die Frage ihrer gerichtlichen Angreifbarkeit durch die Minderheitsgesellschafter. Weder das HGB noch das BGB kennen Regelungen zur gerichtlichen Beseitigung von fehlerhaften Gesellschafterbeschlüssen. Nach herrschender Meinung wird bei Personengesellschaften zwischen nichtigen und lediglich anfechtbaren Gesellschafterbeschlüssen nicht unterschieden. Vielmehr sind alle rechtswidrig gefassten Beschlüsse nichtig. Voraussetzung für die Nichtigkeit ist, dass sich die Rechtswidrigkeit nicht lediglich aus einem Verstoß gegen eine bloße Ordnungsvorschrift ergibt und der Verstoß auch ursächlich für das Beschlussergebnis war.

Jeder Gesellschafter einer Personengesellschaft kann die Nichtigkeit mit einer allgemeinen zivilprozessualen Feststellungsklage (§ 256 Abs. 1 ZPO) geltend machen. Die Klage ist nach der gesetzlichen Regelung nicht fristgebunden, sollte aber zeitnah erhoben werden (nach Möglichkeit innerhalb von maximal sechs Monaten nach Beschlussfassung), andernfalls droht Verwirkung. Die Klage ist gegen all diejenigen Mitgesellschafter zu erheben, welche die Nichtigkeit bestreiten. Im Falle einer Klageabweisung muss der Kläger neben den eigenen Anwaltskosten und den Gerichtskosten auch die Anwaltskosten sämtlicher verklagter Gesellschafter tragen. Bei einem größeren Gesellschafterkreis drohen erhebliche Verfahrenskosten.[33]

Vor diesem Hintergrund empfehlen sich bei Personengesellschaften folgende gesellschaftsvertraglichen Regelungen:

- Beschlüsse werden in Gesellschafterversammlungen gefasst;
- falls ein Anwesenheitsquorum vorgesehen wird, ist spätestens die zweite, mit der gleichen Tagesordnung einberufene Gesellschafterversammlung unabhängig von der Anzahl der anwesenden Gesellschafter beschlussfähig;
- grundsätzlich werden Beschlüsse mit der Mehrheit der Kapitalanteile (alternativ: der Mehrheit der Köpfe) gefasst;
- ein konkret definierter Katalog an Beschlussgegenständen kann nur mit qualifizierter Mehrheit gefasst werden (75% oder einstimmig);
- gegen Beschlüsse kann nur innerhalb eines Monats (alternativ: zwei Monate) nach Beschlussfassung Klage erhoben werden;
- die Klage ist nicht gegen die Mitgesellschafter zu richten, sondern nur gegen die Gesellschaft.

### 4.1.8.8 Änderung der Stimmanteile und Stimmrechtsausschluss

Soweit stimmrechtslose Geschäftsanteile oder für einzelne Geschäftsanteile Mehrstimmrechte geschaffen werden, sieht der Gesellschaftsvertrag vor, dass die Stimmanteile der einzelnen Gesellschafter von dem Verhältnis ihrer Beteiligung abweichen. Damit sind die Inhaber der stimmrechtslosen Geschäftsanteile dauerhaft von der Mitwirkung bei Beschlussfassungen ausgeschlossen.

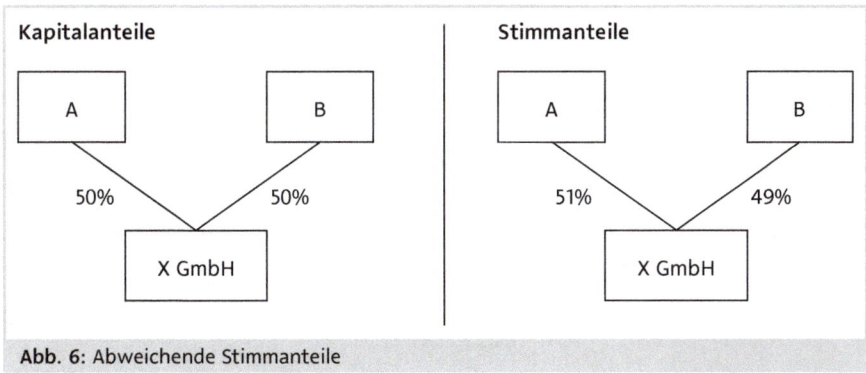

**Abb. 6:** Abweichende Stimmanteile

---

33  Vgl. zur Rechtslage bei der OHG: Baumbach/Hopt/*Roth* HGB § 119 Rn. 32.

Beim sich bereits nach allgemeinen Rechtsgrundsätzen bei jeder Gesellschaft ergebenden Stimmrechtsausschluss sind einzelne Gesellschafter nur für besondere Beschlussgegenstände von der Ausübung der auf ihre Geschäftsanteile entfallenen Stimmrechte ausgeschlossen, wodurch sich die Mehrheitsverhältnisse ebenfalls ändern (zum Beispiel der betroffene Gesellschafter-Geschäftsführer bei der Beschlussfassung über seine Abberufung als Geschäftsführer aus wichtigem Grund oder der betroffene Gesellschafter bei der Beschlussfassung über die Einziehung der von ihm gehaltenen Geschäftsanteile).

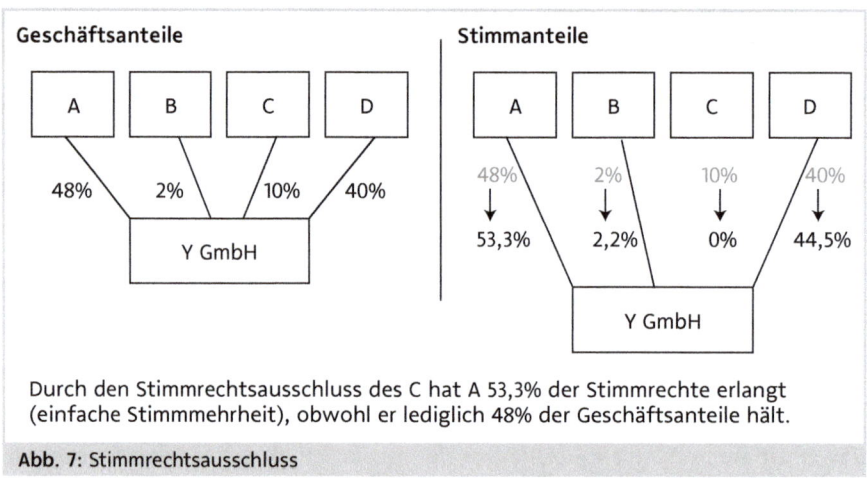

Durch den Stimmrechtsausschluss des C hat A 53,3% der Stimmrechte erlangt (einfache Stimmmehrheit), obwohl er lediglich 48% der Geschäftsanteile hält.

**Abb. 7:** Stimmrechtsausschluss

### 4.1.8.8.1 Änderung der Stimmanteile und Stimmrechtsausschluss in Personengesellschaften

Gesellschafterbeschlüsse sind grundsätzlich einstimmig zu fassen. Vom Einstimmigkeitsprinzip kann der Gesellschaftsvertrag abweichen und Mehrheitsbeschlüsse zulassen oder einzelne Gesellschafter sogar von ihrem Stimmrecht ausschließen. Das gilt sowohl für (gewöhnliche und außergewöhnliche) Maßnahmen der Geschäftsführung als auch für Änderungen des Gesellschaftsvertrages.

Einzig bei Beschlüssen, welche die Grundlagen des Gesellschaftsverhältnisses betreffen, durch die Sonderrechte beeinträchtigt werden, oder deren Fassung treuwidrig wäre, ist das gesetzlich vorgesehene Einstimmigkeitsprinzip auch gesellschaftsvertraglich nicht abdingbar.

**!** **Achtung**

Sobald Sie vom Einstimmigkeitsprinzip abweichen, eröffnen Sie die Gefahr, bei Gesellschafterbeschlüssen überstimmt zu werden. Sie sind dann zur Umsetzung von Gesellschafterbeschlüssen verpflichtet, selbst wenn diese Ihrem Interesse zuwiderlaufen. Leiden die gegen Ihren Willen gefassten Gesellschafterbeschlüsse unter einem Mangel, so können Sie diesen Beschluss oft nur durch Erhebung einer teils kostenintensiven Klage beseitigen (vgl. Kapitel 6.16).

### 4.1.8.8.2 Änderung der Stimmkraft und Stimmrechtsausschluss in Kapitalgesellschaften

Die gesetzlichen Regelungen binden die Stimmkraft von Kapitalgesellschaftern an die Anteile am Stammkapital. Diese Bindung ist allerdings nicht zwingend.[34]

Der Gesellschaftsvertrag einer **GmbH** kann für einzelne Anteile ein höher gewichtetes oder gar kein Stimmrecht vorsehen. Das kann beispielsweise sinnvoll sein, um trotz gleich großer Geschäftsanteile klare Mehrheiten zu schaffen und die Handlungsunfähigkeit der Gesellschaft bei Pattsituationen zwischen den Gesellschaftern zu vermeiden (vgl. Kapitel 3.4.2.2.1). Beachten Sie aber, dass eine Änderung der Stimmkraft beziehungsweise ein Stimmrechtsausschluss auf Seiten des verzichtenden Gesellschafters zu einem Gefühl des Benachteiligtseins führen kann und damit auch Konfliktpotenzial birgt. Sie ist daher in der Praxis eher ungewöhnlich.

Die GmbH-Gesellschafter können von den gesetzlichen Regelungen abweichende Stimmrechte auch nach der Gesellschaftsgründung vereinbaren. Jener Gesellschafter, dessen Stimmrechte zugunsten anderer Gesellschafter verringert werden, muss einer solchen Satzungsänderung ausdrücklich zustimmen. Denkbar ist, dass sich ein Gesellschafter Stimmrechte abkaufen lässt – zum Beispiel in Form des Tauschs von Stimmanteilen gegen Gewinnanteile. Das führt dann dazu, dass ein Gesellschafter mehr Stimmanteile, der andere aber mehr Gewinnanteile besitzt. Beachten Sie bei einem solchen Tausch aber, dass ein Prozent weniger Stimmanteile dazu führen kann, dass viele Entscheidungen gegen Ihren Willen getroffen werden können – ein Umstand, der für viele meist durch ein Prozent mehr an Gewinnanteilen nicht fair ausgeglichen werden kann.

Berücksichtigen Sie auch, dass manche Gesellschafter bei einzelnen Gesellschafterbeschlüssen aufgrund gesetzlicher Vorschriften (zum Beispiel § 47 Abs. 4 GmbHG) und allgemeiner Rechtsgrundsätze vom Stimmrecht ausgeschlossen sind. Das betrifft insbesondere Beschlüsse, mit denen einzelne Gesellschafter von Pflichten gegenüber der Gesellschaft befreit werden (zum

---

34  Zur GmbH: Baumbach/Hueck/*Zöllner/Noack* § 47 Rn. 66 ff.; zur AG: MHdB GesR IV/*Hoffmann-Becking* § 39 Rn. 10 ff.

Beispiel Entlastung eines Gesellschafter-Geschäftsführers). Das führt automatisch zu einer Änderung der Mehrheitsverhältnisse bei einigen Beschlussgegenständen.

> **! Tipp**
>
> .Manchmal versuchen Gesellschafter, Beschlussfassungen zu verhindern, indem sie die Gesellschafterversammlung nicht besuchen. Dies kann gelingen, wenn der/die Geschäftsanteil(-e) des (der) betreffende(-n) Gesellschafter so groß ist, dass ohne ihn das Anwesenheitsquorum zur Beschlussfassung über Gesellschafterbeschlüsse nicht erreicht wird. Um zu vermeiden, dass große Gesellschafter mit dieser Taktik die Gesellschaft lahmlegen (oder zumindest die Beschlussfassung über den einen konkreten Beschlussgegenstand verhindern), sollte der Gesellschaftsvertrag vorsehen, dass in der Folgegesellschafterversammlung ein geringeres Anwesenheitsquorum zur Beschlussfassung ausreicht.

Bei der **AG** sind Mehrstimmrechte unzulässig (§12 Abs. 2 AktG). Ein Stimmrechtsausschluss ist nur durch die Gewährung stimmrechtsloser Vorzugsaktien möglich (§139 Abs. 1 AktG). Die Satzung von nicht börsennotierten Gesellschaften kann ein Höchststimmrecht vorsehen (§134 Abs. 1 S.2 AktG).

### 4.1.8.9 Pflichten der Gesellschafter zur weiteren Finanzierung

Insbesondere für Projektgesellschaften ist es von erheblicher Bedeutung, dass diese bis zur Realisierung des Projekts mit ausreichend Eigen- und Fremdkapital durchfinanziert sind. Denn die Projektgesellschaft kann häufig erst dann Umsätze erzielen, wenn das Projekt fertiggestellt ist. Steht nicht genügend Kapital zur Fertigstellung des Projekts zur Verfügung, bedeutet dies für die Gesellschaft in der Regel das Scheitern des Projekts und für die Gesellschafter den Verlust des eingesetzten Kapitals.

Doch auch im Leben jeder anderen Gesellschaft gibt es Phasen mit erhöhtem Finanzierungsbedarf. Manchmal kann dieser Finanzierungsbedarf nur gedeckt werden, indem die Gesellschafter neues Kapital nachschießen. Dazu sind die Gesellschafter allerdings von Gesetz wegen nicht verpflichtet. Gleichwohl gibt es mehrere Möglichkeiten, Gesellschafter über die Leistung ihrer Einlage hinaus zur Finanzierung der Gesellschaft zu verpflichten.

Die Gesellschafter von Kapitalgesellschaften (zum Beispiel AG oder GmbH) können deren Eigenkapital durch Zuzahlung in die freie Kapitalrücklage, einem Nachschuss und einer Einzahlung aufgrund der Teilnahme an einer Kapitalerhöhung erhöhen.

Freiwillige Leistungen der Gesellschafter an die Gesellschaft zum Zwecke der Erhöhung ihres Eigenkapitals erfolgen regelmäßig als Zuzahlung in die freie Kapitalrücklage (§ 272 Abs. 2 Nr. 4 HGB). Auf eine derartige Zuzahlung hat die Gesellschaft keinen Anspruch.

Im Gesellschaftsvertrag kann eine Nachschusspflicht verankert werden. In diesem Fall steht der Gesellschaft gegenüber dem nachschusspflichtigen Gesellschafter ein Anspruch auf Zahlung zu. Regeln Sie in diesem Fall auch, ob alle Gesellschafter nachschießen dürfen/müssen und in welchem Verhältnis. Es empfiehlt sich, die Höhe der Nachschusspflicht betragsmäßig zu begrenzen, weil sonst die Gefahr besteht, dass finanzstarke Gesellschafter ihre finanzschwächeren Mitgesellschafter durch ständiges Nachschießen »aushungern« lassen und so aus der Gesellschaft drängen (vgl. Kapitel 3.4.1.6 und auch insbesondere 6.15). Aus dem gleichen Grund ist es ratsam, eine Nachschusspflicht gesellschaftsvertraglich an das Vorliegen genau definierter Gründe zu binden, die das Nachschießen von Kapital sachlich rechtfertigen.

**Tipp** !

Nachschusspflichten haben bei AGs und GmbHs heute nur noch eine geringe praktische Bedeutung. In der Regel wird stattdessen vereinbart, dass im Falle eines erhöhten Finanzierungsbedarfs der Gesellschaft dieser durch qualifiziert nachrangige Gesellschafterdarlehen gedeckt wird. Qualifiziert nachrangige Gesellschafterdarlehen werden von den die Gesellschaft finanzierenden Banken wie Eigenkapital bewertet. Bei Prüfung einer Insolvenzreife der Gesellschaft zählen sie zudem nicht als Fremdkapital und begründen daher keine Insolvenzantragspflicht. Gegenüber Nachschusspflichten haben sie außerdem den Vorteil, dass ihre Handhabung flexibler ist und die Gesellschaft die Zinsen als Betriebsausgaben steuerlich gewinnmindernd geltend machen kann.

Daneben kann bei AGs und bei GmbHs die Satzung/der Gesellschaftsvertrag vorsehen, dass die Vorstände/Geschäftsführer berechtigt sind, im Falle eines Kapitalbedarfs der Gesellschaft eine Kapitalerhöhung durchzuführen und von den Aktionären/Gesellschaftern weitere Einlagen zu fordern (sogenanntes genehmigtes Kapital). Wer bei Einforderung nicht willens oder nicht in der Lage ist, die weitere Einlage zu leisten, läuft Gefahr, dass seine Anteile an der Gesellschaft verwässern. Stimmen Sie einem genehmigten Kapital daher immer nur dann zu, wenn Sie sicher sind, dass Sie im Falle der Kapitalerhöhung auch die von Ihnen geforderte Einlage leisten können.

Auch bei Personengesellschaften können die Gesellschafter jederzeit freiwillige Zuzahlungen in die Kapitalrücklage der Gesellschaft leisten. Personengesellschaftsverträge können ebenso eine Nachschusspflicht vorsehen. Diese muss aber, anders als bei Kapitalgesellschaften, Ausmaß und Umfang der

Nachschusspflichten erkennen lassen, also eine Obergrenze benennen.[35] Auch eine Darlehensgewährung der Gesellschafter gegenüber der Gesellschaft ist möglich, allerdings kann die Personengesellschaft die Zinsen nicht als Betriebsausgaben geltend machen. Kapitalerhöhungen und genehmigtes Kapital sind bei der Personengesellschaft gesetzlich nicht vorgesehen, können aber gesellschaftsvertraglich ermöglicht werden.

### 4.1.8.10 Informations- und Kontrollrechte

Der Umfang der gesetzlich gewährleisteten Informations- und Kontrollrechte der einzelnen Gesellschafter hängt stark von der Gesellschaftsform ab (vgl. folgende Tabelle). Die gesellschaftsvertragliche Einschränkung dieser Rechte ist teilweise, ihre Erweiterung immer zulässig.

Die Praxis zeigt, dass viele Konflikte aufgrund von Informationsdefiziten mancher Gesellschafter entstehen. Insbesondere können sich (nicht geschäftsführende) Gesellschafter gegenüber Gesellschafter-Geschäftsführern benachteiligt fühlen. Aus Gründen der Streitvermeidung ist daher eine möglichst großzügige Gestaltung der Informations- und Kontrollrechte zu begrüßen.

Darüber hinaus führen umfassende Informationsrechte zur Einsichtnahme durch »nicht betriebsblinde Dritte« (die nicht geschäftsführenden Gesellschafter) – ein Umstand, der die Früherkennung von Missständen oder Meinungsverschiedenheiten begünstigt. Diese Früherkennung sollte dazu führen, dass Fehler noch rechtzeitig bereinigt oder Meinungsverschiedenheiten ausgeräumt werden können, bevor sie in festgefahrenen Positionen enden, konfrontativ und unproduktiv werden. Möglichst umfassende Informationsrechte wirken für Mehrheitsgesellschafter disziplinierend und bieten daher auch der Gesellschaft Vorteile.

Umgekehrt sind umfassende Informationsrechte nicht für jede Gesellschaft geeignet:
- Bei der Vergesellschaftung mit Partnern, die außerhalb der Gesellschaft potenzielle Konkurrenten sind oder leicht werden können, sollten Informationsrechte vertraglich möglichst beschränkt werden.
- Informationsrechte verursachen auch Aufwand, binden Ressourcen und Geschäftsführung – besonders kleine Unternehmen sollten dies berücksichtigen.

---

35   Baumbach/Hopt/*Roth* HGB § 109 Rn. 14.

| Gesell-schaftsform | Inhalt der Informations- und Kontrollrechte | Beschränkung im Gesell-schaftsvertrag |
|---|---|---|
| GbR/OHG/ PartG | §716 BGB, beziehungsweise §118 HGB:<br>• umfassendes Recht, sich über sämtliche laufenden »Angelegenheiten der Gesellschaft« selbst zu unterrichten<br>• Recht auf Einsicht in »Bücher und Papiere« der Gesellschaft:<br>»Bücher«: gesamte Buchhaltung<br>»Papiere«: Einsicht in geschriebene Geschäftsunterlagen, einschließlich Korrespondenz und Buchungsbelege, auch Jahresabschluss und Lagebericht<br>• Auskunftspflicht der Mitgesellschafter besteht nur, wenn anders eigene Unterrichtung nicht möglich<br>• Recht auf Rechnungsabschluss (Jahresabschluss) | Beschränkungen grundsätzlich zulässig; Beschränkungen wirken jedoch nicht, wenn Verdacht der unredlichen Geschäftsführung |
| KG/GmbH & Co. KG | *Komplementär*:<br>• wie Gesellschafter bei OHG (s.o.)<br><br>*Kommanditist* (§166 HGB):<br>• Abschrift Jahresabschluss (Bilanz, Gewinn- und Verlustrechnung)<br>• Prüfung des Jahresabschlusses unter Einsicht in »Bücher und Papiere« der Gesellschaft<br>• bei »wichtigem Grund« besteht außerordentliches Informationsrecht (streitig, a.A.: keine allgemeinen Informationsansprüche, insbesondere nicht zu laufender Geschäftsführung);<br>»wichtiger Grund«: im Interesse des Kommanditisten sofortige Information geboten, weil sonst Schaden für Kommanditist oder Gesellschaft droht; Umfang des außerordentlichen Informationsrechts erstreckt sich auch allgemein auf Geschäftsführung und damit zusammenhängende Unterlagen<br>• ist bei GmbH & Co. KG Kommanditist auch Gesellschafter der geschäftsführenden Komplementär-GmbH, so stehen ihm ferner dort nach §51a GmbHG Informationsrechte über die laufenden Angelegenheiten der KG zu | Beschränkungen nicht zulässig, soweit »Kern« des Informationsrechts betroffen; Recht auf Zusendung des Jahresabschlusses sowie außerordentliches Informationsrecht bei Vorliegen wichtiger Gründe sind unbeschränkbar |

| Gesell-schaftsform | Inhalt der Informations- und Kontrollrechte | Beschränkung im Gesell-schaftsvertrag |
|---|---|---|
| GmbH | §51a GmbHG:<br>• Anspruch gegen Gesellschaft auf unverzügliche Auskunft über »Angelegenheiten der Gesellschaft«<br>• nach §42a GmbHG Recht auf Aushändigung Jahresabschluss<br>• Einsicht in »Bücher und Schriften« der Gesellschaft (»Bücher« = gesamte Buchhaltung)<br>• »Schriften«: Einsicht in geschriebene Geschäftsunterlagen, einschließlich Korrespondenz und Buchungsbelege, auch Jahresabschluss und Lagebericht | Gemäß §51a Abs. 3 GmbHG nicht beschränkbar |
| AG | §131 AktG:<br>• Vorstand hat auf Verlangen des Aktionärs in der Hauptversammlung Auskunft über »Angelegenheiten der Gesellschaft« zu geben, soweit sie zur sachgemäßen Beurteilung der Tagesordnungspunkte erforderlich ist<br>• Auskunftpflicht erstreckt sich auch auf rechtliche und geschäftliche Beziehungen der AG zu verbundenen Unternehmen<br>• Recht auf Vorlage des vollständigen Jahresabschlusses<br>• darüber hinaus müssen Auskünfte, die außerhalb der Hauptversammlung einem Aktionär erteilt wurden, allen Aktionären erteilt werden (Gleichbehandlung der Aktionäre)<br>• §142 AktG: Bestellung von Sonderprüfern zur Prüfung besonderer Vorgänge durch Mehrheitsbeschluss der Hauptversammlung; kommt Mehrheitsbeschluss nicht zustande, können Aktionäre mit zusammen mindestens 1% der Anteile (alternativ: EUR 100.000 Grundkapital) gerichtlich die Bestellung eines Sonderprüfers beantragen, wenn der begründete Verdacht besteht, dass bei dem zu prüfenden Vorgang Unredlichkeiten oder grobe Verletzungen des Gesetzes oder der Satzung vorgekommen sind<br>• Einsichts- und Auskunftsrechte bei besonderen Maßnahmen (zum Beispiel Verschmelzungen, Eingliederungen, Abschluss oder Änderung von Beherrschungs- oder Gewinnabführungsverträgen)<br>• Einsicht in Teilnehmerverzeichnis der HV | Recht auf Auskunft kann nicht beschränkt werden |

Tab. 6: Gesetzliche Informations- und Kontrollrechte[36]

---

36  Vgl. auch die Darstellung bei *Lutz*, Der Gesellschafterstreit, Rn. 409.

Zusammengefasst lässt sich festhalten, dass der Gesellschafter einer GbR, OHG, PartG, der Komplementär einer KG und der Gesellschafter einer GmbH gegenüber seinen geschäftsführenden Mitgesellschaftern oder gegenüber der Gesellschaft ein umfassendes Informationsrecht über sämtliche *»Angelegenheiten der Gesellschaft«* hat. Dem Kommanditisten der KG steht ein solches Informationsrecht grundsätzlich nicht zu, dem Aktionär einer AG nur dann, wenn sich die Informationen auf Gegenstände beziehen, die Teil der Tagesordnung der Hauptversammlung sind.

Die »Angelegenheiten der Gesellschaft« umfassen alle Themen, die mit der Gesellschaft und ihrem Geschäftsbetrieb im Zusammenhang stehen, zum Beispiel[37]:

- alle laufenden Angelegenheiten der Geschäftsführung;
- Name und Anschrift der Mitgesellschafter;
- Geschäftsführer-Gehälter;
- Beziehungen zu verbundenen Unternehmen und Angelegenheiten des verbundenen Unternehmens selbst;
- Leistungsverkehr der Gesellschaft mit Gesellschaftern und Organmitgliedern sowie deren nahestehende Personen.

Wenn Sie beabsichtigen, Kommanditist einer Gesellschaft zu werden, bestehen Sie darauf, dass Ihnen in dem Gesellschaftsvertrag zusätzliche, über die gesetzlichen Informations- und Kontrollrechte hinausgehende Rechte eingeräumt werden. Aktionären kann in der Satzung keine über die gesetzlichen Informations- und Kontrollrechte hinausgehenden Rechte eingeräumt werden.[38] Als Aktionär sollten Sie daher versuchen, sich in der Satzung Entsendungsrechte in den Aufsichtsrat einräumen zu lassen.

Andererseits verwenden Gesellschafter ihre Informations- und Kontrollrechte immer wieder, um auf die Gesellschaft oder ihre Mitgesellschafter Druck auszuüben (vgl. Kapitel 6.11). Es ist auch schon vorgekommen, dass Gesellschafter sich bei der Ausübung dieser Rechte von Personen vertreten/begleiten ließen, von denen sie wussten, dass dies für die Gesellschaft (die anderen Gesellschafter) nachteilig oder zumindest unangenehm ist (zum Beispiel Konkurrenten). Beachten Sie, dass Einsichtsrechte grundsätzlich durch den betreffenden Gesellschafter persönlich auszuüben sind. Die Rechtsprechung erlaubt allenfalls eine Vertretung/Begleitung durch Berater oder Sachverständige, die von Berufs wegen zur Verschwiegenheit verpflichtet sind. Die Einzelheiten

---

37   Vgl. Baumbach/Hueck/*Zöllner/Noack* § 51a Rn. 11 ff.
38   H.M., vgl. MüKoAktG/*Kubis* § 131 Rn. 183.

dazu sind jedoch streitig. Jeder Gesellschaftsvertrag sollte deshalb zumindest Vertretungs- und Begleitungsregeln für die Bucheinsicht vorsehen,

- mit denen entweder die Vertretung bei der Ausübung von Informations- und Kontrollrechten (soweit gesetzlich zulässig) ausgeschlossen wird oder
- auf bestimmte Personen eingeschränkt wird.

In der Praxis bewährt hat sich die Einschränkung auf gesetzlich zur Verschwiegenheit verpflichtete berufliche Parteienvertreter (Wirtschaftsprüfer, Steuerberater, Rechtsanwälte) sowie technische Sachverständige. Jedenfalls sollte der Gesellschaftsvertrag die Vertretung/Begleitung durch Konkurrenten der Gesellschaft ausschließen. Der Gesellschaftsvertrag sollte auch vorsehen, dass der Vertreter/Begleiter vor Beginn der Rechtsausübung

- seine schriftliche Bevollmächtigung im Original nachzuweisen und
- gegenüber der Gesellschaft eine schriftliche (idealerweise mit einer Vertragsstrafe abgesicherte) Verschwiegenheitsverpflichtung abzugeben hat. Das ist vor allem wichtig, wenn der Gesellschaftsvertrag auch die Teilnahme von Personen an der Bucheinsicht zulässt, die keiner gesetzlichen Verschwiegenheitspflicht unterliegen (zum Beispiel technische Sachverständige).[39]

Unterscheiden Sie außerdem die Vertretung bei der Bucheinsicht (**anstatt** des Gesellschafters nimmt ein gesellschaftsfremder Dritter die Bucheinsicht wahr) und die Beiziehung Dritter bei der Bucheinsicht (der – zum Beispiel in wirtschaftlichen Belangen unkundige – Gesellschafter nimmt sein Bucheinsichtsrecht **gemeinsam** mit einem sachverständigen Dritten wahr). Stellen Sie daher im Gesellschaftsvertrag klar, ob sich die betreffenden Regelungen auf die Vertretung durch oder die Beiziehung von Dritten bezieht.

Soweit nicht schutzwürdige Interessen der Gesellschaft zwingend entgegenstehen, ist der Gesellschafter auf eigene Kosten zur Anfertigung von Kopien jener Dokumente berechtigt, in die er Einsicht nehmen darf.

**!  Tipp**

Der Einsicht nehmende Gesellschafter ist zur Anfertigung von Fotokopien berechtigt, allerdings ist die Gesellschaft nicht verpflichtet, für den Gesellschafter Kopien anzufertigen oder ein Kopiergerät zur Verfügung zu stellen. Nehmen Sie daher zu einer Bucheinsicht stets ein tragbares Kopiergerät oder ein Mobiltelefon (Smartphone) mit einer möglichst hochauflösenden integrierten Kamera mit. So sind Sie von Hilfestellungen durch die Gesellschaft unabhängig und können Kopien einzelner Dokumente mit eigenen Mitteln rasch und unkompliziert anfertigen.

---

39  Vgl. Baumbach/Hueck/*Zöllner/Noack* § 51a Rn. 25.

**Tipp** !

Transparenz schafft Vertrauen! Fehlendes wechselseitiges Vertrauen unter den Gesellschaftern oder der Gesellschafter in die Geschäftsführung ist häufig Ursache von Streitigkeiten in Gesellschaften. Regelungen, die gezielt Transparenz schaffen und alle Gesellschafter einheitlich auf ein hohes Informationsniveau heben, haben eine erhebliche befriedende Wirkung. Insofern empfiehlt es sich, in dem Gesellschaftsvertrag Regelungen vorzusehen, die eine regelmäßige und anlassunabhängige Information der Gesellschafter über die aktuelle Lage und die anstehenden oder beabsichtigten Vorhaben der Gesellschaft gewährleisten. Sinnvoll sind Regelungen, wonach die Geschäftsführung jeweils im letzten Quartal eines Geschäftsjahres eine schriftliche Unternehmensplanung für das nächste Geschäftsjahr vorlegen muss, welche auch einen Strategieplan enthalten sollte und im Quartalsturnus allen Gesellschaftern in schriftlicher Form Informationen über die aktuelle wirtschaftliche Lage zukommen lassen muss (zum Beispiel monatliche BWA, inklusive Darlegung außergewöhnlicher Vorgänge und allgemeiner wirtschaftlicher Rahmenbedingungen). Der Grad der Informationspflichten ist allerdings präzise auf die Größe und Struktur des jeweiligen Unternehmens anzupassen. Ausufernde Informationspflichten stellen für die Geschäftsführung in kleineren Gesellschaften ohne großen »Reporting-Apparat« eine erhebliche zeitliche Belastung dar und binden Kapazitäten. Hauptaufgabe des Managements ist nicht die Berichtspflicht, sondern das Vorbereiten, das Treffen und die Umsetzung unternehmerischer Entscheidungen. Diese Priorisierung gilt es stets zu beachten.

In diesem Zusammenhang prallen auch regelmäßig Welten aufeinander, wenn sich Konzerne mit entsprechend formalisierten Strukturen an Start-ups beteiligen, die durch eine gewisse Hands-on-Mentalität der Gründer geprägt sind. Ein derartiges Miteinander wird nur funktionieren, wenn die dem Management des Start-ups auferlegten Berichtspflichten mit größter Sensibilität individuell auf den jeweiligen Einzelfall angepasst werden, sodass die Unternehmenskultur des Start-ups in jedem Fall erhalten bleibt.

### 4.1.8.11 Gewinnverteilung und Gewinnverwendung

Bei der Frage des Umgangs mit Gewinnen bestehen zwei konfliktträchtige Fragenkomplexe:

- Welcher Teil des Gewinns gelangt zur Ausschüttung an die Gesellschafter (**Gewinnverwendung**)?
- Wem stehen Gewinnanteile in welcher Höhe zu (**Gewinnverteilung**)?

Bei **Personengesellschaften** sind die gesetzlichen Regelungen zur Gewinnverwendung und zur Gewinnverteilung einerseits unpräzise, andererseits häufig ungerecht (zum Beispiel Grundsatz der Gewinnverteilung nach Köpfen, unabhängig vom Beitrag des einzelnen Gesellschafters). Hier ist eine gesellschaftsvertragliche Regelung unerlässlich.

> **! Tipp**
>
> Nach § 122 Abs. 1 HGB ist jeder von den Beschränkungen des § 181 BGB befreite geschäftsführende Gesellschafter einer Personenhandelsgesellschaft berechtigt, aus der Gesellschaftskasse seinen Anteil am Gewinn eines Geschäftsjahres zu entnehmen, sobald die Gesellschafter für dieses Geschäftsjahr den Jahresabschluss festgestellt haben. Ein gesonderter Gewinnverwendungsbeschluss der Gesellschafterversammlung oder eine Ankündigungspflicht des entnehmenden Gesellschafters besteht nicht. Die eigenmächtige Entnahme ist nur dann unzulässig, wenn und soweit diese zum offenbaren Schaden der Gesellschaft gereichen würde. Der Gesellschaft wird damit jede Planungssicherheit bezüglich ihrer Kapitalausstattung genommen. Vor diesem Hintergrund sollte die Regelung des § 122 Abs. 1 HGB im Gesellschaftsvertrag einer Personenhandelsgesellschaft unbedingt ausgeschlossen werden und der Gesellschaftervertrag sollte vorsehen, dass die Entnahme eines zuvor gefassten Gewinnverwendungsbeschlusses bedarf.

Bei **Kapitalgesellschaften** beschließt die Gesellschafterversammlung/Hauptversammlung durch Mehrheitsbeschluss über die Gewinnverwendung. Die Gewinnverteilung erfolgt entsprechend der Beteiligung des einzelnen Gesellschafters am Stammkapital/Grundkapital. Auch bei Kapitalgesellschaften kann der Gesellschaftsvertrag von der gesetzlichen Regelung abweichende Gewinnverteilungsregeln vorsehen. Abweichende Gewinnverteilungsregeln können insbesondere zweckmäßig sein,

- wenn die Gesellschafter unterschiedliche Beiträge zum Unternehmenserfolg leisten und das Wertverhältnis dieser Beiträge nicht dem Verhältnis der Nennbeträge der Geschäftsanteile/Aktien entspricht;
- als Verhandlungsmasse, wenn zur Sicherung von Einflusssphären oder zur Vermeidung von Pattsituationen (vgl. Kapitel 3.4.2.2.1) die Stimmanteile von den Kapitalanteilen abweichen sollen – es können zum Beispiel Stimmanteile gegen Gewinnanteile »getauscht« werden.

Soweit über die Gewinnverwendung durch Mehrheitsbeschluss entschieden wird, ergibt sich das Problem, dass die Interessen der Gesellschafter jenen der Gesellschaft diametral gegenüberstehen:

- Die Gesellschafter wünschen eine möglichst hohe (und möglichst rasche) Rentabilität ihrer Beteiligung. Ihrem Interesse entspricht es, möglichst den gesamten Bilanzgewinn zu verteilen.
- Den Interessen der Gesellschaft entspricht, dass das Eigenkapital der Gesellschaft möglichst hoch bleibt und zumindest ein Teil des Bilanzgewinns (zum Beispiel für geplante Investitionen) in die Rücklage eingestellt oder auf neue Rechnung vorgetragen und nicht an die Gesellschafter verteilt wird.

Verschärft wird dieses Problem dadurch, dass Gesellschaftsverträge oft ohne weitere Bestimmungen lapidar vorsehen, dass »*die Gesellschafter über die Gewinnverteilung beschließen*«. Was passiert aber, wenn sich die Gesellschafter über die Gewinnverteilung nicht einigen können und wegen einer Pattsituation kein Beschluss zustande kommt?

Mangels Einigung kommt es in diesem Fall zu keiner Ausschüttung. Letztendlich ist es aber für die Gesellschaft nicht vorhersehbar, ob sie den gesamten Gewinn auszuschütten hat oder behalten darf. Sie verliert so jede Planungssicherheit, weil für sie nicht absehbar ist, ob sie möglicherweise dringend benötigte finanzielle Ressourcen behält und verwenden kann oder verliert (durch Ausschüttung an die Gesellschafter). Gute Gesellschaftsverträge bestimmen daher, was passiert, wenn ein Gewinnverteilungsbeschluss nicht zustande kommt und beschränken die Befugnis der Gesellschafter zur entsprechenden Beschlussfassung zeitlich.

In der Praxis bewährt hat sich folgende Gestaltung der Gewinnverwendung:
- Die Gesellschafterversammlung hat die Beschlusskompetenz über die Gewinnverwendung.
- Kommt binnen drei Monaten ab Einberufung der ordentlichen Gesellschafterversammlung der Gewinnverwendungsbeschluss nicht zustande, tritt subsidiäre Gewinnverwendung gemäß den gesellschaftsvertraglichen oder den gesetzlichen Regeln ein.
- Ein ziffernmäßiger oder mit einem Prozentsatz bestimmter Sockelbetrag gelangt zur Auszahlung, der restliche Gewinn bleibt in der Gesellschaft.

Andererseits kommt es häufig auch zu einem Interessengegensatz zwischen den über die Gewinnverwendung entscheidenden Gesellschaftern, namentlich zwischen Mehrheitsgesellschaftern und Minderheitsgesellschaftern. Es ist bei der gesellschaftsvertraglichen Bestimmung des auszuschüttenden Betrages daher das Recht der Gesellschafter auf eine bestimmte Mindestrendite zu achten (vgl. Kapitel 6.15). Die missbräuchliche Verhinderung von Gewinnausschüttungen ist nicht zulässig.

**Tipp** !

Zur Vermeidung der Gefahr des »Aushungerns« durch finanzstarke Mehrheitsgesellschafter empfiehlt sich eine vertragliche Regelung, wonach Rücklagen nur (zum Beispiel durch einen bestimmten Prozentsatz des Gewinns) begrenzt gebildet werden dürfen.

> **! Achtung**
>
> Die Gesellschafter untereinander haben in Bezug auf Gewinnausschüttungen oft unterschiedliche Vorstellungen, die stark von ihren privaten finanziellen Bedürfnissen abhängen. Darüber hinaus verlaufen die finanziellen Bedürfnisse der einzelnen Gesellschafter zeitlich nicht linear. Zeiten vermehrten Geldbedarfs sind bei jedem Gesellschafter möglich (zum Beispiel Ausbildungskosten, Hausbau, Pflegekosten). Berücksichtigen Sie, dass auch Sie in diese Situation kommen können!
> Für finanzstarke (Mehrheits-)Gesellschafter kann das finanzielle Aushungern finanzschwächerer Gesellschafter ein Weg sein, diese aus der Gesellschaft zu drängen. Als Minderheitsgesellschafter sollten Sie solchen Situationen unbedingt vorbeugen. Dies geschieht durch Aufnahme einer Vereinbarung in den Gesellschaftsvertrag, wonach ein bestimmter Sockelbetrag jedenfalls an die Gesellschafter auszuschütten ist (sofern er im Bilanzgewinn Deckung findet) und die Nichtausschüttung dieses Sockelbetrages ausschließlich auf Basis eines einstimmigen Gesellschafterbeschlusses zulässig ist.

Bei **Personengesellschaften** (auch bei GmbH & Co. KG) müssen Sie überdies deren steuerliche Transparenz beachten. Personengesellschaften sind ertragsteuerlich kein eigenes Steuersubjekt. Dies bedeutet, dass die Gesellschafter von Personengesellschaften auch dann Steuern auf ihren Gewinnanteil an das Finanzamt abführen müssen, wenn die Gewinne vollständig in der Gesellschaft verbleiben. Um zu verhindern, dass die Gewinne in der Gesellschaft bleiben, Gesellschafter jedoch die anfallenden Steuern zahlen müssen (»beschleunigtes Aushungern«), sollte Personengesellschaftern in jedem Fall ein Steuerentnahmerecht zustehen. Insofern sollte geregelt sein, dass jeweils der Betrag auszuschütten ist, den die Gesellschafter für die Begleichung ihrer aus der Beteiligung resultierenden Ertragsteuern benötigen. Bei Personengesellschaften sollte zudem geregelt werden, dass einem Gesellschafter kein Entnahmerecht zusteht, wenn sein variables Kapitalkonto negativ ist oder durch die Entnahme negativ wird. **Kapitalgesellschaften** sind ein eigenes Steuersubjekt. Die Steuern auf deren Erträge sind von der Gesellschaft zu leisten. Ein »beschleunigtes Aushungern« droht hier nicht.

### 4.1.8.12 Bestellung und Abberufung von Geschäftsführern und Vorstandsmitgliedern

In **Personengesellschaften** gilt das Prinzip der »Selbstorganschaft«. Dies bedeutet, dass ausschließlich Gesellschafter zu Geschäftsführern bestellt werden können. Eine Fremdgeschäftsführung durch Personen, die nicht selbst Gesellschafter sind, ist dagegen nicht möglich. Eine Ausnahme davon gilt für GmbH & Co. KG. Zwar ist nur die Komplementär-GmbH persönlich berechtigt, die Geschäfte der GmbH & Co. KG zu führen, diese kann aber ihrerseits einen

Fremdgeschäftsführer bestellen. Nachdem der Geschäftsführer der Komplementär-GmbH die Geschäfte der GmbH & Co. KG führt, ist eine Fremdgeschäftsführung faktisch möglich.

Grundsätzlich sind bei Personengesellschaften sämtliche persönlich haftenden Gesellschafter zur umfassenden Geschäftsführung berechtigt. Es können aber auch einzelne Gesellschafter im Gesellschaftsvertrag von der Geschäftsführung ausgeschlossen werden (§ 710 S. 1 BGB beziehungsweise § 114 Abs. 2 HGB). In jedem Fall sollte der Gesellschaftsvertrag eine Regelung dazu treffen, ob die Gesellschafter einzelvertretungsberechtigt oder gesamtvertretungsberechtigt sind, denn andernfalls gelten die (oftmals nicht passenden) gesetzlichen Regelungen. Besteht Einzelgeschäftsführungsbefugnis, lohnt es, viele der nachfolgend zu der GmbH dargestellten Regelungen in den Gesellschaftsvertrag aufzunehmen.

> **Tipp** !
>
> Bei allen Personengesellschaften gilt grundsätzlich § 708 BGB, wonach ein Gesellschafter bei Erfüllung der ihm obliegenden Verpflichtung nur für diejenige Sorgfalt einzustehen hat, welche er in eigenen Angelegenheiten anzuwenden pflegt. – Wenn sich also der penible Macher M mit dem chaotischen Kreativen K zu einer GbR oder zu einer OHG zusammenschließt, besteht die Gefahr, dass der M bereits für leichte Fahrlässigkeit haftet, der K aber nur für grobe Fahrlässigkeit.[40] Derart unterschiedliche Messlatten sind unsinnig und streitanfällig. Schließen Sie daher die Regelung des § 708 BGB im Gesellschaftsvertrag aus.

Bei **Kapitalgesellschaften** können sowohl Gesellschafter als auch Nicht-Gesellschafter zu Geschäftsführern oder Vorstandsmitgliedern bestellt werden. Zumindest in Klein- und Mittelunternehmen sind überwiegend Gesellschafter mit der Geschäftsführung betraut.

> **Achtung** !
>
> Immer wieder werden Geschäftsführer einerseits dazu verpflichtet, ihre »gesamte Arbeitskraft« der Gesellschaft zur Verfügung zu stellen, im gleichen Vertrag aber dazu berechtigt, ein Einzelunternehmen fortzuführen. Das ist ein Widerspruch in sich. Entweder der Geschäftsführer arbeitet mit seiner gesamten Arbeitskraft für die Gesellschaft – dann hat er keine Zeit und Kraft mehr für die Fortführung eines Einzelunternehmens. Oder er ist berechtigt, sein Einzelunternehmen fortzuführen – das schließt aber aus, dass er sich mit seiner gesamten Arbeitskraft der Gesellschaft widmet. Dieses Problem tritt häufig bei Gesellschaften zur Ausübung von freien Berufen auf.

---

40  Baumbach/Hopt/*Roth* HGB § 109 Rn. 5.

Solche Widersprüche erscheinen bei Vertragsabschluss harmlos. Im Streitfall dienen sie aber dem Anschwärzen des (Gesellschafter-)Geschäftsführers, der sich nachweislich nicht mit ganzer Arbeitskraft der Gesellschaft widmete (andernfalls hätte er sein Einzelunternehmen ja schon längst liquidiert). Vermeiden Sie daher solche Widersprüche und schaffen Sie stattdessen eine zweckmäßige Regelung.

Die Möglichkeit zum Zuverdienst außerhalb der Gesellschaft ist ein Keim von Streitigkeiten. Das gilt vor allem, wenn die Nebentätigkeit in derselben Branche stattfindet wie die Tätigkeit der Gesellschaft.

**!** **Tipp**

Viele Gesellschaftsverträge regeln zwar die Geschäftsführerbestellung, nicht jedoch die Bestellung von Liquidatoren. Es ist streitig[41], ob die in Gesellschaftsverträgen für Geschäftsführer getroffenen Regelungen automatisch auch für Liquidatoren gelten. Insofern sollten Gesellschaftsverträge stets den ausdrücklichen Hinweis enthalten, dass die dort für Geschäftsführer getroffenen Regelungen entsprechend für Liquidatoren gelten.

### 4.1.8.12.1 Form der Bestellung

**GmbH**-Geschäftsführer können entweder im Gesellschaftsvertrag oder mit Gesellschafterbeschluss (grundsätzlich mit einfacher Mehrheit) bestellt werden. Dies gilt sowohl für Gesellschafter-Geschäftsführer als auch für Fremdgeschäftsführer. Geschäftsführer sind jederzeit ohne Angabe von Gründen durch Mehrheitsbeschluss der Gesellschafterversammlung abberufbar. Die Möglichkeit der freien Abberufung durch Mehrheitsbeschluss kann jedoch durch Gesellschaftsvertrag eingeschränkt werden. Einerseits kann der Gesellschaftsvertrag vorsehen, dass für die Abberufung eine größere Mehrheit erforderlich ist, andererseits, dass eine Abberufung nicht grundlos, sondern nur aus »wichtigem Grund« möglich ist. Die Möglichkeit, Geschäftsführer aus wichtigem Grund abzuberufen, kann gesellschaftsvertraglich nicht ausgeschlossen werden (vgl. Kapitel 4.1.8.12.5). Diese Grundsätze gelten unabhängig davon, ob der betreffende Geschäftsführer durch den Gesellschaftsvertrag oder durch Gesellschafterbeschluss bestellt wurde.[42]

Vorstandsmitglieder einer **AG** werden durch den Aufsichtsrat bestellt. Die Bestellung kann auf höchstens fünf Jahre erfolgen. Die wiederholte Bestellung ist zulässig. Um die nötige Unabhängigkeit zu gewährleisten, sind Vorstandsmitglieder grundsätzlich nur aus wichtigen Gründen abberufbar.

---

41 Zum Meinungsstand: Baumbach/Hueck/*Zöllner/Noack* § 35 Rn. 132.
42 Vgl. zu dem Ganzen: Baumbach/*Hueck/Fastrich* § 6 Rn. 26 ff. und Baumbach/Hueck/*Zöllner/Noack* § 35 Rn. 7.

## 4.1.8.12.2 Mehrheitserfordernisse festlegen

Den Vorstand einer **AG** bestellt der Aufsichtsrat zwingend durch Beschluss mit einfacher Mehrheit (§ 84 AktG). Davon kann in der Satzung nicht abgewichen werden.

Die Bestellung zum **GmbH**-Geschäftsführer erfolgt grundsätzlich mit einfacher Mehrheit der abgegebenen Stimmen. Minderheitsgesellschafter laufen daher Gefahr, bei der Geschäftsführerbestellung übergangen zu werden. Zum Schutz der Minderheitengesellschafter bieten sich folgende Lösungsmöglichkeiten an:

- Im Gesellschaftsvertrag kann einerseits das für die Wahl eines Geschäftsführers erforderliche Quorum derart erhöht werden, dass kein Geschäftsführer gegen den Willen der Minderheitsgesellschafter bestellt werden kann. Die Minderheitsgesellschafter können so sicherstellen, dass der Mehrheitsgesellschafter die Mitwirkung eines oder mehrerer Minderheitsgesellschafter/s zur Geschäftsführerbestellung benötigt.
- Der Einfluss von Minderheitsgesellschaftern auf die Geschäftsführung kann aber auch über die Vereinbarung von Entsendungs- und Vorschlagsrechten erreicht werden (zu Inhalt und Wirkung von Entsendungs- und Vorschlagsrechten vgl. Kapitel 4.1.8.13). Der Minderheitsgesellschafter sollte ein Recht auf Entsendung eines (einzelvertretungsberechtigten) Geschäftsführers in Erwägung ziehen. Ein solches Vorgehen ist gegenüber der Vereinbarung abweichender Mehrheiten meist weniger streitgeneigt.

Soll ein Gesellschafter zum Geschäftsführer bestellt werden, ist dieser bei der Beschlussfassung über seine Bestellung stimmberechtigt. Es besteht also kein Stimmverbot bei Abstimmungen zur eigenen Geschäftsführerbestellung. Mehrheitsgesellschafter können sich daher (soweit der Gesellschaftsvertrag keine höheren Mehrheitserfordernisse festlegt) ohne Mitwirkung anderer Gesellschafter selbst zu Geschäftsführern bestellen. Sollten Sie dies nicht wünschen, können Sie

- für die Bestellung von Gesellschafter-Geschäftsführern höhere Mehrheitserfordernisse vorsehen;
- das Stimmrecht von Gesellschaftern bei Beschlüssen ausschließen, mit denen diese Gesellschafter zu Geschäftsführern bestellt werden sollen;
- die Bestellung von Gesellschaftern zu Geschäftsführern überhaupt für unzulässig erklären.

Die beiden ersten Varianten sind sachgerecht und zielführend, soweit es Ihnen ausschließlich darum geht, ein faktisches »Selbst-Entsendungsrecht« des Mehrheitsgesellschafters ohne Mitwirkungsnotwendigkeit zumindest eines weiteren Gesellschafters zu verhindern. Die dritte Variante empfiehlt sich ausschließlich für große Kapitalgesellschaften, die von vornherein planen, die Geschäftsführung ausschließlich Fremdgeschäftsführern zu überlassen. Diese Variante findet sich häufig in Gesellschaftsverträgen von Familiengesellschaften ab der auf die Gründergeneration folgenden Gesellschaftergeneration. Hintergrund solcher Regelungen ist es, entweder ungeeignete und uneinsichtige Gesellschafter von der Geschäftsführung fernzuhalten, oder bei einem größeren Gesellschafterkreis einen Streit um die wenigen vorhandenen Geschäftsführerposten zu vermeiden.

> **! Tipp**
>
> Die Möglichkeit, »Wunschkandidaten« zu Geschäftsführern zu bestellen, versetzt den Berechtigten in eine große Machtposition. Manchmal ist diese Position alleine nicht zu erreichen. Vielleicht ist das Ziel aber mithilfe anderer Gesellschafter erreichbar. Sichern Sie sich daher – soweit möglich – die Unterstützung anderer Gesellschafter bei der Bestellung Ihres Wunschkandidaten zum Geschäftsführer, indem Sie mit einzelnen Mitgesellschaftern Stimmrechtspoolvereinbarungen abschließen, mit denen Sie die Stimmabgabe bei Beschlüssen über die Geschäftsführerbestellung koordinieren.

### 4.1.8.12.3 Vertretungsbefugnis regeln

Geschäftsführer einer GmbH und Vorstandsmitglieder einer AG können
- **einzelvertretungsberechtigt**, also dazu berechtigt sein, die Gesellschaft ohne Mitwirkung weiterer Geschäftsführer/Vorstandsmitglieder oder Prokuristen rechtswirksam zu verpflichten;
- **gesamtvertretungsberechtigt**, also nur dann berechtigt sein, die Gesellschaft rechtswirksam zu verpflichten, wenn dabei ein weiterer Geschäftsführer/ein weiteres Vorstandsmitglied (echte Gesamtvertretung) oder ein Prokurist (unechte Gesamtvertretung) mitwirkt. Eine Beschränkung der Vertretungsmacht des Geschäftsführers/des Vorstandsmitglieds dahingehend, die Gesellschaft nur zusammen mit einem Prokuristen vertreten zu können, ist unzulässig, wenn nur ein Geschäftsführer/Vorstandsmitglied vorhanden ist.[43]

Zu unterscheiden ist zwischen der Geschäftsführung und der Vertretung der Gesellschaft. Die Geschäftsführung betrifft insbesondere die Organisation des Betriebsablaufs, die Verteilung von Verantwortlichkeiten auf die Mitarbeiter verschiedener Bereiche, die Einrichtung von Kontrollmechanismen,

---

43  Vgl. zur GmbH: Baumbach/Hueck/*Zöllner*/*Noack* §35 Rn.112.

die Erteilung genereller Anordnungen für die Abwicklung von Geschäften und das Treffen von Einzelentscheidungen bei wichtigen Vorgängen.[44] Die Geschäftsführung betrifft daher im Wesentlichen interne Vorgänge der Gesellschaft. Die Vertretung betrifft dagegen das Handeln des Geschäftsführers/Vorstandsmitglieds im rechtsgeschäftlichen Verkehr (zum Beispiel Abschluss von Verträgen mit Kunden, Lieferanten, Vermietern usw.).

Besteht der Vorstand einer AG aus mehreren Personen, so sind diese nur gemeinschaftlich zur Geschäftsführung befugt. Die Satzung oder eine Geschäftsordnung kann eine Einzelgeschäftsführungsbefugnis vorsehen, allerdings bleibt bei Meinungsverschiedenheiten unter mehreren Vorstandsmitgliedern immer die Meinung der Mehrheit der Vorstandsmitglieder maßgeblich (§ 77 Abs. 1 AktG). – Für die GmbH gilt im Grundsatz das Gleiche. Allerdings kann man dort gesellschaftsvertraglich nahezu jede beliebige Regelung treffen, beispielsweise einem Geschäftsführer das Letztentscheidungsrecht zubilligen oder das Widerspruchsrecht bestimmter Gesellschafter ausschließen. Bei der GmbH ist die Einräumung von Einzelvertretungsberechtigung in der Regel auch als Recht zur Einzelgeschäftsführung auszulegen.[45]

Bestimmte Entscheidungen darf der GmbH-Geschäftsführer nicht ohne die ausdrückliche Zustimmung der Gesellschafterversammlung treffen, so beispielsweise eine Änderung der Unternehmenspolitik oder ein Handeln, das den betriebsüblichen Rahmen sprengt.[46] – Ähnliche Grundsätze, wenn auch in geringerem Umfang, gelten im Aktienrecht. Dort hat die Rechtsprechung einen Katalog ungeschriebener Kompetenzen der Hauptversammlung entwickelt, beispielsweise die Ausgliederung des wesentlichen Gesellschaftsvermögens auf eine Tochtergesellschaft (vgl. Kapitel 5.5.2.7).[47]

Ein nur gesamtvertretungsberechtigtes Organmitglied kann grundsätzlich selbst kleinste Geschäfte nicht alleine für die Gesellschaft tätigen. Hier herrscht ein »Vier-Augen-Prinzip«, wodurch der nur gesamtvertretungsberechtigte Geschäftsführer/das Vorstandsmitglied einer laufenden Kontrolle unterliegt (durch einen anderen Geschäftsführer oder einen Prokuristen).[48] Diese laufende Kontrolle wird durch eine – im Vergleich zum einzelvertretungsberechtigten Geschäftsführer/Vorstandsmitglied – geringere Beweglichkeit und einen erhöhten Administrativaufwand der Geschäftsführung/des Vorstandes erkauft.

---

44   Vgl. MüKoGmbHG/*Stephan/Tieves* § 37 Rn. 12.
45   Vgl. Baumbach/Hueck/*Zöllner/Noack* § 37 Rn. 29.
46   Vgl. MüKoGmbHG/*Stephan/Tieves* § 37 Rn. 61 ff., 132.
47   MüKoAktG/*Kubis* § 119 Rn. 31 ff.
48   Vgl. Baumbach/Hueck/*Zöllner/Noack* § 37 Rn. 29.

Wofür Sie sich entscheiden – schnelle und schlanke Strukturen oder höhere Sicherheit – bleibt letztendlich Ihnen und Ihren Mitgesellschaftern überlassen und ist auch eine Frage des Vertrauens gegenüber den Geschäftsführern/Vorstandsmitgliedern. Änderungen des Vertrauens gegenüber Geschäftsführern und Vorstandsmitgliedern sollten zur entsprechenden Anpassung von Gesellschaftsvertrag und/oder Geschäftsordnung führen (Stichwort: Maßanzug! – vgl. Kapitel 4.1.1).

Es empfiehlt sich, den Umfang der Vertretungsbefugnis schon im Gesellschaftsvertrag zu regeln. Dies gilt insbesondere bei der Bestellung von Gesellschafter-Geschäftsführern sowie bei der Vereinbarung von Entsendungs- und Vorschlagsrechten (zu Inhalt und Wirkung von Entsendungs- und Vorschlagsrechten vgl. Kapitel 4.1.8.13).

Sinnvoll ist auch die Verteilung der Aufgaben der einzelnen Geschäftsführer/Vorstandsmitglieder nach Ressorts. Ohne eine entsprechende Ressortaufteilung gilt der Grundsatz der »Gesamtverantwortung« der Geschäftsführung. Das heißt, jeder Geschäftsführer/jedes Vorstandsmitglied ist grundsätzlich für alle Vorgänge in der Gesellschaft verantwortlich. Durch eine Ressortaufteilung ist die Verantwortung der einzelnen Geschäftsführer für »fremde« Ressorts eingeschränkt. Im Falle einer Ressortaufteilung darf sich das ressortunzuständige Organmitglied auf das ressortzuständige Organmitglied verlassen. Dem ressortunzuständigen Organmitglied obliegt jedoch eine Mindestüberwachungspflicht, die bei Hinweisen auf Pflichtwidrigkeiten auch zu konkreten Handlungspflichten führt.

Eine derartige Ressortaufteilung ist bei größeren Gesellschaften unbedingt zu empfehlen. Die Organmitglieder können sich so vorrangig auf ihre »eigenen« Ressorts konzentrieren und ihre Tätigkeit in »fremden« Ressorts auf die erforderlichen Kontrollhandlungen reduzieren (vgl. Kapitel 5.5.2.4.1).

Die Ressortaufteilung ändert allerdings nichts an der (Außen-)Vertretungsbefugnis des jeweiligen Organmitglieds. Ein einzelvertretungsberechtigtes Organmitglied bleibt daher auch bei Vorliegen einer Ressortaufteilung nach außen in »fremden« Ressorts einzelvertretungsberechtigt, ein gesamtvertretungsberechtigtes Organmitglied benötigt für die Vertretung nach außen auch in Angelegenheiten, die nur »sein« Ressort betreffen, die Mitwirkung eines weiteren Organmitglieds (oder Prokuristen).

Maßnahmen, die außerhalb des in der Satzung definierten Unternehmensgegenstandes liegen, darf die Geschäftsführung/der Vorstand nicht veranlassen. Dies gilt auch dann, wenn die Gesellschafterversammlung bezie-

hungsweise die Hauptversammlung oder der Aufsichtsrat die Maßnahme per
(Mehrheits)Beschluss billigen. Die Änderung des Unternehmensgegenstandes
ist eine echte Satzungsänderung und bedarf nach §53 GmbHG beziehungsweise §179 AktG eines mit einer Dreiviertelmehrheit gefassten, notariell beurkundeten Gesellschafterbeschlusses.[49]

> **Tipp**  !
>
> Bei **GmbHs** empfiehlt sich, entweder in dem Gesellschaftsvertrag, in einer etwaigen
> Geschäftsordnung oder in dem Geschäftsführeranstellungsvertrag einen Katalog
> aufzunehmen, der klar differenziert, welche Geschäfte die Geschäftsführer vor-
> nehmen dürfen, ohne die Zustimmung der Gesellschafterversammlung einzuholen,
> für welche Geschäfte sie die Zustimmung der Gesellschafterversammlung be-
> nötigen und welche Geschäfte nur mit Zustimmung einer qualifizierten Mehrheit
> der Gesellschafterversammlung vorgenommen werden dürfen (beispielsweise drei
> Viertel der Stimmen oder einstimmig).
> Der Vorstand einer **AG** ist weisungsunabhängig. Gleichwohl können bestimmte Maß-
> nahmen des Vorstandes unter Zustimmungsvorbehalt des Aufsichtsrates gestellt
> werden (§111 Abs. 4 AktG). Entsprechende Zustimmungsvorbehalte können entwe-
> der in der Satzung oder in einer Geschäftsordnung geregelt werden. Verweigert der
> Aufsichtsrat die Zustimmung zu einer derartigen Maßnahme, kann der Vorstand die
> Hauptversammlung um Zustimmung bitten. Ein zustimmender Hauptversammlungs-
> beschluss bedarf einer Dreiviertelmehrheit der abgegebenen Stimmen. – Sofern Sie
> Aktionär sind und Sie sich trotz der Weisungsunabhängigkeit des Vorstandes einen
> gewissen Einfluss auf die Geschäftsführung sichern wollen, sollten Sie sich einer-
> seits einen möglichst großen Einfluss auf die Besetzung des Aufsichtsrates sichern
> (vgl. Kapitel 4.1.8.13) und andererseits durch Regelung entsprechender Zustim-
> mungsvorbehalte den Vorstand so weit wie möglich »an die kurze Leine« nehmen.

> **Achtung**  !
>
> Einem Geschäftsführer kann statt Einzelvertretungsberechtigung alternativ
> Gesamtvertretungsberechtigung erteilt werden. Im Übrigen kann die Vertretungs-
> macht des Geschäftsführers einer GmbH im Außenverhältnis gegenüber dem
> Rechtsverkehr, insbesondere gegenüber den Vertragspartnern der GmbH, nicht
> beschränkt werden (§37 Abs. 2 GmbHG). Ein Vertragspartner darf also darauf ver-
> trauen, dass der Geschäftsführer die GmbH bei einem konkreten Vertragsschluss
> vertreten darf. Der Vertrag ist auch dann wirksam geschlossen, wenn der Ge-
> schäftsführer (beispielsweise durch eine Satzungsregelung) verpflichtet gewesen
> wäre, vor Vertragsschluss die Zustimmung der Gesellschafterversammlung einzu-
> holen. – Bei AGs ergibt sich für den Vorstand Gleiches aus §82 Abs. 1 AktG.
> Der Vertrag ist lediglich dann nicht wirksam geschlossen, wenn der Geschäftsführer
> seine Kompetenz zum Schaden der Gesellschaft überschreitet und dabei entweder
> mit einem bösgläubigen Vertragspartner der Gesellschaft zusammenwirkt (soge-
> nannte Kollusion), oder wenn der Vertragspartner die Kompetenzüberschreitung

---

49  Baumbach/Hueck/*Zöllner*/*Noack* §37 Rn. 8 und §53 Rn. 30.

positiv kennt, oder sie nach den Umständen für ihn offensichtlich sein muss (sogenannte Evidenz). Den Vertragspartner trifft allerdings keine Pflicht, sich vor Vertragsschluss über etwaige Beschränkungen der Vertretungsmacht zu erkundigen. Insbesondere muss er nicht Einsicht in die (online abrufbare) Satzung nehmen und diese auf etwaige beschränkende Regelungen untersuchen. – Die Grundsätze der Kollusion und Evidenz gelten auch für eine AG, wenn Vorstandsmitglieder vertreten.[50]

**!** **Achtung**

Auch wenn dies als lästige Förmelei empfunden werden mag, sollten gerade bei konzernverbundenen Unternehmen stets die in der Satzung und etwaigen sonstigen Verträgen geregelten Formalien und Entscheidungswege eingehalten werden. Andernfalls besteht die Gefahr, dass die Finanzbehörden das jeweilige Rechtsgeschäft steuerlich nicht anerkennen und im schlimmsten Fall als verdeckte Gewinnausschüttung qualifizieren.

### 4.1.8.12.4 Weisungsbefugnis

Die gesetzliche Konzeption sieht vor, dass **GmbH**-Geschäftsführer Weisungen der Gesellschafter (durch Mehrheitsbeschluss) befolgen müssen. Diese Verpflichtung besteht allerdings nur für rechtmäßige Weisungen. Rechtmäßige Weisungen müssen GmbH-Geschäftsführer also befolgen. Rechtswidrige Weisungen dürfen sie nicht befolgen (bei sonstiger Haftung für etwaige Schäden). Eine Weisung kann beispielsweise dann rechtswidrig sein, wenn sie Gläubiger benachteiligt.

Diese Regelungen sind jedoch dispositiv. GmbH-Gesellschafter können GmbH-Geschäftsführer daher ganz oder teilweise von ihrer Weisungsgebundenheit freistellen.[51] In diesem Fall sollten Sie folgende Punkte regeln:

- Sollen **alle oder bloß einzelne** Geschäftsführer weisungsfrei gestellt werden? Es ist insbesondere an die Weisungsfreistellung von Gesellschafter-Geschäftsführern und/oder von im Rahmen von Entsendungs- und Vorschlagsrechten bestellter Fremdgeschäftsführer zu denken (zu Inhalt und Wirkung von Entsendungs- und Vorschlagsrechten vgl. Kapitel 4.1.8.13).
- Sollen die Geschäftsführer **in allen Bereichen** der Geschäftsführung Weisungen unterliegen? Es kann die Freistellung in bestimmten sachlichen Bereichen sinnvoll sein.
- **Wer erteilt Weisungen?** Zumindest eine teilweise Verlagerung der Weisungsrechte von der Gesellschafterversammlung an den Aufsichtsrat ist

---

50  Zu den Voraussetzungen und Folgen eines derartigen Missbrauchs der Vertretungsmacht bei der GmbH: Baumbach/Hueck/*Zöllner/Noack* §37 Rn.43 ff.; bei der AG: Hüffer/Koch/*Koch* §82 Rn.6 ff.
51  Vgl. Baumbach/Hueck/*Zöllner/Noack* §46 Rn.93.

zulässig (soweit ein solcher eingerichtet ist). So können Sie eine Entkoppelung der Weisungsbefugnis von den Partikularinteressen einzelner Gesellschafter hin zu den Aufsichtsratsmitgliedern erreichen, welche der Gesellschaft (und nicht den einzelnen Gesellschaftern) verantwortlich sind. Dadurch bewirken Sie, dass die Weisungsbefugnis auf ein unabhängiges Organ verlagert wird.

---

**Achtung** !

Weisungen eines (Mehrheits)Gesellschafters gegenüber der GmbH-Geschäftsführung sind rechtlich irrelevant. Organe der GmbH sind nur die Geschäftsführung und die Gesellschafterversammlung. Auch ein Mehrheitsgesellschafter muss daher das Forum der Gesellschafterversammlung nutzen, um seinen Willen durchzusetzen. Für Geschäftsführer bedeutet dies, dass sie Weisungen einzelner Gesellschafter nicht befolgen müssen und – bei wirtschaftlicher Nachteiligkeit der Weisung für die Gesellschaft – auch nicht befolgen dürfen.
Eine Ausnahme besteht nur in Ein-Personen-Gesellschaften. Hier ist der Alleingesellschafter mit der Gesellschafterversammlung personenidentisch und darf der Geschäftsführung auch außerhalb formaler Gesellschafterversammlungen Weisungen erteilen.[52]

---

Hingegen sind Vorstände einer **AG** der Hauptversammlung und dem Aufsichtsrat gegenüber weisungsfrei gestellt (§76 Abs. 1 AktG). In der Satzung oder im Vorstandsvertrag enthaltene Bestimmungen, die diese gesetzlich vorgesehene Weisungsfreiheit einschränken, sind unwirksam. »Weisungen« der Hauptversammlung oder des Aufsichtsrates darf der Vorstand also lediglich als Empfehlungen ansehen, die er aufgreifen und – soweit eine Prüfung der Empfehlungen deren Vorteilhaftigkeit für die Gesellschaft ergibt – auf seine eigene Verantwortung umsetzen kann. Satzungsregelungen über die Weisungsbefugnis der Hauptversammlung oder des Aufsichtsrates gegenüber dem Vorstand erübrigen sich daher.

---

**Tipp** !

Die Anstellungsverhältnisse von Vorstandsmitgliedern einer **AG** sind kraft Gesetzes sozialversicherungsfrei (§1 S. 4 SGB VI, §27, Abs. 1 Nr. 5 SGB III).
Anders ist dies bei den gegenüber der Gesellschafterversammlung weisungsgebundenen Geschäftsführern einer **GmbH**. Ihr Anstellungsverhältnis ist nur dann sozialversicherungsfrei, wenn gewährleistet ist, dass keine Weisungen gegen ihren Willen erfolgen können, beispielsweise weil sie die Mehrheit der Stimmen in der Gesellschafterversammlung innehaben. Auch Minderheitsgesellschafter können so-

---

52 Baumbach/Hueck/*Zöllner/Noack* §46 Rn. 7.

zialversicherungsfrei sein, wenn sie mit ihrer Beteiligung Gesellschafterbeschlüsse verhindern können (Sperrminorität). Die Sperrminorität muss sich aus der Satzung ergeben. Entsprechende Regelungen in einer Stimmrechtspoolvereinbarung sind nicht ausreichend.[53]

## 4.1.8.12.5 Abberufung von Geschäftsführern und Vorstandsmitgliedern

**Abberufung in der GmbH:** Die Abberufung von GmbH-Geschäftsführern ist grundsätzlich jederzeit und ohne Angabe von Gründen zulässig. Sie erfolgt durch Gesellschafterbeschluss mit einfacher Mehrheit. Wie bei seiner Bestellung ist der Gesellschafter-Geschäftsführer auch bei seiner Abberufung stimmberechtigt. Das macht zu Geschäftsführern bestellte Mehrheitsgesellschafter nahezu unabsetzbar. Dies gilt allerdings nicht bei Vorliegen eines »wichtigen Grundes«. Denn in diesem Fall ist der Gesellschafter-Geschäftsführer selbst nicht stimmberechtigt.

**!** **Achtung**

Mit der Abberufung verlieren Geschäftsführer nur ihre Organstellung (das heißt die Befugnis, die Geschäfte der Gesellschaft zu führen und diese zu vertreten). Ihre Ansprüche aus dem Geschäftsführer-Dienstvertrag hingegen bleiben erhalten. Etwaige dienstvertragliche Kündigungsfristen können daher nicht die sofortige Abberufung als Organmitglied verhindern, sondern bedingen eine Weiterführung des Dienstverhältnisses bis zu dessen ordnungsgemäßer Beendigung (entweder durch Zeitablauf bei befristeten Verträgen oder durch Kündigung unter Einhaltung von Kündigungsfristen). In diesem Fall erhält der Geschäftsführer bis zum Ende des Dienstverhältnisses Gehalt, ohne weiter für die Gesellschaft tätig zu sein. Das kann insbesondere bei befristeten Dienstverträgen teuer werden, denn dann ist eine ordentliche Kündigung des Dienstverhältnisses regelmäßig nicht zulässig. Der Geschäftsführer erhält in diesem Fall bis zum Ende der Vertragslaufzeit Gehalt, ohne arbeiten zu müssen.
Umstritten ist, unter welchen Voraussetzungen der Geschäftsführer im Falle seiner Abberufung bei fortbestehendem Dienstverhältnis auch zu Tätigkeiten unterhalb der Geschäftsführungsebene verpflichtet werden kann. Nach einer Ansicht[54] ist der Geschäftsführer nach seiner Abberufung stets verpflichtet, Tätigkeiten unterhalb der Geschäftsführungsebene zu übernehmen, nach anderer Ansicht[55] nur, wenn der Geschäftsführer seine Abberufung durch erhebliche Leistungsdefizite oder Pflichtverletzungen selbst verursacht hat.

---

53  BSG, Urteile vom 14.03.2018, Az. B 12 KR 13/17 R und B 12 R 5/16 R.
54  Für sie: Baumbach/Hueck/*Zöllner/Noack* §35 Rn.212.
55  Für sie: MüKoGmbHG/*Jaeger* §35 Rn.397.

**Tipp** !

Gesellschaften sollten versuchen, in Dienstverträgen mit Geschäftsführern eine Klausel durchzusetzen, wonach das Organmitglied im Falle einer vorzeitigen Abberufung auch zu Tätigkeiten unterhalb der Geschäftsführungsebene verpflichtet werden kann.

**Tipp** !

Nach überwiegender Ansicht[56] kann in Geschäftsführerdienstverträgen eine »Koppelungsklausel« vereinbart werden. Eine solche Klausel sieht vor, dass mit wirksamer Abberufung gleichzeitig auch automatisch das Dienstverhältnis endet. Eine Abberufung ist bei einer GmbH bereits durch bloßen Mehrheitsbeschluss der Gesellschafterversammlung möglich, deswegen kann der Dienstvertrag mit einer solchen Koppelungsklausel leicht beendet werden. – Eine solche Koppelungsklausel ist für die Gesellschaft sehr vorteilhaft, für Geschäftsführer sehr nachteilig.

Auch im Gesellschaftsvertrag ausdrücklich bestellte GmbH-Gesellschafter-Geschäftsführer sind grundsätzlich frei abberufbar, die freie Abberufbarkeit kann jedoch in dem Gesellschaftsvertrag ausgeschlossen werden.[57]

**Achtung** !

Eine Regelung, welche die freie Abberufbarkeit des GmbH-Geschäftsführers zulässt oder nicht zulässt, hat Sinn, wenn Gesellschafter zu Geschäftsführern bestellt werden. Bei einer Fremdgeschäftsführung durch Nicht-Gesellschafter ist eine derartige Regelung aber verfehlt. Eine auf Gesellschafter-Geschäftsführer ausgelegte GmbH-Satzung sollte daher bei einem Wechsel zur Fremdgeschäftsführung angepasst werden.

**Tipp** !

Gerade in inhabergeführten Gesellschaften, in denen (alle) Gesellschafter auch Geschäftsführer und im Tagesgeschäft der Gesellschaft tätig sind, sollte die freie Abberufbarkeit unbedingt ausgeschlossen werden. Dies ist beispielsweise regelmäßig bei Freiberufler-GmbHs der Fall. Derartige Gesellschaften erwirtschaften regelmäßig kaum Gewinn, weil die wirtschaftlichen Erträge über die Geschäftsführer-Gehälter abgeschöpft werden. Die Abberufung als Geschäftsführer käme dann wirtschaftlich dem Ausschluss als Gesellschafter gleich.

Auch die freie Abberufungsmöglichkeit von mit Entsendungsrechten bestellten Geschäftsführern ohne Angabe von Gründen kann zur Unterwanderung dieser Rechte führen. Das kann vermieden werden, wenn der Gesellschaftsvertrag vorsieht, dass aufgrund von Entsendungsrechten bestellte Geschäftsführer nur aus wichtigen

---

56 Für sie: Baumbach/Hueck/*Zöllner/Noack* §35 Rn.211.
57 Vgl. Baumbach/Hueck/*Zöllner/Noack* §38 Rn.3 ff.

Gründen abberufen werden dürfen oder dass für den Abberufungsbeschluss eine Mehrheit erforderlich ist, die den Mehrheitsgesellschaftern eine missbräuchliche Abberufung unmöglich macht.

Nicht ausgeschlossen werden kann das Recht zur Abberufung eines Geschäftsführers aus wichtigem Grund. Die Rechtsprechung sieht grobe Pflichtverletzungen oder die Unfähigkeit zur weiteren Geschäftsführung als solche wichtigen Gründe an. Im Gesellschaftsvertrag können die Gesellschafter weitere wichtige Gründe festlegen. Es empfiehlt sich, zumindest eine Präzisierung des unscharfen rechtlichen Begriffs der »wichtigen Gründe« durch eine beispielhafte Aufzählung vorzunehmen. Diese Aufzählung sollte mit der Feststellung verbunden werden, dass ähnlich schwerwiegende Gründe ebenfalls zur Abberufung führen. Umgekehrt kann die Satzung auch vorsehen, dass bestimmte Gründe gerade nicht »wichtige Gründe« darstellen und insoweit nicht zur Abberufung berechtigen.

In inhabergeführten Gesellschaften liegt ein äußerst praxisrelevanter wichtiger Grund für die Abberufung der betreffenden Gesellschafter-Geschäftsführer stets vor, wenn zwischen den jeweiligen Gesellschafter-Geschäftsführern ein unheilbares Zerwürfnis besteht und sie untereinander so zerstritten sind, dass eine Zusammenarbeit nicht mehr möglich ist: In einem solchen Fall kann jeder von ihnen jedenfalls dann abberufen werden, wenn er durch sein – nicht notwendigerweise schuldhaftes – Verhalten zu dem Zerwürfnis beigetragen hat. Haben alle Gesellschafter-Geschäftsführer das Zerwürfnis mit zu verantworten, können alle als Geschäftsführer abberufen werden.[58]

Soweit die Satzung der Gesellschaft nichts anderes regelt, erfolgt die Abberufung eines GmbH-Geschäftsführers durch die Gesellschafterversammlung.

**!**  **Tipp**

Schwierigkeiten ergeben sich regelmäßig, wenn die Minderheit einen von der Mehrheit bestellten Geschäftsführer aus wichtigem Grund abberufen will.
Die Schwierigkeiten beginnen in diesem Fall bereits bei der Einberufung einer Gesellschafterversammlung. Diese wird nämlich, soweit nichts anderes geregelt ist, durch einen Geschäftsführer einberufen. Erst wenn der Geschäftsführer (was im Falle seiner eigenen Abberufung der Regelfall sein wird) sich nachhaltig zur Einberufung einer Gesellschafterversammlung weigert, können auch Minderheitsgesellschafter die Einberufung vornehmen, aber nur, wenn sie zusammen mehr als 10% der Anteile halten. Wenn Sie Minderheitsgesellschafter sind, sollten Sie deshalb stets darauf achten, dass in die Satzung eine ausdrückliche Regelung mit

---

58   BGH, Beschluss vom 12.01.2009, Az. II ZR 27/08.

aufgenommen wird, die auch die Gesellschafter zur Einberufung einer Gesellschafterversammlung berechtigt. Solche Regelungen haben allerdings den Nachteil, dass miteinander nicht abgestimmte oder gar streitende Gesellschafter relativ zeitgleich mehrere Gesellschafterversammlungen mit vielleicht ähnlichen oder einander widersprechenden Tagesordnungen einberufen können, welche alle abgehalten werden müssen.

**Achtung** !

Die Geschäftsführerbestellung wirkt grundsätzlich unbefristet. Wer nur eine befristete Geschäftsführerbestellung wünscht, muss die Dauer der Bestellung im Gesellschaftsvertrag oder im Bestellungsbeschluss definieren! Notieren Sie sich vertraglich definierte Fristen, um diese nicht zu übersehen und für die Neubestellung von Geschäftsführern notwendige Maßnahmen rechtzeitig treffen zu können.

**Achtung** !

Es gibt kein gesetzliches Anhörungsrecht von Geschäftsführern im Zusammenhang mit ihrer Abberufung. Wenn Sie Rechtfertigungsmöglichkeiten für Geschäftsführer vor der Entscheidung über ihre Abberufung vorsehen wollen, müssen Sie dies gesellschaftsvertraglich regeln!

**Abberufung in der AG:** Die Abberufung von Vorstandsmitgliedern einer AG erfolgt durch den Aufsichtsrat. Sie ist zwar ebenfalls jederzeit, aber im Unterschied zur Abberufung von GmbH-Geschäftsführern immer nur bei Vorliegen wichtiger Gründe zulässig. Wichtige Gründe im Sinne des §84 Abs. 3 AktG sind ausschließlich:

- Unfähigkeit zur weiteren Geschäftsführung;
- grobe Pflichtverletzungen;
- Entziehung des Vertrauens durch die Hauptversammlung (soweit dies nicht offensichtlich aus unsachlichen Gründen erfolgt).

Diese Abberufungsgründe können in der Satzung weder erweitert noch eingeschränkt werden.

Das Gesetz sieht vor, dass Vorstandsmitglieder für eine Funktionsperiode von fünf Jahren bestellt werden. Satzung und Bestellungsbeschluss können aber auch kürzere Funktionsperioden vorsehen. Längere Funktionsperioden sind hingegen unzulässig. Die Bestelldauer in der betroffenen Satzungsbestimmung beziehungsweise im betroffenen Bestellungsbeschluss ist in einem solchen Fall auf die gesetzlich zulässige Höchstdauer von fünf Jahren umzudeuten.

**Abberufung aus wichtigem Grund – Rechtsschutz gegen eine rechtswidrige Abberufung:** Eine Abberufung aus wichtigem Grund wirkt sowohl gegen den

GmbH-Geschäftsführer als auch gegen das Vorstandsmitglied einer AG mit Erklärung gegenüber dem Geschäftsführer/Vorstandsmitglied. Sollte der AG-Vorstand der Meinung sein, dass ein wichtiger Grund nicht vorliegt, kann er dies durch Klage feststellen lassen (§ 245 Nr. 4 AktG). Demgegenüber können GmbH-Geschäftsführer sich gegen ihre Abberufung nicht zur Wehr setzen, sie müssen Abberufungsbeschlüsse hinnehmen. Gegen die Abberufung eines GmbH-Geschäftsführers können sich nur die GmbH-Gesellschafter durch Erhebung einer Anfechtungsklage gegen den Abberufungsbeschluss zur Wehr setzen.[59]

Die Erhebung einer Klage ändert aber nichts daran, dass der Geschäftsführer (das Vorstandsmitglied) von seiner Organfunktion vorerst abberufen ist. Es ist auch nicht möglich, die Abberufung durch einstweilige Verfügung außer Vollzug zu setzen.[60] Ergibt das Klageverfahren, dass kein wichtiger Grund vorlag, ist die Abberufung unwirksam. Der Geschäftsführer (das Vorstandsmitglied) erhält seine Organfunktion nach Rechtskraft des Urteils zurück. Oft ist bei Vorstandsmitgliedern bis dahin die vereinbarte Dauer ihrer Organfunktion ohnehin bereits abgelaufen, sodass dem Urteil dann keine rechtliche Bedeutung mehr zukommt. Insofern schafft ein gefasster Abberufungsbeschluss Fakten, die auf dem Rechtswege nur sehr schwer wieder wirksam zu beseitigen sind.

**! Achtung**

Ebenso wie GmbH-Geschäftsführer verlieren auch Vorstandsmitglieder mit der Abberufung nur ihre Organstellung (das heißt die Befugnis, die Geschäfte der Gesellschaft zu führen und diese zu vertreten). Im Übrigen bleiben ihre Ansprüche aus dem Dienstvertrag erhalten. Insoweit verweisen wir auf die obigen Ausführungen zu GmbH-Geschäftsführern.
Auch bei Vorstandsmitgliedern ist umstritten, unter welchen Voraussetzungen sie im Falle seiner Abberufung bei fortbestehendem Dienstverhältnis zu Tätigkeiten unterhalb der Geschäftsführungsebene verpflichtet werden können. Nach einer Ansicht soll dies nur dann der Fall sein, wenn das Vorstandsmitglied seine Abberufung durch erhebliche Leistungsdefizite oder Pflichtverletzungen selbst verursacht hat, nach anderer Ansicht soll ein Vorstandsmitglied jedoch nie zu einer Tätigkeit unterhalb der Geschäftsführungsebene verpflichtet sein.[61]

**! Tipp**

In Vorstandsdienstverträgen können Klauseln vereinbart werden, wonach das Organmitglied im Falle einer vorzeitigen Abberufung auch zu Tätigkeiten unterhalb der Geschäftsführungsebene verpflichtet werden kann.

---

59 Vgl. Baumbach/Hueck/*Zöllner/Noack* Anh. § 47 Rn. 140.
60 Vgl. MüKoAktG/*Spindler* § 84 Rn. 141.
61 Zum Meinungsstand: MüKoAktG/*Spindler* § 84 Rn. 191.

**Tipp**

Auch bei Vorstandsdienstverträgen sind Koppelungsklauseln zulässig, wonach mit wirksamer Abberufung gleichzeitig automatisch das Dienstverhältnis endet.[62] Die vorzeitige Abberufung des Vorstandsmitglieds einer AG ist zwar nur aus wichtigem Grund zulässig, allerdings liegt ein solcher bereits vor, wenn die Hauptversammlung dem Vorstandsmitglied aufgrund sachlicher Gründe das Vertrauen entzieht (§ 84 Abs. 3 AktG). Eine solche Koppelungsklausel ist für die Gesellschaft sehr vorteilhaft, für Vorstandsmitglieder nachteilig.

**Entziehung der Geschäftsführungsbefugnis bei Personengesellschaften:** Soweit nichts anderes geregelt ist, ist bei Personengesellschaften jeder Gesellschafter zur Geschäftsführung berechtigt (Ausnahme: Kommanditisten). Bei Vorliegen eines wichtigen Grundes (insbesondere bei grober Pflichtverletzung oder Unfähigkeit zur ordnungsgemäßen Geschäftsführung) kann einem Gesellschafter die Geschäftsführungsbefugnis entzogen werden. Bei einer GbR erfolgt die Entziehung durch Gesellschafterbeschluss der übrigen Gesellschafter, der betroffene Gesellschafter muss dann gegen die zunächst wirksame Entziehung klagen (§ 712 Abs. 1 BGB).[63] Bei allen anderen Personengesellschaftsformen erfolgt die Entziehung der Geschäftsführungsbefugnis erst durch Rechtskraft eines Urteils, welches von allen übrigen Gesellschaftern aufgrund einer von ihnen erhobenen Klage erwirkt wurde (§ 117 HGB).

**Tipp**

Bei Personengesellschaften kann die Art und Weise, wie die Geschäftsführungsbefugnis entzogen wird, gesellschaftsvertraglich geregelt werden. Insbesondere bei GbRs besteht Gestaltungsbedarf. Die gesetzliche Grundkonzeption ist nicht sachgerecht: Demnach kann einem Gesellschafter die Vertretungsbefugnis entzogen werden, indem ihm ein von allen anderen Gesellschaftern unterzeichneter Gesellschafterbeschluss über seine Abberufung zugestellt wird. Für den betroffenen Gesellschafter kann dies sehr überraschend sein, da er vor der Beschlussfassung nicht einmal angehört werden muss. Die Abberufung ist zunächst wirksam. Meint der betroffene Gesellschafter, eine Abberufung sei unzulässig, weil kein wichtiger Grund vorliegt, muss er (soweit im Gesellschaftsvertrag nichts anderes geregelt ist) Klage gegen alle anderen Gesellschafter erheben. Unterliegt er mit seiner Klage, muss er nicht nur seine eigenen Anwaltskosten und die Gerichtskosten tragen, sondern die Anwaltskosten jedes einzelnen Mitgesellschafters. Eine derartige Klage ist daher mit einem erheblichen Kostenrisiko verbunden. Gerade in Grenzfällen, in denen ein »sachlicher Grund« für eine Abberufung vorliegt, sich aber die Frage

---

62  MüKoAktG/*Spindler* § 84 Rn. 193.
63  MüKoBGB/*Schäfer* § 712 Rn. ff.; a. A. (nur Entziehung der gesellschaftsvertraglich nach § 710 BGB eingeräumten Geschäftsführungs- und Vertretungsbefugnis möglich), *Lutz*, Der Gesellschafterstreit, Rn. 138 ff.

stellt, ob dieser auch als »wichtiger Grund« zu qualifizieren ist, kann das Prozessrisiko einen finanzschwächeren Gesellschafter von einer Klageerhebung und daher
von einer effektiven Verteidigung seiner Rechte abhalten.

Insofern sollten Sie bei GbRs stets gesellschaftsvertraglich regeln, dass (a), sofern
nicht alle Gesellschafter im Einzelfall auf dieses Erfordernis ausdrücklich verzichten,
eine Beschlussfassung nur im Rahmen von Gesellschafterversammlungen möglich
ist, und (b) Klagen gegen die Wirksamkeit von Gesellschafterbeschlüssen nicht
gegen alle Gesellschafter zu richten sind, sondern gegen die Gesellschaft selbst.

## 4.1.8.13 Entsendungs- und Vorschlagsrechte

Entsendungs- und Vorschlagsrechte sichern den Einfluss von Minderheitsgesellschaftern auf die Geschäftsführung der Gesellschaft. In der AG können Entsendungsrechte in den Aufsichtsrat vorgesehen werden. In der GmbH können Ent-
sendungs- und Vorschlagsrechte in die Geschäftsführung vorgesehen werden.
Bei Personengesellschaften stellt sich die Problematik nicht. Hier sind – soweit
nicht etwas anderes geregelt ist – alle Gesellschafter geschäftsführungsberech-
tigt, Nicht-Gesellschafter können nicht zu Geschäftsführern bestellt werden.

**!** **Achtung**

Minderheitsgesellschafter einer GmbH unterliegen grundsätzlich keinem gesetzlichen Wettbewerbsverbot (vgl. Kapitel 4.1.8.24.1). Etwas anderes kann gelten, wenn
Sie durch Entsendungs- oder Vorschlagsrechte in der Lage sind, die Einsetzung eines Geschäftsführers durchzusetzen. Die Gewährung entsprechender Entsendungs-
und Vorschlagsrechte kann also durch die Hintertür ein gesetzliches Wettbewerbsverbot begründen. Als Minderheitsgesellschafter sollte man im Einzelfall abwägen,
ob Entsendungs- und Vorschlagsrechte oder Wettbewerbsfreiheit wichtiger sind.

Zur Vermeidung von Unklarheiten sollten Sie Sonderrechte für jene Gesellschafter, denen sie zukommen, einzeln und getrennt von den Sonderrechten
anderer Gesellschafter anführen. Regeln Sie dabei immer auch, ob Entsen-
dungs- und Vorschlagsrechte nur dem konkreten Gesellschafter oder auch
seinen Rechtsnachfolgern (zum Beispiel verursacht durch Unternehmensverkauf oder Erbfolge) zustehen sollen. Im erstgenannten Fall ist das Recht an die
Person zu binden, im zweitgenannten Fall an den konkreten Geschäftsanteil
beziehungsweise an die konkrete Aktie. Meist ist bei der Gestaltung des Gesellschaftsvertrages noch nicht abzusehen, welche Personen konkret einem
bestimmten Gesellschafter nachfolgen werden. Der Interessenlage der nicht
entsendungs- und vorschlagsberechtigten Gesellschafter entspricht regelmäßig, einen Übergang von Entsendungs- und Vorschlagsrechten auf Rechtsnachfolger auszuschließen. Geht ein entsprechendes Recht dagegen auf den
Rechtsnachfolger über, erhöht dies den Wert des Geschäftsanteils des Ent-

sende- beziehungsweise Vorschlagsberechtigten. Dieser wird daher stets ein Interesse daran haben, dass das Recht auch seinem Rechtsnachfolger zusteht.

---

**Achtung** !

Bei **AGs** kann den jeweiligen Inhabern bestimmter Aktien das Recht zur Entsendung von Mitgliedern in den Aufsichtsrat nur eingeräumt werden, wenn diese Aktien vinkuliert sind (die Übertragung der Aktien also an die vorangegangene Zustimmung der AG gebunden ist; vgl. Kapitel 4.1.8.14). Ferner kann einem namentlich in der Satzung genannten Aktionär ein Entsendungsrecht eingeräumt werden. Dies ist auch dann möglich, wenn die von ihm gehaltenen Aktien nicht vinkuliert sind. Hintergrund dieser Unterscheidung ist, dass in dem letztgenannten Fall das Entsendungsrecht an den Berechtigten persönlich gebunden ist und nicht auf Dritte übertragen werden kann.

Im **GmbH**-Recht kann das Entsendungsrecht ebenfalls entweder einem bestimmten Gesellschafter persönlich oder dem jeweiligen Inhaber bestimmter Geschäftsanteile zugebilligt werden. Anders als im Aktienrecht müssen diese Geschäftsanteile aber nicht vinkuliert sein. Es besteht dann die konkrete Gefahr, dass ein Minderheitsgesellschafter seinen Geschäftsanteil auf einen dem Mehrheitsgesellschafter nicht genehmen Erwerber überträgt, das Entsendungsrecht auf den Erwerber übergeht und der Erwerber einen Geschäftsführer entsendet, der nicht den Vorstellungen des Mehrheitsgesellschafters entspricht. Aus Sicht des Mehrheitsgesellschafters sollte eine solche Situation durch entsprechende Gestaltung des Gesellschaftsvertrages verhindert werden.

---

### 4.1.8.13.1 Inhaltliche Ausgestaltung

**Entsendungsrecht** ist das Recht eines Gesellschafters, eine von ihm bestimmte Person in ein bestimmtes Organ zu entsenden (Geschäftsführung, Aufsichtsrat, Beirat). Es wird durch einseitige Willenserklärung ausgeübt. Die Entsendung wird wirksam, sobald die Entsendungserklärung der Gesellschaft zugeht und der Entsandte seiner Bestellung zustimmt. Eine Zustimmung der Gesellschaft (zum Beispiel durch Beschlussfassung der Gesellschafterversammlung) ist nicht notwendig. Der entsendungsberechtigte Gesellschafter kann also seine »Wunschkandidaten« für Organfunktionen ohne besondere Mitwirkung der übrigen Gesellschafter berufen.[64]

**Vorschlagsrecht** ist das Recht eines Gesellschafters, Kandidaten für bestimmte Organfunktionen zu benennen. Vorschlagsrechte gibt es nur bei GmbHs. Die Entsendung dieser Kandidaten in die Organfunktion selbst bedarf

---

64  Vgl. Baumbach/Hueck/*Fastrich* § 6 Rn. 30 f.

noch eines Gesellschafterbeschlusses. Während ein Entsendungsberechtigter seinen Wunschkandidaten ohne weitere Mithilfe seiner Mitgesellschafter zum Organmitglied bestellen kann, benötigt der bloß Vorschlagsberechtigte dafür die Mitwirkung seiner Mitgesellschafter. Um Rechtsunsicherheit zu vermeiden und das Vorschlagsrecht effektiv durchsetzen zu können, sollte in dem Gesellschaftsvertrag Folgendes geregelt werden:

- Verpflichtung der übrigen Gesellschafter, für die Bestellung des vorgeschlagenen Kandidaten zu stimmen;
- Berechtigung der übrigen Gesellschafter, den vorgeschlagenen Kandidaten abzulehnen, besteht nur bei Vorliegen eines wichtigen (Variante: sachlichen) Grundes, verbunden mit dem Recht des Vorschlagsberechtigten, im Ablehnungsfall weitere Kandidaten vorzuschlagen. Zur Vermeidung dauernder Verzögerungen kann eine Höchstzahl an »ablehnbaren« Kandidaten vereinbart werden.[65] Dies bedeutet, dass schließlich jener Kandidat zu wählen ist, welcher vom Vorschlagsberechtigten nominiert wird, nachdem davor die vereinbarte Höchstzahl an Kandidaten abgelehnt wurde. Der Berechtigte kann sein Vorschlagsrecht notfalls gerichtlich durchsetzen.

Eine derartige Regelung schützt einerseits die Gesellschaft vor der Bestellung ungeeigneter Organmitglieder und andererseits den Vorschlagsberechtigten vor der Unterwanderung seines Rechts durch (wiederholte) unbegründete Ablehnung seiner Kandidaten.

**!** **Tipp**

Es macht einen Unterschied, ob der von Ihnen entsandte Geschäftsführer einzelvertretungsberechtigt ist oder für jede Handlung die Zustimmung eines anderen Geschäftsführers (oder Prokuristen) benötigt, der unter Einfluss Ihres gesellschaftsinternen Gegenspielers handelt. Soweit es sich um ein Entsendungs- beziehungsweise Vorschlagsrecht für eine Geschäftsführungsposition handelt, sollte im Zusammenhang mit der Vereinbarung des Entsendungs- oder Vorschlagsrechts auch die (gemeinsame oder Einzel-)Vertretungsbefugnis dieser Geschäftsführerposition geregelt werden.

Sinnvollerweise ergänzt man ein Entsendungs- beziehungsweise Vorschlagsrecht für eine Geschäftsführungsposition um eine gesellschaftsvertraglich geregelte Höchstanzahl von Geschäftsführern, denn der Mehrheitsgesellschafter könnte durch Bestellung allzu vieler Geschäftsführer und mit einer Ressortaufteilung den von Ihnen entsandten (vorgeschlagenen) Geschäftsführer inhaltlich degradieren – zum Beispiel, dass er nur mehr für die Ausstattung des Bürogebäudes zuständig ist. Wichtig ist in diesem Zusammenhang auch, dass der jeweilige Entsendungsberechtigte jederzeit und ohne Vorliegen eines wichtigen Grundes berechtigt ist, das von ihm entsandte Organmitglied wieder abzuberufen und ein anderes zu entsenden.

---

65  Vgl. hierzu Baumbach/Hueck/*Zöllner/Noack* §35 Rn.7, §46 Rn.34 und §47 Rn.112.

## 4.1.8.13.2 Empfohlene Form

Entsendungsrechte können wirksam nur im Gesellschaftsvertrag vereinbart werden. Vorschlagsrechte können sowohl im Gesellschaftsvertrag als auch in Nebenvereinbarungen geregelt werden. Am wirkungsvollsten durchsetzbar ist eine Regelung in der Satzung.

Häufig verpflichten sich aber nicht alle, sondern nur einige der Gesellschafter in Stimmrechtspoolvereinbarungen zueinander, bei der Beschlussfassung über die Bestellung für den Vorschlag eines bestimmten Gesellschafters zu stimmen (zum Beispiel, wenn sich zwei Gesellschafter mit gemeinsam mehr als 50 % der Stimmrechte verabreden, dass sie bei der Wahl von Aufsichtsratsmitgliedern jeweils den Kandidaten des anderen Gesellschafters wählen werden). Die Bildung eines Stimmrechtspools durch nur einige Gesellschafter ist sinnvoll, wenn entweder nicht alle Gesellschafter einem in der Satzung geregelten Entsendungs- und Vorschlagsrecht zustimmen, oder wenn ein aufgrund eines Stimmrechtspools vereinbartes Vorschlagsrecht gegenüber den nicht beteiligten Gesellschaftern verheimlicht werden soll.

Stimmrechtspoolvereinbarungen unterliegen keinen besonderen Formvorschriften. Auch wenn gerade die Besetzung von Organfunktionen oft atmosphärisch geschickt verpackt (zum Beispiel bei gemeinsamen Abendessen) leichter fällt, sollten Sie aber keinesfalls darauf verzichten, die Ergebnisse schriftlich zu vereinbaren (vgl. Beispiel »Entsendungsrechte« in Kapitel 4.1.8.13.2). Das gilt insbesondere für – nicht auf einmalige Ausübung – ausgelegte Entsendungs- und Vorschlagsrechte. Beachten Sie, dass der Abschluss von Stimmrechtspoolvereinbarungen umfangreiche (auf den ersten Blick ungeahnte) Rechtsfolgen nach sich ziehen kann (vgl. Kapitel 4.2).

**Beispiel: Entsendungsrechte**  !

Gesellschafter der T-AG sind S-AG (85 %), N (5 %) und mehrere Kleinaktionäre (gemeinsam 10 %). N vereinbart mit V, dem Vorstandsvorsitzenden der S-AG, dass N ein Entsendungsrecht in den Aufsichtsrat der T-AG zukommen solle. Von einer schriftlichen Fixierung dieser Vereinbarung sehen N und V ab, da sie langjährige Freunde sind und einander »Handschlagqualität« bescheinigen.
Einige Jahre danach wird über das Vermögen der S-AG ein Insolvenzverfahren eröffnet. Die Entscheidungen in der S-AG trifft nun deren Insolvenzverwalter. Bei der nächsten Hauptversammlung der T-AG verweist N auf sein Entsendungsrecht und versucht, seinen Kandidaten in den Aufsichtsrat der T-AG zu entsenden. Der Insolvenzverwalter verweigert die Bestellung des von N vorgeschlagenen Kandidaten mit dem Hinweis, dass ihm von einem Entsendungsrecht des N nichts bekannt sei. Beim Versuch, sein Entsendungsrecht gerichtlich durchzusetzen, scheitert N am

Richter, der den Beteuerungen des N und der Zeugenaussage des – für den Richter offenbar unglaubwürdigen – V keinen Glauben schenkt und wegen der nicht einge- haltenen Formvorschrift auch gar nicht anders entscheiden darf.

### 4.1.8.14 Vinkulierung (Beschränkung der freien Übertragbarkeit von Geschäftsanteilen)

Die Übertragung einer Beteiligung an einer Personengesellschaft ist grundsätz- lich nur mit Zustimmung sämtlicher Mitgesellschafter möglich. Dagegen kann ein Gesellschafter seine Beteiligung an einer GmbH oder an einer AG grund- sätzlich frei an Dritte übertragen. Im Gesellschaftsvertrag einer GmbH oder in der Satzung einer AG kann von diesen Grundsätzen abgewichen werden:

Durch Vinkulierungsklauseln können Gesellschafter die Übertragung von Gesellschaftsanteilen an die Zustimmung eines Gesellschaftsorgans binden. Dadurch sollen einerseits bestimmte Personen an die Gesellschaft gebunden werden. Andererseits sollen Personen, die der Gesellschaft nicht genehm sind, von dieser ferngehalten werden. Solche Personen sollen weder Eigentum an den Anteilen der geschützten Gesellschaft erwerben, noch über das Schicksal der Gesellschaft mitentscheiden können. Derartige Regelungen sind vor allem in Gesellschaften zweckmäßig, bei denen die Gesellschafter ein hohes Maß an persönlicher Bindung an die Gesellschaft aufweisen, beziehungsweise deren Funktionieren in hohem Maß von einer vertrauensvollen Zusammenarbeit der Gesellschafter abhängig ist. Häufig ist in Satzungen geregelt, dass die Vinku- lierung dann nicht gelten soll, wenn an Mitgesellschafter oder Familienmit- glieder übertragen wird.

Ohne Weiteres zulässig sind Vinkulierungsvereinbarungen für GmbH-Anteile (§ 15 Abs. 5 GmbHG). Bei AGs können nur Namensaktien vinkuliert werden (§ 68 Abs. 2 S. 1 AktG). Namensaktien weisen eine bestimmte Person als Be- rechtigten auf. Der Berechtigte wird in das von der Gesellschaft geführte Aktienregister eingetragen. Namensaktien kommen regelmäßig bei AGs ohne Börsennotierung mit kleinerem Gesellschafterkreis zum Einsatz. – Demgegen- über kann die Satzung auch vorsehen, dass Aktien nicht als Namensaktien, sondern als Inhaberaktien ausgegeben werden. Inhaberaktien können nicht vinkuliert werden. Berechtigte von Inhaberaktien werden nicht im Aktien- register eingetragen. Inhaberaktien sind leichter übertragbar. Bei börsen- notierten Gesellschaften werden regelmäßig Inhaberaktien ausgegeben.

Dabei ist allerdings zu beachten, dass nur im Gesellschaftsvertrag bezie- hungsweise in der Satzung vereinbarte Vinkulierungsklauseln absolut wirken (also auch gegenüber Dritten). Dies selbst dann, wenn der Dritte von der Anteilsvinkulierung nichts weiß und die Anteilsübertragung mit dem übertragenden Gesellschafter im Vertrauen auf ihre Rechtswirksamkeit vereinbart und durchführt. Eine im Gesellschaftsvertrag beziehungsweise in der Satzung enthaltene Vinkulierung verhindert also jede vereinbarungswidrige Anteilsübertragung. Entgegen einer solchen Vinkulierung vorgenommene Anteilsübertragungen bleiben bis zum Vorliegen aller laut Vinkulierungsvereinbarung notwendigen Bedingungen schwebend unwirksam.

**Achtung** !

Beim Kauf von Geschäftsanteilen an einer Gesellschaft sollten Sie daher immer überprüfen, ob diese nicht gesellschaftsvertraglich vinkuliert sind. Falls die ins Auge gefassten Gesellschaftsanteile vinkuliert sind, sollten Sie auf Vorliegen aller notwendigen Zustimmungserklärungen zur Anteilsabtretung noch vor Unterzeichnung des Abtretungsvertrages bestehen. Nur so können Sie sicherstellen, dass Sie die Gesellschaftsanteile auch tatsächlich rechtswirksam erwerben können.
Die Kontrolle der freien Übertragbarkeit der Geschäftsanteile (beziehungsweise eine genaue Bestandserhebung der zu erfüllenden Bedingungen bei Vorliegen vinkulierter Anteile) sollte daher fixer Bestandteil jeder Due Diligence sein.

Außerhalb des Gesellschaftsvertrages (zum Beispiel in einer Nebenvereinbarung) vereinbarte Vinkulierungen wirken bloß relativ. Die Übertragung der vinkulierten Anteile erfolgt in diesem Fall grundsätzlich rechtswirksam, auch wenn sie vereinbarungswidrig vorgenommen wurde. Die in einer Nebenvereinbarung vorgenommene Vinkulierung verhindert also das Eindringen neuer Gesellschafter in die Gesellschaft nicht. Ein Verstoß gegen sie führt bloß zu Schadenersatzpflichten des vertragsbrüchigen Gesellschafters, die in der Praxis wegen der schwierigen Schadensberechnung kaum durchsetzbar sind. Wer das Eindringen neuer Gesellschafter in die Gesellschaft effektiv verhindern will, muss die Anteilsvinkulierung in der Satzung selbst vereinbaren.

**Tipp** !

Üblicherweise wird bei der Anteilsvinkulierung die Anteilsveräußerung an die Zustimmung der Gesellschaft gebunden. In diesem Falle muss bei der AG der Vorstand zustimmen, bei der GmbH der Geschäftsführer. Letzterer muss aber zuvor die Zustimmung der Gesellschafterversammlung einholen. Die Satzung kann auch vorsehen, dass andere Organe oder Personen über die Zulässigkeit der Übertragung entscheiden, beispielsweise bei der AG der Aufsichtsrat oder die Hauptversammlung oder bei der GmbH die Gesellschafterversammlung.
Obliegt die Zustimmung der Gesellschafterversammlung, kann diese mit Mehrheitsbeschluss entscheiden. Nachdem der übertragungswillige Gesellschafter (also jener, dessen Anteile veräußert werden sollen) bei der Beschlussfassung über die Zustim-

mung zur Veräußerung grundsätzlich stimmberechtigt ist, haben Minderheitsgesellschafter praktisch wenig oder keinen Einfluss auf die (Nicht-)Erteilung dieser Zustimmung. Als Mehrheitsgesellschafter wird man daher regelmäßig versuchen, die Übertragung von der Zustimmung der Gesellschafterversammlung abhängig zu machen.

Ist dagegen geregelt, dass die Anteilsveräußerung von der Zustimmung der anderen Gesellschafter abhängt, muss der veräußerungswillige Gesellschafter die Zustimmung aller übrigen Gesellschafter einholen. In diesem Fall kann selbst der (zum Beispiel) 1%-Gesellschafter (Aktionär) die Veräußerung verhindern. Als Minderheitsgesellschafter wird man daher meist versuchen, eine an die Zustimmung der Gesellschafter gebundene Anteilsvinkulierung zu vereinbaren.

Besondere Umsicht gilt bei der Vinkulierung von Anteilen, wenn der Anteilsinhaber selbst eine Gesellschaft (Zwischenholding) ist. Denn ob und inwiefern in derartigen Strukturen eine im Gesellschaftsvertrag der Tochtergesellschaft vorgenommene Anteilsvinkulierung für die Anteile an der Muttergesellschaft wirkt, ist umstritten (zur relativen Wirkung vgl. Kapitel 4.2.4). Werden nun die Anteile an der Zwischenholding auf Dritte übertragen, bedeutet dies streng formaljuristisch keinen Verstoß gegen die Vinkulierung im Gesellschaftsvertrag der Tochtergesellschaft. Denn formell betrachtet werden keine Anteile an der Tochtergesellschaft übertragen. Bei wirtschaftlicher Betrachtungsweise kann aber die Übertragung von Anteilen an der Zwischenholding der Übertragung von Anteilen an der Tochtergesellschaft selbst entsprechen. Insofern kann in solchen Strukturen die Vinkulierungsvereinbarung bei der Tochtergesellschaft leicht umgangen werden (vgl. die folgende Abbildung 8).

Wer Gesellschaftsanteile in Holding-Strukturen wirksam vinkulieren will, sollte daher beachten:

- Die Vinkulierungsvereinbarung in dem Gesellschaftsvertrag der Tochtergesellschaft soll auch dann gelten, wenn nicht Anteile an der Tochtergesellschaft, sondern auch Anteile an einer hierarchisch übergeordneten Gesellschaft (Zwischenholding) übertragen werden.
- Um eine absolut wirkende Vinkulierung konzernweit zu erreichen, müsste diese Vinkulierung in den Gesellschaftsverträgen aller in der Abbildung 8 der D-Tunnel Projekt GmbH hierarchisch übergeordneter Gesellschaften enthalten sein und der C Bautechnik GmbH Kleinstanteile an der A Tiefbau GmbH eingeräumt werden. (In der Praxis wird die A Tiefbau GmbH sich dagegen verwehren.)

In vielen Fällen ist die Forderung nach einer Vinkulierung in den Gesellschaftsverträgen hierarchisch übergeordneter Gesellschaften undurchsetzbar. Beispielsweise werden kleine Partner in Projektgesellschaften keine Vinkulierung des erheblich größeren und an einer Vielzahl anderer Projektgesellschaften

**1. Vor Verkauf von Aktien der A Tiefbau AG**

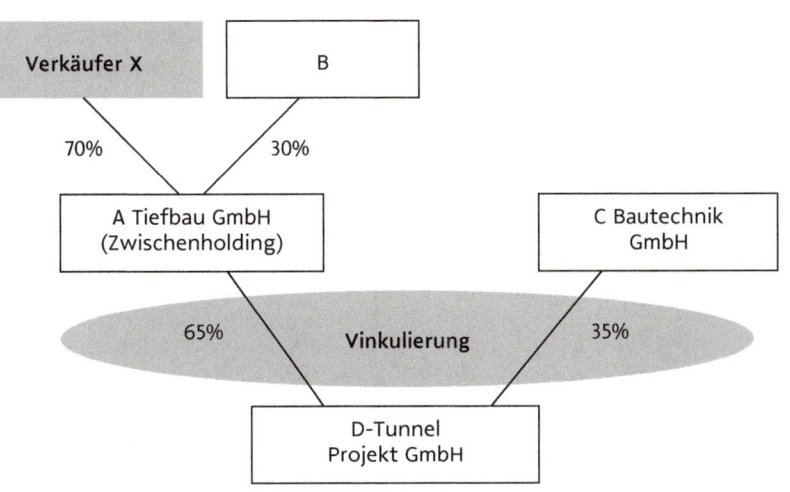

**2. Nach Verkauf der Aktien der A Tiefbau AG**

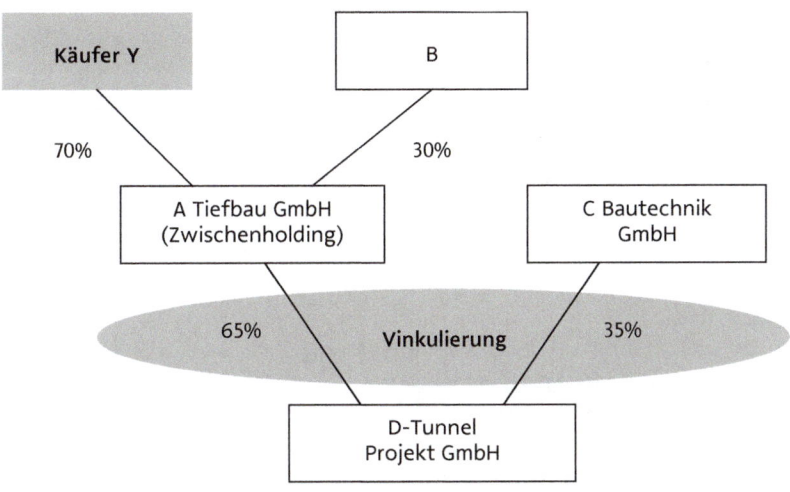

Aus rein formalem Gesichtspunkt betrachtet, hat der Verkäufer X die vinkulierten Anteile an der D-Tunnel Projekt GmbH (65%) nicht verkauft. Dennoch hat C Bautechnik GmbH mit dem Käufer Y einen neuen (wenn auch nur mittelbaren) Mitgesellschafter.

**Abb. 8**: Projektgesellschaften

beteiligten Mitgesellschafters erreichen können. In solchen Fällen bietet sich Folgendes an:

- Es kann geregelt werden, dass die unmittelbar übergeordnete Zwischenholding bei einer Umgehung der Vinkulierungsklausel eine Vertragsstrafe zu bezahlen hat (vgl. Kapitel 4.2.5).
- Zulässig ist es auch, wenn in die Satzung der Tochtergesellschaft eine Regelung aufgenommen wird, wonach bei einer Umgehung der Vinkulierungsklausel durch Veräußerung der Anteile an übergeordneten Gesellschaften deren Anteile aus wichtigem Grund eingezogen werden können.[66]

**! Achtung**

Außerhalb jener Gesellschaft, in deren Gesellschaftsvertrag eine konzernweite Vinkulierung vereinbart wurde, wirkt diese Vinkulierung bloß relativ (streitig). Das bedeutet, dass die lediglich bei einer Tochtergesellschaft gesellschaftsvertraglich vereinbarte konzernweite Vinkulierung die Übertragung von Geschäftsanteilen an anderen übergeordneten Gesellschaften nicht verhindern kann. Sie löst im Fall einer solchen Übertragung aber Schadenersatzpflichten aus. Probleme ergeben sich beim Beweis, worin der Schaden gelegen habe, und bei einer Bezifferung des Schadens.

Während es bei Kapitalgesellschaften darum geht, die grundsätzliche freie Übertragbarkeit der Geschäftsanteile einzuschränken, stellt sich bei Personengesellschaften das umgekehrte Problem: Hier sind die Anteile kraft Gesetzes vinkuliert und es gilt häufig, insbesondere bei größerem Gesellschafterkreis, die Übertragbarkeit der Anteile zu erleichtern. Rechtlich ist hier so gut wie alles möglich, bis hin zur Regelung einer freien Übertragbarkeit, wie sie bei Kapitalgesellschaften den gesetzlichen Regelfall darstellt.[67]

**! Achtung**

Vinkulierungsklauseln erfassen sowohl Anteilsübertragungen von dem Treugeber an den Treuhänder, wie auch umgekehrt.[68] Dies bedeutet, dass sowohl zur Eingehung (Ausnahme: Treuhänder ist bereits ab Gründung/Kapitalerhöhung beteiligt, sogenannte originäre Erwerbstreuhand – vgl. Kapitel 3.4.4), als auch zur Auflösung des Treuhandverhältnisses die erforderliche Zustimmung eingeholt werden muss. Nach dem BGH[69] enthält die Zustimmung der Gesellschafterversammlung zur Begründung der Treuhand durch Abtretung vom Treugeber an den Treuhänder konkludent auch die Zustimmung zur etwaigen Rückübertragung vom Treuhänder an den Treugeber zu einem späteren Zeitpunkt.

---

66 OLG Frankfurt, Urteil vom 07.09.1991, Az. 11 U 21/91.
67 Vgl. Baumbach/Hopt/*Roth* HGB § 105 Rn. 70.
68 Ausführlich MüKoGmbHG/*Reichert/Weller* § 15 Rn. 217 ff. und *Schaub*: Treuhand an GmbH-Anteilen, DStR 1995, 1634.
69 Urteil vom 30.6.1980, Az. II ZR 219/79.

Zwar erfolgt bei der Begründung einer Vereinbarungstreuhand (vgl. Kapitel 3.4.4) keine formelle Übertragung von Anteilen. Weil aber die der Treuhand unterliegenden Anteile wirtschaftlich übertragen werden, sind Zustimmungserfordernisse aus einer Vinkulierungsklausel auch bei ihr zu beachten.

Sollten Sie sich an einer Gesellschaft treuhänderisch beteiligen, sorgen Sie dafür, dass die Satzung keine Vinkulierungsklausel enthält oder dass für Sie vertraglich eine Ausnahme vereinbart wird; nach Möglichkeit in einer Nebenvereinbarung, damit die Treuhandbeteiligung nicht im Handelsregister erscheint.

### 4.1.8.15 Vorkaufsrechte/Optionen

Vinkulierungsklauseln haben den Vorteil, dass sie eine Gesellschaft vor dem Eindringen fremder Gesellschafter schützen. Sie haben aber den Nachteil, dass sie einen veräußerungswilligen Gesellschafter in der Gesellschaft »einsperren«. Eingesperrte Gesellschafter werden häufig zu den berühmt-berüchtigten »lästigen« Gesellschaftern. Dann ist es nicht mehr weit zum Gesellschafterstreit. Ein Kompromiss zwischen dem Schutz der Gesellschaft vor dem Eindringen fremder Gesellschafter und dem Schutz der individuellen Freiheit des einzelnen Gesellschafters lässt sich durch die Vereinbarung von Vorkaufsrechten oder Put-Optionen erzielen. Auch die Vereinbarung von Vorkaufsrechten und Put-Optionen ist daher ein Instrument, um Ihre Gesellschaft (allenfalls gemeinsam mit anderen Instrumenten) gegen das Eindringen gesellschaftsfremder Dritter abzusichern.

Vorkaufsrecht ist das Recht, eine Sache zu bestimmten (oder bestimmbaren) Bedingungen zum Kauf angeboten zu erhalten, wenn der bisherige Eigentümer den Verkauf dieser Sache beabsichtigt. In seiner gesellschaftsrechtlichen Bedeutung meint ein Vorkaufsrecht üblicherweise, dass ein veräußerungswilliger Gesellschafter seinen Geschäftsanteil seinen Mitgesellschaftern zum Kauf anbieten muss, bevor er tatsächlich an Gesellschaftsfremde verkauft.

Put-Optionen gewähren einem Gesellschafter das Recht, seinen Geschäftsanteil seinen Mitgesellschaftern bei Vorliegen bestimmter Bedingungen allenfalls auch gegen deren Willen anzudienen, die Mitgesellschafter sind dann verpflichtet, den angedienten Geschäftsanteil zu übernehmen. Räumen Sie daher Ihren Mitgesellschaftern nur dann Put-Optionen ein, wenn Sie sicher sind, relativ kurzfristig die Finanzierung aufstellen zu können, welche Sie benötigen, um einen Ihnen angedienten Geschäftsanteil zu übernehmen. In diesem Zusammenhang empfehlen wir zu versuchen, in Put-Optionen längere Zahlungsziele und/oder Ratenzahlungen vorzusehen.

Bloß zur Vollständigkeit: Neben Put-Optionen gibt es auch Call-Optionen (vgl. Kapitel 4.1.8.16.1).

Aufgrund zahlreicher Umgehungs- und Missbrauchsmöglichkeiten bei ungenauer Regelung sollte die Vertragsgestaltung bei Vorkaufsrechten und Optionen besonders umsichtig erfolgen. Die Vereinbarung von Vorkaufsrechten ist juristisch komplex, weshalb sie eine jener Ausnahmen ist, deren Regelungsinhalt sich dem Leser selbst bei sorgfältiger Formulierung nicht immer auf Anhieb erschließt (vgl. Kapitel 4.1.4 f.).

Die Ausübung von Vorkaufsrechten oder Optionen führt zur Übertragung des betroffenen Geschäftsanteils an die rechtsausübenden Gesellschafter. Zentrales Interesse des übertragenden Gesellschafters (der dadurch seinen Geschäftsanteil verliert) ist daher, welche Gegenleistung er für die Übertragung seines Geschäftsanteils erhält. Vorkaufsrechte und Optionen werden oft in Konfliktsituationen ausgeübt, sodass eine einvernehmliche Vereinbarung eines Preises meist scheitert. Zentrales Element jeder Vereinbarung eines Vorkaufsrechts oder einer Option sollte daher die Definition des Veräußerungspreises beziehungsweise eine genaue Beschreibung eines Preisbestimmungsverfahrens sein. Bewährt hat sich dazu die Vereinbarung einer gutachterlichen Preisbestimmung nach den von dem Institut der Wirtschaftsprüfer entwickelten Unternehmensbewertungsstandard (IDW S1). Je nach Interessenlage kann aber auch ein anderes Verfahren zur Preisbestimmung sinnvoll sein (zum Beispiel Buchwert oder Substanzwert). Bei der Gestaltung von Vorkaufsrechten kann auf die Vereinbarung solcher Preisbestimmungsregeln verzichtet werden, wenn der Vorkauf zu denselben Bedingungen ausgeübt werden soll, zu denen der beabsichtigte gesellschaftsfremde Erwerber den Geschäftsanteil erhalten würde (berücksichtigen Sie dabei aber unbedingt die in folgender Tabelle geschilderten **Umgehungs- beziehungsweise Missbrauchsmöglichkeiten**). Bei der Gestaltung von Optionen ist die Vereinbarung von Preisbestimmungsregeln hingegen nicht nur ratsam, sondern geradezu notwendig, weil es keinen beabsichtigten Erwerber des entsprechenden Geschäftsanteils gibt, der einen Kaufpreis bietet, und damit jede Preisfindung fehlt.

| »Standardvertrags-Regel« | Umgehungs- beziehungsweise Missbrauchsmöglichkeit | empfohlene Vertragsgestaltung |
|---|---|---|
| Vereinbarung eines Vorkaufsrechts nach § 463 ff. BGB (mangels genauerer Determinierung) | Vorkaufsrecht nach BGB wird nur durch die Veräußerungsart »Verkauf« ausgelöst, nicht hingegen bei anderen Übertragungsformen wie Übertragung durch Tausch, Schenkung usw. | Vorkaufsrecht auf alle Arten von Anteilsübertragungen ausdehnen und allenfalls einzelne Ausnahmen davon formulieren (zum Beispiel Übertragung durch Erbfolge, Übertragung auf Abkömmlinge usw.) |

| »Standardvertrags-Regel« | Umgehungs- beziehungs-weise Missbrauchs-möglichkeit | empfohlene Vertrags-gestaltung |
|---|---|---|
| Vorkaufsrecht ist »*zu denselben Bedingungen*« auszuüben, zu denen beabsichtigter Erwerber den Geschäftsanteil erhalten würde | Vereinbarung von Bedingungen und/oder Gegenleistungen, die Vorkaufsberechtigter nicht erfüllen kann (zum Beispiel Kaufpreis des Geschäftsanteils ist ein bestimmtes Grundstück des Erwerbers – Vorkaufsberechtigter kann mangels Verfügung über dieses Grundstück Vorkaufsrecht nicht »zu denselben Bedingungen« ausüben) | <ul><li>Bewertungsverfahren für den Tauschgegenstand und eine Barablöse durch die Vorkaufsberechtigten vorsehen</li><li>Regelung, dass Übertragung von Geschäftsanteilen an gesellschaftsfremde Dritte ausschließlich gegen Geldleistungen zulässig ist und Unzulässigkeit von Bedingungen vorsehen, die über Geldleistung und deren Fälligkeit hinausgehen</li></ul> |
| unabhängig von der vertraglichen Gestaltung | Scheinvereinbarung eines überhöhten Kaufpreises | Wahlrecht vereinbaren: Mitgesellschafter können wählen, ob sie Vorkaufsrecht ausüben oder ihre Geschäftsanteile zu denselben Bedingungen an den beabsichtigen Erwerber mitveräußern (vgl. Kapitel 4.1.8.20) |
| unabhängig von der vertraglichen Gestaltung | Statt der Anteile an der Gesellschaft wird die Anteile haltende Muttergesellschaft veräußert | Kontrollwechsel in der Muttergesellschaft als Vorkaufsfall definieren (vgl. Kapitel 4.1.8.14) |
| unabhängig von der vertraglichen Gestaltung | Erkundung, wie wertvoll den Mitgesellschaftern Geschäftsanteil ist – »Austesten« ihrer Reaktion mit Scheinangebot eines Dritten | Vorkaufsfall wird durch Vorlage eines notariell beurkundeten Kaufvertrages ausgelöst, der nur mit der Rechtsausübung durch Vorkaufsberechtigte aufschiebend bedingt ist |
| Gesellschaftern steht Vorkaufsrecht anteilig zu | bei Unterteilung der Gesellschafter in verschiedene Gruppen (zum Beispiel Familienstämme): Verschiebung der Machtverhältnisse durch anteilige Ausübung der Vorkaufsrechte | gruppenweise Einräumung von Vorkaufsrechten – Geschäftsanteil wird innerhalb jener Gruppe aufgeteilt, der der ausscheidende Gesellschafter angehörte |

**Tab. 7:** Gestaltung von Vorkaufsrechten

Aufgrund ihrer Komplexität läuft die Ausübung von Vorkaufsrechten und Optionen nicht immer reibungs- und konfliktfrei ab. Dies gilt umso mehr, als sie oft zu einem Zeitpunkt ausgeübt werden, zu dem das Verhältnis zwischen den Gesellschaftern nicht das beste ist. Um Störungen bei der Ausübung und Durchsetzung von Vorkaufsrechten und Optionen weitgehend zu vermeiden, empfiehlt sich deshalb die Vereinbarung von Vertragsstrafen für den Fall, dass sie missachtet werden.

**!  Achtung**

Vorkaufsrechte und Optionen können zu einer Änderung der Beteiligungsverhältnisse führen (vgl. auch die folgende Abbildung 9 und Kapitel 6.18). Es ist möglich, dass diese Änderungen zum Entstehen neuer – Ihnen nicht genehmer – Mehrheitsgesellschafter führen.

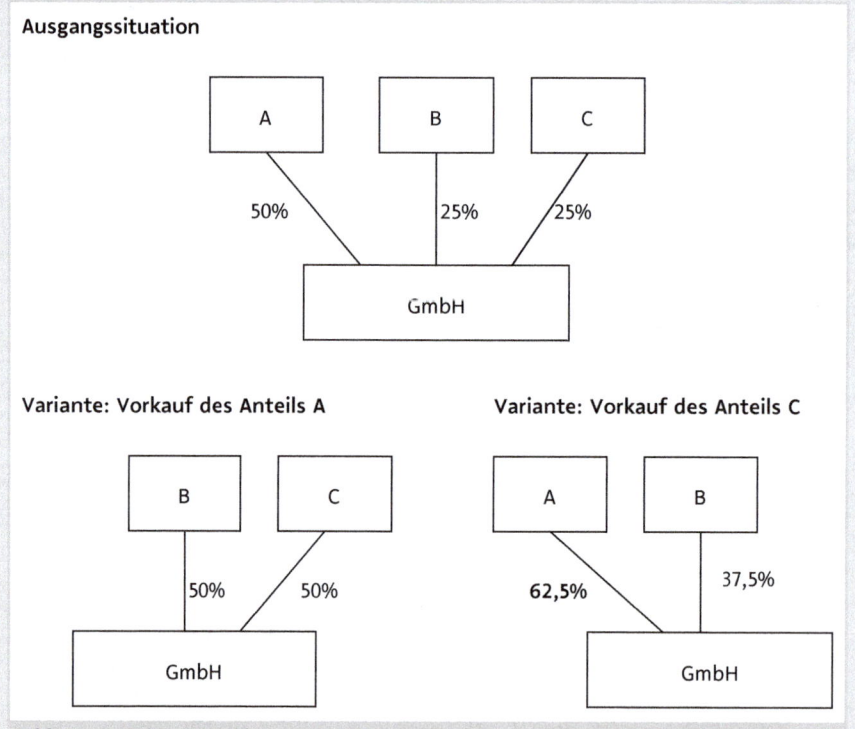

**Abb. 9:** Geänderte Beteiligungsverhältnisse bei der Ausübung von Vorkaufsrechten

> **Achtung** !
>
> Vorkaufs- und Ankaufsrechte gelten auch für Anteilsübertragungen von dem Treugeber auf den Treuhänder und umgekehrt.[70] Ob die Begründung einer Vereinbarungstreuhand (vgl. Kapitel 3.4.4), bei der zwar kein formaler, aber ein wirtschaftlicher Anteilsübergang erfolgt, Vorkaufs- und Ankaufsrechte auslöst, ist rechtlich nicht geklärt (vgl. zur Rechtslage bei Vinkulierungsklauseln und der Begründung einer Erwerbstreuhand Kapitel 4.1.8.14).

> **Beispiel: Das umgangene Vorkaufsrecht** !
>
> Der Gesellschaftsvertrag einer GmbH sah vor, dass die Übertragung von Geschäftsanteilen ohne Zustimmung der Gesellschafter unzulässig sei (Vinkulierungsklausel). Der Gesellschaftsvertrag besagte aber auch, dass die Rückübertragung an den Treugeber (Rückfall an den Treugeber) von dieser Vinkulierungsklausel nicht umfasst sei.
> Die Gesellschafterversammlung beschloss eine Kapitalerhöhung. Bei dieser werden Geschäftsanteile nicht übertragen, sondern es werden neue Geschäftsanteile geschaffen und originär erworben. (Bei einem Kauf von bestehenden Geschäftsanteilen spricht man von einem derivativen Erwerb.)
> Ein Gesellschafter zeichnete im Zuge der Kapitalerhöhung neue Anteile, zum Teil für sich selbst sowie zum Teil als Treuhänder für einen Gesellschaftsfremden (Erwerbstreuhand, vgl. Kapitel 3.4.4). Nach einiger Zeit übertrug der Gesellschafter (Treuhänder) den bis dahin treuhänderisch gehaltenen Geschäftsanteil an den gesellschaftsfremden Treugeber. Die Vinkulierungsklausel konnte mit dieser Vorgehensweise umgangen werden, da bei der Erwerbstreuhand nur der derivative und nicht auch der originäre Erwerb von der Zustimmungsverpflichtung umfasst ist.
> Der Gesellschaftsvertrag sprach nur von Übertragung von Geschäftsanteilen und bedachte den originären Erwerb durch eine Kapitalerhöhung nicht.

## 4.1.8.16 Gesellschafterausschluss

Jeder Gesellschafterausschluss endet mit dem Ausscheiden des Gesellschafters aus dem Gesellschafterkreis. Vereinbarungen zum Gesellschafterausschluss müssen daher insbesondere auch das Schicksal persönlicher Sicherheiten regeln, die der ausscheidende Gesellschafter für Verbindlichkeiten der Gesellschaft gewährt hat. Üblicherweise ist es interessengerecht, die Freistellung des ausscheidenden Gesellschafters und damit die Entlassung aus den gewährten Sicherheiten vorzusehen.

Die Haftung des Gesellschafters für übernommene Pflichten kann im Außenverhältnis gegenüber Dritten nach dem Ausscheiden nicht rechtswirksam

---

70   BeckNotar-HdB/*Mayer/Weiler* D.I. Rn. 520.

ausgeschlossen werden. Nehmen Dritte den haftenden Gesellschafter für Verbindlichkeiten der Gesellschaft in Anspruch, hat dieser Gesellschafter einen Freistellungsanspruch beziehungsweise Regressanspruch gegen die Gesellschaft. Diese Ansprüche gegen die Gesellschaft sind aber häufig wertlos. Aus Sicht des ausscheidenden Gesellschafters ist es regelmäßig nicht hinnehmbar, wenn er für eine Gesellschaft, auf deren Geschäftsbetrieb er infolge seines Ausscheidens keinen Einfluss mehr hat und von deren Gewinnen er nicht mehr profitiert, noch jahrelang als Sicherungsgeber fungieren muss. Es empfiehlt sich daher eine Regelung, wonach der ausscheidende Gesellschafter von den übrigen Gesellschaftern von solchen Ansprüchen freigestellt wird, die Dritte aufgrund der früheren Gesellschafterstellung des ausscheidenden Gesellschafters gegen diesen geltend machen.

Auch alle anderen gesellschaftsvertraglichen Vereinbarungen, die das Ausscheiden eines Gesellschafters aus dem Gesellschafterkreis vorsehen, sollten eine solche Haftungsfreistellung vorsehen (zum Beispiel die in den Kapiteln 4.1.8.18 ff. beschriebenen Vereinbarungen).

### 4.1.8.16.1 Call-Option

Die einfachste Form eines Gesellschafterausschlusses ist die Ausübung einer Call-Option, welche allerdings vorab eingeräumt werden muss. Call-Optionen gewähren das Recht, den Geschäftsanteil eines Mitgesellschafters bei Vorliegen bestimmter Bedingungen gegebenenfalls auch gegen den Willen eines Mitgesellschafters zu übernehmen. Die Ausübung einer solchen Call-Option führt faktisch zum Ausschluss des Gesellschafters, der eine solche Call-Option eingeräumt hat.

Überlegen Sie sich daher gründlich, ob Sie bereit sind, Ihren Mitgesellschaftern eine Call-Option einzuräumen, und machen Sie dies nur, wenn Sie auch von Ihren Mitgesellschaftern entsprechende Call-Optionen eingeräumt erhalten.

Zur Preisfindung verweisen wir auf die Ausführungen in Kapitel 4.1.8.15 »Vorkaufsrechte/Optionen«.

**!** **Achtung**

Bei der GmbH bedarf die Call-Option zu ihrer Wirksamkeit der notariellen Beurkundung. Gleiches gilt natürlich auch für eine Put-Option.

### 4.1.8.16.2 Ausschlussgründe definieren

Für Personengesellschaften sehen das BGB und das HGB Verfahren zum zwangsweisen Ausscheiden eines Mitgesellschafters vor:

- Enthält ein **GbR**-Vertrag eine Fortsetzungsklausel (Regelung der Fortsetzung der Gesellschaft bei Kündigung durch einen Gesellschafter), so können die anderen Gesellschafter durch Gesellschafterbeschluss einen Mitgesellschafter ausschließen, wenn in dessen Person ein die Ausschließung rechtfertigender »wichtiger Grund« vorliegt (§737 BGB). Der ausgeschlossene Gesellschafter kann sich durch Klage gegen alle seine Mitgesellschafter zur Wehr setzen, mit der Begründung, in seiner Person liege kein wichtiger Grund vor. Im Wesentlichen gleicht das Prozedere demjenigen bei der Entziehung der Geschäftsführungsbefugnis aus wichtigem Grund (vgl. Kapitel 4.1.8.12.5), weswegen wir zu den damit verbundenen Problemen und Lösungsmöglichkeiten auf die dort erfolgten Ausführungen verweisen.
  Bei allen **anderen Personengesellschaftsformen** gilt §140 HGB, wonach ein Gesellschafter, in dessen Person ein die Ausschließung rechtfertigender wichtiger Grund vorliegt, durch erfolgreiche Erhebung einer Ausschließungsklage ausgeschlossen werden kann.
- **GmbHG** und **AktG** sehen nur bei Verzug eines Gesellschafters mit der Einzahlung der Stammeinlage oder vereinbarter Nachschüsse dessen Ausschluss vor (vgl. Kapitel 6.18.2.1). Weitere gesetzliche Ausschlussgründe kennen GmbHG und AktG nicht. Allerdings besteht nach der Rechtsprechung bei GmbHs die Möglichkeit, einen Gesellschafter, in dessen Person ein »wichtiger Grund« vorliegt, durch Ausschließungsklage auszuschließen.[71]

Eine Ausschließungsklage ist unzulässig, wenn die Satzung – wie häufig – eine Zwangseinziehung von Geschäftsanteilen oder Namensaktien aus wichtigem Grund erlaubt. Eine Zwangseinziehung ist unter folgenden Voraussetzungen zulässig: Ist in der Person eines Gesellschafters ein seine Ausschließung rechtfertigender wichtiger Grund gegeben, so kann er mittels eines durch die Gesellschafterversammlung gefassten Beschlusses aus der Gesellschaft ausgeschlossen werden (bei Kapitalgesellschaften erfolgt die Ausschließung durch Einziehung der Geschäftsanteile). Der auszuschließende Gesellschafter ist bei der Beschlussfassung nicht stimmberechtigt. Ist der Auszuschließende der Meinung, ein wichtiger Grund liege nicht vor, muss er den Ausschließungsbeziehungsweise Einziehungsbeschluss mit einer Beschlussanfechtungsklage angreifen (vgl. Kapitel 6.16).

---

71   Vgl. Baumbach/Hueck/*Fastrich* Anh. §34 Rn.8a.

> **! Achtung**
>
> Für den Minderheitsgesellschafter einer GmbH besteht das Risiko, dass die Mehrheit einen wichtigen Grund fingiert und die Zwangseinziehung des Geschäftsanteils des Minderheitsgesellschafters beschließt. Die Zwangseinziehung ist nach neuerer Rechtsprechung des BGH[72] sofort wirksam. Sobald der Geschäftsführer der GmbH eine nach Zwangseinziehung aktualisierte Gesellschafterliste bei dem Handelsregister veröffentlichen lässt, gilt der Minderheitsgesellschafter als ausgeschlossen. Dies gilt sogar dann, wenn der Zwangseinziehungsbeschluss grob rechtswidrig oder gar nichtig war.
>
> Ein Minderheitsgesellschafter verliert bis zur rechtskräftigen Entscheidung über eine von ihm gegen den Zwangseinziehungsbeschluss erhobene Beschlussanfechtungsklage selbst dann alle seine Gesellschafterrechte, wenn gar kein wichtiger Grund vorlag. Die Mehrheitsgesellschafter können in dieser Phase irreversible Fakten schaffen, also eigentlich machen, was sie wollen (vgl. Kapitel 6.18.2.2.3). Einstweiliger Rechtsschutz gegen die Eintragung der nach Zwangseinziehung aktualisierten Gesellschafterliste wird regelmäßig verwehrt. Die Gerichte begründen dies im Ergebnis damit, dass derjenige, der sich im Gesellschaftsvertrag auf eine sofort mit Beschlussfassung wirksame Zwangseinziehung einlässt, mehr oder weniger selbst »schuld« ist.[73] Minderheitsgesellschafter können eine solche Situation nur vermeiden, wenn sie sich auf keine Satzung einlassen, die eine sofortige Zwangseinziehung durch Gesellschafterbeschluss zulässt.

> **! Tipp**
>
> Umgekehrt empfehlen wir aus den oben geschilderten Gründen Mehrheitsgesellschaftern, die Möglichkeit der Zwangseinziehung von Geschäftsanteilen aus wichtigem Grund in der Satzung durchzusetzen.

Eine Definition, was ein »wichtiger Grund« im Sinne der gesetzlichen Bestimmung ist, enthält das Gesetz nicht. Die Rechtsprechung hat diesen Begriff inzwischen präzisiert und eine Reihe wichtiger Gründe definiert, die den zwangsweisen Ausschluss eines Gesellschafters rechtfertigen:

- schwere Pflichtverletzungen (auch der Treuepflicht);
- Zerstörung des Vertrauensverhältnisses;
- schuldhafte Herbeiführung eines tiefgreifenden unheilbaren Zerwürfnisses;
- ehrenrührige Vorwürfe gegen Mitgesellschafter;
- geschäftsschädigendes Verhalten in der Öffentlichkeit;
- Straftaten gegen die Gesellschaft (zum Beispiel Veruntreuung von Gesellschaftsvermögen);
- Verstöße gegen ein Wettbewerbsverbot.

---

72  BGH, Urteil vom 24.01.2012, Az. II ZR 109/11.
73  KG Berlin, Urteil vom 10.12.2015, Az. 23 U 99/15 und Beschluss vom 24.08.2015, Az. 23 U 20/15; OLG Jena, Urteil vom 24.8.2016, Az. 2 U 168/16.

Ein wichtiger Grund liegt nur vor, wenn nach Abwägung aller Umstände des Einzelfalls den übrigen Gesellschaftern die weitere Mitgliedschaft des Auszuschließenden nicht mehr zumutbar ist. Es ist möglich, in dem Gesellschaftsvertrag »wichtige Gründe« zu definieren. Wir empfehlen, diese Regelung durch eine beispielhafte (nicht abschließende) Aufzählung von Sachverhalten zu ergänzen, die »insbesondere« wichtige Gründe sind, zum Beispiel:

- fortgesetzte Verletzung wesentlicher, aus dem Gesellschaftsverhältnis herrührender Pflichten;
- Eröffnung eines Insolvenzverfahrens über das Vermögen eines Gesellschafters beziehungsweise Abweisung eines Insolvenzantrages mangels Masse;
- Einleitung von Zwangsvollstreckungsmaßnahmen in Bezug auf einen Geschäftsanteil;
- Umgehung einer Vinkulierungsklausel: zum Beispiel, wenn nicht die vinkulierten Anteile an der Gesellschaft veräußert werden, sondern die Anteile an einer zwischengeschalteten Holding (vgl. Kapitel 4.1.8.14);
- Tod eines Gesellschafters (vgl. Kapitel 4.1.8.17;
- dauerhafte Arbeitsunfähigkeit eines Gesellschafters (dieser Ausschlussgrund ist üblicherweise nur gerechtfertigt, wenn die Gesellschafter im operativen Tagesgeschäft mitarbeiten, zum Beispiel bei Freiberufler-Gesellschaften);
- die Beendigung des Dienstverhältnisses bei Mitarbeiter- oder Managementbeteiligungen (vgl. Kapitel 3.4.1.5 und Kapite 9.1.3);
- alle weiteren Gründe, die Sie ausdrücklich als Ausschlussgründe festlegen wollen.

Sowohl bei Personen- als auch bei Kapitalgesellschaften ist zu beachten, dass die »wichtigen Gründe« nicht willkürlich festgelegt werden dürfen und letztendlich auch ein gesellschaftsvertraglich vereinbarter Gesellschafterausschluss einer sachlichen Rechtfertigung bedarf.

### 4.1.8.17 Ableben eines Gesellschafters

Weder Sie noch Ihre Mitgesellschafter leben ewig. Das gesetzliche Erbrecht enthält keine Sonderregelungen für Unternehmensbeteiligungen. Auch Unternehmensbeteiligungen fallen grundsätzlich in den Nachlass und werden unter den Erben aufgeteilt. Das bringt für Ihr Unternehmen zwei wesentliche Veränderungen mit sich:

- Wird die Erbmasse unter mehreren Erben aufgeteilt, vergrößert sich die Anzahl der Gesellschafter;
- es dringen neue Gesellschafter in die Gesellschaft ein, auf deren Auswahl weder die verbleibenden (Alt-)Gesellschafter noch die Gesellschaft selbst Einfluss haben.

Darüber hinaus besteht für das Unternehmen bei Vorhandensein mehrerer Erben die Gefahr, in Erbrechtsstreitigkeiten hineingezogen zu werden. Doch selbst wenn die Erbfolge konfliktfrei erfolgt, ist es oft nur eine Frage der Zeit, bis die Erben bei unternehmerischen Entscheidungen verschiedene Ansichten haben und Konflikte unter den Erben – aber in Ihrem Unternehmen – ausbrechen.

Besprechen Sie daher bereits anlässlich der Gründung Ihrer Gesellschaft die Konsequenzen eines Todesfalls. Bedenken Sie, dass Sie weder die Auswahl des Ehepartners Ihrer Mitgesellschafter noch die Erziehung von deren Kindern beeinflussen können. Voraussichtlich sind aber gerade Ehepartner und Kinder Erben Ihres Mitgesellschafters, die Ihrem Mitgesellschafter als Gesellschafter nachfolgen (dasselbe gilt natürlich umgekehrt gegenüber Ihren Mitgesellschaftern im Hinblick auf Ihren eigenen Ehepartner beziehungsweise Ihre eigenen Kinder).

Nach den gesetzlichen Regelungen führt der Tod eines GbR-Gesellschafters zur Auflösung der GbR (§727 Abs. 1 BGB), der Tod des persönlich haftenden Gesellschafters einer Personenhandelsgesellschaft zu dessen Ausscheiden aus der Gesellschaft (§131 Abs. 3 S. 1 Nr. 1 HGB), der Tod eines Kommanditisten zur Fortsetzung der Gesellschaft mit den Erben (§177 HGB) und der Tod des Gesellschafters einer Kapitalgesellschaft zum Eintritt der Erben in die Gesellschafterstellung. In allen Fällen kann von den gesetzlichen Regelungen abgewichen werden.

Wenn Sie verhindern wollen, dass Ihre GbR mit dem Tod eines Gesellschafters aufgelöst wird, sollte deren Gesellschaftsvertrag unbedingt eine Fortsetzungsklausel enthalten. Wenn Sie die Vererblichkeit Ihrer Beteiligung an der **Personengesellschaft** gewährleisten möchten, sollten Sie dies nicht nur testamentarisch regeln, sondern eine gesellschaftsrechtliche Regelung vorsehen, wonach die Erben den Anteil des verstorbenen Gesellschafters übernehmen (sogenannte Nachfolgeklausel). Eine einfache Nachfolgeklausel bestimmt, dass die Gesellschaft mit allen Erben fortgesetzt wird. Eine qualifizierte Nachfolgeklausel lässt nur den Eintritt einzelner Erben zu. Zulässig sind auch sogenannte Eintrittsklauseln. Sie führen im Todesfall zum Ausscheiden des Verstorbenen aus der Gesellschaft. Gleichzeitig erhält ein Dritter ein Eintrittsrecht. Dieses kann er ausüben oder er lässt es sein.[74] Beachten Sie, dass eine Erbengemeinschaft nicht Gesellschafter einer (werbenden) Personengesellschaft sein kann.[75]

---

74 Vgl. zu dem Ganzen: die Kommentierung bei Baumbach/Hopt/*Roth* zu §139 HGB.
75 Vgl. MüKoHGB/*Schmidt* §105 Rn. 104, der dies zu Recht für wenig überzeugend hält.

> **Achtung** !
>
> Eine letztwillige Verfügung in einem Testament oder Vermächtnis, wonach der Anteil an einer Personengesellschaft nach Eintritt des Erbfalls auf eine bestimmte Person übertragen wird, läuft leer, wenn deren Gesellschaftsvertrag nicht die Nachfolge des betreffenden Erben oder Vermächtnisnehmers in die Gesellschafterstellung erlaubt. Der Inhalt der letztwilligen Verfügung muss insoweit zwingend mit dem Inhalt der Nachfolgeklausel des Gesellschaftsvertrages übereinstimmen, andernfalls drohen im Erbfall ungewollte Folgen.

Anders als bei Personengesellschaften kann die Satzung einer **Kapitalgesellschaft** die Vererblichkeit des Geschäftsanteils weder einschränken noch ausschließen. Allerdings kann die Satzung ein Recht zur Einziehung von Geschäftsanteilen des Verstorbenen vorsehen (vgl. Kapitel 4.1.8.16.2 und 6.18.2.2.2). Das Recht zur Einziehung kann ganz allgemein und unbedingt bestehen oder an eine Bedingung geknüpft werden, beispielsweise dass ein Anteil nicht an eine bestimmte Person vererbt wird (zum Beispiel an einen Abkömmling), oder der Anteil von der Erbengemeinschaft nicht innerhalb einer Frist an die bestimmte Person abgetreten wird. Zulässig ist es auch, die Einziehung nur unter der Voraussetzung zu erlauben, dass der Anteil nicht von einem Einzelnen übernommen wird (der dann gegebenenfalls Abfindungszahlungen an seine Miterben zu leisten hat), sondern von mehreren Erben. Ein solches Einziehungsrecht kann einer Zersplitterung der Gesellschaftsanteile vorbeugen, der die gesetzliche Organstruktur vieler Gesellschaftsformen (mit Ausnahme der AG) oft nicht gewachsen ist. – Die Einziehung ist nur innerhalb einer angemessenen Frist zulässig. Andernfalls besteht für die Erben ein unzumutbar langer Schwebezustand.[76]

Erbengemeinschaften können Gesellschafter einer Kapitalgesellschaft sein. Bei der GmbH steht dann jedem Mitglied der Erbengemeinschaft ein Teilnahmerecht an der Gesellschafterversammlung zu. Die an einer AG beteiligte Erbengemeinschaft muss zur Wahrnehmung ihrer Rechte einen gemeinsamen Vertreter bestimmen (§ 69 Abs. 1 AktG), die GmbH kann (und sollte) dies tun (§ 18 Abs. 1, 3 GmbHG).

Bedenken Sie, dass Sie und Ihre Mitgesellschafter älter werden und Ihre körperliche sowie möglicherweise auch Ihre intellektuelle Leistungsfähigkeit nachlassen könnte. Manchmal weigern sich Gesellschafter, dies zu erkennen, negieren die Einschränkungen ihrer Leistungsfähigkeit und verweigern den Rückzug aus dem Unternehmen. Um auf dem Markt zu bestehen, bedarf es

---

76   Vgl. MüKoGmbHG/*Reichert/Weller* § 15 Rn. 457 f.

aber voll leistungsfähiger Akteure in Ihrem Unternehmen. Nehmen Sie daher auch Regelungen in Ihren Gesellschaftsvertrag auf, die diese Problematik behandeln. Denkbar ist insbesondere die Vereinbarung einer bestimmten Altersgrenze, bei deren Erreichen Gesellschafter-Geschäftsführer zumindest die Geschäftsführung niederlegen müssen.

Denken Sie auch daran, dass die Unternehmensübergabe durch Erbfolge die schlechteste Übergabeform für das Unternehmen ist (vgl. Kapitel 7.2). Der Gesellschaftsvertrag könnte daher auch Regelungen zur geordneten Übergabe an Nachfolger der einzelnen Gesellschafter enthalten und kann dazu auch Gründe definieren, bei deren Vorliegen die Übergabe an den Nachfolger eines Gesellschafters zu erfolgen beziehungsweise nicht zu erfolgen hat.

> **!** **Tipp**
>
> Anteile an Kapitalgesellschaften können »begünstigungsfähiges Vermögen« im Sinne des § 13b Abs. 1 Nr. 3 ErbStG darstellen und bei Vorliegen weiterer Voraussetzungen zu 85 % oder gar zu 100 % erbschaft- und schenkungsteuerfrei übertragen werden. Grundvoraussetzung ist, dass der Erblasser beziehungsweise der Schenker zu mindesten 25 % an der Kapitalgesellschaft beteiligt ist. Sind die Anteile vinkuliert (vgl. Kapitel 4.1.8.14), kann sich der Erblasser beziehungsweise Schenker die Anteile von solchen Gesellschaftern zurechnen lassen, mit denen er eine Stimmrechtspoolvereinbarung (vgl. Kapitel 3.4.3) geschlossen hat. Der Abschluss einer Stimmrechtspoolvereinbarung kann damit effektives Mittel zur Reduzierung der Steuerlast sein.

### 4.1.8.18 Mitveräußerungsrechte/Mitveräußerungspflichten

Viele Finanzinvestoren, darunter vor allem Venture-Capital-Investoren, suchen Investitionsobjekte mit einer überdurchschnittlichen Renditeerwartung. Eine derartige Renditeerwartung ist regelmäßig nur unter Eingehung eines überdurchschnittlichen Risikos möglich. Über den Zeitraum des Bestandes einer Gesellschaft sind die operativen Risiken nicht immer gleich hoch. Daher beteiligen sich derartige Finanzinvestoren in der Regel nur über einen bestimmten Zeitraum hinweg, in dem das Risiko sehr hoch ist (beispielsweise in der Gründungsphase eines Unternehmens), und veräußern ihre Beteiligung, wenn das Risiko wieder sinkt.

In solchen Konstellationen steht von vornherein fest, dass einer der Gesellschafter, nämlich der Finanzinvestor, zeitnah einen »Exit« plant, er also seine Anteile möglichst gewinnbringend an Dritte veräußern will. Regelmäßig ist es so, dass ein erzielbarer Kaufpreis umso höher ist, je mehr Anteile übertragen werden. Finanzinvestoren sind häufig nur Minderheitsgesellschafter. Minderheitsanteile lassen sich regelmäßig nur mit einem Preisabschlag bezogen auf den Wert des gesamten Unternehmens veräußern. Dieser Abschlag hat seine Ursache in der fehlenden Beherrschungsmacht eines Minderheitsgesellschafters.

Vor diesem Hintergrund verlangen renditeorientierte Finanzinvestoren häufig die Regelung von Mitveräußerungspflichten (sogenanntes »Drag-Along-Recht«). Mittels solcher vertraglich geregelten Mitveräußerungspflichten kann ein Finanzinvestor die anderen Gesellschafter dazu zwingen, ihre Anteile zusammen mit seinem Anteil zu veräußern. Durch Veräußerung der gesamten Gesellschaft erhält der Finanzinvestor einen höheren Preis bezogen auf seine Anteile, als hätte er seine Minderheitsbeteiligung isoliert veräußert.

Das Gegenstück einer Mitveräußerungspflicht ist ein Mitveräußerungsrecht (sogenanntes »Tag-Along-Recht«). Durch ein Mitveräußerungsrecht kann sich ein Gesellschafter an die Veräußerung eines anderen Gesellschafters »dranhängen«. Der andere Gesellschafter darf nur dann veräußern, wenn gleichzeitig auch der Mitveräußerungsberechtigte mitveräußern darf. Für den Fall, dass der Käufer nicht die Anteile beider Gesellschafter, sondern nur einen Teil erwerben will, kann geregelt werden, dass die Gesellschafter dann anteilig, entsprechend dem Verhältnis ihrer Beteiligung, veräußern dürfen.

---

**Tipp**                                                                         !

Die Regelung von Mitveräußerungsrechten und Mitveräußerungspflichten ist in der Satzung zulässig. Üblicherweise sind derartige Vereinbarungen aber sehr komplex und streng vertraulich. Vorzugswürdig ist daher, in der Satzung eine Vinkulierungsklausel zu vereinbaren und so die Abtretung der Anteile an Dritte zu verhindern, zusätzlich aber eine Nebenvereinbarung (vgl. Kapitel 4.2) zu errichten. Die Nebenvereinbarung regelt alle Ausnahmen von der Vinkulierung, also: Mitveräußerungsrechte und Mitveräußerungspflichten, Call- und Put-Optionen (vgl. Kapitel 4.1.8.16.1 und 4.1.8.19), Regeln zum Gesellschafterduell (vgl. Kapitel 4.1.8.20) oder zur Versteigerung (vgl. Kapitel 4.1.8.21).
Handelt es sich um eine GmbH, muss die Nebenvereinbarung notariell beurkundet werden (§ 15 Abs. 4 GmbHG), andernfalls wären die genannten Regelungen unwirksam.

---

### 4.1.8.19 Call- und Put-Optionen

Eine Call-Option verleiht einem Gesellschafter das Recht, bei Ausübung der Option die Abtretung der von einem oder mehreren anderen Gesellschaftern gehaltenen Anteile an den optierenden Gesellschafter zu verlangen. Eine Put-

Option verleiht einem Gesellschafter das umgekehrte Recht, bei Ausübung der Option die Abtretung der von dem optierenden Gesellschafter gehaltenen Anteile an einen oder mehrere andere Gesellschafter zu verlangen. Die Ausübung der Optionsrechte wird häufig an bestimmte Voraussetzungen geknüpft (beispielsweise an das Erreichen bestimmter betrieblicher Meilensteine oder an die Beendigung des Geschäftsführeramtes). Auch Optionen werden am besten in Nebenvereinbarungen geregelt.[77]

### 4.1.8.20 Gesellschafterduell (»Russian Roulette«)

Viele Gesellschaftsverträge sehen Vorkaufsrechte und Optionen der Gesellschafter vor. Die Ausübung dieser Rechte ist oft an Bedingungen und an langwierige sowie teure Preisbewertungsverfahren gebunden. Während dieser Zeit sind die Gesellschafter manchmal nahezu ausschließlich mit sich selbst beschäftigt. Unternehmerische Entscheidungen werden auf die lange Bank geschoben, die Gesellschaft steht still.

Eine Methode, diesen Zeitraum möglichst kurz zu halten, ist das sogenannte Gesellschafterduell oder »Russian Roulette«.[78] Darunter versteht man eine gesellschaftsvertragliche Vereinbarung, wonach Gesellschafter berechtigt sind, den anderen Gesellschaftern anzubieten, deren Gesellschaftsanteile zu einem bestimmten Preis zu kaufen, wobei dieses Angebot zugleich auch das Angebot beinhalten muss, seinen eigenen Geschäftsanteil zum selben Preis an die anderen Gesellschafter zu verkaufen. (Bei unterschiedlichen Beteiligungsausmaßen ist der entsprechende Kaufpreis anteilsmäßig aufzuteilen.)

Der das Duell auslösende Gesellschafter muss den Angebotspreis sorgfältig kalkulieren:

- Setzt er den Preis zu niedrig an, kaufen die übrigen Gesellschafter seinen Geschäftsanteil unter dessen Wert.
- Setzt er den Preis zu hoch an, verkaufen die übrigen Gesellschafter ihre Geschäftsanteile – er ist gezwungen, deren Geschäftsanteile zu einem überhöhten Preis zu kaufen.

Ein formalistisches Verfahren zur Unternehmensbewertung erübrigt sich. Vielmehr wird jeder Gesellschafter für sich eine interne Unternehmensbewertung

---

77  *Schulte/Pohl*, Joint-Venture-Gesellschaften, S. 180 ff.
78  Vgl. hierzu eingehend *Schulte/Sieger*: »Russian Roulette« und »Texan Shoot Out« – Zur Gestaltung von radikalen Ausstiegsklauseln in Gesellschaftsverträgen von Joint-Venture-Gesellschaften (GmbH und GmbH & Co. KG), NZG 2005, 24.

vornehmen: der das Duell-auslösende Gesellschafter, um den von ihm aufzurufenden Preis zu ermitteln; die anderen Gesellschafter, um zu ermitteln, ob der aufgerufene Preis günstig oder teuer ist. Jener Zeitraum, in dem das Schicksal der einzelnen Geschäftsanteile ungewiss ist (wer behält ihn, wer erhält ihn), erstreckt sich nur über jenen Zeitraum, den der Gesellschaftsvertrag als Antwortfrist für die Gegner des Duell-auslösenden Gesellschafters vorsieht (also in dem diese erklären müssen, ob sie ihre Geschäftsanteile verkaufen oder den Geschäftsanteil des Duell-auslösenden Gesellschafters kaufen).

Eine sinnvoll gestaltete Duellklausel berücksichtigt folgende Überlegungen:
- Bei GmbHs muss die Duellklausel notariell beurkundet sein. Eine Regelung in der Satzung der Gesellschaft oder einer notariell beurkundeten Nebenvereinbarung ist ausreichend.
- Das Duell-auslösende Angebot und die Antworten der Duellgegner müssen dagegen nicht in notariell beurkundeter Form erfolgen (streitig).
- Die Antwortfrist sollte einerseits lange genug sein, um den Duellgegnern die Möglichkeit zu geben, Fremdfinanzierungen für den Kaufpreis zu organisieren, und andererseits nicht zu lange, um der Gefahr des Stillstands in der Gesellschaft vorzubeugen. In der Praxis bewährt sich eine Antwortfrist von einem Monat.
- Es muss definiert werden, welche Wirkung das ergebnislose Verstreichen der Antwortfrist haben soll. Zweckmäßig ist eine Regelung, die vorsieht, dass das Unterbleiben einer fristgemäßen Antwort eines Duellgegners als Verkaufserklärung gilt (das heißt, der Duell-auslösende Gesellschafter kauft den Geschäftsanteil des schweigenden Duellgegners).
- Die Duellklausel ist immer der Anzahl der Gesellschafter anzupassen.
- Eine Duellklausel löst ein Verfahren aus, an dessen Ende ein oder mehrere Gesellschafter aus der Gesellschaft ausscheiden. Es empfiehlt sich daher, in die Duellklausel Elemente aufzunehmen, die für Unternehmenskaufverträge typisch sind, wie beispielsweise Garantien, Wettbewerbsverbote oder Regelungen zur Rückführung von Gesellschafterdarlehen des/der Ausscheidenden.[79]

**Achtung** !

Eine für eine Zwei-Personen-Gesellschaft angelegte Duellklausel erfüllt ihre Funktion in einer Gesellschaft mit mehr als nur zwei Gesellschaftern nur ungenügend. Kontrollieren Sie daher bei Aufnahme neuer Gesellschafter die Duellklausel, ob sie auch für mehr als zwei Gesellschafter passt. Gehen Sie zumindest bei Aufnahme eines dritten Gesellschafters davon aus, dass die Duellklausel jedenfalls anzupassen ist.

---

79 *Schulte/Pohl*, Joint-Venture-Gesellschaften, S. 181 ff.

Ist das Auslösen des Duells an keine besonderen Umstände (Bedingungen) gebunden, sondern immer zulässig, erhöht dies den Entscheidungsspielraum der Gesellschafter. Die Gesellschafter können jederzeit um die Geschäftsanteile des/der anderen Gesellschafter(s) »zocken«. Dieser Umstand reduziert die Bestandsgarantie der Gesellschaft mit dem gegenwärtigen Gesellschafterkreis.

Wer die Bestandsgarantie der Gesellschaft beziehungsweise seiner eigenen Mitgliedschaft als Gesellschafter erhöhen will, knüpft die Auslösung des Gesellschafterduells im Gesellschaftsvertrag an eine oder mehrere Bedingungen, beispielsweise an das Erreichen oder Nicht-Erreichen bestimmter Meilensteine (Umsatzvolumen, Kundenzahl, Erreichen der Gewinnschwelle usw.). Denkbar ist auch, das Recht zur Ausübung der Duellklausel an das Vorliegen derjenigen Voraussetzungen zu knüpfen, unter denen ein Gesellschafter durch Klage die Auflösung der Gesellschaft verlangen kann. Nach §61 Abs. 1 GmbHG ist dies zulässig, wenn die Erreichung des Gesellschaftszwecks unmöglich wird oder wenn andere, in den Verhältnissen der Gesellschaft liegende wichtige Gründe vorhanden sind (zum Beispiel ein unheilbares Zerwürfnis unter den Gesellschaftern). Das Duell ist in diesem Fall rein auf seine Funktion als Auflösungsinstrument von streitigen Pattsituationen reduziert. Die Anwendbarkeit der Duellklausel ist eingeschränkt. Trotz aller Einschränkungen bleibt die Duellklausel aber ein Instrument, das jeden Gesellschafter auch gegen seinen Willen zur Aufgabe seines Geschäftsanteils zwingen kann. Dies sollten Sie sich bei der Entscheidung über die Aufnahme einer Duellklausel in Ihren Gesellschaftsvertrag immer vor Augen führen.

Eine derartige Duellklausel führt häufig dann nicht zu gerechten Ergebnissen, wenn sich wirtschaftlich unterschiedlich starke Gesellschafter gegenüberstehen. In diesen Fällen besteht die Gefahr, dass der zahlungskräftigere Gesellschafter einen Liquiditätsengpass des anderen Gesellschafters ausnutzt und ein Gesellschafterduell initiiert, indem er einen unter Verkehrswert liegenden Kaufpreis aufruft. Wenn der liquiditätsschwächere Gesellschafter nicht in der Lage ist, einen Kauf zu finanzieren, bleibt ihm nichts anderes übrig, als seinen Anteil unter Wert zu veräußern.

Ungeeignet ist eine Duellklausel ferner dann, wenn nicht sämtliche Gesellschafter den gleichen Informationsstand über die Gesellschaft haben, beispielsweise weil der eine Gesellschafter zusätzlich Geschäftsführer ist und der andere nicht. Initiiert in einem solchen Fall der geschäftsführende Gesellschafter ein Gesellschafterduell, wird der andere, nicht geschäftsführende Gesellschafter regelmäßig nicht genauso gut feststellen können, ob der aufgerufene Preis marktgerecht ist.

> **Achtung**                                                                    **!**
>
> Zu Russian-Roulette-Klauseln existiert bislang nur sehr wenig Rechtsprechung. Das
> OLG Nürnberg hat mit Urteil vom 20.12.2013, Az. 12 U 49/13, entschieden, dass die
> vertragliche Vereinbarung derartiger Klauseln grundsätzlich zulässig sei. Das OLG
> Nürnberg hat jedoch auch klargestellt, dass es in Situationen mit wirtschaftlich un-
> terschiedlich potenten Vertragsteilen zu Missbrauchsmöglichkeiten kommen könne,
> etwa wenn der finanzstärkere Gesellschafter ein Angebot zu einem strategischen
> Preis erklärt, von dem er weiß, dass der weniger liquide Gesellschafter diesen nicht
> zu leisten imstande ist. Eine ähnliche Missbrauchskonstellation besteht, wenn der
> Kauf oder Verkauf für einen Gesellschafter aus steuerlichen oder unternehmens-
> strategischen Gründen wirtschaftlich nicht zweckmäßig ist und der andere Gesell-
> schafter dies weiß. Letzterer kann dann einen für ihn günstigen Preis für seinen
> beziehungsweise den Geschäftsanteil des anderen Gesellschafters faktisch erzwin-
> gen. Weil eine Russian-Roulette-Klausel in derartigen Konstellationen letztlich die
> Möglichkeit eröffnet, einen Gesellschafter gegen dessen Willen aus der Gesellschaft
> hinauszudrängen, kann die Ausübung (!) der Klausel daher in den geschilderten
> Sonderfällen sittenwidrig und damit nichtig sein.
> Diese Rechtsprechung ist analog auf Duellklauseln anwendbar.

### 4.1.8.21 Versteigerung (»Texan Shoot Out«)

Eine andere Art sinnvoller Auseinandersetzungsregeln sind versteigerungs-
ähnliche Bieterverfahren, auch »Texan Shoot Out« genannt. Es handelt sich
dabei um eine Unterart des als Russian Roulette bezeichneten Gesellschafterduells. Dazu vereinbaren die Gesellschafter, dass jeder Gesellschafter eine
Versteigerung unter gleichzeitiger Nennung eines Eröffnungspreises für den
»Zielanteil« einleiten kann. Der Zielanteilsgesellschafter ist verpflichtet, sich
auf die Versteigerung einzulassen und kann:

- entweder den Eröffnungspreis überbieten, um den Anteil des versteigerungseröffnenden Gesellschafters zu erwerben (Gegenpreis);
- oder seinen Geschäftsanteil zum Eröffnungspreis an den versteigerungseröffnenden Gesellschafter verkaufen.

Überbietet der Zielanteilsgesellschafter den Eröffnungspreis (nennt er also
einen Gegenpreis), kann der versteigerungseröffnende Gesellschafter diesen
Gegenpreis überbieten oder seinen Anteil zum Gegenpreis an den »Zielanteils-
Gesellschafter« abtreten. Dieser Vorgang wiederholt sich, bis ein Gesellschafter keinen Gegenpreis mehr bietet und seinen Geschäftsanteil verkauft.

Die entsprechende gesellschaftsvertragliche Regelung muss selbstverständlich berücksichtigen, dass Gesellschafter unterschiedlich große Geschäftsanteile haben könnten. Es muss gewährleistet werden, dass alle Gesellschafter

an der Versteigerung teilnehmen können. Dementsprechend ist ein Modus zum anteilsmäßigen Vergleich der gebotenen Preise vorzusehen.

Für die Regelung von Antwortfristen, der Folgen eines Fristversäumnisses und der »Entschärfung« der Versteigerungsklausel durch Bindungen sowie die Nachteile und Risiken eines derartigen Verfahrens gilt grundsätzlich das in Kapitel 4.1.8.19 »Call- und Put-Optionen« Ausgeführte.

Die Fristlänge könnte bei der Versteigerung allerdings gestrafft werden. Nur die erste Frist für den Zielanteilsgesellschafter sollte ausreichend lang sein, denn der meiste Arbeitsaufwand fällt für ihn nach Erhalt des Eröffnungspreises an. Um zu entscheiden, wie er auf diesen Eröffnungspreis reagieren soll, muss er die Angemessenheit des Eröffnungspreises prüfen, zur Festlegung seines Gegenpreises den Wert des Anteils des versteigerungseröffnenden Gesellschafters abschätzen und allenfalls Gespräche mit Dritten zur Finanzierung des Gegenpreises führen können.

Werden in der Folge weitere Preisangebote notwendig (läuft die Versteigerung weiter), entfällt der größte Teil dieses Aufwands. Die Antwortfristen für diesen Teil des Versteigerungsverfahrens können daher erheblich verkürzt werden, denn der versteigerungseröffnende Gesellschafter hat schon vor Eröffnung des Versteigerungsverfahrens die Gelegenheit, sich sorgfältig auf das gesamte Versteigerungsverfahren vorzubereiten.

Der Vorteil dieser Auseinandersetzungsregel gegenüber dem Gesellschafterduell ist, dass wegen des wechselseitigen Überbietens in der Regel der letztendlich seinen Anteil abtretende Gesellschafter in der Versteigerung einen höheren Abtretungspreis erhält. Der Nachteil liegt in der niedrigeren Hemmschwelle, eine Versteigerung auszulösen. Die Regelung erhöht für alle beteiligten Gesellschafter das Risiko ihres unfreiwilligen Ausscheidens.

**!** **Achtung**

Auch Versteigerungsklauseln sind unter Umständen so formuliert, dass sie nur für die zum Zeitpunkt ihrer Ausarbeitung aktuellen Gesellschafteranzahl funktionieren. Kontrollieren Sie daher bei Aufnahme neuer Gesellschafter insbesondere auch die Versteigerungsklausel. Gehen Sie bei Aufnahme eines weiteren Gesellschafters davon aus, dass die Versteigerungsklausel anzupassen ist!

## 4.1.8.22 Kündigungsrecht der Gesellschafter

## 4.1.8.22.1 Kündigung und Kündigungsgründe

Gesetzliche Regelungen zur ordentlichen Kündigung der Gesellschafterstellung gibt es für Personengesellschaften (§ 723 Abs. 1 S. 1 BGB, beziehungsweise § 132 HGB), nicht aber für GmbHs oder AGs. Regelmäßig enthält der Gesellschaftsvertrag einer Gesellschaft gleich welcher Rechtsform das Recht eines jeden Gesellschafters zur ordentlichen Kündigung unter Einhaltung einer Kündigungsfrist (in der Regel sechs Monate bis ein Jahr) und nur zu einem bestimmten Kündigungstermin (in der Regel zum Ende des Geschäftsjahres). In der Gestaltung ist man hier sehr frei. Enthält der Gesellschaftsvertrag keine entsprechenden Bestimmungen, haben die GmbH-Gesellschafter kein ordentliches Kündigungsrecht. Bei AGs gibt es kein Recht zur ordentlichen Kündigung.

Gesetzliche Regelungen zur außerordentlichen Kündigung der Gesellschafterstellung aus wichtigem Grund gibt es nur für die GbR (§ 723 Abs. 1 S. 2 BGB). Gleichwohl sind die Gesellschafter von Personengesellschaften oder einer GmbH bei Vorliegen wichtiger Gründe zur außerordentlichen Kündigung berechtigt, auch wenn ein solches Recht weder gesetzlich noch gesellschaftsvertraglich geregelt ist. So ein wichtiger Grund ist zum Beispiel eine unüberbrückbare Zerrüttung der Gesellschafter nach einem langen Gesellschafterstreit. Wie auch bei anderen Dauerschuldverhältnissen (zum Beispiel Mietverhältnis, Arbeitsverhältnis, Handelsvertreterverhältnis usw.) kann dieses außerordentliche Kündigungsrecht nach herrschender Ansicht gesellschaftsvertraglich nicht ausgeschlossen werden. Das Gesetz enthält keinerlei Regelungen, unter welchen Voraussetzungen ein »wichtiger Grund« vorliegt. Der Gesellschaftsvertrag kann/sollte zur Klarstellung solche wichtigen Gründe exemplarisch – nicht abschließend – aufführen (vgl. auch Kapitel 4.1.8.16.2). Auch empfehlen wir die ausdrückliche Vereinbarung ausreichender Kündigungsfristen. Unter Umständen ist das Kündigungsrecht an bestimmte Voraussetzungen zu binden:

- Mindestbestandsdauer der Gesellschaft;
- Verfehlen von Unternehmenszielen, wobei in diesem Fall die Unternehmensziele selbst auch genau definiert sein sollten (zum Beispiel Verfehlen vertraglich definierter Mindestgewinne in drei aufeinander folgenden Jahren; endgültige Unmöglichkeit der Umsetzung des Unternehmensgegenstandes, was zum Beispiel der Fall ist, wenn jenes Projekt nicht mehr verwirklicht werden kann, zu dessen Durchführung die Projektgesellschaft ursprünglich gegründet wurde);

- Erreichen von bestimmten Unternehmenszielen, sogenannten »Meilensteinen« (insbesondere bei Projektgesellschaften, wenn das gemeinsame Projekt verwirklicht wurde);
- sonstige vertraglich vereinbarte Gründe (definierte Änderungen im privaten Bereich der Gesellschafter; gesundheitliche Gründe).

Es ist anerkannt, dass GmbH-Gesellschafter in dem Gesellschaftsvertrag neben dem außerordentlichen Kündigungsrecht auch die ordentliche Kündigung vereinbaren dürfen (also auch eine grundlose Kündigung des Gesellschaftsvertrages, die lediglich an die Einhaltung bestimmter Kündigungsfristen und Kündigungstermine gebunden ist). Eine derartige gesellschaftsvertragliche Regelung sollte vorsehen, dass die Kündigung nicht die Auflösung der Gesellschaft, sondern lediglich das Ausscheiden des Gesellschafters zur Folge hat.

Für die AG wird ein ordentliches Kündigungsrecht grundsätzlich abgelehnt. Bei börsennotierten AGs fehlt auch ein berechtigtes Interesse des einzelnen Aktionärs an einer solchen Kündigungsmöglichkeit, kann er doch seine Beteiligung ohnehin jederzeit am freien Markt veräußern. Zumindest bei nicht börsennotierten AGs mit sehr personalistischen Zügen (kleiner Gesellschafterkreis) und vinkulierten, das heißt nicht frei veräußerbaren Anteilen, soll den Aktionären aber ein außerordentliches Kündigungsrecht zustehen.[80] Rechtsprechung existiert dazu aber nicht.

### 4.1.8.22.2 Rechtsfolgen einer Kündigung

Als Rechtsfolgen der Kündigung sind zwei Varianten denkbar:
- Die Kündigung durch einen Gesellschafter **führt zur Auflösung** (Liquidation) der Gesellschaft.
- Die Kündigung führt **nicht zur Auflösung** der Gesellschaft. Sie bewirkt primär das Ausscheiden des kündigenden Gesellschafters aus der Gesellschaft.

Ist in dem Gesellschaftsvertrag nichts anderes geregelt, führt bei einer GbR die Kündigung eines Gesellschafters zur Auflösung der Gesellschaft, bei einer OHG zum Ausscheiden des Gesellschafters (und nicht zur Auflösung) und bei einer GmbH im Zweifel zur Auflösung der Gesellschaft. Sollten Sie diese Rechtsfolgen nicht wünschen, ist dies im Gesellschaftsvertrag ausdrücklich festzuhalten. Insofern sollte stets explizit geregelt werden, ob die Kündigung die Auflösung der Gesellschaft oder nur das Ausscheiden des Kündigenden

---

80 Vgl. Spindler/Stilz/*Bachmann* § 262 Rn. 65.

gegen Zahlung einer Abfindung zur Folge hat. In der Regel empfiehlt es sich lediglich in bestimmten Sonderkonstellationen, wie beispielsweise einem projektbezogenen Joint-Venture, als Rechtsfolge der Kündigung die Auflösung der Gesellschaft vorzusehen. Üblicherweise haben die Gesellschafter jedoch ein Interesse daran, dass die Kündigung eines Einzelnen nicht die Existenz der Gesellschaft und damit in vielen Fällen ihre persönliche Existenzgrundlage gefährdet. Lediglich dann, wenn sich sämtliche Mitgesellschafter der Kündigung anschließen und ebenfalls kündigen, ist die Auflösung der Gesellschaft unumgänglich.

### 4.1.8.23 Höhe der Abfindung bei Ausscheiden aus der Gesellschaft

Der Tod eines Gesellschafters, seine Kündigung der Gesellschaft oder der begründete Ausschluss durch Mitgesellschafter führen bei den meisten Gesellschaften entweder kraft Gesetzes oder kraft einer gesellschaftsvertraglichen Regelung zum Ausscheiden eines Gesellschafters und der Fortführung der Gesellschaft durch die anderen Gesellschafter.

Einem ausscheidenden Gesellschafter steht gegenüber der Gesellschaft ein Anspruch auf Abfindung zu. Bei fehlender gesellschaftsvertraglicher Regelung ist eine Abfindung[81] in der Höhe des Verkehrswertes geschuldet. Zu zahlen ist dann der »Marktpreis« der Beteiligung.

Eine Verkehrswertabfindung löst bei der Gesellschaft oder den verbleibenden Gesellschaftern einen erheblichen Liquiditätsbedarf aus. Dieser kann die Gesellschaft in ihrem Bestand gefährden, wenn die verbleibenden Gesellschafter oder die Gesellschaft nicht in der Lage sind, die Abfindung zu leisten. Im schlimmsten Fall droht die Liquidation der Gesellschaft. Eine derartige Rechtsfolge wäre insbesondere in denjenigen Fällen ungerecht, in denen der Gesellschafter infolge eines eigenen pflichtwidrigen Verhaltens aus der Gesellschaft ausscheiden musste. Um solche Ergebnisse zu vermeiden, wird in Gesellschaftsverträgen häufig versucht, die Höhe des Abfindungsanspruchs so weit wie möglich zu begrenzen und eine Zahlung der Abfindung in Raten zuzulassen.

---

81  Zu den rechtlichen Rahmenbedingungen eines Abfindungsanspruchs: *Lutz*, Der Gesellschafterstreit, Rn. 318 ff.

Allerdings bestehen zum Schutz des ausscheidenden Gesellschafters Grenzen bei der vertraglichen Gestaltung. So kann eine zu starke Reduzierung der Abfindung im Sinne einer zu starken Abweichung von dem Verkehrswert sittenwidrig sein. Grund für die Sittenwidrigkeit ist einerseits eine mögliche Benachteiligung der Gläubiger des Ausscheidenden und andererseits die Erschwerung der nicht abdingbaren Möglichkeit des ausscheidungswilligen Gesellschafters, die Kündigung der Gesellschaft zu erklären. Weicht der Abfindungsanspruch bereits bei Niederlegung der Abfindungsregelung im Gesellschaftsvertrag zu stark von dem Verkehrswert des Geschäftsanteils ab, ist die Regelung von Anfang an sittenwidrig und der Abfindungsanspruch besteht in Höhe des Verkehrswertes. Hat sich die Abweichung zwischen der Höhe des Abfindungsanspruchs und dem Verkehrswert erst im Laufe der Zeit ergeben, wird die Höhe der Abfindung gerichtlich auf ein noch zulässiges Maß festgesetzt, dass sich irgendwo zwischen dem Buchwert und dem Verkehrswert bewegen wird.

> **! Achtung**
>
> Kein Gesellschafter weiß bei Abschluss des Gesellschaftsvertrages, ob die Regelung einer möglichst niedrigen Abfindung für ihn von Vorteil oder von Nachteil sein wird.

> **! Tipp**
>
> Ist gewünscht, dass ein ausscheidender Gesellschafter eine möglichst niedrige Abfindung erhält, empfehlen wir im Gesellschaftsvertrag einerseits eine sehr niedrige Abfindungshöhe vorzusehen und andererseits – zur Vermeidung des Risikos, dass die Abfindungsklausel sittenwidrig ist, eine salvatorische Klausel aufzunehmen (vgl. Kapitel 4.1.8.31). Inhalt derselben sollte ausdrücklich sein, dass dem ausscheidenden Gesellschafter die nach Gesetz und Rechtsprechung niedrigste noch zulässige Abfindung zusteht, wenn die Abfindungsregelung unwirksam ist.

> **! Tipp**
>
> Häufig wird die Gesellschaft nicht über genügend Liquidität verfügen, um den Abfindungsanspruch des ausscheidenden Gesellschafters in voller Höhe und unmittelbar nach dessen Ausscheiden als Gesellschafter zu erfüllen. Zum Schutz der Gesellschaft kann der Gesellschaftsvertrag daher eine Zahlung der Abfindung in Raten vorsehen. Die zulässige Höchstdauer des Ratenplans ist abhängig von der Höhe des Abfindungsanspruchs. Auszahlungszeiträume von fünf Jahren sind unbedenklich, problematisch werden Ratenpläne, die acht Jahre oder noch länger laufen.
> Um die Interessen des Ausscheidenden im Falle einer Abfindungszahlung in Raten zu wahren, kann der Gesellschaftsvertrag vorsehen, dass einerseits der noch offene Abfindungsanspruch verzinst wird und andererseits der Ausscheidende Anspruch auf Gewährung von Sicherheiten hat.

Ein vollständiger Ausschluss der Abfindung ist sittenwidrig. Häufig finden sich in Gesellschaftsverträgen Klauseln, die eine **Buchwertabfindung** vorsehen. Eine Buchwertabfindung bemisst sich nach dem in der Bilanz ausgewiesenen Eigenkapital der Gesellschaft. Stille Reserven oder ein Firmenwert der Gesellschaft bleiben unberücksichtigt. Eine Buchwertabfindung ist zulässig, wenn sie an einen Gesellschafterausschluss aus wichtigem Grund anknüpft. Für alle anderen Fälle des Ausscheidens ist sie regelmäßig unwirksam.

Der gesetzliche Regelfall und in häufigen Fällen auch die ausdrückliche vertragliche Regelung ist eine Abfindung in Höhe des Verkehrswertes. Eine **Verkehrswertabfindung** bemisst sich entweder nach dem Ertragswert oder nach dem Substanzwert – je nachdem, welcher Wert der höhere ist.

Der **Substanzwert** berechnet sich nach der Summe der Werte aller einzelnen materiellen und immateriellen Vermögensgegenstände der Gesellschaft (inklusive der stillen Reserven, aber ohne den Firmenwert) abzüglich ihrer Verbindlichkeiten.

Der **Ertragswert** berechnet sich nach dem Ertragswertverfahren oder alternativ nach dem Discounted-Cash-Flow-Verfahren (DCF-Verfahren). Beide Verfahren stellen auf die Leistungsfähigkeit der Gesellschaft in der Zukunft ab. Ausgangspunkt ist eine sich auf die Zukunft beziehende Unternehmensplanung, die in der Regel aus bekannten Werten der Vergangenheit hergeleitet wird. Durch Abzinsung der Erträge/der Cash-Flows mit risikoadäquaten Kapitalkosten ergibt sich der Barwert zum Ausscheidensstichtag. Bei konsistenten Annahmen (Unternehmensplanung, Kapitalkosten usw.) kommen das Ertragswertverfahren und das Discounted-Cash-Flow-Verfahren zu identischen Ergebnissen. In Deutschland wird die Verkehrswertermittlung auf Basis des Ertragswertverfahrens bevorzugt. International ist das Discounted-Cash-Flow-Verfahren gebräuchlicher. Maßstab sind in der Regel die von dem Institut der Wirtschaftsprüfer (IDW) definierten Grundsätze zur Durchführung von Unternehmensbewertungen (IDW S1).

**Achtung** !

Für den Fall des Ausschlusses eines Gesellschafters (beziehungsweise der Einziehung seiner Anteile) aus wichtigem Grund kann als Sanktion für das oft pflichtwidrige Verhalten des auszuschließenden Gesellschafters und zum Schutz der Gesellschaft eine Buchwertabfindung geregelt werden. Der Nachteil einer solchen Klausel besteht darin, dass dies in den häufigen Fällen des Streits über das tatsächliche Vorliegen eines den Ausschluss rechtfertigenden wichtigen Grundes für den auszuschließenden Gesellschafter zu einer »Alles-oder-Nichts«-Situation führt: Besteht tatsächlich ein den Ausschluss rechtfertigender wichtiger Grund, hat dies wegen der dann drohenden Abfindung zum niedrigen Buchwert für den Auszuschließenden Vermögenseinbußen zur Folge. Da die Frage des Vorliegens wichtiger Gründe häufig streitig und rechtlich unklar ist, besteht für den Auszuschließenden eine erhebliche Fallhöhe. Diese Fallhöhe führt zu einem Vergleichsdruck, sodass derartige Streitigkeiten über die Frage der Rechtmäßigkeit eines Ausschlusses häufig auch mit einem Vergleich enden, der das Ausscheiden des Betroffenen beinhaltet, gegen Zahlung einer geringen, nämlich nur zwischen dem Buch- und dem Verkehrswert liegenden Abfindung.

Für den Fall der Kündigung durch einen Gesellschafter sollte eine Verkehrswertabfindung, gegebenenfalls mit geringen Abschlägen auf den Verkehrswert, vereinbart werden. Andernfalls besteht die Gefahr, dass der austrittswillige Gesellschafter nicht kündigt und sich zum berühmten »lästigen Gesellschafter« entwickelt.

Die Möglichkeit der Ratenzahlung mit gleichzeitiger Pflicht der Gesellschaft zur Sicherheitsleistung ist sinnvoll.

> **! Tipp**
>
> Es empfiehlt sich, in Gesellschaftsverträgen detaillierte Abfindungsklauseln vorzusehen. Abfindungsklauseln sind sehr streitanfällig, da die Gesellschafter aufgrund der Beendigung der Zusammenarbeit häufig nicht mehr motiviert sind, eine einvernehmliche Lösung zu finden.
>
> Häufige Streitpunkte sind bei Buch- und Substanzwertklauseln die Bewertung der einzelnen Vermögensgegenstände und bei Ertragswertklauseln die Unternehmensplanung sowie der Kapitalkostensatz.

> **! Tipp**
>
> Häufig enthalten Gesellschaftsverträge eine Regelung, wonach bei Streitigkeiten über die Höhe des Abfindungsanspruchs ein von der örtlichen Industrie- und Handelskammer oder von der örtlichen Rechtsanwaltskammer zu benennender Wirtschaftsprüfer als Schiedsgutachter zu entscheiden hat. Derartige Schiedsgutachten sind grundsätzlich bindend und können nur gerichtlich angegriffen werden, wenn sie über die Grenzen des billigen Ermessens hinaus fehlerhaft sind (§ 319 BGB).[82]
>
> Die Qualität eines derartigen Schiedsgutachtens wird regelmäßig erhöht, wenn die betroffenen Gesellschafter und die Gesellschaft in die Begutachtung eingebunden werden. Der Gesellschaftsvertrag sollte daher eine Regelung vorsehen, wonach der Schiedsgutachter die betroffenen Gesellschafter zu hören hat und der Entwurf des Schiedsgutachtens der Gesellschaft und den Gesellschaftern vorab zur Stellungnahme zu übersenden ist (innerhalb angemessener Frist).

---

82  Baumbach/Hopt/*Roth* HGB § 131 Rn. 53.

### 4.1.8.24 Wettbewerbsverbot und Geheimhaltungspflicht

Gesellschafter in Ausübung ihrer Informations- und Kontrollrechte (vgl. Kapitel 4.1.8.10) und in noch höherem Maß die Gesellschafter-Geschäftsführer haben Einblick in die Geschäftsgeheimnisse der Gesellschaft (zum Beispiel Lieferantenlisten, Kundenlisten, Namen der Arbeitnehmer, Gehaltslisten, Einkaufspreise, Finanzgebaren, Kostenstrukturen, konkrete Angebote, Kalkulationsmuster, Patente, Rezepturen, Marken-Know-how usw.). Sie sollten Ihre Gesellschaft vor der schädlichen Verwendung und Verwertung dieser Geschäftsgeheimnisse schützen. Vereinbaren Sie deshalb umfassende Wettbewerbsverbote und Geheimhaltungspflichten.

Ohne besondere Vereinbarung führt die Verletzung eines Wettbewerbsverbotes oder einer Geheimhaltungspflicht lediglich zu Schadenersatzpflichten des verletzenden Gesellschafters gegenüber der Gesellschaft und allenfalls gegenüber den übrigen Gesellschaftern. Zur Durchsetzung von Schadenersatzansprüchen haben die Ersatzberechtigten aber zunächst die genaue Schadenshöhe substantiiert darzulegen und zu beweisen. Gerade daran aber scheitert häufig die Geltendmachung von Schadenersatz wegen Verletzung eines Wettbewerbsverbotes oder einer Geheimhaltungspflicht. Denn worin liegt der ziffernmäßig genau bestimmbare Schaden einer Konkurrenztätigkeit beziehungsweise der Weitergabe einer Information?

Die Durchsetzung von Schadenersatzansprüchen nach Verletzung eines Wettbewerbsverbotes oder einer Geheimhaltungspflicht scheitert daher oft an der Unmöglichkeit des Nachweises eines konkreten Schadens. Dies selbst dann, wenn ein Wettbewerbsverbot oder eine Geheimhaltungspflicht unbestritten verletzt wurde (und zumindest dieser Nachweis gelingt, was im Falle der Verletzung von Geheimhaltungspflichten häufig nicht möglich ist).

Vereinbaren Sie deshalb im Zusammenhang mit Wettbewerbsverboten und Geheimhaltungspflichten immer Vertragsstrafen in schmerzhafter Höhe für deren Verletzung
- für Gesellschafter: im Gesellschaftsvertrag oder in Nebenvereinbarungen;
- für die Geschäftsführer, die nicht Gesellschafter sind (Fremdgeschäftsführer): im Dienstvertrag.

Berücksichtigen Sie bei der Vereinbarung von Vertragsstrafen unbedingt die Ausführungen in Kapitel 4.2.5 »Vertragsstrafe vorsehen!«.

> **!  Achtung**
>
> Die Vereinbarung beliebig hoher Vertragsstrafen ist zwar zulässig – das richterliche Recht, eine unangemessen hohe Vertragsstrafe nach §343 BGB herabzusetzen, kann aber gegenüber Geschäftsführern und Gesellschaftern nicht ausgeschlossen werden. Versuchen Sie daher, durch umsichtige Festlegung einer angemessenen Strafhöhe die Anwendung des richterlichen Herabsetzungsrechts zu vermeiden (vgl. Kapitel 4.2.5).

> **!  Achtung**
>
> Wettbewerbsverbote und Geheimhaltungspflichten finden sich in den unterschiedlichsten Verträgen ein und derselben Gesellschaft (im Gesellschaftsvertrag, der Nebenvereinbarung, Stimmrechtspoolvereinbarungen, Vorstandsverträgen usw.). Achten Sie darauf, dass entsprechende Vereinbarungen in allen Verträgen übereinstimmen beziehungsweise einander nicht widersprechen (vgl. Kapitel 4.1.3).

### 4.1.8.24.1 Wettbewerbsverbote

Besonders wichtig ist die Vereinbarung eines (gesellschafts-)vertraglichen Wettbewerbsverbotes bei **GmbHs**, wobei sich dieses Wettbewerbsverbot ausdrücklich auch auf die Gesellschafter erstrecken sollte. Kapitalgesellschafter unterliegen nämlich – anders als Personengesellschafter und GmbH-Geschäftsführer – grundsätzlich keinem Wettbewerbsverbot. Eine Ausnahme besteht aufgrund der gesellschaftsrechtlichen Treuepflicht (vgl. Kapitel 5.5.1.1) nur dann, wenn ein GmbH-Gesellschafter eine Gesellschaft »beherrscht«, beispielsweise weil er Mehrheitsgesellschafter ist oder auf andere Art und Weise auf die Geschäftsführung der Gesellschaft beherrschenden Einfluss ausüben kann. Dagegen unterliegen bloße Minderheitsgesellschafter ohne beherrschenden Einfluss keinem gesetzlichen Wettbewerbsverbot. Ohne ein (gesellschafts)vertragliches Wettbewerbsverbot kann ein die Gesellschaft nicht beherrschender Gesellschafter in gleichem Maße gegenüber der Gesellschaft in Wettbewerb treten wie ein fremder Dritter. Dies kann für die Gesellschaft erhebliche Nachteile haben und sollte vermieden werden.

Ob diese für die GmbH geltenden Grundsätze auch auf die **AG** anwendbar sind, ist umstritten.[83] Unstreitig ist, dass Gesellschafter von börsennotierten Gesellschaften keinem Wettbewerbsverbot unterliegen. Die herrschende Meinung ist ferner der Ansicht, dass auch die Satzung einer AG den Aktionären kein Wettbewerbsverbot auferlegen darf. Weil es kein Wettbewerbsverbot gibt, ist dem gesellschaftsschädlichen Einfluss eines Mehrheitsaktionärs aus-

---

83  Zum Meinungsstand: MüKoAktG/*Altmeppen* Vorb. §§311 ff. Rn.49 und Rn.77.

schließlich durch die konzernrechtlichen Regelungen der §§ 311 ff. AktG Einhalt zu gebieten (vgl. Kapitel 10.3.3.1). Vorstände einer AG unterliegen einem gesetzlichen Wettbewerbsverbot (§ 88 AktG).

Gesellschafter (Geschäftsführer) können aus der Gesellschaft (ihrer Organstellung) ausscheiden. Sie sind dann nach den gesetzlichen Regelungen ihrer gesellschaftsvertraglichen (dienstvertraglichen) Verpflichtungen grundsätzlich entbunden. Sehen Sie daher die Nachwirkung des Wettbewerbsverbotes vor – also dass Gesellschafter und Geschäftsführer auch über ihr Ausscheiden aus der Gesellschaft (ihrer Organstellung) hinaus an diese Verpflichtungen gebunden sind (sogenanntes **nachvertragliches Wettbewerbsverbot**).

Nachvertragliche Wettbewerbsverbote gegenüber Organmitgliedern in Dienstverträgen sind nur wirksam, wenn gleichzeitig dem ausgeschiedenen Organmitglied für denselben Zeitraum eine Karenzentschädigung in Höhe von mindestens der Hälfte seiner zuletzt bezogenen Vergütung zugesagt wird. Insofern können nachvertragliche Wettbewerbsverbote für ausgeschiedene Organmitglieder sehr teuer werden und sollten nur wohldosiert eingesetzt werden. – Dagegen können gegenüber ausgeschiedenen Gesellschaftern in der Satzung nachvertragliche Wettbewerbsverbote vereinbart werden, die keine Karenzentschädigung vorsehen. Dies kann einen ausscheidenden Gesellschafter erheblich in seinem Fortkommen behindern, schließlich darf er dann häufig die Tätigkeit, die er erlernt hat, nicht mehr weiter ausüben. Insofern empfiehlt es sich auch hier, nachvertragliche Wettbewerbsverbote nur dosiert einzusetzen, beispielsweise im Rahmen einer Unternehmensnachfolge (vgl. Kapitel 7.2).

Der Gesellschaftsvertrag kann auch Ausnahmen vom Wettbewerbsverbot vorsehen. Insbesondere ist es ratsam, bereits bekannte (Konkurrenz-)Tätigkeiten der Gesellschafter und Geschäftsführer im Gesellschaftsvertrag oder einer Nebenvereinbarung konkret anzuführen. Das dient der Klarstellung, dass diese Tätigkeiten den Gesellschaftern bekannt und vom Wettbewerbsverbot ausgenommen sind. Liegt einem Gesellschafter etwas an der Geheimhaltung der ausgeübten (Konkurrenz-)Tätigkeiten, sollten die Gesellschafter diese Tätigkeiten nicht im Gesellschaftsvertrag, sondern in einer Nebenvereinbarung anführen (da Gesellschaftsverträge von Kapitalgesellschaften bei den Handelsregistern öffentlich einsehbar sind) und überdies die Geheimhaltung dieser (Konkurrenz-)Tätigkeiten vereinbaren.

Von einem Wettbewerbsverbot im Gesellschaftsvertrag können die Gesellschafter im Einzelfall oder generell befreit werden. Dies erfordert nach den gesetzlichen Bestimmungen eine Änderung des Gesellschaftsvertrages. Das verursacht Aufwand, den Sie vermeiden können, indem Sie im Gesellschaftsvertrag andere Modalitäten für die Einwilligung in Konkurrenztätigkeiten vorsehen. Praktisch bewährt hat sich dabei insbesondere die Einwilligung durch den Aufsichtsrat. In Gesellschaften ohne Aufsichtsrat kann die Zustimmung durch Gesellschafterbeschluss eine Lösung sein. Überlegen Sie dazu aber genau, welches Mehrheitserfordernis dafür vorgesehen werden soll. Zum Schutz der Minderheitsgesellschafter empfiehlt es sich, einen einstimmig gefassten Beschluss zu verlangen.

**! Achtung**

Konkurrenzverbote unterliegen der Kartell- und Sittenwidrigkeitskontrolle. Besonders kritisch sind gesellschaftsvertraglich vereinbarte nachvertragliche Wettbewerbsverbote zu prüfen, da sie den ausscheidenden Gesellschafter erheblich in seinem beruflichen Fortkommen behindern. Entsprechende Klauseln müssen einer Zwei-Stufen-Prüfung standhalten:
Im ersten Schritt ist zu klären, ob die Gesellschaft in zeitlicher, gegenständlicher und örtlicher Hinsicht ein schützenswertes berechtigtes Interesse an der Untersagung einer nachvertraglichen Wettbewerbstätigkeit hat. In einem zweiten Schritt ist zu prüfen, ob das Wettbewerbsverbot den Gesellschafter in seiner Berufsausübungsfreiheit unbillig beschränkt (gegebenenfalls unter Berücksichtigung einer vereinbarten Karenzentschädigung).[84]
Gerichte können in zeitlicher Hinsicht zu weit gehende Wettbewerbsverbote auf ein noch zulässiges Maß (in der Regel nicht länger als zwei Jahre nach dem Ausscheiden als Gesellschafter) einschränken. Eine solche »geltungserhaltende Reduktion« setzt voraus, dass der Gesellschaftsvertrag eine salvatorische Klausel enthält (vgl. Kapitel 4.1.8.31). Ein räumlich oder inhaltlich zu weit formuliertes Wettbewerbsverbot ist jedoch nichtig, mit der Folge, dass der ausscheidende Gesellschafter in Wettbewerb treten darf.[85] Zu hart formulierte Konkurrenzverbote schaffen damit rechtliche Unklarheit (Hält das Konkurrenzverbot? In welchem Umfang wird es aufgehoben?) und können bei Nichtigkeit sogar wirkungslos sein.
Versuchen Sie daher ein Konkurrenzverbot fair zu formulieren und beschränken Sie dieses auf den räumlichen und inhaltlichen Betätigungsbereich der Gesellschaft.

**! Tipp**

Wettbewerbstätigkeiten sind streitanfällig. Gerade bei Gesellschaften, bei denen alle Gesellschafter operativ tätig sind, kann Unmut entstehen, wenn einzelne Gesellschafter der Gesellschaft ihre gesamte Arbeitskraft zur Verfügung stellen, andere Gesellschafter daneben aber noch auf eigene Rechnung tätig werden. Streitvermeidend ist eine Regelung, die eine Wettbewerbstätigkeit grundsätzlich verbietet, oder eine Regelung, die eine etwaig zu erlaubende Wettbewerbstätigkeit zuvor von den Gesellschaftern umfassend besprochen und anschließend im Gesellschaftsvertrag präzise definiert und eingegrenzt wird.

---

84  MüKoGmbHG/*Merkt* § 13 Rn. 238 f.
85  MüKoGmbHG/*Merkt* § 13 Rn. 246 f.

**Achtung** !

Manchmal werden zwischen Gesellschaftern Regelungen getroffen, oft nur mündlich (!), nach denen ihnen eine Wettbewerbstätigkeit im definierten Ausmaß erlaubt wird, sie aber verpflichtet sind, die daraus erzielten Umsätze (Gewinne) an die Gesellschaft »abzuliefern«, damit alle Gesellschafter daran partizipieren können. Das »Abliefern« erfolgt in der Regel durch bloße Bekanntgabe der »eigenen« Umsätze (Gewinne), welche dann den gemeinsam erzielten Umsätzen (Gewinnen) fiktiv dazu gerechnet und der gemeinsamen Gewinnverteilung zugrunde gelegt werden.

Bei dieser Vorgehensweise ist höchste Vorsicht geboten. Einerseits kann dieses Verhalten einen Kartellverstoß darstellen und Vorschriften des GWB verletzen. Andererseits können solche Gewinngemeinschaften als stille Gesellschaften zu qualifizieren sein. Spätere Veränderungen der stillen Gesellschaft können stille Reserven aufdecken und Ertragsteuern auslösen.[86] Treffen Sie solche Vereinbarungen nie ohne Rechtsanwalt und Steuerberater!

## 4.1.8.24.2 Geheimhaltungspflichten

Gesellschafter sind aufgrund ihrer Treuepflicht zur Geheimhaltung von Betriebs- und Geschäftsgeheimnissen der Gesellschaft verpflichtet. Nur in Ausnahmefällen, beispielsweise bei der Einholung von anwaltlichem Rat oder zum Zwecke der Veräußerung der Beteiligung an einen Dritten, dürfen die Gesellschafter Informationen weitergeben.[87] Die Grenzen der Zulässigkeit der Weitergabe sind fließend, nicht konkret definiert und einzelfallabhängig, weshalb Gesellschaftsverträge häufig konkrete Regelungen zu Geheimhaltungspflichten enthalten. Bei der gesellschaftsvertraglichen Vereinbarung von Geheimhaltungspflichten sind insbesondere folgende Probleme zu berücksichtigen:

- Kein Gesellschafter (beziehungsweise Geschäftsführer) kann jeden Vorgang in der Gesellschaft ohne fremde Hilfe erfassen. Es besteht daher eine hohe Wahrscheinlichkeit, dass ein Gesellschafter (beziehungsweise Geschäftsführer) fallweise externe Hilfe zur sachgerechten Entscheidungsfindung benötigt. Vereinbaren Sie daher, dass die Geheimhaltungspflicht im Verhältnis zu beruflich zur Verschwiegenheit verpflichteten Parteienvertretern nicht besteht (also zu Rechtsanwalt, Notar, Steuerberater, Wirtschaftsprüfer). Vereinbaren Sie gegebenenfalls auch, dass technische Sachverständige unter diese Ausnahme fallen.
- Das Geheimhaltungsinteresse der Gesellschaft beziehungsweise der Mitgesellschafter entfällt, wenn die betreffende Tatsache bereits öffentlich

---

86  BeckPersonenGes-HdB/*Neu* § 14 Rn. 130 ff.
87  Zur Geheimhaltungspflicht der Gesellschafter einer GmbH, vgl. BeckGmbH-HdB/*Schmiegelt/ Schmidt* § 3 Rn. 136 ff.

bekannt geworden ist. Im Streitfall beharren Mitgesellschafter manchmal bloß schikanös auf weitere Geheimhaltung bereits öffentlich bekannter Informationen. Vereinbaren Sie daher, dass sich die Geheimhaltungspflichten lediglich auf Informationen beziehen, die der Öffentlichkeit noch unbekannt sind.

- Im Einzelfall kann es notwendig sein, einzelne Informationen an Dritte weiterzugeben, obwohl diese Informationen der Geheimhaltungspflicht unterliegen. Oft werden die Mitgesellschafter einer solchen Weitergabe sogar zustimmen. Wer kein klares Zustimmungsprozedere vorsieht, riskiert, dass im Nachhinein streitig wird, ob eine Zustimmung zur Weitergabe einer an sich geheimen Information tatsächlich abgegeben wurde. Die einfachste Möglichkeit, ein solches Prozedere zu vereinbaren, liegt in der Regelung, dass die Zustimmung vorab einzuholen ist und schriftlich zu erfolgen hat.
- Der Gesellschafter (Geschäftsführer) nimmt sein Wissen nach Ausscheiden aus seiner Funktion mit. Die Gefahr der Weitergabe sensibler Informationen endet daher nicht mit dem Ende der Gesellschafterstellung beziehungsweise Geschäftsführerfunktion. Vereinbaren Sie daher unbedingt, dass die Geheimhaltungspflichten auch nach Ausscheiden aus der Gesellschaft beziehungsweise Geschäftsführung zeitlich unbeschränkt weiterbestehen (sogenannte nachvertragliche Geheimhaltungspflicht).
- Eine Ausnahme von der Geheimhaltungspflicht sollte für die Fälle bestehen, dass ein Gesellschafter (Geschäftsführer) durch öffentlich-rechtliche Verpflichtung die betreffende Information offenbaren muss.

### 4.1.8.25 Regelungen zum Aufsichtsrat

### 4.1.8.25.1 Aufsichtsrat oder Beirat einrichten?

Jede AG hat ausnahmslos einen Aufsichtsrat als Pflichtorgan zu bestellen. Für eine GmbH ist ein Aufsichtsrat zu bestellen, wenn zumindest eine der folgenden Voraussetzungen vorliegt:

- nach §1 Abs. 1 MitbestG: wenn die GmbH in der Regel mehr als 2.000 Arbeitnehmer beschäftigt (die Hälfte des Aufsichtsrates ist durch Arbeitnehmervertreter zu besetzen);
- nach dem §1 Abs. 1 DrittelbG: wenn die GmbH in der Regel mehr als 500 Arbeitnehmer beschäftigt (ein Drittel des Aufsichtsrates ist durch Arbeitnehmervertreter zu besetzen);
- nach §18 Abs. 2 KAGB: sogenannte externe Kapitalverwaltungsgesellschaften.

Kommt es bei Beschlussfassungen des Aufsichtsrates einer nach MitbestG paritätisch mitbestimmungspflichten AG zu einem Patt (zum Beispiel zwischen den Vertretern der Aktionäre und den Vertretern der Arbeitnehmer), so kann in der gleichen Sitzung eine nochmalige zweite Beschlussfassung erfolgen, bei der dem Aufsichtsratsvorsitzenden ein doppeltes Stimmrecht zukommt (§ 29 Abs. 2 MitbestG). Über die Person des Aufsichtsratsvorsitzenden entscheiden nach § 27 MitbestG die Aktionäre. So ist gewährleistet, dass auch in der paritätisch mitbestimmungspflichtigen AG die Aktionäre im Aufsichtsrat eine Mehrheit haben.

> **Tipp** !
>
> Auf Personengesellschaften ist das Drittelbeteiligungsgesetz generell nicht anwendbar. Insoweit bietet die Rechtsform der GmbH & Co. KG Vorteile gegenüber der GmbH.
>
> Zwar ist das Mitbestimmungsgesetz auf Personengesellschaften grundsätzlich auch nicht anwendbar, allerdings werden nach § 4 MitBestG die Arbeitnehmer einer GmbH & Co. KG der Komplementär-GmbH dann zugerechnet, wenn die Mehrheit der Anteile oder der Stimmen der Kommanditisten auch bei der Komplementär-GmbH als Gesellschafter die Mehrheit der Anteile oder der Stimmen hält. Hat in einem solchen Fall die GmbH & Co. KG mehr als 2.000 Mitarbeiter, muss die GmbH einen zur Hälfte mit Arbeitnehmervertretern besetzten Aufsichtsrat einsetzen.
>
> Gerade bei Familiengesellschaften lässt sich durch eine geschickte Gestaltung der Beteiligungsverhältnisse bei der GmbH & Co. KG einerseits und bei der Komplementär-GmbH andererseits die Pflicht zur Einrichtung eines Aufsichtsrates vermeiden.

Bedenken Sie, dass eine ursprünglich nicht aufsichtsratspflichtige GmbH nach Erreichen einer der genannten Voraussetzungen aufsichtsratspflichtig werden kann. Ist dies bereits bei der Gesellschaftsgründung absehbar, empfiehlt es sich, die vertragliche Gestaltung dieses Aufsichtsrates schon anlässlich der Gründung vorzunehmen. Denn falls die vertragliche Gestaltung dieses Aufsichtsrates bei Erreichen der Aufsichtsratspflicht fehlt, sind die gesetzlichen Bestimmungen zur Einrichtung und Ausgestaltung eines Aufsichtsrates anzuwenden.

> **Tipp** !
>
> Nach einer Untersuchung von Bayer/Hoffmann[88] soll fast die Hälfte aller nach dem DrittelbG mitbestimmungspflichtigen Gesellschaften pflichtwidrig keinen Aufsichtsrat eingerichtet haben. Falls trotz Überschreitens der gesetzlichen Größenmerkmale kein Aufsichtsrat eingerichtet wird oder ein Aufsichtsrat nicht entsprechend besetzt ist, gilt die Zusammensetzung des Aufsichtsrates (oder die fehlende Einrichtung eines Aufsichtsrates) nach § 96 Abs. 2 AktG als richtig.[89] Der Vorstand

---

88  *Bayer/Hoffmann*, Gesetzeswidrige Mitbestimmungslücken bei der GmbH, GmbHR 2015, 909.
89  Vgl. MüKoAktG/*Habersack* § 99 Rn. 24 und MüKoGmbHG/*Spindler* § 52 Rn. 67.

oder die Geschäftsführung sind nach § 97 AktG (analog) verpflichtet, eine die Sachlage widerspiegelnde Statusfeststellung zu treffen. Kommt das Organ dem nicht nach, haben verschiedene Personen eine Klagemöglichkeit nach § 98 AktG (analog). Nach § 99 Abs. 5 S.1 AktG wird die in einem solchen Verfahren ergehende gerichtliche Entscheidung über die auf die Zusammensetzung des Aufsichtsrates anzuwendenden Vorschriften (§ 98 Abs. 1 AktG) und über die Umsatzverhältnisse (§ 98 Abs. 3 AktG) erst mit Eintritt der Rechtskraft wirksam.

Überdies kann der Gesellschaftsvertrag einer GmbH die Einrichtung eines Aufsichtsrates (oder Beirates) auch freiwillig vorsehen, wenn die GmbH nach dem Gesetz nicht aufsichtsratspflichtig ist. Für einen fakultativen GmbH-Aufsichtsrat gelten bestimmte aktienrechtliche Regelungen zwingend (vgl. § 52 Abs. 1 GmbHG). Aufgrund der größeren Flexibilität ist daher ein Beirat einem fakultativen Aufsichtsrat vorzuziehen. Die Einrichtung eines Aufsichtsrates (Beirates) kann aufgrund folgender positiver Wirkungen sinnvoll sein:

- laufende professionelle Beratung und Überwachung der Geschäftsführung;
- Übertragung von Entscheidungskompetenzen von den oft nach Einzelinteressen agierenden Gesellschaftern auf ein primär der Gesellschaft verantwortliches Organ, dessen Mitglieder einer stärkeren persönlichen Haftung ausgesetzt sind als die Gesellschafter;
- Übertragung von Entscheidungskompetenzen von unter Umständen unternehmerisch unerfahrenen oder uninteressierten Gesellschaftern auf ein mit Experten besetztes Organ;
- Möglichkeit der Ergänzung von Know-how: Die Zusammensetzung des Aufsichtsrates ist flexibel – die Besetzung kann je nach Bedürfnissen der Gesellschaft mit Personen verschiedener Fachrichtungen erfolgen (Wirtschaftsexperten, technischen Spezialisten, Rechtsberatern usw.);
- Streitvermeidende Wirkung als »neutrales Forum« (vgl. Kapitel 5.1.2);
- Renommée: Es ist nicht unüblich, »Zölibatsaufsichtsräte« mit geringen Kompetenzen einzurichten und die Aufsichtsratsposten mit hochrangigen Persönlichkeiten zu besetzen. In diesen Fällen stehen weniger rechtliche Aspekte im Vordergrund, sondern vielmehr »weiche« Faktoren. Die hochrangigen Persönlichkeiten sollen gegenüber dem Rechtsverkehr vertrauensbildend wirken.

Diesen Vorteilen steht ein wesentlicher Nachteil gegenüber: Die Einrichtung eines Aufsichtsrates (oder Beirates) ist immer mit Kosten verbunden. Von Bedeutung ist dabei insbesondere die Mandatsvergütung für die einzelnen Aufsichtsratsmitglieder. In der Regel ist ein Aufsichtsrat (oder Beirat) aus rechtlicher Sicht nicht erforderlich, wenn es sich um eine personalistische Gesellschaft handelt, bei der die einzelnen Gesellschafter mitarbeitend tätig sind. Je größer der Gesellschafterkreis, je weniger Gesellschafter aktiv tätig sind und je weniger sich die Gesellschafter bewusst füreinander entschieden haben (zum Beispiel bei Publikumsgesellschaften mit anonymem Gesellschafterkreis oder bei Familiengesellschaften ab der zweiten Generation), umso mehr empfiehlt sich die Einrichtung eines Aufsichtsrates (oder Beirates).

> **Tipp** !
>
> Aufsichtsratsmitglieder werden üblicherweise durch Einzelwahl gewählt (über jeden Posten wird einzeln abgestimmt), durch Simultanwahl (über alle Posten wird gleichzeitig abgestimmt, wobei bei jedem Posten eine individuelle Wahl möglich ist, zum Beispiel über einen Wahlzettel mit mehreren Wahlvorschlägen) oder durch Listenwahl (eine Liste mit jeweils einem Wahlvorschlag für die zu vergebenden Posten steht zur Abstimmung; die Liste wird gewählt oder nicht). Dadurch können Mehrheitsgesellschafter über die Besetzung des gesamten Aufsichtsrates bestimmen. Versuchen Sie als Minderheitsgesellschafter eine Satzungsregelung durchzusetzen, wonach die Mitglieder des Aufsichtsrates nicht durch Mehrheitswahl, sondern durch Verhältniswahl gewählt werden. So kann es Ihnen trotz fehlender Stimmenmehrheit gelingen, eines oder mehrere Aufsichtsratsmitglieder Ihrer Wahl durchzusetzen.[90]

### 4.1.8.25.2 Anzahl der Aufsichtsratsmitglieder

Auf den ersten Blick eine sekundäre – allenfalls wegen der Vergütung der Aufsichtsratsmitglieder von finanziellen Erwägungen geprägte – Frage ist die Anzahl der gesellschaftsvertraglich vorzusehenden Aufsichtsratsmitglieder.

Für **AGs** enthält das AktG die Mindestzahl von drei Mitgliedern und von der Unternehmensgröße abhängige Höchstzahlen. Für **GmbHs** mit freiwillig eingerichtetem Aufsichtsrat bestehen keinerlei Größenvorgaben. Es kann dort auch ein Ein-Personen-Aufsichtsrat eingerichtet werden.[91]

| Gesellschaftsform | Anzahl der AR-Mitglieder |
|---|---|
| **AG mit Grundkapital (vgl. § 95 AktG)** | |
| EUR 50.000 bis EUR 1,5 Mio. | 3 bis 9 |
| mehr als EUR 1,5 Mio. bis EUR 10 Mio. | 3 bis 15 |
| Über EUR 10 Mio. | 3 bis 21 |
| **GmbH** | |
| (unabhängig vom Stammkapital) | mindestens 1 |

**Tab. 8:** Übersicht über Mindest- und Höchstzahlen für AR-Mitglieder

---

90  Vgl. zu den einzelnen Wahlverfahren: MüKoAktG/*Habersack* § 101 Rn. 15 ff.
91  Baumbach/Hueck/*Zöllner/Noack* § 52 Rn. 32.

Ist das DrittelbG (mehr als 500 Arbeitnehmer) oder das MitbestG (mehr als 2.000 Arbeitnehmer) anwendbar, so ist in §4 DrittelbG beziehungsweise §7 MitbestG die exakte Zahl der Aufsichtsratsmitglieder abhängig von der jeweiligen Unternehmensgröße zwingend vorgegeben.

### 4.1.8.26 Zustellung von Mitteilungen

Regeln Sie, wohin Mitteilungen der Gesellschaft oder anderer Gesellschafter an die einzelnen Gesellschafter zugestellt werden sollen. Eine für alle Situationen passende Optimallösung gibt es leider nicht. Die Zusammenstellung in folgender Tabelle soll Ihnen bei der Entscheidung helfen.

| Zustellung | Vorteile | Nachteile | Risiko | besser für |
|---|---|---|---|---|
| an die in der veröffentlichen Gesellschafterliste genannte Adresse | öffentliches Register (hoher Beweiswert, geringe Manipulationsgefahr); für jeden objektiv ermittelbar | häufig nur Wohnort, nicht Anschrift genannt; wird bei Veränderung des Wohnorts nicht angepasst; Ermittlungsaufwand | keine Gewähr für Vollständigkeit und Aktualität | im Ergebnis ungeeignet |
| an letzte, GF und Mitgesellschaftern bekannt gegebene Adresse | kein Zeitaufwand zur Adresserhebung und keine Kosten für Registerauszug; | kein öffentliches Register (geringerer Beweiswert, Manipulationsgefahr) | Gesellschafter vergisst, privaten Umzug zu melden, Absender stellt (absichtlich) an alte Adresse zu (zwar unter Umständen anfechtbar, der betroffene Gesellschafter ist aber in der Defensive) | Absender |
| an tatsächlich bekannte Adresse | unbürokratisch, flexibel, kostengünstig | nicht immer ermittelbar, teilweise kostenpflichtige Einwohnermeldeamtsauskunft erforderlich | Missbrauchs- und Beweisproblem | Empfänger |

**Tab. 9:** Vorteile und Nachteile einzelner Zustelladressen

**Achtung** !

Nennen Sie im Gesellschaftsvertrag keine konkreten Zustelladressen. Denn eine Aktualisierung der Adressen könnte in diesem Fall nur durch eine formelle Änderung des Gesellschaftsvertrages erfolgen. Dabei müssen die Gesellschafter nicht nur die entsprechenden Beschlussmehrheiten erzielen (je nach Gesellschaftsform qualifizierte Mehrheit oder Einstimmigkeit), sondern auch die für die jeweilige Gesellschaftsform geltenden Formvorschriften einhalten. In den GmbH-Gesellschaftsvertrag beziehungsweise eine Satzung aufgenommene Adressen könnten nach Adressänderungen also nur unter Einhaltung der Form der notariellen Beurkundung aktualisiert werden!

## 4.1.8.27 Regelung des anzuwendenden Rechts

Auf Gesellschaften, die nach deutschem Recht gegründet wurden und im Handelsregister eingetragen sind, ist deutsches Recht anzuwenden. Für OHG, KG, GmbH und AG erübrigt sich daher grundsätzlich die Vereinbarung der anwendbaren Rechtsordnung. Wir empfehlen zur Klarstellung dennoch die Aufnahme einer Regelung in den Gesellschaftsvertrag, wonach für alle Streitigkeiten aus dem Gesellschaftsvertrag und über Ansprüche aus dem Gesellschaftsverhältnis ausschließlich deutsches Recht unter Ausschluss der Verweisungsnormen auf andere Rechtsordnungen gilt. Dies gilt insbesondere für Gesellschaften mit ausländischen Beteiligten.

Bei der Errichtung von nicht in das Handelsregister eingetragenen Gesellschaften (insbesondere einer als GbR organisierten ARGE) ist eine derartige Vereinbarung zur Sicherung der Anwendbarkeit deutschen Rechts empfehlenswert. Andernfalls besteht insbesondere bei Aufnahme ausländischer Gesellschafter oder Betätigungen mit Auslandsberührung die Gefahr der Anwendbarkeit anderer – Ihnen unbekannter – Rechtsordnungen.

## 4.1.8.28 Gerichtsstandsvereinbarung

Ohne vertragliche Vereinbarung eines Gerichtsstands gilt für Gerichtsverfahren der allgemeine Gerichtsstand. Die Gesellschafter haben Klagen gegen die Gesellschaft beim am Sitz der Gesellschaft zuständigen Gericht einzubringen.

Gesellschafter sind an ihrem Wohnort beziehungsweise Sitz zu verklagen. Je nach Wohnsitz der Gesellschafter können sich daraus unterschiedliche Gerichtszuständigkeiten ergeben. Wir empfehlen, die Zuständigkeit für alle Streitigkeiten aus dem Gesellschaftsvertrag und über Ansprüche aus dem Gesellschaftsverhältnis ausschließlich einem Gericht örtlich zuzuweisen. Dabei empfiehlt es sich meist, das am Sitz der Gesellschaft zuständige Gericht zu wählen. Zu beachten ist jedoch, dass Gerichtsstandsvereinbarungen nur dann zulässig sind, wenn die Parteien des Rechtsstreits Kaufleute sind. Dies ist bei als Gesellschafter oder Organmitglied fungierenden natürlichen Personen in der Regel nicht der Fall. Gerichtsstandsvereinbarungen gehen daher häufig ins Leere und tragen dann eher zur Rechtsunsicherheit bei.

### 4.1.8.29 Klausel für Mediation oder Collaborative Law

§1 MediationsG enthält folgende Legaldefinition:

*»Mediation ist ein vertrauliches und strukturiertes Verfahren, bei dem Parteien mithilfe eines oder mehrerer Mediatoren freiwillig und eigenverantwortlich eine einvernehmliche Beilegung ihres Konflikts anstreben. Ein Mediator ist eine unabhängige und neutrale Person ohne Entscheidungsbefugnis, die die Parteien durch die Mediation führt.«*

In einem Mediationsverfahren begleiten sogenannte »allparteiliche« Mediatoren streitende Personen, um freiwillig und gemeinsam eine konstruktive Lösung für deren Konflikt zu finden. Die Lösung wird in einer Vereinbarung festgehalten. Der allparteiliche Dritte trifft keine inhaltlichen Entscheidungen, sondern ist bloß für das strukturierte Verfahren verantwortlich. Ob und in welcher Form ein Mediator Lösungsvorschläge unterbreitet, hängt von der Mediationsvereinbarung ab.

> **! Achtung**
>
> Im Einvernehmen mit allen beteiligten Parteien kann bei Personengesellschaften und einer GmbH vor einer gerichtlichen Auseinandersetzung immer ein Mediationsverfahren durchgeführt werden. Beachten Sie jedoch, dass in diesem Fall gesellschaftsvertragliche Beschlussanfechtungsfristen weiterlaufen (vgl. Kapitel 6.16.2.2) – es sei denn, Sie schließen mit allen Gesellschaftern und mit der Gesellschaft eine Stillhaltevereinbarung für die Dauer des Mediationsverfahrens.

Der Gesellschaftsvertrag einer **Personengesellschaft** beziehungsweise einer **GmbH** kann obligatorische (also verpflichtende) Mediationsklauseln vorsehen. In diesem Fall kann die Streitigkeit erst dann rechtshängig gemacht werden, wenn zuvor erfolglos ein Mediationsverfahren durchgeführt wurde; andernfalls wäre die Klage derzeit unzulässig. Bei Beschlussmängelstreitigkeiten muss die obligatorische Mediationsklausel für die Dauer der Mediation eine Hemmung oder Verlängerung der Beschlussanfechtungsfrist vorsehen.

Ist dies nicht der Fall, ist die Mediationsklausel im Zweifel insoweit unwirksam und es muss zur Wahrung der Beschlussanfechtungsfrist Klage erhoben werden.[92]

Wegen der Satzungsstrenge sind obligatorische Mediationsklauseln bei **AGs** faktisch nicht möglich, weil die gesetzliche Beschlussanfechtungsfrist nicht verlängerbar ist (§ 246 Abs. 1 AktG). Anzudenken ist, bei personalistisch strukturierten AGs eine Mediation parallel zu einem Beschlussanfechtungsverfahren vorzusehen. Für nicht personalistisch strukturierte Aktiengesellschaften scheidet ein Mediationsverfahren im Beschlussmängelstreit aus.

Oft entscheiden sich Gesellschafter bei Verhandlung des Gesellschaftervertrages gegen eine obligatorische Mediationsklausel, da sie die Ansicht vertreten, dass diese Möglichkeit der Streitbeilegung immer noch gewählt werden könne, wenn die Parteien später dann bereit sein sollten. Die Vereinbarung im Gesellschaftsvertrag, vor einer (schieds-)gerichtlichen Austragung des Streits die Bereinigung über eine Mediation zu versuchen, bringt den Vorteil mit sich, dass die Gesellschafter sich schon vor dem Ausbruch eines Gesellschafterstreits zu einem Mediationsversuch bekennen und im Streitfall jedenfalls moralisch daran gebunden sind. Schließlich will niemand als »Streithansl« der Gesellschaft vor Gericht ziehen.

Darüber hinaus können in einer Mediationsklausel organisatorische Regelungen aufgenommen werden, über die sich die Gesellschafter im Gesellschafterstreit oft nicht mehr einigen werden. Die Mediationsklausel sollte jedenfalls beinhalten, in welchen Fällen ein Mediator anzurufen ist und wie das Mediationsverfahren gestaltet sein soll.

Das Mediationsverfahren bleibt auch bei einer obligatorischen Mediationsklausel ein freiwilliges Verfahren, weil die Gesellschafter jederzeit die Möglichkeit haben, auch gegen den Willen der anderen Gesellschafter die Mediation abzubrechen.

Die vorgenannten Ausführungen zu einer Mediationsklausel gelten entsprechend für Klauseln, die im Streitfall die Durchführung eines Collaborative-Law-Verfahrens vorsehen. Collaborative Law ist ein außergerichtliches Konfliktlösungsmodell, bei dem jede Partei von ihrem eigenen Rechtsanwalt vertreten wird. Die Konfliktregelung erfolgt im Team unter Beachtung mediativer Elemente, die auf Kooperation statt auf Konfrontation setzen. Es

---

92  *Lutz*, Der Gesellschafterstreit, Rn. 580.

ist eine Kommunikation aller Beteiligten miteinander ohne Rücksicht auf die bestehenden Vertretungsverhältnisse zulässig und erwünscht. Diese Art von Streitbeilegung ist in Europa noch relativ neu und die Durchführung des Verfahrens kann nur von Anwälten mit einer Spezialausbildung vorgenommen werden (vgl. Kapitel 6.4.1.1), weswegen eine solche Klausel noch kaum verwendet wird.

## 4.1.8.30 Schiedsklausel

Ein Schiedsverfahren ist eine Form der Streitbeilegung, bei der sich die Parteien einigen, den Streit nicht vor einem staatlichen Gericht zu verhandeln, sondern vor einem Schiedsgericht. Die endgültige Entscheidung des Schiedsgerichtes ist ein Schiedsspruch, der wie ein staatliches Urteil vollstreckt werden kann.

Ob man im Gesellschaftsvertrag eine Schiedsklausel vereinbart, ist Geschmackssache. Denn die Konfliktlösung durch Schiedsverfahren hat gegenüber der Konfliktlösung bei »normalen« (staatlichen) Gerichten sowohl Vor- als auch Nachteile:

- **Kosten:** Schiedsverfahren sind – auf eine Instanz betrachtet – meist teurer als (die öffentlich subventionierten) Verfahren bei staatlichen Gerichten. Bei Gesellschafterstreitigkeiten, bei denen aber von Anfang an feststeht, dass sie mindestens in die zweite Instanz gehen, können die nur in einer Instanz entscheidenden Schiedsgerichte kostengünstiger sein.
- **Vergleichswahrscheinlichkeit:** Der Abschluss von Vergleichen kann bei Schiedsgerichten unwahrscheinlicher sein, denn die Schiedsrichter verdienen mehr, wenn das Schiedsverfahren nach Durchführung eines ganzen Schiedsverfahrens mit einem Schiedsspruch beendet wird. Erfahrungsgemäß spielt dieser Aspekt für erfahrene und regelmäßig tätige Schiedsrichter aber keine Rolle. Schließlich haben diese einen Ruf zu verlieren. – Bei staatlichen Gerichten ist es genau umgekehrt. Hier hat der Gesetzgeber Anreize geschaffen, damit die Parteien motiviert sind, das Verfahren zügig durch Vergleich zu beenden und so die Justiz entlastet wird. Insofern drängen staatliche Richter regelmäßig auf den Abschluss eines Vergleiches. Aufgrund der höheren Kosten ist die Hemmschwelle zur Klage bei einem Schiedsgericht aber oft höher als bei staatlichen Gerichten, sodass die Chance steigt, dass die Streitparteien vor Klageerhebung substantiierte Vergleichsgespräche führen.
- **Dauer:** Verfahren bei staatlichen Gerichten können sich über mehrere Instanzen ziehen und dauern deshalb oft mehrere Jahre. Schiedsverfahren enden mit dem (erstinstanzlichen) Schiedsspruch. Das birgt zwar die Ge-

fahr, sich gegen einen fehlerhaften Schiedsspruch nicht (kaum) wehren zu können. Es verkürzt aber die Verfahrensdauer sehr. – Andererseits nimmt die Konstituierung eines Schiedsgerichtes erhebliche Zeit in Anspruch, während die Auswahl der staatlichen Richter nach einem festgelegten Geschäftsverteilungsplan in kürzester Zeit erfolgt.

- **Sachkompetenz:** Schiedsrichter sind meist wirtschaftsnäher als staatliche Gerichte. Sie haben deshalb oft ein besseres Verständnis für gesellschaftsrechtliche Vorgänge und deren wirtschaftlichen Hintergründe. Darüber hinaus besteht die Möglichkeit, auf die Besetzung des Schiedsgerichtes Einfluss zu nehmen und dieses mit renommierten Gesellschaftsrechtlern zu besetzen. – Bei der staatlichen Justiz haben Sie keinen Einfluss auf die Besetzung des Gerichts. Auch haben dort die Richter nicht immer einen Einfluss auf ihren Karriereweg. Es kann Ihnen selbst vor einer bei einem Landgericht eingerichteten Kammer für Handelssachen passieren, dass der vorsitzende Richter sich in seiner bisherigen Karriere überwiegend mit Strafrecht, Familienrecht oder Mietrecht beschäftigt hat.
- **Geheimhaltung:** Die Vertraulichkeit ist bei Schiedsgerichten besser gewahrt. Dies ist in gesellschaftsrechtlichen Auseinandersetzungen regelmäßig der größte Vorteil der Schiedsgerichtsbarkeit.
- **Akzeptanz:** Bei einem Dreier-Schiedsgericht wählen in der Regel die Parteien jeweils einen Schiedsrichter aus. Diese bestimmen dann den dritten Schiedsrichter. Der Einfluss der Parteien auf die Zusammensetzung des Schiedsgerichtes führt häufig zu einer größeren Akzeptanz der Entscheidung. Dies ist besonders bei Streitigkeiten in Gesellschaften mit Gesellschaftern aus unterschiedlichen Nationen der Fall.
- **Vollstreckbarkeit:** Schiedssprüche sind nahezu weltweit vollstreckbar. Die Vollstreckbarkeit staatlicher Gerichte ist außerhalb des EU-Raums oft nicht gewährleistet.

Entscheidet man sich für eine Schiedsklausel, ist es sinnvoll, gleichzeitig auch zu regeln, welche Verfahrensordnung anzuwenden ist.

**Tipp** !

Gängige Schiedsordnungen sind die Schiedsordnung der Deutschen Institution für Schiedsgerichtsbarkeit e.V. (DIS) und die Schiedsordnung der International Chamber of Commerce (ICC). Der BGH hat sich bislang in drei Entscheidungen[93] mit der Frage auseinandergesetzt, inwiefern gesellschaftsrechtliche Beschlussmängelstreitigkeiten vor einem Schiedsgericht geführt werden können. Er hat eine Schiedsfähigkeit von Beschlussmängelstreitigkeiten bejaht, aber Anforderungen an die Ausgestal-

---

93 Urteil vom 29.03.1996, Az.: II ZR 124/95 (»Schiedsfähigkeit I«), Urteil vom 06.04.2009, Az.: II ZR 255/08 (»Schiedsfähigkeit II«) und Beschluss vom 06.04.2017 (»Schiedsfähigkeit III«).

tung des Schiedsverfahrens gestellt. Die DIS hat daraufhin eine speziell an diese Rechtsprechung angepasste ergänzende Schiedsordnung (DIS-ERGeS) verabschiedet.[94] Andere Schiedsordnungen sind nicht speziell an diese Rechtsprechung angepasst. Bei ihnen besteht daher die Gefahr, dass die Schiedsklausel unwirksam ist. Wir empfehlen daher bei nach deutschem Recht gegründeten Gesellschaften alle Schiedsverfahren nach der DIS-Schiedsordnung zu führen.

> **! Tipp**
>
> Besteht eine Schiedsvereinbarung, können die Parteien trotzdem vor einem (staatlichen) ordentlichen Gericht zulässige Anträge auf Erlass einer einstweiligen Verfügung stellen (§ 1033 ZPO). Die Zeit, bis sich ein Schiedsgericht konstituiert, muss nicht abgewartet werden. Nicht selten kann die Angelegenheit in dem Verfügungsverfahren durch Vergleich erledigt werden. Dann erübrigt sich das Schiedsverfahren.

Wer sich bei Errichtung des Gesellschaftsvertrages noch nicht entscheiden kann, könnte diese Frage im Gesellschaftsvertrag insoweit offenlassen, als er vorsieht, dass der jeweilige Kläger entscheiden kann, ob er bei einem staatlichen Gericht oder einem Schiedsgericht klagen will.[95] Das bringt aber für die anderen Beteiligten (die Gesellschaft und die Mitgesellschafter) den Nachteil mit sich, dass der Kläger alleine nach seinen Interessen die Auswahl trifft und der Beklagte den Rechtsstreit in der vom Kläger gewählten Verfahrensart annehmen und führen muss.

Sowohl vor den ordentlichen Gerichten als auch vor Schiedsgerichten hat die unterliegende Partei die Anwaltskosten der obsiegenden Gegenpartei zu tragen. Während vor den ordentlichen Gerichten die Erstattungsansprüche auf die gesetzliche Vergütung nach dem Rechtsanwaltsvergütungsgesetz beschränkt sind, können vor Schiedsgerichten auch höhere Honorare ersatzfähig sein (Stundenhonorare, Tätigkeitsaufwand für mehrere Rechtsanwälte). Manche Kanzleien binden in die Mandatsbearbeitung zahlreiche Anwälte mit ein und verursachen dadurch einen erheblichen Kostenaufwand. Dadurch kann das Prozesskostenrisiko für alle Parteien erheblich steigen und die schiedsgerichtliche Klärung eines Sachverhalts unattraktiv werden. Wer bei den Kosten des Schiedsverfahrens Transparenz und eine Deckelung erreichen möchte, sollte mit der Schiedsklausel regeln, dass Kosten der Rechtsverfolgung nur in Höhe der gesetzlichen Gebühren nach dem Rechtsanwaltsvergütungsgesetz ersatzfähig sind.

---

94  Eingehend *Borris*, Die »Ergänzenden Regeln für gesellschaftsrechtliche Streitigkeiten« der DIS (»DIS-ERGeS«), SchiedsVZ 2009, 299.
95  Zur Zulässigkeit einer solchen Klausel: Musielak/Voit/*Voit* ZPO § 1029 Rn. 21.

## 4.1.8.31 Salvatorische Klausel

Nicht immer gelingt es dem Vertragsgestalter, alle Eventualitäten vorherzusehen. Zudem bewegen sich einzelne Vertragsklauseln häufig im Grenzbereich des rechtlich zulässigen und werden aufgrund rechtlicher oder tatsächlicher Veränderungen nachträglich unwirksam. Dieses Problem verschärft § 139 BGB, wonach die teilweise Nichtigkeit eines Vertrages bei fehlender anderweitiger Regel im Zweifel die Gesamtnichtigkeit des Vertrages zur Folge hat.

Um diese Rechtsfolgen zu vermeiden, werden in Gesellschaftsverträgen regelmäßig »salvatorische Klauseln« vereinbart. Dabei handelt es sich um eine vertragliche Bestimmung, die im Falle unwirksamer oder undurchführbarer Regelungen oder im Falle von vertraglichen Lücken greift. Die salvatorische Klausel hat den Zweck, einen teilweise unwirksamen, undurchführbaren oder lückenhaften Vertrag zu retten und so weit wie möglich aufrechtzuerhalten, indem vereinbart wird, dass jede unwirksame, undurchführbare oder lückenhafte Bestimmung durch eine wirksame sowie durchführbare Bestimmung ersetzt wird, die nach dem Sinn und Zweck des konkreten Vertrages vereinbart worden wäre, wenn die Vertragsparteien die Unwirksamkeit, Undurchführbarkeit oder Lücke erkannt und von vornherein bedacht hätten.

Man könnte in Gesellschaftsverträgen ergänzend auch die Verpflichtung verankern, bei Auftreten unwirksamer oder undurchführbarer Regelungen oder im Falle von vertraglichen Lücken den Gesellschaftsvertrag entsprechend anzupassen.

## 4.1.9 Änderung des Gesellschaftsvertrages

Der optimale Gesellschaftsvertrag wird von seinen Gesellschaftern als Maßanzug der Gesellschaft betrachtet und bei Änderungen im betrieblichen und/ oder privaten Umfeld der Gesellschafter beziehungsweise der Gesellschaft angepasst (vgl. Beispiel »Rechtsverhältnisse und Strukturänderungen« in Kapitel 4.1.2).

Bei **Kapitalgesellschaften** gilt die Pflicht zur notariellen Beurkundung nicht nur für die Errichtung des Gesellschaftsvertrages (§ 2 Abs. 1 GmbHG), sondern auch für einen Beschluss über dessen Änderung (§ 53 Abs. 2 GmbHG). Eine Abänderung des Gesellschaftsvertrages einer Kapitalgesellschaft wird erst mit ihrer Eintragung in das Handelsregister wirksam (§ 54 Abs. 3 GmbHG).

Gesellschaftsverträge von **Personengesellschaften** können formfrei geschlossen werden. Dementsprechend können Personengesellschafter auch Änderungen ihres Gesellschaftsvertrages formfrei vornehmen. Anderes gilt nur, wenn die Gesellschafter ein von der gesetzlichen Regelung abweichendes Formerfordernis vereinbart haben (vgl. Kapitel 4.1.6.1). Die Abänderung eines Personengesellschaftsvertrages wird grundsätzlich sofort mit ihrer Vereinbarung rechtswirksam.

## 4.2 Nebenvereinbarungen

### 4.2.1 Zweckmäßigkeit von Nebenvereinbarungen

Bei der Entscheidung, ob Sie eine Übereinkunft in den Gesellschaftsvertrag aufnehmen oder lieber eine Nebenvereinbarung (auch: Gesellschaftervereinbarung) errichten, sollten Sie sich von folgenden Überlegungen leiten lassen:

- Zwar können auch in Gesellschaftsverträgen Vereinbarungen zwischen einzelnen Gesellschaftern getroffen werden. Die übrigen Gesellschafter haben aber Einblick in den Gesellschaftsvertrag und damit auch Kenntnis über den Inhalt der Vereinbarung zwischen einzelnen Gesellschaftern. In Nebenvereinbarungen können hingegen einzelne Gesellschafter verschiedenste Regelungen ohne Mitwirkung und Mitwissen der übrigen Gesellschafter treffen. Für Vereinbarungen, die einzelne Gesellschafter ohne Beteiligung anderer Gesellschafter treffen und die vor den unbeteiligten Gesellschaftern geheim gehalten werden sollen, ist der Abschluss einer Nebenvereinbarung zweckmäßig. Die praktisch relevantesten Nebenvereinbarungen sind Stimmrechtspoolvereinbarungen, mit denen sich zwei oder mehrere Gesellschafter verpflichten, in der Gesellschafterversammlung einheitlich oder in einem bestimmten Sinn abzustimmen.
- Gesellschaftsverträge von Kapitalgesellschaften sind dem Registergericht vorzulegen, das diese in den öffentlich einsehbaren Urkundensammlungen aufbewahrt und online veröffentlicht. Der Inhalt von (Kapital-)Gesellschaftsverträgen ist also für jedermann einsehbar. Informationen, die Sie vor gesellschaftsfremden Dritten geheim halten wollen (zum Beispiel vor Konkurrenten, Kunden, Finanzierern, Übernahmeinteressierten), sollten Sie daher nicht in den Gesellschaftsvertrag aufnehmen, sondern entsprechende Regelungen eher in einer Nebenvereinbarung treffen.
- Im Gesellschaftsvertrag enthaltene Verpflichtungen werden notariell beurkundet – erfüllen also immer alle formalen Voraussetzungen für eine rechtswirksame Vereinbarung. Regelungen in privatschriftlichen Nebenvereinbarungen, die eine gebotene notarielle Form nicht einhalten, sind nichtig. Dies kann für Sie nachteilig (wenn Sie die rechtswirksame Verein-

barung wünschen) oder auch eine »Notbremse« sein (wenn Sie die Vereinbarung eigentlich gar nicht treffen wollen)!

- Nebenvereinbarungen wirken bloß relativ und zwar nur zwischen ihren Parteien – die Verwirklichung eines verpönten Erfolgs verhindern sie nicht. Wollen Sie eine auch Dritten gegenüber durchsetzbare Vereinbarung treffen (sogenannte »absolute Wirkung«)? Dann nehmen Sie diese Vereinbarung in den Gesellschaftsvertrag auf! Besteht die Möglichkeit, dass Sie von der Vornahme der vereinbarungswidrigen Handlung so profitieren könnten, dass dies die Nachteile einer Vertragsstrafe aufwiegt? Dann sollten Sie für diese Vereinbarung eine Nebenvereinbarung errichten!

Achten Sie beim Abschluss von Nebenvereinbarungen immer darauf, dass Nebenvereinbarungen nicht dieselbe absolute Wirkung entfalten wie im Gesellschaftsvertrag getroffene Vereinbarungen (vgl. Kapitel 4.2.4). Es kann daher im Einzelfall notwendig sein, dass die beteiligten Gesellschafter zwischen Geheimhaltung (Nebenvereinbarung) und höherer Wirkung des Vereinbarten (Gesellschaftsvertrag) abwägen müssen. Tendenziell gilt: Statutarische Vereinbarungen schaffen mehr Rechtssicherheit. Im Zweifelsfall sollten Sie Vereinbarungen daher im Gesellschaftsvertrag treffen.

---

**Achtung**     **!**

Immer wieder erweisen sich einzelne Bestimmungen in Nebenvereinbarungen in ihrem Zusammenwirken mit dem Gesellschaftsvertrag faktisch als wirkungslos. Auch Nebenvereinbarungen sollten daher einer strengen Übereinstimmungskontrolle unterworfen werden.

Ein »klassischer« Fehler in Stimmrechtspoolvereinbarungen ist, die Einberufungsfrist für Treffen zur Koordinierung des Stimmverhaltens in einer Gesellschafterversammlung (sogenannte Poolversammlungen) gleich lange anzusetzen wie die im Gesellschaftsvertrag festgesetzte Einberufungsfrist für die Gesellschafterversammlung. Aufgrund der durch Postzustellungen hervorgerufenen Verzögerungen ist es den einzelnen Gesellschaftern nicht möglich, nach Zustellung der Ladung zur Gesellschafterversammlung noch eine vor der Gesellschafterversammlung stattfindende Versammlung der Mitglieder des Stimmpools fristgerecht einzuberufen. Solange zwischen den Poolmitgliedern gutes Einvernehmen besteht, werden sich diese ungeachtet des längeren Fristenlaufs darauf einigen, die Poolversammlung rechtzeitig abzuhalten (also vor der Gesellschafterversammlung). Hat ein Poolmitglied jedoch kein Interesse mehr am Stimmrechtspool (oder will er diesen gar »sprengen«), muss er lediglich auf der Einhaltung der in der Stimmrechtspoolvereinbarung festgelegten Fristen bestehen, um den Pool zu unterlaufen.

Stimmen Sie daher die Regelungen einer Nebenvereinbarung mit jenen des Gesellschaftervertrages ab (vgl. Kapitel 4.1.3). Sehen Sie insbesondere für Poolversammlungen kürzere Einberufungsfristen vor als für Gesellschafterversammlungen!

> **❗ Achtung**
>
> Der Umstand, dass manche Angelegenheiten nicht im »offiziellen« Gesellschaftsvertrag, sondern in einer »inoffiziellen«, oft nahezu formlosen Art geregelt werden, verleitet viele Gesellschafter dazu, die Auswirkungen solcher Regelungen zu unterschätzen. Tatsächlich ist die rechtliche Wirkung in vielen Bereichen aber nicht von der Tatsache abhängig, ob die Regelung innerhalb oder außerhalb eines formellen Gesellschaftsvertrages erfolgt.
>
> Wenden Sie daher beim Abschluss von Nebenvereinbarungen dieselbe Sorgfalt auf, wie beim Abschluss des »offiziellen« Gesellschaftsvertrages. Unterziehen Sie auch alle Nebenvereinbarungen einer umfassenden juristischen Prüfung.

### 4.2.2  Zulässigkeit von Nebenvereinbarungen

Die Errichtung von Nebenvereinbarungen ist innerhalb der in Kapitel 4.1.7 »Gesellschaftsvertrag oder Nebenvereinbarung?« bezeichneten Grenzen zulässig, wobei es sinnvoll ist, einige Regelungen, die an sich in einer Nebenvereinbarung getroffen werden könnten, trotzdem in den Gesellschaftsvertrag aufzunehmen. Innerhalb der von Gesetz und guten Sitten vorgegebenen Schranken sind Nebenvereinbarungen inhaltlich unbeschränkt gestaltbar. Manche Vereinbarungen entfalten jedoch lediglich beschränkte (relative) Wirkung, wenn sie nicht im Gesellschaftsvertrag, sondern in einer Nebenvereinbarung erfolgen (vgl. Kapitel 4.2.4).

### 4.2.3  Gestaltung von Nebenvereinbarungen

Für die Gestaltung von Nebenvereinbarungen gilt grundsätzlich alles, was auch bei der Gestaltung von Gesellschaftsverträgen zu beachten ist (vgl. insbesondere Kapitel 4.1.1 bis 4.1.6). Insbesondere sollten auch Nebenvereinbarungen einfach und klar formuliert werden. Besondere Beachtung verdient im Zusammenhang mit dem Abschluss von Nebenvereinbarungen die Übereinstimmungskontrolle, um zu vermeiden, dass ihr Inhalt anderen Vereinbarungen widerspricht (vgl. Kapitel 4.1.3).

> **❗ Achtung**
>
> Wenn Sie mit verschiedenen (Mit-)Gesellschaftern einer Gesellschaft unterschiedliche Nebenvereinbarungen abschließen, sollten Sie sicherstellen, dass der Inhalt der Nebenvereinbarung mit einem Gesellschafter nicht den Nebenvereinbarungen mit anderen Gesellschaftern widerspricht. Sie laufen sonst Gefahr, nach einer Nebenvereinbarung zu einer Handlung verpflichtet zu sein, die Sie nach einer anderen Nebenvereinbarung schadenersatzpflichtig macht oder zur Zahlung einer Vertragsstrafe verpflichtet.

## 4.2.4  Wirkung von Nebenvereinbarungen

Satzungen von Kapitalgesellschaften sind dem Registergericht vorzulegen und werden von diesem online veröffentlicht. In der Satzung enthaltene Vereinbarungen können daher nicht geheim gehalten werden, sondern sind für jedermann leicht zugänglich. Nebenvereinbarungen – unter ihnen auch Stimmrechtspoolvereinbarungen – müssen dem Registergericht hingegen nicht vorgelegt werden. Ihr Inhalt ist also nicht öffentlich einsehbar.

Satzungen unterscheiden sich von Nebenvereinbarungen in der personellen Reichweite und in ihrer Wirkung. Nebenvereinbarungen entfalten nur unter ihren Vertragspartnern Wirkung, nicht aber gegenüber anderen, außenstehenden Gesellschaftern oder gar gegenüber der Gesellschaft. Verletzt eine Vertragspartei die Nebenvereinbarung, verstößt sie zwar gegen eine sie rechtlich bindende Verpflichtung, was zu Schadenersatzpflichten führen kann. Die Nebenvereinbarung verhindert jedoch nicht die Wirksamkeit der verbotenen Handlung. Dagegen gelten die Regelungen der Satzung sowohl gegenüber der Gesellschaft als auch gegenüber allen Gesellschaftern und allen Organen der Gesellschaft.[96] Jedoch müssen sich Dritte den Inhalt der Satzung nicht entgegenhalten lassen, es sei denn, der Inhalt ist zusätzlich ausdrücklicher Bestandteil des Handelsregisters.

---

**Beispiel: Wirkung der Satzung**     !

A verkauft B seine Aktien an der X-Baustoffhandel-AG. Eine Genehmigung der X-Baustoffhandel-AG hat er dafür nicht eingeholt. Die Satzung der X-Baustoffhandel-AG bestimmt aber, dass ihre Namensaktien vinkuliert sind (zur Vinkulierung vgl. Kapitel 4.1.8.14).
Die Vinkulierung beschränkt das Mitgliedschaftsrecht des A gegenüber jedermann.[97] Selbst wenn der Kaufvertrag zwischen A und B formwirksam und unter Beachtung aller gesetzlichen Vorgaben errichtet wurde, scheitert die Übertragung der Aktien an B. Denn A hat nie frei übertragbare Aktien erworben. A kann die Aktien daher ohne Einhaltung der Vinkulierungsbestimmung nicht wirksam auf B übertragen. Er bleibt weiter Aktionär der X-Baustoffhandel-AG, in die kein neuer Gesellschafter eingedrungen ist.

---

96  Zur Satzung einer GmbH als verbandsautonome Grundordnung: Baumbach/Hueck/*Zöllner/Noack* §53 Rn.7 ff.
97  MüKoAktG/*Bayer* §68 Rn.38.

> **!** **Beispiel: Wirkung einer Nebenvereinbarung**
>
> A verkauft B seinen Geschäftsanteil an der Y-Handels-GmbH. Dieser Geschäftsanteil ist gemäß der Bestimmung einer zwischen dem A und seinen Mitgesellschaftern abgeschlossenen Nebenvereinbarung vinkuliert (zur Vinkulierung vgl. Kapitel 4.1.8.14), die für den Fall ihrer Verletzung ausdrücklich die Unwirksamkeit des Übertragungsvorgangs und eine Vertragsstrafe in der Höhe von EUR 50.000 vorsieht.
> Die Geschäftsanteile der Y-Handels-GmbH wurden außerstatutarisch vinkuliert. Diese Vinkulierung wirkt bloß relativ unter den Vertragspartnern der Nebenvereinbarung, dagegen nicht gegenüber der Gesellschaft. Das Mitgliedschaftsrecht des A wird nicht beschränkt. Daran kann auch die (ebenfalls außerstatutarische) Vereinbarung der Unwirksamkeit des Übertragungsvorgangs nichts ändern. B erwirbt daher trotz Verstoß gegen die gültige Nebenvereinbarung rechtswirksam den Geschäftsanteil an der Y-Handels-GmbH. Die Y-Handels-GmbH konnte das Eindringen eines neuen Gesellschafters in ihren Gesellschafterkreis nicht verhindern.
> A hat aber gegen seine Verpflichtungen aus der Nebenvereinbarung verstoßen und ist zur Zahlung der Vertragsstrafe verpflichtet.

Aber auch die Rechtswirkungen zwischen den Gesellschaftern sind bei Nebenvereinbarungen im Vergleich zu Gesellschaftsverträgen beschränkt. Denn die Verletzung gesellschaftsvertraglicher Bestimmungen durch Gesellschafterbeschlüsse kann der einzelne Gesellschafter durch Beschlussanfechtung verhindern. Die Verletzung von in Nebenvereinbarungen geregelten Verpflichtungen unterliegt demgegenüber nur in seltenen Ausnahmefällen Anfechtungsmöglichkeiten (vgl. Kapitel 6.16.2.1).[98]

## 4.2.5 Vertragsstrafe vorsehen!

Eine Nebenvereinbarung wirkt relativ und deshalb nur soweit die Vertragsparteien sie auch tatsächlich einzuhalten gewillt sind. Eine effektive Nebenvereinbarung enthält daher Bestimmungen, mit denen die Vertragsparteien zur Einhaltung angehalten werden. Dies geschieht in der Praxis durch Vereinbarung von Vertragsstrafen (Pönalen). Der verpönte Erfolg kommt dann zwar zustande, der vertragsbrüchige Gesellschafter ist aber zur Zahlung der Vertragsstrafe verpflichtet (vgl. dazu auch die Beispiele in Kapitel 4.2.5).

Die Effektivität einer Nebenvereinbarung steigt mit der Höhe der vereinbarten Vertragsstrafe. Die Vereinbarung beliebig hoher Vertragsstrafen ist zwar zulässig. Der die Vertragsstrafe Verwirkende kann sich jedoch vor Gericht mit dem Einwand zur Wehr setzen, die vereinbarte Vertragsstrafe sei unange-

---

98  Baumbach/Hueck/*Zöllner/Noack* § 47 Rn. 118.

messen hoch. Das richterliche Recht, eine unangemessen hohe Vertragsstrafe nach §343 BGB herabzusetzen, kann gegenüber Geschäftsführern und Gesellschaftern nicht ausgeschlossen werden. Eine Vertragsstrafe wird dann unverhältnismäßig hoch sein, wenn die Strafe nicht erforderlich ist, um die Einhaltung des strafbewerten Interesses zu gewährleisten. Im Ergebnis wird das entscheidende Gericht daher eine Interessenabwägung mit einem im Vorhinein kaum einschätzbaren Ergebnis vornehmen.

Je höher eine Vertragsstrafe ist, umso größer ist die Wahrscheinlichkeit, dass sie ein Gericht herabsetzen wird. Nimmt ein Gericht eine Herabsetzung vor, besteht eine gewisse Wahrscheinlichkeit, dass diese nicht unerheblich ausfällt. Es empfiehlt sich daher, die Vertragsstrafe so anzusetzen, dass die richterliche Herabsetzung vermieden wird, anstatt eine unverhältnismäßig hohe Vertragsstrafe vorzusehen, deren Herabsetzung absehbar ist.

> **Achtung** !
>
> Ist eine Vereinbarung formunwirksam abgeschlossen, bezieht sich diese Unwirksamkeit auch auf die Vertragsstrafe (§344 BGB). Vertragsstrafen sind daher kein geeignetes Mittel, um die nachteiligen Folgen der Nichteinhaltung von Formvorschriften zu vermeiden (vgl. Kapitel 4.1.6).

Die Verwirkung einer Vertragsstrafe setzt grundsätzlich ein Verschulden voraus. Allerdings kann bei »gewichtigen Umständen« die Vertragsstrafenregelung vorsehen, dass kein Verschulden erforderlich ist.[99] Die Vertragsstrafe wirkt dann wie eine Garantie. Für die Verwirkung der Vertragsstrafe ist nicht erforderlich, dass dem Anspruchsinhaber auch tatsächlich ein Schaden entstanden ist. Sofern der Verstoß schuldhaft begangen wurde und dem Anspruchsinhaber auch ein Schaden entstanden ist, kann er den über die Höhe der Vertragsstrafe hinausgehenden Schaden ebenfalls geltend machen (vgl. §340 Abs. 2 BGB und §341 Abs. 2 BGB). Insofern wird die Vertragsstrafe auf den Schadenersatzanspruch angerechnet.

> **Tipp** !
>
> Wenn Sie die abschreckende Wirkung einer Vertragsstrafe erhöhen wollen, müssen Sie ausdrücklich vereinbaren, dass die Vertragsstrafe bei Verstößen gegen die strafbewerte Bestimmung verschuldensunabhängig verwirkt wird und dass die geschädigte Vertragspartei berechtigt ist, die Vertragsstrafe und zusätzlich den Ersatz des gesamten Schadens zu verlangen, mithin keine Anrechnung der Vertragsstrafe auf den Schadenersatzanspruch erfolgt[100].

---

99  BGH, Urteil vom 26.05.1999, Az. VIII ZR 102/98.
100  Zur Abdingbarkeit der Anrechnungsvorschriften in §340 Abs. 2 und §341 Abs. 2 BGB: MüKoBGB/
     *Gottwald* §341 Rn. 17.

## 4.3 Einlagen gleich zur Gänze einzahlen?

Kapitalgesellschafter leisten ihren Beitrag zur Gesellschaft in Form einer an die Gesellschaft zu entrichtenden Einlage (vgl. Kapitel 3.4.6.2 f.). Gleiches gilt für Kommanditisten einer KG (vgl. Kapitel 3.4.6.1 ff.). Im Krisenfall einer Gesellschaft stellt sich oft die Frage, wer für nicht gänzlich geleistete Einlagen der Mitgesellschafter haftet.

§24 GmbHG bestimmt für **GmbH**-Gesellschafter, dass diese untereinander für die übernommenen Stammeinlagen der anderen Gesellschafter haften, soweit weder der zahlungspflichtige Gesellschafter die Stammeinlage leistet, noch der Fehlbetrag durch einen Verkauf des Geschäftsanteils gedeckt wird. Zwar ist die Gründung einer Gesellschaft auch möglich, wenn nur die Hälfte der Stammeinlage sofort geleistet wird. Um die Mithaftung für andere Gesellschafter zu vermeiden, empfiehlt es sich aber grundsätzlich, die Einzahlung der gesamten Stammeinlage zu vereinbaren.

**!** **Achtung**

Die Haftung der Gesellschafter für übernommene, aber nicht eingezahlte Stammeinlagen der Mitgesellschafter kann unangenehme Überraschungen für alle Gesellschafter bieten. So zum Beispiel für den mit lediglich EUR 10.000 beteiligten Gesellschafter A einer GmbH, dessen einziger Mitgesellschafter B die von ihm übernommene Stammeinlage in Höhe von EUR 150.000 zur Hälfte nicht eingezahlt hatte. Nachdem die GmbH insolvent wurde und der Mitgesellschafter B seine ausstehende Stammeinlage nicht aufbringen konnte, musste der Gesellschafter A diesen Betrag aus seinem Privatvermögen tragen. Ein Regress gegenüber dem B wäre zwar rechtlich möglich gewesen, war aber aufgrund der schlechten wirtschaftlichen Lage des B faktisch aussichtslos.

In welchem Umfang die Stammeinlage einbezahlt wurde, ist für die Gewinnverteilung irrelevant. Für A noch dramatischer wäre die Situation in dem vorgenannten Beispiel, wenn bis zur Insolvenzreife die Gewinnausschüttungen stets entsprechend dem formalen Verhältnis der Beteiligung mit 15/16 zugunsten des B erfolgt wären, A – aufgrund seiner Mithaftung für die Einlage des B – aber letztlich eine höhere Einlage als B geleistet hätte.

Wenn Sie solche Überraschungen vermeiden wollen, sollten Sie Ihre Mitgesellschafter dazu bewegen, ihre Stammeinlagen schon bei der Gesellschaftsgründung voll einzuzahlen.

**Achtung** !

Beachten Sie, dass die Leistung der gesamten Stammeinlage zwar die Einlagepflicht der GmbH-Gesellschafter zum Erlöschen bringt. Im Falle einer verbotenen Rückgewähr von Gesellschaftsvermögen gemäß §30 GmbHG entstehen aber erneut Zahlungsansprüche der Gesellschaft gegenüber den Gesellschaftern. Derartige verbotene Zahlungen liegen vor, wenn das durch das Stammkapital gebundene Vermögen an alle oder einzelne Gesellschafter ausbezahlt wird. Dabei hat derjenige Gesellschafter, an den die Zahlung geflossen ist, der Gesellschaft den rechtswidrig erhaltenen Betrag zurückzuerstatten (§31 Abs. 1 GmbHG). Kann die Gesellschaft bei diesem Gesellschafter ihren Anspruch nicht beitreiben, weil dieser Gesellschafter vermögenslos ist, so haften die übrigen Gesellschafter gegenüber der Gesellschaft (§31 Abs. 3 GmbHG). Während der Zahlungsempfänger jedoch für die Rückerstattung des gesamten Betrages haftet, haften die übrigen Gesellschafter maximal bis zur Höhe der Stammkapitalziffer der Gesellschaft.[101] – Bei AGs haftet für verbotene Zahlungen nur derjenige Aktionär auf Rückzahlung, der die Leistung erhalten hat, nicht aber die Mitaktionäre (§62 AktG).

Besonders gefährlich ist diese Situation für Minderheitsgesellschafter einer GmbH, wenn der (oft geschäftsführende) Mehrheitsgesellschafter verdeckte Gewinnausschüttungen zu seinen Gunsten tätigt, die das Stammkapital der Gesellschaft angreifen (vgl. Kapitel 5.5.2.2). In diesem Fall ist der Minderheitsgesellschafter bereits benachteiligt, weil der Mehrheitsgesellschafter unter Umgehung des Minderheitsgesellschafters Entnahmen aus dem Gesellschaftsvermögen tätigt. Eine weitere Benachteiligung ergibt sich daraus, dass im Falle der Vermögenslosigkeit des Mehrheitsgesellschafters der Minderheitsgesellschafter auf Rückerstattung des von dem Mehrheitsgesellschafter rechtswidrig entnommenen Vermögens haftet. Relevant wird dies regelmäßig dann, wenn die Gesellschaft später insolvent wird und der Insolvenzverwalter der Gesellschaft versucht, die Insolvenzmasse zu mehren, indem er Zahlungspflichten gegenüber den Gesellschaftern durchsetzt.

An dieser Stelle zeigt sich, dass auch bei der GmbH die Auswahl der Mitgesellschafter von erheblicher Bedeutung ist.

**Achtung** !

Die Einziehung von Geschäftsanteilen ist nur zulässig, wenn auf die einzuziehenden Anteile die Stammeinlage in voller Höhe geleistet wurde. Haben die Gesellschafter bei Gründung ihre Stammeinlage nur zur Hälfte geleistet, können auch die Anteile eines vorsätzlich gesellschaftsschädigend handelnden Gesellschafters selbst aus wichtigem Grunde nicht eingezogen werden. Erst wenn die Stammeinlage auf seine Anteile in voller Höhe geleistet wurde – notfalls durch einen oder mehrere Mitgesellschafter –, kann ein rechtswirksamer Einziehungsbeschluss gefasst werden. Auch deshalb sollten Sie stets darauf bestehen, dass bereits bei Gründung alle Gesellschafter ihre Einlagen in voller Höhe leisten.

Als Alternative kann in solchen Fällen eine Kaduzierung (vgl. Kapitel 6.18.2.1) der nicht in voller Höhe eingezahlten Anteile oder eine Zwangsabtretung erfolgen.

---

101 Baumbach/Hueck/*Fastrich* §31 Rn.24.

> **!  Tipp**
>
> Viele Gesellschafter wollen den Eintritt Dritter in den Gesellschafterkreis unterbinden und vereinbaren dazu die Vinkulierung ihrer Geschäftsanteile (vgl. Kapitel 4.1.8.14). Immer wieder vereinbaren sie gleichzeitig, dass die Stammeinlagen zunächst nicht voll geleistet werden müssen.
>
> Das GmbHG sieht aber für den Fall der endgültigen Weigerung des zahlungspflichtigen Gesellschafters, seine Stammeinlage zu leisten, die öffentliche Versteigerung des Geschäftsanteils des betroffenen Gesellschafters vor. Damit eröffnet sich Dritten die Möglichkeit, den Geschäftsanteil zu erwerben und Gesellschafter der jeweiligen GmbH zu werden. Entsprechendes gilt im Aktienrecht.
>
> Nicht voll geleistete Stammeinlagen eröffnen auf diesem Weg selbst bei vinkulierten Geschäftsanteilen die Gefahr des Eindringens Dritter in den Gesellschafterkreis, denn die Vinkulierung hindert die Gesellschaft nicht an der Versteigerung nach §23 S.1 GmbHG. Wer das Eindringen Dritter in den Gesellschafterkreis verhindern will und deswegen eine Vinkulierung der Geschäftsanteile vereinbart, sollte zugleich auch vorsehen, dass die Stammeinlagen schon im Zuge der Gesellschaftsgründung voll zu leisten sind.

Noch ausstehende und bereits fällige Einlagebeträge kann die Gesellschaft im Kaduzierungsverfahren eintreiben (vgl. Kapitel 6.18.2.1). Die Kaduzierung ermöglicht den vergleichsweise raschen Ausschluss eines Gesellschafters. Gegenüber Gesellschaftern, die ihre Stammeinlagen bereits zur Gänze eingezahlt haben, existiert dieses Instrument nicht. Es kann daher unter Umständen taktisch sinnvoll sein, die Gesellschafter nicht zur sofortigen Einzahlung der gesamten Stammeinlage zu verpflichten. Allerdings leiten nicht einzelne Gesellschafter, sondern die Geschäftsführer die Kaduzierung ein. Der Verzicht auf eine sofortige Einzahlung der vollen Stammeinlage ist daher nur für Gesellschafter sinnvoll, die Einfluss auf die Geschäftsführung haben. Die Kaduzierung gelingt nur, wenn der aufgeforderte Gesellschafter den noch ausstehenden Einlagebetrag trotz Nachfristsetzung nicht leisten kann. Nur wenn dafür eine reelle Chance besteht, sind die genannten Erwägungen sinnvoll (bei GmbHs mit einem Mindeststammkapital von EUR 25.000 ist dies aufgrund des geringen ausstehenden Betrages zumeist nicht der Fall).

> **!  Tipp**
>
> Die Entscheidung darüber, ob eine Stammeinlage sofort oder erst später voll einbezahlt werden soll, ist zumeist weniger eine wirtschaftliche als eine taktische. Denn das gesetzliche Mindestkapital von EUR 25.000 benötigt eine neu gegründete GmbH meist ohnehin. Die Behauptung, dass die GmbH »zurzeit nicht das gesamte Stammkapital benötige«, ist daher ein Trugschluss beziehungsweise ein vorgeschobenes Argument.
>
> Wichtig ist in diesem Zusammenhang, dass die Stammeinlage nicht zwingend auf einem separaten Konto verwahrt werden muss und nicht angefasst werden darf.

Vielmehr darf die Gesellschaft mit dem Stammkapital wirtschaften. Die Bedeutung des Stammkapitals liegt darin, dass die Gesellschafter keine Entnahmen (offene und verdeckte Gewinnausschüttungen) tätigen dürfen, wenn und soweit das handelsbilanzielle Eigenkapital dadurch unter das Stammkapital fallen würde.

Grundsätzlich bietet nur die vereinbarte unverzügliche Volleinzahlung die weitgehende Sicherheit, dass neben einem selbst auch die übrigen Gesellschafter ihre Stammeinlagen erbringen. Nur so lässt sich das eigene Haftungsrisiko tatsächlich auf den Betrag der übernommenen Stammeinlage beschränken.

Im Übrigen lässt sich die Voll- beziehungsweise Teileinzahlung der Stammeinlagen auch den im Bundesanzeiger veröffentlichten Jahresabschlüssen entnehmen (und ist dementsprechend öffentlich einsehbar). Voll eingezahlte Stammeinlagen signalisieren eine gewisse Finanzkraft der Gesellschafter. Dieses Signal ist insbesondere gegenüber Lieferanten und Finanzierern nicht zu unterschätzen

Andererseits kann die Forderung auf Einzahlung des noch ausstehenden Restbetrages auf die Stammeinlage zumindest ein Druckmittel sein, das im Konfliktfall zumindest gegen finanzschwache Mitgesellschafter taktisch vorteilhaft einsetzbar ist. Wer die Volleinzahlung vereinbart, beraubt sich dieses möglichen Druckmittels. Ob Sie besser die unverzügliche Volleinzahlung oder aber eine Teileinzahlung der Stammeinlagen vereinbaren, hängt daher vor allem von Ihrem persönlichen Sicherheitsbedürfnis und von der finanziellen Situation ihrer Mitgesellschafter ab. Denn ein finanzstarker Mitgesellschafter wird eine angedrohte Kaduzierung ohnehin durch rechtzeitige Volleinzahlung abwenden und verkraften, wenn er für die Volleinzahlung der Stammeinlagen seiner Mitgesellschafter geradestehen muss.

---

**Tipp**                                                                                    **!**

Wenn bei Gründung das Stammkapital nur zur Hälfte einbezahlt wurde, nehmen die Gesellschafter die Einzahlung der noch ausstehenden Stammeinlage meist erst dann vor, wenn die Gesellschaft einen nicht anders zu deckenden Liquiditätsbedarf hat. Häufig wird dann die Stammeinlage auf ein debitorisches Bankkonto einbezahlt und die Überziehung des Kontos von der Bank lediglich geduldet. Beachten Sie, dass eine derartige Zahlung keine wirksame Leistung der Einlage ist und die Einlagepflicht weiter fortbesteht.[102] Im Insolvenzfall müsste also die Stammeinlage ein weiteres Mal geleistet werden. – Die Einlage ist nur dann wirksam geleistet, wenn sie zumindest für einen Moment zur freien Verfügung der Gesellschaft stand, also entweder auf ein ausgeglichenes Konto oder in bar geleistet wurde.

---

Für **Aktionäre** und **Kommanditisten** besteht keine vergleichbare gesetzliche Sonderregel, wonach sie unter Umständen für die Einlagen ihrer Mitgesellschafter aufkommen müssen, sodass diese unabhängig von den Zahlungen der übrigen Gesellschafter auf deren Kapitalanteil bloß bis zur Höhe der selbst

---

102  Hierzu eingehend Baumbach/Hueck/*Fastrich* § 7 Rn. 11.

übernommenen Einlageverpflichtung haften. Ob die Mitgesellschafter ihre Kapitaleinlagen unverzüglich oder erst später einzahlen, ist daher für die haftungsrechtliche Situation der Aktionäre und Kommanditisten irrelevant.

Gleiches gilt (aus einer rein rechtstheoretischen Sicht) für unbeschränkt haftende Personengesellschafter. Praktisch ist jedoch die unverzügliche Einlagenleistung durch Mitgesellschafter der späteren vorzuziehen. Dies deshalb, da die Gesellschaft im Bedarfsfall unmittelbar auf den (bereits eingezahlten) Haftungsfonds der Mitgesellschafter zugreifen kann, ohne im Fall der Zahlungsverweigerung durch die Mitgesellschafter langwierige Rechtsstreitigkeiten zur Durchsetzung der Zahlungspflichten der Mitgesellschafter führen zu müssen.

# 5 Vor Streitausbruch

Besonders oft treten Gesellschafterstreitigkeiten auf, wenn sich (einzelne oder alle) Gesellschafter nicht bloß auf ihre Gesellschafterstellung beschränken, sondern auch operativ tätig sind und auf die wirtschaftliche Entwicklung der Gesellschaft aktiv Einfluss nehmen (insbesondere als Gesellschafter-Geschäftsführer). Dieser Abschnitt des Handbuchs enthält daher viele Informationen, die sich auch auf die operative Tätigkeit der Gesellschaft beziehen.

## 5.1 Streitvermeidungsstrategien

Nichts ist selbstverständlich. Das gilt auch für die reibungslose Zusammenarbeit von Gesellschaftern. Nach der mit positiven Erwartungen verbundenen Gründungsphase beginnen die Mühen der Ebene. Alltagsarbeit wartet und verlangt Entscheidungen. Eventuell sind Gesellschafter verschiedener Meinung. Solche Differenzen müssen aufgearbeitet werden. Andernfalls droht Gesellschafterstreit.

Aktive Streitvermeidung beugt substanziellem Streit vor. Sie funktioniert aber nur, wenn sie laufend erfolgt. Die folgenden Kapitel beschreiben Streitvermeidungsstrategien, mit denen Sie das Risiko substanzieller Streitigkeiten verringern können.

### 5.1.1 Der Vertrag wächst mit!

Es gibt vieles, was auf den ersten Blick wichtiger für den Erfolg einer Gesellschaft erscheint als deren vertragliche Absicherung – man denke nur zum Beispiel an das Auftreten am Markt, Kundenkontakte, die Entwicklung von Geschäftsideen, die Umsetzung von Erfindungen und Projekten, die Erweiterung des Gesellschafterkreises oder das Aufbringen von frischem Kapital. Nach der Gründung der Gesellschaft verschwinden deshalb viele Gesellschaftsverträge in der Schublade. In ihrer Orientierung auf die technische und wirtschaftliche Umsetzung von Gesellschaftszielen vergessen viele Gesellschafter, Veränderungen in und um die Gesellschaft durch entsprechende Anpassungen in den Gesellschaftsvertrag aufzunehmen. Erst nach Ausbruch substanzieller Streitigkeiten nehmen die Gesellschafter diese vergessenen und inzwischen überholten Gesellschaftsverträge wieder zur Hand (meist erst auf Anraten ihres Rechtsanwalts) und suchen nach Auswegen aus Situationen, für die diese Verträge nicht geschaffen wurden.

Niemand weiß, ob und vor allem wann ein Gesellschafterstreit ausbricht – wann also die im Gesellschaftsvertrag enthaltenen Streitführungsregeln wichtig werden (vgl. Kapitel 5.2). Um im Streitfall hilfreich zu sein, muss der Gesellschaftsvertrag daher immer aktuell sein, also den tatsächlichen Verhältnissen der Gesellschaft entsprechen. Das heißt nicht, dass der Gesellschaftsvertrag bei jeder Änderung der Verhältnisse auch tatsächlich angepasst werden muss. Gute Gesellschaftsverträge sind von sich aus zumindest beschränkt »anpassungsfähig« und funktionieren auch bei kleineren strukturellen Änderungen in der Gesellschaft weiter. Aber bei jeder größeren Änderung sollten die Gesellschafter überlegen, wie sich diese Änderungen auf die Gesellschaft beziehungsweise auf das Verhältnis der Gesellschafter zueinander auswirkt und ob der Gesellschaftsvertrag inhaltlich noch stimmig ist. Nötigenfalls ist der Gesellschaftsvertrag entsprechend anzupassen.

Folgende Veränderungen sollten Sie jedenfalls zu einer Übereinstimmungskontrolle zwischen Realität und vertraglicher Situation Ihrer Gesellschaft veranlassen (vgl. Kapitel 4.1.3):

- Änderungen in der Gesellschafterzusammensetzung durch Aufnahme neuer Gesellschafter oder Ausscheiden bisheriger Gesellschafter (Ausnahme: Es verbleibt lediglich ein Gesellschafter, der 100 % der Geschäftsanteile hält; vgl. Kapitel 4.1.1);
- Änderungen der Kräfteverhältnisse unter den Gesellschaftern;
- Umstrukturierung des Gesellschaftsverbandes, Gründung oder Liquidation von Konzerngesellschaften, Einbringung einer operativen Gesellschaft (mit passendem Gesellschaftsvertrag) in eine Holding (mit bloßem Standardvertrag);
- Einrichtung neuer Organe – zum Beispiel, weil die bisher nicht aufsichtsratspflichtige GmbH gewachsen ist (vgl. Kapitel 4.1.8.25.1);
- Einführung neuer Geschäftsfelder, Aufnahme neuer Tätigkeiten;
- rapides Wachstum.

Diese Kontrolle bewirkt, dass sich die Gesellschafter auch nach der Gesellschaftsgründung aktiv mit ihren Zielen und Prioritäten auseinandersetzen und diese bei Bedarf neu justieren. Enttäuschungen werden so frühzeitig vermieden. Sollte es dennoch zu einem Streit kommen, finden sich in einem regelmäßig »gewarteten« und mitgewachsenen Vertrag nicht nur praktikable, sondern maßgeschneiderte, auf die tatsächliche Gesellschafterstruktur Rücksicht nehmende Streitbeilegungsregeln.

## 5.1.2 Das Forum – Ihre Anlaufstelle für Konflikte

Das Offenlegen von Unzufriedenheit oder Kritik kostet oft Überwindung. Wer weiß, wohin er sich mit Sorgen und Kritik wenden kann, bringt diese Überwindung leichter auf. Konflikte werden dann in einem früheren Stadium angesprochen und dadurch leichter gelöst. Das Ansprechen von Konflikten ist nicht immer angenehm – man hat schnell das Gefühl, Streit vom Zaun zu brechen. Tatsächlich dient konstruktiver Streit aber der Konfliktvermeidung und soll das Entstehen substanzieller Streite verhindern. Es ist also manchmal zweckdienlich, im Kleinen zu streiten, um einen großen Streit zu vermeiden.

Richten Sie daher eine Anlaufstelle für Gesellschaftersorgen und Kritik ein. Schaffen Sie ein Forum zur Aussprache unter den Gesellschaftern. Dieses Forum muss kein formelles Gesellschaftsorgan sein, sondern kann auch Teil der inoffiziellen Strukturen sein. Schon regelmäßig stattfindende Treffen der Gesellschafter zur gemeinsamen Aussprache sind dazu geeignet – zumindest für Gesellschafter mit gutem persönlichem Verhältnis zueinander. Beachten Sie folgende Grundregeln zur zweckmäßigen Ausgestaltung solcher Treffen:

- Bestimmen Sie fixe periodische Termine. Die Gesellschafter sollen diese Treffen nicht erst einberufen müssen und dadurch das Gefühl haben, besondere Situationen zu verursachen. Durch fixe Termine erreichen Sie, dass Konflikte eher angesprochen werden. Gehen Sie aber mit Ihrer wertvollen Arbeitszeit sorgsam um und achten Sie auch darauf, dass solche Termine nicht inflationär stattfinden.
- Vereinbaren Sie, dass diese Treffen auch der Aussprache aller Differenzen, Sorgen und Unzufriedenheiten dienen. Den Teilnehmern fällt dann die Ansprache heikler Themen wesentlich leichter.
- Geben Sie den Treffen positiven Inhalt, indem diese auch dem Besprechen von Ideen, Visionen, noch unbestimmten Geschäftsideen, der Abstimmung der grundsätzlichen Ausrichtung und den Alltagsproblemen des Unternehmens dienen sollen. Dann werden diese Treffen nicht nur als – vordergründig unproduktive – Streitforen angesehen. Dazu gehört auch, im Rahmen dieser Treffen berechtigtes Lob und Anerkennung auszusprechen.
- Achten Sie auf eine möglichst entspannte Atmosphäre. Gibt es Tätigkeiten, die alle Gesellschafter gerne ausüben? Laufen Sie gerne? Dann gehen Sie doch gemeinsam laufen – im Laufdress spricht man Themen anders an als im Dreiteiler oder Businesskostüm. – Sie trinken gerne guten Wein? Nehmen Sie zum gemeinsamen Treffen auch einmal eine gute Flasche mit. Behalten Sie dabei aber unbedingt die Trennung von Familie und Unternehmen bei (vgl. Kapitel 7.1).

- Achten Sie auf die Vertraulichkeit dieser Termine. Mitarbeiter und Geschäftspartner der Gesellschaft (insbesondere auch finanzierende Banken) geht der Inhalt dieser Treffen nichts an.

Ist die Beziehung zwischen den Gesellschaftern weniger persönlich oder schon streitgeneigt, sollte ein besonderes Augenmerk daraufgelegt werden, dass die Gestaltung des Forums sachliche Aussprachen fördert. Dazu empfiehlt sich die Einrichtung formell ausgestalteter Foren, bei denen Aussprachen in Anwesenheit Dritter oder überhaupt durch Mittelsmänner erfolgen – zum Beispiel in Aufsichtsräten oder Beiräten. Sehen Sie gegebenenfalls vor, dass diese Organe öfter als gesetzlich vorgesehen Sitzungen abhalten. Wird ein Aufsichtsrat/Beirat primär als Konflikt(vermeidungs)forum eingerichtet, sollten alle Gesellschafter zumindest ein Aufsichtsrats- beziehungsweise Beiratsmitglied ihres Vertrauens entsenden können. Denn selbst die gründlichste Auseinandersetzung mit Konfliktpotenzial nützt wenig, wenn nicht alle Konfliktparteien an ihr teilnehmen und sich einzelne Beteiligte übergangen fühlen.

Vereinbaren Sie mit den Mitgesellschaftern, dass Konflikte ausschließlich im Forum ausgetragen werden. Das ist nicht immer leicht. Jedenfalls sollten Konflikte aber von der Gesellschaft ferngehalten werden. Haben Arbeitnehmer einmal von Differenzen zwischen den Gesellschaftern Wind bekommen, sinkt deren Motivation. Oft zeigt sich auch, dass ab diesem Zeitpunkt gute Arbeitnehmer in andere (Konkurrenz-)Betriebe wechseln und lediglich unqualifizierte Mitarbeiter im Unternehmen verbleiben, die keine Chance auf eine andere Anstellung haben. Zudem besteht die Gefahr, dass Gerüchte Dritten zu Ohren kommen (zum Beispiel den Geschäftspartnern der Gesellschaft). Erst einmal in die Welt gesetzt, verselbstständigen sich Gerüchte und sind kaum aufzuhalten. Dies kann insbesondere nachteilige Folgen für die Gesellschaft haben, wenn sie an Banken und sonstige Finanzierer der Gesellschaft herangetragen werden (da diese etwaige Finanzierungszusagen zurückziehen könnten).

Der Fairness unter Verhandlungspartnern entspricht es, auftretende Konflikte möglichst auf neutralem Boden auszutragen. Neutral ist beispielsweise ein Lokal, ein angemietetes Hotelzimmer, ein Konferenzraum. Nicht neutral sind Familienfeste, Wohn- und Geschäftsräumlichkeiten eines Gesellschafters oder seiner Vertrauenspersonen. Aber auch die Missachtung dieser Regel kann taktisch sinnvoll sein (vgl. den folgenden Tipp).

Die Beachtung der folgenden Tipps ist nicht nur vor, sondern insbesondere auch nach Streitausbruch empfehlenswert.

| Tipp | ! |
|---|---|

Nahezu alle Menschen fühlen sich (zumindest unbewusst) in vertrauter Umgebung wohler und agieren entspannter. Falls Sie diesen Effekt bei Ihren Gesprächspartnern erzielen wollen, wählen Sie am besten einen Treffpunkt, den auch Ihre Gesprächspartner bereits kennen.

Umgekehrt verunsichern unbekannte Orte manche Gesprächspartner. Auch diese Reaktion können Sie gezielt einsetzen, indem Sie für Ihre Gesprächspartner unbekannte, vielleicht sogar unangenehme Orte auswählen. Bedenken Sie aber, dass nicht alle Menschen auf Verunsicherungen gleich reagieren. Während der eine Gesprächspartner sich dadurch einschüchtern lässt, reagiert der andere auf Verunsicherungen besonders offensiv und kompromisslos.

| Tipp | ! |
|---|---|

Größere Hotels, Konferenz- und Seminarveranstaltungszentren führen oft auf Anzeigetafeln an, welche Veranstaltungen am jeweiligen Tag stattfinden. Hat die Veranstaltung an sich keine Bezeichnung, werden die Namen der Teilnehmer oder des jeweiligen Unternehmens angeführt. Diese Bezeichnungen finden sich in der Folge auch auf Rechnungen, Buchungsbelegen usw.

Wenn Sie ein Treffen in einem Hotel, Konferenz- oder Seminarveranstaltungszentrum geheim halten wollen, sollten Sie die benötigten Räume entweder durch einen Dritten (zum Beispiel Ihren Rechtsanwalt) oder nur unter Angabe einer Fantasiebezeichnung buchen.

| Tipp | ! |
|---|---|

Die Erfahrung zeigt, dass sich einmal erprobte Verhaltensmuster an ein und demselben Ort wiederholen. Bei wiederholten Treffen an ein und demselben Ort gibt meist eine Verhandlungspartei überdurchschnittlich oft nach. Nach mehreren Wiederholungen ist es für die bisher nachgiebigere Verhandlungspartei nahezu unmöglich, an diesem Ort noch Verhandlungserfolge zu erzielen.

Erkennen Sie nach mehreren »Forumstreffen«, dass Sie besonders oft nachgeben, schlagen Sie am besten einen Ortswechsel vor. Waren Sie bisher meistens der Gewinner, sollten Sie Ortswechsel vermeiden.

### 5.1.3 Konfliktschlichtungspotenzial vorsehen

»Spare in der Zeit, dann hast du in der Not.« – Manch volkstümliche Weisheit lässt sich auch auf Gesellschafterstreitigkeiten übertragen. Solange alle Beteiligten friedlich sind, kann man eine Gesellschaft viel einfacher gestalten als nach Ausbruch eines Gesellschafterstreits. Denn dann fehlt neben der Lösungsbereitschaft oft auch die Verhandlungsmasse. Vorausschauende Gesellschafter nützen deshalb Friedenszeiten für den Aufbau von Verhandlungsmasse und vergrößern den verteilbaren Kuchen. Dabei sind die Gesellschafter nicht auf den Aufbau finanzieller Reserven beschränkt. Vielmehr sind hier alle Maßnahmen sinnvoll, die das Streitschlichtungspotenzial der Gesellschaft erhöhen oder zumindest die Trennung der Gesellschafter vereinfachen, zum Beispiel:

- **Schaffung zusätzlicher Organe** (zum Beispiel Aufsichtsrat oder Beirat), um unzufriedene Gesellschafter mit Organfunktionen zufriedenzustellen. Denn die Übernahme einer Organfunktion schafft beim Organmitglied meist das Gefühl, ernst genommen zu werden und die Geschicke der Gesellschaft mitbestimmen zu können. Anstatt zusätzlicher (formeller) Organe kann auch die Einrichtung eines informellen Forums sinnvoll sein (vgl. Kapitel 5.1.2).

- **Schaffung neuer Kompetenzbereiche** (zum Beispiel für die Einführung neuer Produktgruppen), um unzufriedenen Gesellschaftern (bei entsprechender Qualifikation) die Verantwortung für diese Kompetenzbereiche zu übertragen. Auch hier gilt, dass der Gesellschafter das Gefühl erhalten soll, ernst genommen zu werden. Geklärt werden sollte allerdings unbedingt, ob der Gesellschafter im jeweiligen Kompetenzbereich (zumindest intern) Alleinverantwortung übernehmen beziehungsweise inwieweit der Gesellschafter Weisungen der Geschäftsführung oder leitender Mitarbeiter unterworfen sein soll.

- **Zukauf externer Leistung**, um unzufriedene Gesellschafter mit der Erbringung dieser Leistungen beauftragen zu können (zum Beispiel Beratungsleistungen) – der Gesellschafter fühlt sich ernst genommen und erhält zusätzlich Geld. Die Gesellschaft entscheidet dennoch selbst, ob sie die Leistung des Gesellschafters verwertet. Diese Maßnahme eignet sich insbesondere zur »Besänftigung« von Gesellschafter-Geschäftsführern, die aus Altersgründen beziehungsweise zur Übergabe von Führungsverantwortung auf die folgende Führungsgeneration aus ihrer Funktion ausscheiden sollen (vgl. Kapitel 7).

- **Klare interne Trennung betrieblicher Strukturen** (zum Beispiel Geschäftsordnung ohne Überschneidung von Kompetenzbereichen der Gesellschafter-Geschäftsführer), damit sich die Gesellschafter im Tagesgeschäft nicht in die Quere kommen (vgl. Kapitel 4.1.8.12.3 f.). Achten Sie bei der Errichtung dieser Strukturen auf die gesellschaftsrechtlich erforderliche Vorgehensweise (zum Beispiel Errichtung der Geschäftsordnung durch Aufsichtsrats- oder Gesellschafterbeschluss; vgl. Kapitel 5.5.2.4.1).

- **Interne Unterteilung in selbstständige Teilbetriebe** (zum Beispiel in Produktion und Vertrieb), um im Fall der Trennung die Gesellschaft ohne Gefährdung ihres wirtschaftlichen Überlebens und ohne großen Wertverlust teilen zu können, indem jede Streitpartei eine eigene Gesellschaft erhält (vgl. Beispiel in Kapitel 5.1.3).

All diese Maßnahmen fördern die interne Konfliktlösung und helfen mit, dass Konflikte nicht frühzeitig außerhalb der Gesellschaft erkennbar werden. Dadurch beugen Sie jenen negativen Konsequenzen vor, die drohen, wenn Lieferanten, Kunden und Banken früher als notwendig von gesellschaftsinternen Konflikten erfahren. Gemeinsam ist all diesen Maßnahmen aber auch, dass sie nur voll greifen, wenn die Beteiligten die Beziehungsebene zueinander geklärt haben (vgl. Kapitel 5.1.4.4).

---

**Beispiel: Aufteilbare Teilbetriebe** !

A und B sind Gesellschafter der Auto-Gastro GmbH, die ein Tankstellen- und Raststättennetz auf Bundesautobahnen betreibt. An jedem Standort befinden sich eine Tankstelle sowie ein Raststätten-Gastronomiebetrieb. Die Auto-Gastro GmbH kann auf zwei Arten in leicht aufteilbare Teilbetriebe organisiert werden:

- Die Einrichtung der Teilbetriebe erfolgt nach regionalen Gesichtspunkten, sodass im Streitfall jeder Gesellschafter sowohl die Tankstellen als auch die Raststätten einer (oder mehrerer) Regionen alleine übernimmt.
- A und B organisieren die Auto-Gastro GmbH so, dass im Streitfall ein Gesellschafter das gesamte Tankstellennetz, der andere Gesellschafter das gesamte Raststättennetz der Auto-Gastro GmbH übernimmt.

Sinnvoll ist eine solche Aufteilung allerdings nur, wenn jeder der Teilbetriebe wirtschaftlich ähnlich wertvoll und selbstständig lebensfähig ist (was gerade bei der Trennung von Tankstellen und dem damit verbundenen Verkauf von Lebensmitteln kritisch zu hinterfragen ist), sodass eine regionale Trennung differenzierter, gerechter und damit insgesamt leichter möglich sein dürfte.

So lösten beispielsweise die Brüder Karl und Theo Albrecht im Jahr 1961 einen Gesellschafterstreit dergestalt, dass sie die Albrecht KG in Aldi Nord und Aldi Süd aufteilten und fortan getrennte Wege gingen. Beide höchst erfolgreich.

---

Gerade die interne Trennung betrieblicher Strukturen und die Teilung in selbstständige Teilbetriebe hat nicht nur Streitschlichtungspotenzial, sondern dient auch der Streitprophylaxe. Denn jeder Gesellschafter kann so seine Ziele verfolgen, ohne die Ziele anderer Gesellschafter zu sehr zu behindern. Das schützt vor Enttäuschungen, mindert Frustrations- sowie Konfliktpotenzial und beugt Streitigkeiten vor.

## 5.1.4 Menschlich betrachtet ...

Auch Gesellschafter sind Menschen und haben Bedürfnisse wie andere Menschen. Bedienen Sie diese Bedürfnisse geschickt. Das erleichtert das Zusammenleben mit Ihren Mitgesellschaftern erheblich.

### 5.1.4.1 Erfolge teilen

Jeder Mensch ist eitel (zumindest ein bisschen). Teilen Sie deshalb Ihre Erfolge. Auch wenn der Anteil Ihrer Mitgesellschafter am konkreten Erfolg gering sein mag, schon durch die Vergesellschaftung haben diese die Voraussetzungen für Ihren Erfolg zumindest (mit-)geschaffen. Zeigen Sie, dass Sie das erkannt haben und kommunizieren Sie das Ihren Mitgesellschaftern und allenfalls auch den Mitarbeitern Ihres Unternehmens. Sorgen Sie aber umgekehrt auch dafür, dass Ihr Anteil an Erfolgen für die Gesellschaft den übrigen Gesellschaftern und Mitarbeitern sichtbar wird (»Tue Gutes und sprich darüber«). Das stärkt Ihre Position in der Gesellschaft.

Besonders wichtig ist dies für die Zusammenarbeit von Kreativem und Macher (vgl. Kapitel 3.4.1.3). Denn die Erfolge des Kreativen sind sichtbarer als jene des oft weniger wahrnehmbar agierenden Machers. Dem Kreativen kommen deshalb Anerkennung und Lob Dritter für gemeinsame Erfolge oft alleine zu. Der Kreative genießt diese Anerkennung auch – steht er doch meist im Vordergrund. Der Macher steht dann im Schatten des Kreativen, ohne besondere Anerkennung für seine Leistungen zu erfahren. Das verletzt und schafft Unzufriedenheit.

### 5.1.4.2 Ungleichgewichte verbergen

Zur Erhaltung der Handlungsfähigkeit der Gesellschaft kann es notwendig sein, dass der Geschäftsanteil eines Gesellschafters oder seine Stimmrechte nicht seinem Beitrag zur Gesellschaft entsprechen (vgl. Kapitel 3.4.2.2.1). Möglicherweise hat sich das auch erst im Lauf der Zeit ergeben, weil ein Gesellschafter über seinen Anteil hinausgehende Leistungen erbracht oder Anteile eines anderen Gesellschafters erworben hat.

Egal aus welchem Grund die Ungleichbehandlung oder die Vorherrschaft eines Gesellschafters entstanden ist, die anderen Gesellschafter wollen daran nicht ständig erinnert werden. Zur Erhaltung des internen Friedens ist es daher sinnvoll, auch als dominierender Gesellschafter mit seinen Mitgesellschaftern einen partnerschaftlichen Umgang zu pflegen und Gleichordnung zu signalisieren. Zeigen Sie Ihre Dominanz im geschäftlichen Alltag nur sparsam. Ihre Mitgesellschafter werden sich Ihnen leichter unterordnen, wenn diese Unterordnung für Mitarbeiter und Geschäftspartner nicht deutlich ersichtlich ist.

Kommt es auf Ihre Vorrangstellung an (zum Beispiel, weil Ihre Überzeugungsversuche gescheitert sind), spielen Sie diese selbstverständlich aus. Ihre Mitgesellschafter können es leichter akzeptieren, wenn Sie diese Vormacht tatsächlich nur im Bedarfsfall nutzen.

Die Zweckmäßigkeit des soeben besprochenen Verhaltens hängt aber auch von Ihrem Gegenüber ab. Stehen Sie als Mehrheitsgesellschafter einem aufbegehrenden Minderheitsgesellschafter gegenüber, der durch ständige – vielleicht sogar für Arbeitnehmer und Geschäftspartner wahrnehmbare – Autoritäts- und Grenzverletzungen Ihre Position schwächen will, ist noble Zurückhaltung unangebracht. In solchen Situationen müssen Sie Ihre übergeordnete Stellung zeigen.

### 5.1.4.3  Dominanz nicht dulden

Ein Gesellschafterstreit hat immer zwei Akteure. Oft agieren Gesellschafter zu konfrontativ und damit streitauslösend. Aber auch übertriebenes Konsensbedürfnis kann Streit verursachen. Immer wieder lassen sich Gesellschafter von an sich gleich starken oder gar schwächeren Gesellschaftern dominieren. Der dominierende Gesellschafter »lernt« schnell und sieht sich schon bald zur Dominanz berechtigt. Versucht der dominierte Gesellschafter, ein faires Verhältnis ohne Dominanz herzustellen, beschneidet er scheinbar den Dominanten. Der begreift die Handlung des dominierten Gesellschafters dann als unberechtigten Angriff. Die darauffolgende Abwehrreaktion wird wiederum der dominierte Gesellschafter als Angriff auffassen.

Diese Situation führt leicht zu einem substanziellen Gesellschafterstreit. Sie kann vermieden werden, indem auch der friedfertige Gesellschafter »Gebietsverletzungen« seines Mitgesellschafters zeitnah und angemessen beantwortet, bevor der dominierende Gesellschafter das Dominieren »lernt« und als sein Recht begreift. Zähne zeigen kann also ebenfalls notwendiger Bestandteil zweckmäßiger Beziehungspflege und Friedenserhaltung sein!

### 5.1.4.4  Miteinander reden

Es gibt kein Thema, das Gesellschafter nicht miteinander besprechen könnten. Das gilt auch für private Angelegenheiten. Je mehr Verständnis Gesellschafter für die privaten Umstände des jeweils anderen Gesellschafters haben, desto eher werden sie auch die geschäftlichen Äußerungen und Prioritäten des jeweils anderen verstehen. Es ist daher grundsätzlich positiv zu werten, wenn Gesellschafter auch Privates miteinander besprechen, ohne dass Privates zu sehr in den Vordergrund tritt und die Gesellschafter sich »verzetteln«.

Ungeachtet dessen sollten die Gesellschafter allerdings die Vermischung geschäftlicher mit privaten Angelegenheiten vermeiden. Das gilt insbesondere für Familienunternehmen, bei denen die Gefahr der Beeinflussung geschäftlicher Entscheidungen durch private Interessen besonders hoch ist (vgl. Kapitel 7). Aber auch familiär nicht verbundene Gesellschafter sollten das Sachproblem von der »privaten« Person ihres Mitgesellschafters trennen. Sonst geraten sachliche Diskurse schnell zu persönlichen Vorwürfen, die zur gefährlichen Emotionalisierung einer Diskussion führen können.

Das bedeutet aber nicht, dass Gesellschafter die Beziehungsebene außer Acht lassen sollen. Ganz im Gegenteil: Nur wer die Beziehungsebene klärt, ebnet den Weg zur sachlichen Lösung. Entwickeln Sie deshalb Kommunikationsstrategien, die Ihren Mitgesellschaftern vermitteln, dass sie ernst genommen werden. Dazu gehört auch, dass Sie Gemeinsamkeiten herausarbeiten. Klären Sie Missverständnisse möglichst unmittelbar nach deren erstem Auftreten, spätestens aber im nächsten planmäßigen Forumstreffen (vgl. Kapitel 5.1.2).

Die Frage, was Sie mit ihren Mitgesellschaftern bereden (lediglich Geschäftliches oder auch Privates), ist letztendlich eine höchstpersönliche Entscheidung, die jeder Gesellschafter für sich selbst treffen muss.

### 5.1.4.5 Kuhhandel

Streitvermeidend kann die Bewusstseinsbildung sein, dass Gesellschafterstreit teuer und riskant ist. Ein erfahrener Unternehmer meinte einmal: »Egal, was mein Compagnon will – ich mach es. Das ist immer noch billiger als streiten!« (vgl. Kapitel 6.3). Wenn diese – nicht unrichtige – Aussage von allen Gesellschaftern verinnerlicht und gelebt wird, entsteht hohe Konsensbereitschaft und die Fähigkeit zum Ausgleich verschiedener Interessen in der Gesellschaft. Oft entwickelt sich dann eine Dynamik, die es den Gesellschaftern erlaubt, mit der Zustimmung zu verschiedenen Beschlüssen im positiven Sinn »Kuhhandel« zu betreiben (zum Beispiel »Stimmst du meinem Vorhaben X zu, stimme ich deinem Vorhaben Y zu«).

Dieses Vorgehen funktioniert aber nur, wenn die Rollen nicht einseitig verteilt sind. Wer das Gefühl hat, immer nur nachzugeben, wird sich irgendwann zum Entschluss durchringen, dass Streiten doch billiger ist als immer nur nachzugeben.

## 5.1.5 Formalismen einhalten

In guten Zeiten werden Formalismen als lächerlich, lästig, zeitraubend usw. betrachtet. In schlechten Zeiten sind eingehaltene Formalismen Goldes wert, fehlende Formalismen starker Gegenwind. Gerade wenn ein Gesellschafterstreit emotional geführt wird, kann die strenge Einhaltung der Formalismen die Diskussion wieder auf eine sachliche Ebene führen.

Aber auch in guten Zeiten gilt der Grundsatz: »Strenge Rechnung, gute Freunde.« Nehmen Sie sich daher die Zeit, auch ohne Gesellschafterstreit Formalismen einzuhalten und Vereinbartes in der richtigen Form festzuhalten (vgl. Kapitel 4.1.6).

> **Tipp**                                                                           !
>
> Vieles wird in Protokollen festgehalten. Lassen Sie sich deren Inhalte von den Mitgesellschaftern genehmigen, das erleichtert die spätere Beweisführung. Bei Protokollen von Organen, welche regelmäßig Sitzungen abhalten, wird am besten am Beginn einer jeden Sitzung das Protokoll der jeweils vorhergehenden Sitzung genehmigt. Sollten Sie mit einer Protokollierung nicht einverstanden sein, lassen Sie dies im Zuge der Protokollgenehmigung zu Protokoll nehmen.
> Führen Sie auch ohne Gesellschafterstreit ein Protokollbuch, in welchem Sie alle Versammlungsprotokolle und Gesellschafterbeschlüsse geordnet aufbewahren. Fassen Sie zu essenziellen Dingen, wie Jahresabschlussfeststellung und Gewinnverwendung, immer schriftliche Beschlüsse. Lassen Sie Insichgeschäfte immer mit einem schriftlichen Gesellschafterbeschluss genehmigen.
> Halten Sie gewisse Motive und Gründe auch außerhalb endverhandelter Verträge gegenüber Ihren (zukünftigen) Gesellschaftern zu Beweiszwecken schriftlich fest. Beispiel: Zwei Gesellschaften gründen eine gemeinsame Tochtergesellschaft mit dem einzigen Ziel, dass das von der einen Gesellschafterin patentierte Softwaresystem von der Tochtergesellschaft in einem anderen Kontinent vertrieben wird. Nach Gründung der Tochtergesellschaft weigert sich die das Patentrecht innehabende Gesellschafterin, den mündlich vereinbarten Zweck durch Abschluss eines Lizenzvertrages umzusetzen. Die zweite Gesellschafterin hat bereits viel Zeit und Geld in das Projekt gesteckt und Vorarbeiten für den Aufbau eines Vertriebsnetzes in dem anderen Kontinent geleistet, die sich nun ohne den Lizenzvertrag nicht amortisieren können. Bei entsprechender Beweisbarkeit kann es der zweiten Gesellschaft gelingen, wenigstens ihre vergeblichen Aufwendungen, unter Umständen sogar ihren entgangenen Gewinn erstattet zu bekommen.

## 5.2 Wachsam sein – typische Ursachen für Gesellschafterkonflikte

Seien Sie auf Konflikte vorbereitet. Es gibt im Leben einer Gesellschaft keinen Zeitpunkt, zu dem das Auftreten von Konflikten ausgeschlossen ist. Es sind auch schon Gesellschafterstreitigkeiten in der Woche der Gesellschaftserrichtung ausgebrochen. Manchmal sind die Positionen der Gesellschafter in jenem Zeitpunkt, in dem der Streit ausbricht, schon so festgefahren, dass es zur Liquidation der Gesellschaft kommt. Sie sollten also immer auf das Auftreten von Konflikten mit Ihren Mitgesellschaftern vorbereitet sein. In der Praxis lassen sich aber einige besonders kritische »Lebensabschnittsphasen« einer Gesellschaft bestimmen, in denen Konflikte besonders häufig ausbrechen:

- kurz vor und in der wirtschaftlichen Krise eines Unternehmens (zum Beispiel, wenn sich Unternehmensprognosen verschlechtern oder Rationalisierungsbedarf besteht);
- nach schwerwiegenden Veränderungen im privaten Bereich der Gesellschafter (zum Beispiel Eheschließung: ein neuer Akteur tritt auf die Bühne; schwere Krankheit eines Gesellschafters: seine Prioritäten ändern sich) ;
- wenn ein/mehrere Gesellschafter erkennen, dass sich ihre mit der Vergesellschaftung verfolgten Ziele nicht, nicht im erwarteten Zeitraum oder nur unter unerwarteten Schwierigkeiten umsetzen lassen;
- in Familienunternehmen beim Generationenwechsel.

Diese Aufzählung erhebt keinen Anspruch auf Vollständigkeit. Je nach Prioritätensetzung der einzelnen Gesellschafter können einzelne Phasen entfallen oder weitere heikle »Lebensabschnittsphasen« dazukommen. Es ist daher wichtig, dass Sie möglichst zu keinem Zeitpunkt der Vergesellschaftung angreifbar sind. Verfehlungen, die Ihnen Ihre Mitgesellschafter im Streitfall vorhalten können, sollten Sie daher zu jedem Zeitpunkt vermeiden (vgl. Kapitel 5.5).

Wer das Auftreten eines Konflikts rechtzeitig erkennt, kann rechtzeitig handeln. Je später Sie den Konflikt erkennen, desto größer ist die Gefahr, dass die Gegenseite bereits konkrete Schritte gegen Sie plant. Dann müssen Sie sich erst mühsam aus der Defensivposition befreien, um offensiv agieren zu können. Auch lassen sich Gesellschafterkonflikte in ihrer Anfangsphase oft (noch) konstruktiv und zur Zufriedenheit aller Beteiligten lösen. Später treten Gesellschafterkonflikte häufig in äußerst konfrontative Phasen, in denen meist zumindest ein Beteiligter verliert – manchmal sogar das Unternehmen, wenn über sein Vermögen ein Insolvenzverfahren eröffnet werden muss. Je später Gesellschafter die Lösung ihrer Konflikte angehen, desto schwieriger, aufwendiger und teurer ist diese. Gleichzeitig steigt das Risiko, dass der Konflikt den Bestand der Gesellschaft bedroht. Halten Sie daher während des gesamten Zeitraums des Bestehens Ihrer Gesellschaft die Augen offen, um Konflikte frühzeitig zu erkennen.

Einfluss auf etwaige Konflikthäufungen haben auch die Person und die Ziele des jeweiligen Gesellschafters. Der professionelle Investor, der ausschließlich am »Return on Investment« seines Beitrags zur Gesellschaft interessiert ist, wird weitgehend unabhängig von möglichen Veränderungen in seinem privaten Bereich agieren. Veränderungen im privaten Bereich des typischen KMU-Gesellschafters, der neben seiner Gesellschafterstellung auch hauptberuflich (meist als Geschäftsführer) in der Gesellschaft tätig ist, werden dagegen oft direkt auf sein Verhalten in der Gesellschaft durchschlagen.

Die vom professionellen Investor mit der Vergesellschaftung verfolgten Ziele sind klar. Solange der Ertrag seinen Erwartungen entspricht, wird die Gesellschaft (deren Geschäftsführung) relativ unbehelligt von Einmischungen des Investors handeln können. Die Ziele des typischen KMU-Gesellschafters können hingegen vielfältig sein. Möglicherweise beabsichtigt er gar nicht so sehr die Gewinnmaximierung. Vielleicht ist sein oberstes Ziel die Schaffung eines von den Weisungen eines Arbeitgebers unabhängigen »Arbeitsplatzes«. Gerät er an diesem »weisungsfreien Arbeitsplatz« unter zu große Fremdbestimmung (zum Beispiel häufige Weisungen und Einmischungen der Mitgesellschafter, Zustimmungserfordernisse weiterer Geschäftsführer mangels Einzelvertretungsberechtigung), sieht er die Erreichung seiner Ziele gefährdet. Ein Gesellschafterstreit droht.

## 5.3 Vertrauenspersonen platzieren

Je besser Sie über die Vorgänge in der Gesellschaft informiert sind, desto frühzeitiger erkennen Sie auftretende Gesellschafterkonflikte (vgl. Kapitel 5.2) und desto mehr Informationen haben Sie, um sie effektiv führen zu können (vgl. Kapitel 5.4). Gesellschafter-Geschäftsführer sitzen direkt an der Informationsquelle. Für andere Gesellschafter ist die laufende Information über Vorgänge in der Gesellschaft schwieriger. Denn im Rahmen ihrer Informations- und Kontrollrechte erfahren sie den Großteil aller Vorgänge erst im Nachhinein (vgl. Kapitel 4.1.8.10). Sie haben damit faktisch auch nur geringe Einfluss- und Kontrollmöglichkeiten auf beziehungsweise über das Verhalten der Gesellschaft. Das gilt umso mehr, je größer die betreffende Gesellschaft ist.

Nicht geschäftsführende Gesellschafter können ihre Position daher entscheidend verbessern, wenn sie Vertrauensleute in Positionen platzieren, von denen aus der Informationszugang gewährleistet ist und die eventuell die Gesellschaft auch kontrollieren oder gar ihr Verhalten beeinflussen können. Im Optimalfall sichern Sie dieses Recht durch Entsendungsrechte im Gesellschaftsvertrag oder eine Nebenvereinbarung ab (vgl. die Kapitel 4.1.8.13 und 4.2.1).

Praktisch bedeutend ist die Platzierung von Vertrauenspersonen in der Geschäftsführung und/oder dem Aufsichtsrat, in geringerem Maß auch bei der Bestellung von Beiratsmitgliedern. Direkten Einfluss auf Geschäftsführung und Aufsichtsrat verschafft die Platzierung von Vertrauenspersonen aber nicht. Diesen erreicht nur, wer selbst Mitglied des betreffenden Organs ist. Denn die Mitglieder der Geschäftsführung und des Aufsichtsrates sind in erster Linie der Gesellschaft gegenüber zur sorgfältigen Führung der Geschäfte verpflichtet – nicht aber einzelnen Gesellschaftern (vgl. Kapitel 5.5.2.6). Gleiches gilt allerdings auch für Gesellschafter-Geschäftsführer beziehungsweise Gesellschafter-Aufsichtsratsmitglieder. Auch diese dürfen ihre Organfunktion nur im Interesse der Gesellschaft ausüben und haben eigene Interessen hintanzustellen. In der Praxis hat sich allerdings gezeigt, dass die Hemmschwelle, eine Organfunktion zur Durchsetzung eigener Interessen auszuüben, bei Vertrauenspersonen oder Gesellschafter-Geschäftsführern ungleich niedriger ist als bei »wirklich neutralen« Organmitgliedern.

Ungeachtet etwaiger Einflussmöglichkeiten auf die Gesellschaftsorgane erreicht man mit der Bestellung von Vertrauenspersonen weitere vorteilhafte Effekte:

- Eigenes Vertrauen in die entsandte Person: Man entsendet nur Personen, denen man selbst vertraut – von denen man also annimmt, dass sie jedenfalls zum Wohl der Gesellschaft agieren (also vielleicht nicht vorrangig zum eigenen, zumindest aber auch nicht vorrangig zum Wohl der anderen Gesellschafter).
- Das entsandte Organmitglied ist in seiner Position vom entsendenden Gesellschafter abhängig. Sollte der Gesellschafter mit der Mandatsausübung durch das entsendete Organmitglied nicht zufrieden sein, wird er für die folgende Amtsperiode eine andere Person entsenden. Meistens versuchen entsandte Organmitglieder, ihre Position zu erhalten. Das gewährleistet zumindest eine grundsätzliche Rücksichtnahme des entsandten Organmitglieds auf die Interessen des entsendenden Gesellschafters.

## 5.4 Sammeln, sammeln, sammeln …

Um Konflikte austragen zu können, benötigen die Konfliktparteien Informationen:

- über sich selbst, um eigene Ziele definieren und die zur Zielerreichung verfügbaren Mittel erheben zu können;
- über ihre Gegner, um deren Strategien vorauszusehen und mit brisanten Informationen Druck auf den Gegner ausüben und die eigene Strategie planen zu können.

Kluge Gesellschafter gestalten ihre Streitprophylaxe daher zweigliedrig:

- Durch ständige Wachsamkeit bei seinen eigenen Handlungen hält der Gesellschafter Angriffsflächen gering und ist zur etwaigen Verteidigung gegen offensive Mitgesellschafter bereit (vgl. Kapitel 5.2).
- Durch ständige Beobachtung seiner Mitgesellschafter sammelt der Gesellschafter Informationen, die im Bedarfsfall als Angriffsmittel gegen Mitgesellschafter nützlich sein könnten.

Nützliche Informationen sollten Sie daher laufend sammeln. Denn nach Ausbruch eines Gesellschafterstreits sind alle Beteiligten wachsam. Dann ist es schwierig, weitere Informationen zu erhalten. Darüber hinaus hat derjenige Gesellschafter, der »seine« Informationen bereits gesammelt hat, gegenüber demjenigen Gesellschafter einen Zeitvorsprung, der erst beginnt, geeignete Informationen zu sammeln. Während der eine Gesellschafter erst Material sichtet, arbeitet der vorausschauende Gesellschafter bereits an seiner Strategie zur Führung des Gesellschafterstreits!

Besonders wichtig ist das laufende Sammeln von Informationen für Gesellschafter-Geschäftsführer, die nach der internen Ressortaufteilung die »operativen« Ressorts innehaben (zum Beispiel für den Kreativen; vgl. Kapitel 3.4.1.3). Denn für Buchführung, interne Kontrolle und Personalführung sind in diesem Fall die anderen zuständig. Gerade das sind aber jene Bereiche, in denen wertvolle Informationen zur Führung von Gesellschafterstreitigkeiten gefunden werden können. Nach Ausbruch eines Gesellschafterstreits wird der Gesellschafter-Geschäftsführer auf diese Unterlagen nicht mehr zugreifen können, ohne die Aufmerksamkeit der anderen zu erregen. Informationen, die er zum Zeitpunkt des Streitausbruchs nicht bereits gesammelt hat, stehen ihm dann nur mehr eingeschränkt oder gar nicht zur Verfügung.

## 5.5 Stolpersteine: die Klassiker

Im Gesellschafterstreit entscheiden oft – aber nicht immer (und schon gar nicht alleine) – die Machtverhältnisse zwischen den Gesellschaftern. Daneben nehmen Verfehlungen der beteiligten Gesellschafter eine besonders wichtige Rolle ein. Manchmal kann eine schwere Verfehlung zum Verlust einer Machtposition (zum Beispiel der Geschäftsführerstellung) oder gar zum Ausschluss aus der Gesellschaft führen. Für bloße Gesellschafter ist die Möglichkeit relativ gering, zu ihrem Ausschluss führende Verfehlungen zu begehen. Denkbar sind allenfalls die Zerstörung des Vertrauensverhältnisses, die schuldhafte Herbeiführung eines tiefgreifenden Zerwürfnisses unter den Gesellschaftern, Verstöße gegen ihre Treuepflicht, gegen ein etwaiges Wettbewerbsverbot (bei GmbH-Mehrheitsgesellschaftern oder bei vertraglich vereinbartem Wettbewerbsverbot), Straftaten zulasten der Gesellschaft, unter Umständen auch Straftaten zulasten von Mitgesellschaftern oder die qualifizierte Säumigkeit bei der Einzahlung von übernommenen Stammeinlagen (vgl. Kapitel 6.18.2.1).

Anders ist die Situation für Gesellschafter-Geschäftsführer (viele KMU-Geschäftsführer sind auch Gesellschafter) oder auch für Vorstandsmitglieder personalistisch geprägter AGs. Für sie hält das Geschäftsleben eine Unzahl von Stolpersteinen bereit, die sie die Geschäftsführerposition kosten und Schadenersatzforderungen gegen sie begründen können. Besonders häufig stolpern Gesellschafter-Geschäftsführer über folgende Hürden:

- Verstoß gegen Wettbewerbsverbote (vgl. Kapitel 5.5.2.1);
- unzulässige Insichgeschäfte und Mehrfachvertretung (vgl. Kapitel 5.5.2.3);
- Kompetenzüberschreitungen und Verletzungen der Kompetenzordnung (vgl. Kapitel 5.5.2.7);
- Ressortaufteilung ohne Kontrollausübung gegenüber anderen Organmitgliedern und unzureichende Auswahl und Überwachung von Mitarbeitern, Verletzung der Pflicht zur Unternehmensorganisation (vgl. Kapitel 5.5.2.4);
- unternehmerische Entscheidungen mit negativen Folgen; auch wenn diese ursprünglich ermessensfehlerfrei erfolgt sein mögen (vgl. Kapitel 5.5.3.3);
- fehlerhafte Angaben gegenüber dem Handelsregister (zum Beispiel im Hinblick auf geleistete Stammeinlagen);
- Verletzung der Verlustanzeigepflicht: Eine Verlustanzeigepflicht besteht nach §49 Abs. 3 GmbHG gegenüber den Gesellschaftern, wenn die Hälfte des Stammkapitals verloren ist, die Verletzung dieser Pflicht ist nach §84 GmbHG strafbar (bei AGs sind die Vorstandsmitglieder gegenüber der Hauptversammlung in der Pflicht; auch hier führt ein Verstoß zur Strafbarkeit, vgl. §401 AktG);
- Verletzung der gesetzlichen Geheimhaltungspflicht (nach §85 GmbHG beziehungsweise §404 AktG strafbar; vgl. Kapitel 5.5.2.8);

- Säumigkeit bei Aufstellen des Jahresabschlusses (vgl. Kapitel 5.5.2.5);
- verdeckte Gewinnausschüttungen (vgl. Kapitel 5.5.2.2);
- Verletzung des Gleichbehandlungsgrundsatzes (vgl. Kapitel 5.5.2.6);
- Verstoß gegen Kapitalerhaltungsvorschriften (§ 30 GmbHG, § 57 AktG).

Aber selbst wenn die Verletzung dieser rechtlichen Regeln nicht zum Verlust der Geschäftsführerposition oder zum Ausschluss aus der Gesellschaft führt, kann sie negative Folgen haben. Eine beliebte Taktik im Gesellschafterstreit ist es, den Gegner zu diffamieren und dadurch dessen Position in der Auseinandersetzung zu schwächen. Das geht mit Gesellschafter-Geschäftsführern besonders gut.

Auch hier ist der Kreative eher gefährdet (vgl. Kapitel 3.4.1.3). Er denkt pragmatisch, zielorientiert und bevorzugt kurze Wege. Diese kurzen Wege führen aber oft dazu, dass er sich nicht um als »bürokratisch« empfundene Vorgaben für scheinbar unwichtige Erledigungen kümmert (zum Beispiel um die Vermeidung von Mehrfachvertretungen oder das rechtzeitige Aufstellen von Jahresabschlüssen).

> **Achtung** !
>
> Die Beschreibung klassischer Stolpersteine in den folgenden Kapiteln erhebt keinen Anspruch auf Vollständigkeit. Nicht nur Verträge und Beschlüsse der Gesellschaft, auch zahlreiche Spezialgesetze enthalten eine Vielzahl an Verhaltensvorschriften, die von Gesellschaftern und Geschäftsführern einzuhalten sind.

### 5.5.1 Stolpersteine für den Gesellschafter und den Aktionär

### 5.5.1.1 Einhaltung der Treuepflicht

Grundsätzlich sind Gesellschafter auch im Hinblick auf ihre Beteiligung an der Gesellschaft berechtigt, ihre eigenen Interessen durchzusetzen. Sie sind insbesondere nicht ohne Weiteres verpflichtet, ihre eigenen Interessen hinter die Interessen der Gesellschaft und hinter die Interessen ihrer Mitgesellschafter zu stellen. Schranken findet dieser Grundsatz in der gesellschaftsrechtlichen Treuepflicht.

Die Treuepflicht ist ein fundamentales Rechtsprinzip des Gesellschaftsrechts und entspringt dem Gedanken wechselseitiger Treue aller Beteiligten aus dem gemeinsamen Gesellschaftsverhältnis. Sie besteht dementsprechend einerseits der Gesellschaft und andererseits den Mitgesellschaftern gegenüber.[103]

- Im **Verhältnis zur Gesellschaft** greift die Treuepflicht ein, wo unternehmensfremde Eigeninteressen eines Gesellschafters mit Interessen der Gesellschaft kollidieren.
- Im **Verhältnis zu den Mitgesellschaftern** ergibt sich eine darüber hinausgehende Treuepflicht insoweit, als Gesellschafter auf die mitgliedschaftlichen (nicht die privaten) Interessen ihrer Mitgesellschafter Rücksicht nehmen müssen und beispielsweise auch Mehrheitsgesellschafter ihren Willen den Minderheitsgesellschaftern nicht uneingeschränkt aufzwingen dürfen.

Eine genaue Abgrenzung des Inhalts der Treuepflicht ist bislang weder der Literatur noch der Rechtsprechung gelungen. Überdies hängt ihr Umfang stark von der jeweiligen Gesellschaftsform ab. Eine abschließende Darstellung des Inhalts der gesellschaftsrechtlichen Treuepflicht ist daher nicht möglich. Unbestritten sind allerdings einige Faustregeln. Die Treuepflicht und die aus ihr entspringenden Rücksichtnahmepflichten sind umso umfangreicher,

- je **personalistischer die Rechts- und Organisationsform** einer Gesellschaft ist und je **weniger kapitalistisch** (Beispiel: Zwischen GbR-Gesellschaftern ist die Treuepflicht stärker ausgeprägt als zwischen Aktionären einer börsennotierten AG);
- je stärker die **persönliche Bindung der Gesellschafter** ist;
- je **größer der Einfluss des Gesellschafters** ist, gegen den die Treuepflicht geltend gemacht wird (Beispiel: Die Treuepflicht des Mehrheitsgesellschafters einer GmbH ist umfangreicher als jene des mit einer geringen Beteiligung partizipierenden Kommanditisten einer Publikums-KG);
- je **geringer der Einfluss des sich auf die Treuepflicht berufenden** Gesellschafters auf die Gesellschaft ist (Beispiel: Der Minderheitsaktionär kann sich eher auf die Treuepflicht des Mehrheitsaktionärs berufen als umgekehrt);
- je mehr den Gesellschaftern das ausgeübte Recht **zur Förderung des Gesellschaftszwecks eingeräumt** wurde und nicht zum Zwecke der Durchsetzung ihrer privaten Interessen;
- je **bedeutender die betroffenen Interessen** sind (Beispiel: Ein Auflösungsbeschluss der Mehrheitsgesellschafter ist kritischer auf eine Verletzung der Treuepflicht zu prüfen als der Beschluss über die Anschaffung eines neuen Firmenwagens für den Geschäftsführer).

---

103 Vgl. zur Treuepflicht: Baumbach/Hueck/*Fastrich* § 13 Rn. 20 ff.

Im Ergebnis unterliegt die Treuepflicht stets im Einzelfall einer Interessenabwägung zwischen:

- dem Eigeninteresse der handelnden Gesellschafter,
- dem Gesellschaftsinteresse und
- den Interessen der anderen Gesellschafter.

Eine Verletzung der Treuepflicht kann gegeben sein, wenn:

- in Geschäftsführungsangelegenheiten das Eigeninteresse der Handelnden (insbesondere auch von Konzerninteressen) über das Gesellschaftsinteresse gestellt wird;
- ein Vorschlags- und Entsendungsrecht zum Nachteil der Gesellschaft ausgeübt wird;
- bei der Veräußerung von Beteiligungen gegen Gesellschaftsinteressen gehandelt wird (beispielsweise Veräußerung an unmittelbaren Wettbewerber); eine Pflicht zur Rücksichtnahme besteht auch dann, wenn die Anteile nicht vinkuliert sind;
- ein Gewinnverwendungsbeschluss gegen die Gesellschafts- und/oder gegen berechtigte Gesellschafterinteressen gerichtet ist;
- der Auflösungsbeschluss der Gesellschaft (erfordert eine Dreiviertelmehrheit) mit dem Ziel gefasst wird, sich das liquidierte Unternehmen billig anzueignen;
- Kapitalerhöhungen oder Squeeze-out mit dem Ziel durchgeführt werden, die Geschäftsanteile finanzschwacher Gesellschafter zu verwässern (vgl. Kapitel 6.18.2.5);
- Mitgesellschafter bei Kapitalerhöhungen unbegründet vom gesetzlichen Bezugsrecht (§ 186 AktG [analog]) ausgeschlossen werden (hinter dieser Maßnahme steht ebenfalls meistens die Absicht, Geschäftsanteile eines anderen Gesellschafters zu verwässern);
- die Zustimmung zur Übertragung eines vinkulierten Geschäftsanteils unsachlich verweigert wird, (soweit man der Literaturauffassung[104] folgt, wonach eine unsachliche Verweigerung der Zustimmung treuwidrig ist);
- ungerechtfertigte Sondervorteile durch einzelne Gesellschafter erstrebt werden;
- die Beschlussfassung unter völliger Missachtung der Grenzen unternehmerischen Ermessens erfolgt: Eine für die Gesellschaft nachteilige Entscheidung ist mit unternehmerischen Argumenten nicht begründbar (Ermessensexzess);
- gesellschaftliches Wirken zum Schaden der Gesellschaft bewusst blockiert wird;

---

104 Baubach/Hueck/*Fastrich* § 15 Rn. 46 m. w. N.

- ein Wettbewerbsverbot verletzt wird (vgl. Kapitel 5.5.1.2);
- das Stimmrecht treuwidrig ausgeübt wird: so kann die Treuepflicht ein bestimmtes Abstimmungsverhalten der Gesellschafter fordern, zum Beispiel die Pflicht, für die Abberufung eines Geschäftsführers zu stimmen, wenn in seiner Person ein die Abberufung rechtfertigender wichtiger Grund vorliegt (auf diesem Wege kann ein Minderheitsgesellschafter gegen den Willen des Mehrheitsgesellschafters einen Geschäftsführer abberufen); die Pflicht, unter bestimmten Voraussetzungen (zum Beispiel Unternehmenskrise) für eine Kapitalerhöhung zu stimmen; die Pflicht, für eine Geltendmachung von berechtigten Schadenersatzansprüchen gegen die Geschäftsführer zu stimmen (vgl. Kapitel 6.10).

Hingegen handeln Kapitalgesellschafter grundsätzlich nicht schon deshalb treuwidrig, weil sie eine Gesellschafterversammlung nicht besuchen beziehungsweise an einer Abstimmung nicht teilnehmen. Allenfalls kann man für Mehrheitsgesellschafter aufgrund der Treuepflicht eine Besuchs- und Stimmpflicht argumentieren, wenn ohne ihre Mitwirkung das gesellschaftliche Wirken lahm liegen würde.

**!** **Tipp**

Gesellschafter müssen die bisher von Gesetzgebung und Rechtsprechung nur unvollständig vorgenommene inhaltliche Ausgestaltung der Treuepflicht nicht einfach hinnehmen. Sie können vielmehr im Gesellschaftsvertrag selbst Inhalte definieren, die im Rahmen ihres Gesellschafterverhältnisses von der Treuepflicht umfasst sein sollen. Dazu empfiehlt sich insbesondere auch die Aufnahme der oben genannten Gründe als Beispiele für die Verletzung der Treuepflicht. Die Gesellschafter sollten im Zuge einer solchen gesellschaftsvertraglichen Definition des Inhalts der Treuepflicht auch festlegen, ob die Verletzung der vereinbarten Treuepflicht zum Ausschluss des verletzenden Gesellschafters führen soll (vgl. Kapitel 4.1.8.16.2).

Aufgrund einer bisher fehlenden scharfen inhaltlichen Abgrenzung der Treuepflicht ist das Risiko der Treuepflichtverletzung für jene Gesellschafter nicht gänzlich auszuschließen, die ihren vollen rechtlichen Spielraum ausschöpfen wollen. Die Verletzung der Treuepflicht bedeutet aber nicht das Ende aller Chancen auf eine erfolgreiche Führung etwaiger Gesellschafterstreitigkeiten. Gesellschafter sollten aber das Gefahrenpotenzial erkennen und – sollte sich eine Treuepflichtverletzung nicht vermeiden lassen – zumindest rechtzeitig für eine geeignete Rechtfertigungsstrategie sorgen, um auf etwaige Vorwürfe der Gegenseite rasch und glaubhaft reagieren zu können.

Rechtsfolge der Verletzung der Treuepflicht ist – insbesondere, wenn die unzulässige Verfolgung von Eigeninteressen im Spiel und der betroffene Gesellschafter befangen ist – der Ausschluss des betroffenen Gesellschafters von seinem Stimmrecht. Dem Gesellschafter ist bei Beschlussfassung die Ausübung seines Stimmrechts in der Gesellschafterversammlung zu verwehren. Ergibt sich aus der Treuepflicht eine Stimmpflicht des betroffenen Gesellschafters, so ist seine Stimme – unabhängig von seinem tatsächlichen Abstimmungsverhalten – so zu werten, als hätte er sie pflichtgemäß ausgeübt (vgl. Kapitel 6.10). Diese Wertung kann der Vorsitzende einer Gesellschafterversammlung vornehmen oder das zuständige Gericht in einem Klageverfahren.

Nimmt der grundsätzlich von seinem Stimmrecht ausgeschlossene Gesellschafter dennoch an der Abstimmung teil, führt dies bei Kapitalgesellschaften zur Anfechtbarkeit des betroffenen Gesellschafterbeschlusses und bei Personengesellschaften zur Nichtigkeit (vgl. Kapitel 6.16). In der Praxis kommt es immer wieder vor, dass der Mehrheitsgesellschafter einen Beschluss unter Verletzung der Treuepflicht fasst beziehungsweise nicht fasst. Der solcherart unter Verletzung der Treuepflichten zustande gekommene Beschluss ist in allen Gesellschaftsformen rechtswidrig. Stimmt ein Gesellschafter treuepflichtwidrig nicht für einen bestimmten Beschluss und kommt der Beschluss deshalb nicht zustande, so können die übrigen Gesellschafter Beschlussanfechtungsklage in Kombination mit Beschlussfeststellungsklage erheben.

Weniger rechtlich als vielmehr faktisch wirkt der Umstand, dass (behauptete) Verletzungen der Treuepflicht im Gesellschafterstreit oft als Munition zur Schwächung der Position des Gegners dienen. Die anhaltende und schwerwiegende Verletzung von Treuepflichten kann auch ein »wichtiger Grund« sein, der zumindest bei personalistisch geprägten Gesellschaften den Gesellschafterausschluss rechtfertigt.

Gravierende Verstöße gegen die Treuepflicht können die Ausschließung aus der Gesellschaft rechtfertigen (vgl. Kapitel 6.18).

### 5.5.1.2 Einhaltung des Wettbewerbsverbotes

Durch ihre Gesellschafterstellung erhalten Gesellschafter Zugang zu vertraulichen Informationen der Gesellschaft (vgl. Kapitel 4.1.8.10 und 6.11). Das Wettbewerbsverbot soll verhindern, dass Gesellschafter diese Informationen zum eigenen Vorteil und zum Nachteil der Gesellschaft ausnützen. Ferner soll ein Wettbewerbsverbot für Gesellschafter verhindern, dass diese ihre Machtposition in der Gesellschaft zum Nachteil der Gesellschaft und zum eigenen Vorteil ausnützen. Sind Gesellschafter darüber hinaus auch als Geschäftsführer tätig, so bezweckt das Wettbewerbsverbot, dass die Gesellschafter ihre Fähigkeiten und ihre verfügbare Zeit zum Wohle der Gesellschaft und nicht zum eigenen Wohle einsetzen.

> **! Achtung**
>
> Gesellschafter müssen im Umgang miteinander (und mit der Gesellschaft) nicht nur das Wettbewerbsverbot beachten, sondern auch das UWG (vgl. Kapitel 6.20).

Auch gravierende Verstöße gegen das Wettbewerbsverbot können die Ausschließung aus der Gesellschaft rechtfertigen (vgl. Kapitel 6.18).

### 5.5.1.2.1 Wettbewerbsverbot für Personengesellschafter

Persönlich haftende **Personengesellschafter** dürfen nach § 112 HGB [analog]

- weder eigene Geschäfte im Handelszweig ihrer Gesellschaft betreiben,
- noch an einer gleichartigen Handelsgesellschaft als persönlich haftender Gesellschafter beteiligt sein.

Das Beteiligungsverbot an Konkurrenzgesellschaften bezieht sich vorrangig nur auf die Position des persönlich haftenden Gesellschafters. Kommanditisten, stille Gesellschafter, GmbH-Gesellschafter oder Aktionäre sind vom Wettbewerbsverbot grundsätzlich nicht erfasst. Solche Beteiligungen fallen aber unter das Wettbewerbsverbot, wenn der Gesellschafter bei einer Konkurrenzgesellschaft Einflussmöglichkeiten hat, die denen eines persönlich haftenden Personengesellschafters entsprechen, was insbesondere bei Mehrheitsgesellschaftern und Gesellschafter-Geschäftsführern denkbar ist.[105]

Den Kommanditisten trifft das Wettbewerbsverbot grundsätzlich nicht (§ 165 HGB). Allerdings sind auch ihm durch die allgemeine Treuepflicht Grenzen gesetzt. Nach der Rechtsprechung soll deshalb ein Kommanditist, dessen Stellung in der Gesellschaft mit der eines Komplementärs vergleichbar ist, ebenfalls einem Wettbewerbsverbot unterliegen. Von Bedeutung ist dabei der Umfang seiner Beteiligung, die Frage, ob er zur Geschäftsführung befugt ist, und in welchem Umfang ihm der Gesellschaftsvertrag Informationsrechte einräumt. Diese Grenzen sind flexibel und vom konkreten Einzelfall abhängig. Unabhängig von seiner konkreten Stellung darf ein Kommanditist keinesfalls Geschäftschancen der Gesellschaft an sich ziehen.[106]

---

105 Baumbach/Hopt/*Roth* HGB § 112 Rn. 4, 6.
106 Vgl. zu dem Ganzen: Baumbach/Hopt/*Roth* HGB § 165 Rn. 3.

Entsprechend dem Wortlaut des § 112 HGB ist das Wettbewerbsverbot für Personengesellschafter abdingbar. Haben die Mitgesellschafter in die Wettbewerbstätigkeit eingewilligt, ist diese erlaubt. Wer als Personengesellschafter im Geschäftsbereich der Gesellschaft auf eigene oder fremde Rechnung tätig werden will, kann also vereinbaren, dass ihm auch Geschäfte im Geschäftsbereich der Gesellschaft erlaubt sind. Dabei wird die Einwilligung unwiderleglich vermutet, wenn die Wettbewerbstätigkeit bereits bei Gründung der Gesellschaft ausgeübt wurde und sie allen Mitgesellschaftern bekannt war. Aus »hygienischen« Gründen sollte man eine solche Erlaubnis nur in besonders begründeten Ausnahmefällen erteilen.

### 5.5.1.2.2 Wettbewerbsverbot für Kapitalgesellschafter

Kapitalgesellschafter trifft grundsätzlich kein Wettbewerbsverbot. Wer dennoch ein solches für seine Mitgesellschafter vorsehen will, muss dies im Gesellschaftsvertrag ausdrücklich regeln (vgl. Kapitel 4.1.8.24).

Allerdings gilt auch für Kapitalgesellschafter die Treuepflicht (vgl. Kapitel 5.5.1.1). Nach herrschender Meinung besteht für Gesellschafter einer **GmbH**, die nicht gleichzeitig Geschäftsführer sind, dann ein Wettbewerbsverbot, wenn der betreffende Gesellschafter in gleichem Maße Einfluss auf die Geschäftsführung ausüben kann wie der persönlich haftende Gesellschafter einer Personengesellschaft. Insofern unterliegen jedenfalls Mehrheitsgesellschafter einer GmbH einem gesetzlichen Wettbewerbsverbot, weil sie die Mehrheit der Stimmen und damit beherrschenden Einfluss auf die Geschäftsführung haben. Aber auch Minderheitsgesellschafter, die ein Sonderrecht zur Bestellung eines Geschäftsführers innehaben, haben Einfluss auf die Geschäftsführung und unterliegen einem Wettbewerbsverbot.[107]

Aktionäre einer **AG**, auch Mehrheitsaktionäre, unterliegen nie einem Wettbewerbsverbot. Nach § 76 Abs. 1 AktG leitet der Vorstand die Gesellschaft in eigener Verantwortung und handelt damit weisungsfrei – im Gegensatz zu dem gegenüber der Gesellschafterversammlung weisungsgebundenen Geschäftsführer einer GmbH. Ein Aktionär ist daher nie in der Lage, in gleichem Maße Einfluss auf die Geschäftsleitung zu nehmen wie ein persönlich haftender Gesellschafter einer Personengesellschaft.

---

107 Zu dem Ganzen: MüKoGmbHG/*Merkt* § 13 Rn. 216 ff.

> **! Achtung**
>
> Gesellschafter-Geschäftsführer einer Kapitalgesellschaft treffen nicht nur die (relativ lockeren) Wettbewerbsbeschränkungen für Gesellschafter, sondern auch das weit strengere Wettbewerbsverbot für Geschäftsführer (vgl. Kapitel 5.5.2.1).

### 5.5.1.3 Vorsorge gegen Kaduzierung von Geschäftsanteilen

Eine weitere Möglichkeit zum zwangsweisen Ausschluss von Kapitalgesellschaftern ist die Kaduzierung, das heißt die Einziehung des Geschäftsanteils eines Gesellschafters, der mit der Einzahlung seiner Stammeinlage säumig ist (zum Verfahren vgl. Kapitel 6.18.2.1). Wird ein Anteil kaduziert, so erhalten etwaige Rechtsvorgänger des von der Kaduzierung Betroffenen die Gelegenheit, den Anteil gegen Zahlung der offenen Einlage zu erwerben. Leisten auch diese die Einlage nicht, wird der Anteil öffentlich versteigert (vgl. §§ 21 ff. GmbHG und § 64 f. AktG).

Unabdingbare Voraussetzung jedes Kaduzierungsverfahrens ist, dass der betreffende Gesellschafter mit der Einzahlung seiner Stammeinlage auf den betreffenden Anteil säumig ist. Fehlt diese Voraussetzung, ist die Kaduzierung unzulässig. Liegt diese Voraussetzung dagegen vor, ist eine Kaduzierung nur noch aus formellen Gründen anfechtbar (zum Beispiel, weil die gesetzlichen Fristen oder Formvorschriften nicht eingehalten wurden; vgl. Kapitel 6.18.2.1). Einzige wirksame Vorsorge gegen die Kaduzierung eines Geschäftsanteils ist daher die rechtzeitige und gänzliche Einzahlung der übernommenen Stammeinlage.

> **! Achtung**
>
> Durch die Kaduzierung verliert der säumige Gesellschafter nur die von der Säumnis betroffenen Anteile. Hält der Gesellschafter daneben noch weitere Anteile, auf die er bereits seine übernommene Stammeinlage in voller Höhe geleistet hat, können die letztgenannten Anteile nicht kaduziert werden. Der säumige Gesellschafter bleibt Gesellschafter, es reduziert sich lediglich seine Beteiligung.[108]

Für Personengesellschaften sieht das Gesetz den Ausschluss säumiger Personengesellschafter durch Kaduzierung nicht vor. Stattdessen gilt Folgendes:

Zunächst kann jeder Mitgesellschafter gegen den säumigen Gesellschafter auf Leistung seines Beitrags an die Gesellschaft klagen (sogenannte »actio

---

108 Vgl. MüKoGmbHG/*Schütz* § 21 Rn. 88.

pro socio« ). Eine erfolgreiche Klage führt aber nicht zum Ausschluss des Gesellschafters, sondern stellt die Verpflichtung des Gesellschafters zur Beitragsleistung fest, die im Wege der Zwangsvollstreckung durchgesetzt werden kann.

Daneben kann sich der säumige Gesellschafter schadenersatzpflichtig machen (Zinsen und weitere Verzugsschäden). Im Extremfall kann die pflichtwidrig unterlassene Leistung der vollständigen Einlage zur Auflösung der Gesellschaft (§ 133 HGB) oder zum Ausschluss des säumigen Gesellschafters aus wichtigem Grund (§ 140 HGB) führen.[109]

## 5.5.2 Stolpersteine für den (Gesellschafter-)Geschäftsführer und das Vorstandsmitglied

Erfahrungsgemäß führt nahezu jeder Gesellschafterstreit auch zur Frage der Haftung eines (oder mehrerer) Geschäftsführers. Das gilt in besonderem Maße für Gesellschafter-Geschäftsführer, die aktiv am Gesellschafterstreit beteiligt sind, aber auch für Fremdgeschäftsführer, denen von streitenden Gesellschaftern oft vorgeworfen wird, einzelne Maßnahmen nicht zum Wohle der Gesellschaft, sondern zum eigenen Vorteil oder zum Vorteil des jeweils anderen Gesellschafters vorgenommen zu haben.

Meistens dienen solche Vorwürfe vorrangig der Positionierung der streitenden Gesellschafter im Gesellschafterstreit. Andererseits beinhalten sie zumindest den Verdacht auf rechtswidrige Geschäftsführerhandlungen, die – sollte sich der Verdacht bestätigen – zu Schadenersatzforderungen der Gesellschaft, aber auch zu Strafverfahren gegen den Geschäftsführer führen können (insbesondere wegen des Deliktes der Untreue).

Wichtigste Vorsorgemaßnahme jedes Geschäftsführers sollte daher die genaue Einhaltung seiner Pflichten sein. Diese Pflichten finden sich im Gesetz, im Gesellschaftsvertrag, im Dienstvertrag und in der Geschäftsordnung für die Geschäftsführung (sofern eine solche vorhanden ist). Grundsätzlich hat der Geschäftsführer alle in diesen Regelwerken enthaltenen Pflichten einzuhalten.

Die nachfolgend genannten »Stolpersteine« sind ebenso von Vorstandsmitgliedern einer AG zu beachten.

---

109 Vgl. Baumbach/Hopt/*Roth* HGB § 109 Rn. 10.

**!** **Achtung**

Manche Verpflichtungen sind in der Praxis weitgehend unbekannt. Ihre Vernachlässigung zieht im alltäglichen Wirtschaftsleben oft auch keine Nachteile nach sich. Kommt es aber zum Gesellschafterstreit, greifen Gesellschafter gerade auch solche Nachlässigkeiten auf, um missliebige Geschäftsführer loszuwerden.

Ein Beispiel für eine solche Verpflichtung ist die Verletzung der Verlustanzeigepflicht. Eine Verlustanzeigepflicht besteht nach §49 Abs. 3 GmbHG gegenüber den Gesellschaftern, wenn die Hälfte des Stammkapitals verloren ist. Verletzt ein Geschäftsführer diese Pflicht, macht er sich nach §84 GmbHG sogar strafbar.

In der Praxis kennen nur wenige Geschäftsführer diese Verpflichtung. Um der Gegenseite im Gesellschafterstreit keine Angriffsfläche zu bieten, sollten Sie als (Gesellschafter-)Geschäftsführer diese Pflicht gewissenhaft einhalten. Als Gegenspieler eines (Gesellschafter-)Geschäftsführers sollten Sie prüfen, ob diese Pflicht eingehalten wurde. Möglicherweise finden Sie hier eine Schwachstelle.

### 5.5.2.1 Verstoß gegen das Wettbewerbsverbot

#### 5.5.2.1.1 Wettbewerbsverbot für Geschäftsführer einer Personengesellschaft

Im Personengesellschaftsrecht gilt das Prinzip der Selbstorganschaft. Dies bedeutet, dass die Gesellschafter die Geschäftsführung innehaben (Kommanditisten nur, wenn ausdrücklich im Gesellschaftsvertrag geregelt) und eine Fremdgeschäftsführung durch Nicht-Gesellschafter unzulässig ist. Die Gesellschafter-Geschäftsführer einer Personengesellschaft haben das Wettbewerbsverbot für Personengesellschafter einzuhalten (vgl. Kapitel 5.5.2.1.1).

#### 5.5.2.1.2 Wettbewerbsverbot für Vorstandsmitglieder einer AG

Vorstandsmitglieder haben nach der Konzeption des AktG der AG ihre volle Arbeitskraft zur Verfügung zu stellen. Das AktG versucht das unter anderem durch strenge Verbote zu erreichen. Nach §88 AktG dürfen Vorstände

- weder ein Handelsgewerbe betreiben;
- noch persönlich haftender Gesellschafter einer Personengesellschaft sein;
- noch Vorstand oder Geschäftsführer einer anderen Handelsgesellschaft sein;
- noch im Geschäftszweig der Gesellschaft für eigene oder fremde Rechnung Geschäfte machen (oder Beratungsleistungen erbringen).

Dem Vorstand ist der Betrieb eines Handelsgewerbes beziehungsweise die Beteiligung als persönlich haftender Gesellschafter unabhängig davon untersagt, ob das Handelsgewerbe (die Personengesellschaft) in Konkurrenz zur AG steht oder nicht.

Reine Finanzbeteiligungen im Sinne einer Vermögensanlage und ohne Einfluss auf die Geschäftsführung unterliegen dem Wettbewerbsverbot hingegen nicht. Geringfügige Nebentätigkeiten außerhalb des gewerblichen Bereiches sind dem Vorstandsmitglied ebenfalls gestattet (zum Beispiel Lehrauftrag an einer Universität). Die Übernahme von Aufsichts- und Beiratsmandaten ist zulässig, soweit es sich dabei um eine Nebentätigkeit handelt.[110]

Die Einwilligung in eine Ausnahme vom Wettbewerbsverbot erteilt der Aufsichtsrat. Sie ist vor Aufnahme der Wettbewerbstätigkeit zu erteilen. Eine nachträgliche Genehmigung ist nicht zulässig. Die Einwilligung kann sich immer nur auf eine konkrete Wettbewerbstätigkeit (bestimmte Tätigkeit, bestimmtes Mandat usw.) beziehen. Eine Blanko-Einwilligung, mit der sämtliche Wettbewerbstätigkeiten erlaubt werden, ist nicht zulässig.[111]

### 5.5.2.1.3 Wettbewerbsverbot für GmbH-Geschäftsführer

Im Gesetz findet sich keine Regelung dazu, in welchem Umfang GmbH-Geschäftsführer der Gesellschaft ihre Arbeitskraft zur Verfügung stellen müssen. Die überwiegende Literaturauffassung ist der Meinung, dass sich dies nach den Umständen des Einzelfalls richtet und ein GmbH-Geschäftsführer

---

110  MüKoAktG/*Spindler* § 88 Rn. 12 ff.
111  Hüffer/Koch/*Koch* § 88 Rn. 5.

im Zweifel seine ganze Arbeitskraft in den Dienst der GmbH zu stellen hat. Welcher zeitliche Umfang damit verbunden ist, hängt unter anderem von den Fähigkeiten, der Erfahrung oder der Bereitschaft des Geschäftsführers zur Delegation ab und lässt sich nicht pauschal beziffern.[112] Zu dieser Frage besteht keine höchstrichterliche Rechtsprechung. Es empfiehlt sich daher stets eine vertragliche Vereinbarung zwischen dem Geschäftsführer und der Gesellschaft (vertreten durch die Gesellschafterversammlung).

Kommt der Geschäftsführer seinen Organpflichten vollumfänglich nach und bleibt daneben noch Zeit, darf er sich, soweit nichts anderes vereinbart wurde, neben seinem Geschäftsführeramt auch noch anderen Aufgaben widmen. Damit der Gesellschaft aus einer etwaigen weiteren (beruflichen) Tätigkeit des Geschäftsführers kein Schaden erwächst, trifft den Geschäftsführer aber ein streng ausgestaltetes Wettbewerbsverbot. Dem Grundsatz nach ist auf Vorstandsmitglieder einer AG die Regelung des § 88 AktG analog anwendbar (vgl. Kapitel 5.5.2.1.2). Auch wenn die Rechtslage für GmbH-Geschäftsführer im Einzelnen nicht abschließend geklärt ist, gilt jedenfalls Folgendes: GmbH-Geschäftsführer dürfen keine Aktivitäten im Geschäftszweig der von ihnen vertretenen Gesellschaft aufnehmen. Bei der Beurteilung, ob es sich um den gleichen Geschäftszweig handelt, ist zum einen die Umschreibung des Geschäftsgegenstandes im Gesellschaftsvertrag und zum anderen die tatsächlich ausgeübte Tätigkeit maßgeblich.

Verboten sind[113]:

- das Geschäftemachen auf eigene und auf fremde Rechnung, aber auch die Beratung im Geschäftszweig der Gesellschaft zum Vorteil Dritter; der Einsatz von Treuhändern ändert an der rechtlichen Beurteilung nichts (ermöglicht aber manchmal, die Ausübung verbotener Tätigkeiten vor den Gesellschaftern zu verschleiern);
- die Beteiligung als persönlich haftender Gesellschafter an einem Unternehmen des gleichen Geschäftszweigs; darüber hinaus sollen auch beherrschende Beteiligungen als beschränkt haftender Gesellschafter verboten sein (also Beteiligungen als GmbH-Gesellschafter, Aktionär oder Kommanditist).

> **! Achtung**
>
> Regelmäßig können sich bei Doppelmandaten (mehrere Vorstands-, Geschäftsführungs- und/oder Aufsichtsratsmandate) auch Interessenkollisionen ergeben, selbst wenn die Wahrnehmung der Doppelmandate gesetzlich oder vertraglich

---

112 Vgl. Baumbach/Hueck/*Zöllner/Noack* § 35 Rn. 37.
113 Vgl. Baumbach/Hueck/*Zöllner/Noack* § 35 Rn. 41.

erlaubt sein sollte. In der juristischen Literatur[114] wird zur Lösung dieser Interessenkollisionen empfohlen, dass das konfliktbefangene Organmitglied sich bei seinen
Entscheidungen ausschließlich von den Interessen derjenigen Gesellschaft leiten
lassen darf, für die er gerade tätig wird. Interessen der anderen Gesellschaft dürfen
nur berücksichtigt werden, wenn keine Kollision zu befürchten ist. Gleichzeitig soll
bei Geschäftsführungs, Vorstands- oder Aufsichtsratsbeschlüssen das durch Interessenkollision befangene Organmitglied einem Stimmverbot unterliegen.

Wer als Geschäftsführer eine Tätigkeit im Geschäftszweig der Gesellschaft
aufnehmen will, ohne gegen das Wettbewerbsverbot zu verstoßen, benötigt die Einwilligung der Gesellschaft. Eine solche Einwilligung muss durch
die Gesellschafter erfolgen (grundsätzlich also durch die Gesellschafterversammlung). Der betroffene Gesellschafter-Geschäftsführer ist bei der Abstimmung nicht stimmberechtigt. Der Gesellschafterbeschluss, mit dem eine
konkret umschriebene Wettbewerbstätigkeit erlaubt wird (Dispens), ist keine
Änderung der Satzung. Ungeklärt ist aber, ob ein solcher Dispens einer qualifizierten, satzungsändernden Mehrheit (in der Regel 75 % der abgegebenen
Stimmen) bedarf, oder ob und in welchen Fällen er auch durch einfachen
Mehrheitsbeschluss erteilt werden kann. Eine pauschale und generelle Befreiung vom Wettbewerbsverbot stellt dagegen eine Satzungsänderung dar,
bedarf der entsprechenden Mehrheit, der notariellen Beurkundung und der
Veröffentlichung im Handelsregister.[115] Der Dispens kann nach den obigen
Grundsätzen auch erst im Nachhinein erteilt werden, indem die Gesellschaf-
terversammlung die bereits ausgeübte Wettbewerbstätigkeit genehmigt.

**Tipp** !

Zur Vermeidung rechtlicher Risiken sollten auch Geschäftsführer ihrer Gesellschaft
alle Tätigkeiten außerhalb ihrer Geschäftsführerfunktion offenlegen, die das Wettbewerbsverbot berühren könnten. Dies gilt selbst für unentgeltliche Aktivitäten in
gemeinnützigen Vereinen.

**Achtung** !

Ob die Gesellschafter eine einmal erteilte Zustimmung zur Aufnahme einer dem
Wettbewerbsverbot unterliegenden Handlung nach freiem Ermessen oder nur bei
Vorliegen wichtiger Gründe widerrufen können, ist streitig.
Es empfiehlt sich deshalb für den Geschäftsführer, eine unwiderrufliche Zustimmung zur Ausnahme einer dem Wettbewerbsverbot unterliegenden Handlung
anzustreben oder zumindest klar definierte Widerrufsgründe in die Zustimmungs-
erklärung der Gesellschafter aufzunehmen.

---

114  MüKoAktG/*Spindler* § 76 Rn. 48 ff.
115  Vgl. Baumbach/Hueck/*Zöllner/Noack* § 35 Rn. 43.

Für Gesellschafter empfiehlt es sich dagegen, die Befreiung von dem Wettbewerbsverbot unter Widerrufsvorbehalt zu stellen. Es ist allerdings wiederum streitig, ob ein solcher Widerruf frei (und damit auch willkürlich) oder nur bei Vorliegen sachlicher (nicht wichtiger) Gründe ausgeübt werden darf.[116]

## 5.5.2.2 Verdeckte Gewinnausschüttungen

Gerade bei inhabergeführten Gesellschaften oder bei Familiengesellschaften erfolgt regelmäßig zwischen der Gesellschaft einerseits und den Gesellschaftern andererseits ein – mitunter umfassender – Leistungsverkehr. Gesellschafter sind im Rahmen von Dienstverhältnissen für die Gesellschaft tätig, vermieten an die Gesellschaft Vermögensgegenstände (Immobilien, Pkw, Maschinen usw.), schließen mit der Gesellschaft Lizenzverträge aller Art, oder stellen der Gesellschaft im Rahmen von Darlehensverträgen Finanzmittel zur Verfügung.

Bei Kapitalgesellschaften besteht im Leistungsverkehr mit ihren Gesellschaftern beziehungsweise deren nahen Angehörigen dabei regelmäßig die Gefahr von verdeckten Gewinnausschüttungen.[117] Häufig übersehen wird, dass eine Kapitalgesellschaft eine eigene Rechtspersönlichkeit mit eigenen Interessen ist. Diese Interessen sind von den Interessen ihrer Gesellschafter strikt zu trennen. Eine Kapitalgesellschaft hat darüber hinaus eigenes Vermögen, das von dem Vermögen ihrer Gesellschafter ebenfalls strikt zu trennen ist.

Eine verdeckte Gewinnausschüttung liegt vor, wenn eine Kapitalgesellschaft einem Gesellschafter oder einer ihm nahestehenden Person außerhalb der förmlichen Gewinnverteilung Leistungen aus dem Gesellschaftsvermögen ohne angemessene Gegenleistung gewährt. Dies ist regelmäßig der Fall, wenn die Konditionen keinem »Fremdvergleich« standhalten, also ein fremder, mit der Gesellschaft nicht verbundener Dritter keine entsprechenden Konditionen erhielte. Beispiele:

- Gesellschafter-Geschäftsführer nutzt konkrete Geschäftschancen der Gesellschaft selbst;
- Gesellschaft vergibt Darlehen an einen insolventen Gesellschafter ohne hinreichende Besicherung;
- Gesellschafter vergibt Darlehen an die Gesellschaft zu überhöhten Zinsen;

---

116 Vgl. zu dem Ganzen: MüKoGmbHG/*Merkt* § 13 Rn. 277.
117 Zu den rechtlichen und steuerlichen Problemstellungen bei verdeckten Gewinnausschüttungen eingehend BeckGmbH-HdB/*Siemers/Birnbaum* § 10 Rn. 179 ff.

- Gesellschaft erwirbt einen im Eigentum eines Gesellschafters stehenden Gegenstand zu einem überhöhten Preis, beziehungsweise umgekehrt: Gesellschaft veräußert Gegenstand unter Marktpreis an Gesellschafter;
- Vergütung des Gesellschafter-Geschäftsführers liegt über dem Marktüblichen;
- Gesellschaft schließt Dienstvertrag mit untätigem Sohn eines Gesellschafters – Vergütung wird bezahlt, obwohl der Sohn keine Leistung erbringt;
- Gesellschaft mietet ein im Eigentum eines Gesellschafters stehendes Büro gegen Zahlung eines überhöhten Mietzinses;
- Gesellschafter nutzt Firmen-Pkw unentgeltlich privat.

Verdeckte Gewinnausschüttungen werden steuerrechtlich behandelt wie echte Gewinnausschüttungen. Rechtliche Probleme ergeben sich bei Kapitalgesellschaften aber deshalb, weil Gesellschafter(Geschäftsführer) oder Vorstandsmitglieder diese Gewinnausschüttungen nicht offenlegen und dabei die für reguläre Gewinnausschüttungen geltenden Regelungen nicht einhalten. Beispiel:

- Bei GmbHs dürfen Gewinnausschüttungen aus Gründen des Gläubigerschutzes nicht erfolgen, wenn das bilanzielle Eigenkapital unter die Stammkapitalziffer gefallen ist. Dies gilt natürlich auch für verdeckte Gewinnausschüttungen. Im Falle eines Verstoßes hat der Empfänger der Leistung die verdeckte Gewinnausschüttung der Gesellschaft sofort zu erstatten (§ 31 GmbHG) – und zwar auch dann, wenn alle Gesellschafter der Leistung zugestimmt haben. Ist die als verdeckte Gewinnausschüttung gewährte Leistung, zum Beispiel aufgrund fehlender Solvenz, nicht mehr von dem Empfänger zu erlangen, haftet der Geschäftsführer persönlich für deren Rückzahlung (§ 43 Abs. 3 GmbHG). § 31 GmbHG und § 43 Abs. 3 GmbHG sind überdies analog auf eine GmbH & Co. KG anzuwenden, soweit eine Gewinnausschüttung das Vermögen der KG derart beeinträchtigt, dass das Stammkapital der Komplementär-GmbH angegriffen wird.
- Bei GmbHs dürfen Gewinnausschüttungen grundsätzlich nicht gegen das Gleichheitsprinzip verstoßen, müssen also den anderen Gesellschaftern ebenfalls gewährt werden. Haben nicht alle Gesellschafter der verdeckten Gewinnausschüttung zugestimmt, muss diese entweder an die Gesellschaft zurückerstattet werden oder es müssen die Mitgesellschafter im gleichen Maße Ausschüttungen erhalten.
- Anders als bei der GmbH sind bei der AG verdeckte Gewinnausschüttungen nicht nur unter bestimmten Voraussetzungen, sondern generell unzulässig, verstoßen gegen § 57 AktG und die ihnen zugrunde liegenden Rechtsgeschäfte sind nach § 134 BGB nichtig. Die aufgrund einer verdeckten Gewinnausschüttung gewährten Leistungen sind der AG zurückzuerstatten. Anders als bei der GmbH dürfen offene oder verdeckte Entnahmen nur aufgrund eines formellen Gewinnverwendungsbeschlusses der Hauptversammlung erfolgen.

Ein Organmitglied, welches – unter Verstoß gegen diese Grundsätze – eine verdeckte Gewinnausschüttung veranlasst, macht sich zudem in der Regel einer Untreue strafbar.

> **!** **Tipp**
>
> Machen Sie sich als (Gesellschafter-)Geschäftsführer im Gesellschafterstreit nicht angreifbar. Achten Sie darauf, dass Sie bei dem gesamten Leistungsverkehr zwischen der Gesellschaft und ihren Gesellschaftern, beziehungsweise deren Angehörigen, fremdübliche (marktübliche) Konditionen einhalten. Zum Nachweis sollten Sie daher immer vor Vertragsschluss Fremdangebote einholen, um die Fremdüblichkeit der Vertragskonditionen zu dokumentieren. Als Geschäftsführer sollten Sie außerdem stets darauf achten, dass für den gesamten Leistungsverkehr zwischen der Gesellschaft und ihren Gesellschaftern schriftliche Verträge geschlossen werden. Bestehen Unklarheiten über die Zulässigkeit einzelner Verträge, sollte stets die Gesellschafterversammlung konsultiert werden.

> **!** **Tipp**
>
> Nutzen Sie als Minderheitsgesellschafter stets Ihre Informations- und Kontrollrechte, um nach verdeckten Gewinnausschüttungen zu suchen. Die von der Mehrheit gestellte Geschäftsführung ist stets in Versuchung, ihre Machtposition zum eigenen wirtschaftlichen Vorteil zu nutzen. Häufig erkennt die Mehrheit dabei nicht die Rechte und die Möglichkeiten des Minderheitsgesellschafters.
> Hat ein Geschäftsführer verdeckte Gewinnausschüttungen veranlasst, rechtfertigt dies in der Regel seine Abberufung aus wichtigem Grund. Treffen die erhobenen Vorwürfe zu, besteht eine Pflicht aller Gesellschafter, für die Abberufung aus wichtigem Grund zu stimmen. Notfalls können Sie die Abberufung gerichtlich durchsetzen (vgl. Kapitel 6.10). – Im Extremfall können von einem Gesellschafter-Geschäftsführer zu vertretende verdeckte Gewinnausschüttungen sogar seinen Ausschluss als Gesellschafter rechtfertigen.

> **!** **Tipp**
>
> Sofern bei AGs ein nach § 17 AktG beherrschender Aktionär vorhanden ist und mit diesem kein Gewinnabführungsvertrag geschlossen wurde, gelten zum Schutz der Minderheitsgesellschafter besondere Regeln (§§ 311 ff. AktG). Besteht der Verdacht, dass zugunsten des beherrschenden Gesellschafters verdeckte Gewinnausschüttungen erfolgt sind, kann eine Minderheit, die am Grundkapital mit mindestens 1 % oder EUR 100.000 absolut beteiligt ist, die gerichtliche Bestellung eines Sonderprüfers beantragen (§ 315 S. 2 AktG). Der gerichtlich bestellte Sonderprüfer hat die geschäftlichen Beziehungen zwischen der Gesellschaft und dem beherrschenden Unternehmen (beziehungsweise einem mit ihm verbundenen Unternehmen) zu prüfen. Die Kosten der Sonderprüfung trägt die AG.

Die Brisanz verdeckter Gewinnausschüttungen ergibt sich nicht nur aus dem Umstand, dass sie einzelne Gesellschafter benachteiligen können. Vielmehr werden Vertragsverhältnisse, sofern und soweit sie einem Fremdvergleich nicht standhalten, von der Finanzverwaltung steuerlich nicht anerkannt. Beispiele:

- Zahlt die Gesellschaft an einen Gesellschafter überhöhte Mietzinsen, so darf nur der fremdübliche Mietzins als Betriebsausgabe geltend gemacht werden; der über dem Fremdüblichen liegende Mietzins wird als Gewinnausschüttung behandelt.
- Veräußert die Gesellschaft an einen Gesellschafter Vermögensgegenstände unter Marktwert, so gilt die Differenz zwischen dem marktüblichen und dem tatsächlich gezahlten Preis als verdeckte Gewinnausschüttung.

---

**Achtung** !

Ein zwischen der Gesellschaft einerseits und einem sie beherrschenden Gesellschafter (beziehungsweise einem seiner nahen Angehörigen) andererseits geschlossener Vertrag bedarf immer einer im Vorhinein klar und eindeutig getroffenen Regelung. Andernfalls wird der Leistungsverkehr von der Finanzverwaltung auch dann als verdeckte Gewinnausschüttung beurteilt, wenn seine Konditionen einem Fremdvergleich standhalten.

Mehrheitsgesellschafter sollten also sämtliche zwischen ihnen und ihren Angehörigen einerseits sowie der Gesellschaft andererseits geschlossenen Verträge immer vorher schriftlich fixieren und die Vertragskonditionen klar sowie verständlich festhalten.

---

Steuerliche Folge einer verdeckten Gewinnausschüttung ist die Erhöhung des steuerlichen Ergebnisses der Gesellschaft, was bei entsprechenden Überschüssen auf Ebene der Gesellschaft Ertragsteuern (Körperschaftsteuer und Gewerbesteuer) sowie Solidaritätszuschlag auslöst (insgesamt rund 30% Abgabenlast). Zusätzlich wird auf Ebene des begünstigten Gesellschafters Kapitalertragsteuer und gegebenenfalls Kirchensteuer fällig. Für deren Abführung haftet die Gesellschaft. – In bestimmten Fällen kann auch eine Umsatzsteuernachzahlung fällig werden.

---

**Achtung** !

Eine einmal erfolgte verdeckte Gewinnausschüttung kann steuerlich nicht rückgängig gemacht werden. Erlangt beispielsweise ein Minderheitsgesellschafter erst Jahre, nachdem der Mehrheitsgesellschafter eine verdeckte Gewinnausschüttung vorgenommen hat, von ihr Kenntnis, werden die obigen Steuern auch dann fällig, wenn der Mehrheitsgesellschafter die zu Unrecht bezogenen Leistungen zurückerstattet (hat). In diesem Fall führt die Steuerlast zu einem Schaden der Gesellschaft und der Geschäftsführer ist unter Umständen schadenersatzpflichtig.

---

**!** **Tipp**

Die steuerrechtlichen Probleme verdeckter Gewinnausschüttungen bestehen im Wesentlichen nur bei Kapitalgesellschaften, weil diese eigene Steuersubjekte sind. Es besteht dabei stets die Gefahr, dass die Gesellschafter ihre Macht ausnutzen, um Erträge verdeckt auf dasjenige Steuersubjekt zu transferieren, bei dem eine geringere Steuerlast besteht. Geschieht dies rechtswidrig, kann der Tatbestand der Steuerverkürzung (§ 378 AO) oder der Steuerhinterziehung (§ 370 AO) erfüllt sein. Personengesellschaften sind keine eigenen Steuersubjekte. Bei ihnen besteht daher nicht dieselbe Umgehungsgefahr. Gerade bei Familiengesellschaften mit erheblichem Leistungsverkehr zwischen Gesellschaft und Gesellschafter bietet sich auch aus diesem Grunde die GmbH & Co. KG als vorzugswürdige Rechtsform an.

### 5.5.2.3 Vermeidung von Insichgeschäften

Das Gesetz kennt zwei Formen von Insichgeschäften: einerseits das Selbstkontrahieren und andererseits die Mehrfachvertretung.

Beim **Selbstkontrahieren** schließt der Geschäftsführer ein Geschäft als Vertreter der Gesellschaft mit sich selbst ab, zum Beispiel, wenn er privat von der Gesellschaft einen Firmenwagen kauft.

**Mehrfachvertretung** liegt vor, wenn ein und dieselbe natürliche Person auf Seiten mehrerer Vertragspartner als Vertreter auftritt und für die Vertragspartner Rechtsgeschäfte tätig. Paradebeispiel ist, dass zwei Gesellschaften, die miteinander Verträge abschließen, von ein und demselben Geschäftsführer geführt werden. Bei Mehrfachvertretungen wird der Geschäftsführer also für mehrere Vertragspartner als Vertreter tätig (zum Beispiel gleichzeitig als Vertreter einer kaufenden Gesellschaft und einer verkaufenden Gesellschaft).

Insichgeschäfte sind grundsätzlich unzulässig, es sei denn, es liegt dazu die ausdrückliche Zustimmung des Vertretenen vor (vgl. § 181 BGB).

Möglich ist einerseits, dass die Gesellschaft vertreten durch die Mitgesellschafter (bei Personengesellschaften), durch die Gesellschafterversammlung (bei der GmbH) oder durch den Aufsichtsrat (bei der AG) im Einzelfall einem konkreten Insichgeschäft zustimmt. Es bedarf dann zur Zustimmung eines formell gültigen Beschlusses. Die (formlose) Zustimmung einzelner Gesellschafter genügt bei der GmbH dagegen selbst dann nicht, wenn es sich bei den zustimmenden Gesellschaftern um die Mehrheitsgesellschafter handelt.

Sowohl bei Personengesellschaften als auch bei Kapitalgesellschaften kann der Gesellschaftsvertrag aber auch generell alle Insichgeschäfte erlauben

(Befreiung von den Beschränkungen des §181 BGB). Bei Kapitalgesellschaften regelt der Gesellschaftsvertrag üblicherweise, dass Geschäftsführern und Vorständen Insichgeschäfte verboten sind, die Gesellschafterversammlung beziehungsweise der Aufsichtsrat jedoch bei Bestellung des Organmitglieds dieses generell von den Beschränkungen des §181 BGB befreien darf. In diesen Fällen ist die Befreiung von den Beschränkungen des §181 BGB in dem Handelsregister einzutragen.

Zu beachten ist, dass in Gesellschaften mit Aufsichtsrat §112 AktG gilt (dieser ist bei der GmbH über §52 Abs. 1 GmbHG anwendbar). Nach §112 AktG wird eine Gesellschaft bei Rechtsgeschäften mit ihrem Vorstand (Geschäftsführer) immer durch den Aufsichtsrat vertreten. In diesen Fällen ist also ein Selbstkontrahieren gesetzlich und unabdingbar verboten. Dem Vorstand (Geschäftsführer) kann lediglich die Mehrfachvertretung gestattet werden.

---

**Beispiel: Selbstkontrahieren** !

A ist Gesellschafter-Geschäftsführer einer GmbH. Er kauft den zwei Jahre alten Firmenwagen der Gesellschaft für private Zwecke.

A ist einerseits Käufer des Firmenwagens und hat damit Interesse an einem möglichst günstigen Preis. Gleichzeitig wird er aber als Vertreter der Gesellschaft tätig. In deren Interesse als Verkäuferin liegt es, einen möglichst hohen Preis zu erzielen. Das Interesse der Gesellschaft (das A durchsetzen soll) läuft also seinem eigenen Interesse entgegen. Es besteht daher die Gefahr der Benachteiligung der Gesellschaftsinteressen.

Ist A weder in dem Gesellschaftsvertrag noch durch Gesellschafterbeschluss von den Beschränkungen des §181 BGB befreit, macht alleine diese Gefahr der Benachteiligung der Gesellschaftsinteressen das Insichgeschäft unzulässig. A verstößt dann mit dem Abschluss dieses Geschäfts gegen seine Geschäftsführerpflichten. Ob er der Gesellschaft tatsächlich einen besonders guten Preis für den Firmenwagen bezahlt hat, ist für die Vorwerfbarkeit des Verstoßes weitgehend unerheblich (hat jedoch Auswirkungen auf etwaige Schadenersatzansprüche der Gesellschaft). Ist der A dagegen zuvor wirksam von den Beschränkungen des §181 BGB befreit worden und ihm dadurch grundsätzlich ein Selbstkontrahieren erlaubt, kann die Vornahme des Rechtsgeschäfts gleichwohl unzulässig sein, wenn das Rechtsgeschäft die Gesellschaft benachteiligen soll oder offensichtlich benachteiligt (Kollusion und Missbrauch der Vertretungsmacht).

---

**Beispiel: Mehrfachvertretung** !

A ist Gesellschafter-Geschäftsführer der Autowerkstatt-GmbH. A ist außerdem Geschäftsführer der Tankstellen-GmbH, in der ebenfalls Mechaniker beschäftigt sind. Immer wenn in der Autowerkstatt-GmbH (zum Beispiel aufgrund guter Auftragslage, Erkrankung, Urlaub oder kurzfristiger Kündigung von Mitarbeitern) das Personal knapp wird, verleiht A als Geschäftsführer der Tankstellen-GmbH deren Mechaniker an die Autowerkstatt-GmbH.

Dabei wird A sowohl als Vertreter der Tankstellen-GmbH als auch als Vertreter der Autowerkstatt-GmbH tätig. Weder sieht der Gesellschaftsvertrag eine Befreiung von § 181 BGB vor, noch gibt es einen befreienden Gesellschafterbeschluss. Er schließt daher ein Mehrfachvertretungsgeschäft ab und verstößt damit gegen seine Geschäftsführerpflichten. Dieser Verstoß kann ihm im Fall eines Gesellschafterstreits vorgeworfen werden.

Erfahrungsgemäß stolpern Geschäftsführer und Vorstandsmitglieder, die den Beschränkungen des § 181 BGB unterliegen, häufig über alltägliche Geschäfte, die entweder oft (und gelegentlich unachtsam) wiederholt werden, aufgrund kurzer Entscheidungsfristen kein langes Überlegen zulassen oder dem handelnden Geschäftsführer als zu unbedeutend erscheinen, als dass er sich um eine Vorabgenehmigung des Geschäfts bemüht.

**!** **Achtung**

Die nachträgliche Genehmigung eines Insichgeschäfts beziehungsweise einer Mehrfachvertretung durch einen **Gesellschafterbeschluss** ist zulässig, wenn diese Genehmigung in einem formell ordnungsgemäßen Beschluss gefasst wird (zum Beispiel in einer Gesellschafterversammlung). Grundsätzlich reicht die **einfache Mehrheit**.[118] Liegt kein formeller Beschluss vor (zum Beispiel, weil die Zustimmung der Gesellschafter konkludent erfolgt), benötigt man für die Genehmigung des Geschäfts die Zustimmung **aller** Gesellschafter. Einzelne Gesellschafter können außerhalb der Gesellschafterversammlung keine rechtlich bindenden Erklärungen gegenüber der Geschäftsführung abgeben (vgl. Kapitel 4.1.8.12.4). – Ist Gegenstand der Beschlussfassung die Zustimmung zu einem Rechtsgeschäft zwischen einer GmbH und ihrem Gesellschafter-Geschäftsführer, so ist letzterer bei der Abstimmung nicht stimmberechtigt, § 47 Abs. 4 S. 2 GmbHG. Eine Ausnahme besteht dann, wenn bei der Abstimmung alle Gesellschafter in gleichem Maße betroffen sind, beispielsweise weil alle Gesellschafter mit der Gesellschaft das gleiche Rechtsgeschäft abschließen (vgl. Kapitel 6.9.2.3).[119]

**!** **Achtung**

Genehmigt lediglich eine Gesellschaft (zum Beispiel die verkaufende) die Mehrfachvertretung, bleibt diese Mehrfachvertretung aus der Sicht der anderen – nicht genehmigenden – Gesellschaft (hier: die kaufende) unzulässig. Bei Mehrfachvertretungen muss sich also der Geschäftsführer die Genehmigung beider Gesellschaften besorgen.

---

118  Baumbach/Hueck/*Zöllner/Noack* § 35 Rn. 131.
119  Zur GmbH: Baumbach/Hueck/*Zöllner/Noack* § 47 Rn. 94; zur AG: MüKoAktG/*Arnold* § 136 Rn. 18.

**Tipp**                                                                    !

Manchmal kommt es vor, dass man als handelnder Geschäftsführer in der Hitze des Gefechts den Abschluss eines Insichgeschäfts nicht vermeiden kann. Was aber empfiehlt sich, wenn genau das geschehen ist?

Teilen Sie der Gesellschaft den Abschluss eines solchen Geschäfts unverzüglich schriftlich mit und ersuchen Sie um nachträgliche Genehmigung. Eine derartige nachträgliche Genehmigung ist rechtlich zulässig. Sie haben gegenüber der Gesellschaft aber keinen Anspruch auf Genehmigung.

Doch selbst wenn die Gesellschaft eine Genehmigung verweigern sollte, haben Sie gezeigt, dass Sie nichts zu verstecken haben. Der Abschluss des Geschäfts belastet Sie bei unverzüglicher Offenlegung weniger, als wenn Sie diesen zunächst vertuschen (oder bloß zu melden vergessen) und der Geschäftsabschluss später in einem ungünstigen Moment von einem streitenden Gesellschafter thematisiert wird.

Der Nachteil dieser Vorgehensweise ist allerdings, dass Sie sich dem Risiko der Nichtgenehmigung des betreffenden Geschäfts und damit möglichen Schadenersatzforderungen und bei besonders schwerwiegenden Verletzungen auch der Gefahr der Abberufung aussetzen.

**Achtung**                                                                 !

Im Konzern ist bei Mehrfachvertretung, das heißt, wenn mehrere konzernangehörige Gesellschaften von dem gleichen Geschäftsführer vertreten werden, auf strengsten Formalismus zu achten.

Nach ständiger finanzgerichtlicher Rechtsprechung werden Verträge unter nahen Angehörigen und verbundenen Unternehmen steuerlich nur anerkannt, wenn sie wirtschaftlich einem Fremdvergleich standhalten und vor dem Leistungsaustausch eine zivilrechtlich wirksame (!) und dokumentierte Vereinbarung geschlossen wurde. In allen anderen Fällen soll eine sogenannte »verdeckte Gewinnausschüttung« vorliegen (vgl. Kapitel 5.5.2.2). Eine solche kann erhebliche Steuern auslösen. Für den Anfall dieser Steuern können Sie als Geschäftsführer von der Gesellschaft haftbar gemacht werden.

Bei einem Verstoß gegen § 181 BGB fehlt es an der zivilrechtlichen Wirksamkeit des Rechtsgeschäfts. Es drohen die (steuer-)rechtlichen rechtlichen Folgen einer verdeckten Gewinnausschüttung (vgl. Kapitel 5.5.2.2).

**Achtung**                                                                 !

Denken Sie auch daran, dass die Vertretungsregelungen für einen Geschäftsführer nicht automatisch auch für den Liquidator gelten. Wenn Sie als Geschäftsführer von den Beschränkungen des § 181 BGB befreit waren, muss diese Befreiung nochmals gesondert und ausdrücklich erfolgen, wenn die Gesellschaft liquidiert wird und Sie zum Liquidator bestellt werden.

## 5.5.2.4 ... Kontrolle ist besser

### 5.5.2.4.1 Pflichtverletzungen bei horizontaler Delegation (»Ressortaufteilung«) und vertikaler Delegation

In **Kapitalgesellschaften** gilt der Grundsatz der Gesamtverantwortung der Geschäftsführung. Sämtliche Geschäftsführungsmitglieder haben die Geschäftsführung gemeinschaftlich vorzunehmen und sind auch gemeinschaftlich für alle Geschäftsführungsbereiche verantwortlich. Das bedeutet, dass grundsätzlich jedes Geschäftsführungsmitglied für alle Geschäftsführungsfehler seiner Kollegen verantwortlich gemacht werden kann. Gleiches gilt für Vorstandsmitglieder. Zwar ist es nicht zulässig, diese Verantwortung gänzlich zu beseitigen, ihre Beschränkung ist aber möglich. Dies kann durch horizontale und durch vertikale Delegation erfolgen.[120]

Bei einer **horizontalen Delegation** erfolgt innerhalb der Geschäftsführung/ des Vorstandes eine förmliche Ressortaufteilung, die folgende Verantwortung der einzelnen Organmitglieder zur Folge hat:

- unbeschränkte Verantwortung im eigenen Geschäftsbereich (den zugeteilten Ressorts);
- unbeschränkte Verantwortung für jene Bereiche, für die kein Mitglied ressortzuständig ist;
- Beschränkung der Verantwortung auf Kontroll- und Überwachungspflichten in den Ressorts der anderen Organmitglieder.

Die Geschäftsführer/Vorstandsmitglieder bleiben also auch nach Vornahme einer förmlichen Ressortaufteilung verpflichtet, die anderen Geschäftsbereiche zu überwachen. Sie müssen sich deshalb über die Vorgänge in den anderen Ressorts informieren und im Fall von Missständen eingreifen (vgl. Kapitel 5.5.3.1). Der Kontroll- und Überwachungspflicht der nicht ressortzuständigen Organmitglieder steht die Auskunfts- und Informationsverpflichtung des jeweiligen ressortzuständigen Organmitglieds gegenüber. Jedes Organmitglied ist daher den anderen Geschäftsführern/Vorstandsmitgliedern über Maßnahmen in seinem Ressort berichtspflichtig.

**!** **Achtung**

Eine Ressortaufteilung hat bei Geschäftsführern und Vorständen diese verantwortungsbefreienden Wirkungen nur, wenn sie förmlich erfolgt ist. Verlangt wird dabei entweder eine Regelung in der Satzung, eine Regelung durch Gesellschafter-

---

120 Zu den Überwachungspflichten von Geschäftsführern einer GmbH bei horizontaler und vertikaler Delegation eingehend MüKoGmbHG/*Fleischer* § 43 Rn. 108 ff.

beschluss oder die Verabschiedung einer Geschäftsordnung. Denkbar ist auch eine entsprechende Regelung in den jeweiligen Dienstverträgen der Organmitglieder. Die Ressortaufteilung muss bei der GmbH durch die Gesellschafterversammlung, bei der AG durch den Aufsichtsrat erfolgen.

Eine bloß geschäftsführungsinterne Ressortaufteilung ist nicht ausreichend und ändert an der Gesamtverantwortung der Geschäftsführung/des Vorstandes nichts.

Für **Personengesellschaften** geht das Gesetz davon aus, dass alle persönlich haftenden Gesellschafter die Geschäftsführung gemeinsam und grundsätzlich einstimmig besorgen. Bei größeren Gesellschaften mit mehreren Geschäftsführern stößt dieser Grundsatz aber ebenfalls an seine Grenzen. Es ist daher nach allgemeiner Meinung zulässig, auch bei Personengesellschaften Ressorts zu bilden, dem für ein Ressort zuständigen Geschäftsführer dort Einzelvertretungsmacht zuzubilligen und ihm die Verantwortung für sein Ressort aufzuerlegen. Auch bei Personengesellschaften verbleiben bei den anderen Geschäftsführern Kontroll- und Überwachungspflichten. Eine derartige Regelung muss entweder im Gesellschaftsvertrag oder durch Gesellschafterbeschluss erfolgen.[121]

Regelmäßig können Geschäftsführer nicht sämtliche in einem Betrieb anfallenden Aufgaben selbst wahrnehmen. Zulässig ist daher auch eine Delegation auf untergeordnete Unternehmensebenen (zum Beispiel Abteilungsebene) und auf externe Dritte (zum Beispiel Unternehmensberater, Steuerberater, Rechtsanwälte). Eine derartige Delegation wird als **vertikale Delegation** bezeichnet. Erfolgt eine derartige Delegation, ist die Geschäftsführung/der Vorstand nur noch für eigenes Fehlverhalten, nicht aber für Fehlverhalten des Delegierten verantwortlich. Das Organmitglied haftet auch bei Delegation weiterhin für:[122]

- die ordnungsgemäße Auswahl des Delegierten;
- die ordnungsgemäße Einweisung des Delegierten (vor allem bei der Delegation auf nachgeordnete Unternehmensebenen);
- die ordnungsgemäße Information des Delegierten (unter anderem bei der externen Delegation auf Rechtsanwälte: Ein Rechtsgutachten kann für ein Organmitglied nur dann entlastend wirken, wenn dem Gutachter zuvor sämtliche relevanten Tatsachen mitgeteilt wurden);
- die ausreichende Überwachung des Delegierten.

---

121  Vgl. hierzu MüKoBGB/*Schäfer* § 709 Rn. 17.
122  MüKoGmbHG/*Fleischer* § 43 Rn. 131.

> **! Achtung**
>
> Eine Auswahlpflicht besteht nicht nur im Hinblick auf Mitarbeiter, sondern auch in Bezug auf Vertragspartner der Gesellschaft (Lieferanten, Banken, Steuerberater usw.).

> **! Achtung**
>
> Besonders bedeutsame Aufgaben können weder auf einzelne Geschäftsführer noch auf nachgeordnete Ebenen oder externe Dritte vollständig delegiert werden. Es ist lediglich die Delegation von Vorbereitungs- und Ausführungsmaßnamen erlaubt, die Geschäftsführer bleiben aber gesamtverantwortlich und haben die Letztentscheidungspflicht. Zu diesen nicht delegierbaren Aufgaben gehören die Insolvenzantragspflicht, Entscheidungen von besonderer Bedeutung für die Gesellschaft, wie Vorschläge an die Gesellschafterversammlung zur Unternehmenspolitik, die Festlegung oder Änderung der Unternehmensorganisation oder sonstige außergewöhnliche Maßnahmen.[123]

### 5.5.2.4.2 Wahrnehmung der Unternehmensorganisationspflicht (insbesondere Risikofrüherkennungssystem und Compliance-System)

Je größer und komplexer ein Unternehmen ist, in umso stärkerem Maße erfolgt eine vertikale Delegation: Geschäftsführer delegieren an Bereichsleiter, diese an Abteilungsleiter, diese weiter an Teamleiter und diese wiederum an den einzelnen Sachbearbeiter. In derartigen Unternehmensstrukturen ist es einzelnen Geschäftsführern nicht möglich, alle Personen auszuwählen, einzuweisen und zu überwachen, an die im Einzelnen delegiert wurde.

Je ausgeprägter die vertikale Delegation ist und je weniger der Geschäftsführer in der Lage ist, die mit der Ausführung delegierten Tätigkeiten befassten Personen auszuwählen und zu kontrollieren, desto mehr obliegt dem Geschäftsführer eine **Organisationspflicht**, das heißt, die Pflicht, eine gesetzmäßige, satzungskonforme und möglichst effiziente Organisationsstruktur einzurichten. Der Geschäftsführer muss das Unternehmen in betrieblicher Hinsicht so organisieren, dass der Gesellschaftszweck am besten verwirklicht werden kann.[124]

Dies kann einerseits die Aufstellung von Leitlinien im Hinblick auf die Ausführung der anfallenden Tätigkeit beinhalten (ordnungsgemäßer Umgang mit

---

123 Vgl. MüKoGmbHG/*Fleischer* § 43 Rn. 116.
124 Vgl. MüKoGmbHG/*Fleischer* § 43 Rn. 59.

Post, Gestaltung des Rechnungswesens, Umgang mit offenen Forderungen und Verbindlichkeiten usw.), aber auch Leitlinien, wie die ordnungsgemäße Erfüllung der unternehmensbezogenen Aufgaben überwacht wird. Soweit der Geschäftsführer nicht in der Lage ist, alle bei dem Unternehmen beschäftigten Personen selbst auszuwählen und zu überwachen, muss die eingerichtete Organisationsstruktur gewährleisten, dass die Pflichten zur ordnungsgemäßen Auswahl und Kontrolle der Beschäftigten erfüllt werden. In Bezug auf die ihm unmittelbar unterstehenden Bereichsleiter trifft ihn diese Auswahl- und Kontrollpflicht direkt, in Bezug auf alle anderen Mitarbeiter muss er für eine Organisation sorgen, die gewährleistet, dass keine ungeeigneten Mitarbeiter aufgenommen werden; falls doch, muss die Organisation vorsehen, dass solche Mitarbeiter im Rahmen regelmäßiger Kontrollen identifiziert und nach Erkennen der Ungeeignetheit gekündigt werden. Das Gleiche gilt in Bezug auf die Auswahl und die Kontrolle von Vertragspartnern der Gesellschaft.

Ein Element der Unternehmensorganisation ist die Einrichtung eines **Risikofrüherkennungssystems**. Für Vorstände einer AG verlangt §91 Abs. 2 AktG ausdrücklich die Einrichtung eines Überwachungssystems, mit dem den Fortbestand der Gesellschaft gefährdende Entwicklungen früh erkannt werden. Eine entsprechende gesetzliche Pflicht zur Einrichtung eines institutionalisierten Risikofrüherkennungssystems besteht bei den anderen Gesellschaftsformen nicht. Insofern muss bei den anderen Gesellschaftsformen ein entsprechendes System nur eingerichtet werden, wenn dies Größe, Komplexität und Risikoprofil des Unternehmens erfordern. Im Übrigen bleibt es bei allgemeinen Überwachungs- und Beobachtungspflichten der Geschäftsführer, ohne dass es der Einrichtung eines institutionalisierten Risikoüberwachungssystems bedarf.[125]

Neben den allgemeinen Überwachungspflichten hat sich in den letzten Jahren auch eine immer weiter reichende »**Legalitätskontrollpflicht**« der Geschäftsleitung entwickelt. Die Geschäftsleiter sind nicht nur verpflichtet, selbst das geltende Recht einzuhalten. Sie müssen vielmehr auch dafür sorgen, dass auf allen Unternehmensebenen keine Rechtsverstöße erfolgen. Diese Pflicht ist heute unter dem Begriff »**Compliance-Verantwortung**« in aller Munde (vgl. folgendes Beispiel »Urteil mit tragischer Konsequenz«). Im Hinblick auf die Pflicht zur Einrichtung eines institutionalisierten Compliance-Systems gelten die zu der Pflicht zur Einrichtung eines Risikofrüherkennungssystems erfolgten Ausführungen: Bei AGs besteht eine entsprechende Pflicht des Vor-

---

125 MüKoGmbHG/*Fleischer* §43 Rn.61.

standes, bei allen anderen Gesellschaftsformen nur dann, wenn Größe, Komplexität und Risikoprofil des Unternehmens es erfordern.[126]

Besteht die Pflicht zur Einrichtung eines der genannten Kontrollsysteme und fehlt ein solches, kann das für (Gesellschafter-)Geschäftsführer nicht nur eine Schwächung ihrer Position im Gesellschafterstreit, sondern, wenn dadurch Schäden entstehen, neben Schadenersatzverpflichtungen sogar die Gefahr strafgerichtlicher Verfolgung nach sich ziehen (vgl. Kapitel 6.12).

> **❗ Beispiel: Urteil mit tragischer Konsequenz**
>
> Ein großer Konzern hatte jahrelang Bestechungsgelder bezahlt. Als dies bekannt wurde, kam es zu einem Skandal, der Konzern musste Bußgelder bezahlen, worauf er mehrere Vorstandsmitglieder auf Schadenersatz verklagte. Bis auf eines haben alle Vorstandsmitglieder mit dem Konzern einen Vergleich abgeschlossen. Jenes Vorstandsmitglied, welches einen Vergleich ablehnte, argumentierte, nichts von den Bestechungen gewusst zu haben, weder seien sie in seinem Ressort erfolgt, noch sei es für Compliance zuständig gewesen. Dennoch wurde dieses Vorstandsmitglied in erster Instanz mit der Argumentation verurteilt, es könne sich nicht darauf berufen, ressortunzuständig zu sein, denn es sei Aufgabe des Gesamtvorstandes, für ein geeignetes Compliance-System zu sorgen, welches geeignet ist, Rechtsverstöße zu erkennen und zu verhindern.[127] Nach diesem erstinstanzlichen Urteil schloss dieses Vorstandsmitglied doch einen Vergleich mit dem Konzern, unmittelbar nach Erfüllung dieses Vergleiches nahm es sich das Leben.

> **❗ Tipp**
>
> Klären Sie mit Ihrem anwaltlichen Berater die Frage, ob das von Ihnen geleitete Unternehmen nach Größe, Komplexität und Risikoprofil die Einrichtung eines Compliance-Systems erfordert. Besteht ein derartiges Erfordernis, müssen Sie in jedem Fall dafür sorgen, dass in Ihrem Unternehmen ein funktionstüchtiges Compliance-System eingerichtet wird, und kontrollieren Sie es! Regeln Sie auf allen Führungsebenen klar und unmissverständlich die Verantwortungen für die Umsetzung des Compliance-Systems. Räumen Sie den Compliance-Managern ausreichende Befugnisse ein, Rechtsverstöße ahnden zu dürfen.

> **❗ Tipp**
>
> Geschäftsführer müssen im Rahmen der sie treffenden Organisations-, Auswahl- und Überwachungspflicht auch für die Einhaltung datenschutzrechtlicher Standards sorgen, insbesondere nach der seit dem 25.05.2018 geltenden DSGVO. Andernfalls können sie persönlich zur Haftung gezogen werden (Art. 82 Abs. 1 DSGVO). Vergessen Sie über etwaige Anforderungen nach der DSGVO hinaus auch nicht,

---

126 Eingehend MüKoGmbHG/*Fleischer* §43 Rn. 142 ff.
127 Vgl. das Siemens/Neubürger-Urteil des LG München I von 10.12.2013, Az. 5 HKO 1387/10.

Ihr Unternehmen gegen Computer- oder Cyberkriminalität (Cybercrime) sicher zu machen, denn elektronische Datensammlungen von Unternehmen stehen verstärkt im Fokus krimineller Angreifer.

### 5.5.2.5 Jahresabschlüsse rechtzeitig und zutreffend aufstellen

Auf- und Feststellung des Jahresabschlusses hängen eng miteinander zusammen, weshalb zu diesem Kapitel auch unsere Ausführungen unter Kapitel 6.14 zu beachten sind.

Die Geschäftsführung (der Vorstand) einer großen und mittelgroßen Kapitalgesellschaft hat in den ersten drei Monaten des neuen Geschäftsjahres für das vergangene Geschäftsjahr einen Jahresabschluss sowie einen Lagebericht aufzustellen und den Mitgliedern des Aufsichtsrates vorzulegen (vgl. § 264 HGB). Bei kleinen und kleinsten Kapitalgesellschaften beträgt die gesetzliche Frist sechs Monate, sofern dies »einem ordnungsgemäßen Geschäftsgang entspricht«; sie müssen auch keinen Lagebericht aufstellen.

Die Kriterien der Klassifizierung von Kapitalgesellschaften in kleinst, klein, mittelgroß und groß ergeben sich aus §§ 267 f. HGB. Entscheidend sind Bilanzsumme, Umsatzerlöse und Anzahl der Arbeitnehmer.

Soweit das Geschäftsjahr mit dem Kalenderjahr übereinstimmt, hat die Geschäftsführung den Jahresabschluss also bis **spätestens Ende März beziehungsweise Ende Juni** aufzustellen.

Die Verletzung der Aufstellungspflicht ist im Außenverhältnis folgenlos. Sanktioniert wird jedoch die Verletzung der Pflicht zur Veröffentlichung des Jahresabschlusses im Bundesanzeiger: Jede Kapitalgesellschaft hat den jeweiligen Jahresabschluss spätestens innerhalb von zwölf Monaten nach dem Abschlussstichtag zu veröffentlichen (§ 325 Abs. 1a HGB); bei Übereinstimmung von Geschäftsjahr und Kalenderjahr also **bis zum 31.12. des Folgejahres**. Gegen eine nicht fristgerecht veröffentlichende Gesellschaft wird ein Verfahren eröffnet, bei dem im Extremfall mit Ordnungsgeld zwischen EUR 2.500 und EUR 25.000 sanktioniert wird.

**Tipp**   !

Nach § 267a HGB sind Kleinstkapitalgesellschaften kleine Kapitalgesellschaften, die mindestens zwei der drei nachstehenden Merkmale nicht überschreiten: (1.) 350 000 EUR Bilanzsumme; (2.) 700 000 EUR Umsatzerlöse in den zwölf Monaten vor dem Abschlussstichtag; (3.) im Jahresdurchschnitt zehn Arbeitnehmer. Nach

§326 Abs. 2 HGB sind sie nicht zur Veröffentlichung ihrer Jahresabschlüsse verpflichtet, sondern nur zu Hinterlegung beim Bundesanzeiger. Die Jahresabschlüsse
können dann nicht frei, sondern nur von denjenigen eingesehen werden, die bei
dem Bundesanzeiger ein Benutzerkonto eingerichtet haben. Der Abruf ist kosten-
pflichtig.

Die oben genannten Pflichten zur Aufstellung und Veröffentlichung des
Jahresabschlusses gelten nicht nur für Kapitalgesellschaften, sondern nach
§264a HGB auch für Personengesellschaften, bei denen keine natürliche Person als persönlich haftender Gesellschafter vorhanden ist, also insbesondere
für die GmbH & Co. KG und die GmbH & Co. OHG, wenn alle persönlich haftenden Gesellschafter juristische Personen sind.

Trotz der Höchstfristen haben die Geschäftsführer den Jahresabschluss unver-
züglich nach Aufstellung den Gesellschaftern vorzulegen (§42a Abs. 1 GmbHG).
Bei der AG gilt Gleiches für den Vorstand gegenüber dem Aufsichtsrat (§170
Abs. 1 AktG).

Bei der GmbH obliegt die Feststellung des Jahresabschlusses der Gesellschafterversammlung (§46 Nr. 1 GmbHG). Die Feststellung hat bei großen und mittelgroßen Gesellschaften innerhalb der ersten acht Monate nach Ablauf des
Geschäftsjahres zu erfolgen – bei kleinen und kleinsten Gesellschaften innerhalb der ersten elf Monate nach Ablauf des Geschäftsjahres (§42a Abs. 2
GmbHG). Erfolgt die Feststellung nicht oder nicht fristgerecht, so droht als
einzige Konsequenz die Klage eines Gesellschafters auf Feststellung. Die Feststellung auf eine bestimmte Art und Weise erfolgt dann durch das Gericht.[128]
Diese Klage hat in der Praxis keine große Bedeutung.

Bei der AG obliegt die Feststellung des Jahresabschlusses dem Aufsichtsrat,
es sei denn, Vorstand und Aufsichtsrat verständigen sich darauf, die Feststellung der Hauptversammlung zu überlassen (§172 AktG). Innerhalb der ersten
acht Monate nach Ablauf des Geschäftsjahres ist eine ordentliche Hauptversammlung abzuhalten (§175 Abs. 1 AktG). Bis zu dieser Hauptversammlung
muss entweder der Aufsichtsrat den Jahresabschluss festgestellt haben, oder,
sofern die Hauptversammlung die Feststellung vornehmen soll, erfolgt sie
durch die Hauptversammlung. Auf der ordentlichen Hauptversammlung erfolgt auch ein Gewinnverwendungsbeschluss.

---

128 Baumbach/Hueck/*Zöllner/Noack* §46 Rn. 12.

**Tipp**   !

Immer wieder kommt es vor, dass die Gesellschafter mit der Behandlung des Jahresabschlusses (und/oder dem Beschluss über die Verwendung des Ergebnisses) säumig sind und acht beziehungsweise elf Monate nach dem Bilanzstichtag kein von der Gesellschafterversammlung festgestellter Jahresabschluss vorliegt. Dies entbindet die Geschäftsführung aber nicht von ihrer Pflicht zur fristgerechten Einrichtung des Jahresabschlusses beim Bundesanzeiger. Verletzen die Geschäftsführer diese Frist, kann das Bundesamt für Justiz gegen sie persönlich oder gegen die Gesellschaft ein Ordnungsgeld verhängen. Dieses haben die Geschäftsführer selbst zu tragen.

Um ein solches Ordnungsgeld zu vermeiden, sollten die Geschäftsführer deshalb in jedem Fall die Veröffentlichungspflicht wahren und im Fall einer Säumigkeit der Gesellschafter den nicht festgestellten Jahresabschluss fristgemäß veröffentlichen (Gleiches gilt im Übrigen für die Vorlage an das Finanzamt im Rahmen der Abgabe der Steuererklärung). Die Fassung des Feststellungsbeschlusses beziehungsweise des Beschlusses über die Verwendung des Ergebnisses ist auch nachträglich möglich.

Voraussetzung für die Feststellung von Jahresabschlüssen von mittelgroßen und großen Kapitalgesellschaften ist deren vorangegangene Prüfung durch einen Abschlussprüfer (§ 316 Abs. 1 HGB). Der Abschlussprüfer soll von den Gesellschaftern/Aktionären der zu prüfenden Gesellschaft vor Ablauf jenes Geschäftsjahres gewählt werden. Anschließend erteilt die Geschäftsführung oder – sofern vorhanden (zum Beispiel bei der AG) – der Aufsichtsrat den Prüfungsauftrag (§ 318 Abs. 1 HGB). Sollte bis zum Ablauf des zu prüfenden Geschäftsjahres noch kein Abschlussprüfer gewählt worden sein, ist die Geschäftsführung/der Vorstand berechtigt und verpflichtet, eine gerichtliche Bestellung zu beantragen; der Aufsichtsrat und jeder Gesellschafter sind dazu ebenfalls berechtigt, aber nicht verpflichtet (§ 318 Abs. 4 HGB). Ein derartiger Antrag kann auch von nur einem einzigen Gesellschafter gestellt werden, egal in welchem Umfang er an der Gesellschaft beteiligt ist. Die Gesellschaft oder die Gesellschafter können die Prüferauswahl durch das Gericht nicht beeinflussen.

**Achtung**   !

Jahresabschlüsse aller mittelgroßen und großen Kapitalgesellschaften sind prüfungspflichtig (vgl. Kapitel 6.14). Die Abschlussprüfung muss vor der Vorlage des Jahresabschlusses an den Aufsichtsrat erfolgen. Erstellen Sie den Jahresabschluss daher nicht »auf den letzten Drücker«, sondern berücksichtigen Sie, dass auch die Abschlussprüfung durch den Abschlussprüfer Zeit in Anspruch nimmt!

Geschäftsführer, Vorstandsmitglieder oder Aufsichtsratsmitglieder einer Kapitalgesellschaft machen sich nach § 331 HGB strafbar, wenn sie im Zusammenhang mit der Erstellung des Jahresabschlusses oder des Konzernabschlusses falsche Angaben zu den Verhältnissen der Kapitalgesellschaft oder des Konzerns machen, oder bestimmte gesetzliche Versicherungen fehlerhaft abgeben. Erleidet dadurch ein Dritter einen Schaden, so kann er direkt gegenüber dem Organmitglied Schadenersatz verlangen (§823 Abs. 2 BGB i.V.m. §331 HGB).

Geschäftsführer, Vorstandsmitglieder oder Aufsichtsratsmitglieder einer Kapitalgesellschaft handeln ferner nach §334 HGB ordnungswidrig, wenn sie im Zusammenhang mit der Aufstellung oder Feststellung des Jahresabschlusses oder Konzernabschlusses bestimmte gesetzliche Vorschriften verletzen, beispielsweise Form, Inhalt, Bewertung oder Gliederung des Abschlusses.

Geschäftsführer und Vorstandsmitglieder machen sich ferner strafbar, wenn sie falsche Angaben über die Werthaltigkeit einer Einlage (insbesondere einer Sacheinlage) im Zusammenhang mit der Gesellschaftsgründung oder mit einer Kapitalerhöhung machen (§82 Abs. 1 GmbHG beziehungsweise §399 Abs. 1 AktG).

Nach §283b StGB macht sich jede Person strafbar (natürlich auch Geschäftsführer und Vorstandsmitglieder), die ihrer gesetzlichen Buchführungspflicht und/oder ihren gesetzlichen Aufbewahrungspflichten nicht nachkommt, Bilanzen so aufstellt, dass die Übersicht über den Vermögensstand erschwert wird, oder es unterlässt, Bilanzen über das Vermögen oder das Inventar in der vorgeschriebenen Zeit aufzustellen.

### 5.5.2.6 Die »immerwährende Neutralität«

Die Gesellschafter haben der Gesellschaft (und deren Organen) gegenüber ein Recht auf Gleichbehandlung, sprich auf »immerwährende Neutralität«[129]. Die Gesellschaft (ihre Geschäftsführung) hat die Gesellschafter daher bei Vorliegen gleicher Sachverhalte gleich zu behandeln und darf die Gesellschafter nur bei Vorliegen ungleicher Sachverhalte ungleich behandeln (vgl. §53a AktG: »Aktionäre sind unter gleichen Voraussetzungen gleich zu behandeln.«). Ungleichbehandlungen müssen also immer sachlich gerechtfertigt sein. Ge-

---

129 Die immerwährende Neutralität Österreichs ging auf das zwischen Österreich und der UdSSR ausgehandelte Moskauer Memorandum vom 15.04.1955 zurück. In diesem wurden die sowjetischen Bedingungen für die Wiederherstellung der österreichischen Souveränität beziehungsweise zum Abschluss des Österreichischen Staatsvertrages politisch akkordiert. Österreich verpflichtete sich, »immerwährend eine Neutralität der Art zu üben, wie sie von der Schweiz gehandhabt wird«.

schäftsführer (auch Gesellschafter-Geschäftsführer) sind den Gesellschaftern also grundsätzlich zur Neutralität verpflichtet und dürfen deshalb keine Geschäftsführungsmaßnahmen ergreifen, um einzelne Gesellschafter zu bevorzugen.

Im Wesentlichen betrifft der Gleichbehandlungsgrundsatz die gleichmäßige Versorgung aller Gesellschafter mit Informationen, die Einforderung von Sozialpflichten (Einlagen, Nachschüsse) und die Gewährung von Sozialleistungen (Gewinnausschüttung, Vermögensverteilung nach Liquidation, Bezugsrechte bei Kapitalerhöhungen).[130]

Treuepflicht und Gleichbehandlungsgrundsatz führen dazu, dass sich Geschäftsführer bei ihren Erwägungen ausschließlich vom Unternehmenswohl leiten zu lassen haben. Ein Gesellschafter-Geschäftsführer muss also gegen seine eigenen (Gesellschafter-)Interessen entscheiden, wenn Maßnahmen dem Unternehmenswohl dienen, aber seinen (Gesellschafter-)Interessen entgegenlaufen!

> **Achtung**                                                                    **!**
>
> Die Gleichbehandlungspflicht der Gesellschaft beschränkt sich nicht auf materielle Vor- und Nachteile. Auch bei der Erteilung von Informationen hat die Gesellschaft alle Gesellschafter gleich zu behandeln. Werden Informationen über die Gesellschaft nur an einzelne Gesellschafter weitergegeben, sind diese Informationen auch allen übrigen Gesellschaftern zu erteilen, soweit nicht eine sachliche Rechtfertigung für das Zurückbehalten der Information gegenüber einzelnen Gesellschaftern besteht (zum Beispiel, weil der begründete Verdacht besteht, dass der betreffende Gesellschafter die Information für dem Wettbewerbsverbot unterliegende Handlungen verwenden würde).
> Erhält ein Gesellschafter ausnahmsweise dennoch ungerechtfertigten bevorzugten Zugang zu Informationen, ist die dadurch entstandene Bevorzugung so rasch als möglich zu beseitigen. Dies hat spätestens in der nächsten Gesellschafterversammlung zu erfolgen, indem alle Gesellschafter auf denselben Informationsstand gebracht werden müssen.

Diese Neutralität ist grundsätzlich immerwährend. Sie bleibt daher auch in Phasen grundlegender Änderungen aufrecht.

Eine Bewährungsprobe für die Neutralitätspflicht und die Treuepflicht ist stets der Management-Buy-Out, das heißt die Übernahme des Unternehmens

---

130  Zum Gleichbehandlungsgebot Baumbach/Hueck/*Fastrich* §13 Rn.31 ff.

durch die Geschäftsführung. In diesen Fällen haben die Geschäftsführer einerseits die Interessen der Gesellschaft zu verfolgen, andererseits verfolgen sie (in nachvollziehbarer Weise) aber auch ihre eigenen Interessen. Ferner sind in solchen Konstellationen die Interessen der veräußernden Gesellschafter den Interessen der erwerbenden Geschäftsführer wirtschaftlich entgegengerichtet.[131]

Eine gesetzliche Ausprägung des Neutralitätsgebotes ist für börsennotierte Gesellschaften in §33 WpÜG geregelt. Demzufolge darf nach erfolgter Veröffentlichung der Entscheidung eines Investors zur Abgabe eines Übernahmeangebotes der Vorstand der zu übernehmenden Gesellschaft keine Handlungen vornehmen, durch die der Erfolg des Angebotes zielgerichtet verhindert werden könnte. Der Vorstand darf sich nicht einen ihm genehmen Gesellschafterkreis schaffen. Nur in Ausnahmefällen darf sich der Vorstand gegen eine Übernahme explizit zur Wehr setzen.[132]

### 5.5.2.7 Keine Kompetenzüberschreitungen

Die Geschäftsführung einer **Kapitalgesellschaft** ist nicht schlechthin für alle Maßnahmen zuständig, die während des Bestehens einer Gesellschaft vorzunehmen sind. Vielmehr bestimmen bereits die gesetzlichen Vorschriften einzelne Geschäfte, die der Kompetenz der Geschäftsführung entzogen sind. Gesellschaftsvertrag, Geschäftsordnung, Dienstvertrag der Geschäftsführer oder einzelne Gesellschafterbeschlüsse können darüber hinausgehende Geschäfte bestimmen, für deren Vornahme die Geschäftsführer entweder die Zustimmung der Gesellschafterversammlung/Hauptversammlung oder des Aufsichtsrates einzuholen haben oder die überhaupt anderen Organen als den Geschäftsführern vorbehalten sind (zum Beispiel Vertretung der Gesellschaft durch den Aufsichtsrat bei Vornahme von Geschäften zwischen der Gesellschaft und den Geschäftsführern/Vorstandsmitgliedern).

Daneben gibt es »ungeschriebene Zuständigkeiten« der Gesellschafterversammlung und der Hauptversammlung. Darunter versteht man außergewöhnliche und grundlegende Entscheidungen, die so tief in die Mitgliedsrechte der Aktionäre und deren im Anteilseigentum verkörpertes Vermögensinteresse eingreifen, dass die Geschäftsführung/der Vorstand vernünftigerweise nicht annehmen kann, solche in eigener Verantwortung treffen zu dürfen, ohne

---

131 Baumbach/Hueck/*Zöllner/Noack* §35 Rn. 48.
132 MüKoAktG/*Spindler* §76 Rn. 34 ff. und MüKoAktG/*Schlitt/Ries* WpÜG §33 Rn. 1 ff.

die Gesellschafterversammlung/Hauptversammlung an der Entscheidungs-findung zu beteiligen.[133]

Das ist insbesondere bei Maßnahmen der Fall, die sich im Kernbereich der Unternehmenstätigkeit abspielen, eine Neuorientierung der Geschäftspolitik zum Gegenstand haben, den wertvollsten Betriebszweig betreffen und die Unternehmensstruktur von Grund auf ändern. Bekanntestes Beispiel dazu ist die Holzmüller- und Gelatine-Rechtsprechung des BGH:[134]

Im Holzmüller-Fall[135] wurden 80 % der Unternehmensaktiva auf eine Tochter-gesellschaft »ausgegliedert«. Durch die Ausgliederung auf die Tochtergesell-schaft trat ein »Mediatisierungseffekt« ein. Aus der operativ tätigen AG wurde eine Holdinggesellschaft. Das ausgegliederte Vermögen war faktisch der Kontrolle der Hauptversammlung der AG entzogen und wurde in der aus-gegliederten Gesellschaft durch den Vorstand der AG verwaltet. Der BGH hat entschieden, dass derartige Maßnahmen so schwerwiegend in Gesellschaf-terinteressen eingreifen, dass sie der Mitwirkung der Hauptversammlung bedürfen. In den Gelatine-Entscheidungen[136] hat der BGH klargestellt, dass bei Bejahung einer »ungeschriebenen Hauptversammlungszuständigkeit« die geplante Maßnahme nur durchgeführt werden dürfe, wenn ihr die Hauptver-sammlung mit ¾-Beschlussmehrheit zustimmt. Gleichzeitig hat der BGH klar-gestellt, dass die geplante Maßnahme nur im Innenverhältnis Zustimmungs-pflichten auslöse. Gleichwohl bleibt die Vertretungsmacht des Vorstandes nach Außen unberührt. Bei Durchführung der Maßnahme ohne Zustimmung der Hauptversammlung macht sich der Vorstand aber gegenüber der AG un-ter Umständen schadenersatzpflichtig. Bei Maßnahmen, welche die Gesell-schafterinteressen besonders berühren, sollten Vorstandsmitglieder deshalb vorsorglich eine Rechtsauskunft darüber einholen, ob aufgrund des besonde-ren Eingriffs in die Gesellschafterinteressen eine »ungeschriebene Hauptver-sammlungszuständigkeit« vorliegt.

---

**Achtung**   !

Von der Rechtsprechung noch nicht geklärt ist, ob bei ungeschriebener Hauptver-sammlungszuständigkeit die Hauptversammlungsbeschlüsse gemäß § 130 Abs. 1 S. 3 AktG notariell beurkundet werden müssen. Solange der BGH diese Frage nicht eindeutig geklärt hat, sollten derartige Hauptversammlungsbeschlüsse vorsorglich immer notariell beurkundet werden.

---

133  Zur GmbH: MüKoGmbHG/*Stephan/Tieves* § 37 Rn. 65; zur AG: MüKoAktG/*Kubis* § 119 Rn. 31 ff.
134  Vgl. zu dieser Rechtsprechung: Hüffer/Koch/*Koch* § 119 Rn. 16 ff.
135  BGH, Urteil vom 25.02.1982, Az. II ZR 174/80.
136  BGH, Urteil vom 26.04.2004, Az. II ZR 154/02 und Urteil vom 26.04.2004, Az. II ZR 155/02.

Bei **Personengesellschaften** ist zur Vornahme von Handlungen, die über den gewöhnlichen Geschäftsbetrieb hinausgehen, ebenfalls ein vorheriger Gesellschafterbeschluss erforderlich (vgl. §116 Abs. 2 HGB). Außergewöhnlich sind nach Gegenstand, Umfang, Bedingungen oder Dauer den gewöhnlichen Geschäftsbetrieb übersteigende und unter Umständen gefährliche Geschäfte.[137] Diese Hürden sind bei Personengesellschaften weit weniger hoch als bei der GmbH und der AG. Hintergrund ist, dass die persönlich haftenden Gesellschafter einer Personengesellschaft für die Gesellschaftsverbindlichkeiten mit ihrem Privatvermögen haften. Sie sind daher in erheblich größerem Maße schützenswert als Gesellschafter einer Kapitalgesellschaft, die lediglich mit ihrer Einlage haften.

> **! Achtung**
>
> Bei der Abstimmung über außergewöhnliche Geschäfte sind alle Personengesellschafter stimmberechtigt – auch jene, die durch den Gesellschaftsvertrag von der Geschäftsführung ausgeschlossen sind.

### 5.5.2.8 Geheimhaltungspflichten beachten

Geschäftsführer einer GmbH sowie Vorstandsmitglieder einer AG (für diese ausdrücklich normiert unter §93 Abs. 1 S.3 AktG) und Aufsichtsratsmitglieder einer AG sind kraft Gesetzes zur Verschwiegenheit verpflichtet. Für deren Organmitglieder hat ein Geheimhaltungsverstoß sogar strafrechtliche Konsequenzen (vgl. §85 GmbHG und §404 AktG). In Dienstverträgen mit Organmitgliedern finden sich häufig ebenfalls konkret geregelte Geheimhaltungspflichten. Beispiele für Gesellschaftsgeheimnisse sind nach MüKoAktG/*Schaal* AktG §404 Rn.28:

- geschäftliche Vorhaben und geschäftspolitische Ziele der Gesellschaft;
- Gegenstand, Verlauf und Ergebnisse der Beratungen des Aufsichtsrates/der Gesellschafterversammlung;
- Guthaben, steuerliche Verhältnisse und Umsätze der Gesellschaft;
- Kredite bei Banken;
- Kundenkarteien;
- interne Preiskalkulationen;
- Jahresabschlüsse, die (noch) nicht gemäß §325 HGB offengelegt sind;
- getätigte oder beabsichtigte Vertragsabschlüsse;
- durch eine öffentliche Ausschreibung erlangte Angebote und deren Anbieter, Zahlungsbedingungen;
- Computerprogramme;

---

137 Baumbach/Hopt/*Roth* HGB §116 Rn. 2.

- stille Beteiligungen;
- Personalakten, auch die Höhe eines vom üblichen Vergütungsniveau erheblich abweichenden Gehalts des Geschäftsführers;
- Produktionsabläufe und vorhandene Qualitätstechnologien;
- beabsichtigte Zusammenschlüsse mit anderen Unternehmen;
- Übernahmeangebote, vorgesehene Umtauschangebote, geplante Kapitalerhöhungen oder andere Tatsachen, die zu dem sogenannten Insiderwissen nach Art. 7 MMVO zählen.

---

**Achtung**      **!**

Auch die Preisgabe von Informationen im Rahmen einer Due Diligence kann Geheimhaltungspflichten verletzen.

Bei einer **GmbH** ist zu unterscheiden, ob die beabsichtigte Transaktion unter Beteiligung der Gesellschaft erfolgen soll (beispielsweise im Rahmen einer Verschmelzung) oder ob lediglich ein Gesellschafter seine Anteile an einen Dritten veräußern will und die Gesellschaft nur Transaktionsobjekt ist. Im erstgenannten Fall liegt keine Geheimhaltungspflichtverletzung vor, wenn die Transaktion und damit die Offenlegung der Betriebs- und Geschäftsgeheimnisse im Interesse der Gesellschaft erfolgt. Im zweitgenannten Fall liegt stets eine Geheimhaltungspflichtverletzung vor. Im Zweifel sollte die Gesellschafterversammlung befragt werden, ob der verkaufende Gesellschafter (der Geschäftsführer) von der Geheimhaltungspflicht entbunden wird. Die Geheimhaltung kann stets von einer Geheimhaltungspflicht entbinden. Streitig ist jedoch, ob die Gesellschafterversammlung eine erforderliche Befreiung einstimmig erteilen muss, ob eine 75%-Mehrheit oder gar nur eine einfache Beschlussmehrheit (gegebenenfalls unter Stimmrechtsausschluss eines betroffenen Gesellschafters) ausreichend ist.[138]

Im **Aktienrecht** ist ebenfalls maßgeblich, ob die Offenlegung der Informationen dem Gesellschaftsinteresse entspricht. Der Vorstand ist »Herr der Gesellschaftsgeheimnisse«, weswegen ihm bei Prüfung des Gesellschaftsinteresses ein weiter Ermessensspielraum zukommt.[139] Aber selbst wenn der Vorstand zur Offenlegung berechtigt wäre, ist er dazu nie verpflichtet.

---

**Tipp**      **!**

Um als GmbH-Geschäftsführer kein Risiko einzugehen, sollten Sie in entsprechenden Zweifelsfällen nur bei Legitimation durch einen einstimmigen Gesellschafterbeschluss Betriebs- und Geschäftsgeheimnisse offenbaren. Als Vorstandsmitglied einer AG sollten Sie zuvor einen Beschluss des Gesamtvorstandes herbeiführen.[140] Zudem sollten Sie dem oder den Kaufinteressenten Geheimnisse nur dann offenbaren, wenn diese(r) zuvor eine Geheimhaltungsvereinbarung unterzeichnet hat (haben).

---

138 Zu dem Ganzen: Baumbach/Hueck/*Haas* §85 Rn. 11.
139 MüKoAktG/*Spindler* §93 Rn. 119.
140 MüKoAktG/*Spindler* §93 Rn. 121.

### 5.5.3 Geschäftsführer- und Vorstandsstrategien gegen Stolpersteine

Das Wirtschaftsleben hält für Geschäftsführer also eine ganze Reihe von Stolpersteinen parat. Diesen Stolpersteinen sind Geschäftsführer aber nicht schutzlos ausgeliefert. Schlaue Geschäftsführer können das Risiko vorwerfbaren Verhaltens erheblich reduzieren. Einen ersten Überblick bieten diesbezüglich auch spezielle Seminare zur Geschäftsführerhaftung, die von einigen Seminaranbietern regelmäßig veranstaltet werden.

Zunächst eine allgemeingültige Strategie: Halten Sie die Geschäftsordnung (und alle gesetzlichen, im Gesellschaftsvertrag und Ihrem Anstellungsvertrag enthaltenen Bestimmungen) auch in guten Zeiten auf Punkt und Komma ein! Solange man sich mit seinen Mitgesellschaftern versteht, erscheint es oft nicht notwendig, all diese Vorgaben genau einzuhalten. Denn auch Verstöße, die Sie zu Zeiten gegenseitigen Einvernehmens getätigt haben, kann Ihr Mitgesellschafter in Zeiten des Gesellschafterstreits gegen Sie verwenden.

Mit der Einhaltung der gesetzlichen und gesellschaftsvertraglichen Bestimmungen alleine ist es aber noch nicht getan. Der Geschäftsführer haftet nämlich nicht nur für eigene Handlungen, sondern entgegen weitverbreiteten Irrtümern auch

- für Geschäftsführungsmaßnahmen seiner Geschäftsführerkollegen (vgl. Kapitel 5.5.2.4.1);
- für bestimmte rechtswidrige (weil zum Beispiel gläubigerbenachteiligende) Weisungen der Gesellschafterversammlung, die er umsetzt. (Vorstandsmitglieder sind weisungsfrei.)

### 5.5.3.1 Haftungsvorsorge bei Handlungen der Geschäftsführer- und Vorstandskollegen

**Haftungsvorsorge in Personenhandelsgesellschaften:** Entscheidungen über Geschäfte des gewöhnlichen Betriebes darf jeder Geschäftsführer (das heißt grundsätzlich jeder persönlich haftende Gesellschafter) alleine treffen. Ist ein Geschäftsführerkollege mit einer solchen Entscheidung nicht einverstanden, weil diese den Interessen der Gesellschaft widerspricht, kann und muss er widersprechen (§ 115 HGB). Das geplante Geschäft ist in diesem Fall zu unterlassen. Eine schuldhafte Missachtung des erhobenen Widerspruchs berechtigt die übrigen Geschäftsführer, vom handelnden Geschäftsführer die Rückgängigmachung des widersprochenen Geschäfts zu verlangen. Bei außergewöhnlichen Geschäften ist auch ohne Widerspruch die vorherige Zustimmung aller Gesellschafter einzuholen. – Soweit ein Geschäftsführer mit einzelnen Geschäften nicht einverstanden ist, hat er also Widerspruch zu erheben (gewöhnliche Geschäfte) oder ablehnend abzustimmen (außergewöhnliche Geschäfte). Unterlässt er dies, haftet er für gesellschaftsschädliche Geschäftsführungsmaßnahmen seiner Mitgesellschafter mit.

Bei der **GbR** sieht das Gesetz Gesamtgeschäftsführung und Gesamtvertretung vor (§709 und §714 BGB). Ein einzelner Geschäftsführer ist daher ohne die Mitwirkung der übrigen Gesellschafter handlungsunfähig und kann alleine dadurch Schaden von der Gesellschaft abwenden, indem er bei solchen Geschäftsführungsmaßnahmen nicht mitwirkt, die er als nachteilig einschätzt. Sieht der Gesellschaftsvertrag Einzelgeschäftsführung und Einzelvertretung zu, haben die übrigen Gesellschafter ein Widerspruchsrecht (§711 BGB). Die Rechtslage entspricht dann derjenigen bei Personenhandelsgesellschaften.

**Haftungsvorsorge in der GmbH:** Wer als Geschäftsführer Kenntnis von einer rechtswidrigen oder einen Schaden verursachenden Maßnahme seiner Geschäftsführerkollegen hat und dafür nicht verantwortlich gemacht werden will, muss seinem Geschäftsführerkollegen in der Vornahme der betreffenden Geschäftsführungsmaßnahme ebenfalls widersprechen. Hier gelten die Grundsätze aus dem Personenhandelsgesellschaftsrecht (§115 HGB) analog.[141] Erfolgt ein solcher Widerspruch auch nur eines Mitgeschäftsführers, darf der Geschäftsführerkollege die geplante Maßnahme nicht vornehmen, sondern muss diese

- entweder unterlassen
- oder der Gesellschafterversammlung beziehungsweise – falls vorhanden – dem Aufsichtsrat zur Beschlussfassung vorlegen.

Sollte der Widerspruch ignoriert werden, hat der widersprechende Geschäftsführer die Gesellschafterversammlung oder den Aufsichtsrat damit zu befassen.

Gesellschafterversammlung beziehungsweise Aufsichtsrat können die Geschäftsführung dann mit einem entsprechenden Beschluss anweisen, die streitige Maßnahme auszuführen oder zu unterlassen. Sofern diese Maßnahme nicht die Rechte Dritter (beispielsweise von Gläubigern) verletzt, ist die Geschäftsführung zur Umsetzung oder Unterlassung der Maßnahme verpflichtet. Sollten der Gesellschaft später durch die Maßnahme Schäden entstehen, sind die Geschäftsführer haftungsfrei.

Im Zweifel sollte also bei sämtlichen problematischen Maßnahmen eine Gesellschafterversammlung (beziehungsweise eine Aufsichtsratssitzung) einbe-

---

141 Baumbach/Hueck/*Zöllner/Noack* §37 Rn.30.

rufen und die beabsichtigte Maßnahme zur Entscheidung vorgelegt werden. Für Geschäftsführer gilt hier der Grundsatz: »Melden macht frei!«

**Haftungsvorsorge in der AG:** Ein Vorstandsmitglied, welches mit einer Geschäftsführungsmaßnahme eines anderen Vorstandsmitglieds nicht einverstanden ist, muss zur Vermeidung der eigenen Haftung den Gesamtvorstand befassen. Dieser hat über die Durchführung der streitigen Maßnahme zu beschließen. Ein solcher Beschluss schließt die Verantwortung des anrufenden Vorstandsmitglieds aber nicht aus. Bei einem gesetzwidrigen, satzungswidrigen, gesellschaftsschädigenden oder leichtfertig ohne genaue Prüfung gefassten Vorstandsbeschluss ist das überstimmte Vorstandsmitglied verpflichtet, die Ausführung des Beschlusses zu verhindern. Im Notfall hat das betreffende Vorstandsmitglied den Aufsichtsrat zu verständigen. Dieser kann zwar (anders als bei der GmbH) dem Vorstand gegenüber keine Weisungen erteilen, im Notfall aber einzelne Vorstandsmitglieder aus wichtigem Grund abberufen, bevor eine unerwünschte Maßnahme umgesetzt wird.[142]

**! Achtung**

Der Umstand, dass die Maßnahme, mit der Sie nicht einverstanden sind, in einen Geschäftsbereich fällt, für den Sie laut Ressortaufteilung nicht zuständig sind, entlässt Sie nicht aus Ihrer Haftung (vgl. Kapitel 5.5.2.4.1).

**! Achtung**

Ein unsubstantiierter Widerspruch beziehungsweise Einwand entlässt Sie ebenfalls nicht aus Ihrer Haftung. Sollten Sie Einwände gegen Geschäftsführungsmaßnahmen haben, müssen Sie diese begründen und in den entsprechenden Foren (Gesellschafterversammlung oder Aufsichtsrat) energisch für die Berücksichtigung Ihrer Einwände eintreten!

### 5.5.3.2 Haftungsvorsorge bei Weisungen durch die Gesellschafterversammlung und die Hauptversammlung

**GmbH**-Geschäftsführer sind gegenüber der Gesellschafterversammlung weisungsgebunden und haben grundsätzlich deren Beschlüsse umzusetzen.[143]

Ist ein Gesellschafter mit einer bestimmten Beschlussfassung nicht einverstanden und hat er in der Gesellschafterversammlung nicht für diesen Beschluss

---

142 MüKoAktG/*Spindler* §93 Rn. 166 f.
143 Zur Weisungsgebundenheit der GmbH-Geschäftsführer: Baumbach/Hueck/*Zöllner/Noack* §37 Rn. 20 ff.

gestimmt, kann er den Beschluss auch dann anfechten, wenn er in der Gesellschafterversammlung der Beschlussfassung nicht ausdrücklich widersprochen hat.[144] Eine Pflicht zur Erhebung einer Anfechtungsklage besteht aber nicht.

Fasst die Gesellschafterversammlung einer GmbH einen Beschluss, der nach Ansicht eines Geschäftsführers wirtschaftlich nachteilig für die Gesellschaft wirkt, darf er diesen erst ausführen, wenn der Beschluss nicht mehr von Gesellschaftern durch Beschlussanfechtungsklage angefochten werden kann.[145] Soweit sich Geschäftsführer durch die Ausführung des Gesellschafterbeschlusses nicht strafbar, einer Ordnungswidrigkeit schuldig oder schadenersatzpflichtig machen, steht ihnen kein Anfechtungsrecht zu (vgl. Kapitel 6.16.2.2). Bei streitigen Beschlüssen ist eine etwaige gesellschaftsvertragliche Anfechtungsfrist zuzüglich eines zeitlichen Puffers von mindestens einem Monat (Zustellungszeitraum für eine etwaige Beschlussanfechtungsklage) abzuwarten. Regelt der Gesellschaftsvertrag keine Beschlussanfechtungsfrist, sollte in solchen Fällen mit der Ausführung der Maßnahme drei Monate lang zugewartet werden. Wer früher Rechtsklarheit haben will, sollte nach Ablauf der Anfechtungsfrist bei dem zuständigen Gericht anrufen und nachfragen, ob eine Anfechtungsklage eingegangen ist.

Beschlüsse, die an derart gravierenden Mängeln leiden, dass sie nicht nur anfechtbar, sondern nichtig sind, dürfen von Geschäftsführern nicht befolgt werden. Sie dürfen auch nicht befolgt werden, wenn deren Umsetzung die Gesellschaft oder schutzwürdige Dritte (Gläubiger) schädigen würde. Anders als gegen die meisten anfechtbaren Beschlüsse können die Geschäftsführer gegen nichtige Beschlüsse Klage erheben.[146]

Der Vorstand einer **AG** ist sowohl gegenüber der Hauptversammlung als auch gegenüber dem Aufsichtsrat weisungsfrei. Manche Geschäfte darf er allerdings nicht ohne Zustimmung des Aufsichtsrates oder auch der Hauptversammlung vornehmen. Verweigert der Aufsichtsrat oder die Hauptversammlung die Zustimmung zu einzelnen Geschäften, deren Vornahme der Vorstand als zum Wohle der Gesellschaft erforderlich hält, muss der Vorstand dem jeweiligen Gremium seine Argumente substantiiert darlegen und eindringlich auf die Notwendigkeit der Zustimmung hinwirken.

Die Geschäftsführer von **Personengesellschaften** handeln weisungsfrei. Der Gesellschaftsvertrag kann jedoch ein Weisungsrecht vorsehen – beispiels-

---

144 Baumbach/Hueck/*Zöllner/Noack* Anh. §47 Rn.136.
145 Baumbach/Hueck/*Zöllner/Noack* §37 Rn.24.
146 Baumbach/Hueck/*Zöllner/Noack* Anh. §47 Rn.69.

weise durch Mehrheitsbeschlüsse der Gesellschafterversammlung.[147] In diesem Fall gilt § 665 BGB (i. V. m. § 713 BGB und gegebenenfalls § 105 Abs. 2 HGB). Weisungen, die gegen ein gesetzliches Verbot verstoßen (§ 134 BGB), sittenwidrig sind (§ 138 BGB) oder für den Angewiesenen unzumutbar (§ 242 BGB), dürfen beziehungsweise müssen nicht befolgt werden.[148]

### 5.5.3.3 Unternehmerische Entscheidungen »richtig« treffen

Geschäftsführer und Vorstandsmitglieder haben sich an die Vorgaben zu halten, die ihnen durch das Gesetz, durch die Satzung und gegebenenfalls durch eine Geschäftsordnung oder einen Dienstvertrag auferlegt werden. Bei GmbH-Geschäftsführern können noch Weisungen der Gesellschafterversammlung dazu kommen.

Innerhalb dieses Rahmens haben diese Organmitglieder die Geschäfte ihrer Gesellschaft zu führen. Der BGH hat in seiner berühmten ARAG/Garmenbeck-Entscheidung[149] ausgeführt, dass dem Vorstand (gleiches gilt für Geschäftsführer) bei der Leitung der Geschäfte des Unternehmens ein weiter Handlungsspielraum zugebilligt werden muss, ohne den eine unternehmerische Tätigkeit nicht denkbar ist. Dazu gehört neben dem bewussten Eingehen geschäftlicher Risiken grundsätzlich auch die Gefahr von Fehlbeurteilungen und Fehleinschätzungen, der jeder Unternehmensleiter ausgesetzt ist, mag er auch noch so verantwortungsbewusst handeln.

Stellt sich also später heraus, dass eine unternehmerische Entscheidung nicht richtig war, und führt dies bei der Gesellschaft zu einem Schaden, so ergeben sich daraus nicht zwangsläufig Schadenersatzansprüche der Gesellschaft gegen den Geschäftsführer oder das Vorstandsmitglied. Schadenersatzansprüche kommen in solchen Fällen erst in Betracht, wenn

- jene Grenzen deutlich überschritten sind, in denen sich ein von Verantwortungsbewusstsein getragenes, ausschließlich am Unternehmenswohl orientiertes, auf sorgfältiger Ermittlung der Entscheidungsgrundlagen beruhendes unternehmerisches Handeln bewegen muss,
- die Bereitschaft, unternehmerische Risiken einzugehen, in unverantwortlicher Weise überspannt worden ist oder
- das Verhalten des Vorstandes aus anderen Gründen als pflichtwidrig gelten muss.

---

147 Zur GbR: MüKoBGB/*Schäfer* § 713 Rn. 7; zur OHG: MüKoHGB/*Rawert* § 114 Rn. 38.
148 MüKoBGB/*Schäfer* § 665 Rn. 10.
149 BGH, Urteil vom 21.04.1997, Az. II ZR 175/95.

§93 Abs. 1 S. 2 AktG bestimmt für Vorstandsmitglieder, dass diese bei unternehmerischen Entscheidungen nicht pflichtwidrig handeln, wenn sie aus ex ante Sicht eines objektiven Dritten vernünftigerweise annehmen durften, auf der Grundlage angemessener Informationen zum Wohle der Gesellschaft zu handeln. – Diese sogenannte Business Judgement Rule ist nach herrschender Auffassung grundsätzlich auch auf unternehmerische Entscheidungen von GmbH-Geschäftsführern anwendbar. Allerdings besteht bei GmbH-Geschäftsführern eine gesteigerte Pflicht, bei schwierigen Ermessensentscheidungen notfalls die Gesellschafterversammlung zu befassen.[150]

> **Tipp**                                                                 !
>
> Ist streitig, ob Geschäftsführer oder Vorstandsmitglieder die Sorgfalt eines ordentlichen und gewissenhaften Geschäftsleiters angewandt haben, so tragen sie die Beweislast.[151] Wenn Sie als Vorstandsmitglied oder als Geschäftsführer unternehmerische Entscheidungen treffen, sollten Sie deshalb den gesamten Informationsstand penibel dokumentieren, der der Entscheidung zugrunde liegt. Nur so lässt sich diese Entscheidung auch noch Jahre später, notfalls bis zum Ablauf der fünfjährigen Verjährungsfrist (bei Börsennotierung: zehn Jahre), Dritten (zum Beispiel Richtern) gegenüber plausibilisieren.

> **Tipp**                                                                 !
>
> Befassen Sie vor einer schwierigen und/oder weitreichenden Ermessensentscheidung als GmbH-Geschäftsführer die Gesellschafterversammlung und als Vorstand die Hauptversammlung. Ein billigender Beschluss der Gesellschafterversammlung beziehungsweise der Hauptversammlung (vgl. §93 Abs. 4 AktG) schließt eine persönliche Haftung aus. Dies gilt allerdings nur, soweit der Beschluss ordnungsgemäß vorbereitet wurde und die stattgebende Versammlung über die Risiken der zu beschließenden Maßnahme zuvor hinreichend informiert wurde; außerdem nur dann, wenn die Maßnahme keine zwingenden und vorrangigen Interessen der Gesellschaftsgläubiger verletzt.[152]
>
> Dagegen schließt die Billigung der Maßnahme durch den Aufsichtsrat eine Haftung des Vorstandsmitglieds nicht aus (§93 Abs. 2 S. 2 AktG).

Auch geschäftsführende Gesellschafter einer Personengesellschaft haften dieser gegenüber im Falle schuldhafter Pflichtverletzungen (§280 BGB).[153] Diese geschäftsführenden Gesellschafter sollten bei unternehmerischen Entscheidungen dieselben Grundsätze beachten, wie sie für GmbHs und AGs gelten. Anders als bei GmbHs und AGs muss der geschäftsführende Gesellschaf-

---

150 Baumbach/Hueck/*Zöllner/Noack* §43 Rn. 22.
151 Vgl. zur AG: §92 Abs. 2 S. 2 AktG; zur GmbH: MüKoGmbHG/*Fleischer* §43 Rn. 90.
152 Zur GmbH: Baumbach/Hueck/*Zöllner/Noack* §43 Rn. 33 ff.
153 Baumbach/Hopt/*Roth* HGB §114 Rn. 15.

ter aber bereits kraft Gesetzes (§ 116 Abs. 2 HGB) bei sämtlichen bedeutenden Entscheidungen einen vorherigen Gesellschafterbeschluss einholen, bei einer GbR sogar bei ausnahmslos sämtlichen Entscheidungen (§ 709 BGB). Freilich können diese Grundsätze im Gesellschaftsvertrag auch anders geregelt werden.

### 5.5.3.4 Frühzeitig Entlastung durchsetzen

§ 120 Abs. 2 AktG lautet: »Durch die Entlastung billigt die Hauptversammlung die Verwaltung der Gesellschaft durch die Mitglieder des Vorstandes und des Aufsichtsrates. Die Entlastung enthält keinen Verzicht auf Ersatzansprüche.« – Dieser Norm lässt sich entnehmen, dass einer Entlastung der Mitglieder des Vorstandes und des Aufsichtsrates bei **AGs** keine besondere rechtliche Bedeutung zukommt. Insbesondere kann die Hauptversammlung den Vorstand an einem Tag entlasten und am Tag darauf kann der Aufsichtsrat verpflichtet sein, über die Vorgänge, die Gegenstand der Entlastung waren, gegen den Vorstand Schadenersatzklage zu erheben. Gegenüber Vorstandsmitgliedern setzt ein rechtswirksamer Verzicht auf Schadenersatzansprüche nach § 93 Abs. 4 S. 3 AktG voraus, dass bereits drei Jahre seit Entstehung des Anspruchs vergangen sind und die Hauptversammlung mehrheitlich einem Verzicht zustimmt. Widerspricht eine Minderheit von 10 % des Grundkapitals einem derartigen Verzichtsbeschluss, so ist der Verzicht nicht wirksam.

Bei **GmbHs** und bei **Personengesellschaften** kommen einem Entlastungsbeschluss dagegen weitreichende Folgen zu.[154] Lässt sich dem Jahresabschluss eine Pflichtverletzung des Geschäftsführers entnehmen oder haben alle Gesellschafter anderweitig Kenntnis von einer Pflichtverletzung des Geschäftsführers und entlasten sie den Geschäftsführer gleichwohl durch Gesellschafterbeschluss (§ 46 Nr. 5 GmbHG), kommt dem Entlastungsbeschluss Verzichtswirkung zu. Gegen den Geschäftsführer können dann bezüglich der Pflichtverletzung weder Schadenersatzansprüche geltend gemacht werden, noch kann er deshalb aus wichtigem Grund abberufen werden. – Dagegen kommt in Fällen, in denen die Pflichtverletzung nicht bekannt und aus dem Jahresabschluss des betreffenden Jahres auch nicht erkennbar war oder durch den Geschäftsführer gezielt verschleiert wurde, einem Entlastungsbeschluss keine Verzichtswirkung zu. Die Verzichtswirkung entfällt ferner, wenn die Entlastung gläubigerschützende Vorschriften verletzen würde, beispielsweise

---

154 Zur GmbH: Baumbach/Hueck/*Zöllner/Noack* § 46 Rn. 41 ff.; zur Personengesellschaft: Baumbach/Hopt/*Roth* HGB § 114 Rn. 16.

weil Gegenstand der Entlastung eine rechtswidrige Entnahme von durch das Stammkapital gebundenes Vermögen war.

---

**Tipp** !

Als Geschäftsführer haben Sie keinen Anspruch auf Entlastung durch die Gesellschafterversammlung. Allerdings kann eine grundlose Verweigerung der Entlastung eine Amtsniederlegung und eine außerordentliche Kündigung des Dienstvertrages aus wichtigem Grund rechtfertigen.

Um des lieben Betriebsfriedens willen und weil sie auf die Mitwirkung der Geschäftsführer angewiesen sind, erteilt die Gesellschafterversammlung häufig Entlastung, obwohl Pflichtverletzungen im Raum stehen und die ihnen zugrunde liegenden Sachverhalte vollständig bekannt sind. Anders wird dies nach Ausbruch eines Gesellschafterstreits. Dann wird jede noch so kleine Verfehlung verwendet, um gegen den (Gesellschafter-)Geschäftsführer eine Position aufzubauen. Eine Entlastung wird dann regelmäßig nicht mehr erteilt.

Versuchen Sie in »Friedenszeiten« stets die Beschlussfassung über den Jahresabschluss mit der Beschlussfassung über die Entlastung der Geschäftsführung für das betreffende Geschäftsjahr zu verbinden. Stehen Pflichtverletzungen im Raum, die Ihrer Einschätzung nach zum einen früher oder später an das Licht kommen, zum anderen die Gesellschafter aber aufgrund des Betriebsklimas nicht an einem Entlastungsbeschluss hindern werden, sollten Sie die den Pflichtverletzungen zugrunde liegenden Sachverhalte ebenfalls vor Fassung des Entlastungsbeschlusses offenbaren. Dadurch kann es Ihnen gelingen, in »Friedenszeiten« einen Verzicht zu erwirken, der nach Streitausbruch nicht mehr revidiert werden kann.

---

### 5.5.3.5 Abschluss einer D&O-Versicherung

Viele Unternehmen schließen für ihre Organmitglieder eine D&O-Versicherung ab (Directors & Officers-Versicherung), die das Haftungsrisiko für Schäden aus unrichtigen Geschäftsführungsmaßnahmen deckt. Es handelt sich dabei um eine Art Berufshaftpflichtversicherung für Manager. Vertragspartner des Versicherungsvertrages ist die Gesellschaft, die Organmitglieder sind versicherte Personen.

Der Abschluss eines D&O-Versicherungsvertrages bedarf der Zustimmung desjenigen Organs, das für die Bestellung des versicherten Organmitglieds zuständig ist (Gesellschafterversammlung für Geschäftsführer, Hauptversammlung für Aufsichtsrat, Aufsichtsrat für Vorstand, Vorstand beziehungsweise Geschäftsführer für leitende Angestellte)[155].

---

155 MüKoAktG/*Spindler* § 93 Rn. 218.

Der Versicherungsschutz umfasst einerseits die Übernahme der Kosten der Rechtsverteidigung (Anwaltshonorar, Gerichts- und Sachverständigenkosten) und andererseits die Freistellung von den gegen das Organmitglied geltend gemachten Schadenersatzansprüchen. Abgedeckt ist sowohl die Innenhaftung (Ansprüche der Gesellschaft gegen das Organmitglied) als auch die Außenhaftung (Ansprüche Dritter gegen das Organmitglied).

Während bei den meisten Versicherungen entscheidend ist, dass der Versicherungsschutz zum Zeitpunkt der Pflichtverletzung bestanden hat, kommt es bei D&O-Versicherungen üblicherweise darauf an, dass zum Zeitpunkt der Geltendmachung der Schadenersatzansprüche Versicherungsschutz bestand (»Claims-Made-Prinzip«). Versichert sind dann auch Schäden, die vor Beginn des Versicherungsvertrages verursacht wurden, wenn sie erst nach Vertragsbeginn geltend gemacht werden (»Rückwärtsdeckung«).

> **!** **Tipp**
>
> Geschädigte Gläubiger oder die Gesellschaft machen Ansprüche gegen Organmitglieder oft erst Jahre nach einer Pflichtverletzung, aber noch vor Verjährungseintritt geltend. Nicht selten ist das Ausscheiden eines Organmitglieds Anlass, dessen Handeln umfassend auf den Prüfstand zu stellen.
> Achten Sie darauf, dass ein D&O-Versicherungsvertrag auch nach Ihrem Ausscheiden als Organmitglied aufrechterhalten bleibt oder der Versicherungsvertrag eine ausreichend lange Nachmeldefrist vorsieht, innerhalb derer Versicherungsschutz für geltend gemachte Schadenersatzansprüche besteht.
> Gleiches gilt im Falle einer Liquidation oder Insolvenz der Gesellschaft.

D&O-Versicherungsverträge sehen stets eine bestimmte Deckungssumme vor, das heißt eine Haftungshöchstgrenze. Achten Sie als Organmitglied darauf, dass die Deckungssumme zu dem Gefahrenpotenzial Ihrer Tätigkeit im Verhältnis steht.

§93 Abs. 2 S.3 AktG sieht vor, dass ein D&O-Versicherungsvertrag, der zur Absicherung eines Vorstandsmitglieds gegen Risiken aus seiner beruflichen Tätigkeit abgeschlossen wird, einen Selbstbehalt von mindestens 10% des Schadens bis mindestens zur Höhe des Eineinhalbfachen der festen jährlichen Vergütung des Vorstandsmitglieds haben muss. Für andere Organmitglieder existiert kein verpflichtender Selbstbehalt. Auf dem Markt werden Versicherungen für den Selbstbehalt angeboten, die das Vorstandsmitglied selbst individuell und parallel zu dem D&O-Versicherungsvertrag abschließen kann.

> **Tipp** !
>
> Im Konfliktfall verweigern manche Unternehmen die Herausgabe der Versicherungspolice an den Geschäftsführer, sodass dieser im Schadensfall nicht feststellen kann, ob das verwirklichte Risiko von seiner D&O-Versicherung gedeckt ist. Kennt der Geschäftsführer dann auch den Namen seines Versicherers nicht (was leider immer wieder vorkommt), ist die Inanspruchnahme von Versicherungsschutz unmöglich, obwohl vielleicht sogar Deckung bestünde. Der Geschäftsführer muss Schäden aus seinen Handlungen dann selbst begleichen.
> Sorgen Sie daher dafür, dass Sie auch nach Ihrem Ausscheiden auf Informationen über »Ihre« D&O-Versicherung zugreifen können. Nur so ist gewährleistet, dass Sie auch im Streitfall Ihre Versicherungsansprüche nachweisen können.

Die Rechtsprechung neigt seit jeher dazu, Schadenersatzklagen höhere Erfolgsaussichten beizumessen, wenn der Schaden nicht durch den Verursacher, sondern durch einen Versicherer gedeckt wird. Dies kann dazu führen, dass eine Gesellschaft gegen ein Organmitglied gerade deswegen vorgeht, weil sie die Versicherungssumme in Anspruch nehmen will. Als Organmitglied kann es Ihnen daher passieren, dass Sie gerade wegen Ihrer D&O-Versicherung in Anspruch genommen werden. Gleichwohl überwiegen für das Organmitglied die Vorteile einer D&O-Versicherung gegenüber den Nachteilen.

# 6 Nach Streitausbruch

## 6.1 Streit: Was haben Sie falsch gemacht?

Nichts! Gesunde Konflikte sind sinnvoll. Sie helfen bei der Aufarbeitung jener »Altlasten«, die sich im Alltag einer Partnerschaft unweigerlich ansammeln. Eine Partnerschaft ohne solche Altlasten gibt es nicht.

Haben Sie daher keine Angst vor Konflikten. Nicht der Konflikt ist das Problem, sondern die mangelnde Bereitschaft und Fähigkeit, sich aktiv und lösungsorientiert damit auseinanderzusetzen. Wer sich dieser Auseinandersetzung stellt, wird den Konflikt zumeist überwunden haben, bevor sich dieser zu einem substanziellen Streit entwickelt. Auch wenn es paradox klingen mag, gilt daher wie in jeder Partnerschaft auch in der Gesellschaft:

*»Streiten, um Streit zu vermeiden.«*

Achten Sie aber darauf, dass der Streit konstruktiv bleibt. Konstruktives Streiten bedeutet eine intensive Auseinandersetzung der Streitparteien mit wichtigen Themen. Die Aufarbeitung dieser Themen ist für alle Beteiligten wertvoll.

Stellen Sie sich daher aufkommenden Konflikten, anstatt sie zu unterdrücken. Als Unternehmer müssen Sie den Mut zeigen, Konflikte in guten Zeiten auszuleben, um in schlechten Zeiten geeint und schlagkräftig agieren zu können. So behaupten Sie die Marktstellung Ihres Unternehmens.

Destruktiv geführte Streitigkeiten hingegen helfen nicht bei der Konfliktaufarbeitung. Sie binden vielmehr erhebliche Ressourcen der Gesellschaft, ohne dass die Beteiligten daraus einen Nutzen ziehen können. Für das notwendige Handeln am Markt bleiben der Gesellschaft dann oft nur wenige Ressourcen. Die Konkurrenz freut sich. Solche Streitigkeiten werden manchmal bis zur Insolvenz der Gesellschaft geführt. Zunächst noch vorhandenes Gesellschaftsvermögen wird während des Streits und des anschließenden Insolvenzverfahrens vollständig aufgerieben. Vermögen zur Verteilung zwischen den Streitparteien ist am Ende nicht mehr vorhanden. Dann haben alle Streitparteien verloren.

Destruktive Streitigkeiten erkennen Sie daran, dass die Konfliktlösung in der Prioritätensetzung der Streitparteien hinter die Klärung der »Schuldfrage« zurücktritt. Sobald Sie Anzeichen dafür erkennen, sollten Sie versuchen, gemeinsam mit Ihren Mitgesellschaftern wieder die Ebene einer konstruktiven Lösungsfindung zu erreichen.

> **! Tipp**
>
> Manchmal ist man verleitet, Unangenehmes zu leugnen, um es auf die lange Bank schieben zu können. Immer wieder kommt es vor, dass eine Seite das Vorliegen von Konflikten leugnet, obwohl bereits vieles dafür spricht, dass im Verborgenen bereits ein Gesellschafterstreit schwelt. Ein leicht und objektiv feststellbares »Alarmzeichen«, dass zwischen den Gesellschaftern etwas »nicht mehr stimmt«, ist die Reduktion der gesellschafterinternen Kommunikation auf E-Mail-Verkehr. Denn wenn Gesellschafter miteinander nahezu ausschließlich über E-Mail korrespondieren, bedeutet dies, dass sie sich die Zeit für direkte Gespräche nicht mehr nehmen oder aber dem persönlichen Gespräch aus dem Weg gehen, weil sie dieses als unangenehme Situation empfinden.

## 6.2   Streit: Was tun?

Das Wichtigste zuerst: Nerven behalten! Sie haben mit Sicherheit schon Schlimmeres überlebt. Aber Sie haben keine Zeit, um abzuwarten. Setzen Sie Ihre Schritte bedacht und in der richtigen Reihenfolge:

- Keine Zugeständnisse im ersten Überraschungsmoment. Signalisieren Sie Gesprächsbereitschaft, lassen Sie sich jedoch nicht zu sofortigen Entscheidungen drängen!
- Holen Sie Unterstützung. Suchen Sie rasch geeignete Berater aus. Immer wieder zeigt sich, dass sich derjenige Gesellschafter, der als erster anwaltliche Unterstützung hat, dadurch einen schwer einholbaren Vorsprung erarbeitet. So entscheidet oft derjenige Gesellschafter den Konflikt für sich, der als erster anwaltliche Unterstützung hat!
- Analysieren Sie die Situation: In welcher Position befinden Sie sich, in welcher Position befinden sich Ihre Mitgesellschafter? Welche Möglichkeiten haben Sie?
- Definieren Sie Ihre Ziele: einerseits Ergebnisse, die Sie mindestens erreichen wollen, andererseits Ergebnisse, die es in jedem Fall zu vermeiden gilt.
- Erstellen Sie gemeinsam mit Ihren Beratern eine Strategie, die Sie überzeugt und mit der Sie am Ende Ihre Ziele erreichen können.
- Heilen Sie eigene Fehler.
- Setzen Sie Ihre Strategie zügig um!

In diesem Kapitel erfahren Sie, wie Sie Ihre Ressourcen im Gesellschafterstreit richtig und zweckoptimiert einsetzen können. Versuchen Sie dabei, Fehler zu vermeiden. Fehler der Gegenseite sollten Sie rasch zum eigenen Vorteil nützen (zum Beispiel Mängel bei der Einberufung einer Gesellschafterversammlung zur Anfechtung Ihnen unwillkommener Gesellschafterbeschlüsse; vgl. die Kapitel 6.9.1 und 6.16).

## 6.3 Streit: Was nicht tun?

Der Mensch neigt dazu, Konflikten aus dem Weg zu gehen. Dazu legt er sich Strategien zurecht, die seine Flucht vor Konflikten rechtfertigen sollen. Diese Strategien überzeugen nur auf den ersten Blick. Tatsächlich verleiten sie zu Fehlern, die Sie sich im Kampf um Ihr Unternehmen nicht leisten sollten:

- **Es wird schon nicht so schlimm sein?** Doch, das ist es! Und selbst wenn »es« nicht so schlimm wäre – Sie wissen nicht, was Ihr Konkurrent plant. Vielleicht war der erste Konflikt der Auftakt zu einem bereits zu Ende geplanten Putsch (vgl. Kapitel 6.5)? Nehmen Sie die Situation und Ihren Gegner ernst. Sonst laufen Sie Gefahr, sich ungenügend auf die bevorstehende Auseinandersetzung vorzubereiten.
- **Abwarten und Tee trinken?** Konfliktsituationen sind nicht angenehm. Es ist verständlich, wenn Sie sich zunächst fürs Abwarten entscheiden. Damit verlieren Sie aber wertvolle Zeit. Zeit, die Ihnen schon bald fehlen könnte.
- **Schnell alles Nachholen?** Genauso wenig wie »Abwarten und Tee trinken« ist das überstürzte Nachholen bisheriger Versäumnisse angebracht. Natürlich sollen Sie eigene Fehler ausbessern beziehungsweise Versäumnisse nachholen. Es hat aber keinen Sinn, innerhalb weniger Wochen alle Fehler und Versäumnisse der letzten Jahre zu heilen. Das werden Sie nicht schaffen. Möglicherweise zerstören Sie damit auch jegliche Chance auf eine für beide Seiten annehmbare Bereinigung der Situation (vgl. Beispiel »Versäumnisse überlegt nachholen« in Kapitel 6.3). Erstellen Sie daher eine Prioritätenliste und gehen Sie überlegt und selektiv vor. Jedenfalls sollten Sie versuchen, eine Dokumentation aufzubauen, die Ihren Standpunkt im Konflikt unterstützt (sofern Sie das nicht ohnehin bereits vor Streitausbruch getan haben; vgl. Kapitel 5.4). Außerdem ist es ratsam, sich spätestens jetzt vorsorglich Argumente für (nicht heilbare) Versäumnisse zurechtzulegen.
- **Politik der kleinen Schritte?** Die Politik der kleinen Schritte mag für die Lösung politischer Probleme geeignet sein – für Ihr Unternehmen ist sie existenzgefährdend. Verkürzen Sie die teure und gefährliche Zeit des Gesellschafterstreits im Interesse aller Beteiligten.
- **Sofort einlenken?** Angreifer nützen oft den Überraschungseffekt. Lassen Sie sich nicht überrumpeln. Bleiben Sie freundlich, aber unverbindlich. Sagen Sie zu, über Vorschläge nachzudenken. Selbst wenn die Position der

Gegenseite auf den ersten Blick berechtigt scheint: Verpflichten Sie sich zu nichts, ohne darüber in Ruhe überlegt und mit Ihren (Rechts-)Beratern gesprochen zu haben.

- **Frieden erkaufen?** Der Kern der bereits genannten Aussage in Kap. 5.1.4.5: *»Egal, was mein Compagnon will – ich mach es. Das ist immer noch billiger als streiten!«*, ist nicht falsch. Zugeständnisse um des Friedens willen können zweckmäßig sein. Dazu müssen aber zwei Bedingungen gegeben sein:
  - Es muss sichergestellt sein, dass die Gegenseite nicht schon bald die nächste Forderung erheben wird.
  - Sie müssen mit diesem Zugeständnis leben können. Ein Zugeständnis, das den Gegenspieler beruhigt, aber Sie unzufrieden zurücklässt, erhält den Frieden nur für kurze Zeit.

- **Fehler leugnen?** Es ist vielleicht nicht angenehm, eigene Fehler zugestehen zu müssen. Meistens aber ist es ratsam. Tatsächlich begangene Fehler lassen sich kaum endgültig verbergen. Sie tauchen immer wieder auf. Je länger Ihr Fehler thematisiert wird, desto schlechter ist das für Sie. Versuchen Sie daher, eigene Fehler möglichst rasch vom Tisch zu bekommen. Dazu kann es auch zweckmäßig sein, eigene Fehler einzugestehen und – soweit möglich – deren Folgen zu beseitigen.

Aber auch ein zu forsches und konfrontatives Vorgehen kann schaden. Es nützt nichts, wenn Sie im ersten Affekt aufbrausend jegliche Gesprächsbasis zerstören. Bleiben Sie freundlich und unaufgeregt. Halten Sie Emotionen auch im Interesse der Gesellschaft aus Ihrem Konflikt heraus.

> **!** **Beispiel: Versäumnisse überlegt nachholen**
>
> A und B sind zu je 50% an der AB-Handels-GmbH beteiligt. Beide sind zudem Geschäftsführer. Im Sommer 2015 entdeckt A, dass B der Gesellschaft heimlich Geld entnimmt, um seinen aufwendigen Lebensstil zu finanzieren. Durch diese Entnahmen ist die Gesellschaft bereits zahlungsunfähig. A erkennt das, spricht B darauf an und fordert ihn auf, die Entnahmen zurückzuzahlen. B verspricht die Rückzahlung der zu viel entnommenen Beträge.
>
> Fünf Monate später hat B diese Beträge noch immer nicht zurückbezahlt. Die Gesellschaft ist deshalb weiterhin zahlungsunfähig. A befürchtet, sich aufgrund der Insolvenzreife der Gesellschaft bei deren Weiterführung strafbar zu machen (zum Beispiel wegen Insolvenzverschleppung).
>
> Tatsächlich haben Geschäftsführer einen Insolvenzantrag unverzüglich, jedenfalls aber innerhalb von drei Wochen nach Eintritt der Zahlungsunfähigkeit (§ 15a InsO) zu stellen. Diese Frist ist längst verstrichen. A hat also versäumt, fristgerecht einen Insolvenzantrag zu stellen. Dies will er nun sofort nachholen.
>
> Im Fall eines Insolvenzantrages würde die Gesellschaft voraussichtlich liquidiert werden. Die gemeinsame Unternehmung wäre gescheitert. Es kann daher Sinn haben, B nochmals den Ernst der Lage klarzumachen und den Insolvenzantrag zu-

nächst nur für den Fall anzudrohen, dass B nicht binnen 14 Tagen alle entnommenen Beträge zurückzahlt. So eröffnet man zumindest eine Chance auf den Fortbestand oder zumindest eine möglichst profitable Liquidation der Gesellschaft. Dieses Vorgehen ist zwar grundsätzlich nicht rechtskonform, denn der Insolvenzantrag wäre längst zu stellen gewesen, weiteres Zuwarten ist streng genommen unzulässig. A handelt aber ohnehin bereits Monate zu spät. Daran ändert sich auch nichts, wenn er den Insolvenzantrag nun tatsächlich sofort stellt. Sein weiteres Zuwarten ist aber möglicherweise die letzte Möglichkeit, die Insolvenz der Gesellschaft zu verhindern. Dieses Vorgehen hat allerdings nur Sinn, wenn zumindest eine reelle Chance auf Rückzahlung besteht und die Gesellschaft nach Rückzahlung der Beträge wirtschaftlich überlebensfähig wäre. Innerhalb dieser Zeit sollte A streng darauf achten, keine einzelnen Gläubiger zu bevorzugen und Forderungen der Gläubiger quotal und gleichmäßig zu bedienen. Die Arbeitnehmerbeiträge zur Sozialversicherung, die Lohnsteuer und die Umsatzsteuer sollte er in voller Höhe bedienen.[156] Bei ergebnislosem Verstreichen der Frist sollte A jedenfalls unverzüglich handeln und einen Insolvenzantrag stellen.

## 6.4 Vorbereitung ist alles!

Ganz allgemein lässt sich beobachten:

*Viele denken nach, einige denken mit, aber nur die Klugen denken voraus.*

Auch (oder viel mehr ganz besonders) im Gesellschafterstreit zeigt sich, dass am Ende der Vorausdenkende gewinnt. Denn gesellschaftsinterne Auseinandersetzungen und die etwaige Aufteilung, Auflösung oder Trennung von Gesellschaftsverhältnissen sind komplizierte Vorhaben, die genau geplant werden sollten. Gehen Sie bei dieser Planung strukturiert vor:

- **Phase 1 (die »Rollenbesetzung«):** Die Hauptrollen der Auseinandersetzung sind bereits besetzt – mit Ihnen und Ihren Gegnern. Doch auch die Besetzung der Nebenrollen entscheidet über Erfolg und Misserfolg – wählen Sie daher Ihre Berater sorgfältig aus.
- **Phase 2 (das »Drehbuch«):** Schreiben Sie gemeinsam mit Ihren Beratern ein detailliertes Drehbuch Ihres Gesellschafterstreits. Erst wenn Sie vom Erfolg dieses Drehbuchs überzeugt sind, beginnen Sie mit dessen Umsetzung.
- **Phase 3 (»Film ab«):** Halten Sie sich bei der Umsetzung Ihres Plans an das Drehbuch. Unter Zeitdruck vorgenommene Planänderungen sind fehleranfällig. Für den Fall, dass der Gegner nicht wie erwartet reagiert, enthält ein gutes Drehbuch Alternativstrategien.

---

156 MüKoGmbHG/*H.-F. Müller* § 64 Rn. 155 ff.

Gewissenhafte Vorbereitung dient nicht nur der sachlichen Planung. Wer strukturiert plant und auf das Gelingen seines Plans vertraut, fühlt sich stark. Wer sich stark fühlt, vermittelt Sicherheit, die den Gegner verunsichert. Dieses psychologische Moment gilt es zu nutzen.

Ihr Vorhaben ist umso leichter umsetzbar, je überraschter die Gegenseite von Ihren Handlungen ist. Sie sollten Ihre Vorbereitungen daher unbedingt geheim halten. Achten Sie in diesem Zusammenhang insbesondere auf die verwendeten Kommunikationsmittel. Vorsicht mit Ihrem betrieblichen E-Mail-Account. Es ist nicht ausgeschlossen, dass andere Personen über diesen Account gesendete und empfangene E-Mails mitlesen!

Die einfachste und auch für Computerlaien alleine umsetzbare Vorbeugungsmaßnahme gegen unerwünschte Mitleser ist die Einrichtung eines neuen – privaten – E-Mail-Accounts, von dem Ihr (insbesondere berufliches) Umfeld nichts weiß. Rufen Sie diesen Account weder auf Ihrem Arbeitsplatz noch sonst auf einem Computer ab, zu dem Mitarbeiter der Gesellschaft oder Ihre Mitgesellschafter Zugang haben. Auch dieser Account ist nicht völlig vor dem Zugriff unberechtigter Dritter geschützt. Die Gefahr, dass Ihre Mitgesellschafter den Inhalt dieses Accounts erfahren, ist aber sehr gering. Dasselbe gilt für Ihr Mobiltelefon!

> **! Tipp**
>
> Drucken Sie nichts im Büro aus, was irgendwie im Zusammenhang mit einem (bevorstehenden) Gesellschafterstreit zusammenhängt!
> Immer wieder passiert es, dass jemand auf seinem Arbeitsplatz die Datei ausdruckt und bevor er es vom Drucker holen kann, zum Beispiel, weil sein Festnetztelefon läutet und er in ein längeres Gespräch verwickelt wird, von jemand anderen gelesen oder gar kopiert wird.

Bedenken Sie, dass Ihre Mitgesellschafter auch einen Gesellschafterstreit planen könnten und damit schon weiter sind als Sie. Vielleicht werden Sie bereits morgen aus Ihrem Büro ausgesperrt? Einen strategischen Vorteil im Gesellschafterstreit hat oft derjenige, der (elektronische) Kopien von den wesentlichen Geschäftsunterlagen in seiner Privatsphäre besitzt. Beachten Sie aber, dass dies regelmäßig nicht erlaubt ist. – Werden solche sich eigentlich illegal im Besitz einer Partei befindlichen vertraulichen Unterlagen verwertet und im Prozess als Beweismittel vorgelegt, so hört man von dieser Partei häufig die Entschuldigung: *»Die Unterlagen wurden mir anonym zugespielt.«* Eine derartige Begründung wirkt einerseits entlastend, andererseits muss die Gegenseite befürchten, in ihren Reihen einen »Maulwurf« zu haben.

Umgekehrt kann es hilfreich sein, wenn Ihre Gegner Sie unterschätzen und dadurch schwelende Konflikte auf die leichte Schulter nehmen. Deshalb ist es oft zweckmäßig, zumindest zu Beginn eines Gesellschafterstreits die Mitgesellschafter nicht darüber zu informieren, dass Sie sich mit einem Rechtsanwalt beraten. Lassen Sie Ihren Rechtsanwalt verdeckt arbeiten (vgl. zweite »Achtung«-Anmerkung in Kapitel 6.4.1).

Fast können Sie nun mit Ihrer Vorbereitung beginnen, lediglich ein kleiner Schritt fehlt noch: Lesen Sie zuallererst den Gesellschaftsvertrag in der gültigen Fassung nochmals konzentriert durch. Betrachten Sie dabei jede Bestimmung und ihre Auswirkungen auf Ihre Position in einem möglichen Gesellschafterstreit. Erst wenn Sie das getan haben, kennen Sie die Ausgangsbasis Ihrer Planungen.

## 6.4.1 Die Rollenbesetzung

*»Der Starke ist am mächtigsten allein.«* – Das mag für Wilhelm Tell gelten, dem Friedrich Schiller diese Worte in den Mund gelegt hat. Für streitende Gesellschafter ist dieses Motto hingegen untauglich. Die professionelle Führung von Gesellschafterstreitigkeiten erfordert Detailwissen in unterschiedlichsten Fachbereichen. In Fachbereichen, in denen Ihnen dieses Wissen fehlt, sollten Sie Berater beiziehen.

Die Rechtsprechung setzt sehr hohe Erwartungen an das Fachwissen von Gesellschaftern. So kann sich ein Gesellschafter nicht darauf berufen, er habe die Konsequenzen einer Ladung zu einer Gesellschafterversammlung oder eines bestimmten (unter Umständen sogar satzungsändernden) Beschlusses nicht gekannt. Ein Gesellschafter sollte dementsprechend auch alle gesellschaftsrechtlichen Bestimmungen kennen, die für die Rechtsform seines Unternehmens in Kraft sind (AktG, GmbHG, HGB, BGB usw.), sowie deren rechtliche Auslegung und Bedeutung.

**Achtung** !

Aufgrund von Wissenslücken geschehene Fehler sind oft unumkehrbar. Fasst die Gesellschafterversammlung einer GmbH einen Beschluss, der in die Rechte eines Gesellschafters rechtswidrig eingreift (beispielsweise einen Kapitalerhöhungsbeschluss, der zu einer Verwässerung der Anteile des Gesellschafters führt), so hat der Gesellschafter – auch dann, wenn dies der Gesellschaftsvertrag nicht explizit vorsieht – innerhalb eines Monats Beschlussanfechtungsklage zu erheben. Auch wenn die Gesellschafter den Beschluss gefasst haben, ist die Klage gegen die Gesellschaft zu erheben. Versäumt der Gesellschafter diese Frist, weil er beispielsweise von ihr keine Kenntnis hat, wird der in die Rechte des Gesellschafters eingreifende Beschluss bestandskräftig und kann nicht mehr gerichtlich bekämpft werden. Der Gesellschafter hat dann mit den negativen Folgen des Beschlusses zu leben.

Natürlich kosten Berater Geld. Aber selbst der teuerste Berater ist günstiger als ein verlorener Gesellschafterstreit oder gar ein im jahrelangen Streit zugrunde gerichtetes Unternehmen. Vor allem aber lässt sich die Beiziehung von Beratern im Gesellschafterstreit oft nicht vermeiden. Ein zu spät beigezogener Berater muss zunächst oft erst unvorteilhafte Situationen bereinigen, bevor er offensiv für seinen Mandanten tätig werden kann. Das gilt insbesondere, wenn die Gegenseite bereits professionell beraten (vertreten) ist, ohne dass das die übrigen Gesellschafter erkennen.

**!**  **Achtung**

Niemand zwingt einen Gesellschafter, sein Beratungsverhältnis mit einem Rechtsanwalt offenzulegen. Es ist durchaus zulässig, die Ergebnisse anwaltlicher Beratung auf eigenem Briefpapier an die Gegenseite zu übermitteln, die dann oft nicht erkennt, dass der Absender bereits über anwaltliche Hilfe verfügt. Dazu übernehmen Sie die von Ihrem Rechtsanwalt ausgearbeiteten Schreiben an Ihre Mitgesellschafter (mit dem Einverständnis Ihres Rechtsanwalts) auf Ihr eigenes Briefpapier beziehungsweise in Ihr eigenes E-Mail-Format. Natürlich dürfen solche Schreiben nicht zu anwaltlich (juristisch) formuliert sein, sondern sollten Ihre persönliche Wortwahl enthalten.

Andererseits sollten Sie aber auch der Gegenseite gegenüber wachsam sein und zu Beginn eines Gesellschafterstreits immer damit rechnen, dass Ihre Mitgesellschafter bereits anwaltlich beraten sind. Um mögliche Nachteile zu vermeiden, sollten Sie daher schon zu Beginn eines Gesellschafterstreits professionelle Rechtsberatung in Anspruch nehmen.

Oft kann zudem ein nachträglich hinzugezogener Rechtsberater bereits geschehene Versäumnisse und Fehler nicht mehr heilen. Ein rechtzeitig beigezogener Berater kann hingegen offensiv tätig werden, ohne zuvor den bereits angerichteten Flurschaden bereinigen zu müssen. Der in einem frühen Streitstadium beigezogene Berater erweist sich somit letztendlich zumeist als günstiger.

Besonders deutlich wird dies am Beispiel des Rechtsanwalts, dessen Beauftragung naturgemäß finanziellen Aufwand verursacht. Diesen Aufwand haben die Gesellschafter selbst zu tragen, da es sich nicht um Beratung für die Gesellschaft, sondern für alle oder einzelne Gesellschafter handelt (gleiches gilt zum Beispiel auch für das Honorar des Steuerberaters für die Erstellung der

Einkommensteuererklärungen der Gesellschafter). Zu bedenken ist allerdings, dass unprofessionelle Konfliktbewältigung die Ressourcen Ihres Unternehmens bindet und so Zeit und damit Geld kostet. Der Rechtsanwalt als Profi kann hier seine Erfahrungswerte für eine professionelle Konfliktbewältigung zur Verfügung stellen. Die Beauftragung eines Rechtsanwalts sichert somit die Professionalität der Konfliktbewältigung und hilft daher, Kosten zu sparen.

### 6.4.1.1 Auswahl des richtigen Mediators oder Collaborative Lawyers

In vielen Konfliktsituationen versuchen die Parteien von Anfang an gezielt eine gütliche Erledigung der Angelegenheit zu erreichen und lassen sich dabei durch Mediatoren oder Collaborative Lawyers professionell unterstützen.

Mediatoren agieren als neutrale Wegbegleiter aller Konfliktparteien bei der Erarbeitung rechtsverbindlicher Konfliktlösungen (zu Zweckmäßigkeit, Ablauf und Ziel einer Mediation vgl. Kapitel 6.7). Der Mediator ist weder Berater einer Streitpartei noch Richter. Er überlässt es der Eigenverantwortung der Konfliktparteien, Experten ihres konkreten Konflikts zu sein. Er ist aber der Experte zur Konfliktbeilegung und führt den Mediationsprozess in einer Art, die den Konfliktparteien bei der Deeskalation helfen soll. Durch gezielte Förderung flüssiger Kommunikation soll er die Lösung des Konflikts unterstützen. Es ist hingegen nicht Aufgabe des Mediators, eigene Anregungen zur Lösung des Streits zu geben.

Mediatoren benötigen viel Einfühlungsvermögen und Geschick, um auf Stimmungen der Mediationsbeteiligten entsprechend zu reagieren und so zur Deeskalation des Streits beizutragen. Ob ein Mediator über dieses Geschick verfügt, ist nicht messbar.

Mediation gelingt leichter, wenn alle Konfliktparteien rasch Vertrauen zum Mediator fassen. Sie sollten den Mediator daher gemeinsam mit Ihren Kontrahenten aussuchen. Sprechen Sie gemeinsam mit verschiedenen Mediatoren und entscheiden Sie dann ebenfalls gemeinsam, welchen Mediator Sie mit dem Mediationsprozess beauftragen. Bei dieser Entscheidung sollten Sie sich nicht alleine vom Sachwissen des Mediators leiten lassen, sondern sich auch auf »Ihr Gefühl« verlassen.

Bei bloßer Mediation ohne anwaltliche Begleitung kann die Gefahr bestehen, dass sich eine Seite durch das Mediationsergebnis nachträglich rechtlich benachteiligt fühlt. Dem kann entgegengetreten werden, indem man Rechtsanwälte am Mediationsprozess beteiligt. Dies ist in der Regel zu empfehlen, manchmal kann die Anwesenheit des Rechtsanwalts aber auch zur Versteinerung des Mediationsprozesses führen. Ein Lösungsweg wäre, einen gemeinsamen Rechtsanwalt mit der Mediationsbegleitung zu beauftragen, der laufend die rechtlichen Auswirkungen der von den Streitparteien in Aussicht genommenen Lösungen unparteiisch mit den Streitparteien bespricht.

Grundsätzlich ist zur Mediation nicht die Beauftragung einer Person mit bestimmter Ausbildung notwendig. Allerdings ist der Zugang zur Mediatorentätigkeit (insbesondere in Deutschland) durch zahlreiche öffentliche und private Bildungseinrichtungen sehr vielfältig und für Hilfesuchende ist die fachliche Qualifikation von Mediatoren unterschiedlichster Abschlüsse nicht einfach beurteilbar. Als zertifizierter Mediator darf sich nur bezeichnen, wer eine spezielle Ausbildung zum Mediator absolviert hat, §5 Abs. 2 MediationsG.

Mediatoren sind im Falle eines an die Mediation anschließenden Gerichtsverfahrens berechtigt und verpflichtet, als Zeugen die Beantwortung von Fragen zu verweigern (§4 MediationsG). Das stellt sicher, dass der Mediator im Fall eines Gerichtsverfahrens nicht gezwungen werden kann, über den Verlauf der Mediation und die dabei ausgetauschten Vertraulichkeiten auszusagen. Die Parteien des Mediationsverfahrens können den Mediator allerdings von seiner Verschwiegenheitspflicht befreien, dann ist er zur Aussage verpflichtet.

Bei der Auswahl des richtigen Collaborative Lawyers ist die Internetseite der Deutschen Vereinigung für Cooperative Praxis hilfreich: www.deutsche-vereinigung-cooperative-praxis.de.

Vieles von dem, was nachfolgend in Kapitel 6.4.1.2 zur Auswahl von Rechtsanwälten ausgeführt wird, gilt auch für die Auswahl von Mediatoren sowie Collaborative Lawyers.

## 6.4.1.2 Auswahl des richtigen Rechtsanwalts

Es gibt viele verschiedene Ansichten dazu, was einen guten Rechtsanwalt auszeichnet. Den folgenden Überlegungen zur Auswahl des richtigen Rechtsanwalts haben wir ausschließlich unsere persönlichen Ansichten und unsere Erfahrungen aus der Praxis zugrunde gelegt.

Der Rechtsanwalt kann durch seine Arbeit den Verlauf von Gesellschafterstreitigkeiten erheblich beeinflussen. Er hat dabei viel Macht und könnte zum Beispiel einen Gesellschafterstreit auch in die Länge ziehen, oder Vergleiche verhindern, weil er meint, nicht alles durchgesetzt zu haben. Ein guter Rechtsanwalt geht mit seiner Macht verantwortungsbewusst und behutsam um.

Unternehmerische Entscheidungen zu treffen, ist Aufgabe von Unternehmern (der Geschäftsführung). Aufgabe des Rechtsanwalts ist es, allenfalls gemeinsam mit anderen Beratern die Entscheidungsgrundlagen aufzubereiten. Ein guter Rechtsanwalt wird daher keine Entscheidungen für Sie treffen, sondern Ihren Entscheidungsspielraum durch Erarbeitung von Entscheidungsgrundlagen, durch Aufzeigen von Chancen und Risiken sowie durch Anbieten von Alternativen erweitern.

Grundsätzlich ist es möglich, sich bei der Austragung des Gesellschafterstreits von Ihrem »Haus- und Firmenanwalt« unterstützen zu lassen. Bevor Sie sich dafür entscheiden, sollten Sie prüfen, welche Bindungen dieser Rechtsanwalt an die Gesellschaft hat. Möglicherweise hat er bereits die Gesellschaftsgründung vorgenommen und die Gesellschaft durch verschiedenste Rechtsstreitigkeiten begleitet. Vielleicht hatte er dabei auch engeren (Arbeits-)Kontakt mit Ihren Mitgesellschaftern? Der langjährige Rechtsberater der Gesellschaft gerät im Fall der Beauftragung durch einen einzelnen Gesellschafter leicht in einen Interessenskonflikt. Standesrechtliche Regeln untersagen die Annahme solcher Mandate in vielen Fällen.[157] Nehmen Sie bei der Auswahl Ihres Rechtsanwalts auf etwaige Interessenskonflikte Rücksicht. Tendenziell empfiehlt sich, Rechtsanwälte mit der Führung von Gesellschafterstreitigkeiten zu beauftragen, bei denen Sie sicher sind, dass dieser keine Bindung an Gegner (Mitgesellschafter) und/oder Streitgegenstand (Gesellschaft) hat. Nichts ist unangenehmer, als nach Vorhalten der Gegenseite, der Firmenanwalt habe einen Interessenskonflikt und dürfe Sie wegen standesrechtlicher Regeln nicht vertreten, einen neuen Rechtsanwalt suchen zu müssen. Sie verlieren Zeit, die der gegnerische Gesellschafter gewinnt!

Die juristische Qualität anwaltlicher Leistung ist für Nicht-Juristen schlecht bis gar nicht beurteilbar. Gleichzeitig findet auch in der Anwaltschaft eine zunehmende Spezialisierung in unterschiedlichste Kompetenzbereiche statt. Die Auswahl des geeigneten Rechtsanwalts gestaltet sich daher oft schwierig. Einige – auch für den juristischen Laien anwendbare – Anhaltspunkte gibt es dennoch:

- Ein besonders spezialisierter Rechtsanwalt zeichnet sich häufig durch das Führen eines Fachanwaltstitels aus. Zur Führung eines Fachanwaltstitels

---

157 Zu den möglichen Interessenkonflikten eines Rechtsanwalts im Gesellschafterstreit eingehend MHdB GesR VII/*Peitscher* § 2 bis § 5.

sind nur solche Rechtsanwälte berechtigt, die eine besondere theoretische Ausbildung absolviert haben (einen Fachanwaltskurs), sich jährlich in dem betreffenden Bereich fortbilden (durch Seminare) und in dem Rechtsgebiet, in dem sie den Fachanwaltstitel führen, eine bestimmte Anzahl an praktischen Fällen bearbeitet haben. **Fachanwälte für Handels- und Gesellschaftsrecht sind zur Führung von Gesellschafterstreitigkeiten ausreichend qualifiziert.**

- Juristische Kenntnisse sind Ausübungsvoraussetzungen für den Rechtsanwaltsberuf. Das Grundwerkzeug zur Betreuung von Gesellschafterstreitigkeiten sollte jeder Rechtsanwalt mit sich bringen, der solche Mandate übernimmt. Entsprechende Detailkenntnisse können bei Bedarf durch Recherchen beschafft werden. Ausgesuchte Spezialisten auf dem Gebiet des Gesellschafterstreits verfügen zwar über ein großes Potenzial an praktischen Kniffen. Auch bei ihnen sichern aber nur laufend aktuelle Recherchen, dass die Bearbeitung Ihrer Angelegenheit nach dem letzten Stand der Rechtsentwicklung erfolgt. Wichtig ist daher weniger, ob Ihr Rechtsanwalt über jedes juristische Detail Bescheid weiß, sondern in erster Linie, ob er Recherchen anstellen wird, um sich über die rechtlichen Details in gerade Ihrer Angelegenheit auf einen aktuellen Stand zu versetzen. Überdies werden nicht nur rechtliche Recherchen anfallen, sondern Ihr Rechtsanwalt wird sich einen umfassenden Überblick über den Sachverhalt verschaffen müssen. Dies erfordert neben der Prüfung der von Ihnen übergebenen Dokumente, E-Mails und Dateien möglicherweise auch eigene Sachverhaltsrecherchen im Internet oder in öffentlichen Registern. Dies ist mit einem erheblichen Zeitaufwand verbunden. **Achten Sie daher beim Erstgespräch darauf, dass Ihr Rechtsanwalt nicht nur qualifiziert ist, sondern auch motiviert und engagiert!**
- Vor allem in personalistisch geprägten Gesellschaften und in Familiengesellschaften wird ein Gesellschafterstreit oft hoch emotional geführt. Emotionen verhindern eine sachliche Analyse des Konfliktes, eine realistische Einschätzung der Situation und eine strategische Planung der weiteren Vorgehensweise. Es ist wichtig, dass Ihr Rechtsanwalt nicht ebenso emotional gefangen ist wie Sie, sondern objektiv, offen und – wenn nötig – aus einem distanzierten Blickwinkel an die Angelegenheit herangeht. Gleichzeitig darf die erforderliche Distanz nicht zu Gleichgültigkeit führen. **Gelingt Ihrem Rechtsanwalt der Spagat zwischen der nötigen Distanziertheit und dem gebotenen Einsatz für Ihre Interessen?**
- Gesellschafterstreitigkeiten sind komplex. Kein streitender Gesellschafter ist vor Überraschungen geschützt (Auftauchen bisher unbekannter Detailinformationen, unerwartetes gegnerisches Verhalten). Die sprichwörtliche »gemähte Wiese« gibt es daher in keinem Gesellschafterstreit. Ist Ihrem Rechtsanwalt das bewusst? **Setzt er sich mit diesen Risiken auseinander?**

**Teilt er Ihnen seine Bedenken mit? Oder versucht er, den Gesellschafterstreit als »so gut wie gewonnen« hinzustellen?**

- Der Rechtsanwalt ist bei der Betreuung Ihrer Angelegenheit auf Informationen angewiesen, über die er nicht verfügt und die er erst von Ihnen erhalten wird (oder von anderen Auskunftspersonen). Erster Schritt zur optimalen Betreuung ist daher die Beschaffung dieser Informationen. Dazu muss Ihnen Ihr Rechtsanwalt zielgerichtet (die richtigen) Fragen stellen. Durch seine Fragen erfährt er nicht nur den Sachverhalt, er kann auch Ihr Problembewusstsein steigern und Sie fragend zu neuen Lösungen führen. **Stellt Ihr Rechtsanwalt Fragen? Haben Sie das Gefühl, dass durch diese Fragen relevante Problemfelder aufgeworfen werden?**

- Nicht jeder Mensch besitzt die Fähigkeit, feine zwischenmenschliche Nuancen zu erkennen. Dies ist auch nicht immer notwendig. Zur zielorientierten Lösung von Gesellschafterkonflikten sollten jedoch Sie und Ihr Rechtsanwalt Ihre Bedürfnisse, aber auch die Befindlichkeiten der Gegenseite präzise erfassen können und entsprechend darauf reagieren (vgl. Beispiel »Psychologische Hintergründe« in Kapitel 2). **Achten Sie darauf, wie sich Ihr Rechtsanwalt auf Befindlichkeiten einstellen kann!**

- Nicht jeder Rechtsanwalt ist Teamplayer. Sie werden aber für die Dauer des Gesellschafterstreits eine ausgesprochen intensive Zusammenarbeit mit Ihrem Rechtsanwalt pflegen. Außerdem wird Ihr Rechtsanwalt mit Ihren übrigen Beratern zusammenarbeiten müssen (zum Beispiel Mediator, Steuerberater, Wirtschaftsprüfer, PR-Berater). **Wählen Sie einen Rechtsanwalt, dem Sie Teamfähigkeit zutrauen!**

- Zusammenarbeit ist nur möglich, wenn die Beteiligten einander (auch sprachlich) verstehen. Es ist daher unabdingbar, dass der Rechtsanwalt Ihre Entscheidungsgrundlagen sprachlich so aufbereitet, dass Sie diese auch verstehen. **Überlegen Sie daher nach dem Erstgespräch: Spricht mein Rechtsanwalt meine Sprache? Spricht er über sein Fachgebiet so, dass ich ihn verstehe, oder wirft er mit vielen, für mich unverständlichen Fachausdrücken um sich, ohne diese zu erklären?**

- Ein Rechtsanwalt muss kein Kenner des Unternehmensgegenstandes (Branche) der betroffenen Gesellschaft sein, um Gesellschafterstreitigkeiten effizient zu führen. Aber er sollte wirtschaftlich denken können. **Wählen Sie einen Rechtsanwalt, der wirtschaftliche Zusammenhänge erkennt!**

- Um Sie bestmöglich zu vertreten, muss Ihr Rechtsanwalt umfassend informiert sein. Sie werden Ihrem Rechtsanwalt auch Informationen mitteilen müssen, die Sie lieber für sich behalten würden. Den Rechtsanwalt und seine Mitarbeiter trifft eine strenge, gesetzlich verankerte Verschwiegenheitsverpflichtung. Objektiv können Sie daher sicher sein, dass Ihre Informationen vertraulich behandelt werden. Sie werden sich bei der Zusammenarbeit mit Ihrem Rechtsanwalt aber besser fühlen, wenn Sie auch subjektiv von der Verschwiegenheit Ihres Rechtsanwalts überzeugt sind. **Überlegen Sie daher beim Erstgespräch, ob Sie diesem Rechtsanwalt auch unangenehme Informationen anvertrauen wollen!**

- Trennungen kann man unterschiedlich abwickeln. Mancher braucht für die Verarbeitung der Vergangenheit einen finalen Rundumschlag und wird mit einem ruhigen, rein sachlich orientierten Rechtsanwalt selbst dann nicht zufrieden sein, wenn dieser eine rechtlich und wirtschaftlich optimale Lösung erzielt. Ein anderer will kein unnötiges Porzellan zerschlagen. Ihm ist der Konfliktlösungsansatz eines emotional und konfrontativ agierenden Rechtsanwalts unangenehm – selbst wenn sich damit ein rechtlich und wirtschaftlich gutes Ergebnis erzielen lässt. **Wählen Sie daher einen Rechtsanwalt, der zu Ihnen passt und aufgrund seiner Persönlichkeit Ihren Konfliktlösungsansatz so umsetzt, wie Sie es wünschen!**

- Ist Ihr Rechtsanwalt mit der anwendbaren Rechtsordnung vertraut? Gesellschafterstreitigkeiten sind nicht immer nach deutschem Recht zu führen. Bei Auslandsbezug (zum Beispiel, wenn der Sitz der Gesellschaft nicht in Deutschland liegt) könnte auch die Rechtsordnung eines anderen Staates anwendbar sein. Dann sollten Sie unbedingt auch einen Rechtsanwalt der jeweiligen Rechtsordnung beiziehen. Das gilt selbst bei der dem deutschen Recht ähnlichen österreichischen Rechtsordnung, die in Detailfragen für deutsche Juristen unangenehme Überraschungen bereithält. **Stellen Sie sicher, dass der beigezogene Rechtsanwalt mit der anzuwendenden Rechtsordnung vertraut ist.**

- Auch Rechtsanwälte sind Unternehmer, deren Umsatz umso höher ist, je länger Ihr Gesellschafterstreit andauert und je zahlreicher die aufgeworfenen Konflikte sind. Die unternehmerischen Interessen des Rechtsanwalts sind Ihren eigenen Interessen stark gegenläufig. Der vorausschauende Rechtsanwalt versucht natürlich, Sie durch rasche, professionelle und kostengünstige Abwicklung Ihres Gesellschafterstreits von sich zu überzeugen. **Entscheiden Sie anhand Ihres persönlichen Eindrucks, ob Sie dem Rechtsanwalt zutrauen, seine unternehmerischen Interessen hinter Ihre zurückzustellen!**

- Manche Rechtsanwälte »heben« den Streit zwischen ihrem Klienten und dem gegnerischen Mandanten auf die Ebene der Rechtsanwälte. Diese sollten jedoch ein professionelles Verhältnis miteinander pflegen und nicht selbst miteinander streiten. Letzteres erschwert Lösungen. **Achten Sie daher darauf, ob Ihr Rechtsanwalt den gegnerischen Rechtsanwalt in den Streit zieht oder ihn respektvoll behandelt!**

Selbst wenn Sie nach diesen Gesprächen nicht abschließend beurteilen können, welcher Rechtsanwalt die für Sie wichtigen Eigenschaften aufweist:

Konkrete Eindrücke werden Sie in diesen Gesprächen jedenfalls gewinnen. Es spricht auch überhaupt nichts dagegen, den Standpunkt des Rechtsanwalts zu einzelnen Auswahlkriterien aktiv zu erfragen. Berufen Sie sich dabei ruhig auf dieses Buch!

Oft empfiehlt es sich, bei der Suche nach dem richtigen Rechtsanwalt auch Bekannte oder Geschäftspartner zu fragen. Diese haben möglicherweise Informationen oder eigene Erfahrungen mit bestimmten Rechtsanwälten und können ihren persönlichen Eindruck an Sie weitergeben. Achten Sie dabei aber auf die Gefahr, dass es sich herumspricht, dass Sie einen Rechtsanwalt suchen. Bevor Sie Bekannte oder Geschäftspartner ansprechen, sollten Sie beurteilen, wie hoch die Gefahr ist, dass auch die Gegenseite von Ihrer Suche nach einem Rechtsanwalt für Gesellschafterstreitigkeiten erfährt.

Die Auswahl des Rechtsanwalts sollten Sie gewissenhaft vornehmen. Zwar ist der Wechsel des Rechtsanwalts auch während des Gesellschafterstreits möglich. Dennoch bringt er Nachteile mit sich:

- Ein neuer Rechtsanwalt muss sich erst in Ihre Angelegenheit einarbeiten. Das kostet Zeit und Geld.
- Ihr neuer Rechtsanwalt ist darauf angewiesen, von Ihrem bisherigen Rechtsanwalt alle relevanten Informationen zu erhalten. Dieser Umstand birgt das Risiko von Informationsverlusten.
- Ein Anwaltswechsel im laufenden Verfahren signalisiert der Gegenseite interne Unstimmigkeiten. Das stärkt die Position der Gegenseite.

Während des Gesellschafterstreits sollten Sie einen für Ihre Mitgesellschafter erkennbaren Anwaltswechsel daher nach Möglichkeit vermeiden, indem Sie Ihren Rechtsanwalt von vornherein mit Bedacht auswählen. Manchmal kann ein Anwaltswechsel aber auch während eines Gesellschafterstreits sinnvoll sein, um schlimmeren Schaden zu vermeiden.

Eine Liste aller in Deutschland zugelassenen Rechtsanwälte wird von der Bundesrechtsanwaltskammer angeboten (www.rechtsanwaltsregister.org). Diese Suche ermöglicht allerdings keine Auswahl nach fachlicher Spezialisierung. Die einzelnen regionalen Rechtsanwaltskammern unterhalten eigenständige Suchmaschinen (zu den einzelnen regionalen Kammern gelangen Sie über: www.brak.de/die-brak/regionale-kammern). Bei den Suchmaschinen der Kammern können Sie gezielt nach Rechtsanwälten mit einem Tätigkeitsschwerpunkt im Gesellschaftsrecht oder nach Fachanwälten für Handels- und Gesellschaftsrecht suchen. Ähnliche Möglichkeiten bietet auch die Suchmaschine des Deutschen Anwaltvereins e. V. (www.anwaltauskunft.de).

### 6.4.1.3 Auswahl des richtigen Wirtschaftsprüfers und Steuerberaters

Zur Auswahl von Wirtschaftsprüfern und Steuerberatern gilt grundsätzlich das zur Auswahl von Rechtsanwälten Ausgeführte. Das gilt insbesondere für die Ausführungen zum »Haus- und Firmenanwalt«. Auch der von Ihnen für Ihr Vorhaben beigezogene Wirtschaftsprüfer beziehungsweise Steuerberater soll im Vorhinein keinerlei Beziehungen zu Mitgesellschaftern oder der Gesellschaft haben.

Nicht immer klar ist der Kompetenzbereich von Wirtschaftsprüfern und Steuerberatern im Gesellschafterstreit. Wir empfehlen, beide Kompetenzbereiche klar auseinanderzuhalten. Der Wirtschaftsprüfer nimmt die Einsicht in die Bücher der Gesellschaft vor und sucht nach »Leichen im Keller« der Gesellschaft. Der Steuerberater hilft bei der steuerlichen Beurteilung möglicher Lösungsvarianten und bei der steuerlichen Optimierung des Ergebnisses des Gesellschafterstreits.

> **! Tipp**
>
> Auch Wirtschaftsprüfer arbeiten nicht kostenlos. Wenn Sie eine Honorierung nach Stundensatz vereinbart haben, sollten Sie versuchen, dessen Einsatzzeit schon möglichst im Vorhinein abschätzbar zu machen. Sie erreichen dies unter anderem durch eine Eingrenzung des Auftrags. Diese Eingrenzung kann vorgenommen werden, indem Sie die zu untersuchenden Materialien eingrenzen (zum Beispiel alle Belege von Geschäften der Gesellschaft, die der Gesellschafter-Geschäftsführer XY in den Geschäftsjahren 2015 und 2016 abgeschlossen hat), oder indem Sie klare Zielvorgaben erteilen (zum Beispiel: »Decken Sie Verfehlungen des Gesellschafter-Geschäftsführers XY auf!«).

Für die Onlinesuche nach Steuerberatern eignet sich die Suchmaschine des Deutschen Steuerberaterverbandes e. V. (www.dstv.de/suchservice/steuerberater-suchen). Wirtschaftsprüfer finden Sie über die Suchmaschine der Wirtschaftsprüferkammer (www.wpk.de/berufsregister).

### 6.4.2 Das Drehbuch

### 6.4.2.1 Grundlagenforschung

Agieren ist besser als reagieren. Sinnvoll agieren setzt gute Vorbereitung voraus. Basis jeder guten Vorbereitung ist die gewissenhafte Aufarbeitung der Entscheidungsgrundlagen.

- **Erforschen Sie Ihre Ziele und Absichten:** Vor jeder Strategieerwägung sollte die Selbstreflexion stehen: Was wollen Sie erreichen? Welches Ergebnis soll am Ende des Gesellschafterstreits stehen? Was würden Sie als gutes Ergebnis ansehen, welche Lösung liegt an Ihrer »Schmerzgrenze« und was ist für Sie unannehmbar?
- **Finden Sie die Konfliktursachen:** Wer die Ursachen eines Konflikts nicht kennt, kann die bestmögliche Lösung nicht finden. Stellen Sie sich einleitend folgende Fragen:
  - Wie entstand der Konflikt?
  - Welche Umstände haben seine Entstehung und/oder Eskalation gefördert?

Scheuen Sie vor Selbstkritik nicht zurück. An der Konfliktentstehung sind (fast) immer alle Seiten beteiligt. Fast nie ist lediglich eine Seite »böse«, die andere »heilig«. Üblicherweise trägt auch die vermeintlich »unschuldige« beziehungsweise passive Seite Anteil an der Konfliktentstehung (vgl. zum Beispiel Kapitel 5.1.4.3). Konflikte haben außerdem meist mehr als eine Ursache. Man neigt dazu, als Konfliktursache zeitnahe Geschehnisse anzusehen. Diese sind aber oft nur jene letzten Tropfen, die das Fass zum Überlaufen brachten. Versuchen Sie daher, auch die Exegese des Konflikts zu erfassen und seine tatsächlichen Wurzeln zu finden. Andernfalls laufen Sie Gefahr, nicht die Ursache, sondern bloß die Symptome zu bekämpfen und die Motivation Ihres Gegners falsch einzuschätzen, der für sich ganz andere Konfliktursachen wahrnimmt.

Bei dieser Analyse berücksichtigen Sie auch, dass selbst der »kühlste Rechner« unter Ihren Mitgesellschaftern persönliche Gefühle hat. Ein Konflikt entsteht daher nie ausschließlich aus sachlichen Gründen und fachlichen Differenzen. Immer spielen auch Elemente der persönlichen Beziehung zueinander eine Rolle. Versuchen Sie abschließend, Sachprobleme von den Beziehungselementen zu trennen.

- **Klären Sie die Beziehungsebene:** Wie ist die Rollenverteilung zwischen Ihnen und Ihren Mitgesellschaftern? Was stört Sie? Was stört Ihre Mitgesellschafter? Wer gibt den Ton an? Finden Sie Wege, die Beziehungsebene zwischen Ihnen und Ihren Mitgesellschaftern klar zu definieren und etwaige Probleme zu lösen. Denn nur, wenn die Beziehungsebene zwischen den Streitparteien geklärt ist, lassen sich auch Sachprobleme sinnvoll lösen.
- **Prüfen Sie mögliche Koalitionen:** Wer ist an diesem Konflikt beteiligt? Wer sind die Gegner? Gibt es neutrale Gesellschafter und wie können diese dazu bewegt werden, neutral zu bleiben oder gar Ihren Standpunkt einzunehmen? Gibt es Gesellschafter, deren Interessen den Ihren ähnlich oder gar deckungsgleich sind? Gibt es Möglichkeiten, diese Gesellschafter von Ihren Standpunkten zu überzeugen und zur Unterstützung zu bewegen?

- **Prüfen Sie auch Ihre Kontakte zum »gegnerischen Lager«:** Gibt es dort Personen, mit denen Sie eine gute Gesprächsbasis haben? Wenn es noch Ansprechpartner auf der Gegenseite gibt, setzen Sie diese gezielt zur Übermittlung von Informationen und »Signalen« ein. Bedienen Sie sich dabei insbesondere bei Gesellschafterstreitigkeiten in größeren Gesellschaften möglicher Multiplikatoren (Personen, deren Meinung von möglichst vielen anderen Personen geschätzt wird; zum Beispiel Kleinaktionärsvertreter).
- **Finden Sie heraus, wer die Schlüsselpersonen im gegnerischen Lager sind:** Es hat keinen Sinn, mit einem Gesellschafter des gegnerischen Lagers Lösungen zu erarbeiten, der diese innerhalb seines Lagers nicht durchsetzen kann. Zur effizienten Konfliktlösung wenden Sie sich an den Opinion-Leader unter Ihren Gegnern. Mit diesem erarbeitete Lösungen sind eher durchsetzbar. Verweigert die Gegenseite konstruktive Gespräche, ist insbesondere die Schwächung des Opinion-Leaders zielführend. Denn sobald einmal der Anführer geschlagen ist, kapituliert zumeist die ganze Gruppe.
- **Finden Sie die Schwachstellen im gegnerischen Lager:** Fehlen Ihnen die nötigen Ressourcen für eine direkte Konfrontation mit dem gegnerischen Opinion-Leader, kann es sinnvoll sein, die Gegner durch »Herausschießen« einzelner Gesellschafter zu schwächen. Angreifbare Gesellschafter sind insbesondere:
  - Gesellschafter mit geringen Geschäftsanteilen: Diese benötigen Allianzen zur Durchsetzung eigener Interessen. Möglicherweise können Sie erreichen, dass andere Minderheitsgesellschafter Sie aufgrund deren gleicher Interessenlage unterstützen.
  - Finanzschwache Gesellschafter: Diesen geht bei manchen gesellschaftlichen Entscheidungen schnell »die Luft aus« (vgl. Kapitel 6.18.2.7). Berücksichtigen Sie dabei auch die private Situation des Gesellschafters. Wer gerade mit der Finanzierung seines Eigenheims kämpft, ist zum Verkauf eines Geschäftsanteils möglicherweise leicht zu überreden.
  - Gesellschafter-Geschäftsführer, die sich bereits Verfehlungen zuschulden kommen ließen (vgl. Kapitel 5.5): Die notwendigen Informationen haben Sie hoffentlich bereits gesammelt (siehe Kapitel 5.4).
- **Entscheiden Sie die Konfliktlösungsart:** Sie haben in den vorangegangenen Schritten das Ziel Ihres Weges sowie Ihre Möglichkeiten und Chancen zur Zielerreichung definiert. Noch undefiniert ist aber der Weg selbst. Nicht immer ist zur Zielerreichung die Durchsetzung im Rechtsweg erforderlich. Vielleicht herrscht noch konstruktives Gesprächsklima zwischen Ihnen und den übrigen Gesellschaftern. Dieses Gesprächsklima lässt sich unter Umständen zur Konfliktlösung nutzen. Ziehen Sie in solchen Fällen auch die Konfliktlösung durch Mediation beziehungsweise Collaborative Law (vgl. Kapitel 6.7) oder eine vergleichsweise Bereinigung der Situation in Betracht (vgl. Kapitel 6.8). Selbstverständlich ist aber auch in diesem Fall eine konfrontative Vorgehensweise bis hin zum »Putsch« möglich (vgl. Kapitel 6.5.2).

## 6.4.2.2 Strategieentwicklung

Die zentrale Beraterfigur bei der Strategieentwicklung ist Ihr Rechtsanwalt, sofern Sie sich nicht für ein Mediationsverfahren entschieden haben. Aber selbst bei einem Mediationsverfahren ist es sinnvoll, (s)einen Rechtsanwalt beizuziehen. Er entwirft Lösungsszenarien und wird dabei von Ihren anderen Beratern unterstützt.

Bei der Strategieentwicklung sollten Sie folgende Punkte unbedingt berücksichtigen:

- **Bestimmen Sie den Auftakt!** Manchmal setzt ein Mitgesellschafter eine Handlung, die den übrigen Gesellschaftern keine andere Wahl lässt, als sofort den Konflikt zu suchen. Dadurch entfällt die Möglichkeit, den Zeitpunkt für Ihren ersten Schritt in den Gesellschafterstreit zu bestimmen. Sollten Sie jedoch die Wahl haben, empfiehlt sich, diese Chance zu nutzen. Viele Gesellschafter sind verleitet, mit ihrem ersten Schritt bis zur ersten »Bösartigkeit« der Gegenseite zuzuwarten, um die eigene Aggression zu rechtfertigen. Das ist einerseits verständlich. Niemand ist gerne »der Böse«. Andererseits vergibt man sich so die Chance, den Zeitpunkt des ersten Schritts frei nach den eigenen Bedürfnissen (und im Optimalfall auch nach den Schwächen der Gegenseite) zu setzen. Im Gesellschafterstreit sollten Sie jede Chance nützen!
- **Erarbeiten Sie einen Maßnahmenkatalog!** Welchen Weg wollen Sie gehen (Vergleich, Mediation, Konfrontation)? Welche Maßnahmen müssen Sie dazu setzen (Abhaltung von Gesellschafterversammlungen, Gesellschafterausschluss, Umwandlungen, Strukturbereinigungen usw.)?
- **Forschen Sie nach den verwundbaren Stellen des Gegners!** Jeder hat Schwachstellen. Finden Sie die Schwachstelle Ihres Gegners. Möglicherweise haben Sie oder die Gesellschaft Ansprüche gegen den Gegner (zum Beispiel wegen Schadenersatz), die der vielleicht nicht erfüllen kann. Damit können Sie seine Stellung untergraben. Seien Sie kreativ und denken Sie alles durch.
- **Welche Möglichkeiten bietet oder fordert der Gesellschaftsvertrag?** Oft bietet die vertragliche Gestaltung Ihrer Gesellschaft über die gesetzlich vorgesehenen Maßnahmen hinausgehende Möglichkeiten oder schränkt umgekehrt die gesetzlich vorgesehenen Maßnahmen ein. Nützen Sie insbesondere auch Fehler und Lücken in der Vertragsgestaltung (vgl. Beispiel »Strategie an der Gesellschaft vorbei« in Kapitel 6.4.2.2).
- **Berücksichtigen Sie Ihre Einflussmöglichkeiten!** Welche Mehrheiten benötigen Sie zur Umsetzung Ihrer Maßnahmen? Wer stimmt für Sie? Besonders in AGs wichtig: Gibt es Streubesitz? Wie groß ist er? Können Sie

Streubesitz-Aktionäre dazu bewegen, die Hauptversammlung zu besuchen und mit Ihnen zu stimmen?

- **Bestimmen Sie die Verhandlungsmasse!** Worum geht es überhaupt? Was gelangt zur Aufteilung? Versuchen Sie, die Verhandlungsmasse möglichst groß zu gestalten. Je größer der Kuchen, desto leichter ist er zu teilen!
- **Erstellen Sie einen Zeitplan!** Koordinieren Sie die einzelnen Maßnahmen anhand der gesetzlichen und vertraglichen Fristen. Achtung: Vertragliche Fristen müssen nicht unbedingt im Gesellschaftsvertrag stehen! Sichten Sie auch alle Nebenvereinbarungen, Vereinbarungen mit Geschäftsführern und Aufsichtsratsmitgliedern, Dienstverträge usw., die geschlossen wurden.
- **Überlegen Sie, ob Sie mehrere Maßnahmen parallel setzen können!** Das erhöht den Druck auf den Gegner und schafft Handlungsspielraum für Sie.
- **Denken Sie Maßnahmen, Zeitplan und Alternativszenarien bis zum Schluss durch!** Berücksichtigen Sie auch die Wirkung Ihrer Strategie und mögliche Reaktionen Ihrer Gegner. Versetzen Sie sich in deren Rolle: Was werden sie machen? Was nicht?
- **Planen Sie auch das Unvorhersehbare!** Nicht immer läuft alles wie geplant. Je intensiver Sie sich in die Rolle Ihrer Gegner versetzen (vgl. vorheriger Punkt), desto eher werden Sie Unvorhersehbares vermeiden.
- **Überlegen Sie Ihre Informationspolitik!** Werden Sie den Gesellschafterstreit nach außen kommunizieren (gegenüber Lieferanten, Banken und Kunden)? Falls ja: Wie und mit welchem Inhalt werden Sie dies tun? Was teilen Sie Mitarbeitern und neutralen Mitgesellschaftern mit?
- **Wen können Sie noch beiziehen?** Es kann sinnvoll sein, andere Gesellschafter, den Aufsichtsrat oder den Betriebsrat mit ins Boot zu holen. Seien Sie aber sehr vorsichtig. Sie wissen nicht, ob diese Personen erhaltene Informationen vor Ihrem Gegenspieler geheim halten. Oft versuchen solche Personen – meistens gut gemeint – den Ausbruch eines Gesellschafterstreits zu vermeiden, indem sie mit Ihren Gegenspielern Vermittlungsgespräche führen, ohne Sie davor darüber zu informieren beziehungsweise Sie danach zu fragen.
- **Forschen Sie nach eigenen verwundbaren Stellen!** Wo sind Sie angreifbar? Welche Fehler haben Sie gemacht (insbesondere als Gesellschafter-Geschäftsführer)? Sind diese Fehler heilbar?
- **Sichern Sie die Finanzierung der Streitführung!** Ein Gesellschafterstreit kann teuer werden – insbesondere, wenn er länger dauert. Sind die »Kriegskassen« der Gesellschaft und von Ihnen in Ihrer Eigenschaft als Gesellschafter gefüllt? Immer wieder springt die »Hausbank« ab, sobald sie von einem substanziellen Gesellschafterstreit hört. Suchen Sie daher rechtzeitig eine Bank, die mit einer Zwischenfinanzierung helfen könnte.

- **Sorgen Sie für eine Finanzierung Ihres Wunschergebnisses!** Möglicherweise steht am Ende des von Ihnen vorbereiteten Weges die Übernahme der Geschäftsanteile der Gegenseite. Diese Übernahme ist selten kostenlos.
- **Schaffen Sie für sich selbst Alternativen!** Dies ist wichtig, falls Sie Ihr Wunschergebnis nicht erreichen können. Alternativen stärken aber vor allem Ihre Verhandlungsposition. Wenn Sie keine Alternativen haben und Ihr Wunschergebnis (zumindest ein für Sie vertretbares Ergebnis) nicht erreichen können, sollten Sie sich das Führen eines Gesellschafterstreits besonders gut überlegen!
- **Halten Sie weitere Berater in Reserve!** Gesellschafterstreitigkeiten binden manchmal große Ressourcen. Stellen Sie sicher, dass Ihre und/oder die betrieblichen Mittel und die Ressourcen Ihrer Berater ausreichen. Bereiten Sie sich allenfalls auf eine Erweiterung Ihres Beraterteams vor. Dies gilt insbesondere auch für vorläufig noch nicht abgedeckte Fachbereiche (zum Beispiel kann die Eskalation eines Gesellschafterstreits professionelle Informationspolitik durch PR-Berater erfordern).

> **Achtung** !
>
> Beinhalten diese Lösungsszenarien auch Umwandlungsmaßnahmen oder Anteilsübertragungen, sollten Sie unbedingt auch die steuerliche Sinnhaftigkeit dieser Maßnahmen vorab beurteilen lassen.

Nachdem Sie Ihre Strategie entworfen haben, sollten Sie kontrollieren, ob Sie tatsächlich alle Handlungsmöglichkeiten berücksichtigt haben. Prüfen Sie dabei auch Zusammenhänge zwischen Ihrer Strategie und etwaigen über die Gesellschaft hinausgehenden Kontaktpunkten mit Ihren Gegnern. Manchmal führt der beste Weg der Konfliktbereinigung gar nicht durch die Strukturen der betroffenen Gesellschaft, sondern geradewegs an dieser vorbei (vgl. Beispiel »Strategie an der Gesellschaft vorbei« in diesem Kapitel).

Am Ende dieser Vorbereitungsphase sollten Sie sich selbst vom Gelingen Ihrer Strategie überzeugen. Die Gewissheit, den Konflikt zu gewinnen, verleiht Ihnen Selbstsicherheit und bringt Ihnen jenen Antrieb, der Ihren Gegnern zumindest zu Beginn der Auseinandersetzung fehlt. Treten Sie bestimmt, aber nicht überheblich auf. Überheblichkeit provoziert Ihre Mitgesellschafter allenfalls zu stärkerer Gegenwehr und ist damit kontraproduktiv. Die Weisheit, dass Hochmut oft vor dem Fall kommt, ist auch im Gesellschafterstreit zutreffend.

**!** **Beispiel: Strategie an der Gesellschaft vorbei**

Der Kreative und der Macher sind beide gemeinsam zu je 50% an einer GmbH beteiligt. K und M sind zudem jeweils Geschäftsführer der Gesellschaft. Geschäftsführerdienstverträge bestehen nicht. Beide streiten über die Umsetzung einer Geschäftsidee des K. Die dadurch entstandene Pattsituation blockiert den Geschäftsgang der Gesellschaft vollkommen.

K will sich deshalb von M trennen. M ist bereit, als Gesellschafter auszuscheiden, verlangt allerdings eine angemessene Abfindung für seine Geschäftsanteile. Er verlangt, dass »die Geschäftsidee« (des K) der Gesellschaft gehöre und bei der Bemessung der Abfindung zu berücksichtigen sei. K ist darüber erbost, da es sich seiner Meinung nach um seine Idee handelt, zu deren Entwicklung M nichts beigetragen und die er (der K) ohne Gegenleistung in die Gesellschaft eingebracht hat. Er verweigert daher jede Abfindung, die auch einen Wertersatz für die Geschäftsidee enthält. M verweigert daraufhin seinen Ausstieg aus der Gesellschaft und blockiert weiterhin alle notwendigen Entscheidungen.

Bei Durchsicht des Gesellschaftsvertrages erkennt der Rechtsanwalt des K, dass der Gesellschaftsvertrag kein Wettbewerbsverbot für Gesellschafter und Geschäftsführer vorsieht und auch nirgendwo sonst ein nachvertragliches Wettbewerbsverbot für den Geschäftsführer geregelt ist, mithin kein Wettbewerbsverbot, das über die Dauer seiner Geschäftsführerstellung hinaus wirken würde. Da K kein Mehrheitsgesellschafter ist und die GmbH auch anderweitig nicht »beherrscht«, unterliegt er also nur so lange einem Wettbewerbsverbot, wie er als Geschäftsführer amtiert oder ein etwaiger Geschäftsführerdienstvertrag besteht (vgl. Kapitel 5.5.1.2.2). Gleichzeitig ergibt eine nähere Betrachtung der Geschäftsidee, dass diese nur in groben Zügen vorliegt, sie somit (noch) nicht »schutzfähig« ist – die Gesellschaft also nicht in der Lage ist, durch Patentierung oder ähnliche Schutzmaßnahmen Dritte rechtlich von der Nutzung auszuschließen und damit die tatsächliche Verwertung der Geschäftsidee durch Dritte zu verhindern.

K entwirft mit seinem Rechtsanwalt folgende Strategie: Er legt sein Amt als Geschäftsführer mit sofortiger Wirkung nieder. Gleichzeitig gründet K eine neue Gesellschaft und bestellt sich zu deren Geschäftsführer. Als Geschäftsführer dieser Gesellschaft will K seine Geschäftsidee in seiner neuen Gesellschaft umsetzen.

Die Umsetzung der Strategie gelingt. M verbleibt in einer faktisch leeren Gesellschaft zurück. Selbst kann er die Geschäftsidee mangels Know-how und mangels Kundenkontakten nicht umsetzen. Die Verwertung der Geschäftsidee durch die neu gegründete Gesellschaft kann er mangels Schutzfähigkeit derselben ebenso wenig verhindern wie den Umstand, dass K die Gesellschaft als Geschäftsführer führt.

**!** **Achtung**

K ist nach seinem Ausscheiden grundsätzlich berechtigt, alle erworbenen Kenntnisse und Erfahrungen in seiner neuen Gesellschaft zu verwerten. Grenzen setzt im Hinblick auf ein Abwerben von Mitarbeitern und Kunden sowie im Hinblick auf ein Verwerten von Betriebs- und Geschäftsgeheimnissen aber das Gesetz gegen den unlauteren Wettbewerb (vgl. Kapitel 6.20).

## 6.5 Der große Rundumschlag

### 6.5.1 Ein häufiges Problem

Viele Gesellschafter tragen ihre Konflikte in kleinen Schritten aus und schaukeln dadurch Streitigkeiten gegenseitig hoch (vgl. Beispiel »Konflikt in kleinen Schritten« in diesem Kapitel). Diese Art der Konfliktaustragung ist teuer, destruktiv, ineffizient und gefährdet die Existenz der Gesellschaft. Konstruktive Lösungen sind bei dieser Vorgehensweise unwahrscheinlich. Stattdessen verhärten sich die Fronten. Die gütliche Einigung der Streitparteien wird dadurch noch unwahrscheinlicher.

Schrittweise Konfliktaustragung beginnt in gemütlichem Tempo. Die Steigerung der offensiven Handlungen erfolgt moderat, manchmal fast unmerklich. Im weiteren Konfliktverlauf erhöht sich das Tempo. Ob, wann und in welchem Ausmaß diese Steigerung eintritt, bestimmen möglicherweise nicht Sie, sondern Ihr Kontrahent. Der Zeitdruck, den sich die Gesellschafter zu Konfliktbeginn ersparen, tritt bei dieser Vorgehensweise meist am Höhepunkt des Konflikts auf und wird (schlechtestenfalls) vom Gegner bestimmt!

Schrittweise Konfliktaustragung verringert den rechtlichen Handlungsspielraum beider Konfliktparteien. Bevor der Gegner den Ausbruch eines Gesellschafterstreits erkennt, stehen die Chancen gut, dass er die wahre Intention hinter einer geplanten Maßnahme noch nicht erkennt, sondern annimmt, dass die vorgeschlagene Maßnahme im Interesse der Gesellschaft erfolgen soll. Der Durchsetzung der geplanten Maßnahme steht dann weniger im Wege.

Nach Streitausbruch sind potenzielle Gegenspieler gewarnt und entsprechend wachsam. Ein Gesellschafter, der einen Gesellschafterstreit erkennt, wird sich gegen Maßnahmen wehren, indem er die Sachlichkeit des Motivs bestreitet. Zu Beginn eines Streits ist diese Sachlichkeit möglicherweise noch leichter darstellbar. Je länger Sie bereits mit Ihrem Kontrahenten streiten, desto schwieriger ist die Darstellung der sachlichen Rechtfertigung und desto höher ist Ihr Argumentationsbedarf. **Die Wahrscheinlichkeit, wirksame Handlungen gegen den Willen anderer Gesellschafter umsetzen zu können, sinkt deshalb mit der Dauer eines Gesellschafterstreits!**

> **Beispiel: Konflikt in kleinen Schritten**     **!**
>
> Der Kreative K und der Macher M sind zu je 50 % an der Z-GmbH beteiligte Gesellschafter-Geschäftsführer. Nach mehreren Jahren gemeinsamen Arbeitens tauchen immer öfter Konflikte auf. Sie lassen diese Konflikte unbereinigt. Aufgrund der

jahrelang gelebten Trennung von Arbeits- und Zuständigkeitsbereichen behindert dies die Alltagsgeschäfte der Gesellschaft zunächst noch nicht.

Mit der Zeit hat K das Gefühl, einige seiner Ideen nur deshalb nicht umsetzen zu können, weil M der Umsetzung nicht zustimmt. Er stichelt immer wieder, dass M *»die lebendigste Idee totreden könne«*. Mangelnder Erfolg mit der Umsetzung anderer Ideen verursacht Frust. Die Sticheleien werden häufiger. Als K eines Tages vor mehreren Mitarbeitern der Z-GmbH stichelt, wird es M zu viel. Er schimpft K einen *»Träumer ohne jedes unternehmerische Talent«*.

Bei der kurz darauf stattfindenden jährlichen Gesellschafterversammlung verweigert M die Umsetzung einer weiteren Idee des K. Der darüber verärgerte K wirft M mangelnden Weitblick vor und verlangt die schriftliche Ausfertigung des Versammlungsprotokolls, *»damit der Insolvenzverwalter weiß, wer die guten Geschäftschancen der Gesellschaft begraben hat«*.

M befürchtet, dass ihm K die gesamte Verantwortung für den schlechten Geschäftsgang der Z-GmbH zuschieben will. Er beginnt, den K belastende Unterlagen zu sammeln. Zur Gesellschafterversammlung im darauffolgenden Jahr erscheint M ohne Vorwarnung in Begleitung eines Rechtsanwalts. K ist brüskiert, weil er alleine zwei Personen gegenübersitzt. Er verweigert jede Äußerung ohne eigenen Rechtsbeistand. Bei der nächsten Gesellschafterversammlung sitzen sich bereits zwei Rechtsanwälte gegenüber. K und M kommunizieren nahezu ausschließlich über E-Mails und die Korrespondenz ihrer Rechtsanwälte.

Die Gesellschaft steckt in einer Pattsituation und ist abgesehen von der Durchführung geringfügiger Alltagsgeschäfte handlungsunfähig. Neue Strategien und Produkteinführungen kann sie nicht mehr vornehmen, da der jeweils andere Gesellschafter die dafür notwendige Zustimmung in der Gesellschafterversammlung verweigert. Die Gesellschaft verpasst so notwendige Innovationsschritte und kann auf dem Markt nicht mehr Schritt halten. Der Insolvenzverwalter wird demnächst das erste schriftlich ausgefertigte Gesellschafterversammlungsprotokoll der Z-GmbH lesen …

## 6.5.2 Der Putsch ist die Lösung!

Sie sollten also Ihr Ziel möglichst schnell definieren und umsetzen. Mögliche Ziele gibt es viele. Viele Gesellschafter wollen erreichen, dass lästige Mitgesellschafter am Ende eines Gesellschafterstreits nicht mehr der Gesellschaft angehören. Andere wollen, dass ihnen ihre Mitgesellschafter ihre Beteiligung möglichst teuer abkaufen. Andere wieder wollen bloß den Rückzug eines Mitgesellschafters aus der Geschäftsführung oder eine wirtschaftliche Umpositionierung der Gesellschaft erreichen.

Egal, welches Ziel Sie verfolgen: Am ehesten gelingt die Umsetzung, solange die Gegenseite mit Ihrem Angriff nicht rechnet. Militärs und politische Gruppierungen wissen seit langem das Überraschungsmoment zu nutzen und haben sich wiederholt in der Geschichte an die Macht geputscht. Die Methode des Putschs ist aber nicht der hohen Politik vorbehalten: Sie können das ebenfalls!

Der Putschist im Gesellschaftsrecht stellt sich einem Konflikt bereits vor oder kurz nach Auftauchen von dessen ersten Anzeichen (im Beispiel »Konflikt in kleinen Schritten« in Kapitel 6.5.1 spätestens nach dem Schlagabtausch vor mehreren Mitarbeitern). Noch bevor seine Mitgesellschafter damit rechnen, spricht er sich mit Beratern ab und entwirft eine Strategie. In einem für alle übrigen Gesellschafter überraschenden Moment beginnt er mit deren Umsetzung, setzt Schritt auf Schritt und lässt der Gegenseite keine Atempause. Er ist der einzige, der agiert – die anderen können bloß reagieren. Er gibt Tempo, Richtung und Ziel vor. Nach Umsetzung seiner Strategie ist die Situation nach seinen Vorstellungen bereinigt, unbequeme Gesellschafter sind ausgeschieden oder ruhiggestellt. Dieses Ziel hat er zügig erreicht – noch bevor die Gesellschaft überhaupt Gefahr gelaufen ist, handlungsunfähig zu werden. Möglicherweise hat der Putsch Unruhe in die Geschäfte der Gesellschaft gebracht. Aufgrund der raschen Umsetzung hat diese Unruhe aber nur kurz gedauert und das Unternehmenswohl nicht gefährdet.

Letztendlich profitieren alle Beteiligten von diesem Vorgehen (auch wenn die »Opfer« des Putschisten dies kaum wahrhaben werden):
- Der **Putschist** hat sein Ziel erreicht.
- Die **Gesellschaft** hat unter den Vorgängen nicht sehr gelitten und ist schon bald wieder mit ganzer Kraft und ohne störende Nebengeräusche am Markt präsent.
- Die **»Opfer«** haben die Gesellschaft (die Geschäftsführung) zu einem Zeitpunkt verlassen, zu dem ihre Geschäftsanteile noch werthaltig waren, und haben entsprechende Abfindungen erhalten. Nach mehreren Jahren gegenseitigen Aufwiegelns hätten sie die Gesellschaft voraussichtlich ebenfalls verlassen müssen: Die Stellung des Putschisten hätten dann wahrscheinlich Insolvenzrichter und Insolvenzverwalter eingenommen. Eine finanzielle Abfindung wäre mangels Masse geringer ausgefallen oder gänzlich unterblieben ...

Ein Putsch kann auch dazu führen, dass die Vergleichsbereitschaft der Gegenseite steigt. Im Gesellschafterstreit hat daher der gängige Anwaltsspruch *»Erst schießen, dann vergleichen!«* besondere Geltung (vgl. Kapitel 6.8.2).

Viele scheuen trotzdem vor einem Putsch zurück. Sie fürchten, sich das Missfallen ihrer Umgebung zuzuziehen. Tatsächlich: Der Putschist ist unbeliebt. Aber am Ende eines jahrelangen Streits sind zaghafte In-kleinen-Schritten-Streiter genauso unbeliebt. In Bezug auf die Beliebtheit der Akteure stehen sich die Ergebnisse von Putsch und schrittweisem Streit also gleichwertig gegenüber. Der große Unterschied: Der Putschist kann gewinnen und die Gesellschaft retten. Beim schrittweisen Streit verlieren meistens alle Beteiligten!

> **! Tipp**
>
> Insbesondere für den Kreativen kann die schnelle Abwicklung eines Gesellschafterstreits Vorteile bieten (vgl. Kapitel 3.4.1.3). Sein Mitgesellschafter – der Macher – hat sich während der Umsetzung der gemeinsamen Projekte meist umfassendes Detailwissen über das Unternehmen und die kreativen Ideen erworben. Meist kennt er nicht nur die Finanzgebarung der Gesellschaft besser. Er ist oft auch über die Tätigkeit des Kreativen bestens informiert. Etwaige Verfehlungen des Kreativen sind ihm nicht verborgen geblieben, was seine Position im Gesellschafterstreit stärkt.
>
> Die Aufgaben des Kreativen bestanden hingegen meist in der Strategieentwicklung und Umsetzung von Ideen, sodass er in Buchführung, Finanzcontrolling usw. meist keinen Einblick genommen hat. Konkrete Verfehlungen des Machers sind ihm meist nicht bekannt. Seine Vorwürfe im Gesellschafterstreit beschränken sich daher oft auf allgemeine – wenig konkretisierbare – Themen, die zwar möglicherweise zutreffend sind, aber in etwaigen Gerichtsverfahren mangels Konkretisierung und Beweisbarkeit nur geringe Überzeugungskraft entfalten.
>
> Der Kreative sollte daher besonders darauf achten, im Fall eines Konflikts der Putschist zu sein. Denn nur, wenn er seinem Gegner die Chance zum Agieren nimmt, kann er die Vorteile des Machers im Gesellschafterstreit ausgleichen.

## 6.6 Wind aus den Segeln

Manchmal nutzt es, in einem Gesellschafterstreit genau das zu machen, was die Gegenseite will.

> **! Beispiel: Die ungewollte Kündigung**
>
> Mehrere Geschwister erhielten von ihren Eltern Geschäftsanteile an einer großen und lukrativen Produktionsgesellschaft. Eine Schwester war aus familiären Gründen (geschieden und alleinerziehende Mutter) nicht in der Geschäftsführung und stand unter starkem Einfluss ihres nunmehrigen Lebensgefährten. Dieser wollte rasches Geld sehen und veranlasste seine Lebensgefährtin (die operativ nicht tätige Schwester), einen Gesellschafterstreit vom Zaun zu brechen und in der Folge die Produktionsgesellschaft zu kündigen. Die anderen Geschwister ließen sich darauf nicht ein, kommunizierten, der Kündigung zuzustimmen, aber als Liquidatoren nicht zur Verfügung zu stehen, was aufgrund der Geschäftsführerverträge zur Folge hatte, dass sie keinem Wettbewerbsverbot mehr unterlagen. Ferner organisierten sie einen Manager auf Zeit, welcher in der der Kündigung folgenden Gesellschafterversammlung als Liquidator bestellt werden sollte. Der Einberufung zu dieser Gesellschafterversammlung legten sie einen Lebenslauf des Managers ebenso bei wie eine von ihm ausgestellte Unabhängigkeitserklärung. Außerdem kündigten

sie mit der Einberufung an, dass er bei der Gesellschafterversammlung anwesend sein werde, um Fragen zu seiner Qualifikation beantworten zu können. Als der kündigenden Schwester klar wurde, dass die Kündigung und die damit verbundene Abwicklung der Produktionsgesellschaft ernst und sie als Liquidationserlös deutlich weniger erhalten würde als bei einem Vergleich, entzog sie sich des Einflusses ihres Lebensgefährten und vereinbarte in der besagten Gesellschafterversammlung, ihren Geschäftsanteil ihren Geschwistern zum Verkehrswert zu verkaufen, welche somit statt einem Auflösungs- einen Fortsetzungsbeschluss fassen konnten.

So einfach wird es nicht immer gehen, aber wir lernen daraus zweierlei:

- Wenn die Gegenseite Druck ausübt und dabei vielleicht nicht überzeugend wirkt oder bloß blufft, lohnt es sich darüber nachzudenken, ihr den Wind dadurch aus den Segeln zu nehmen, indem Sie nicht streiten, sondern ankündigen, den Wünschen der Gegenseite zu folgen.
- Drohen Sie selbst nie mit Dingen, welche Sie nicht bereit sind, tatsächlich umzusetzen, denn wenn dies erkannt wird, ist Ihre Position arg geschwächt!

## 6.7 Mediation und Collaborative Law

Mediation ist ein außergerichtliches Konfliktlösungsverfahren, in dem die Konfliktbeteiligten mit Hilfe eines Mediators rechtsverbindliche Lösungen entwickeln (zu den Aufgaben des Mediators vgl. Kapitel 6.4.1.1). Ziel der Mediation ist die Schaffung einer Win-Win-Situation – alle Konfliktbeteiligten sollen gewinnen. Diese Win-Win-Situation wird durch die Errichtung einer rechtsverbindlichen, in die Zukunft weisenden Vereinbarung abgesichert.

Mediation ist bei Gesellschafterstreitigkeiten insbesondere zielführend, wenn die Gesellschafter trotz des Streits auch in Zukunft zumindest teilweise gleiche Interessen haben, für deren Verwirklichung sie zusammenarbeiten sollten. Entsprechende Situationen können sich beispielsweise ergeben,

- wenn sich die Gesellschafter in einer punktuellen Pattsituation befinden, aus der sie ohne Hilfe von außen keinen Weg finden, trotzdem wünscht keine der Streitparteien die Auflösung der Gesellschaft beziehungsweise das Ausscheiden einer Streitpartei aus der Gesellschaft;
- wenn das Ausscheiden einer Streitpartei aus der Gesellschaft zwar für einige (alle) Streitbeteiligten eine denkbare Lösung wäre, aber aus tatsächlichen Gründen unmöglich ist (zum Beispiel finanzielle Überlegungen, Geschäftsidee ist nur gemeinsam umsetzbar, vertragliche Verpflichtung gegenüber einem Dritten zur gemeinsamen Umsetzung eines Projekts usw.);

- wenn Streitigkeiten zwischen Gesellschaftern bestehen, die in hohem Maß durch das außerbetriebliche Umfeld der Gesellschafter beeinflusst sind (zum Beispiel Konflikte anlässlich von Nachfolgeregelungen für Familienunternehmen – vgl. Kapitel 7).

---

**! Achtung**

Manchmal kann das Ausscheiden einzelner Gesellschafter Einfluss auf bestehende Verträge mit Dritten haben. So zum Beispiel, wenn eine Ingenieursgesellschaft in einem Vergabeverfahren zur Entwicklung von Verkehrskonzepten einen ihrer geschäftsführenden Gesellschafter als Schlüsselperson angegeben hat und der Vertrag vorsieht, dass alle Schlüsselpersonen während der gesamten Vertragsdauer zur Leistungserbringung zur Verfügung stehen müssen.

In solchen Fällen sollte das formelle Ausscheiden des betreffenden Gesellschafters zur Abwehr wirtschaftlichen Schadens für die Gesellschaft vermieden oder andere Lösungsansätze verfolgt werden. Dazu ist aber meist die Kooperation des ausscheidenden Gesellschafters notwendig. Die Mediation kann in solchen Fällen meist ein geeignetes Verfahren zur Zielerreichung sein.

---

Aber auch wenn die Gesellschafter keine gemeinsame Zukunft mehr erkennen können, kann Mediation zielführend sein. Denn auch eine »saubere und anständige« Auseinandersetzung kann Gegenstand einer Mediation sein. In diesem Fall besteht die »gemeinsame Zukunft« nicht mehr in der Zusammenarbeit der Gesellschafter, sondern in einer zweckmäßigen Aufteilung von Gesellschaftsvermögen (und allenfalls der Abgrenzung künftiger Konkurrenzverhältnisse, der Verwertung von Insiderwissen aus der Gesellschaft, zukünftig den einzelnen Gesellschaftern zukommender Geschäftsfelder, Kundenlisten usw.).

Mediationsverfahren sollen die Konfliktparteien dazu bewegen, nicht nur eigene Positionen zu definieren, sondern durch Erarbeitung zukunftsorientierter Interessen den Verhandlungsspielraum zu vergrößern und dadurch neue Lösungsmöglichkeiten zu erschließen. Das Verfahren dazu lässt sich in mehrere Phasen gliedern:

- **Mediationsvereinbarung:** Der Mediator bespricht mit den Konfliktparteien die Grundlagen der Mediation und prüft im Gespräch mit den Konfliktparteien, ob sich der konkrete Streit überhaupt für ein Mediationsverfahren eignet. Gemeinsam vereinbaren Konfliktparteien und Mediator die Verfahrensregeln.
- **Konfliktfeldklärung:** Die Konfliktparteien führen eine Bestandsaufnahme über Konfliktpunkte durch und klären, worüber Einigkeit und worüber Uneinigkeit besteht. Gemeinsam mit dem Mediator wird festgelegt, welche Tatsachen die Konfliktparteien jeweils offenlegen und welche Informationen sie beschaffen müssen.

- **Konfliktfeldbearbeitung:** Mediation dient nicht der Erforschung objektiver Wahrheiten, sondern dem Aufdecken subjektiver Interessen. Dieses Aufdecken soll das wechselseitige Verständnis und die Akzeptanz unterschiedlicher Sichtweisen der Konfliktparteien fördern, was der Entwicklung zukunftsorientierter Win-Win-Lösungen dienen soll.
- **Einigung der Konfliktpartner:** Auf Basis der gemeinsam ausgearbeiteten Interessen versuchen die Konfliktparteien, eigenständig Lösungsoptionen zu entwickeln. Jede Lösungsoption wird auf ihre Realisierbarkeit überprüft und ihre Vorteile mit den Nachteilen abgewogen. Die Konfliktparteien einigen sich auf die Durchführung einer Lösungsoption. Am Ende dieser Phase fasst der Mediator das Ergebnis der Einigung zusammen.
- **Abschlussvereinbarung:** Das Ergebnis der Einigung wird in eine Vereinbarung gegossen.

Ergebnis der Mediation muss nicht zwangsläufig eine Ausgleichszahlung, ein bestimmtes Verhalten in der Gesellschaft oder die Zustimmung zu einer Geschäftsführungsmaßnahme sein. Möglicherweise ergibt das Mediationsverfahren, dass der vorliegende Konflikt auch durch eine Änderung des Gesellschaftsvertrages oder der Strukturen der Gesellschaft vorgenommen werden kann (zum Beispiel durch Einrichtung eines Beirats).

In der gesellschaftsrechtlichen Praxis führt die Mediation bislang ein Nischendasein. Nicht zu Unrecht führt Lutz[158] aus: *»(Es besteht) der Wunsch der Streitparteien nach gerichtlicher Klärung der eigenen Rechte und Rechtspositionen (...). Hier liegt die maßgebliche Schwäche der (...) Mediation und der Vorteil des Gerichts: Der Richter nimmt zu der Rechtslage Stellung (...) und führt den Parteien die jeweiligen Rechtsfolgen bei Scheitern einer gütlichen Einigung vor Augen.«*

Falls Sie sich dennoch zur Durchführung einer Mediation entschließen, sollten Sie zur Wahrung Ihrer Interessen folgende Eckpfeiler beachten:
- Binden Sie einen Rechtsanwalt begleitend in das Mediationsverfahren ein, indem Sie diesen regelmäßig über die Fortschritte und Ergebnisse informieren. Diese Einbindung kann auch versteckt erfolgen – also ohne sie der Gegenseite offenzulegen. Auf keinen Fall sollten Sie die Abschlussvereinbarung ohne anwaltliche Unterstützung abschließen!
- Auch die Abschlussvereinbarung muss allenfalls erforderliche gesellschaftsrechtliche Formvorschriften erfüllen (vgl. Kapitel 4.1.6). Abschlussvereinbarungen, mit denen unter anderem die Übertragung von GmbH-Geschäftsanteilen vereinbart wird, bedürfen deshalb zu ihrer Gültigkeit der

---

158 *Lutz*, Der Gesellschafterstreit, Rn. 577.

notariellen Beurkundung. Andernfalls sind sie nichtig (vgl. Kapitel 4.2.1)! Auch wenn keine besonderen Formvorschriften bestehen, sollten Sie die Abschlussvereinbarung zumindest schriftlich festhalten und durch alle Konfliktparteien unterzeichnen lassen!

Eine Alternative zur Mediation ist das Collaborative-Law-Verfahren. Collaborative Law ist ein außergerichtliches, freiwilliges Verfahren zur Lösung eines Konfliktes. Die Streitparteien versuchen dabei gemeinsam mit ihren eigenen, besonders geschulten Rechtsanwälten auf der Grundlage eines Verhandlungsvertrages unter Beachtung mediativer Elemente eine eigenverantwortliche und einvernehmliche, rechtlich wirksame Lösung zu finden. Im Unterschied zur Mediation erfolgt die Leitung des Verfahrens nicht durch einen neutralen Vermittler, sondern die Kontrolle über den Verfahrensverlauf und das Verhandlungsergebnis liegt vollständig bei den Parteien und ihren jeweiligen Beratern. Bei Bedarf werden von den Beteiligten weitere im Verfahren geschulte Experten beigezogen, die ebenfalls von den Parteien beauftragt werden.

Collaborative Law ist ein Verfahren, das sinnvoll angewendet werden kann, wenn alle streitenden Gesellschafter eine gemeinsame, einvernehmliche Lösung anstreben und kein Interesse an einer langwierigen gerichtlichen Auseinandersetzung haben. Außerdem ist Collaborative Law als Konfliktlösungsmethode stets geeignet, wenn die Gesellschafter sich nicht voneinander trennen, sondern in Zukunft miteinander vergesellschaftet bleiben wollen, oder gar müssen (zum Beispiel Familienunternehmen – vgl. Kapitel 7 »Familienunternehmen«).

Kommt es zu keinem einvernehmlichen Ergebnis, kann der Konflikt immer noch vor Gericht ausgetragen werden. Die Collaborative Lawyers dürfen die Konfliktparteien vor Gericht aber nicht vertreten (Disqualifizierungsklausel). Diese Regelung birgt für die Streitparteien das – auch kostentechnische – Risiko, dass sie beim Scheitern des Collaborative-Law-Verfahrens in einem darauffolgenden Gerichtsverfahren nicht auf ihren Vertrauensanwalt zurückgreifen können, sondern andere Anwälte zu beauftragen haben, welche sich erst in die Rechtssache einarbeiten müssen.

## 6.8   Vergleich

Die vergleichsweise Bereinigung von Gesellschafterstreitigkeiten bezweckt die Konfliktlösung unter rein sachlichen Gesichtspunkten. Deshalb drehen sich konstruktive Vergleichsverhandlungen nicht um die in der Vergangenheit liegende Schuldfrage (Wer ist woran schuld?), sondern um die Regelung der

Zukunft (Wie soll es weitergehen?). Der Kreativität bei der Konfliktlösung sind (fast) keine Grenzen gesetzt. Ergebnis eines Vergleiches kann nahezu jeder Vereinbarungsinhalt sein – von »*Machen wir weiter wie bisher*« über »*Setzen wir diese Änderungen um und machen dann gemeinsam weiter*« oder »*Spalten wir uns in mehrere getrennte Gesellschaften und arbeiten mit diesen Gesellschaften punktuell zusammen*« bis hin zu »*Trennen wir uns endgültig, die Abfindungszahlung beträgt EUR 300.000*«.

Aufgrund dieses weiten Spielraums ist gerade bei Vergleichsgesprächen der Einsatz professioneller Streitschlichter besonders sinnvoll (Mediatoren, Rechtsanwälte). Denn nur mit der richtigen Verhandlungstaktik erreichen Sie für sich ein Optimum. Gehen Sie aber nicht davon aus, mit einer vergleichsweisen Bereinigung des Konflikts Ihren Standpunkt zur Gänze durchzusetzen. Denn ein Vergleich bedingt Nachgeben aller Konfliktbeteiligten.

### 6.8.1 Warum vergleichen?

Realistisch betrachtet, können komplexe Gesellschafterstreitigkeiten sinnvoll nur durch einen Vergleich befriedet werden. Warum?

Bei Gesellschafterstreitigkeiten sind die gerichtlich ausgetragenen Streitigkeiten häufig nur »Stellvertreterkriege« und »Nebenkriegsschauplätze«. In Gerichtsverfahren sind die wahren Probleme meist nicht streitgegenständlich und können oft auch gar nicht streitgegenständlich gemacht werden. Über Gegenstände, die nicht streitgegenständlich sind, kann aber auch nicht geurteilt werden. Insofern ist ein gerichtliches Urteil meist nicht in der Lage, einen Gesellschafterstreit sinnvoll zu entscheiden (zu beenden).

> **Beispiel: Der lästige Gesellschafter**
>
> Der Minderheitsgesellschafter einer GmbH will die Gesellschaft verlassen und dafür von den anderen Gesellschaftern eine möglichst hohe Abfindung erhalten. Er beschließt, erst einmal »lästig« zu werden, und erhebt Klage auf Auskunft sowie Feststellung, dass der Geschäftsführer aus wichtigem Grund abzuberufen sei. Die gerichtliche Entscheidung über die Auskunftsklage und über die Abberufung des Geschäftsführers wird nicht den Streit über die Höhe eine Abfindung lösen.

Die wechselseitige Zufriedenheit ist beim Vergleich zudem meist höher als bei einem Gerichtsurteil: Beide Seiten haben ein wenig nachgegeben, keiner hat verloren, jeder kann sich ein bisschen in jenen Punkten als Sieger fühlen, die einem wichtig sind.

Der Nachteil jedes Vergleiches ist, dass er im Grunde ein »Kuhhandel« ist. Es geht weniger darum, wer Recht hat (Schuldfrage), sondern ausschließlich darum, ob eine (wirtschaftliche) Lösung erzielt werden kann. Einen Vergleich wird daher nur erzielen, wer von seiner Position abrückt. Häufig setzt bei einem Vergleich auch nicht derjenige seine Interessen durch, der im Recht ist, sondern derjenige, der die bessere Verhandlungsposition hat. Ist eine Partei beispielsweise wirtschaftlich auf eine schnelle Erledigung der Angelegenheit oder auf eine schnelle Zahlung angewiesen, die andere aber nicht, wird die erstgenannte Partei bei einem Vergleich eher Zugeständnisse machen müssen als die zweitgenannte. In einem Vergleich kann die eigene Position kaum vollständig durchgesetzt werden. Ein Bonmot unter Rechtsanwälten besagt, dass *»ein guter Vergleich allen Vergleichsparteien wehtun muss«*.

Wer glaubt, vollständig im Recht zu sein und dies dem Gericht auch belegen zu können, wird kaum bereit sein, von seiner Maximalposition abzurücken. In solchen Fällen sind Vergleichsgespräche meist von vornherein zum Scheitern verurteilt und verursachen lediglich unnötigen Aufwand. Langwierige Vergleichsverhandlungen sind in solchen Situationen nicht zielführend. Dasselbe gilt, wenn zumindest einem Streitbeteiligten die Klärung der »Schuldfrage« besonders wichtig ist.

Gesellschafterstreitigkeiten erinnern in ihrem Verlauf (nicht in ihren Folgen) häufig an die Führung militärischer Auseinandersetzungen: Anfangs sind die Parteien euphorisch. Jede Partei meint, (auch moralisch) im Recht und in der stärkeren Position zu sein. Die Parteien rüsten ihre Arsenale auf und ziehen siegessicher in die Schlacht. – In dieser Phase wäre regelmäßig ein Vergleichsschluss sinnvoll. Es gibt zu diesem Zeitpunkt noch keine »Kollateralschäden«; der zu verteilende Kuchen (die Gesellschaft) ist noch ganz. Aber jede Partei ist von ihrer eigenen Stärke überzeugt, es fehlt an der für einen Vergleich existenziellen Voraussetzung: der Bereitschaft zum Nachgeben.

Die schnelle Entscheidung eines Gesellschafterstreits ist jedoch häufig nicht möglich – insbesondere, weil die Gerichte regelmäßig sehr zurückhaltend agieren und keine Fakten schaffen wollen. Den Kontrahenten bleibt dann nichts anderes übrig, als sich in ihren »Schützengräben« zu verbarrikadieren und einen langen Zermürbungskampf zu führen – in der Hoffnung, dem Gegenüber möge früher die Luft ausgehen als einem selbst.

Häufig dauert es Jahre, bis bei den Parteien Vergleichsbereitschaft entsteht, und nicht selten wird dabei der Zustand der umkämpften Gesellschaft existenzbedrohlich.

## 6.8.2 Die Suche nach dem kleinsten gemeinsamen Nenner

Ein guter Rechtsanwalt für Gesellschaftsrecht zeichnet sich nicht dadurch aus, dass er für seine Mandanten vor Gericht auf Nebenkriegsschauplätzen siegreich agiert, sondern durch seine Fähigkeit, wirtschaftliche Zusammenhänge zu verstehen und für seine Mandanten günstige Vergleiche zu verhandeln. Auch hier bewährt sich regelmäßig das Prinzip »*Zuckerbrot und Peitsche*« oder »*Erst schießen und dann vergleichen*«.

Aufgabe des Rechtsanwalts ist es, für seinen Mandanten rasch die Konflikthoheit zu erlangen. Dies kann durch gewonnene Rechtsstreitigkeiten der Fall sein; besonders effektiv, weil schnell verfügbar, sind erfolgreiche Anträge auf Erlass einer einstweiligen Verfügung (vgl. Kapitel 6.5.2). Damit sollen der Gegenpartei die Aussichtslosigkeit ihres Unterfangens dokumentiert und die negativen Folgen des Gesellschafterstreits vor Augen geführt werden. Dabei handelt es sich um klassische formaljuristische Anwaltstätigkeit. Aufgabe des Rechtsanwalts ist es auch, die Gegenseite unter Handlungsdruck zu setzen. Wer die Zeit gegen sich hat, ist zu Zugeständnissen eher bereit als derjenige, der glaubt, den längeren Atem zu haben.

Auf der anderen Seite muss der Gegenpartei eine goldene Brücke gebaut werden, die ihr einen Ausweg aus der verfahrenen Situation bietet. Hier ist das Mediationstalent des Rechtsanwalts gefragt. Folgende Schritte können zur Konfliktlösung beitragen[159]:

- **Phase 1 (Ursachenforschung):** Gesellschafterstreitigkeiten, insbesondere in Familiengesellschaften, bei Freiberufler-Gesellschaften und in Gesellschaften mit kleinem Gesellschafterkreis, werden oft sehr emotional geführt. Häufig wurzelt der Konfliktherd weit zurück in der Vergangenheit. In der Regel ist hier einziger Ansprechpartner und einzige Informationsquelle des Rechtsanwalts der Mandant. Der Mandant ist aber als Informationsquelle nur bedingt geeignet, weil er Partei und damit befangen ist. Der Rechtsanwalt hat durch Gespräche, Zuhören und bedingungsloses Nachfragen die Wurzeln des Konfliktes ausfindig zu machen. Dies kann für den Mandanten unangenehm sein. – Haben Sie als Gesellschafter Vertrauen in Ihren Rechtsanwalt! Seien Sie offen ihm gegenüber. Er kann Sie nur optimal beraten, wenn er weiß, wo der Schuh drückt.
- **Phase 2 (Interessenklärung):** »*Wer den Hafen nicht kennt, für den ist kein Wind günstig*«, behauptete Seneca. Wer seine Ziele erreichen will, sollte

---

159 Ähnliche Schritte kommen auch bei Mediationsverfahren zum Einsatz. Die nachfolgende Aufzählung ist angelehnt an die Systematik bei MHdB GesR VII/*Hagel* § 150 Rn. 17 ff.

sich klar darüber sein, welche Interessen er verfolgt und wie deren Priorisierung ist. Niemand wird im Vergleichsfall alle Interessen und alle Ziele erreichen. Im Idealfall setzt jede Partei die Schwerpunkte bei unterschiedlichen Interessen, sodass jede Partei die ihr jeweils wichtigsten Ziele erreichen kann – doch auch das wird nur selten gelingen. Machen Sie sich bewusst, welche Ziele Sie in jedem Fall erreichen wollen und auf welche Ziele Sie zur Not verzichten könnten. Machen Sie sich auch bewusst, welchen Ausgleich Sie für den Verzicht auf einzelne Positionen erwarten.

> **! Tipp**
>
> Die Ursachenforschung und die Interessenklärung ist keine Einbahnstraße. Nehmen Sie einen Perspektivwechsel vor und versetzen Sie sich in die Situation Ihrer Mitgesellschafter: Was sind aus deren Sicht die Konfliktursachen? Gibt es verletzten Stolz oder Eitelkeiten? Was sind deren Bedürfnisse, Interessen und Ziele? Ein altes Indianersprichwort lautet: »*Urteile nie über einen anderen, bevor Du nicht einen Mond lang in seinen Mokassins gelaufen bist.*« Häufig wird durch den gezielten Perspektivwechsel das Handeln einer Person nachvollziehbar.
> Verlieren sie durch ein bestimmtes Zugeständnis ihr Gesicht? Gibt es eine Alternative, die nicht mit einem Gesichtsverlust verbunden ist? Können die Mitgesellschafter den Kompromiss zu Hause gegenüber ihren (nicht am Verhandlungstisch sitzenden) Lebenspartnern rechtfertigen?
> Deuten Sie das Verhalten Ihrer Mitgesellschafter richtig. Meist deckt sich dieses nicht zwingend mit deren innerem Gemütszustand: Tritt ein Gesellschafter überheblich, arrogant oder übertrieben selbstsicher auf, ist er häufig verunsichert und versucht dies zu verbergen. Zeigt sich ein Gesellschafter bei einer Frage betont gelassen, kann es sich hier gerade um seinen wunden Punkt handeln.

- **Phase 3 (Kreative Lösungsfindung):** Von dieser Phase hängt es ab, ob eine Lösung des Gesellschafterstreits durch Vergleich möglich ist. Es gilt hier, eine Lösung zu finden, die – in Anbetracht der tatsächlichen Verhandlungssituation – für alle Gesellschafter akzeptabel ist oder jedenfalls das kleinere Übel darstellt. Der Lösungsansatz muss einerseits rückwärtsgewandt sein, indem er die offenen Konfliktpunkte aus der Vergangenheit sachgerecht bewertet, einen Ausgleich vornimmt und rechtssicher abschließt. Gerade dann, wenn sich die Gesellschafter nicht trennen (können), muss der Lösungsansatz andererseits auch zukunftsorientiert sein und gewährleisten, dass sich die Fehler der Vergangenheit nicht wiederholen werden. – Hier ist schematisches Denken verfehlt und Kreativität gefragt. Mit Ausnahme des Aktienrechts bietet das Gesellschaftsrecht einen großen Gestaltungsspielraum. Gerade das Verhältnis der Gesellschafter untereinander ist bis zur Grenze der Sittenwidrigkeit frei regelbar. Jede noch so auf den ersten Blick unsinnige Regelung kann in den Vergleich aufgenommen werden, wenn es dem Frieden dient; und sei es nur, weil die Regelung das Ego eines Gesellschafters bedient, ohne den anderen Gesellschaftern zu schaden.

- **Phase 4 (Verhandlung der Lösungsoptionen):** Auch die ausgewogensten und fairsten Lösungsansätze werden es nicht verhindern, dass einzelne oder gar alle Gesellschafter mit dem Ergebnis unzufrieden sind und versuchen, es durch hartes und geschicktes Verhandeln zu ihren Gunsten zu verbessern. Lassen Sie sich darauf ein, um Ihr Wunschergebnis zu erreichen oder dieses nochmals zu optimieren.

---

**Tipp** !

Wenden Sie gängige Verhandlungsmethoden an:
Machen Sie nur Vergleichsvorschläge, die Ihnen noch einen Verhandlungsspielraum lassen. Lassen Sie nie erkennen, wo Ihre Schmerzgrenze liegt, denn auf diese werden Sie heruntergehandelt. Schalten Sie weitere Verhandlungsebenen dazwischen (beispielsweise Ihren Rechtsanwalt, einen Ihrer Mitarbeiter oder einen Familienangehörigen), um herauszufinden, wo die Schmerzgrenze der anderen liegt. Eine zwischengeschaltete Verhandlungsebene kann deutlich risikoreicher verhandeln, als Sie dies als betroffener Letztentscheider selbst können. Hat sich diese Verhandlungsebene verspekuliert und den Bogen überspannt, kann durch Austausch der Verhandlungsebene umgehend eine neue Gesprächsbasis geschaffen werden. Beginnen Sie bei den Verhandlungen mit den komplexen (und nicht in Euro messbaren) Themen, die am Ende nur auf eine Art sinnvoll gelöst werden können. Heben Sie sich alle rein wirtschaftlichen Themen, deren Lösung von der Zahlung eines Geldbetrages abhängt, bis zum Schluss auf. Werfen Sie diese in einen Topf und feilschen Sie mit Ihren Mitgesellschaftern darum, als wären Sie auf einem orientalischen Basar.
Versuchen Sie die Verhandlung so anzulegen, dass die Gegenseite ihre wirtschaftlichen Bedingungen zuerst nennen muss.

---

**Tipp** !

Häufig sind die Verhandlungsführer nicht die Letztentscheider und sie müssen sich für ihre Entscheidung vor anderen Personen beziehungsweise Gremien verantworten (beispielsweise der Geschäftsführer vor der Gesellschafterversammlung, der Vorstand vor der Hauptversammlung, der Bürgermeister vor dem Stadtrat oder der geschäftsführende Sohn vor einem Patriarchen). In solchen Fällen befindet sich der Verhandlungsführer in der Zwickmühle. Er muss einerseits auf die Gegenseite zugehen und Zugeständnisse machen, denn andernfalls wird es keine Einigung geben. Andererseits darf nie der Eindruck entstehen, er sei allzu großzügig mit seinen Zugeständnissen, denn dann wird er die Unterstützung der hinter ihm stehenden Letztentscheider verlieren und als Verhandlungsführer schnell ausgetauscht sein. Es gibt regelmäßig nur ein sehr schmales Zeitfenster – das »window of opportunity« –, in dem die angebotenen Zugeständnisse sowohl von der eigenen Partei als auch von der Gegenpartei als akzeptabel angesehen werden. Arbeiten Sie als Verhandlungsführer auf dieses Zeitfenster gezielt hin, erkennen Sie es rechtzeitig und nutzen Sie es durch einen konzentrierten und maximalen Einsatz Ihrer Kräfte aus, bevor es sich wieder schließt. Gerade in Verhandlungen, in denen die Zustimmung einer Vielzahl an Stakeholdern mit unterschiedlichen Interessen erforderlich ist, gilt:

*Wenn Sie eine Verhandlung »zumachen« können, dann machen Sie das.*
*Es wird nie eine bessere Möglichkeit geben.*

(Matthias Schranner, früher Chefverhandlungsführer des Bundesinnenministeriums, dort unter anderem für schwierige Verhandlungen in Situationen wie Geiselnahmen zuständig)

**!  Tipp**

Gerade wenn es um die Abberufung eines Geschäftsführers oder den Ausschluss eines Gesellschafters aus wichtigem Grund geht, droht mit Fassung des entsprechenden Gesellschafterbeschlusses eine endgültige Eskalation des Gesellschafterstreits und eine Einigung ist dann häufig nicht mehr möglich. Andererseits sollte vor einer entsprechenden Einigung auch nicht endgültig auf die Durchführung der Beschlussfassung verzichtet werden. In solchen Fällen bietet es sich an, die Behandlung einzelner Tagesordnungspunkte zu vertagen und am besten gleich eine weitere Gesellschafterversammlung einzuberufen, auf der dann die entsprechenden Beschlussgegenstände nochmals zur Abstimmung gestellt werden. Die Zeit bis zu der nachfolgenden Gesellschafterversammlung kann dann für Vergleichsverhandlungen genutzt werden.
Vorsicht ist geboten, wenn neben der Abberufung eines Geschäftsführers/Vorstandsmitglieds aus wichtigem Grund auch dessen Dienstvertrag aus wichtigem Grund gekündigt werden soll. Nach §626 Abs. 2 BGB muss eine entsprechende außerordentliche Kündigung aus wichtigem Grund spätestens zwei Wochen nach Kenntnis des kündigenden Organmitglieds von dem wichtigen Grund erfolgen.
In solchen Fällen sollte der Beschluss zur Abberufung des Geschäftsführers/Vorstandsmitglieds und zur Kündigung seines Dienstvertrages nicht vertagt werden, da andernfalls eine außerordentliche Kündigung des Dienstvertrages nicht mehr zulässig ist.

### 6.8.3  Trennen – aber wie?

Steht am Ende des Gesellschafterstreits fest, dass nur eine Trennung einzelner oder aller Gesellschafter in Frage kommt, sollte eine Art der Auseinandersetzung gewählt werden, bei der die einzelnen Stücke des zu verteilenden Kuchens am größten sind.

## 6.8.3.1 Liquidation

Die uneffektivste Form der Trennung ist die Liquidation der Gesellschaft durch Zerschlagung. Ab Beginn der Liquidationsphase werden die schwebenden Geschäfte der Gesellschaft abgearbeitet, beendet oder an Dritte veräußert, die Vermögensgegenstände der Gesellschaft »versilbert«, ihre offenen Forderungen eingezogen und die offenen Verbindlichkeiten bedient. Eine Zerschlagung des Geschäftsbetriebes ist in der Regel unwirtschaftlich, weil die Zerschlagungswerte der einzelnen Vermögensgegenstände üblicherweise deutlich unter ihren Fortführungswerten liegen. Zudem geht der oft wertvolle Geschäfts- beziehungsweise Firmenwert (»Goodwill«) verloren. Der Geschäfts- oder Firmenwert ist eine abstrakte, gedankliche Konstruktion, mit der die Lücke zwischen ertragsabhängiger und substanzabhängiger Bewertung überbrückt werden soll. Seine wertbildenden Faktoren sind schwer zu quantifizieren und setzen sich zusammen aus Gewinnaussichten, Kundenpotenzial, Qualität des Managements, eingespieltes Mitarbeiterteam, Know-how, Branchenbedeutung, verkehrsgünstige Geschäftsräume, Reputation usw. Trotz dieser unscharfen Definition ist der Geschäfts- oder Firmenwert häufig *der* wertbildende Faktor eines Unternehmens.

Einfacher, schneller und wirtschaftlicher als eine Zerschlagung ist eine Liquidation durch Veräußerung des gesamten Geschäftsbetriebes an einen Dritten (Asset Deal). Führt der Dritte den Betrieb fort, wird er bereit sein, die Vermögensgegenstände zu Fortführungswerten zu erwerben. Auf diese Weise kann eine Liquidation ohne Werteinbußen des Unternehmenswertes gelingen.

Die Geschäftsführer werden in der Liquidation ersetzt durch Liquidatoren. Wegen des Gebotes der Selbstorganschaft (vgl. Kapitel 4.1.8.12) können bei Personengesellschaften zwar fremde Dritte nicht zu Geschäftsführern bestellt werden, möglich ist aber die Bestellung eines Fremd-Liquidators.[160] Diese Maßnahme kann im Gesellschafterstreit befriedend wirken.

Sind die Gesellschafter so zerstritten, dass eine weitere Zusammenarbeit nicht mehr möglich ist (»tiefgreifende unheilbare Zerrüttung«) und trägt keiner der Gesellschafter dafür die Alleinverantwortung, können bei der GmbH solche Gesellschafter, die zusammen mindestens 10 % der Anteile halten, bei dem zuständigen Gericht Klage auf Auflösung der Gesellschaft erheben (§ 61 GmbH). Bei der Personenhandelsgesellschaft ist dazu jeder Gesellschafter berechtigt, unabhängig von seiner Beteiligung (§ 133 HGB). Bei der GbR führt die Kündigung

---

160 Für die GbR: MüKoBGB/*Schäfer* § 730 Rn. 47; für Personenhandelsgesellschaften: Baumbach/Hopt/ *Roth* HGB § 146 Rn. 4.

eines Gesellschafters zur Auflösung (§ 723 BGB). Ob auch der Aktionär einer AG unter bestimmten Voraussetzungen berechtigt sein soll, die Auflösung der Gesellschaft durch erfolgreiche Erhebung einer Auflösungsklage zu bewirken, ist umstritten, wird von der herrschenden Literaturauffassung aber abgelehnt.[161]

### 6.8.3.2 Ausscheiden eines Gesellschafters

Die einfachste Form der Trennung ist das Ausscheiden eines Gesellschafters gegen Zahlung einer Abfindung. Der oder die anderen Gesellschafter führen den Betrieb fort. Auf diese Weise bleibt der Unternehmenswert weitestgehend erhalten und die Gesellschaft wird in die Lage versetzt, den Anspruch auf Abfindung zu erwirtschaften. Oft scheitert diese Form der Auseinandersetzung an der Frage, welcher Gesellschafter die Gesellschaft verlassen muss und welche Gesellschafter in der Gesellschaft verbleiben dürfen.

Steht fest, welcher Gesellschafter ausscheidet, ist ein nicht weniger großer Streitpunkt die Höhe der Abfindung. Soweit der Gesellschaftsvertrag keine Abfindungsklausel enthält, ist der Ausscheidende zum Verkehrswert seiner Beteiligung abzufinden. Gesellschaftsverträge sehen häufig vor, dass der Abfindungsanspruch des Ausscheidenden lediglich in Höhe eines bestimmten Bruchteils (zum Beispiel 75 %) des Verkehrswerts besteht. Der Verkehrswert richtet sich in der Regel nach dem Ertragswert (vgl. Kapitel 4.1.8.23). Die Durchführung eines Ertragswertverfahrens nach dem Unternehmensbewertungsstandard des Instituts der Wirtschaftsprüfer (IDW S1) ist aufwändig und kostenintensiv. Gerade bei Vergleichsverhandlungen ist die konkrete Höhe der Abfindung Verhandlungssache. Für die verhandelnden Parteien ist wichtig, dass sie bei Beginn der Vergleichsverhandlungen den Wert des Unternehmens und damit den Wert ihrer Beteiligung an der Gesellschaft zumindest grob kennen. Nur so können sie ihr gewünschtes Verhandlungsergebnis definieren und ihre Verhandlungsstrategie entwickeln.

Eine einfache und deshalb in der Praxis sehr beliebte Berechnung des Ertragswertes ist mittels der sogenannten »Multiplikatormethode« möglich. Ausgangspunkt der Berechnung ist der »Unternehmenswert«. Zu diesem Unternehmenswert gelangt man, indem entweder der zukünftig zu erwartende, »nachhaltige« EBIT mit einem branchen- und größenadäquaten EBIT-Multiplikator oder der zu erwartende Umsatz mit einem branchen- und größenadäquaten Umsatzmultiplikator multipliziert wird. Der branchen- und größen-

---

161 Für sie MüKoAktG/*J. Koch* § 262 Rn. 108.

adäquate Multiplikator kann der Fachpresse entnommen werden (zum Beispiel die Finance-Multiples, online abrufbar unter www.finance-magazin.de; auf dieser Webseite kann man zudem mit dem Finance-Multiples-Rechner eine Unternehmensbewertung auf Basis der Mulitplikatormethode erstellen). Für die Berechnung des nachhaltigen EBIT (analog für den Umsatz bei der Umsatz-Multiplikatormethode), hergeleitet aus dem bekannten EBIT der vergangenen Geschäftsjahre, empfiehlt sich folgende Formel:

*(EBIT vorvorletztes Jahr + EBIT vorletztes Jahr + 2x EBIT letztes Jahr) / 4*

Bringt man anschließend von dem Unternehmenswert die »Nettofinanzverbindlichkeiten« der Gesellschaft in Abzug, verbleibt als Ergebnis der Wert aller Anteile an der Gesellschaft. Unter »Nettofinanzverbindlichkeiten« versteht man in der Regel die Differenz zwischen allen zinstragenden Verbindlichkeiten der Gesellschaft einerseits und all ihren liquiden Mitteln und Wertpapieren andererseits.

---

**Beispiel: Multiplikatormethode**     !

A, B und C sind zu gleichen Teilen Gesellschafter der M-GmbH. Die M-GmbH ist im Maschinenbau tätig. C hat die Gesellschaft gekündigt, scheidet aus der Gesellschaft aus und soll nun abgefunden werden. Die Parteien streiten über die Höhe der Abfindung. Im Gesellschaftsvertrag ist geregelt, dass sich die Höhe der Abfindung nach dem Verkehrswert seiner Beteiligung bemisst.

Die M-GmbH hat in den vergangenen drei Geschäftsjahren folgenden EBIT erwirtschaftet: 2014: 1,5 Mio. EUR; 2015: 2,5 Mio. EUR; 2016: 3,2 Mio. EUR. Der Umsatz belief sich zuletzt auf 25,0 Mio. EUR. Die Gesellschaft weist Nettofinanzverbindlichkeiten in Höhe von 3,0 Mio. EUR auf. Der branchen- (»Maschinen- und Anlagenbau«) und unternehmensgrößenspezifische (< 50 Mio. EUR Umsatz/a) EBIT-Multiplikator liegt gemäß dem Finance-Magazin zwischen 6,8 und 8,7.

Nach der Multiplikatormethode hat die Beteiligung des C (näherungsweise) folgenden Verkehrswert:

| | |
|---|---|
| Ø-EBIT: (1,5 Mio. EUR + 2,5 Mio. EUR + 2 x 3,2 Mio.) / 4 | 2,6 Mio. EUR |
| multipliziert mit Ø-EBIT-Multiplikator: (6,8 + 8,7) / 2 | x 7,75 |
| Zwischensumme (= Unternehmenswert der M-GmbH) | 20,15 Mio. EUR |
| abzüglich Nettofinanzverbindlichkeiten | ./. 3,0 Mio. EUR |
| Zwischensumme (= Wert aller Geschäftsanteile an der M-GmbH) | 17,15 Mio. EUR |
| multipliziert mit der Höhe der Beteiligung des C | x 1/3 |
| Wert der Beteiligung des C (gerundet) | 5,72 Mio. EUR |

C sollte mit einem höheren Betrag in die Verhandlungen einsteigen und versuchen, das für ihn bestmögliche Ergebnis zu erreichen.

---

**!** **Achtung**

Auch die Berechnung nach der Multiplikatormethode erfordert Fingerspitzengefühl und Erfahrung mit Unternehmensbewertungen. Gerade bei kleineren Unternehmen mit weniger als 10,0 Mio. EUR Jahresumsatz sind die Multiplikatoren aus der Fachpresse oft zu hoch. Es gilt die Faustformel: Je größer das Unternehmen, umso nachhaltiger ist die Ertragserwartung und umso höher ist der branchenbezogene Multiplikator. – Hat der ausscheidende Gesellschafter aktiv im Unternehmen mitgearbeitet, kann außerdem nicht ohne Weiteres davon ausgegangen werden, dass die Gesellschaft zukünftig ohne ihn die wirtschaftlichen Erfolge der Vergangenheit wiederholt. Dies gilt im Besonderen, wenn der Ausscheidende zu der Gesellschaft in Wettbewerb treten und Kunden abwerben darf. Der zukunftsbezogene »nachhaltige« EBIT ist in solchen Fällen niedriger als der Durchschnittswert aus der Vergangenheit. Umgekehrt ist bei Unternehmen mit nicht betriebsnotwendigem Vermögen oder mit großem Substanzvermögen (zum Beispiel eigene Betriebsgrundstücke) der mit der Multiplikatormethode ermittelte Unternehmenswert regelmäßig nach oben zu korrigieren.

### 6.8.3.3 Realteilung oder Spaltung

Können sich die Gesellschafter nicht darauf verständigen, wer bleiben darf und wer gehen muss, wollen sie zudem eine Liquidation vermeiden, weil eine Zerschlagung unwirtschaftlich und eine Veräußerung des Unternehmens an Dritte entweder nicht gewollt oder nicht möglich ist, bietet sich eine Aufteilung des bestehenden Unternehmens an. In Frage kommt eine Realteilung oder eine Spaltung.

Eine Realteilung ist nur bei einer Personengesellschaft möglich und liegt vor, wenn jeder Gesellschafter bei Liquidation der Gesellschaft einen Teil des Gesellschaftsvermögens übernimmt und mit diesem ein Einzelunternehmen fortführt.

Die Teilung von Kapitalgesellschaften erfolgt im Wege der Spaltung. Bei der Trennung von Gesellschaftern empfiehlt sich eine Aufspaltung (§ 123 Abs. 1 UmwG). Dabei wird die bisherige Gesellschaft liquidiert. Ihr Vermögen wird auf andere, bereits bestehende Gesellschaften übertragen (Aufspaltung zur Aufnahme), oder es werden neue Gesellschaften eigens zum Zwecke der Übernahme gegründet (Aufspaltung zur Neugründung). – Auch Personengesellschaften können unter bestimmten Voraussetzungen aufgespalten werden. Allerdings scheitert bei ihnen eine Aufspaltung oft daran, dass eine natürliche Person umwandlungsrechtlich nicht übernehmender Rechtsträger (d.h. aufnehmender Gesellschafter) sein kann (§ 124 Abs. 1 i.V.m. § 3 Abs. 1 UmwG).

Sowohl bei der Realteilung als auch bei der Aufspaltung ist ein besonderes Augenmerk auf die steuerlichen Konsequenzen zu richten. Spaltung und Realteilung sind Übertragungsvorgänge. Wenn nicht der Tatbestand einer steuerlichen Ausnahmevorschrift greift, werden bei Übertragungsvorgängen regelmäßig stille Reserven aufgedeckt. Diese müssen versteuert werden. Der damit verbundene Liquiditätsabfluss kann für die beteiligten Parteien wirtschaftlich existenzbedrohend werden. Insofern kommen Aufspaltung und Realteilung nur dann als echte Alternativen in Betracht, wenn keine stillen Reserven aufgedeckt werden und die aufgeteilten Betriebe zum Buchwert fortgeführt werden können.

Eine Personengesellschaft kann nach § 16 Abs. 3 EStG ertragsteuerneutral zum Buchwert realgeteilt werden, wenn der jeweilige Gesellschafter einen Teilbetrieb im steuerlichen Sinne, Mitunternehmeranteile oder einzelne Wirtschaftsgüter übernimmt. Dann müssen die stillen Reserven in diesem Vermögen nicht aufgedeckt werden. Eine ertragsteuerneutrale Realteilung scheidet aus, wenn einzelne Wirtschaftsgüter unmittelbar oder mittelbar auf eine Kapitalgesellschaft übertragen werden. Die stillen Reserven werden rückwirkend aufgedeckt, wenn zum Buchwert übertragener Grund und Boden, übertragene Gebäude oder andere übertragene wesentliche Betriebsgrundlagen innerhalb einer Sperrfrist von drei Jahren ab Einreichung der betreffenden Steuererklärung veräußert oder aus dem Betriebsvermögen entnommen werden.[162]

Zum Zwecke der Trennung von Gesellschafterstämmen ist eine nichtverhältniswahrende Aufspaltung einer Gesellschaft zum Buchwert möglich. Sofern bestimmte weitere rechtliche Voraussetzungen erfüllt sind, deckt man keine stillen Reserven auf (§ 15 Abs. 3 S. 5 UmwStG). Bei der nichtverhältniswahrenden Aufspaltung werden die bisherigen Beteiligungsverhältnisse an der aufzuspaltenden Gesellschaft nach der Spaltung nicht bei den übernehmenden Gesellschaften fortgesetzt. Die nichtverhältniswahrende Aufspaltung eignet sich daher bei einem Gesellschafterstreit zur Auseinandersetzung einer Kapitalgesellschaft.[163]

> **Beispiel: Nichtverhältniswahrende Aufspaltung**   **!**
>
> A und B sind zu je 50 % an der AB GmbH beteiligt. Aufgrund eines langjährigen Gesellschafterstreits entscheiden sie sich zur Trennung. Das Unternehmen der AB GmbH soll in zwei gleiche Teile zerlegt werden. Zu diesem Zweck gründet A die A GmbH und B die B GmbH. Bei einer Aufspaltung zur Neugründung wird die AB GmbH liquidiert und ein Teilbetrieb wird auf die A GmbH übertragen, der weitere Teilbetrieb wird auf die B GmbH übertragen. A ist an der B GmbH nicht beteiligt und B an der A GmbH nicht, sodass man von einer nichtverhältniswahrenden Aufspaltung spricht.

---

162 *Schulte/Pohl*, Joint-Venture-Gesellschaften, S. 90 und 207.
163 Schmitt/Hörtnagl/Stratz/*Hörtnagl* UmwStG § 15 Rn. 216 ff.; *Schulte/Pohl*, Joint-Venture-Gesellschaften, S. 202 ff.

### 6.8.4 Form des Vergleichsschlusses

Haben sich die Parteien inhaltlich auf ein Ergebnis geeinigt, gilt es, dieses in der geeigneten Form als Vergleich auf das Papier zu bringen. Vergleich nennt man formaljuristisch den Vertrag zweier (oder mehrerer) Vertragsparteien, mit dem der Streit oder die Ungewissheit der Parteien über ein Rechtsverhältnis im Wege gegenseitigen Nachgebens beseitigt wird (§779 BGB). Ein Vergleich ist ein neuer Vertrag. Die in diesem neuen Vertrag vereinbarten Rechte und Pflichten bestehen daher grundsätzlich auch dann, wenn sich nachträglich herausstellt, dass ursprünglich eine der Parteien im Recht gewesen wäre und die andere im Unrecht.

Ein Vergleich kann prinzipiell in jeder Form geschlossen werden, also beispielsweise mündlich, schriftlich oder konkludent. Ziel eines Vergleiches ist es, im Wege eines Interessenausgleichs Rechtsfrieden herzustellen und die streitige Angelegenheit abzuschließen. Hält sich eine Partei nicht an den Vergleich, kann die andere Partei den Vergleich aber üblicherweise nicht vollstrecken. Ihr bleibt nichts anderes übrig, als ihre in dem Vergleich geregelten Rechte bei Gericht einzuklagen. Dies ist im Wege eines sogenannten Urkundsprozesses möglich, ein Verfahren, bei dem man in relativ kurzer Zeit einen Vollstreckungstitel erhält.

Es gibt jedoch auch Vergleiche, aus denen man bei Nichteinhaltung die Zwangsvollstreckung betreiben kann. Dies sind bei einem staatlichen Gericht (Prozessvergleich, §794 Abs. 1 Nr. 1 ZPO) oder einem Schiedsgericht (Schiedsvergleich, §794 Abs. 1 Nr. 4a ZPO) geschlossene Vergleiche. Solche Vergleiche können allerdings nur geschlossen werden, wenn über das streitige Rechtsverhältnis (beispielsweise die Wirksamkeit der Einziehung von GmbH-Geschäftsanteilen) bereits ein Rechtsstreit rechtshängig beziehungsweise ein Schiedsstreit anhängig war. Ein gerichtlicher Vergleich hat überdies den Vorteil, dass er Vereinbarungen enthalten kann, die sonst nur durch notarielle Beurkundung geschlossen werden können (beispielsweise die Abtretung von Geschäftsanteilen oder die Übertragung von Grundstücken). Denn werden gerichtliche Vergleiche im Rahmen einer mündlichen Verhandlung geschlossen, besteht die Gefahr, dass diese öffentlich bekannt werden. Die Parteien haben aber auch die Möglichkeit, den Vergleich nicht in der mündlichen Verhandlung zu schließen, sondern einen entsprechenden Schriftsatz einzureichen (§278 Abs. 6 ZPO). Das Gericht stellt dann (nicht-öffentlich) durch Beschluss das Zustandekommen des Vergleiches fest. Der den Vergleich feststellende Beschluss wird nicht öffentlich bekannt gemacht.

Ferner kann aus notariell beurkundeten Vergleichen ebenfalls die Zwangsvollstreckung betrieben werden (§794 Abs. 1 Nr. 5 ZPO). Voraussetzung ist, dass sich der Schuldner in der notariellen Urkunde der Zwangsvollstreckung unterwirft. Mit einem notariell beurkundeten Vergleich können ebenfalls sämtliche Rechtsgeschäfte vorgenommen werden, selbstverständlich auch diejenigen, die der notariellen Beurkundung bedürfen. Zudem haben notarielle Urkunden einen hohen Beweiswert. Notariell beurkundete Vergleiche verursachen allerdings hohe Kosten.

Eine günstige Möglichkeit, zu einem vollstreckbaren Vergleich zu gelangen, ist der Anwaltsvergleich (§796a ZPO). Dabei handelt es sich um einen von Rechtsanwälten für ihre Parteien geschlossenen Vergleich. In diesem Vergleich muss sich der jeweilige Schuldner der sofortigen Zwangsvollstreckung unterwerfen. Anschließend ist der Vergleich bei dem zuständigen Amtsgericht einzureichen. Wird er nicht eingehalten, kann der Gläubiger seine Vollstreckbarerklärung beantragen. Mit einem Anwaltsvergleich können keine Rechtsgeschäfte geschlossen werden, die der notariellen Beurkundung bedürfen. Der Anwaltsvergleich stellt eine kostengünstige Möglichkeit dar, einen vollstreckbaren Vergleich zu erhalten.

Allen Vergleichsarten ist gemeinsam, dass sie kostengünstiger sind als ein langer Gesellschafterstreit beziehungsweise ein über mehrere Instanzen zu Ende gefochtenes Gerichtsverfahren. Den Ausgang eines Gerichtsverfahrens kann man nie mit 100%iger Sicherheit vorhersehen, weil das Gericht auf Sachverhaltsebene alle Beweise frei würdigen darf. Das in diesem Umstand gelegene Prozessrisiko ist durch eine vergleichsweise Bereinigung der Angelegenheit vermeidbar. Überdies sind Vergleiche in der Regel rascher zu erlangen als Gerichtsurteile und werden meistens auch erfüllt.

| | Vorteil | Nachteil |
|---|---|---|
| »einfacher« Vergleich | ▪ rasch, unkompliziert und unbürokratisch<br>▪ hohes Maß an Vertraulichkeit (mangels Einbindung unbeteiligter Dritter)<br>▪ geringe Rechtsberatungskosten;<br>▪ keine Gerichtsgebühren | ▪ keine Einbindung unparteiischer Dritter<br>▪ kein Vollstreckungstitel (bei Bruch der Vereinbarung zunächst Klage, erst dann Zwangsvollstreckung möglich)<br>▪ notariell beurkundungspflichtige Rechtsgeschäfte können nicht vereinbart werden |

| | Vorteil | Nachteil |
|---|---|---|
| **Prozess- vergleich** | ■ rasche Prozessbeendigung<br>■ erhöhte Vergleichsbereitschaft wegen Beteiligung eines un- parteiischen Dritten (Richter) und drohendem Urteil<br>■ Chancen ausloten im Gerichtsver- fahren möglich (Vergleich je nach Prozessverlauf)<br>■ Vollstreckungstitel<br>■ ersetzt notarielle Beurkundung | ■ geringeres Maß an Vertraulichkeit durch Einbindung Dritter und öffentliche Verhandlung<br>■ Gerichtsgebühren zu- züglich Rechtsanwalts- gebühren<br>■ nur nach Klageerhebung möglich |
| **notarielle Beurkundung** | ■ Vorteile des »einfachen« Ver- gleiches<br>■ Vollstreckungstitel<br>■ erfüllt sämtliche Formerfordernisse<br>■ qualifizierte Beratung durch Notare im Hinblick auf rechtssichere Umsetzung des Parteiwillens und Vertragsgestaltung<br>■ hoher Beweiswert | ■ im Gegensatz zu Rich- tern wirken Notare nicht auf Vergleichsschluss hin, sie verhalten sich in jeder Hinsicht neutral<br>■ hohe Kosten |
| **Anwaltvergleich** | ■ Vorteile des »einfachen« Ver- gleiches<br>■ Vollstreckungstitel | ■ keine Einbindung un- parteiischer Dritter<br>■ notariell beurkundungs- pflichtige Rechtsge- schäfte können nicht vereinbart werden |

**Tab. 10:** Vor- und Nachteile der einzelnen Arten, Vergleiche zu schließen

Jede Art, Vergleiche zu schließen, hat Vor- und Nachteile. Keine Variante kann unbeschränkt als vorteilhaft empfohlen werden. In der Praxis ergibt sich die Art des Vergleichsschlusses aus dem Verlauf des Gesellschafterstreits. Erzie- len die Gesellschafter vor Einleitung eines Gerichtsverfahrens eine vergleichs- weise Einigung, schließen sie meist einen »einfachen«, außergerichtlichen Vergleich und lassen diesen gegebenenfalls notariell beurkunden. Nach Ein- leitung eines Gerichtsverfahrens wird der Vergleich meist bei Gericht als Pro- zessvergleich geschlossen. Durch einen Vergleichsabschluss erhöhen sich die Anwaltshonorare und es verringern sich die Gerichtsgebühren; auf diesem Wege versucht der Gesetzgeber, Parteien und Rechtsanwälten einen Ver- gleichsabschluss schmackhaft zu machen. – Der Anwaltsvergleich spielt trotz seiner Vorteile in der Praxis lediglich eine untergeordnete Rolle.

Beachten Sie, dass auch der Vergleich ein Vertrag ist und dementsprechend alle zum Vertragsabschluss angestellten Überlegungen auch auf den Vergleich zutreffen (vgl. Kapitel 4.1). Dies sind insbesondere:

- **Formvorschriften beachten:** Bei Abschluss eines zivilrechtlichen Vertrages gelten die allgemeinen Regeln über Formvorschriften (vgl. Kapitel 4.2.1). Bestehen Zweifel darüber, ob das verglichene Geschäft der notariellen Beurkundung bedarf, sollten Sie den Vergleich zur Vermeidung rechtlicher Risiken beurkunden lassen. Ein den Formvorschriften widersprechend errichtetes Rechtsgeschäft ist nämlich ebenso nichtig wie etwaige darin enthaltene Vertragsstrafen. Auch die Vereinbarung hoher Vertragsstrafen kann also die Einhaltung von Formvorschriften nicht ersetzen (vgl. Kapitel 4.1.6).

- **Anwendbares Recht und Gerichtsstand vereinbaren:** Gerade bei Vergleichsabschlüssen wird oft die Vereinbarung allgemeiner Bestimmungen vergessen. Zumindest wenn nicht sämtliche Beteiligten (inklusive der Gesellschaft sowie der Gesellschafter etwaiger Mutter- und Tochtergesellschaften) deutsche Staatsbürger oder Gesellschaften mit Sitz im Inland sind, sollten Sie im Vergleich immer ausdrücklich auch Gerichtsstandvereinbarungen (vgl. Kapitel 4.1.8.28) und eine Vereinbarung über das anwendbare Recht (vgl. Kapitel 4.1.8.27) für Streitigkeiten aus dem Vergleich regeln. Achten Sie dabei darauf, dass der Vergleich jene Rechtsordnung als anwendbar bestimmt, die auch auf den Gesellschaftsvertrag anzuwenden ist. Denn die Pflichten eines Vergleiches mit abweichender Rechtsordnung sind unter Umständen am Sitz der Gesellschaft nicht umsetzbar. Zum Beispiel wäre die Verpflichtung, nach ausländischem Recht der Abtretung eines GmbH-Geschäftsanteils ohne Einhaltung besonderer Formvorschriften zuzustimmen, in Deutschland wertlos, da nach deutschem GmbH-Recht die Abtretung von Geschäftsanteilen nur durchsetzbar ist, wenn sie notariell beurkundet wurde.

### 6.8.5 Drei Fehler, die Sie bei Vergleichsabschlüssen vermeiden sollten!

Vergleichsabschlüsse erfolgen oft rasch und direkt zwischen den Streitparteien. Dies ermöglicht zwar eine kostengünstige Streitbeilegung, birgt aber auch Risiken. Denn oft ist die Situation mit dem Vergleichsabschluss nur vordergründig bereinigt. Bei Auftreten neuerlicher Differenzen ist meist die Streitpartei benachteiligt, die bereits mit der Erfüllung ihrer Pflichten aus dem Vergleich begonnen hat. Die im Folgenden geschilderten Fehler fußen auf ein und demselben Fehlverhalten: der zu vertrauensvollen Erfüllung eigener Verpflichtungen ohne genügende Absicherung der Pflichterfüllung durch die Gegenseite.

Zur Vermeidung rechtlicher Risiken sollten Sie daher auch bei raschen Vergleichsabschlüssen anwaltliche Beratung in Anspruch nehmen. Dies kann auch erfolgen, ohne dass die Gegenseite davon erfährt. Dann können Sie Ihre Situation optimal absichern, ohne die Gegenseite zu verunsichern.

**!  Tipp**

Die in den drei folgenden Unterkapiteln geschilderten »Gefahren« sollen von streitenden Gesellschaftern natürlich nicht nur auf der eigenen Seite vermieden werden. Sie lassen sich umgekehrt auch verwenden, um unvorsichtige Mitgesellschafter zu Fehlern zu verführen, diesen ihre Machtpositionen abzuluchsen oder eigene Vorteile beim Abschluss von Vergleichen zu erzielen.

### 6.8.5.1  Machtpositionen behalten!

Das Innehaben von Machtpositionen ist ein wesentliches Instrument für die erfolgreiche Führung von Gesellschafterstreitigkeiten. Die wichtigsten Machtpositionen in einer Gesellschaft sind die Mitgliedschaft beim Gesellschafterkreis (also die Gesellschafterstellung sowie das Ausmaß der Beteiligung) und die Ausübung einer Organfunktion (Geschäftsführer, Vorstand). Häufig sind beide Positionen im Handelsregister veröffentlicht. Dies gilt nicht für Aktionäre, GbR-Gesellschafter und stille Gesellschafter, deren Eintragung in das Handelsregister nicht vorgesehen ist.

Das Handelsregister ist ein öffentliches Register und genießt »öffentlichen Glauben«, das bedeutet: Ein Dritter kann sich darauf verlassen, dass die in dem Handelsregister eingetragenen oder nicht eingetragenen Tatsachen der Wirklichkeit entsprechen. Eine Ausnahme besteht dann, wenn der Dritte weiß, dass eine Handelsregistereintragung falsch ist.

Das bedeutet für Sie: Sind Sie als Gesellschafter (Geschäftsführer) in das Handelsregister eingetragen, gelten Sie nach außen als Gesellschafter (Geschäftsführer) der Gesellschaft. Dies selbst dann, wenn Ihnen aufgrund gesellschaftsinterner Vereinbarung diese Position eigentlich gar nicht mehr zusteht. Ist Ihre Position dagegen nicht ins Handelsregister eingetragen, gilt sie nach außen als nicht von Ihnen besetzt. Daran können anderslautende gesellschaftsinterne Vereinbarungen nichts ändern. Die entsprechenden Eintragungen ins Handelsregister können Sie nicht alleine anregen. Sie benötigen dafür die Mitwirkung der Gesellschaft (konkret: der Geschäftsführer).

Von besonderer Bedeutung ist in diesem Zusammenhang die für eine GmbH im Handelsregister zu veröffentlichende Gesellschafterliste. Wer in der veröffentlichten Gesellschafterliste als Gesellschafter eingetragen ist, gilt sowohl gegenüber der Gesellschaft als auch gegenüber Dritten als Gesellschafter – und zwar auch dann, wenn er eigentlich gar nicht mehr Gesellschafter ist, weil er beispielsweise seine Anteile veräußert hat oder seine Anteile eingezogen wurden.[164]

**Achtung**    !

Besonders große Bedeutung kommt der Gesellschafterliste bei streitigen Beschlussfassungen über die Einziehung oder Zwangsabtretung von GmbH-Geschäftsanteilen zu, das heißt dann, wenn es darum geht, einen Gesellschafter auszuschließen. Ist eine Einziehung aus wichtigem Grund durch Mehrheitsbeschluss erfolgt, so ist der Geschäftsführer der Gesellschaft sowohl berechtigt als auch verpflichtet, eine neue, die Einziehung berücksichtigende Gesellschafterliste bei dem Handelsregister zu veröffentlichen. Die Anmeldung zur Veröffentlichung nimmt der Geschäftsführer regelmäßig über ein Notariat vor. Weder der Notar noch das Registergericht prüfen, ob tatsächlich ein die Zwangseinziehung rechtfertigender wichtiger Grund vorliegt. Ab Veröffentlichung der neuen Gesellschafterliste kann der von der Zwangseinziehung betroffene Gesellschafter seine Gesellschafterrechte nicht mehr ausüben: Er ist insbesondere nicht mehr zu Gesellschafterversammlungen zu laden und darf an Beschlussfassungen nicht teilnehmen. Dies gilt auch, wenn der Gesellschafter parallel dazu den Zwangseinziehungsbeschluss durch Beschlussanfechtungsklage angreift. Erst wenn die Beschlussanfechtungsklage des ausgeschlossenen Gesellschafters erfolgreich und rechtskräftig war, ist der Geschäftsführer verpflichtet, die Gesellschafterliste zu korrigieren.

Will der von der Zwangseinziehung betroffene Gesellschafter verhindern, dass die anderen Gesellschafter in dem Zeitraum der fehlerhaft veröffentlichten Gesellschafterliste irreversible »Fakten schaffen«, sollte er gegen den Einziehungsbeschluss nicht nur mit einer Beschlussanfechtungsklage vorgehen, sondern auch mit einer einstweiligen Verfügung. Ziel der einstweiligen Verfügung sollte sein, entweder die Veröffentlichung einer abgeänderten Gesellschafterliste zu verhindern oder wenigstens eine Regelung zu erwirken, wonach der von der Zwangseinziehung betroffene Gesellschafter für die Dauer des Beschlussanfechtungsrechtsstreits von der Gesellschaft wie ein Gesellschafter zu behandeln ist.[165]

Umgekehrt sollten die die Zwangseinziehung betreibenden Gesellschafter darauf drängen, dass die Geschäftsführung der Gesellschaft schnellstmöglich nach Beschlussfassung eine abgeänderte Gesellschafterliste bei dem Handelsregister veröffentlicht. Dabei sind die gesetzlichen Formvorschriften der GesLV zu beachten. Gleichzeitig kann die Gesellschaft bei dem zuständigen Gericht eine Schutzschrift hinterlegen. Ziel einer solchen Schutzschrift ist es, den Erlass einer möglicherweise beantragten einstweiligen Verfügung zu verhindern oder wenigstens zu verzögern.

---

164 Baumbach/Hueck/*Fastrich* § 16 Rn. 14.
165 *Lutz*, Der Gesellschafterstreit, Rn. 267b und Rn. 804 ff.

**!** **Achtung**

Insbesondere Ihr Ausscheiden aus der Geschäftsführung sollten Sie – soweit dies Ihrem Interesse entspricht – unverzüglich beim Registergericht zur Eintragung anmelden. Denn auch ohne Eintragung ins Handelsregister ist Ihr Ausscheiden gegenüber der Gesellschaft und den anderen Gesellschaftern wirksam. Sie dürfen daher unabhängig von einer Eintragung ins Handelsregister schon ab dem Zeitpunkt Ihres Ausscheidens nicht mehr als Geschäftsführer der Gesellschaft tätig werden. (Gesellschaftsfremde) Dritte dagegen dürfen auf die im Handelsregister eingetragenen Informationen vertrauen. Dies bedeutet, dass Sie nach wie vor die einem Geschäftsführer obliegenden gesetzlichen Pflichten erfüllen müssen, beispielsweise die Pflicht, einen erforderlichen Insolvenzantrag zu stellen, oder die Pflicht, Lohnsteuer und Sozialversicherungsbeiträge abzuführen. Vertraut nun ein Geschäftspartner der Gesellschaft auf Ihre weiter im Handelsregister eingetragene Geschäftsführerposition und erwächst ihm daraus ein Schaden, könnten daraus unter Umständen Schadenersatzansprüche gegen Sie entstehen.

Vereinfacht ausgedrückt bleibt Ihnen also nach Ihrem Ausscheiden aus der Geschäftsführung lediglich das Risiko, weiter als Geschäftsführer für bestimmte Geschäfte der Gesellschaft zu haften. Jegliche Einflussmöglichkeit auf die Gesellschaft haben Sie aber bereits verloren.

Beachten Sie bei einer Niederlegung Ihres Geschäftsführeramtes unbedingt, dass nur Geschäftsführer berechtigt sind, Handelsregisteranmeldungen vorzunehmen. Wenn Sie mit sofortiger Wirkung niedergelegt haben, dürfen Sie keine entsprechende Registeranmeldung mehr vornehmen. Ohne Mitwirkung der anderen Geschäftsführer müssen Sie die registerrechtliche Veröffentlichung Ihres Ausscheidens auf dem Rechtswege durchsetzen.

Sie sollten daher ein Geschäftsführeramt immer nur mit Wirkung auf deren Eintragung in das Handelsregister niederlegen. In diesem Falle können Sie Ihre Niederlegung selbst zum Handelsregister anmelden.[166]

Oft regeln Vergleiche, dass eine bestimmte Leistung erst erfolgen soll, wenn der Leistungsempfänger rechtswirksam sein Amt als Geschäftsführer niedergelegt hat. Viele Gesellschafter sind über die Erzielung eines Vergleiches so erleichtert, dass sie ihre eigenen Verpflichtungen unverzüglich erfüllen. Sie legen dann ihr Geschäftsführeramt nieder, die verbleibenden Geschäftsführer lassen dies unverzüglich im Handelsregister veröffentlichen. Damit geben die Niederlegenden unwiderruflich eine wichtige Machtposition auf – oft ohne, dass ihnen dies bewusst ist. Erfüllen die Vertragspartner des Vergleiches dann ihre Pflichten nicht, gelingt dem Niederlegenden oft nicht mehr die Wiederbestellung als Geschäftsführer (zum Beispiel, weil ihm die erforderliche Stimmenmehrheit in der Gesellschafterversammlung fehlt) oder die Veröffentlichung der Geschäftsführerstellung im Handelsregister (zum Beispiel, wenn

---

166 Baumbach/Hueck/*Zöllner/Noack* § 39 Rn. 9.

bei der Gesellschaft die Geschäftsführer nur gesamtvertretungsberechtigt sind und sich die weiteren Geschäftsführer weigern, an der Anmeldung zum Handelsregister mitzuwirken).

Oft versuchen streitende Gesellschafter gezielt, ihre Gegner zur Aufgabe von Machtpositionen zu bewegen. Dabei haben sie manchmal von vornherein vor, ihre eigenen Verpflichtungen nach Aufgabe dieser Position nicht zu erfüllen. Das dahinterstehende Kalkül ist einfach: Sobald der Gegner seine Machtposition aufgegeben hat und dieser Umstand im Handelsregister veröffentlicht ist, verfügt er über keine weiteren Druckmittel. Bei Unklarheiten beziehungsweise Zwistigkeiten über den weiteren Vergleichsinhalt ist er gegenüber den anderen Gesellschaftern in einer ungleich schwächeren Position als vor seinem Verzicht. Eine Wiedererlangung seiner früheren (Macht-)Position scheitert an der Wiederbestellung, welche die anderen Gesellschafter verweigern. **Behalten Sie Ihre Machtpositionen deshalb bis zur Umsetzung der Gegenleistungen durch die anderen Gesellschafter. Verzichten Sie auf Machtpositionen frühestens gleichzeitig mit der Umsetzung der Gegenleistungen (Zug-um-Zug)!**

Umgekehrt sollte natürlich derjenige, der eine Machtposition neu erworben hat, danach trachten, dass diese Machtposition möglichst rasch im Handelsregister veröffentlicht wird; dies insbesondere als neuer Gesellschafter, da als Gesellschafter vorrangig nur derjenige gilt, der im Handelsregister auch als solcher eingetragen ist. Gleiches gilt beim Erwerb zusätzlicher Gesellschaftsanteile.

---

**Tipp** !

Die Veröffentlichung im Handelsregister kann sich aus nicht von den Gesellschaftern beeinflussbaren Gründen verzögern (im Falle einer Bekämpfung der Veröffentlichung durch andere Gesellschafter sogar um mehrere Jahre). Manchmal findet im Zeitraum zwischen Anteilsübertragung und der Eintragung des Anteilserwerbers als neuer Gesellschafter in das Handelsregister (Veröffentlichung einer aktualisierten Gesellschafterliste) eine Gesellschafterversammlung statt, in welcher der neue Gesellschafter bereits mitstimmen will. Gegenüber der Gesellschaft (den Geschäftsführern, den übrigen Gesellschaftern) gilt aber ausschließlich der noch in dem Handelsregister eingetragene (Alt-)Gesellschafter als Gesellschafter. Nur dieser hat daher auch ein Stimmrecht in der Gesellschafterversammlung.

Das Einvernehmen zwischen Alt- und Neugesellschafter vorausgesetzt kann in dieser Situation Abhilfe geschaffen werden, indem der Altgesellschafter den Neugesellschafter zur Stimmabgabe in der Gesellschafterversammlung bevollmächtigt. **Achtung**: Häufig sieht die Satzung Beschränkungen für die Person des Vertreters vor!

## 6.8.5.2 Punktationen misstrauen!

Manchmal einigen sich streitende Gesellschafter und halten unverzüglich die wesentlichen Eckpunkte ihrer Vereinbarungen fest (sogenannte Punktationen). Solche Punktationen bergen zwei große Risiken:

- Oft beinhalten sie notariell beurkundungspflichtige Vereinbarungen. Die Gesellschafter errichten diese Einigungen jedoch bloß in Schriftform und damit rechtlich unwirksam (vgl. Kapitel 4.1.6).
- Bei juristischer Analyse des Vereinbarungstextes ergeben sich oft Fragen, die zu weiteren Streitigkeiten führen.

Das erste Risiko trifft nicht alle Vereinbarungen, sondern bloß solche, die notariell beurkundungspflichtige Geschäfte beinhalten.

Das zweite Risiko betrifft hingegen alle Vereinbarungen. Sein Vorliegen ist für den juristischen Laien nicht beurteilbar. Selbst mit den besten Absichten errichtete Vereinbarungen können früher oder später bei Rechtsanwälten und Notaren landen (zum Beispiel, weil die Vertragsparteien beschließen, ihre Vereinbarung in einen ausformulierten Vertrag zu gießen). Fast immer stellen sich für den jeweiligen Juristen Fragen über den Inhalt, den die Gesellschafter ihrem Vergleich geben wollten. Gar nicht so selten erhält er dann von jeder Vergleichspartei eine Antwort, welche die Interpretation der jeweils anderen Partei ausschließt. Ohne dass die Vergleichsparteien dies wollten, beginnen die Streitigkeiten von Neuem. Wer nun bereits auf Basis der Punktation auf eine Machtposition verzichtet hat (vgl. Kapitel 6.8.5.1), hat seine Stellung für diese neuen Streitigkeiten empfindlich geschwächt.

Zusammenfassend ergeben sich daraus zwei Empfehlungen, mit denen Sie diese Risiken vermeiden können:

- Ziehen Sie schon zur Errichtung der Punktation einen Rechtsanwalt oder Notar bei (wenn die Punktation eine notariell beurkundungspflichtige Vereinbarung enthält, benötigen Sie diese Berater ohnehin). Diese helfen durch richtige Fragestellung, mögliche Differenzen frühzeitig zu erkennen, zu beseitigen und statt einer bloßen Punktation einen unmissverständlichen Vergleich auszuformulieren.
- Geben Sie eigene Positionen erst auf, wenn die rechtliche Wirksamkeit der Vereinbarung sichergestellt und sowohl Ihre als auch die Rechte und Pflichten Ihres Vergleichspartners juristisch fachgerecht abgegrenzt wurden.

**Beispiel: Vergleich (wie Sie nicht vorgehen sollen)** !

Mehrere Aktionäre schließen mit ihrem Mitaktionär A eine Punktation, wonach A sein Amt als Vorstand der gemeinsamen B-AG niederlegt und als Aktionär ausscheidet. Sie vereinbaren, dass A für seine Anteile an der B-AG eine »*angemessene Vergütung*« erhalten soll und überdies »*seinen Kundenstamm*« in eine neue – von A erst zu gründende – eigene Gesellschaft übernehmen darf. A unterzeichnet diese Punktation, deren Bestandteil unter anderem seine Amtsniederlegung als Vorstand der B-AG ist.

Die übrigen Vorstandsmitglieder melden A's Amtsniederlegung beim Registergericht an, diese wird im Handelsregister veröffentlicht. Die Punktation übergeben sie einem Rechtsanwalt, der sie ausformulieren und eine förmliche Vertragsurkunde errichten soll.

Aufgrund der Rückfragen des Rechtsanwalts ergibt sich, dass zwischen A und seinen Mitgesellschaftern erhebliche Differenzen über die Höhe einer »angemessenen Vergütung« bestehen. Selbst auf ein bestimmtes Bewertungsverfahren können sich die Streitparteien nicht einigen. Der Rechtsanwalt regt überdies an, die Kunden, die A in Zukunft in einem eigenen Unternehmen betreuen darf, in einer Liste namentlich aufzuzählen und diese Liste der förmlichen Vertragsurkunde beizufügen. Es kommt zu Streitigkeiten, welche Kunden in diese Liste aufgenommen werden sollen. Der Vorstand der B-AG reklamiert insbesondere die umsatzstärksten Kundenkontakte als solche der B-AG – zu Unrecht, wie A meint. A ist unter diesen Umständen nicht mehr bereit, sich aus der Gesellschaft zurückzuziehen. Inzwischen ist seine Amtsniederlegung im Handelsregister veröffentlicht. Der Aufsichtsrat der B-AG weigert sich, A wieder zum Vorstandsmitglied zu bestellen. Die übrigen Vorstandsmitglieder verweigern ihm den Zutritt zu Firmensitz und Büroräumen.

A hätte diese Situation vermeiden können, indem er seinen Rücktritt als Vorstand der B-AG erst in der vom Rechtsanwalt ausformulierten Vertragsurkunde erklärt. Er hätte in diesem Fall während der Klärung der Höhe einer »angemessenen Vergütung« und der Zusammensetzung »seines Kundenstammes« als Vorstandsmitglied weiter Einfluss auf die Geschäftsführung und unter anderem auch Zugang zu allen Büchern und Unterlagen der Gesellschaft gehabt.

**Tipp** !

In vielen Fällen werden Gesellschafterstreite dadurch verglichen und damit beendet, dass ein Gesellschafter aus der Gesellschaft ausscheidet. Lassen Sie in die Ausscheidensvereinbarung eine Bestimmung aufnehmen, wonach der Übernehmer Ihres Geschäftsanteils (meistens ein anderer Gesellschafter), die Mitgesellschafter und die Gesellschaft verpflichtet sind, Sie vorab zu informieren, wenn für einen Zeitraum, während dessen Sie Gesellschafter (oder gar auch Geschäftsführer) waren, eine Steuerberichtigungserklärung oder dergleichen bei öffentlichen Stellen eingebracht werden soll. Ihnen muss die Möglichkeit geboten werden, sich einer solchen Erklärung anzuschließen. Andernfalls könnte es zu einem Steuerstrafverfahren kommen, bei dem Ihnen das Privileg einer Selbstanzeige nicht gewährt wird.

### 6.8.5.3 Vorsicht bei Abgeltungsklauseln!

Sieht die vergleichsweise Lösung eines Gesellschafterstreits vor, dass die Kontrahenten zukünftig getrennte Wege gehen, wollen sie üblicherweise verhindern, dass in der Zukunft zu Fragen Streit entsteht, die nicht ausdrücklich in dem Vergleichspapier behandelt werden. Deshalb sehen Vergleiche typischerweise Abgeltungsklauseln vor.

> **❗ Beispiel: Abgeltungsklausel**
>
> Haben die Gesellschafter A und B zu gleichen Teilen eine AB GmbH gegründet und dort auch jeweils das Amt des Geschäftsführers innegehabt, könnte bei Ausscheiden des B eine Abgeltungsklausel lauten:
>
> *»Mit Erfüllung der in diesem Vergleich geregelten Ansprüche sind alle auf dem Gesellschaftsverhältnis und dem Geschäftsführungsverhältnis beruhenden wechselseitigen Ansprüche zwischen dem A und der AB GmbH einerseits sowie dem B andererseits abgegolten und erledigt, gleich ob die Ansprüche bei Abschluss dieses Vergleiches entstanden, fällig oder bekannt waren. Sollte die AB GmbH auf Ansprüche gegen den B nicht wirksam verzichten können, wird der A den B von einer Inanspruchnahme durch die AB GmbH freistellen.«*

Eine derart umfassende Abgeltungsklausel wirkt zwar einerseits befriedend, bedeutet aber in der Konsequenz, dass nach Vergleichsschluss auch berechtigte, aber vergessene oder unbekannte Ansprüche nicht mehr geltend gemacht werden können. Geben Sie derartige Abgeltungserklärungen nicht leichtfertig ab, denn die Folgen hieraus können erheblich sein. Prüfen Sie insbesondere, welche Ansprüche noch bestehen könnten und für Sie oder die Gesellschaft von erheblicher Bedeutung sind. Regeln Sie, dass die Abgeltungsklausel für solche Ansprüche nicht gelten soll.

> **❗ Tipp**
>
> Weder Ihre Mitgesellschafter noch die Gesellschaft sind verpflichtet, Sie über etwaige Ansprüche aufzuklären, auf die Sie mit der Abgeltungsklausel verzichten. Insofern kann eine Abgeltungsklausel Mittel zum Zweck sein, sich zulasten der Kontrahenten (rechtmäßig) einen Vermögensvorteil zu verschaffen. Nutzen Sie dieses Mittel nach Möglichkeit selbst und seien Sie wachsam bei einem Einsatz durch die Gegenseite.

## 6.8.6 Vergleich bei Kapitalgesellschaften

### 6.8.6.1 Abschlusskompetenz

Alles, was wir bisher zum Vergleich ausgeführt haben, gilt natürlich auch für Kapitalgesellschaften. Bei diesen ist zudem zu beachten, dass, wenn einmal ein streitiger Gesellschafterbeschluss einer GmbH oder ein Hauptversammlungsbeschluss einer AG vorliegt, Gesellschafterstreite zwar materiell unter den Gesellschaftern beziehungsweise Aktionären geführt werden, formell jedoch zwischen diesen und der Gesellschaft. Fassen daher zwei von drei in gleicher Höhe beteiligte Gesellschafter/Aktionäre einen Gesellschafter- oder Hauptversammlungsbeschluss, muss der dritte, wenn er ihn beseitigen will, diesen gerichtlich mit einer Anfechtungsklage gegen die Gesellschaft (und nicht gegen die Mitgesellschafter!) bekämpfen (vgl. Kapitel 6.16.1 und 6.16.2). Parteien des Anfechtungsprozesses sind damit Gesellschaft, welche dabei von der Geschäftsführung oder vom Vorstand vertreten wird, und der mit dem Gesellschafter- oder Hauptversammlungsbeschluss unzufriedene dritte Gesellschafter/Aktionär. Die zwei Gesellschafter/Aktionäre, welche den Gesellschafter- oder Hauptversammlungsbeschluss gefasst haben, sind hingegen nicht Prozesspartei.

Würde nun im Anfechtungsprozess der Geschäftsführer/Vorstand für die Gesellschaft einen Vergleich über den angefochtenen Beschluss schließen, würde er damit unzulässigerweise in Kompetenzen eingreifen, die das Gesetz oder die Satzung nur der Gesellschafterversammlung beziehungsweise der Hauptversammlung zubilligt. Vor diesem Hintergrund ist der Geschäftsführer/Vorstand nicht berechtigt, Vergleiche zu schließen, die den angefochtenen Beschluss abändern oder gar aufheben. Solche Vergleiche sind nur zulässig und erst wirksam, wenn die Gesellschafterversammlung beziehungsweise die Hauptversammlung dem Vergleichsschluss mit der vorgesehenen Mehrheit die Zustimmung erteilt. Alternativ kann die jeweilige Versammlung auch den ursprünglichen Beschluss aufheben.[167]

---

**Beispiel: Die übergangene Gesellschafterversammlung**   **!**

Nehmen wir an, eine GmbH hat drei Gesellschafter A, B und C, welche je zu einem Drittel beteiligt sind, und einen Fremdgeschäftsführer G (vgl. folgende Abbildung 10). C schlägt eine Dividende in der Höhe von EUR 3 Mio. vor, A und B sind strikt dagegen, weil sie meinen, dadurch die Zahlungsfähigkeit der Gesellschaft zu gefährden. A und B beschließen daher eine Dividende in der Höhe von nur EUR 2 Mio., C stimmt dagegen.

---

167 Vgl. zur GmbH: MüKoGmbHG/*Wertenbruch* Anh. §47 Rn.267 ff.; zur AG MüKoAktG/*Hüffer/Schäfer* §246 Rn.30.

Nun kann es nicht sein, dass der Geschäftsführer G mit dem Gesellschafter C einen Vergleich abschließt, wonach eine Dividende in der Höhe von zum Beispiel EUR 2,5 Mio. ausgeschüttet wird, ohne dass die für Gewinnverwendungsbeschlüsse zuständige Gesellschafterversammlung mit den Mehrheitsgesellschaftern A und B dem zustimmen.

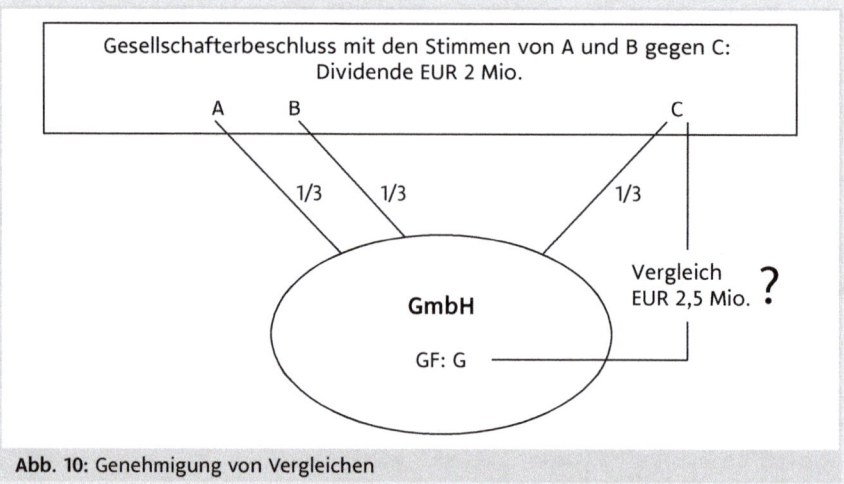

**Abb. 10:** Genehmigung von Vergleichen

**!  Achtung**

Der Geschäftsführer/Vorstand kann im Prozess Behauptungen des klagenden Gesellschafters wirksam zugestehen (§ 288 ZPO), auch wenn diese objektiv falsch sind. Ebenfalls kann er eine Verteidigung gegen die Klage unterlassen – dann ergeht gegen die Gesellschaft ein Versäumnisurteil (§ 331 ZPO). In beiden Fällen kann der Gesellschafter mit seiner Anfechtungsklage durchdringen und zwar auch dann, wenn er bei ordnungsgemäßer Prozessverteidigung seitens der Gesellschaft eigentlich verlieren müsste. Zwar macht sich der Geschäftsführer/Vorstand durch ein solches Verhalten schadenersatzpflichtig, aber der Beschluss der Gesellschafterversammlung beziehungsweise Hauptversammlung ist zunächst beseitigt.
Sehr umstritten ist, ob der Geschäftsführer/Vorstand berechtigt ist, die Klage anzuerkennen und auf diesem Wege den Gesellschafterbeschluss zu beseitigen. Die wohl überwiegende Auffassung bejaht dies.[168]

**!  Tipp**

Wenn Sie als Aktionär oder Gesellschafter Rechtsnachteile durch eine mangelhafte Prozessführung der Gesellschaft vermeiden wollen, können Sie dem Rechtsstreit als Nebenintervenient beitreten (§ 66 ZPO). Als formaler Streithelfer der verklagten Gesellschaft können Sie den Sachvortrag des Klägers bestreiten, sich gegen die Klage verteidigen und Anerkenntnisse der Gesellschaft verhindern.

---

168 Zum Meinungsstand bei der AG: MüKoAktG/*Hüffer/Schäfer* § 246 Rn. 29; zum Meinungsstand bei der GmbH: MüKoGmbHG/*Wertenbruch* Anh. § 47 Rn. 270.

### 6.8.6.2 Verdeckte Abfindung

Nicht selten beinhaltet ein Vergleich eines Gesellschafterstreits das Ausscheiden eines Gesellschafters aus der Gesellschaft, oft zu einem besonders guten Preis, weil der oder die zurückbleibende(n) Gesellschafter bereit sind, ordentlich zu zahlen, um den Gesellschafterstreit endlich zu beenden. Dagegen ist nichts einzuwenden, aber bei der Strukturierung der Kaufpreisbezahlung ist äußerste Vorsicht geboten.

Zurückbleibende Gesellschafter wollen den Kaufpreis für den Geschäftsanteil/die Aktien des ausscheidenden Gesellschafters oft nicht aus ihrem privaten, bereits versteuerten Geld begleichen, sondern Konstruktionen finden, mit denen der Kaufpreis oder zumindest ein Teil des Kaufpreises auf die Gesellschaft abgewälzt wird. Das birgt die Gefahr einer verbotenen Rückgewähr von Gesellschaftsvermögen (vgl. Kapitel 5.5.2.2).

Erfolgt eine Einziehung der Geschäftsanteile/Aktien, schuldet die Gesellschaft dem Ausscheidenden eine Abfindung; erfolgt eine Abtretung der Geschäftsanteile/Aktien, schuldet der übernahmebereite Gesellschafter die Zahlung des Kaufpreises.

Die einvernehmliche Einziehung von Geschäftsanteilen setzt voraus, dass der Ausscheidende seine Stammeinlage in voller Höhe geleistet hat und die Zahlung der Abfindung nicht das Stammkapital der Gesellschaft beeinträchtigt. Die Einziehung ist für die verbleibenden Gesellschafter steuerlich günstiger als eine Abtretung. Für den Ausscheidenden bestehen keine Unterschiede in der Besteuerung.

Häufig enthalten Vergleiche Regelungen, die wirtschaftlich einer Abfindung entsprechen. Zum Beispiel, wenn

- mit dem ausscheidenden Gesellschafter ein Beratervertrag abgeschlossen wird, wobei man mündlich (heimlich) vereinbart, dass der ausscheidende Gesellschafter für das Beraterhonorar keine Gegenleistung erbringen muss (man will ihn ja nicht mehr sehen), oder
- die Gesellschaft auf berechtigte Forderungen gegen den ausscheidenden Gesellschafter verzichtet (negatives Verrechnungskonto).

Es gibt zahlreiche weitere Möglichkeiten, den Kaufpreis oder die Abfindung formal niedrig zu halten und dem Ausscheidenden verdeckte Vorteile zu gewähren. Zu beachten ist, dass die verdeckten Vorteile steuerlich wie eine Abfindungszahlung zu behandeln und entsprechend zu versteuern sind.

## 6.9 Wie erreicht man anfechtungsfeste Gesellschafterbeschlüsse?

Für manche Vorgehensweisen im Gesellschafterstreit benötigt man die Zustimmung einer (je nach Beschlussgegenstand einfachen oder qualifizierten) Gesellschaftermehrheit durch Gesellschafterbeschluss.

Die Gesellschafter können ihre Beschlüsse in Gesellschafterversammlungen oder auf schriftlichem Wege beschließen (Umlaufbeschlüsse). Umlaufbeschlüsse spielen bei Gesellschafterstreitigkeiten jedoch keine Rolle, weil ihnen alle Gesellschafter zustimmen müssen und eine solche Zustimmung durch alle Gesellschafter im Konfliktfall unwahrscheinlich ist. Dieser Ratgeber geht daher nur auf in Gesellschafterversammlungen zustande gekommene Gesellschafterbeschlüsse ein.

Voraussetzung für das rechtswirksame Zustandekommen von Gesellschafterbeschlüssen ist:
- die fehlerfreie Einberufung der Gesellschafterversammlung,
- die fehlerfreie Durchführung der Gesellschafterversammlung und
- die inhaltliche Rechtmäßigkeit des Beschlussgegenstandes.

Verstöße gegen die beiden erstgenannten Voraussetzungen bilden formelle Anfechtungs- oder Nichtigkeitsgründe. Der Verstoß gegen die letztgenannte Voraussetzung ist ein materieller Anfechtungs- oder Nichtigkeitsgrund. Die Anfechtung von Gesellschafterbeschlüssen ist sowohl aus formellen als auch aus materiellen Anfechtungsgründen möglich und geboten, wenn die andere Seite im Gesellschafterstreit Ihren Interessen widerstrebende Beschlüsse fehlerhaft fasst (vgl. Kapitel 6.16).

Von Bedeutung ist in diesem Zusammenhang auch die bei **Kapitalgesellschaften** bestehende Unterteilung in Anfechtungsgründe und Nichtigkeitsgründe.

Anfechtungsgründe führen nur dann zur Unwirksamkeit des Beschlusses, wenn sie innerhalb der Anfechtungsfrist (in der Regel ein Monat, keinesfalls aber kürzer) von einem Gesellschafter (im Aktienrecht auch vom Vorstand) angefochten werden und die Anfechtungsklage erfolgreich ist.

Nichtigkeitsgründe bewirken unmittelbar die Unwirksamkeit eines Beschlusses, auch wenn sie nicht gerichtlich angegriffen werden. Ein nichtiger Gesellschafterbeschluss darf daher von der Geschäftsführung nicht vollzogen werden. Soll ein Beschluss zum Handelsregister angemeldet werden, hat das Registergericht zu prüfen, ob er Nichtigkeitsgründe enthält, und darf ihn gegebenenfalls nicht eintragen. – Um Rechtsklarheit zu haben, ob ein Beschluss nichtig ist oder nicht und um eine etwaige Berufung auf die Nichtigkeit nicht zu verwirken, kann und sollten auch nichtige Beschlüsse mit einer Klage angegriffen werden (sogenannte Nichtigkeitsklage). Die Nichtigkeitsklage muss allerdings nicht innerhalb einer bestimmten Frist erhoben werden. Bei zu langem Zuwarten kann aber die Verwirkung mancher Nichtigkeitsgründe drohen.

Ein Beschluss ist anfechtbar, wenn er[169]
- infolge einer »leicht« mangelhaften Einberufung zustande gekommen ist;
- gesetzliche oder gesellschaftsvertragliche Bestimmungen verletzt;
- für einzelne Gesellschafter unzulässige Sondervorteile mit sich bringt;
- gegen den Grundsatz der Gleichbehandlung der Gesellschafter verstößt;
- gegen den Gesellschaftszweck verstößt;
- gegen Treuepflichten verstößt.

Ein Beschluss ist nichtig (vgl. § 241 AktG, der für die GmbH analog gilt), wenn er
- infolge einer »grob« mangelhaften Einberufung zustande gekommen ist;
- entgegen einer gesetzlichen Pflicht nicht notariell beurkundet wurde;
- mit dem Wesen einer Gesellschaft unvereinbar ist;
- inhaltlich wesentliche Interessen von Gesellschaftsgläubigern oder öffentliche Interessen verletzt;
- inhaltlich gegen die guten Sitten verstößt.

Die Rechtsprechung zur inhaltlichen Rechtswidrigkeit (materielle Anfechtungsgründe und materielle Nichtigkeitsgründe) ist kasuistisch und umfangreich. Materielle Anfechtungsgründe können daher selbst bei sorgfältiger Vorgehensweise entstehen. Insbesondere wer bei Gesellschafterbeschlüssen die bestehenden rechtlichen Grenzen voll ausschöpft, riskiert einen materiellen Anfechtungsgrund.

Formelle Anfechtungs- und Nichtigkeitsgründe sind vermeidbar und für die Gegenseite leicht erkennbar. Sie führen deshalb mit hoher Wahrscheinlichkeit zu einer Anfechtung des angestrebten Gesellschafterbeschlusses. Wer sein eigenes Vorhaben nicht von Vornherein untergraben will, **muss** formelle Anfechtungs- und Nichtigkeitsgründe daher vermeiden.

---

169 Vgl. zur GmbH: Baumbach/Hueck/*Zöllner/Noack* Anh. § 47 Rn. 83.

> **! Tipp**
>
> Formmängel bei der Einberufung bedeuten noch nicht aller Tage Abend.
> Verzichten die Gesellschafter einer Vollversammlung auf die Rüge eines Ladungs-
> fehlers, ist die Versammlung trotz Ladungsfehler beschlussfähig.[170] Die Recht-
> sprechung geht dabei davon aus, dass der Rügeverzicht nicht ausdrücklich erklärt
> werden muss, sondern auch konkludent erklärt werden kann (vgl. §51 Abs. 3
> GmbHG und §121 Abs. 6 AktG). Ein konkludenter Rügeverzicht kann vorliegen, wenn
> (a) der Gesellschafter bei der Gesellschafterversammlung anwesend ist und (b) an
> der Gesellschafterversammlung »mitwirkt«. Welche Voraussetzungen an eine
> »Mitwirkung« zu stellen sind, ist nicht geklärt. Bei einem anwesenden Gesellschaf-
> ter, der bei der Versammlung den Ladungsfehler nicht ausdrücklich rügt, im Verlauf
> der Versammlung an den Diskussionen teilnimmt und bei der jeweiligen Beschluss-
> fassung abstimmt, wird man einen konkludenten Rügeverzicht annehmen.
> Wollen Sie eine formal rechtswidrig einberufene Gesellschafterversammlung
> »retten«, versuchen Sie, alle Gesellschafter zur Teilnahme und Wortmeldung in der
> Sache selbst sowie zur Abstimmung über die Beschlussgegenstände zu bewegen
> (und protokollieren Sie die Wortmeldungen der Gesellschafter).
> Wollen Sie eine formal rechtswidrig einberufene Gesellschafterversammlung
> verhindern, lassen Sie diese unbesucht oder rügen Sie ausdrücklich den Einberu-
> fungsmangel. Achten Sie darauf, dass Ihre ausdrücklich erklärte Rüge auch in dem
> Protokoll vermerkt wird.
> Haben Sie sich in einer formal rechtswidrig einberufenen Gesellschafterversamm-
> lung in der Sache selbst zu Wort gemeldet, können Sie Beschlüsse dieser Versamm-
> lung unter Umständen noch anfechten, wenn die behandelte Beschlussmaterie
> besonders komplex war. Dies mit der Begründung, dass der Formmangel eine an-
> gemessene Vorbereitung der Gesellschafterversammlung verhindert hat und Ihnen
> deshalb keine abschließende Behandlung und Entscheidung über die Sache möglich
> ist. Sie sollten in solchen Fällen aber dafür Sorge tragen, dass ein Hinweis auf diese
> mangelnde Vorbereitungszeit gemeinsam mit Ihrer Wortmeldung protokolliert wird.
> Ebenso kann trotz Ladungsfehler über einen bestimmten Gegenstand Beschluss
> gefasst werden, wenn die Gesellschafter mit der jeweiligen Beschlussfassung ein-
> verstanden sind. Ein Gesellschafter kann dabei einer Beschlussfassung zustimmen,
> bei der Abstimmung aber gegen den Beschlussvorschlag stimmen. Er darf dann
> zwar den Ladungsfehler nicht mehr rügen, wohl aber etwaige inhaltliche Mängel
> des Beschlusses (beispielsweise eine Verletzung des Gleichheitsgrundsatzes, weil
> der Beschluss einzelne Gesellschafter bevorzugt).[171]

Für **Personengesellschaften** sieht das Gesetz aufgrund des Einstimmigkeits-
prinzips weder die Durchführung einer förmlichen Gesellschafterversammlung vor noch Anfechtungsregeln.

---

170  MüKoGmbHG/*Liebscher* §51 Rn.60 f.
171  Zur Heilung von Ladungsmängeln: Baumbach/Hueck/*Zöllner/Noack* §51 Rn.29 f.

Sofern bei einer Personengesellschaft Mehrheitsbeschlüsse möglich sein sollen (vgl. Kapitel 4.1.8.8.1), sollte der Gesellschaftsvertrag auch Regelungen über Ladung und Abhaltung von Gesellschafterversammlungen enthalten. Gleichzeitig muss den bei der Beschlussfassung überstimmten Gesellschaftern die Möglichkeit der gerichtlichen Beseitigung der Beschlüsse eingeräumt werden.

Üblicherweise finden sich daher bei Personengesellschaften in der Satzung Regelungen zur Beschlussfassung und zur Klage gegen Beschlüsse, die den bei Kapitalgesellschaften geltenden Regeln entsprechen.

---

**Achtung** !

Die Anfechtungsklage gegen den Beschluss einer GmbH-Gesellschafterversammlung oder AG-Hauptversammlung muss gegen die GmbH beziehungsweise AG erhoben werden. Dagegen ist die Klage gegen den Beschluss der Gesellschafterversammlung einer Personengesellschaft (diese wird stets als Nichtigkeitsklage bezeichnet) gegen jene Mitgesellschafter zu richten, welche für den Beschluss gestimmt haben. Die Nichtigkeitsklage bei Personengesellschaften sollte innerhalb von spätestens sechs Monaten nach Beschlussfassung erhoben werden, andernfalls droht Verwirkung.

In Gesellschaftsverträgen von Personengesellschaften ist häufig geregelt, dass Klagen gegen Beschlüsse gegenüber der Gesellschaft (und nicht gegenüber den Gesellschaftern) zu erheben sind; oft auch, dass derartige Klagen innerhalb einer bestimmten Frist (in der Regel innerhalb eines Monats) zu erheben sind. Solche Regelungen sind sinnvoll, zulässig und zu beachten.

---

**Achtung** !

Mit Hilfe formaler Tricks bei der Einberufung und/oder Abhaltung von Gesellschafterversammlungen kann man rechtlich nicht sattelfeste Gegner aus dem Sattel werfen, ohne sich inhaltlich auf ihre Argumente einzulassen. Das ist verlockend. Verwenden Sie formale Tricks aber überlegt. Denn die Verwendung formaler Tricks schürt Emotionen und kann einen Gesellschafterstreit gefährlich zuspitzen und eskalieren lassen. Wer formale Tricks verwendet, sollte deshalb unbedingt bereits ein bis zur Zielerreichung vorausschauendes Drehbuch für den Gesellschafterstreit ausgearbeitet haben (vgl. Kapitel 6.4.2).

---

### 6.9.1 Die richtige Einberufung von Gesellschafterversammlungen und Hauptversammlungen

Grundsätzlich werden Gesellschafterversammlungen einer GmbH vom Geschäftsführer (§ 49 Abs. 1 GmbHG) und Hauptversammlungen einer AG vom Vorstand (§ 121 Abs. 2 AktG), in Ausnahmefällen auch vom Aufsichtsrat (§ 111 Abs. 3 AktG) einberufen.

GmbH-Gesellschafter mit einer Beteiligung von zumindest 10 % des Stamm-kapitals (§ 50 GmbHG) und Aktionäre, deren Anteile zumindest 5 % des Grund-kapitals erreichen (§ 122 AktG), können von der Geschäftsführung unter Angabe der beabsichtigten Tagesordnung die Einberufung einer Gesellschaf-terversammlung/Hauptversammlung verlangen. Entspricht die Geschäfts-führung/der Vorstand diesem Verlangen nicht, können

- die verlangenden GmbH-Gesellschafter, nach Ablauf einer fruchtlosen Frist (zwischen zwei und vier Wochen), die Gesellschafterversammlung mit der von ihnen beabsichtigten Tagesordnung selbst einberufen;
- Aktionäre die Einberufung gerichtlich durchsetzen, indem sie das Gericht auffordern, sie zur Einberufung einer Hauptversammlung zu ermächtigen.

Die Gesellschafterversammlung einer **GmbH** kann durch denjenigen abgesagt werden, der sie (zuständigerweise) einberufen hatte. Bei einer Absage der Gesellschafterversammlung sind für eine neue Gesellschafterversammlung erneut die vollen Ladungsfristen einzuhalten. Zulässig ist es, dass sich sämt-liche Gesellschafter einvernehmlich darauf verständigen, die Gesellschafter-versammlung zu verlegen oder an einem anderen Tag fortzusetzen. Soweit sich die Gesellschafter einig sind, muss weder eine gesonderte Ladung erfol-gen, noch muss die Ladungsfrist zwingend eingehalten werden. Bei einer Ver-legung der Gesellschafterversammlung sind die rechtlichen Voraussetzungen einer Absage der bisher angesetzten und der Neueinberufung einer anderen Gesellschafterversammlung zu beachten.[172]

Die Hauptversammlung einer **AG** kann bis zu ihrem Beginn durch den Vorstand abgesagt oder vertagt werden. Nach ihrem Beginn kann eine Absage oder Vertagung nur noch durch Hauptversammlungsbeschluss erfolgen.[173] Ist die Hauptversammlung aufgrund eines Minderheitsverlangens (§ 122 Abs. 2 AktG) einberufen worden, kann sie nicht durch bloßen Mehrheitsbeschluss der Hauptversammlung abgesagt oder vertagt werden. Erforderlich ist vielmehr die Zustimmung der die Einberufung verlangenden Aktionäre.[174]

Formelle Anfechtungsgründe kreisen insbesondere um drei Themenbereiche:
- Wurde die Gesellschafterversammlung formell richtig einberufen?
- Wurden die Gesellschafter über den Inhalt der Gesellschafterversammlung (Tagesordnung) vorab ausreichend informiert?
- Ist die Teilnahme an der Gesellschafterversammlung allen Gesellschaftern möglich?

---

172 *Lutz*, Der Gesellschafterstreit, Rn. 103 ff.
173 BGH, Urteil vom 30.06.2015, Az. II ZR 142/14.
174 MüKoAktG/*Kubis* § 119 Rn. 141.

Dogmatisch betrachtet ist auch die korrekte Formulierung der Tagesordnungspunkte eine Voraussetzung der formell richtigen Einberufung einer Gesellschafterversammlung. Praktisch fallen die endgültige Festlegung der Tagesordnung und die Einberufung der Gesellschafterversammlung oft auseinander, weshalb sie hier getrennt behandelt werden.

Zur Vorbereitung einer Gesellschafterversammlung vgl. Kapitel 12.4, zur Vorbereitung einer Hauptversammlung vgl. Kapitel 12.5.

### 6.9.1.1 Formell richtige Einberufung

Die formell richtige Einberufung bemisst sich neben den gesetzlichen auch an etwaigen gesellschaftsvertraglichen Vorgaben. Auch die Missachtung gesellschaftsvertraglicher Formvorschriften zur Einberufung von Gesellschafterversammlungen führt zur Anfechtbarkeit oder Nichtigkeit der in dieser Versammlung gefassten Gesellschafterbeschlüsse. Bevor Sie eine Gesellschafterversammlung einberufen, sollten Sie daher unbedingt auch den Gesellschaftsvertrag Ihres Unternehmens auf mögliche Vorgaben überprüfen.

| | gesetzliche Regelung | häufige vertragliche Regelungen |
|---|---|---|
| **Durch wen?** | | |
| GmbH | ▪ durch jeden einzelnen GF (auch dann, wenn mehrere, nur gesamtvertretungsberechtigte GF vorhanden sind)<br>▪ Gesellschafter mit Beteiligung von mindestens 10 % des Stammkapitals kann von GF Einberufung verlangen – wenn GF Einberufung nicht zeitnah vornimmt, beruft Gesellschafter selbst ein | ▪ jeder Gesellschafter kann Einberufung durch GF unabhängig von der Höhe seiner Beteiligung verlangen<br>▪ Gesellschafter selbst einberufungsberechtigt (für Minderheitsgesellschafter empfehlenswert) |
| AG | ▪ durch den Vorstand (Entscheidung über die Einberufung durch Vorstandsbeschluss, Durchführung der Einberufung kann einzelnem Vorstandsmitglied übertragen werden)<br>▪ Aktionär mit Beteiligung von mindestens 5 % des Grundkapitals oder EUR 500.000 absolut kann von Vorstand Einberufung verlangen – wenn dieser Einberufung verweigert: Klage (kein Selbsthilferecht)<br>▪ in Ausnahmefällen: durch den Aufsichtsrat | ▪ Einberufung auch durch einzelne Vorstandsmitglieder möglich<br>▪ einzelner Aktionär oder Aktionärsgruppe zur Einberufung berechtigt (nur sinnvoll, wenn überschaubarer Aktionärskreis) |

| | gesetzliche Regelung | häufige vertragliche Regelungen |
|---|---|---|
| **In welcher Form?** | | |
| GmbH | • Eingeschriebener Brief an jeden einzelnen Gesellschafter | • per Telefax oder E-Mail<br>• Veröffentlichung in Gesellschaftsblättern (selten) |
| AG | • Veröffentlichung in allen Gesellschaftsblättern (zwingend im elektronischen Bundesanzeiger)<br>• wenn alle Aktionäre der Gesellschaft namentlich bekannt sind: alternativ durch Einschreiben | • Verschärfung zulässig, zum Beispiel weitere Gesellschaftsblätter (insbesondere am Sitz der AG verbreitete Regionalzeitungen)<br>• Erleichterungen der gesetzlichen Formvorschriften sind unzulässig |
| **Wann?** | | |
| GmbH | • zwischen dem Tag der voraussichtlichen Zustellung der Ladung und jenem der GV müssen mindestens 7 volle Tage liegen (im Inland dürfen Zustellungszeiten von einem Tag eingeplant werden)*<br><br>* Baumbach/Hueck/Zöllner/Noack § 51 Rn. 19 f. | • längere Einberufungsfristen (Fristverkürzung unzulässig) – in der Regel werden 14 Tage vereinbart |
| AG | • zwischen dem Tag der letzten Pflicht-Veröffentlichung (alternativ: dem Tag der Versendung des Einberufungsschreibens) und Tag der HV müssen 30 Tage liegen | • längere Einberufungsfristen bis maximal 10-12 Wochen<br>• Fristverkürzung unzulässig |

**Tab. 11:** Gesetzliche und häufige gesellschaftsvertragliche Vorgaben für formell richtige Einberufungen

**! Tipp**

Die Einberufung einer Hauptversammlung erfolgt formgerecht durch die Veröffentlichung in den Gesellschaftsblättern (d.h. mindestens im elektronischen Bundesanzeiger; bei börsennotierten Gesellschaften zusätzlich auf deren Internetseite, § 124a AktG). Personen, die nicht täglich den elektronischen Bundesanzeiger (oder das in der Satzung der AG allenfalls bestimmte weitere Bekanntmachungsblatt) lesen, laufen Gefahr, eine formgerechte Bekanntmachung zu übersehen und Hauptversammlungen zu versäumen. Dem können Sie Abhilfe schaffen, indem Sie sich bei der Gesellschaft in das Aktienregister eintragen lassen (§ 125 Abs. 2 AktG). Die Gesellschaft ist dann verpflichtet, Ihnen die Einberufung und die Tagesordnung der Hauptversammlung schriftlich (falls in der Satzung so geregelt: auch per E-Mail) mitzuteilen (Recht auf **Sondermitteilung**)!

> **Tipp** !
>
> Einberufungen zur Gesellschafterversammlung haben üblicherweise durch ein-geschriebene Postsendung zu erfolgen. Sind von einem Gesellschafter mehrere Adressen bekannt und bestehen Zweifel daran, welche Adresse die »richtige« ist, empfiehlt sich zur Vermeidung von Formmängeln die Versendung an alle bekannten Adressen des Gesellschafters.
>
> Etwas anderes gilt, wenn Sie erreichen wollen, dass der Gesellschafter nicht kommt. Dann könnten Sie erwägen, die Einberufung lediglich an eine Adresse zu versenden. Sollte sich nachträglich aber herausstellen, dass diese Adresse nicht die gesetzlich oder gesellschaftsvertraglich bestimmte »richtige« Adresse war, dann ist die Einberufung formell mangelhaft und die Beschlüsse dieser Gesellschafterver-sammlung sind anfechtbar.
>
> Zur Vorbeugung könnte der Gesellschaftsvertrag vorsehen, dass die Gesellschaf-ter durch Versendung des Einberufungsschreibens an die der Gesellschaft zuletzt bekannt gegebene Adresse zu verständigen sind. Sorgen Sie in solchen Fällen dafür, dass Änderungen Ihrer Adresse der Gesellschaft unverzüglich mitgeteilt werden.

> **Achtung** !
>
> Der Aufsichtsrat hat zu jedem Punkt der Tagesordnung, über den die Hauptver-sammlung berufen soll, Vorschläge zur Beschlussfassung zu machen (§ 124 Abs. 3 AktG). Gleiches gilt für den Vorstand, außer bei der Wahl von Aufsichtsratsmit-gliedern und Abschlussprüfern.

Sofern die Nichteinhaltung der Ladungsfristen beziehungsweise Fristen zur Bekanntgabe der Tagesordnung im Raum steht und Sie dennoch an der Ver-sammlung teilnehmen wollen, sollten Sie stets darauf achten, dass Sie auf der Versammlung die Fristverletzung so früh wie möglich rügen und zu Beweis-zwecken Ihre Rüge in dem Versammlungsprotokoll vermerkt wird.

Die Nichteinhaltung der Ladungs- und Bekanntgabefristen hindert die Wirk-samkeit eines Gesellschafterbeschlusses ausnahmsweise dann nicht, wenn der Ladungsmangel auf die Beschlussfassung keinen Einfluss haben konnte. Wann ein solcher Ausnahmefall vorliegt, ist stets eine Einzelfallentscheidung. Beachten Sie, dass nach der Rechtsprechung ein Ladungsmangel nicht auto-matisch schon deswegen unbeachtlich ist, weil sich lediglich ein Minderheits-gesellschafter auf den Ladungsmangel beruft, der mit seinem Stimmgewicht eine Beschlussfassung sowieso nicht verhindern kann. Zum Schutz des Min-derheitsgesellschafters gilt die Fiktion, dass er bei fristgerechter Ladung beziehungsweise fristgerechter Bekanntgabe der Tagesordnung auf der Ge-sellschafterversammlung durch seine ordnungsgemäß vorbereiteten Wort-meldungen unter Umständen die Mehrheitsgesellschafter noch von der Sinn-haftigkeit einer anderen Abstimmung hätte überzeugen können.

### 6.9.1.2 Information über den Inhalt der Gesellschafterversammlung und der Hauptversammlung

Die Gesellschafter treffen in den Gesellschafterversammlungen oft weitreichende Entscheidungen bis hin zum Ausschluss einzelner Gesellschafter oder zur Auflösung der Gesellschaft. Diese Entscheidungen sollen die Gesellschafter gut vorbereitet treffen. Um sich vorbereiten zu können, müssen die Gesellschafter wissen, zu welchen Themen (Tagesordnungspunkten) Beschlüsse gefasst werden sollen. Deshalb sehen GmbHG und AktG vor, dass den Gesellschaftern die Beschlussthemen vor der Gesellschafterversammlung mitzuteilen sind.

> **! Tipp**
>
> Immer wieder wird darüber gestritten, ob die den Gesellschaftern mit der Post geschickten Kuverts tatsächlich Einberufungsschreiben, Tagesordnungen und/oder Anlagen zu den einzelnen Tagesordnungspunkten enthielten.
> Kuvertieren Sie Einberufungsschreiben daher vor glaubwürdigen Zeugen (zum Beispiel der Sekretärin Ihres Rechtsanwalts oder Steuerberaters), welche im Falle eines folgenden Gerichtsverfahrens bestätigen können, welche einzelnen Schriftstücke kuvertiert wurden. Oder versenden Sie die Einberufungsschreiben mit sämtlichen Unterlagen zusätzlich mit E-Mail an alle Gesellschafter.

In der **GmbH** soll schon das Einberufungsschreiben die Tagesordnung enthalten (§ 51 Abs. 2 GmbHG). Fehlt die Tagesordnung, ist die Ladung trotzdem wirksam. Änderungen und Ergänzungen der Tagesordnung sind ebenfalls noch möglich.

Bei **AGs** muss mit der Ladung die Tagesordnung der Hauptversammlung bekannt gegeben werden. Minderheitsaktionäre (gemeinsam mindestens 5 % oder Anteil am Grundkapital von mindestens EUR 0,5 Mio.) können bis 24 Tage vor der Hauptversammlung (bei börsennotierten Gesellschaften 30 Tage) die Ergänzung der Tagesordnung verlangen (§ 122 Abs. 2 AktG). Der Vorstand beziehungsweise der Aufsichtsrat hat die Tagesordnung dann unverzüglich zu ergänzen und die Ergänzung bekanntzumachen (§ 124 Abs. 1 AktG).

Der Zeitraum, in dem solche Minderheitsaktionäre nach Einberufung der Hauptversammlung die Aufnahme der von ihnen gewünschten Beratungs- und Beschlussgegenstände in die Tagesordnung verlangen können, beträgt daher (nur) sechs Tage, bei börsennotierten AGs kann diese bei entsprechender Verkürzung der Anmeldefrist sogar ganz entfallen. Änderungen der Tagesordnung nach diesem Zeitpunkt sind nur sehr beschränkt zulässig (vgl. Kapitel 6.9.1.2.2).

## 6.9.1.2.1 Änderung und Ergänzung der Tagesordnung in der GmbH

Grundsätzlich sind Gesellschafter mit einem Beteiligungsanteil von (alleine oder gemeinsam) zumindest 10 % des Stammkapitals berechtigt, von der Geschäftsführung die Ergänzung der Tagesordnung um von ihnen gewünschte Beratungs- und/oder Beschlussgegenstände zu verlangen (§ 50 Abs. 2 GmbHG). Dieses Verlangen kann formlos erfolgen.[175] Das Verlangen unterliegt keiner konkreten Frist, sollte aber so früh wie möglich gestellt werden, damit der Geschäftsführer die Frist zur Ergänzung der Tagesordnung noch wahren kann, denn nach § 51 Abs. 4 GmbHG muss eine Ergänzung der Tagesordnung mindestens drei Tage vor der Gesellschafterversammlung erfolgen. Die Geschäftsführer müssen die Tagesordnung in der Form ergänzen, in der auch die Ladung erfolgen musste (also in der Regel per Einschreiben). Nach überwiegender Auffassung müssen die drei vollen Tage zwischen dem Tag des voraussichtlichen Zugangs der Ergänzung der Tagesordnung und dem Tag der Versammlung liegen.

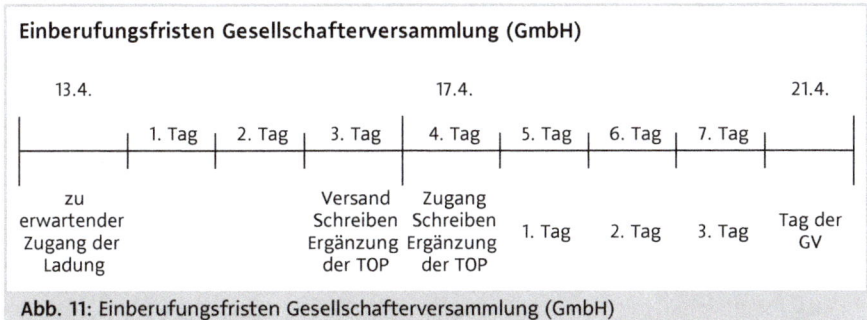

**Abb. 11:** Einberufungsfristen Gesellschafterversammlung (GmbH)

---

**Tipp** !

Im Ergebnis bedeutet dies, dass zwischen dem Tag der voraussichtlichen Zustellung der Ladung und dem letztmöglichen Tag, an dem die Geschäftsführung die Tagesordnung ergänzen kann, lediglich zwei volle Tage liegen. In diesem Zeitraum muss der ergänzungswillige Gesellschafter Kenntnis von der Ladung erlangen, die Situation richtig erfassen, eine Entscheidung über die weitere Vorgehensweise treffen und die Geschäftsführung um Ergänzung der Tagesordnung bitten. – Verzögert sich die Zustellung der Ladung wegen Störungen bei der Post oder wird die Ladung beispielsweise an einem Donnerstag oder Freitag zugestellt, so bleibt für dieses gesamte Prozedere oft nur ein Tag Zeit und eine Ergänzung der Tagesordnung ist faktisch ausgeschlossen.

Sind Sie selbst Geschäftsführer und wollen verhindern, dass einzelne Gesellschafter noch eine Ergänzung der Tagesordnung verlangen, sollten Sie die Ladung

---

175 Baumbach/Hueck/*Zöllner*/*Noack* § 50 Rn. 5.

so versenden, dass diese die Gesellschafter am Freitag erreicht. Die Ergänzung der Tagesordnung könnte dann nur noch bis Montag versandt werden. Aufgrund des Wochenendes wird Ihnen ein Ergänzungsverlangen der Mitgesellschafter aber frühestens am Montag zugehen. Zwar sind Sie als Geschäftsführer zu raschem Handeln verpflichtet. Auf das Ergänzungsverlangen noch am gleichen Tage zu reagieren, kann von dem Geschäftsführer aber nicht verlangt werden. Die Tagesordnungspunkte der ergänzungswilligen Gesellschafter können dann erst auf der nächsten Gesellschafterversammlung behandelt werden.

Wenn Sie vermeiden wollen, als Gesellschafter selbst in eine solche Situation zu geraten, sollten Sie von Anfang an im Gesellschaftsvertrag eine Mindestladungsfrist von zwei Wochen vorsehen.

Aber auch derjenige Gesellschafter, der die Gesellschafterversammlung einberufen hat lassen, ist zur Ergänzung der Tagesordnung berechtigt. Gleiches gilt für die Geschäftsführer.

Diese Regelung eröffnet sowohl dem Gesellschafter, der die Einberufung verlangt hat, als auch dem Geschäftsführer Wege, die Vorbereitungsmöglichkeit der Gegenseite zu reduzieren, ohne damit formale Einberufungsmängel zu schaffen:

| für Gesellschafter, der die Einberufung verlangt (mit Einfluss auf Geschäftsführung): | <ul><li>GF beruft GV auf Verlangen des Gesellschafters ein;</li><li>Gesellschafter lässt GV vorerst nur zu unverdächtigen Tagesordnungspunkten einberufen und hält die »problematischen« Tagesordnungspunkte zunächst zurück;</li><li>Gesellschafter lässt durch GF am sechsten Tag vor der GV eine ergänzende Tagesordnung mit den »problematischen« Tagesordnungspunkten in derselben Form wie die Einberufung übermitteln (also per eingeschriebenem Brief);</li><li>Postzustellung erfolgt frühestens am nächsten Werktag;</li><li>Gesellschafter hat erreicht, dass sich sein Gegner zumindest vier Tage kürzer auf den »problematischen« Tagesordnungspunkt vorbereiten kann.</li></ul> |
|---|---|
| für den Gegner des Gesellschafters, der die Einberufung verlangt hat: | <ul><li>verlangt von GF unverzüglich nach Erhalt der Ladung die Ergänzung »seiner« Tagesordnungspunkte;</li><li>GF sind verpflichtet, Ergänzung unverzüglich weiterzuleiten (wodurch möglicherweise weiterer Zeitverlust entsteht);</li><li>der die Einberufung Verlangende wird auf die ergänzten Tagesordnungspunkte nicht mehr reagieren können.</li></ul> |

Die gesetzliche Regelung lässt also nicht viel Zeit zur Vorbereitung auf ergänzte Tagesordnungspunkte. Das ist für den einberufenden Gesellschafter (Geschäftsführer) ein Vorteil. Dem Gegner des einberufenden Gesellschafters (Geschäftsführers) steht zur Ergänzung von Tagesordnungspunkten nur eine kurze Frist zwischen Verständigung der Einberufung und letztmöglichem Ergänzungstermin zur Verfügung. Besondere Tagesordnungspunkte, deren Vorbereitung den einberufenden Gesellschafter in der verbleibenden Zeit zur Gesellschafterversammlung unter Zugzwang bringen, wird er deshalb nur ergänzen können, wenn er sich solche vorbereitet »auf Vorrat« bereithält.

Die gesetzlichen Mindestfristen (sieben Tage Ladungsfrist, drei Tage Frist zur Bekanntgabe/Ergänzung der Tagesordnung) dürfen voll ausgeschöpft werden, ohne dass dies einen Beschlussmangel begründet.

Viele Gesellschaftsverträge sehen andere Regelungen – insbesondere längere Fristen – für die Bekanntgabe und/oder Ergänzung von Tagesordnungspunkten vor (vgl. Kapitel 4.1.8.2).

### 6.9.1.2.2 Änderung und Ergänzung der Tagesordnung in der AG

Aktionäre, die alleine oder gemeinsam zumindest 5 % des Grundkapitals erreichen oder über ein Grundkapital von EUR 500.000 verfügen, sind berechtigt, bestimmte Gegenstände auf die Tagesordnung setzen zu lassen. Dieses Verlangen muss spätestens 24 Tage (bei börsennotierten Gesellschaften 30 Tage) vor der Hauptversammlung bei der AG eingehen (vgl. Abbildung 5 in Kapitel 4.1.8.2). Der Vorstand muss diesem Verlangen umgehend entsprechen (vgl. Kapitel 4.1.8.2).

> **Achtung**                                                                    **!**
>
> Bei Aktiengesellschaften beträgt die Ladungsfrist 30 Tage zuzüglich einer etwaigen Mindestanmeldefrist von bis zu sechs Tagen (vgl. § 123 Abs. 1, 2 AktG). Abhängig von der Länge der Mindestanmeldefrist beträgt die Ladungsfrist also zwischen 30 und 36 Tagen. Bereits bei nichtbörsennotierten AGs bleibt also nur sehr wenig Zeit, das Ergänzungsverlangen geltend zu machen (vgl. Kapitel 6.9.1.1). Bei börsennotierten AGs kann durch eine reduzierte Mindestanmeldefrist die Ergänzungsfrist faktisch leerlaufen.

Aber auch das AktG bietet den Aktionären eine Möglichkeit, die übrigen Aktionäre unvorbereitet zu treffen: den Ergänzungsantrag (vgl. § 124 Abs. 4 S. 2 Alt. 2 AktG). Der Ergänzungsantrag hat zum Ziel, einen unangekündigten Gegenstand der Beschlussfassung zu unterwerfen. Dazu muss der Gegenstand in derart engem sachlichen Zusammenhang mit einem angekündigten Tagesordnungspunkt stehen, dass die Aktionäre bei objektiver Betrachtung mit einem entsprechenden Antrag rechnen müssen und daher nicht überrascht werden können. Zum AktG anerkannte zulässige Ergänzungsanträge sind unter anderem:[176]

- Beschluss über die Durchführung einer Sonderprüfung unter dem Tagesordnungspunkt »Entlastung von Vorstand und Aufsichtsrat«;
- Antrag auf Vertrauensentzug gegen den Vorstand unter Bezugnahme auf den Tagesordnungspunkt »Entlastung« (sehr streitig);
- Beschluss über die Geltendmachung von Schadenersatzansprüchen unter Bezugnahme auf einen in der Hauptversammlung zu behandelnden Sonderprüfungsbericht.

Schließlich kann die Hauptversammlung auch über nicht angekündigte Gegenstände beraten, solange damit keine Beschlussfassung verbunden ist (§124 Abs. 4 S. 2 Alt. 3 AktG). Der Gegenstand der Beratung muss aber mit der Unternehmenstätigkeit der AG zusammenhängen und in den Zuständigkeitsbereich der Hauptversammlung fallen. Es ist daher jedem Aktionär möglich, in der Hauptversammlung Themen aufzuwerfen, die anderen Aktionären (oder Vorstand und/oder Aufsichtsrat) unangenehm sind und sie unvorbereitet treffen. Der Aktionär hat einen Rechtsanspruch darauf, dass der Versammlungsleiter der Hauptversammlung seiner Anregung auf Beratung über einen Gegenstand folgt. Gegen uferlose Ausführungen abseits der Tagesordnung darf und soll der Versammlungsleiter aber einschreiten.[177]

### 6.9.1.2.3 Konkretisierung einzelner Tagesordnungspunkte

Aus den Tagesordnungspunkten muss hervorgehen, über was verhandelt und was beschlossen werden soll, andernfalls ist die Ladung nicht ordnungsgemäß. Sie müssen so deutlich formuliert sein, dass sich die Gesellschafter auf die Erörterung und Beschlussfassung vorbereiten können.[178]

Um das gesetzliche System der rechtzeitigen Ankündigung der Beschlussgegenstände optimal auszunützen, muss es dem streitenden Gesellschafter andererseits gelingen, die übrigen Gesellschafter über die von ihm angestrebten Beschlussgegenstände so wenig wie möglich und gerade noch so viel wie nötig zu informieren. Die zentrale Frage ist daher in der Praxis, wie weit die einzelnen Tagesordnungspunkte konkretisiert werden müssen. Einerseits besteht bei einer zu weit gefassten Formulierung eines Tagesordnungspunktes

---

176 MüKoAktG/*Kubis* §124 Rn.60.
177 MüKoAktG/*Kubis* §124 Rn.71.
178 Baumbach/Hueck/*Zöllner/Noack* §51 Rn.24.

die Gefahr der Anfechtbarkeit aller in seinem Rahmen gefassten Beschlüsse. Andererseits hat die besonders genaue Konkretisierung zwei Nachteile:

- Je präziser die Formulierung des Tagesordnungspunktes ist, desto besser kann sich die Gegenseite auf die Gesellschafterversammlung vorbereiten.
- Sachanträge, die von der Formulierung des Tagesordnungspunktes nicht umfasst sind, dürfen nicht zur Abstimmung gestellt werden (selbst wenn sie nur geringfügig von der angekündigten Tagesordnung abweichen). Dies wird umso eher der Fall sein, je genauer (und enger) ein Tagesordnungspunkt formuliert ist.

Die Formulierung der Tagesordnungspunkte ist ein Instrument zur Übermittlung oder Zurückhaltung wesentlicher Informationen. Je unpräziser ein Tagesordnungspunkt das tatsächlich geplante Vorhaben umschreibt, umso höher ist der Überraschungseffekt in der Gesellschafterversammlung und umso ungenügender ist die Vorbereitung der Gegenseite. Der ankündigende Gesellschafter muss sich also zwischen der Vermeidung von Anfechtungsrisiken und dem Verzicht auf Überraschungseffekte entscheiden.

> **Tipp**                                                                    **!**
>
> Nicht nur das möglichst sparsame Weiterleiten von Informationen kann der Gegenseite eine sorgfältige Vorbereitung erschweren. Manchmal erreicht man diesen Effekt auch (oder sogar besser), indem man die Gegenseite mit möglichst vielen Informationen »überfüttert« und so verhindert, dass sie die übergebenen Informationen in der noch verbleibenden Zeit genau sichtet und für die eigene Vorbereitung verwendet.
>
> Wenden Sie dieses Instrument aber sorgfältig an. Vielleicht kann der Zeitdruck der Gegenseite die Vorbereitung der anstehenden Gesellschafterversammlung erschweren. Das einmal an die Mitgesellschafter übergebene Material bleibt diesen aber weiter erhalten und Sie müssen damit rechnen, dass Ihre Mitgesellschafter (und/oder deren Rechtsanwälte) dieses nach der Gesellschafterversammlung ohne Zeitdruck besonders sorgfältig auf mögliche Druckmittel gegen Sie sichten werden.

Die Schaffung von Anfechtungsrisiken führt noch nicht unweigerlich zur Aufhebung des jeweiligen Gesellschafterbeschlusses. Dazu muss Ihr Gegenspieler weitere Schritte ergreifen (zum Beispiel in der Gesellschafterversammlung Ladungsmängel ausdrücklich rügen und später Anfechtungsklage erheben; vgl. Kapitel 6.16). Es kann daher durchaus sinnvoll sein, Tagesordnungspunkte möglichst ungenau zu formulieren und damit einen Formmangel bewusst in Kauf zu nehmen (zum Beispiel, wenn man sicher ist, dass der Gegner ohne anwaltlichen Vertreter zur Gesellschafterversammlung kommt und ihm nicht bekannt ist, dass eine rügelose Einlassung, Verhandlung und Abstimmung zur

Heilung von Ladungsmängeln führt). Das damit verbundene Anfechtungs-risiko sollte man aber vor Augen haben!

Zumindest in der Phase offen geführter Gesellschafterstreitigkeiten müssen Sie damit rechnen, dass die Gegenseite anwaltlich vertreten ist (oder sich verdeckt mit einem Rechtsanwalt berät). Dann sollten Sie erwarten, dass die Gegenseite vorhandene Anfechtungsmöglichkeiten ausnützt. In diesem Stadium empfiehlt sich, die Tagesordnungspunkte möglichst genau zu konkretisieren.

> **Beispiel: Tagesordnungspunkt**
>
> Die Tagesordnung beinhaltet die Tagesordnungspunkte »*Änderung der Geschäfts-führung*« und »*Bilanzbesprechung*«. Tatsächlich beabsichtigte der Mehrheitsgesell-schafter unter diesen Tagesordnungspunkten die Abberufung des Geschäftsführers und die Feststellung des Jahresabschlusses.
> Nach der Rechtsprechung sind diese Formulierungen nicht ausreichend spezifiziert. Es läge daher ein Einberufungs- und Ankündigungsmangel vor (vgl. Kapitel 6.16.1.2 oder 6.16.2.1), der zur Aufhebung der entsprechenden Gesellschafterbeschlüsse führt.
> Unter dem Tagesordnungspunkt »Verschiedenes« oder »Sonstiges« kann zwar beraten, aber nicht Beschluss gefasst werden (es sei denn, es liegt eine Vollversamm-lung vor und alle Gesellschafter sind mit einer Beschlussfassung einverstanden).[179]

### 6.9.1.3 Teilnahmemöglichkeit der einzelnen Gesellschafter

Im offenen Gesellschafterstreit kann es der eigenen Position helfen, eine Gesellschafterversammlung zeitlich und örtlich so anzuberaumen, dass dem Gegner die Teilnahme an der Gesellschafterversammlung unmöglich ist. Allerdings ist ein solches Vorgehen nicht unbeschränkt zulässig.

Ein beliebtes Mittel ist die Einberufung von Gesellschafterversammlungen zu Terminen, zu denen jene Gesellschafter ortsabwesend sind, deren Teilnahme verhindert werden soll. So wird beispielsweise der Anteil der anwesenden Streubesitz-Aktionäre zur Haupturlaubszeit in den Sommermonaten geringer sein als bei Abhaltung einer Hauptversammlung Mitte April. Durch geschickte Wahl des Hauptversammlungstermins können also zum Beispiel Hauptaktio-näre ihren Stimmanteil in einer Hauptversammlung etwas vergrößern.

---

179  Vgl. zu den Beispielen: Baumbach/Hueck/*Zöllner/Noack* § 51 Rn. 25.

**Tipp**  !

Die Einladung zur Gesellschafterversammlung an einen bekanntermaßen abwesenden Gesellschafter nur mit dem Zweck, ihn an der Teilnahme zu hindern, ist unwirksam. Anders ist dies, wenn Zweck nicht die Verhinderung der Teilnahme ist, sondern für die Gesellschaft Gefahr im Verzug besteht.[180] Dennoch kann diese Vorgehensweise unter Umständen für die Durchsetzung der eigenen Interessen sinnvoll sein. Denn Ihr Mitgesellschafter müsste im Fall einer Anfechtung der in dieser Gesellschafterversammlung gefassten Beschlüsse nachweisen, dass Sie von seiner Abwesenheit wussten. Gelingt ihm dies nicht, wird sein Anfechtungsbegehren scheitern und der in der Gesellschafterversammlung gefasste Beschluss Gültigkeit behalten.

Wollen Sie die Abwesenheit eines Mitgesellschafters zur Abhaltung einer Gesellschafterversammlung nützen, sollten Sie daher darauf achten, dass Ihr Wissen um diese Ortsabwesenheit für Dritte nicht erkennbar ist (insbesondere nicht für den jeweiligen Mitgesellschafter).

**Tipp**  !

Nach der Rechtsprechung ist es grundsätzlich Sache des Gesellschafters, für die Gesellschaft erreichbar zu sein. Wenn Sie eine Urlaubsreise unternehmen, sollten Sie daher bei der Gesellschaft Ihre Urlaubsanschrift hinterlassen und mitteilen, dass Sie für die Dauer Ihrer Abwesenheit nur dort zu erreichen sind. Die Gesellschaft muss die Ladung dann an Ihren Urlaubsort versenden.[181] Der GmbH-Geschäftsführer muss die Ladung so rechtzeitig versenden, dass zwischen der voraussichtlichen Zustellung an den Urlaubsort und der Gesellschafterversammlung mindestens sieben Tage liegen. Bei Zustellungen in das Ausland muss daher zwischen der Versendung der Ladung und der Durchführung der Versammlung ein längerer Zeitraum eingeplant werden als bei inländischen Zustellungen. Dieses Prozedere ist für die Mitgesellschafter und die Geschäftsführung derart umständlich und derart ineffektiv, dass sie in der Regel Ihre Urlaubsabwesenheit für »überraschende« Versammlungen nicht nutzen werden.

Kritisch ist die Abhaltung der Gesellschafterversammlung unter solchen Umständen zu beurteilen, die einzelnen Gesellschaftern die Teilnahme derart erschweren, dass ihr Teilnahmerecht faktisch ausgeschlossen ist (unzumutbarer Ort/unzumutbare Zeit). Denn Gesellschafterversammlungen sind grundsätzlich so anzuberaumen, dass den Gesellschaftern die Teilnahme daran möglich und zumutbar ist. Was möglich und zumutbar ist und wann ein faktischer Ausschluss des Teilnahmerechts vorliegt, unterliegt der Einzelfallbeurteilung. Ein Ladungsmangel liegt aber nur in Extremfällen vor, beispielsweise, wenn

---

180  MüKoGmbHG/*Wertenbruch* Anh. § 47 Rn. 32.
181  Vgl. Baumbach/Hueck/*Zöllner/Noack* § 51 Rn. 4 ff.

die Versammlung in einer Berghütte stattfinden soll, wohlweislich, dass diese für einen gehbehinderten Gesellschafter nicht erreichbar ist. Gleiches soll gelten, wenn während eines bestehenden Gesellschafterstreits in die Büroräume des Rechtsanwalts eines gegnerischen Gesellschafters geladen wird.[182] Anwaltsbüros kommen daher für Gesellschafterversammlungen nur in Betracht, wenn es sich um das Büro des Firmenanwalts handelt, der als solcher allen Gesellschaftern gegenüber neutral zu sein hat. Kein Ladungsmangel liegt dagegen vor, wenn eine Gesellschaft mit Sitz in München für 7.30 Uhr am Ort des Sitzes einberuft, in dem Wissen, dass einer der vier Gesellschafter aus dem Rheinland anreisen muss. Auch wenn dies mit Aufwand verbunden ist, ist es dem betreffenden Gesellschafter zuzumuten, am Tag zuvor anzureisen. Wer diesen Aufwand scheut, darf sich nicht an Gesellschaften an entfernt liegenden Orten beteiligen.[183]

!  **Tipp**

Gesellschafterversammlungen haben grundsätzlich am Gesellschaftssitz stattzufinden. Gesellschaftssitz ist der im Handelsregister als Sitz eingetragene Ort. Der Gesellschaftssitz ist nicht zu verwechseln mit der Geschäftsanschrift. Insofern hat die Gesellschafterversammlung nicht zwingend in den Geschäftsräumen der Gesellschaft stattzufinden. Sobald ein Gesellschafterstreit von der Gesellschaftsebene auf die operative Ebene übergreift, besteht ein erhebliches Risiko für den Betriebsfrieden. Es besteht die Gefahr, dass der Gesellschafterstreit sich auf das Unternehmen negativ auswirkt. Vor diesem Hintergrund bietet es sich an, streitige Gesellschafterversammlungen nicht vor den Augen der Mitarbeiter, Kunden und Lieferanten (Banken) in den Geschäftsräumen abzuhalten, sondern an einem neutralen Ort, beispielsweise in einem am Gesellschaftssitz gelegenen Konferenzraum eines Tagungshotels (vgl. Tipps in Kapitel 5.1.2). Um die entsprechende Diskretion zu wahren, sollte der Aushang in dem Hotel zwar so offensichtlich sein, dass alle Gesellschafter ohne Weiteres den entsprechenden Konferenzraum finden, jedoch so diskret, dass Dritte von dem Aushang keinen Rückschluss auf einen Gesellschafterstreit ziehen können.

Minderheitsgesellschafter, die ihre Rechte durchsetzen wollen, indem sie sich zum berühmten »lästigen Gesellschafter« entwickeln, suchen dagegen stets nach Möglichkeiten, den Gesellschafterstreit in die Gesellschaft zu ziehen. Solche Minderheitsgesellschafter werden daher regelmäßig darauf hinwirken, die Gesellschafterversammlung in den Geschäftsräumen der Gesellschaft abzuhalten.

---

182  OLG Düsseldorf, Urteil vom 14.11.2003, Az. 16 U 95/98.
183  MüKoGmbHG/*Wertenbruch* Anh. § 47 Rn. 30 ff.

## 6.9.2 Die richtige Durchführung von Gesellschafterversammlungen und Hauptversammlungen

Mit der formell richtigen Einberufung ist aber nur die erste Hürde zum anfechtungsfesten Gesellschafterbeschluss und Hauptversammlungsbeschluss genommen. Die zweite Hürde steht mit der formell richtigen Durchführung der Gesellschafterversammlung noch bevor (die nachfolgenden Ausführungen gelten gleichermaßen für die Durchführung der Hauptversammlung). Die Eckpunkte für die richtige Durchführung von Versammlungen finden Sie in Kapitel 12.4 »Checkliste für GmbH-Gesellschafterversammlungen« und Kapitel 12.6 »Checkliste für die richtige Abhaltung der Hauptversammlung einer AG«.

Ob, unter welchen Voraussetzungen und wie lange mit dem Beginn der Gesellschafterversammlung auf Gesellschafter gewartet werden muss, welche nicht pünktlich kommen, ist rechtlich nicht abschließend geklärt. Treuwidrig ist es in jedem Fall, die Verspätung eines Gesellschafters gezielt auszunutzen, um in seiner Abwesenheit gegen seinen Willen Beschlüsse zu fassen. Eine entsprechende Beschlussfassung kann anfechtbar oder gar nichtig sein.

**Tipp**     **!**

Für die anwesenden Gesellschafter empfiehlt es sich, auf nicht anwesende beziehungsweise nicht vertretene Gesellschafter, die ihre Teilnahme nicht bereits im Vorfeld abgesagt haben, jedenfalls 5 bis 10 Minuten zu warten. Für Gesellschafter, die sich zeitlich verspäten, empfiehlt es sich, die Gesellschafterversammlung über die Verspätung frühzeitig telefonisch zu informieren. In diesem Fall gebietet die Treuepflicht, auch etwas länger als 10 Minuten auf den sich verspätenden Gesellschafter zu warten.

Generell sollten die Gesellschafter in Gesellschafterversammlungen zielgerichtet agieren. Die Gesellschafterversammlung ist kein vorweggenommenes Gerichtsverfahren. Es geht nicht darum, wer in der Vergangenheit an diesem und jenem »schuld« war, sondern in erster Linie um die Bewältigung von Aufgaben und Weichenstellungen für die Zukunft (von der Behandlung von Jahresabschlüssen und besonderen Vorkommnissen abgesehen). Nur wer diesen Grundsatz beherzigt, kann seine Vorhaben in Gesellschafterversammlungen effektiv umsetzen.

Brisante Gesellschafterversammlungen erfordern oft Verhandlungsgeschick beziehungsweise besonderes wirtschaftliches, technisches oder rechtliches Fachwissen. Der kluge Gesellschafter gesteht sich ein, dass er nicht über alle Fähigkeiten verfügen beziehungsweise nicht alles wissen kann, und zieht je nach Bedarf professionelle Begleiter bei. Dies ist allerdings nicht immer zulässig, weshalb es sich empfiehlt, Zulässigkeit und Umfang etwaiger Begleitung der Gesellschafter in der Gesellschafterversammlung im Gesellschaftsvertrag zu regeln (vgl. Kapitel 4.1.8.10).

---

**! Tipp**

Oft bereiten sich Gesellschafter sachlich genau auf brisante Gesellschafterversammlungen vor, vernachlässigen aber jegliche Vorbereitung der erforderlichen »Soft Skills«. Meistens kennt man seine Mitgesellschafter persönlich. Das sollten Sie nützen! Wie haben die Mitgesellschafter in vergleichbaren Situationen reagiert? Gibt es in der »gegnerischen Front« einen Schwachpunkt (einen schwachen Gesellschafter)? Wem sieht man bei Wortmeldungen in die Augen? Lassen sich einzelne Gegner durch Blickfixierung verunsichern? Passt die eigene Körpersprache (strahlt sie Selbstbewusstsein und Kompetenz aus)? Wie kleide ich mich für die Gesellschafterversammlung?

Scheuen Sie nicht davor zurück, auch zu diesen Fragen professionelle Unterstützung anzunehmen. Meistens lernt man dabei nicht nur für die konkrete Gesellschafterversammlung, sondern für das ganze Leben!

---

**! Tipp**

Auch Kleinigkeiten tragen zu Ihrem Erfolg im Gesellschafterstreit bei. Nichts ist daher unwichtig genug, um im Gesellschafterstreit unberücksichtigt zu bleiben. Manchmal ergibt es sich beispielsweise, dass einzelne Gesellschafter Einfluss auf die Sitzordnung einer Gesellschafterversammlung haben. Falls dies auf Sie zutrifft, sollten Sie sich einen Sitzplatz zuteilen, an dem Sie sich möglichst wohlfühlen, und umgekehrt Ihre Mitgesellsachafter möglichst unvorteilhaft platzieren. So verunsichert es zum Beispiel die meisten Menschen, wenn sie mit Personen diskutieren müssen, deren Mimik wegen starkem Gegenlicht nicht detailliert erkennbar ist.

Zu diesem Zweck kann es sich anbieten, die Plätze einzelner Teilnehmer durch Tischkarten zu vergeben. Auch wenn derartige Platzzuweisungen rechtlich nicht bindend sind, zeigt die Erfahrung, dass sich die Teilnehmer oft daran halten. Vergessen Sie auch nicht, Ihre Unterlagen gegen unerwünschte Einsicht abzuschirmen. Haben Sie Einfluss auf die Sitzordnung, sollten Sie daher zwischen sich und dem nächsten »feindlichen« Mitgesellschafter mehrere Personen setzen, die Ihre Positionen unterstützen oder zumindest neutral sind.

Gibt die Gegenseite die Sitzordnung vor, sollten Sie Ihren Sitzplatz zuallererst auf mögliche Einsichtsmöglichkeiten durch die Gegenseite kontrollieren und allenfalls provisorisch absichern. Zeigen Sie, dass Sie entsprechende Tricks durchschaut haben. Das merkt die Gegenseite und stärkt Ihre Position.

---

Mit dem Teilnahmerecht eines Gesellschafters einher geht auch sein Recht, Beschlussanträge zu stellen, sein Recht auf Aussprache zur Sache und sein Recht auf Anhörung seines Standpunktes (Rederecht). Die Verletzung des Rederechts kann einen zur Anfechtung berechtigenden Beschlussmangel begründen, wenn der Redebeitrag geeignet gewesen wäre, einen (fiktiven) objektiven Gesellschafter von dem Standpunkt des Vortragenden zu überzeugen.[184] Andererseits kann der Redebeitrag eines Gesellschafters unterbunden werden, wenn die Sache auch nach Auffassung eines objektiven neutralen Dritten ausdiskutiert ist, mithin der betreffende Gesellschafter ausreichend Gelegenheit hatte, seinen Standpunkt vorzutragen, denn das Rederecht dient nicht dem Zweck, eine Beschlussfassung rechtsmissbräuchlich in die Länge zu ziehen und möglicherweise dadurch zu verhindern. Die Satzung einer AG oder eine Geschäftsordnung für die Durchführung einer Hauptversammlung kann dem Versammlungsleiter das Recht einräumen, das Frage- und Rederecht des Aktionärs zeitlich angemessen zu beschränken (§ 131 Abs. 2 S. 2 AktG); gleiches kann der Gesellschaftsvertrag bei anderen Gesellschaftsformen vorsehen.

---

**Achtung** !

Grundsätzlich ist es zulässig, dass der Versammlungsleiter der Hauptversammlung zunächst die Aktionärsfragen sammelt und anschließend geblockt an den Vorstand zur Beantwortung weitergibt. Dabei können aber einzelne Fragen (absichtlich oder unabsichtlich) »untergehen« und nicht oder nur teilweise beantwortet werden. Lassen Sie sich von solchem Vorgehen nicht einschüchtern und bestehen Sie als fragender Aktionär auf vollständige Beantwortung Ihres Auskunftsverlangens. Denn die blockweise Beantwortung von Fragen ist keine Rechtfertigung dafür, das Fragerecht einzelner Aktionäre zu beschneiden.

---

**Tipp** !

In der Hauptversammlung gestellte, aber unbeantwortet gebliebene Aktionärsfragen sind auf Antrag in das Hauptversammlungsprotokoll aufzunehmen, § 131 Abs. 5 AktG. Sollte eine Ihrer Fragen unbeantwortet bleiben, bestehen Sie unbedingt auf deren Protokollierung.
Allerdings lässt die Beurteilung, ob eine Frage ganz oder teilweise beantwortet beziehungsweise unbeantwortet ist, großen Interpretationsspielraum, der dem Versammlungsleiter der Hauptversammlung zur Verfügung steht.

---

### 6.9.2.1 Die richtige Versammlungsleitung

Oft unterschätzt wird die Rolle (Macht) des Versammlungsleiters einer Gesellschafterversammlung. Seine Macht hängt natürlich von den Befugnissen ab, welche ihm rechtlich eingeräumt sind (vgl. Kapitel 4.1.8.5). In der Regel kontrolliert der Versammlungsleiter Vollmachten; entscheidet, wer zur Gesellschafterversammlung zugelassen wird, ob Beschlussfähigkeit gegeben ist; hat

---

184 Baumbach/Hueck/*Zöllner/Noack* § 48 Rn. 20.

für den geordneten Verlauf der Gesellschafterversammlung und Abstimmungen zu sorgen, wobei er den Abstimmungsmodus festlegt, über Stimmverbote entscheidet und Beschlussergebnisse feststellt; erteilt den Teilnehmern das Wort, kann es ihnen wieder entziehen, verfasst und verschickt das Protokoll.

Der Versammlungsleiter muss sich gegenüber allen Gesellschaftern neutral verhalten. Dies mag schwierig sein, wenn er selbst auch Gesellschafter ist, denn als Gesellschafter muss er nicht neutral sein. In solch einer Doppelrolle muss der Versammlungsleiter immer differenzieren, ob er eine Maßnahme/ Wortmeldung in seiner Eigenschaft als Versammlungsleiter oder in seiner Eigenschaft als Gesellschafter tätigt. Trotz gebotener Neutralität kann ein Versammlungsleiter sich bietende Ermessensspielräume für seine Interessen als Gesellschafter nutzen, ohne dass dadurch Gesellschafterbeschlüsse automatisch anfechtbar oder nichtig werden. Darin liegt seine Macht!

**!** **Beispiel: Der forsche Versammlungsleiter**

Sechs Ingenieure sind zu gleichen Teilen an einer GmbH beteiligt. Bei Gründung der Gesellschaft wurde zusätzlich zu dem Gesellschaftsvertrag eine Nebenvereinbarung abgeschlossen, wonach jährlich der Bilanzgewinn zur Gänze an die Gesellschafter auszuschütten sei. Tatsächlich wurde aber der Bilanzgewinn jahrelang nicht oder nicht zur Gänze ausgeschüttet. Nach Ausbruch eines Gesellschafterstreits, bei dem fünf gegen einen stritten (welchen wir »V« nennen), kam es zur Gesellschafterversammlung, bei welcher der Rechtsanwalt des Gesellschafters V mit Los zum Versammlungsleiter gewählt wurde.

Als es um die Gewinnausschüttung ging, ließ der Rechtsanwalt als Versammlungsleiter wissen, dass er bei der Abstimmung Stimmabgaben gegen die Nebenvereinbarung nicht berücksichtigen werde, er dies bei seiner Beschlussfeststellung protokollieren werde und es allen Beteiligten offenstehe, dagegen rechtliche Schritte zu setzen, wenn sie inhaltlich eine andere Meinung hätten.

Die anderen fünf Gesellschafter – teilweise auch durch Rechtsanwälte und Steuerberater vertreten – argumentierten, dass in der Vergangenheit immer wieder von der Nebenvereinbarung einvernehmlich abgewichen worden sei. Der Versammlungsleiter entgegnete, dass es sich um individuelle Abänderungen für den jeweiligen (jährlichen) Einzelfall gehandelt habe, dass dies aber keinen grundsätzlichen Einfluss auf die Nebenvereinbarung habe. Die fünf Gesellschafter vertraten zudem die Ansicht, dass mit einer absoluten Mehrheit von der Nebenvereinbarung abgewichen werden könne. Der Versammlungsleiter widersprach, weil eine Verringerung des Dividendenanspruchs eines Gesellschafters nie gegen seine eigene Stimme beschlossen werden könne. Es kam zur Abstimmung: Der Versammlungsleiter stellte den Antrag, den Bilanzgewinn vollständig an die Gesellschafter auszuschütten, und stimmte für den Gesellschafter V dafür. Die fünf anderen Gesellschafter stimmten dagegen. Der Versammlungsleiter teilte mit, dass die Stimmabgaben der fünf Gesellschafter gegen die Nebenvereinbarung verstießen, daher rechts- sowie treuwidrig und deswegen nicht zu berücksichtigen wären. Der Versammlungsleiter stellte daher fest, dass der Antrag, den Bilanzgewinn vollständig auszuschütten, ohne Gegenstimmen angenommen worden sei. Die fünf Gesellschafter erhoben Widerspruch zu Protokoll.

Nun müssen die fünf Gesellschafter diesen Gesellschafterbeschluss gerichtlich bekämpfen. Als Kläger trifft sie im Gerichtsverfahren die Darlegungs- und Beweislast. Beklagte ist die GmbH. Der Gesellschafter V kann erste Reihe fußfrei zusehen. Hätte der Versammlungsleiter die fünf anderen Gesellschafter ihr Stimmrecht ausüben lassen, müsste der Gesellschafter V als Kläger gegen die GmbH ankämpfen. Der Versammlungsleiter entscheidet daher indirekt auch über die Prozessrollen in einem Gerichtsverfahren.

Im Gesellschafterstreit lohnt es sich daher, alles zu unternehmen, die Versammlungsleitung an sich zu ziehen, beziehungsweise zu verhindern, dass ein gegnerischer Gesellschafter Versammlungsleiter wird. Sollte dies nicht möglich sein, versuchen Sie, einen wirklich Neutralen zum Versammlungsleiter zu machen.

**Achtung** !

Unterliegt ein Gesellschafter bei einer bestimmten Beschlussfassung einem Stimmverbot und fungiert er zugleich als Versammlungsleiter, ist er als solcher gleichwohl berechtigt, das Beschlussergebnis festzustellen (vgl. Kapitel 6.9.2.3).

Sollten Sie die Versammlungsleitung übernehmen, empfehlen wir Ihnen eine besondere Vorbereitung auf die Gesellschafterversammlung. Dies umfasst unter anderem die intensive Lektüre der Protokolle der letzten Gesellschafterversammlungen, der Satzung, des Handelsregisterauszuges, der Gesellschafterliste, der Tagesordnung und aller ihrer Anlagen. Ferner sollten Sie einen Schriftführer mitnehmen, denn es ist unmöglich, eine Gesellschafterversammlung zu leiten und gleichzeitig für das Protokoll mitzuschreiben. Es empfiehlt sich, den aufgrund der Tagesordnung zu erwartenden Verlauf einer Gesellschafterversammlung, die zu erwartenden Feststellungen, Anträge usw. schriftlich vorzubereiten (Hauptleitfaden), damit der Versammlungsleiter bei der Gesellschafterversammlung ein Konzept zur Orientierung hat und der Protokollführer nach der Gesellschafterversammlung leichter/schneller das Protokoll erstellen kann. Für mögliche Sondersituationen sollten Sonderleitfäden vorbereitet werden, zum Beispiel, wenn der Versammlungsleiter Stimmverbote feststellen will und hierfür überzeugende Argumente benötigt. Schließlich sollten Sie mit den wichtigsten Protagonisten (Steuerberater, Notar usw.) sprechen und die Gesellschafterversammlung vorbereiten; natürlich nicht mit den Antagonisten.

Überlegen Sie sich genau, was Sie wollen: zum Beispiel Zeit gewinnen, weil ein gegnerischer Gesellschafter Schadenersatzansprüche gegen Sie geltend machen lassen will, oder zum Beispiel anfechtungsfeste Beschlüsse für Investitionen? Je nachdem werden Sie als Versammlungsleiter von Ihrem Ermessensspielraum mehr oder weniger in Anspruch nehmen.

Bewahren Sie in der Gesellschafterversammlung Ruhe. Lassen Sie sich nicht hetzen, Sie sind Herr des Verfahrens und in der Ruhe liegt die Kraft!

> **! Tipp**
>
> Sorgen Sie als Versammlungsleiter dafür, dass während der Gesellschafterversammlung genügend Essen und Trinken zur Verfügung steht (Selbstbedienung), das mag die gegnerischen Gesellschafter ein wenig ablenken. Sie selbst müssen aber gestärkt in die Gesellschafterversammlung gehen, um sich ausreichend konzentrieren zu können.
>
> Die andere Möglichkeit ist – vor allem bei langen Gesellschafterversammlungen – gar nichts anzubieten, damit die gegnerischen Gesellschafter Hunger und Durst bekommen und sich nicht mehr gut konzentrieren können. Ob das höflich ist, sei dahingestellt ...

> **! Tipp**
>
> Denken Sie als Versammlungsleiter auch daran, eine Sitzordnung festzulegen. Am besten durch Namenskarten, welche Sie vor der Gesellschafterversammlung aufstellen. Die Sitzordnung sollte so gestaltet sein, dass Sie Sprech- und/oder Sichtkontakt zu den für Sie wichtigen Personen haben.
>
> Sitzordnungen werden oft milde belächelt, manchmal spöttisch kommentiert, aber fast immer eingehalten.

Ist ein gegnerischer Gesellschafter Versammlungsleiter, beachten Sie, wenn Sie nicht selbst zur Gesellschafterversammlung gehen, dass alle Vorrausetzungen für eine wirksame Bevollmächtigung Ihres Vertreters erfüllt sind, damit der von Ihnen Bevollmächtigte bei der Gesellschafterversammlung zugelassen wird. Bereiten Sie Ihre Anträge sorgsam vor, sinnvollerweise schriftlich, damit Sie diese an alle Anwesenden verteilen und dem Protokoll anschließen lassen können. Dadurch verhindern Sie, dass der Versammlungsleiter Ihre Anträge anders protokolliert, als Sie es wünschen. Sofern zulässig, nehmen Sie andere Personen mit, damit Sie für ein späteres Gerichtsverfahren Zeugen haben.

Achten Sie in der Gesellschafterversammlung stets darauf, ob der Versammlungsleiter gerade als solcher oder als Gesellschafter spricht. Fragen Sie immer wieder danach und ermahnen Sie ihn zur Neutralität. Ist diese zweifelhaft, haben Sie den Mut, einen Abwahlantrag zu stellen, den Sie aber begründen müssen. Über Abwahlanträge wird oft nicht abgestimmt, weil der Versammlungsleiter die Mehrheit hinter sich weiß. Das ist gut für Aktionäre, denn nach der Rechtsprechung sind alle Beschlüsse der Hauptversammlung einer AG nichtig[185] beziehungsweise anfechtbar[186], wenn über einen begründeten Abwahlantrag nicht abgestimmt wurde. Bei der GmbH dürfte dies auch gelten, wenn die Satzung ausdrücklich vorsieht, dass die Wirksamkeit eines Beschlusses von der Beschlussfeststellung durch den Versammlungsleiter abhängt.[187]

### 6.9.2.2 Die richtige Protokollierung

Grundsätzlich empfiehlt es sich oder es ist sogar geboten, Gesellschafterversammlungen zu protokollieren (vgl. Kapitel 4.1.8.6).

Bei AGs können Protokollierungsmängel zu einer Nichtigkeit der gefassten Beschlüsse führen (§ 241 Nr. 2 i.V.m. § 130 Abs. 1, 2 und 4 AktG). Bei GmbHs und Personengesellschaften führt die Verletzung einer gesellschaftsvertraglichen Protokollierungspflicht in der Regel nicht zur Unwirksamkeit der Beschlüsse. Bei der GmbH kann der Gesellschaftsvertrag anderes regeln.

Insbesondere bei erwartetem streitigem Verlauf einer Gesellschafterversammlung sollte ein Protokoll über die Gesellschafterversammlung angefertigt werden. So besteht eine größere Gewähr, dass der Verlauf der Versammlung und das Ergebnis der Abstimmung auch Monate oder Jahre später noch bewiesen werden können (zum Beispiel in einem gerichtlichen Beschlussanfechtungsverfahren).

Jede Protokollierung verursacht (Zeit-)Aufwand. Außerdem werden zumindest die Inhalte eines Hauptversammlungsprotokolls öffentlich. Die Gesellschafter sind daher oft geneigt, möglichst wenig zu protokollieren. Das ist grundsätzlich auch zulässig, denn sowohl das AktG als auch des GmbHG sowie typische Regelungen eines GmbH-Gesellschaftsvertrages zur Protokollpflicht lassen reine Ergebnisprotokolle zu, in denen ausschließlich die gefassten Beschlüsse protokolliert werden, nicht aber die vorangegangene Diskussion. Zweckmäßig ist diese Vorgehensweise allerdings nur, solange sich die Gesellschafter verstehen und keine heiklen Angelegenheiten behandelt werden.

---

185 So LG Frankfurt, Urteil vom 11.01.2005, Az. 3-5 O 100/04; LG Köln, Urteil vom 06.07.2005, Az. 82 O 150/04.
186 So OLG Bremen, Urteil vom 13.11.2009, Az. 2 U 57/09.
187 Zur Beschlussfeststellung als Wirksamkeitsvoraussetzung: MüKoGmbHG/*Drescher* § 47 Rn. 54.

Hauptversammlungsprotokolle fertigt je nach gesetzlicher Zuständigkeit der beurkundende Notar oder der Versammlungsleiter der Hauptversammlung an. In Gesellschafterversammlungen erfolgt die Protokollierung in der Regel durch deren Versammlungsleiter. Er hat dadurch erheblichen Einfluss auf den Protokollinhalt und damit sehr viel Macht. Pointiert ausgedrückt meinen wir, dass es nicht darauf ankommt, was jemand in einer Gesellschafterversammlung sagt und macht, sondern was protokolliert wird!

**! Tipp**

Können sich die Gesellschafter nicht auf einen Protokollführer einigen, sollte entweder jede Partei selbst Protokoll führen oder es bietet sich als Kompromiss das »wandernde Diktiergerät« an. Dazu wird ein Diktiergerät bereitgestellt. Jeder Gesellschafter diktiert seine Wortmeldungen selbst in dieses Diktiergerät (das Diktiergerät wandert also zum jeweils gerade wortführenden Gesellschafter). Seine Wortmeldung ist gleichzeitig auch die Protokollierung derselben.
Das wandernde Diktiergerät hat zwei angenehme Nebenwirkungen: Es führt dazu, dass immer nur eine Person redet (denn wer das Diktiergerät gerade nicht in Händen hält, kann seine Wortmeldungen nicht protokollieren) und es diszipliniert den redenden Gesellschafter zu strukturierten Wortmeldungen (er will ja, dass man seine von ihm selbst diktierte Wortmeldung auch gelesen versteht).
Wer das wandernde Diktiergerät zur Protokollierung verwendet, sollte vorher unbedingt klarstellen, durch wen das Tonband (beziehungsweise bei digitalen Diktiergeräten die Audiodatei) anschließend übertragen beziehungsweise auch aufgehoben (gespeichert) werden soll. Andernfalls drohen auch deswegen Konflikte. Idealerweise erhalten alle Beteiligten eine digitale Kopie.

**! Achtung**

Manchmal wollen Gesellschafter (oder deren Rechtsanwälte) das Protokoll während der Gesellschafterversammlung gemeinsam erstellen, und zwar mit Laptop und Beamer, sodass alle parallel mitlesen können. Davon raten wir ab, denn es kann Stunden dauern, bis sich streitende Gesellschafter darauf einigen, was sie gerade wie gesagt hatten oder eben nicht!

**! Tipp**

Um eine »tendenzielle« Protokollierung zu verhindern, können Gesellschafter, die nicht »im Lager« des Protokollführers stehen, alternativ selbst ein Protokoll anfertigen. Dies kann in einem späteren Gerichtsverfahren ebenfalls zu Beweiszwecken verwendet werden.

Das Gegenstück zum reinen Ergebnisprotokoll ist die wortwörtliche Protokollierung. Sie wird oft nach Ausbruch von Gesellschafterstreitigkeiten verlangt.

**Tipp**   **!**

Wir raten von einer wortwörtlichen Protokollierung dringend ab. Sie beinhaltet viele irrelevante Informationen und ist nahezu unlesbar (zum Beispiel *»A niest, B »Gesundheit«, A »Danke« und schnäuzt sich; im Hintergrund Kirchenglockenläuten«* [usw.]). Wortprotokolle erreichen rasch den Umfang von mehreren hundert Seiten. In der Fülle unerheblicher Informationen gehen wesentliche Aussagen oft unter. In Ausnahmesituationen kann natürlich jedes gesprochene Wort wichtig sein. Dann sollten Sie auch wortwörtlich protokollieren. Das gilt aber fast nie für die gesamte Gesellschafterversammlung, sondern bloß für einzelne Sätze. Beschränken Sie die wortwörtliche Protokollierung daher auf die notwendigen Abschnitte der Gesellschafterversammlung.

Der Mittelweg besteht in der sinngemäßen Protokollierung (Verlaufsprotokoll), die üblicherweise der Versammlungsleiter der Gesellschafterversammlung vornimmt. Dabei ist wichtig, dass die Protokollierung auch tatsächlich den Sinn des Vorgetragenen wiedergibt. Protokollieren Sie (inhaltlich) alles – jedenfalls alle für Sie günstigen Sachverhalte! Denn was nicht protokolliert ist, können Sie später schwerer beweisen.

Das Protokoll von Hauptversammlungen einer AG ist dem Handelsregister vorzulegen und dort öffentlich einsehbar. Heikle Inhalte können Sie meistens vom beurkundenden Notar/dem Versammlungsleiter ausnehmen lassen und dem Handelsregister nur ein Protokoll mit den gesetzlich geforderten Inhalten übermitteln.

**Tipp**   **!**

Oft diskutieren Gesellschafter über unterschiedlichste Dokumente (zum Beispiel Rechnungen, Verträge usw.). Sie können viel Protokollierungsaufwand vermeiden, indem Sie diese Dokumente nicht inhaltlich in das Protokoll aufnehmen, sondern als Anlagen zum Protokoll.

Achten Sie bei der Protokollierung auf eine klare Sprache. Sollte die Gesellschafterversammlung jemals Gegenstand eines Gerichtsverfahrens werden, wird das Gericht deren Inhalt und Ablauf vorrangig aus dem Protokoll erarbeiten. Nur wenn das Protokoll lesbar abgefasst ist, kann das Gericht Ihre Argumente in der Gesellschafterversammlung verstehen. In der Regel ist das Aktiv dem Passiv zu bevorzugen, weil besser verständlich wird, wer was gesagt/getan hat.

> **! Tipp**
>
> Auch wenn im Einzelfall keine Pflicht zur notariellen Beurkundung bestehen sollte: Aufgrund der erhöhten Beweiskraft notarieller Urkunden kann es sich dennoch empfehlen, zur Gesellschafterversammlung einen Notar mit zuzuziehen und diesen mit der Beurkundung des Gesellschafterversammlungsprotokolls zu beauftragen. Dies gilt umso mehr, wenn ein streitiger Verlauf der Gesellschafterversammlung erwartet werden muss.

> **! Tipp**
>
> Der Inhalt von Protokollen, insbesondere von solchen, die ohne Notar errichtet werden, wird hin und wieder mit dem Argument bestritten, dass das Protokoll erst Wochen nach der Gesellschafterversammlung verschickt worden sei. Um das zu entkräften, könnte man am Ende eines Protokolls, unmittelbar vor der Unterschrift, folgenden Satz einfügen: »*Der Versammlungsleiter hat dieses Protokoll am [...], von [...] Uhr bis [...] Uhr, diktiert und am [...] aus- und abgefertigt.*« Dies ist vor allem dann zu empfehlen, wenn das Protokoll zwar rasch nach der Gesellschafterversammlung diktiert wird, aber erst mit Zeitverzögerung ausgefertigt und versandt werden kann.

### 6.9.2.3 Die richtige Abstimmung

Für die wichtigsten Empfehlungen zum Vorgehen bei Abstimmungen in Gesellschafterversammlungen vgl. die Checklisten 12.4 und 12.6. Die folgenden Ausführungen verstehen sich vorrangig als Ergänzung zu diesen Listen.

Sofern die Satzung keinen bestimmten Abstimmungsmodus regelt, wird er vom Versammlungsleiter festgelegt[188], und zwar vor der ersten Abstimmung, meistens kurz nach Beginn der Gesellschafterversammlung, bevor der erste Tagesordnungspunkt aufgerufen wird. Wir empfehlen folgenden Abstimmungsmodus: Der Versammlungsleiter fragt zunächst, wer für einen Antrag stimme, danach, wer gegen einen Antrag stimme, und zuletzt, wer sich der Stimme enthalte. Der Versammlungsleiter sollte verlautbaren, dass die Abstimmung durch Handheben erfolge und Stimmenthaltungen als nicht abgegeben gelten.

> **! Tipp**
>
> Bei mehreren Gesellschaftern mit unterschiedlichen Beteiligungsausmaßen ist es sinnvoll, jedem Gesellschafter eine Stimmkarte zu geben, die er bei seiner Stimmabgabe hebt, und die einzelnen Stimmabgaben in ein Excel-Programm einzugeben,

---

188 Für die GmbH: Baumbach/Hueck/*Zöllner/Noack* §47 Rn.19; für die AG: Hüffer/Koch/*Koch* §133 Rn.22.

damit das Abstimmungsergebnis leichter und vor allem rascher ermittelt werden kann. Bei dieser Vorgehensweise muss der Versammlungsleiter die Gesellschafter auffordern, die Stimmkarte solange gehoben zu halten, bis der Zählvorgang abgeschlossen ist.

Im Übrigen müssen Gesellschafter ihre Stimmkarte abgeben, wenn sie den Raum verlassen, damit stets vom richtigen Anwesenheitsquorum ausgegangen wird.

Die Festlegung des Abstimmungsmodus ist die eine Sache. Die andere ist, wer an einer Gesellschafterversammlung teilnehmen und auch abstimmen darf.

**Tipp** !

Grundvoraussetzung für die Teilnahme an der Beschlussfassung einer GmbH-Gesellschafterversammlung ist die Legitimation als Gesellschafter durch die im Handelsregister veröffentlichte Gesellschafterliste und die Teilnahme an der Gesellschafterversammlung.

Bei AGs kann die Satzung eine Anmeldung der Aktionäre zur Teilnahme an der Hauptversammlung und/oder den Nachweis der Berechtigung zur Teilnahme und zur Ausübung des Stimmrechts vorsehen (§ 123 Abs. 2 AktG). Bei Namensaktien ergibt sich die Berechtigung aus der Eintragung im Aktienregister, bei Inhaberaktien börsennotierter Gesellschaften reicht ein durch das depotführende Institut in Textform erstellter besonderer Nachweis des Anteilsbesitzes.

Achten Sie darauf, dass die entsprechenden Eintragungen in der Gesellschafterliste beziehungsweise dem Aktienregister Sie als Gesellschafter beziehungsweise Aktionär ausweisen.

Nicht jeder an der Gesellschafterversammlung teilnehmende Gesellschafter muss auch tatsächlich zu allen Beschlussgegenständen stimmberechtigt sein. In der Praxis ist einer der kritischsten Punkte einer Abstimmung die Ermittlung der stimmberechtigten Gesellschafter. Die Berücksichtigung nicht stimmberechtigter Gesellschafter beziehungsweise die Nichtberücksichtigung stimmberechtigter Gesellschafter bei der Stimmermittlung führt zur Anfechtbarkeit des Gesellschafterbeschlusses.

Von der Stimmrechtsausübung ausgeschlossen sind insbesondere[189]:

- Inhaber stimmrechtsloser Vorzugsaktien (§ 139 Abs. 1 AktG);
- Aktionäre, die ihre Teilnahme nicht rechtzeitig angemeldet oder ihre Stimmberechtigung nicht rechtzeitig nachgewiesen haben (§ 123 Abs. 2 AktG);

---

189 Vgl. zur Kasuistik »Stimmrechtsverbot wegen Interessenkollision« bei der GmbH: Baumbach/ Hueck/*Zöllner/Noack* § 47 Rn. 76 ff.; bei der AG: MüKoAktG/*Arnold* § 136 Rn. 5 ff.

- Inhaber von Namensaktien, die nicht in das Aktienregister aufgenommen sind (§ 123 Abs. 5 AktG);
- GmbH-Gesellschafter, die nicht in die veröffentlichte Gesellschafterliste eingetragen sind (§ 16 Abs. 1 S. 1 GmbHG);
- Gesellschafter, die mit der Beschlussfassung von einer Verpflichtung gegenüber der Gesellschaft befreit werden sollen, oder bei einer Beschlussfassung über die Frage, ob gegen sie außergerichtlich oder gerichtlich (Schadenersatz-)Ansprüche geltend gemacht werden (§ 47 Abs. 4 GmbHG); gleiches gilt für Aktionäre (§ 136 Abs. 1 AktG);
- Gesellschafter-Geschäftsführer (Aktionärs-Vorstandsmitglieder) bei dem sie betreffenden Entlastungsbeschluss; (auch Gesellschafter-Geschäftsführer/Aktionärs-Vorstandsmitglieder bei der Abstimmung über die Entlastung eines Mitgeschäftsführers, wenn beide Organmitglieder von der Entscheidung über die Entlastung eines anderen in gleicher Weise betroffen sind und dabei quasi als »Richter in eigener Sache« tätig werden[190]);
- Vorstandsmitglieder oder Aufsichtsratsmitglieder bei Abstimmungen über die Bestellung eines Sonderprüfers, wenn Prüfungsgegenstand ein Handeln des betreffenden Organmitglieds ist (§ 142 Abs. 1 S. 2, 3 AktG);
- Vorstandsmitglieder bei der Abstimmung über die Offenlegung von Vorstandsgehältern[191];
- Gesellschafter, wenn die Satzung ausdrücklich vorsieht, dass sie bei bestimmten Beschlussgegenständen kein Stimmrecht haben (bei der AG dürfen die gesetzlichen Stimmverbote weder eingeschränkt noch erweitert werden)[192];
- Gesellschafter/Aktionäre, mit denen die Gesellschaft ein Rechtsgeschäft[193] vornehmen will und der Beschlussgegenstand dieses Rechtsgeschäft betrifft (bei sogenannten »Außengeschäften« wie Miet, Kauf oder Darlehensverträgen gilt dies ausnahmslos, bei Geschäften mit »körperschaftsrechtlichem« Einschlag [Beispiel: Geschäftsführer-Dienstvertrag] dagegen in der Regel nicht)[194]; ein Stimmverbot besteht nicht, wenn alle Gesellschafter/Aktionäre in gleichem Maße von dem Stimmverbot betroffen sind, beispielsweise weil mit allen der gleiche Vertrag geschlossen werden soll[195];

---

190 Zur AG: BGH, Urteil vom 21.09.2009, Az. II ZR 174/08; a. A. für Österreich: OGH, Urteil vom 28.08.2013, Az. 6Ob88/13d: Beschluss über Entlastung des Organkollegen führt immer zu Stimmverbot des Organmitglieds.
191 Hüffer/Koch/*Koch* § 136 Rn. 4.
192 MüKoAktG/*Arnold* § 136 Rn. 30.
193 Gemeint ist die Abgabe einer Willenserklärung, also beispielsweise auch eine Kündigungserklärung: BGH, Urteil vom 09.07.1990, Az. II ZR 9/90.
194 Vgl. Baumbach/Hueck/*Zöllner/Noack* § 47 Rn. 80 ff.
195 Für die GmbH: Baumbach/Hueck/*Zöllner/Noack* § 47 Rn. 94; für die AG: MüKoAktG/*Arnold* § 136 Rn. 18.

- Gesellschafter/Aktionäre bei der Beschlussfassung über die Einziehung ihres Geschäftsanteils aus wichtigem Grund oder über Maßnahmen, die auf ihre Ausschließung aus der Gesellschaft aus wichtigem Grund abzielen;
- Gesellschafter-Geschäftsführer bei der Beschlussfassung über ihre Abberufung als Geschäftsführer aus wichtigem Grund;
- bei GmbH: Gesellschafter bei Beschlussfassung über die die Verweigerung der Auskunft oder Bucheinsicht aus wichtigem Grund betreffenden Angelegenheiten der Gesellschaft (§ 51a Abs. 2 GmbHG).

In den meisten der vorgenannten Fälle resultiert das Stimmverbot aus dem Grundsatz, wonach niemand Richter in eigener Sache sein dürfe.

Wichtig ist in diesem Zusammenhang, dass eine Person, die bei einzelnen zu behandelnden Tagesordnungspunkten nicht stimmberechtigt wäre, gleichwohl bei der Abstimmung über ihre Wahl zum Versammlungsleiter stimmberechtigt ist. Ferner ändert das Stimmverbot eines Gesellschafters bei Abstimmung über einen bestimmten Beschlussgegenstand nichts daran, dass er bei Abstimmung über diesen Beschlussgegenstand das Beschlussergebnis als Versammlungsleiter feststellen kann. Der Beschluss ist dann möglicherweise anfechtbar.[196]

> **Achtung**     **!**
>
> Ist ein Gesellschafter von seinem Stimmrecht ausgeschlossen, gilt dies auch für einen von ihm eingesetzten Stimmrechtsvertreter oder Treuhänder. Durch eine derartige Gestaltung kann also ein Stimmverbot nicht umgangen werden.
> Ist Gesellschafter einer GmbH selbst eine GmbH oder AG und wäre ein Mitglied (Gesellschafter/Geschäftsführer/Vorstandsmitglied) der Muttergesellschaft persönlich von einem Stimmverbot bei der Tochtergesellschaft betroffen, unterliegt die Muttergesellschaft nur dann einem Stimmverbot, wenn das von dem Stimmverbot betroffene Mitglied maßgeblichen Einfluss bei der Muttergesellschaft ausüben kann (zum Beispiel, weil das Mitglied Mehrheitsgesellschafter der Muttergesellschaft ist oder es die Mutter nach § 17 AktG anderweitig beherrscht).[197]

> **Beispiel: Stimmverbot des beherrschenden Gesellschafters**     **!**
>
> Der Geschäftsführer (GF) der Tochter-GmbH soll aus wichtigem Grund abberufen werden. GF ist gleichzeitig persönlich Gesellschafter, aber nicht Geschäftsführer der Mutter-GmbH, diese ist wiederum an der Tochter-GmbH beteiligt. Darf die Mutter-GmbH bei der Beschlussfassung über die Abberufung aus wichtigem Grund des GF als Geschäftsführer der Tochter-GmbH mitstimmen?

---

196 Vgl. Baumbach/Hueck/*Noack/Zöllner* § 48 Rn. 19a, der dem Versammlungsleiter in einer solchen Konstellation Fairness und insoweit die Unterlassung der Beschlussfeststellung empfiehlt.
197 Baumbach/Hueck/*Zöllner/Noack* § 47 Rn. 98.

Antwort: Hält GF beispielsweise 75 % der Anteile an der Mutter-GmbH, beherrscht er diese. Die Mutter-GmbH ist dann wegen eines Stimmverbotes nicht stimmberechtigt. Hält der GF nur 25 % der Anteile an der Mutter-GmbH, beherrscht er diese in der Regel nicht. Die Mutter-GmbH unterliegt dann keinem Stimmverbot und ist stimmberechtigt.

Etwas anderes wird gelten, wenn der GF auch Geschäftsführer der Mutter-GmbH ist.

Beachten Sie aber, dass es Beschlussmaterien gibt, bei denen auch Vorzugsaktionäre stimmberechtigt sind, so zum Beispiel bei der Beschlussfassung über die Ausgabe zusätzlicher Vorzugsaktien (§ 141 Abs. 2 AktG).

Beachten Sie auch, dass sich das mit einem Geschäftsanteil verbundene Stimmrecht ändern kann. Wird zum Beispiel der auf eine stimmrechtslose Vorzugsaktie entfallende Vorzugsbetrag nicht (oder nicht vollständig) ausbezahlt, erhält der stimmrechtslose Vorzugsaktionär ein seinem Anteil entsprechendes Stimmrecht, das erst untergeht, wenn der Vorzugsbetrag voll ausbezahlt ist (§ 140 Abs. 2 AktG).

**!** **Achtung**

Von Ihrem Stimmrechtsbevollmächtigten wider Ihrer Weisung abgegebene Stimmen sind gültig! Stimmt der Bevollmächtigte mit »Ihren« Stimmen daher entgegen seinem Auftrag ab, so ist bei der Mehrheitsermittlung ausschließlich seine Stimmabgabe zu berücksichtigen und nicht der Wille des Vertretenen. Der Ihnen gegenüber pflichtwidrig abstimmende Bevollmächtigte trägt daher mit »Ihren« Stimmen zum Zustandekommen eines Beschlusses bei, den Sie gerade nicht wollen. Die beschlossene Maßnahme können Sie nicht mehr verhindern. Sie haben allenfalls Schadenersatzansprüche gegen den Stimmrechtsbevollmächtigten.

Seien Sie daher bei der Bevollmächtigung Dritter mit der Stimmrechtsausübung besonders vorsichtig, beziehungsweise vermeiden Sie diese, indem Sie an wichtigen Abstimmungen selbst teilnehmen. Bei Rechtsanwälten, Notaren und ähnlichen Berufsständen bietet aber zumindest deren strenges Standesrecht eine gewisse Sicherheit gegen weisungswidrige Stimmrechtsausübung.

**!** **Tipp**

Zum Tagesordnungspunkt »Sonstiges« darf die Gesellschafterversammlung keine Beschlüsse fassen. Ausgenommen davon sind Vollversammlungen, in denen alle Gesellschafter den Verzicht auf die Einhaltung der Formalvoraussetzungen zur Ankündigung von Beschlussgegenständen erklären. Ihnen missliebige Beschlüsse zu diesem Tagesordnungspunkt können Sie verhindern, indem Sie diesen Verzicht nicht abgeben.

Welche gravierende Bedeutung die Rolle des Versammlungsleiters hat im Hinblick auf die Beschlussfeststellung, die daraus resultierende Verteilung der Kläger- und Beklagtenrollen bei Beschlussmängelklagen, damit verbunden auf die Belastung mit den Verfahrenskosten und auf die Möglichkeit, Fakten zu schaffen, haben wir bereits in Kapitel 6.9.2.1 »Die richtige Versammlungsleitung« dargelegt.

## 6.10 Wie Minderheitsgesellschafter Beschlüsse fassen können

Auch Minderheitsgesellschafter können unter bestimmten Voraussetzungen ihren gegen die Mehrheit gerichteten Willen durchsetzen und so Beschlüsse fassen. Dazu müssen die in Kapitel 6.9 »Wie erreicht man anfechtungsfeste Gesellschafterbeschlüsse?« ausgeführten Grundsätze ebenfalls berücksichtigt werden. Weitere Voraussetzung ist, dass andere Gesellschafter bei der konkreten Beschlussfassung entweder einem Stimmverbot oder einem Stimmgebot unterliegen.

> **Beispiel: Der befangene Gesellschafter I** !
>
> A und seine Ehefrau B sind Gesellschafter einer GmbH. A hält 40%, B hält 20%. Der dritte Gesellschafter ist der mit 40% beteiligte C. A und B üben ihr Stimmrecht immer gemeinsam aus, so dass C bei den Beschlussfassungen regelmäßig unterliegt. A ist einziger Geschäftsführer der GmbH. Das abgelaufene Geschäftsjahr hat für die GmbH mit einem negativen Jahresergebnis geendet. Schuld daran ist ein großes Projekt, dass erheblich defizitär endete. C ist der Auffassung, dass der Misserfolg bei dem Projekt auf einen Managementfehler des A zurückzuführen ist. A hatte sich bei den Projektkosten verkalkuliert und konnte die Mehrkosten dann letztlich nicht mehr an den Auftraggeber weiterreichen. Hätte A von Anfang an richtig kalkuliert, hätte der Auftraggeber die Mehrkosten getragen.
> A will für das abgelaufene Geschäftsjahr entlastet werden. C ist der Meinung, dass die GmbH dem A gegenüber Schadenersatzansprüche geltend machen muss. B steht – wie immer – loyal zu ihrem Ehemann A.
> Nach §47 Abs. 4 GmbHG ist A bei der Beschlussfassung über seine Entlastung und bei der Beschlussfassung über die Geltendmachung von Schadenersatzansprüchen ihm gegenüber nicht stimmberechtigt. Insofern hat der Minderheitsgesellschafter C bei beiden Beschlussfassungen die Stimmenmehrheit.

Häufig halten sich Gesellschafter nicht an Stimmverbote oder Stimmgebote, sondern üben ihr Stimmrecht in der Gesellschafterversammlung so aus, wie es für sie von Vorteil ist. Problematisch ist dies, wenn Mehrheitsgesellschafter ein Stimmverbot oder ein Stimmgebot missachten, denn ihnen gegenüber ist der Versammlungsleiter in der Regel loyal eingestellt und wird bei der Beschlussfassung nicht feststellen, dass der betreffende Gesellschafter nicht so oder anders hätte abstimmen dürfen.

> **!  Beispiel: Der befangene Gesellschafter II**
>
> Die Satzung der GmbH aus dem vorherigen Beispiel sieht vor, dass der Leiter der Gesellschafterversammlung durch Mehrheitsbeschluss bestellt wird. Mit den Stimmen des A und der B und gegen die Stimme des C wird B zur Versammlungsleiterin gewählt.
> Bei der Beschlussfassung über die Entlastung des A stimmen A und B für die Entlastung, C stimmt dagegen. Bei der Beschlussfassung über die Frage, ob die GmbH gegenüber dem A Schadenersatzansprüche geltend machen soll, stimmen A und B gegen eine Geltendmachung, C stimmt für eine Geltendmachung.
> B stellt als Versammlungsleiterin fest, dass A wirksam entlastet wurde und dass der Beschluss über die Geltendmachung von Schadenersatzansprüchen gegenüber dem A nicht zustande gekommen ist.

Hat ein Gesellschafter, der einem Stimmverbot unterlag, für einen Beschlussantrag gestimmt und hat nur deswegen der Beschluss eine Mehrheit gefunden (im Beispiel: der Entlastungsbeschluss), dann können die unterlegenen Gesellschafter diesen Beschluss mit der Beschlussanfechtungsklage beseitigen (vgl. Kapitel 6.16).

Hat ein Gesellschafter, der einem Stimmverbot unterlag, gegen einen Beschlussantrag gestimmt und hat nur deswegen der Beschluss keine Mehrheit gefunden (im Beispiel: der Beschluss über die Geltendmachung von Schadenersatzansprüchen), können die unterlegenen Gesellschafter mit der Beschlussfeststellungsklage das Zustandekommen dieses Beschlusses gerichtlich feststellen lassen.

Bei der GmbH und bei der AG ist die Beschlussfeststellungsklage (ebenso wie die Beschlussanfechtungsklage) gegen die Gesellschaft zu richten. Hat auf der Gesellschafterversammlung der Versammlungsleiter festgestellt, dass der begehrte Beschluss nicht zustande gekommen ist (wie im Beispiel der Beschluss über die Geltendmachung von Schadenersatzansprüchen), so muss die Beschlussfeststellungsklage mit einer (gegen die Ablehnung des Beschlusses gerichteten) Beschlussanfechtungsklage kombiniert werden. Dabei sind dann die geltenden Beschlussanfechtungsfristen einzuhalten (vgl. Kapitel 6.16.1.3 und 6.16.2.2). – Ist die Ablehnung des Beschlusses dagegen nicht von dem Versammlungsleiter festgestellt worden (beispielsweise weil kein Versammlungsleiter vorhanden war oder dieser keine entsprechende negative Feststellung getroffen hat), sondern hat der Beschluss lediglich keine Mehrheit gefunden, so kann eine isolierte Beschlussfeststellungsklage erhoben werden. Die Kombination der Beschlussfeststellungsklage mit der Beschlussanfechtungsklage ist in diesem Fall nicht erforderlich. Insofern ist auch keine Beschlussanfechtungsfrist einzuhalten. Die Beschlussfeststellungsklage kann noch Monate nach der Beschlussfassung erhoben werden.[198]

Bei Personengesellschaften kann im Falle einer durch Missachtung von Stimmgeboten oder Stimmverboten verhinderten Beschlussfassung ebenfalls Beschlussfeststellungsklage erhoben werden. Ohne besondere Regelungen im Gesellschaftsvertrag ist die Klage nicht gegen die Personengesellschaft, sondern gegen **alle** Mitgesellschafter zu erheben, die eine wirksame Beschlussfassung bestreiten. – Der Gesellschaftsvertrag kann vorsehen, dass Beschlussfeststellungsklagen nicht gegen die Gesellschafter, sondern gegen die Personengesellschaft zu erheben sind (vgl. Kapitel 4.1.8.7).

Für den Minderheitsgesellschafter sind Beschlussfeststellungsklagen insbesondere von Bedeutung, wenn es um die Abberufung von Geschäftsführern aus wichtigem Grund geht oder um den Ausschluss eines Mitgesellschafters aus wichtigem Grund.

---

**Beispiel: Der befangene Gesellschafter III** !

C hat herausgefunden, dass A sich neben seinem Managementfehler noch weitere Verfehlungen hat zuschulden kommen lassen. So hat A die Hotelrechnung seines Privaturlaubs mit der Firmenkreditkarte bezahlt. Daneben hat er aus der Kasse noch EUR 5.000 »Taschengeld« genommen. C ist der Meinung, dass das Vertrauen zu A irreparabel zerstört ist.

C fordert den A vergeblich auf, seine Abberufung aus wichtigem Grund als Geschäftsführer der GmbH und die Einziehung seiner Geschäftsanteile aus wichtigem Grund auf die Tagesordnung zu setzen. Schließlich macht A von seinem Selbsthilferecht nach §50 Abs. 3 GmbHG Gebrauch und beruft selbst eine Gesellschafterversammlung mit entsprechender Tagesordnung ein.

Auf der Gesellschafterversammlung wird wieder die B mit ihren und den Stimmen des A zur Versammlungsleiterin gewählt. Bei Beschlussfassung stimmen der eigentlich nicht stimmberechtigte A und die B gegen die Abberufung und gegen die Einziehung. B stellt als Versammlungsleiterin fest, dass weder der Abberufungsbeschluss noch der Einziehungsbeschluss zustande gekommen sind.

C erhebt innerhalb der Anfechtungsfrist von einem Monat ab Beschlussfassung Beschlussanfechtungsklage in Kombination mit Beschlussfeststellungsklage. Bei der Beweisaufnahme stellen sich die Vorwürfe des C als zutreffend heraus. C kann das Gericht davon überzeugen, dass die Untreuehandlungen des A zulasten der GmbH sowohl dessen weitere Beschäftigung als Geschäftsführer als auch dessen weitere

---

198 Zur Beschlussfeststellungsklage bei der GmbH: *Lutz*, Der Gesellschafterstreit, Rn.615 ff. und Baumbach/Hueck/*Zöllner/Noack* Anh. §47 Rn.181 ff.; zur AG: MüKoAktG/*Hüffer/Schäfer* §246 Rn.84 ff.

Gesellschafterstellung unzumutbar machen. Das Gericht stellt in seinem Urteil fest, dass die Abberufung des A als Geschäftsführer der GmbH wirksam erfolgt ist und seine Geschäftsanteile eingezogen wurden.

Infolge der Einziehung der Geschäftsanteile des A hält C nunmehr zwei Drittel der Geschäftsanteile und die B ein Drittel. Bei der nächsten Gesellschafterversammlung bestellt sich der frühere Minderheitsgesellschafter und nunmehrige Mehrheitsgesellschafter C zunächst zum Versammlungsleiter und anschließend zum Geschäftsführer.

> **! Tipp**
>
> Neben der Erhebung der Klage kann der Minderheitsgesellschafter gegen den aus wichtigem Grund abberufenen Geschäftsführer mit einstweiliger Verfügung vorgehen und ihm bis zu einer gerichtlichen Entscheidung über die Beschlussfeststellungsklage verbieten lassen, die Geschäfte der Gesellschaft zu führen und die Gesellschaft zu vertreten. Eine derartige einstweilige Verfügung kann in eindeutig gelagerten Fällen sogar ohne Anhörung des Geschäftsführers oder der Mitgesellschafter erlassen werden und stellt so im Rahmen der Konfliktführung ein wirkungsvolles Mittel dar.

> **! Achtung**
>
> Vergessen Sie bei der Abberufung eines Geschäftsführers oder eines Vorstandsmitglieds aus wichtigem Grund nicht, gleichzeitig Beschluss über die außerordentliche Kündigung seines Dienstvertrages aus wichtigem Grund zu fassen und die Kündigung zu erklären. Andernfalls besteht die Gefahr, dass das Organmitglied zwar in Folge der Abberufung nicht mehr amtiert, gleichwohl aber seine Vergütung fortbezahlt werden muss.
>
> Die Kündigung kann nur innerhalb von zwei Wochen ab Kenntnis von dem wichtigen Grund erfolgen (§626 BGB). Nach der Rechtsprechung[199] beginnt die Zweiwochenfrist mit dem Tag, an dem sich die Mitglieder des für die Kündigung zuständigen Organs (GmbH: in der Regel die Gesellschafterversammlung; AG: der Aufsichtsrat) in einer ordnungsgemäß einberufenen Sitzung mit dem Kündigungssachverhalt beschäftigt haben. Die Mitglieder dieses Organs müssen umgehend nach Kenntnis eine Einberufung vornehmen.[200]
>
> Verhindert der Mehrheitsgesellschafter treuwidrig die fristgemäße außerordentliche Kündigung des Dienstvertrages, drohen ihm Schadenersatzansprüche.

> **! Achtung**
>
> Die Beschlussfassung über die Abberufung eines Geschäftsführers/Vorstandsmitglieds oder die Ausschließung eines Gesellschafters sollte stets zeitnah nach Bekanntwerden entsprechender wichtiger Gründe erfolgen. Eine Abberufung oder ein Ausschluss aus wichtigem Grund setzt immer voraus, dass es der Gesellschaft

---

199  BGH, Urteil vom 15.06.1998, Az. II ZR 318/96.
200  Zur GmbH: Baumbach/Hueck/*Noack*/*Zöllner* §35 Rn. 224 ff.

unzumutbar ist, den Geschäftsführer/das Vorstandsmitglied oder den Gesellschafter weiter in seiner jeweiligen Funktion zu belassen. Erfolgt ein entsprechender Abberufungs- oder Ausschließungsbeschluss nicht zeitnah nach Bekanntwerden der wichtigen Gründe, kann das Zuwarten dazu führen, dass eine »Unzumutbarkeit« nicht mehr anerkannt wird.

## 6.11 Gezielte Ausübung von Bucheinsichts- und Informationsrechten

Die Bucheinsichts- und Informationsrechte stehen jedem Gesellschafter unabhängig von der Größe seiner Gesellschaftsbeteiligung zu; Aktionären stehen diese Rechte teilweise nur im Falle eines bestimmten Beteiligungsumfangs zu. Zu den Inhalten gesetzlicher Bucheinsichts- und Informationsrechte vgl. Kapitel 4.1.8.10.

### 6.11.1 Strategien für den Bucheinsichtsberechtigten

Gesellschafter von **Personengesellschaften** sind meist selbst geschäftsführend tätig und haben schon aus diesem Grund leicht Einblick in die Bücher ihrer Gesellschaft. Besondere Strategien zur Bucheinsicht sind für sie zumeist nicht nötig. Etwas anderes gilt jedenfalls für nicht geschäftsführende Kommanditisten, denen kein laufendes Bucheinsichtsrecht zukommt. Sie sind jedoch berechtigt, einmal jährlich den aktuellen Jahresabschluss unter Einsicht der Bücher und Papiere der Gesellschaft zu prüfen. Das Einsichtsrecht besteht aber nur soweit, als es für eine sachgerechte Prüfung der Richtigkeit des Jahresabschlusses erforderlich ist.

Die Bucheinsichtsrechte von **Aktionären** sind weitgehend beschränkt und dementsprechend nur fallweise strategisch einsetzbar. Denn Aktionäre haben lediglich Anspruch auf Einsicht in den Jahresabschluss und ein Fragerecht an den Vorstand anlässlich der auf der Hauptversammlung gegenständlichen Tagesordnungspunkte. Der Aufsichtsrat kann die Bücher und Schriften der Gesellschaft sowie die Vermögensgegenstände, namentlich die Gesellschaftskasse und die Bestände an Wertpapieren und Waren, einsehen und prüfen. Er kann damit auch einzelne Mitglieder oder für bestimmte Aufgaben besondere Sachverständige beauftragen (§ 111 Abs. 2 AktG).

Die Bucheinsicht von **GmbH-Gesellschaftern** geht um einiges weiter als jene von Aktionären. Sie ist daher besonders breit einsetzbar. Die Bucheinsichtsrechte von GmbH-Gesellschaftern gliedern sich in zwei Teile, die in Konfliktsituationen jeweils unterschiedlich einsetzbar sind:

| | |
|---|---|
| **Zusendung Jahresabschluss:** | Aufgabe der GF; unterbliebene Vorlage gegenüber der Gesellschafterversammlung ist eine Verfehlung des (Gesellschafter-)GF; |
| **jederzeitiges Einsichtsrecht:** | kein Überraschungsmoment, aber Mittel zur laufenden Kontrolle; zeigt Präsenz und erhöht Druck auf (Gesellschafter-)GF. |

Die **Vorlage des Jahresabschlusses** gegenüber der Gesellschafterversammlung (bei AG: gegenüber dem Aufsichtsrat) muss ohne schuldhaftes Zögern der Geschäftsführer beziehungsweise der Vorstandsmitglieder geschehen (§ 42a GmbHG, § 170 Abs. 1 S. 1 AktG). Das bedeutet, dass sie im Regelfall sofort zu erfolgen hat, nachdem die Jahresabschlüsse von den jeweiligen Organen aufgestellt sind. In der Praxis geschieht dies bei personalistisch strukturierten Gesellschaften so gut wie nie. Im Gesellschafterstreit kann diese (praktisch übliche) Verfehlung dem (Gesellschafter-)Geschäftsführer schaden. Konkret sind folgende Unterlagen vorzulegen:

- Jahresabschluss;
- Lagebericht (sofern gesetzlich vorgesehen);
- Bericht des Aufsichtsrates (sofern gesetzlich vorgesehen) über Ergebnis seiner Prüfung des Jahresabschlusses;
- Prüfungsbericht des Abschlussprüfers (sofern gesetzlich vorgesehen);
- wenn Pflicht zur Aufstellung eines Konzernabschlusses besteht, gilt Vorlagepflicht auch für diesen (§ 42a Abs. 4 GmbHG, § 170 Abs. 1 S. 1 AktG);
- Vorstandsmitglieder einer AG haben dem Aufsichtsrat ferner einen Vorschlag für einen Gewinnverwendungsbeschluss vorzulegen (§ 170 Abs. 2 AktG), Geschäftsführer einer GmbH sind dazu berechtigt, aber nicht verpflichtet.

Während des Jahres besteht bei GmbHs ein **jederzeitiges Einsichtsrecht** (§ 51a GmbHG). Dieses Recht kann der Gesellschafter auch wiederholt und ohne Angabe von Gründen bis zur Schikanegrenze ausüben. Das Bucheinsichtsrecht ist also durchaus ein Mittel, um Präsenz zu zeigen oder sogar »lästig zu werden« und Druck auszuüben.

Die Bucheinsichts- und Informationsrechte der GmbH-Gesellschafter sind grundsätzlich unbeschränkt. Sie erstrecken sich auf alle Unterlagen, die mit der Lage der Gesellschaft und mit der Rechnungslegung der Geschäftsführer zu tun haben. Gesellschaftsvertragliche Beschränkungen der im GmbHG vorgesehenen Bucheinsichts- und Informationsrechte sind nicht zulässig. Allerdings soll das Informationsrecht des Gesellschafters nur so weit gehen, wie

er ein Informationsbedürfnis hat und die Informationserteilung zur E
des Informationsbedürfnisses erforderlich ist.[201] Ein Informationsve
das nur zum Zwecke der Schikane geltend gemacht wird, ist unzuläss

Der Gesellschafter ist bei der Durchsetzung seiner Bucheinsichts- und Informationsrechte relativ stark. Er kann jede Verletzung seiner Rechte bekämpfen und sie gerichtlich durchsetzen. Alleine die Androhung solcher Schritte schwächt die Stellung des betroffenen Geschäftsführers.

Geschäftsführer sind gegenüber der Gesellschaft nur dann zur Verweigerung der Auskunftserteilung berechtigt, wenn zu besorgen ist, dass der Gesellschafter die Informationen zu gesellschaftsfremden Zwecken verwendet. In diesem Fall hat der Geschäftsführer die Gesellschafterversammlung unverzüglich über die Auskunftserteilung beziehungsweise -verweigerung abstimmen zu lassen (§ 51a Abs. 2 GmbHG).

Verweigert ein Geschäftsführer eigenmächtig die Bucheinsicht, kann der Gesellschafter zur Durchsetzung seines Bucheinsichtsrechts auch eine Gesellschafterversammlung zur Beschlussfassung einer entsprechenden Weisung an den Geschäftsführer einberufen lassen. Stimmt die Gesellschafterversammlung dem Beschlussantrag des Gesellschafters zu, ist der Geschäftsführer zur Ermöglichung der Bucheinsicht verpflichtet. Dies empfiehlt sich jedoch nur, wenn man in der Gesellschafterversammlung eine Mehrheit der Stimmen hinter sich weiß.

Beschließt die Gesellschafterversammlung über die Erteilung der Auskunft und stimmt mehrheitlich für eine Verweigerung, so kann der betroffene Gesellschafter einerseits den Beschluss anfechten, wenn er der Meinung ist, die Verweigerung erfolgt zu Unrecht. Andererseits kann der betroffene Gesellschafter auch direkt gegenüber der Gesellschaft nach § 51b GmbHG Auskunftsklage erheben. Dies dürfte regelmäßig der effektivere Weg sein. Obsiegt der betroffene Gesellschafter mit seiner Auskunftsklage, kann er seinen Auskunftsanspruch gegenüber der Gesellschaft im Wege der Zwangsvollstreckung durchsetzen.

**Tipp** !

Obsiegt der Gesellschafter mit seiner Auskunftsklage und weigert sich die Gesellschaft weiter, die begehrte Auskunft zu erteilen, kann das Gericht gegen die Gesellschaft Zwangsgeld oder gegen den Geschäftsführer Zwangshaft festsetzen, bis die Auskunft erteilt ist (§ 888 ZPO).

---

201 Baumbach/Hueck/*Zöllner/Noack* § 51a Rn. 27 ff.

> Obsiegt der Gesellschafter mit seiner Klage auf Bucheinsicht und verweigert die Gesellschaft weiter die Bucheinsicht, kann der klagende Gesellschafter einen Gerichtsvollzieher mit der Vollstreckung beauftragen. In diesem Fall darf sich der Gerichtsvollzieher Zugang zu den Geschäftsräumen der Gesellschaft verschaffen, die Unterlagen an sich nehmen und dem klagenden Gesellschafter übergeben (§883 ZPO).[202] Verfügt die Gesellschaft nicht über Sicherungskopien der beschlagnahmten Unterlagen, so kann dies den Geschäftsbetrieb erheblich beeinträchtigen. Für den »lästigen« Gesellschafter ist ein derartiges Vorgehen ein äußerst wirkungsvolles Mittel der Konfliktführung.

Trotz allem kann man Bucheinsichts- und Informationsrechte eines »lästigen« Gesellschafters unabhängig von ihrem rechtmäßigen Bestehen blockieren, indem man die Bucheinsicht verweigert beziehungsweise Informationen nicht gewährt. Denn die gerichtliche Durchsetzung und anschließende Zwangsvollstreckung von Bucheinsichts- und Informationsrechten dauert lange. Bis dem Gesellschafter diese Durchsetzung gelingt, haben die anderen Gesellschafter ihr Ziel im Gesellschafterstreit vielleicht schon erreicht.

### 6.11.2 Strategien gegen Druckausübung durch Bucheinsicht

In der Praxis ist vor allem das Einsichtsrecht der **GmbH**-Gesellschafter zur Druckausübung geeignet. Die folgenden Ausführungen beziehen sich daher vorrangig auf die Bucheinsicht in der GmbH. Die grundsätzlichen Überlegungen gelten aber auch für die übrigen Gesellschaftsformen.

Was kann ein (Gesellschafter-)Geschäftsführer tun, der mit einem Gesellschafter konfrontiert ist, der sein Bucheinsichtsrecht gezielt zur Druckausübung einsetzt? Die Antwort ist: Nur wenig! Ganz schutzlos ist er dennoch nicht. Er kann die Bucheinsicht zwar nicht verhindern, ihre Ausübung aber möglichst erschweren:

- Ob Bucheinsichtsrechte nur den Gesellschaftern persönlich zustehen, ist streitig.[203] Nach einer Auffassung ist eine Vertretung – soweit der Gesellschaftsvertrag keine anders lautende Regelung trifft – nur für gesetzliche Vertreter zulässig (zum Beispiel von minderjährigen Gesellschaftern oder Gesellschaftern, die selbst Gesellschaften sind). Wendet sich eine gesellschaftsfremde Person mit der Behauptung an Sie, einen Gesellschafter bei der Bucheinsicht zu vertreten, könnten Sie dieser Person – unter Berufung auf diese Literaturauffassung – die Bucheinsicht verwehren.

---

202 *Lutz*, Der Gesellschafterstreit, Rn. 751.
203 Zum Meinungsstand Baumbach/Hueck/*Zöllner/Noack* §51a Rn. 5.

- Es ist jedoch anerkannt, dass sich Gesellschafter bei der Bucheinsicht von Sachverständigen unterstützen lassen dürfen, wo dies für eine zweckgerichtete Information der Gesellschafter erforderlich ist. Beauftragt werden kann dabei nur ein von Berufs wegen zur Verschwiegenheit verpflichteter Berater, also in der Regel ein Wirtschaftsprüfer, Steuerberater oder Rechtsanwalt.

- Erfolgt eine Bucheinsicht durch Vertretung, sollten Sie die Einhaltung der Voraussetzungen durch den Vertreter genau prüfen. Kann er seine schriftliche Vollmacht nachweisen? Wenn von etwaigen, im Gesellschaftsvertrag definierten Voraussetzungen nicht alle erfüllt sind, können Sie dieser Person die Bucheinsicht verwehren. Derartige gesellschaftsvertragliche Voraussetzungen müssen auch berufsmäßige Parteienvertreter erfüllen. Deshalb kann zum Beispiel die (nach den Standesregeln der Rechtsanwälte grundsätzlich zulässige) mündliche Berufung auf eine Vollmachtserteilung eine schriftliche Vollmacht nicht ersetzen.

- Der Gesellschaftsvertrag kann die Gestattung der Bucheinsicht unter die Bedingung der Unterzeichnung von Geheimhaltungsverpflichtungen vorsehen (vgl. Kapitel 4.1.8.10). Regeln Sie solche und sichern Sie diese Geheimhaltungsverpflichtungen zudem mit hohen Vertragsstrafen ab und bestehen Sie auf deren Unterzeichnung **vor** Beginn der Einsichtnahme. Die Verpflichtung zur Geheimhaltung der im Rahmen der Bucheinsicht erlangten Informationen besteht kraft Gesetzes, allerdings sieht das Gesetz im Falle einer Verletzung keine Vertragsstrafe vor. Als Geschäftsführer sollte man versuchen, auch die Einsicht nehmenden Gesellschafter zur Unterzeichnung einer Geheimhaltungsverpflichtung zu bewegen, auch wenn der Gesellschaftsvertrag dies nicht ausdrücklich vorsehen sollte.

- Jede Bucheinsicht sollte an einem neutralen Ort erfolgen. Dafür bieten sich vor allem die Räume des Steuerberaters der Gesellschaft an.

- Das Bucheinsichtsrecht besteht nur, sofern dies zum Stillen eines Informationsbedürfnisses erforderlich ist. Es besteht kein Anspruch auf unkontrollierte und grenzenlose Bucheinsicht. Zeigen Sie Stärke und Präsenz durch Beistellung einer aktiven Kontrollperson für die gesamte Dauer der Bucheinsicht. Diese hat auch zu kontrollieren, dass keine Unterlagen aus den einzelnen Akten (Leitz-Ordnern) entnommen werden.

- Immer wieder wird darüber gestritten, ob Gesellschafter das Recht haben, unentgeltlich Kopien zu erhalten oder sie selbst Kopien anfertigen müssen. Wir empfehlen besonderes Entgegenkommen: Geben Sie den Gesellschaftern Post-its, damit diese jene Dokumente kennzeichnen können, von denen sie Kopien wünschen. Bieten Sie den Bucheinsicht nehmenden Gesellschaftern an, für sie Kopien erstellen zu lassen. So haben Sie die Möglichkeit, zu kontrollieren, welche Dokumente sich in deren Händen befinden. Das kann Ihnen zugutekommen, wenn Sie Gesellschafterversammlungen vorbereiten, weil Sie an Hand der kopierten Dokumente vorausahnen können, welche Fragen und Anträge gestellt werden. Ferner kann es Ihnen zugutekommen, wenn Sie gegen Gesellschafter Gerichtsverfahren führen müssen, weil Sie wissen, welche Beweisstücke sie jedenfalls zur Verfügung haben. – Am besten lassen Sie die Unterlagen doppelt kopieren, einmal für den Bucheinsicht nehmenden Gesellschafter, einmal für Sie; oder Sie lassen Listen der kopierten Dokumente erstellen.

- Oft wird überlegt, den Bucheinsicht nehmenden Gesellschaftern möglichst wenige Unterlagen vorzulegen. Manchmal mag nach dem Motto »Mehr ist weniger« die umgekehrte Vorgehensweise sinnvoll sein: Überlegen Sie daher, ob es nicht klug wäre, Ihren Gesellschaftern *alles* vorzulegen. Erstens kann man Ihnen keinen Vorwurf machen, zweitens ertränken Sie Ihre Gesellschafter in Unterlagen und den darin enthaltenen Informationen, drittens kostet es Ihren Gesellschaftern viel Geld, wenn sie bei der Bucheinsicht Berater beiziehen, die unzählige Unterlagen sichten müssen.
- Bestehen konkrete Anhaltspunkte, dass der Bucheinsichtsberechtigte Informationen zu gesellschaftsfremden Zwecken verwendet (zum Beispiel für konkurrierende Tätigkeiten), dürfen/müssen Sie die Bucheinsicht vorläufig verweigern. Sie sind jedoch verpflichtet, die Gesellschafterversammlung über die endgültige Verweigerung Beschluss fassen zu lassen. Bereiten Sie diesen Beschluss sorgfältig vor und sammeln Sie »Material«, das die Auskunftsverweigerung rechtfertigt. Die Bucheinsicht darf nicht vollständig verweigert werden, sondern nur die Unterlagen, bei denen eine Missbrauchsgefahr besteht. Die Gefahr gesellschaftsfremder Verwendung kann ausgeschlossen werden, indem statt des Gesellschafters ein zur beruflichen Verschwiegenheit verpflichteter Treuhänder das Informationsrecht ausübt. Dieser darf die erlangten Informationen nicht an den Gesellschafter weitergeben, er hat sie vielmehr auszuwerten, um anschließend das Ergebnis seiner Nachforschungen an den Gesellschafter zu übermitteln.[204]

Mit diesen Vorgehensweisen können Sie die Bucheinsicht durch Ihren Gegenspieler kaum endgültig verhindern. Aber Sie können damit unter Umständen erreichen, dass ein – möglicherweise überraschender – Versuch zur Bucheinsicht abgewehrt wird, der Gegner sich unverrichteter Dinge zurückziehen und einen neuen Anlauf nehmen muss. Sie erreichen damit zwei Vorteile:

- Die Gegenseite muss eine Niederlage einstecken, während Sie Stärke demonstrieren konnten und
- ein neuerlicher – voraussichtlich erfolgreicher – Versuch zur Bucheinsichtnahme kommt für Sie nicht mehr überraschend. Sie wissen, dass sich ein Konflikt anbahnt und können die Zeit nutzen, um etwaige Fehler zu berichtigen und sich selbst auf eine Auseinandersetzung vorzubereiten.

---

204 MüKoGmbHG/*Hillmann* § 51a Rn. 63.

**Tipp**

Wenn Sie als GmbH-Gesellschafter mit satzungsändernder Mehrheit (das Gesetz sieht eine 75%-Mehrheit vor) die Auskunfts- und Bucheinsichtsrechte Ihrer Minderheitsgesellschafter dauerhaft verringern wollen, können Sie dies durch Umstrukturierungen erreichen.

Einerseits können Sie einen Formwechsel in eine AG beschließen. Die Informationsrechte von Aktionären sind gegenüber denjenigen der GmbH-Gesellschafter erheblich eingeschränkt, weil bei der AG der Aufsichtsrat die Kontrollrechte ausübt. Andererseits können Sie den operativen Geschäftsbetrieb der GmbH auf eine Tochtergesellschaft ausgliedern, sodass die Mutter-GmbH nur noch als Holding fungiert (beachten Sie dabei die Beschränkungen der Holzmüller- und Gelatine-Rechtsprechung, vgl. Kapitel 5.5.2.7). Ihre Mitgesellschafter bei der Mutter-GmbH haben keine unmittelbaren Rechte bei der Tochtergesellschaft. Sie können lediglich von der Mutter-GmbH verlangen, in die bei ihr zur Tochtergesellschaft vorhandenen Unterlagen Einsicht zu nehmen. Zwar hat die Mutter-GmbH ihren Gesellschaftern Auskunft über Angelegenheiten der Tochtergesellschaft zu erteilen, soweit diese für die Mutter-GmbH von Relevanz sind. Allerdings kann die Mutter-GmbH nicht mehr Informationen erteilen, als sie selbst erlangen kann (insoweit bietet sich die Gründung einer Tochter-AG an, da die Mutter-GmbH bei einer Tochter-AG weniger Informationsrechte hat, als sie es bei einer Tochter-GmbH hätte). Zudem tritt in jedem Fall ein Mediatisierungseffekt ein, der das Informationsverlangen aus tatsächlichen Gründen erschwert und verzögert.[205]

**Tipp**

Als Geschäftsführer sitzt man bei Konflikten um die Bucheinsicht zwischen den Stühlen. Zum einen ist man direkter Ansprechpartner des Bucheinsichtsberechtigten, der sein Begehren an die Geschäftsführung zu richten hat. Verweigert man die Bucheinsicht zu Unrecht, verletzt man die Pflichten der Gesellschaft gegenüber diesem Gesellschafter. Zum anderen hat man die Interessen der Gesellschaft zu wahren und alle Gesellschafter gleich zu behandeln. Mit der Gewährung unberechtigter Bucheinsicht verletzt man diese Pflichten. Darüber hinaus kann ein Geschäftsführer auch verpflichtet sein, bestimmte Unterlagen von der Bucheinsicht auszunehmen, wenn eine Einsicht in diese Unterlagen die Interessen der Gesellschaft gefährden würde. Egal, wie der Geschäftsführer entscheidet: Er setzt sich stets der Kritik einer Konfliktpartei aus.

Als Geschäftsführer müssen Sie dieses Risiko aber nicht tragen. Lagern Sie die Entscheidung auf die Gesellschafter aus. Dazu müssen Sie lediglich eine Gesellschafterversammlung einberufen und die Gesellschafter selbst über Ausnahmen von der Bucheinsicht entscheiden lassen. Etwaige Rechtsverletzungen gehen dann auf das Konto der Gesellschafter.

---

205 MüKoGmbHG/*Hillmann* §51a Rn.33 f.

Verweigert der GmbH-Geschäftsführer rechtswidrig die Auskunft an den GmbH-Gesellschafter, kann die GmbH gegenüber dem Gesellschafter schadenersatzpflichtig werden.[206] In weiterer Folge kann der Geschäftsführer gegenüber der GmbH schadenersatzpflichtig sein. Derjenige Gesellschafter, dem ein Schaden entstanden ist, hat diesen zu beweisen, insbesondere zu belegen, dass der Schaden kausal durch die Verletzung der Auskunftspflicht entstanden ist. Dies wird in der Praxis nur sehr schwer möglich sein, sodass die genannten Sanktionen regelmäßig eher theoretischer Natur sind.

Die im Vergleich zu einem GmbH-Gesellschafter reduzierten Informations- und Kontrollrechte des Aktionärs einer **AG** werden teilweise kompensiert durch dessen Möglichkeit, über einen Hauptversammlungsbeschluss oder notfalls auf dem Klagewege die Bestellung eines Sonderprüfers durchzusetzen, welcher Vorgänge bei der Gründung oder der Geschäftsführung der AG zu prüfen hat (§ 142 AktG). Im Falle der Beherrschung einer AG durch einen Gesellschafter ohne gleichzeitigem Vorliegen eines Beherrschungsvertrages kann ein Aktionär unter bestimmten Voraussetzungen bei Gericht zudem Antrag auf Einsetzung eines Sonderprüfers stellen, welcher die geschäftlichen Beziehungen der AG zu dem herrschenden Unternehmen oder einem mit ihm verbundenen Unternehmen zu prüfen hat (§ 315 AktG).

## 6.12 Achtung Strafanzeige!

Ein äußerst effektives Mittel wäre die Androhung einer Strafanzeige. Eine Androhung ist jedoch nicht zulässig. Wer dennoch eine Strafanzeige androht, macht sich selbst strafbar. Dies gilt sogar dann, wenn die Strafanzeige gerechtfertigt wäre, weil sich der Anzuzeigende tatsächlich strafbar gemacht hat.

»Quasi-Drohungen« mit einer Strafanzeige erfolgen in der Praxis immer wieder in versteckter Form. So teilen Gesellschafter oft mit, sie hätten ihre Rechtsanwälte mit der Prüfung einer Strafanzeige beauftragt. Bei laufenden Gerichtsverfahren wird in Schriftsätzen oftmals beantragt, die Verfahrensakte an die Staatsanwaltschaft zu übergeben zum Zwecke der Einleitung eines Ermittlungsverfahrens.

Ein Gesellschafter, der mit derartigen »Quasi-Drohungen« operiert, sollte aber Folgendes bedenken:

- Wer die Grenze zur Drohung mit einer Strafanzeige überschreitet, macht sich selbst einer Nötigung strafbar.

---

206 Baumbach/Hueck/*Noack*/*Zöllner* § 51a Rn. 51 ff.

- Die Verwendung des Begriffs »Strafanzeige« bedeutet meist die Eskalation des Gesellschafterstreits und das Ende der Zusammenarbeit. Ihre Gesellschaft ist dann vielleicht am Ende.
- Wer sich selbst hat Verfehlungen zuschulden kommen lassen, läuft Gefahr, dass sich der Angezeigte revanchiert und eine gegengerichtete Strafanzeige erstattet.

Ein rechtlich zulässiges Mittel ist es, nicht erst mit einer Strafanzeige »zu drohen«, sondern eine Strafanzeige tatsächlich zu erstatten. Hier gilt es aber, Folgendes zu bedenken:

- Im Fall der Einleitung eines Ermittlungsverfahrens führt die Staatsanwaltschaft die Ermittlungen. Sie haben als Anzeigender in der Regel keinen Einfluss mehr auf den Gang des Verfahrens. Auch ein Zurückziehen der Anzeige bleibt – abgesehen von wenigen Ausnahmen – wirkungslos. Sie können die weiteren Ermittlungsmaßnahmen der Strafverfolgungsbehörden nicht verhindern. Bedenken Sie, dass der Ermittlungsrichter möglicherweise auch eine Hausdurchsuchung in den Büroräumen der Gesellschaft anordnet.
- »Quasi-Drohungen« sind trotz ihres rechtlichen Graubereiches und der Gefahr der eigenen Strafbarkeit deshalb sehr beliebt, weil sich der den Begriff »Strafanzeige« Verwendende erhofft, der einer Straftat Bezichtigte würde in eine bestimmte Richtung agieren, um eine Strafanzeige zu vermeiden. Ist eine Strafanzeige bereits erstattet, so gibt es für den einer Straftat Bezichtigten keine Möglichkeit mehr, die Strafanzeige zu verhindern. Das Kind ist bereits in den Brunnen gefallen. Der einer Straftat Bezichtigte wird sein Verhalten durch die Strafanzeige häufig nicht ändern.
- Wer eine Strafanzeige erstattet, sollte zuvor zwingend den Betroffenen anhören und eine innergesellschaftliche Klärung der Angelegenheit versuchen. Eine leichtfertig oder wider besseres Wissen gestellte Strafanzeige kann für den Anzeigeerstatter selbst mit gesellschaftsrechtlichen Konsequenzen verbunden sein, insbesondere wenn sich diese später als falsch herausstellt. Es droht dem Anzeigeerstatter dann im Extremfall sogar der Ausschluss aus der Gesellschaft.[207]
- Die Erstattung einer Strafanzeige kann im Gesellschafterstreit gleichwohl sinnvoll sein. Zum einen eröffnet sich bei dem Kontrahenten eine weitere Front. Er muss nicht nur gegen seine(n) Mitgesellschafter eine Auseinandersetzung führen, sondern auch mit der Staatsanwaltschaft. Dies bindet Ressourcen, die dann im Rahmen der gesellschafterlichen Auseinandersetzung nicht zur Verfügung stehen.

---

207 BGH, Urteil vom 24.02.2003, Az. II ZR 243/02.

- Des Weiteren ist ein laufendes Strafverfahren psychisch belastend. Es erhöht häufig die Einigungsbereitschaft.

- Kann der Anzeigeerstatter ein berechtigtes Interesse glaubhaft machen, ist er zur Einsichtnahme in die Ermittlungsakte berechtigt. Der Staatsanwaltschaft stehen deutlich weitreichendere Ermittlungsmethoden zur Verfügung als einem Mitgesellschafter. Insofern können staatsanwaltschaftliche Ermittlungen in Kombination mit einer anschließenden Akteneinsicht für den die Strafanzeige erstattenden Gesellschafter mit einem den Gesellschafterstreit entscheidenden Erkenntnisgewinn verbunden sein.

Außerhalb des Kernbereiches des Strafrechts besteht insbesondere eine Angriffsmöglichkeit gegen Gesellschafter-Geschäftsführer oder Vorstandsmitglieder einer AG, die Sie sowohl als Angreifender als auch als potenzielles Angriffsziel beachten sollten. Denn gerade zulasten von Geschäftsführern und Vorstandsmitgliedern gibt es verschiedene »versteckte« und nicht allgemein bekannte Strafvorschriften. Geschäftsführer und Vorstände können sich insbesondere in folgenden Fällen strafbar machen:

- Falschangaben gegenüber dem Handelsregister bei der Gesellschaftsgründung oder einer Kapitalerhöhung (§ 399 AktG beziehungsweise § 82 GmbHG);
- fehlerhafte Wiedergabe oder Verschleierung der Verhältnisse der Gesellschaft einschließlich ihrer Beziehungen zu verbundenen Unternehmen in Darstellungen oder Übersichten über den Vermögensstand (§ 400 AktG);
- Verletzung der Verlustanzeigepflicht (§ 401 AktG beziehungsweise § 84 GmbHG);
- Verletzung der Geheimhaltungspflicht (§ 404 AktG beziehungsweise § 85 GmbHG);
- Verletzung der gesetzlichen Buchführungspflicht (§ 283b StGB).

## 6.13 Das Arsenal – Diese Mittel stehen Ihnen zur Durchsetzung Ihrer Interessen zur Verfügung

Einen Streit führt nur derjenige erfolgreich, der seine zur Verfügung stehenden Mittel kennt. Die folgenden Tabellen bieten Ihnen einen Überblick über Stimmerfordernisse für einzelne Vorhaben. Sie erkennen aus diesen Tabellen, mit welchen Beteiligungserfordernissen Sie als Minderheitsgesellschafter Maßnahmen der Mehrheitsgesellschafter verhindern können beziehungsweise welche Mehrheiten Sie zur Durchsetzung Ihrer Vorhaben auch gegen den Willen eines Minderheitsgesellschafters benötigen. Die nachfolgenden Tabellen behandeln im Einzelnen die Rechte von GbR-Gesellschaftern (Tab. 12), die Rechte von persönlich haftenden Gesellschaftern bei den übrigen Personengesellschaftsformen (Tab. 13), die Rechte von Kommanditisten (Tab. 14), die Rechte von GmbH-Gesellschaftern (Tab. 15) und die Rechte von Aktionären (Tab. 16).

| Beteiligung | Rechte von GbR-Gesellschaftern |
|---|---|
| jeder Gesell- schafter | - Gewinnanspruch (§721 Abs. 1 BGB: Anspruch auf Rechnungs- legung und Gewinnverteilung besteht erst nach Auflösung der Gesellschaft; §721 Abs. 2 BGB: Bei Dauer der Gesellschaft über mehrere Jahre besteht Anspruch auf Rechnungslegung und Ge- winnverteilung im Zweifel zum Ende eines jeden Geschäftsjah- res; §722 Abs. 1 BGB: Wenn nichts anderes geregelt ist, hat jeder Gesellschafter einen gleich hohen Anspruch auf den Gewinn) <br>- Geschäftsführung (§709 Abs. 1 BGB: Gesamtgeschäftsführung: Für jedes Geschäft ist die Zustimmung aller Gesellschafter erforderlich; §710 BGB: Die Geschäftsführung kann auf einzelne Gesellschafter übertragen werden, dann sind die anderen Gesell- schafter von der Geschäftsführung ausgeschlossen) <br>- Widerspruchsrecht (§711 BGB: Weicht der Gesellschaftsvertrag vom Prinzip der Gesamtgeschäftsführung ab, steht jedem Gesell- schafter ein Widerspruchsrecht gegen Geschäftsführungsmaß- nahmen der anderen Gesellschafter zu) <br>- Stimmrecht (§709 Abs. 1 BGB: Aufgrund des Einstimmigkeits- prinzips kommt dies einem Vetorecht gleich) <br>- wenn Gesellschaftsvertrag Beschlussfassung in Gesellschafter- versammlungen vorsieht: Teilnahme an Gesellschafterver- sammlungen <br>- jederzeitiges Zutrittsrecht zu den Geschäftsräumen der Gesell- schaft <br>- jederzeitiges Bucheinsichtsrecht und wenn nicht ausreichend, zusätzliches Auskunftsrecht gegenüber den übrigen geschäfts- führenden Gesellschaftern\* (§716 Abs. 1 BGB) <br>- bei »Erwerbsgesellschaften« unterliegen Gesellschafter Wettbe- werbsverbot; bei Verstoß: Geltendmachung von Unterlassungs-, Herausgabe- und/oder Schadenersatzansprüchen für die Gesell- schaft (»actio pro socio«) <br>- ordentliche Kündigung (§732 BGB: wenn Gesellschaft auf unbe- stimmte Zeit errichtet wurde) <br>- sofern und soweit Gesellschaftsvertrag bei Beschlüssen Mehrheitsentscheidungen zulässt: Unterlegener Minderheits- gesellschafter kann gegen einen mangelhaften Beschluss Nichtigkeitsklage erheben <br>- scheitert die beantragte Beschlussfassung an der erforderlichen Beschlussmehrheit und haben einzelne Gesellschafter ihr Stimm- recht rechtswidrig ausgeübt (zum Beispiel wegen Verletzung eines Stimmverbotes oder wegen der treuwidrigen Ausübung des Stimmrechts), kann der unterlegene Gesellschafter mit einer Klage das Zustandekommen des Beschlusses feststellen lassen <br>- Widerspruch gegen nicht verhältniswahrende Spaltung (§128 UmwG) <br>- Kündigung der Gesellschaft (§723 BGB), welche zu ihrer Auflösung führt <br><br>\* MüKoBGB/*Schäfer* §716 Rn. 12. |

| Beteiligung | Rechte von GbR-Gesellschaftern |
|---|---|
| bei Vorliegen eines wichtigen Grundes bei einem Gesellschafter haben alle übrigen Gesellschafter folgende Rechte: | ▪ wenn Gesellschaftsvertrag bei Ausscheiden eines Gesellschafters die Fortsetzung der Gesellschaft vorsieht (sogenannte »Fortsetzungsklausel«): Ausschließung eines Gesellschafters bei Vorliegen wichtiger, in der Person des auszuschließenden Gesellschafters liegender Gründe durch Erklärung der übrigen Gesellschafter (§ 737 BGB)<br>▪ Zwei-Personen-Gesellschaft und Fortsetzungsklausel im Gesellschaftsvertrag: Übernahmeerklärung*, das heißt, Ausschluss des letzten noch verbliebenen Mitgesellschafters bei Vorliegen wichtiger, in der Person des auszuschließenden Gesellschafters liegender Gründe (= Weiterführung der Gesellschaft als Einzelunternehmen; § 737 BGB analog)<br>▪ Entziehung der Geschäftsführungsbefugnis eines Gesellschafters (§ 712 Abs. 1 BGB) und der Vertretungsbefugnis (§ 715 BGB) durch Beschluss mit erforderlicher Mehrheit; kommt Mehrheitsbeschluss nicht zustande: Jeder bei der Abstimmung unterlegene Gesellschafter kann die sich verweigernden Mitgesellschafter auf Zustimmung verklagen und somit Entziehung der Geschäftsführungs- und/oder Vertretungsbefugnis selbst durchsetzen**; Antrag auf Erlass einer einstweiligen Verfügung auf Entziehung<br><br>\* MüKoBGB/*Schäfer* § 737 Rn. 6.<br>\*\* MüKoBGB/*Schäfer* § 712 Rn. 15. |
| bei Vorliegen eines Schadenersatzanspruchs gegen einen Gesellschafter hat jeder übrige Gesellschafter folgende Rechte: | ▪ außergerichtliche und gerichtliche Geltendmachung von Ansprüchen der Gesellschaft gegenüber einem Gesellschafter aus dem Gesellschaftsverhältnis; Klage im eigenen Namen auf Leistung an die Gesellschaft (sogenannte »actio pro socio«); Beispiele: Leistung der Einlagen, Rückzahlung pflichtwidrig entnommener Einlagen, Verletzung des Wettbewerbsverbotes, Schadenersatz wegen pflichtwidriger Geschäftsführung, Unterlassung vertragswidrigen Handelns |

**Tab. 12:** Rechte von GbR-Gesellschaftern

| Beteiligung | Rechte von persönlich haftenden Gesellschaftern (OHG, KG, GmbH & Co. KG, PartG und PartG mbB) |
|---|---|
| jeder Gesellschafter | ■ Vorzugsgewinnanteil (§ 121 Abs. 1 und 2 HGB: besteht in Höhe von 4% des Kapitalanteils; reicht Jahresgewinn zur Erfüllung der Vorzugsgewinnanteile nicht aus, gilt derjenige unter 4% liegende Prozentsatz, dessen Anwendung den Jahresgewinn voll abschöpft)<br>■ Gewinnanspruch (§ 121 Abs. 3 HGB: Der den Vorzugsgewinnanteil übersteigende Gewinn [oder ein Verlust] wird nach Köpfen verteilt)<br>■ Geschäftsführung (§ 115 Abs. 1, § 116 Abs. 1 und 2 HGB: Einzelgeschäftsführung für gewöhnliche Geschäfte und Gesamtgeschäftsführung für außergewöhnliche Geschäfte)<br>■ Einzelvertretungsberechtigung für gewöhnliche und außergewöhnliche Geschäfte (§ 125 HGB)<br>■ Widerspruchsrecht (§ 115 Abs. 1 HS 2 HGB: Jeder Gesellschafter kann der Vornahme einer Geschäftsführungshandlung widersprechen); aber: Widerspruch hat keinen Einfluss auf Vertretungsbefugnis*<br>■ Stimmrecht (§ 119 HGB: Aufgrund des Einstimmigkeitsprinzips kommt dies einem Vetorecht gleich)<br>■ wenn Gesellschaftsvertrag Beschlussfassung in Gesellschafterversammlungen vorsieht: Teilnahme an Gesellschafterversammlungen<br>■ jederzeitiges Zutrittsrecht zu den Geschäftsräumen der Gesellschaft<br>■ jederzeitiges Bucheinsichtsrecht und, wenn nicht ausreichend, zusätzliches Auskunftsrecht gegenüber den übrigen geschäftsführenden Gesellschaftern (§ 118 HGB)<br>■ bei Verletzung des Wettbewerbsverbotes (§ 113 HGB): Geltendmachung von Unterlassungs-, Herausgabe- und/oder Schadenersatzansprüchen für die Gesellschaft (»actio pro socio«)<br>■ ordentliche Kündigung (§ 132 HGB: wenn Gesellschaft auf unbestimmte Zeit errichtet wurde);<br>■ Auflösung der Gesellschaft aus wichtigem Grund durch gerichtliche Entscheidung (§ 133 HGB)<br>■ sofern und soweit Gesellschaftsvertrag bei Beschlüssen Mehrheitsentscheidungen zulässt: Unterlegener Minderheitsgesellschafter kann gegen einen mangelhaften Beschluss Nichtigkeitsklage erheben<br>■ scheitert die beantragte Beschlussfassung an der erforderlichen Beschlussmehrheit und haben einzelne Gesellschafter ihr Stimmrecht rechtswidrig ausgeübt (zum Beispiel wegen Verletzung eines Stimmverbotes oder wegen der treuwidrigen Ausübung des Stimmrechts), kann der unterlegene Gesellschafter mit einer Klage das Zustandekommen des Beschlusses feststellen lassen<br>■ Widerspruch gegen nicht verhältniswahrende Spaltung (§ 128 UmwG)<br><br>* Baumbach/Hopt/*Roth* HGB § 115 Rn. 4. |

| Beteiligung | Rechte von persönlich haftenden Gesellschaftern (OHG, KG, GmbH & Co. KG, PartG und PartG mbB) |
|---|---|
| bei Vorliegen eines wichtigen Grundes bei einem Gesellschafter haben alle übrigen Gesellschafter folgende Rechte: | • Ausschließungsklage bei Vorliegen wichtiger, in der Person des auszuschließenden Gesellschafters liegender Gründe (§ 140 Abs. 1 S. 1 HGB)<br>• Zwei-Personen-Gesellschaft: Übernahmeklage, das heißt Ausschluss des letzten noch verbliebenen Mitgesellschafters bei Vorliegen wichtiger, in der Person des auszuschließenden Gesellschafters liegender Gründe (= Weiterführung der Gesellschaft als Einzelunternehmen; § 140 Abs. 1 S. 2 HGB)<br>• Befugnis der Erhebung einer Klage auf Entziehung der Geschäftsführungsbefugnis eines Gesellschafters (§ 117 HGB) und einer Klage auf Entziehung der Vertretungsbefugnis (§ 127 HGB): Klage aller Gesellschafter, mit Ausnahme des beklagten Betroffenen, erforderlich; aber: Kläger kann/können die sich verweigernden Mitgesellschafter ebenfalls verklagen und somit Entziehung der Geschäftsführungs- und/oder Vertretungsbefugnis selbst durchsetzen*; Antrag auf Erlass einer einstweiligen Verfügung auf Entziehung und auf Bestellung eines (auch fremden) Dritten zum Vertreter**; sofern ein Kommanditist gesellschaftsvertraglich geschäftsführungsberechtigt ist, sind diese Maßnahmen auch ihm gegenüber möglich<br><br>* MüKoHGB/*Jickeli* § 117 Rn. 63 f.<br>** BGH, Urteil vom 11.07.1960, Az. II ZR 260/59. |
| bei Vorliegen eines Schadenersatzanspruchs gegen einen Gesellschafter hat jeder übrige Gesellschafter folgende Rechte: | • außergerichtliche und gerichtliche Geltendmachung von Ansprüchen der Gesellschaft gegenüber einem Gesellschafter aus dem Gesellschaftsverhältnis; Klage im eigenen Namen auf Leistung an die Gesellschaft (sogenannte »actio pro socio«); Beispiele: Leistung der Einlagen, Rückzahlung pflichtwidrig entnommener Einlagen, Verletzung des Wettbewerbsverbotes, Schadenersatz wegen pflichtwidriger Geschäftsführung, Unterlassung vertragswidrigen Handelns*<br><br>* Vgl. Baumbach/Hopt/*Roth* HGB § 109 Rn. 32 ff. |

**Tab. 13:** Rechte von OHG-Gesellschaftern (gilt entsprechend für Rechte von Komplementären einer KG beziehungsweise einer GmbH & Co. KG und für Rechte von Gesellschaftern einer PartG beziehungsweise einer PartG mbB)

| Beteiligung | Rechte von Kommanditisten |
|---|---|
| jeder Kommanditist | ■ Vorzugsgewinnanteil (§ 121 Abs. 1 und 2 HGB i. V. m. § 168 Abs. 1 HGB: besteht in Höhe von 4 % des Kapitalanteils; reicht Jahresgewinn zur Erfüllung der Vorzugsgewinnanteile nicht aus, gilt derjenige unter 4 % liegende Prozentsatz, dessen Anwendung den Jahresgewinn voll abschöpft) |
| | ■ Gewinnanspruch (§ 168 Abs. 2 HGB: Der den Vorzugsgewinnanteil übersteigende Gewinn [oder ein Verlust] wird in einem »angemessenen Verhältnis« verteilt; angemessen ist in der Regel eine Verteilung nach Kapitalanteilen) |
| | ■ Geschäftsführung: kein Mitwirkungsrecht bei gewöhnlichen Geschäften, außergewöhnliche Geschäfte bedürfen der Zustimmung aller Gesellschafter, auch der Kommanditisten (§ 164 HGB); Gesellschaftsvertrag kann aber Geschäftsführungsbefugnis erteilen* |
| | ■ kein Vertretungsrecht (§ 170 HGB) |
| | ■ Stimmrecht bei Beschlussgegenständen, die nach Gesellschaftsvertrag oder Gesetz auch der Mitwirkung der Kommanditisten bedürfen (§ 119 HGB) |
| | ■ wenn Gesellschaftsvertrag Beschlussfassung in Gesellschafterversammlungen vorsieht: Teilnahme an Gesellschafterversammlungen |
| | ■ Recht auf schriftliche Mitteilung (Kopie) des Jahresabschlusses (§ 166 Abs. 1 HS 1 HGB) |
| | ■ Recht auf Einsicht in Bücher und Schriften der Gesellschaft zum Zwecke der Kontrolle des Jahresabschlusses, kein allgemeines laufendes Einsichtsrecht (§ 166 Abs. 1 HS 2 HGB) |
| | ■ bei wichtigem Grund besteht außerordentliches Informationsrecht; wichtiger Grund liegt vor, wenn ohne Information Schaden für Kommanditist oder Gesellschaft droht; außerordentliches Informationsrecht erstreckt sich allgemein auf Geschäftsführung |
| | ■ Stimmrecht (das aufgrund des Einstimmigkeitsprinzips einem Vetorecht gleichkommt) bei allen Gesellschafterbeschlüssen (betrifft nur außergewöhnliche Geschäfte, gewöhnliche Geschäfte obliegen der Geschäftsführung) |
| | ■ bei Verletzung des Wettbewerbsverbotes durch den Komplementär oder den geschäftsführenden Kommanditisten (§ 113 i. V. m. § 161 Abs. 2 HGB): Geltendmachung von Unterlassungs-, Herausgabe- und/oder Schadenersatzansprüchen für die Gesellschaft (»actio pro socio«) |
| | ■ ordentliche Kündigung (§ 132 i. V. m. § 161 Abs. 2 HGB: wenn Gesellschaft auf unbestimmte Zeit errichtet wurde) |
| | ■ Auflösung der Gesellschaft aus wichtigem Grund durch gerichtliche Entscheidung (§ 133 i. V. m. § 161 Abs. 2 HGB) |
| | ■ sofern und soweit Gesellschaftsvertrag bei Beschlüssen Mehrheitsentscheidungen zulässt: Unterlegener Minderheitsgesellschafter kann gegen einen mangelhaften Beschluss Nichtigkeitsklage erheben |

| Beteiligung | Rechte von Kommanditisten |
|---|---|
| | - scheitert die beantragte Beschlussfassung an der erforderlichen Beschlussmehrheit und haben einzelne Gesellschafter ihr Stimmrecht rechtswidrig ausgeübt (zum Beispiel wegen Verletzung eines Stimmverbotes oder wegen der treuwidrigen Ausübung des Stimmrechts), kann der unterlegene Gesellschafter mit einer Klage das Zustandekommen des Beschlusses feststellen lassen<br>- Widerspruch gegen nicht verhältniswahrende Spaltung (§128 UmwG)<br><br>* Baumbach/Hopt/*Roth* HGB §164 Rn.7. |
| bei Vorliegen eines wichtigen Grundes bei einem Gesellschafter haben alle übrigen Gesellschafter folgende Rechte: | - Ausschließungsklage bei Vorliegen wichtiger, in der Person des auszuschließenden Gesellschafters liegender Gründe (§140 Abs. 1 S.1 i.V.m. §161 Abs. 2 HGB); auch der einzige Komplementär kann ausgeschlossen werden, es muss dann aber ein neuer Komplementär gefunden werden (dies kann auch ein bisheriger Kommanditist sein), andernfalls ist die Gesellschaft aufzulösen*<br>- Zwei-Personen-Gesellschaft: Übernahmeklage, das heißt Ausschluss des letzten noch verbliebenen Mitgesellschafters bei Vorliegen wichtiger, in der Person des auszuschließenden Gesellschafters liegender Gründe (= Weiterführung der Gesellschaft als Einzelunternehmen; §140 Abs. 1 S.2 i.V.m. §161 Abs. 2 HGB<br>- Befugnis der Erhebung einer Klage auf Entziehung der Geschäftsführungsbefugnis eines Komplementärs (§117 i.V.m. §161 Abs. 2 HGB) und einer Klage auf Entziehung der Vertretungsbefugnis (§127 i.V.m. §161 Abs. 2 HGB): Klage aller Gesellschafter, mit Ausnahme des beklagten Betroffenen, erforderlich; aber: Kläger kann/können die sich verweigernden Mitgesellschafter ebenfalls verklagen und somit Entziehung der Geschäftsführungs- und/oder Vertretungsbefugnis selbst durchsetzen; Antrag auf Erlass einer einstweiligen Verfügung auf Entziehung und auf Bestellung eines (auch fremden) Dritten zum Vertreter; sofern ein Kommanditist gesellschaftsvertraglich geschäftsführungsberechtigt ist, sind diese Maßnahmen auch ihm gegenüber möglich<br><br>* MüKoHGB/*Schmidt* §131 Rn.46. |
| bei Vorliegen eines Schadenersatzanspruchs gegen einen Gesellschafter hat jeder übrige Kommanditist folgende Rechte: | - außergerichtliche und gerichtliche Geltendmachung von Ansprüchen der Gesellschaft gegenüber einem Gesellschafter aus dem Gesellschaftsverhältnis; Klage im eigenen Namen auf Leistung an die Gesellschaft (sogenannte »actio pro socio«) |

**Tab. 14:** Rechte von Kommanditisten einer KG beziehungsweise einer GmbH & Co. KG

| Beteiligung | Rechte von GmbH-Gesellschaftern |
|---|---|
| jeder Gesell-schafter | ▪ Einsichtnahme in die Bücher und Schriften der Gesellschaft (§ 51a GmbH, gesellschaftsvertragliche Beschränkung unzulässig; aber: Informations- und Bucheinsichtsrecht kann durch Gesellschafterbeschluss verweigert werden, wenn Gefahr besteht, dass Informationen zu »gesellschaftsfremden Zwecken« verwendet werden (zum Beispiel zum Wettbewerb)<br>▪ Recht auf Vorlage des Jahresabschlusses<br>▪ Teilnahme an Gesellschafterversammlungen<br>▪ Auskunftsrechte in der Gesellschafterversammlung<br>▪ Stimmrecht in der Gesellschafterversammlung<br>▪ Antrag auf gerichtliche Bestellung eines Notgeschäftsführers (§ 29 BGB analog); ein Gericht wird aber nur in extremen Ausnahmefällen einen Notgeschäftsführer bestellen<br>▪ Klage auf Abberufung eines Geschäftsführers aus wichtigem Grund (zuerst ist eine Beschlussfassung über die Abberufung erforderlich; sofern der Beschluss trotz tatsächlich vorliegenden wichtigen Grundes keine Mehrheit findet, ist Erhebung einer Beschlussfeststellungsklage, gegebenenfalls in Kombination mit einer Beschlussanfechtungsklage, möglich (vgl. Kapitel 6.10); zusätzlich zur Beschlussfeststellungsklage kann auch der Erlass einer einstweiligen Verfügung mit dem Ziel der vorläufigen Untersagung der Geschäftsführung beantragt werden)<br>▪ Klage auf Einziehung der Geschäftsanteile eines Mitgesellschafters aus wichtigem Grund (Zuerst ist eine Beschlussfassung über die Einziehung erforderlich; sofern der Beschluss trotz tatsächlich vorliegenden wichtigen Grundes keine Mehrheit findet, ist Erhebung einer Beschlussfeststellungsklage möglich, gegebenenfalls in Kombination mit einer Beschlussanfechtungsklage)<br>▪ klageweise Anfechtung eines anfechtbaren Gesellschafterbeschlusses (§ 245 AktG analog) in Kombination mit Antrag auf Erlass einer einstweiligen Verfügung zur Sicherung des Status quo<br>▪ Erhebung einer Nichtigkeitsklage gegen nichtige Gesellschafterbeschlüsse (§ 249 AktG analog) in Kombination mit Antrag auf Erlass einer einstweiligen Verfügung zur Sicherung des Status quo<br>▪ Erhebung einer Beschlussfeststellungsklage (gegebenenfalls in Kombination mit einer Beschlussanfechtungsklage) mit dem Ziel, das Zustandekommen von zu Unrecht abgelehnten Beschlüssen feststellen zu lassen;<br>▪ Antrag auf gerichtliche Entscheidung über Zuzahlung an Anteilsinhaber oder Barabfindung von Anteilsinhabern anlässlich der Umwandlung von Rechtsträgern (§§ 15, 34, 122h, 122i, 176 bis 181, 184, 186, 196 oder § 212 UmwG, § 3 Nr. 3 SpruchG)<br>▪ Antrag bei dem Registergericht auf Aussetzung des Verfahrens über die Eintragung einer bestimmten Tatsache in das Handelsregister, bis zum Abschluss des gegen die Tatsache gerichteten Klageverfahrens (§ 21, § 381 FamFG) |

| Beteiligung | Rechte von GmbH-Gesellschaftern |
|---|---|
| | • Antrag auf gerichtliche Ergänzung eines nicht ausreichend besetzten Aufsichtsrates (gerichtliche Bestellung nur bei nach DrittelbG und MitbestG obligatorischem Aufsichtsrat möglich, nicht bei fakultativem Aufsichtsrat*) und Antrag auf Einrichtung eines rechtswidrig nicht eingerichteten Aufsichtsrates (§§ 98 f. AktG analog)<br>• Klage auf Fassung eines bestimmten Gewinnverwendungsbeschlusses (zum Beispiel mit einer höheren Gewinnausschüttung an die Gesellschafter)**<br>• Verhinderung der Änderung des Gesellschaftszwecks (nicht des Unternehmensgegenstandes), beispielsweise die Änderung des Zwecks der Gewinnerzielung auf gemeinnützige Zwecke (§ 33 Abs. 1 S. 2 BGB analog)<br>• unter bestimmten Voraussetzungen: Verhinderung der Aufhebung einer Vinkulierungsklausel***<br>• Vermehrung der dem Gesellschafter gesellschaftsvertraglich obliegenden Pflichten oder Verkürzung der ihm eingeräumten Rechte kann nur mit Zustimmung des betroffenen Gesellschafters beschlossen werden****<br>• außergerichtliche und gerichtliche Geltendmachung von Ansprüchen der Gesellschaft gegenüber einem Gesellschafter oder Geschäftsführer aus dem Gesellschaftsverhältnis; Klage im eigenen Namen auf Leistung an die Gesellschaft (sogenannte »actio pro socio«); Beispiele: Rückzahlung verbotener Entnahmen und verdeckter Gewinnausschüttungen, Verletzung des Wettbewerbsverbotes, Schadenersatz wegen pflichtwidriger Geschäftsführung, Unterlassung vertragswidrigen Handelns; nur unter sehr engen Voraussetzungen möglich, zunächst muss versucht werden, ein Handeln der Gesellschaft über eine Beschlussfassung in der Gesellschafterversammlung zu erzwingen*****<br>• Widerspruch gegen Formwechsel einer GmbH in eine Personengesellschaft (§ 233 Abs. 1 UmwG)<br>• Widerspruch gegen nicht verhältniswahrende Spaltung (§ 128 UmwG)<br><br>* Baumbach/Hueck/*Zöllner/Noack* § 52 Rn. 45 und 189.<br>** Baumbach/Hueck/*Fastrich* § 29 Rn. 39 ff.<br>*** Baumbach/Hueck/*Fastrich* § 15 Rn. 40.<br>**** Baumbach/Hueck/*Zöllner/Noack* § 53 Rn. 32 f. und 35.<br>***** Vgl. Baumbach/Hueck/*Fastrich* § 13 Rn. 36 ff. |

| Beteiligung | Rechte von GmbH-Gesellschaftern |
| --- | --- |
| Gesellschafter mit zusammen 10 % des Stammkapitals | <ul><li>Verlangen nach Einberufung einer Gesellschafterversammlung (§ 50 Abs. 1 GmbHG)</li><li>Verlangen nach Ergänzung der Tagesordnung (§ 50 Abs. 2 GmbHG)</li><li>kommt Geschäftsführung Einberufungsverlangen beziehungsweise Verlangen nach Ergänzung der Tagesordnung nicht nach, besteht Selbstvornahmerecht der Minderheitsgesellschafter (§ 50 Abs. 3 GmbHG)</li><li>Erhebung einer Klage auf Auflösung der Gesellschaft (§ 61 Abs. 2 GmbHG)</li><li>Antrag auf gerichtliche Bestellung von Liquidatoren aus wichtigem Grund (§ 66 Abs. 2 GmbHG)</li></ul> |
| > 25 % der abgegebenen Stimmen | <ul><li>Sperrminorität bei Beschlüssen, für die eine Mehrheit von ¾ der Stimmanteile erforderlich ist (satzungsändernde Beschlüsse) (s. u.)</li><li>Verhinderung des Abschlusses von Unternehmensverträgen (Beherrschungsverträge, Gewinnabführungsverträge)*</li></ul><br>* Vgl. Baumbach/Hueck/*Beurskens* KonzernR Rn. 106. |
| 50 % der abgegebenen Stimmen | <ul><li>Sperrminorität bei sämtlichen Gesellschafterbeschlüssen</li></ul> |
| > 50 % der abgegebenen Stimmen | Fassung von Gesellschafterbeschlüssen, soweit dafür nicht ¾ der Stimmanteile erforderlich sind und damit faktisch ein Weisungsrecht gegenüber der Geschäftsführung (aber nur mittelbar über den Einfluss in der Gesellschafterversammlung); Beispiele:<ul><li>Bestellung und Abberufung von Geschäftsführern, Liquidatoren und Prokuristen</li><li>Entlastung der Geschäftsführer</li><li>Feststellung des Jahresabschlusses</li><li>Entscheidung über Gewinnverwendung</li><li>Entscheidung über Einforderung offener Einlagen</li><li>Festlegung der Unternehmenspolitik</li><li>Festlegung der Unternehmensorganisation</li><li>Wahl etwaiger Abschlussprüfer</li><li>Wahl etwaiger Aufsichtsratsmitglieder, soweit diese nicht nach dem DrittelbG oder dem MitbestG von der Arbeitnehmerseite zu wählen sind</li><li>sofern nicht ¾ der Stimmanteile erforderlich sind: auch Beschlussfassungen über außergewöhnliche Maßnahmen</li></ul> |

| Beteiligung | Rechte von GmbH-Gesellschaftern |
|---|---|
| 75% der abgegebenen Stimmen | ■ Änderung des Gesellschaftsvertrages (§ 53 GmbHG), dies bedeutet:<br>– Änderung des Unternehmensgegenstandes (sowohl förmliche als auch rein faktische Änderung)*<br>– Durchführung einer Kapitalerhöhung (§§ 55 ff. GmbHG)<br>– Herabsetzung des Stammkapitals (§§ 58 ff. GmbHG)<br>– Durchführung von Umwandlungsmaßnahmen (Spaltung, Verschmelzung, Formwechsel, Vermögensübertragung; hier gelten jeweils die Spezialvorschriften des UmwG)<br>■ Beschlussfassung über Auflösung der Gesellschaft (§ 60 Abs. 1 Nr. 2 GmbHG) und nach beschlossener Auflösung über Fortsetzung der Gesellschaft<br>■ Zustimmung zu sehr außergewöhnlichen Maßnahmen (Veräußerung wesentlicher Unternehmensteile, Ausgliederung des überwiegenden Vermögens, Holzmüller- und Gelatine-Grundsätze)<br>■ Veräußerung des Gesellschaftsvermögens als Ganzes (§ 179a AktG analog)<br><br>* Baumbach/Hueck/*Zöllner/Noack* § 53 Rn. 30. |

**Tab. 15:** Rechte von GmbH-Gesellschaftern

| Beteiligung | Rechte von Aktionären |
|---|---|
| jeder Aktionär | ■ Recht auf Einsicht und Übergabe einer Kopie des vollständigen Jahresabschlusses, des Lageberichts, des Berichts des Aufsichtsrates und des Vorschlags des Vorstandes für die Gewinnverwendung (§ 131 Abs. 1 S. 3 AktG und § 175 Abs. 2 AktG)<br>■ Einsicht in Berichte und Unterlagen, die der Hauptversammlung vorzulegen sind, Beschlussvorschläge und deren Begründung<br>■ Einsicht in Verträge, über deren Abschluss die Hauptversammlung beschließen soll (zum Beispiel über die Veräußerung des gesamten Vermögens, § 179a AktG, über den Abschluss von Unternehmensverträgen, § 293f AktG, oder über den Abschluss eines Verschmelzungsvertrages, § 63 UmwG); auf Verlangen des Aktionärs sind die Verträge zu übersenden<br>■ Einsicht in Teilnehmerverzeichnis der Hauptversammlung (§ 129 Abs. 4 AktG)<br>■ Recht auf Abschrift des Prüfungsberichts eines Sonderprüfers (§ 145 Abs. 6 AktG)<br>■ allgemeines Auskunftsrecht im Rahmen der Hauptversammlung, beschränkt auf die Themen der Tagesordnung und auf rechtliche und geschäftliche Beziehungen der AG zu verbundenen Unternehmen (§ 131 Abs. 1 S. 1 und 2 AktG, vgl. Kapitel 6.9.1.2.2; für Auskünfte zu eingegliederten Gesellschaften: § 326 AktG), aber: Konkretes Auskunftsbegehren kann vom Vorstand insbesondere verweigert werden, wenn entweder (a) Erteilung der Auskunft geeignet ist, AG oder verbundenem Unternehmen Schaden zuzufügen, oder (b) es sich um bestimmte Fragen zur Bilanzierung |

| Beteiligung | Rechte von Aktionären |
|---|---|
| | handelt, oder (c) sich der Vorstand bei Auskunftserteilung strafbar machen würde oder die Auskunft bereits seit sieben Tagen der Unternehmenshomepage entnommen werden kann<br>■ Antrag auf gerichtliche Entscheidung bei rechtswidriger Verweigerung einer Auskunft durch den Vorstand (§ 132 AktG)<br>■ Klagerecht auf Feststellung über die Frage, nach welchen gesetzlichen Vorschriften der Aufsichtsrat zusammenzusetzen ist (§ 98 Abs. 2 Nr. 3 AktG)<br>■ Teilnahme-, Rede-, Antrags- und Stimmrecht bei der Hauptversammlung (§ 118, § 133 f. AktG)<br>■ Stellung publizitätspflichtiger Gegenanträge zu einzelnen Tagesordnungspunkten (§ 126 Abs. 1 AktG)<br>■ Widerspruch gegen Formwechsel einer AG in eine Personengesellschaft (§ 233 Abs. 1 UmwG)<br>■ Widerspruch gegen nicht verhältniswahrende Spaltung (§ 128 UmwG)<br>■ bei Unvollständigkeit des Vorstandes: in dringenden Fällen Antrag auf gerichtliche Bestellung eines Vorstandsmitglieds (§ 85 Abs. 1 AktG)<br>■ Antrag auf gerichtliche Ergänzung eines unvollständigen Aufsichtsrates (§ 104 Abs. 1 AktG)<br>■ Antrag auf gerichtliche Entscheidung über angemessenen Ausgleich und Abfindung für außenstehende Aktionäre bei dem Abschluss von Beherrschungs- und Gewinnabführungsverträgen (§ 304 Abs. 3 S. 3 und § 305 Abs. 5 S. 2, 3 AktG)<br>■ Antrag auf gerichtliche Entscheidung über angemessene Abfindung von ausgeschiedenen Aktionären bei der Eingliederung (§ 320b Abs. 2 S. 2 und 3 AktG, § 3 Nr. 2 SpruchG)<br>■ Antrag auf gerichtliche Entscheidung über angemessene Abfindung von ausgeschiedenen Aktionären beim Squeeze-out (§ 327 f S. 2 und 3 AktG, § 3 Nr. 2 SpruchG)<br>■ Antrag auf gerichtliche Entscheidung über Zuzahlung an Anteilsinhaber oder Barabfindung von Anteilsinhabern anlässlich der Umwandlung von Rechtsträgern (§§ 15, 34, 122h, 122i, 176 bis 181, 184, 186, 196 oder § 212 UmwG, § 3 Nr. 3 SpruchG)<br>■ Erhebung einer Nichtigkeitsklage gegen Beschlüsse der Hauptversammlung (§ 249 AktG)<br>■ Erhebung einer Anfechtungsklage gegen Beschlüsse der Hauptversammlung (§ 245 AktG)<br>■ Erhebung einer Beschlussfeststellungsklage (gegebenenfalls in Kombination mit einer Beschlussanfechtungsklage) mit dem Ziel, das Zustandekommen von zu Unrecht abgelehnten Beschlüssen feststellen zu lassen<br>■ Erhebung einer Klage auf Nichtigerklärung der Gesellschaft (§ 275 Abs. 1 AktG) |

| Beteiligung | Rechte von Aktionären |
|---|---|
| | • im faktischen Konzern (Beherrschung ohne Beherrschungsvertrag): Antrag auf gerichtliche Bestellung eines Sonderprüfers zum Zwecke der Prüfung der geschäftlichen Beziehungen der AG zu dem herrschenden Unternehmen oder einem mit dem Herrschenden verbundenen Unternehmen (§315 AktG)<br>• Erhebung einer Klage (»Abwehrklage«), wenn Vorstand eigenmächtig Maßnahmen durchführt, für die er zuvor die Zustimmung der Hauptversammlung einholen müsste (zum Beispiel bei ungeschriebenen Hauptversammlungskompetenzen, vgl. Holzmüller- und Gelatine-Rechtsprechung)*<br>• Klage auf Feststellung der Nichtigkeit des Jahresabschlusses (§256 Abs. 7 AktG)<br>• Antrag bei dem Registergericht auf Aussetzung des Verfahrens über die Eintragung einer bestimmten Tatsache in das Handelsregister bis zum Abschluss des gegen die Tatsache gerichteten Klageverfahrens (§21, §381 FamFG)<br>• Verhinderung der Änderung des Gesellschaftszwecks (nicht des Unternehmensgegenstandes), beispielsweise die Änderung des Zwecks der Gewinnerzielung auf gemeinnützige Zwecke (§33 Abs. 1 S. 2 BGB analog)<br><br>* MHdB GesR IV/*Rieckers* §18 Rn. 8 ff. |
| 1% (des Grundkapitals), das Recht steht auch Aktionären mit zusammen mindestens EUR 100.000 Grundkapital zu | Maßnahmen im Zusammenhang mit der Durchführung und den Folgen aus einer Sonderprüfung (§142 ff. AktG):<br>• Kommt Mehrheitsbeschluss für Bestellung eines Sonderprüfers nach §142 AktG nicht zustande: Antragsrecht zur gerichtlichen Bestellung eines Sonderprüfers zum Zwecke der Prüfung von Vorgängen bei der Gründung oder der Geschäftsführung im Hinblick auf etwaige Pflichtverletzungen (§142 Abs. 2 AktG)<br>• hat Hauptversammlung Sonderprüfer nach §142 AktG bestellt: Antragsrecht zur gerichtlichen Auswechslung eines Sonderprüfers zum Zwecke der Prüfung von Vorgängen bei der Gründung oder der Geschäftsführung im Hinblick auf etwaige Pflichtverletzungen (§142 Abs. 2 AktG)<br>• Antrag auf gerichtliche Zulassung, Schadenersatzansprüche gegen Gründer, Vorstände und Aufsichtsräte im eigenen Namen auf Leistung an die Gesellschaft geltend machen zu dürfen (§148 Abs. 1 AktG) |

| Beteiligung | Rechte von Aktionären |
|---|---|
| 5% (des Grundkapitals), zum Teil steht Recht auch Aktionären mit zusammen mindestens EUR 500.000 Grundkapital zu | <ul><li>Verlangen nach Einberufung einer Hauptversammlung (§ 122 Abs. 1 AktG)</li><li>Verlangen, bestimmte Beschlussgegenstände auf Tagesordnung zu setzen (§ 122 Abs. 2 AktG)</li><li>Anfechtung des Beschlusses über die Verwendung des Bilanzgewinns, wenn dieser eine zu geringe Ausschüttung vorsieht (§ 254 AktG)</li><li>Antrag auf gerichtliche Entscheidung bei unzulässiger Unterbewertung von einzelnen Posten des Jahresabschlusses, das heißt Unterbewertung der Aktiva oder Überbewertung der Passiva (§ 260 Abs. 1 AktG)</li><li>Antrag auf gerichtliche Bestellung und Abberufung von Abwicklern aus wichtigem Grund (§ 265 Abs. 3 AktG)</li><li>Antrag auf gerichtlichen Austausch des von der Hauptversammlung gewählten Abschlussprüfers aus wichtigem Grund (§ 318 Abs. 3 HGB)</li></ul> |
| 5% (des Grundkapitals) + eine Aktie | <ul><li>Sperrminorität gegen aktienrechtlichen Squeeze-out (s. u.)</li><li>Sperrminorität gegen übernahmerechtlichen Squeeze-out (s. u.)</li></ul> |
| 10% (des Grundkapitals); zum Teil steht Recht auch Aktionären mit zusammen mindestens EUR 1,0 Mio. Grundkapital zu | <ul><li>Widerspruch gegen Hauptversammlungsbeschluss, mit dem auf Ersatzansprüche wegen Pflichtverletzungen bei der Gesellschaftsgründung verzichtet oder hierüber ein Vergleich geschlossen werden soll (§ 50 AktG)</li><li>Widerspruch gegen Hauptversammlungsbeschluss, mit dem auf Schadenersatzansprüche gegen Vorstandsmitglieder oder Aufsichtsratsmitglieder verzichtet oder hierüber ein Vergleich geschlossen werden soll (§ 93 Abs. 4 AktG; § 116 AktG)</li><li>Antrag auf gerichtliche Abberufung eines aufgrund Entsendungsrecht entsandten Aufsichtsratsmitglieds aus wichtigem Grund (§ 103 Abs. 3 S. 3 AktG)</li><li>Verlangen, dass über Entlastung der jeweiligen Mitglieder des Vorstandes und des Aufsichtsrates einzeln und nicht en bloc abgestimmt wird (§ 120 Abs. 1 S. 2 AktG)</li><li>Recht auf Zulassung eines Vorschlags zur Wahl von Aufsichtsratsmitgliedern (§ 137 AktG)</li><li>Antrag auf gerichtliche Bestellung von besonderen gesetzlichen Vertretern zur Geltendmachung von Schadenersatzansprüchen gegen Gründer, Mitglieder des Vorstandes oder des Aufsichtsrates (§ 147 Abs. 2 AktG)</li></ul> |
| 10% (des Grundkapitals) + eine Aktie | <ul><li>Sperrminorität gegen verschmelzungsrechtlichen Squeeze-out (s. u.)</li></ul> |

| Beteiligung | Rechte von Aktionären |
|---|---|
| 25% (des in HV vertretenen Grundkapitals) + eine Aktie | ■ Sperrminorität bei Beschlüssen, für die eine Mehrheit von ¾ des bei der Hauptversammlung vertretenen Grundkapitals erforderlich ist (s. u.) |
| 25% (der in der HV abgegebenen Stimmen) + eine Aktie | ■ Sperrminorität gegen die vorzeitige Abberufung eines Aufsichtsratsmitglieds (§ 103 Abs. 1 AktG) |
| > 50% (der in der HV abgegebenen Stimmen) | Fassung aller Beschlüsse, für die das Gesetz keine besonderen Beschlussmehrheiten vorsieht; Beispiele:<br>■ Wahl der Aufsichtsratsmitglieder, soweit diese nicht kraft Entsendungsrecht entsandt oder nach dem DrittelbG beziehungsweise dem MitbestG von der Arbeitnehmerseite zu wählen sind<br>■ Festsetzung der Aufsichtsratsvergütung (§ 113 Abs. 1 S. 2 AktG)<br>■ Entscheidung über Gewinnverwendung (§ 174 Abs. 1 AktG)<br>■ Entlastung der Mitglieder des Vorstandes, des Aufsichtsrates und etwaiger Abwickler (§ 120 Abs. 1 und § 270 Abs. 2 AktG)<br>■ Wahl etwaiger Abschlussprüfer und gegebenenfalls des Konzernabschlussprüfers (§ 318 Abs. 1 und 2 HGB)<br>■ Bestellung von Sonderprüfern zum Zwecke der Prüfung von Vorgängen bei der Gründung oder der Geschäftsführung im Hinblick auf etwaige Pflichtverletzungen (§ 142 Abs. 1 AktG)<br>■ Entscheidung über Geltendmachung von Ersatzansprüchen gegenüber Gründern, Vorständen und Aufsichtsräten; Bestellung besonderer Vertreter (§ 147 AktG)<br>■ sofern Vorstand und Aufsichtsrat Feststellung der Hauptversammlung überlassen oder Aufsichtsrat Jahresabschluss nicht billigt: Feststellung des Jahresabschlusses (§ 171 ff. AktG)<br>■ Verzicht auf und Vergleich über Ersatzansprüche der AG gegenüber Gründern, Vorstands- und Aufsichtsratsmitgliedern (§ 50, § 93 Abs. 4 und § 116 AktG); Achtung: 10%-Minderheit kann rechtswirksam widersprechen<br>■ Verlangen, dass in die Zuständigkeit der Hauptversammlung fallende Maßnahmen vorbereitet werden (§ 83 AktG)<br>■ Entzug des Vertrauens gegenüber Vorstandsmitgliedern (§ 84 Abs. 3 AktG)<br>■ bei börsennotierten Gesellschaften: Billigung des Systems zur Vergütung der Vorstandsmitglieder (§ 120 Abs. 4 AktG)<br>■ Bestellung und Abberufung von Abwicklern (§ 265 Abs. 2 und 5 AktG)<br>■ Feststellung der im Zusammenhang mit der Abwicklung aufgestellten Jahresabschlüsse und Bilanzen (§ 270 Abs. 2 AktG) |

| Beteiligung | Rechte von Aktionären |
|---|---|
| 75% (des in HV vertretenen Grundkapitals) | ■ Beschluss von Satzungsänderungen (§ 179 AktG)<br>■ Durchführung von Kapitalerhöhungsmaßnahmen (§§ 182 ff. AktG)<br>■ wenn weitere Voraussetzungen dafür vorliegen: Bezugsrechtsausschluss bei Ausgabe neuer Aktien (§ 186 Abs. 3 ff. AktG)<br>■ Ausgabe von Wandel- und Gewinnschuldverschreibungen (§ 221 AktG)<br>■ Durchführung von Kapitalherabsetzungsmaßnahmen (§§ 222 ff. AktG)<br>■ Beschluss über Auflösung der Gesellschaft (§ 262 AktG) und bei aufgelöster Gesellschaft über deren Fortsetzung (§ 274 AktG)<br>■ Zustimmung zu Verträgen, durch die sich die AG zur Übertragung des ganzen Gesellschaftsvermögens verpflichtet (§ 179a AktG)<br>■ Zustimmung zum Abschluss oder zur Änderung von Unternehmensverträgen (Beherrschungsvertrag, Gewinnabführungsvertrag; § 293 ff. AktG)<br>■ Beschluss über die Eingliederung der Gesellschaft und Beendigung der Eingliederung (§§ 319 ff. AktG)<br>■ Zustimmung zu Geschäftsführungsmaßnahmen auf Verlangen des Vorstandes, sofern der Aufsichtsrat die Zustimmung zu der Maßnahme verweigert hat (§ 111 Abs. 4 S. 3 AktG)<br>■ Durchführung von Umwandlungsmaßnahmen (Spaltung, Verschmelzung, Formwechsel, Vermögensübertragung; hier gelten jeweils die Spezialvorschriften des UmwG)<br>■ Zustimmung zu sehr außergewöhnlichen Maßnahmen (Veräußerung wesentlicher Unternehmensteile, Ausgliederung des überwiegenden Vermögens, Holzmüller- und Gelatine-Grundsätze)<br>■ Nachgründung (das heißt, wenn AG innerhalb der ersten zwei Jahre nach Eintragung in das Handelsregister Vermögensgegenstände von einem Aktionär mit mehr als 10% Beteiligung oder einem Gründer um eine Gegenleistung von mehr als 10% des Grundkapitals erwerben soll, § 52 AktG)<br>■ vorzeitige Abberufung von Aufsichtsratsmitgliedern (§ 103 Abs. 1 AktG); Achtung: Hier ist eine ¾-Mehrheit der abgegebenen (!) Stimmen erforderlich<br>■ Aufstellung einer Geschäftsordnung für die Hauptversammlung (§ 129 Abs. 1 AktG) |
| 90% des Grundkapitals | ■ Durchführung eines verschmelzungsrechtlichen Squeeze-outs (§ 62 Abs. 5 UmwG i.V.m. § 327a AktG): Verschmelzung einer Tochter-AG auf eine Mutter-AG (mindestens 90%) und gleichzeitiger Ausschluss der Minderheitsaktionäre der Tochter-AG gegen Barabfindung |

| Beteiligung | Rechte von Aktionären |
|---|---|
| 95% des Grundkapitals | ▪ Durchführung eines aktienrechtlichen Squeeze-outs (§327a AktG): Zwangsabtretung der Aktien der Minderheitsaktionäre an den Mehrheitsaktionär (mindestens 95%) gegen Barabfindung<br>▪ Durchführung eines übernahmerechtlichen Squeeze-outs (§39a Abs. 1 WpÜG): nach Übernahme- oder Pflichtangebot eines Bieters mit mindestens 95% der Aktien, Anspruch auf Zwangsabtretung der Aktien der Minderheitsaktionäre gegen Kaufpreiszahlung |
| Sonderbeschlüsse | Beschlüsse der Hauptversammlung und Geschäftsführungsmaßnahmen des Vorstandes bedürfen unter bestimmten Voraussetzungen der Zustimmung bestimmter Aktionäre oder Aktionärsgruppen. In diesen Fällen sind nicht sämtliche Aktionäre stimmberechtigt (sogenannte Sonderbeschlüsse, §138 AktG). Im Zusammenhang mit der Fassung von Sonderbeschlüssen gelten oft besondere Minderheitsrechte:<br>▪ Verzicht auf Anspruch auf Verlustausgleich im Rahmen eines Beherrschungs- oder Gewinnabführungsvertrages (§302 Abs. 3 AktG): 10% der zur Fassung des Sonderbeschlusses Berechtigten können Widerspruch gegen den Verzicht erheben<br>▪ Verzicht auf Geltendmachung von Schadenersatzansprüchen gegen Organmitglieder eines herrschenden Unternehmens wegen Pflichtverletzungen im Rahmen des Beherrschungsverhältnisses (§309 Abs. 3 AktG): 10% der zur Fassung des Sonderbeschlusses Berechtigten können Widerspruch gegen den Verzicht erheben<br>▪ Aufhebung oder Beschränkung des Vorzugs bei Vorzugsaktien (§141 AktG): Mehrheit von 75% der Stimmen der Vorzugsaktionäre erforderlich<br>▪ Änderungen bei Aktiengattungen (§179 Abs. 3 AktG): Mehrheit von 75% der Stimmen der benachteiligten Aktionäre<br>▪ Kapitalerhöhungen/Kapitalherabsetzungen (§182 Abs. 2 und §222 Abs. 2 AktG): Mehrheit von 75% jeder Aktiengattung erforderlich<br>▪ Änderung, Aufhebung oder Kündigung des Ausgleichs für außenstehende Aktionäre bei Unternehmensverträgen (§295 ff. AktG): Mehrheit von 75% der außenstehenden Aktionäre erforderlich |

**Tab. 16:** Rechte von Aktionären

> **! Achtung**
>
> Das oben dargestellte »Arsenal« eines jeden Gesellschafters im Gesellschafterstreit basiert auf den gesetzlichen Regelungen. Je nach Rechtsform der Gesellschaft kann jedoch in dem Gesellschaftsvertrag mehr oder weniger stark von den gesetzlichen Regelungen abgewichen werden. Bei AGs ist eine Abweichung von den gesetzlichen Regelungen nur eingeschränkt möglich (§25 Abs. 5 AktG: Grundsatz der Satzungsstrenge). GmbHs sind flexibler gestaltbar, bei Personengesellschaften besteht ein noch größerer Gestaltungsspielraum. Dieser ist oft auch erforderlich, da die gesetzlichen Bestimmungen zu Personengesellschaften aufgrund des Alters der Gesetze in der Regel nicht sachgerecht sind. Vor diesem Hintergrund sind Gesellschaftsver-

träge von Personengesellschaften sehr häufig denjenigen von GmbHs angenähert. GmbH-Satzungen lehnen sich häufig an Regelungen aus dem Aktienrecht an. – Liegt umgekehrt eine AG mit atypisch sehr kleinem Gesellschafterkreis vor, enthält die AG-Satzung häufig Elemente aus dem Personengesellschaftsrecht oder dem GmbH-Recht.

Für Sie bedeutet das: Prüfen Sie bei einem Gesellschafterstreit sehr genau, in welchen Punkten »Ihr« Gesellschaftsvertrag Besonderheiten aufweist, die von den in den obigen Tabellen aufgezählten gesetzlichen Rechten abweichen. Der Gesellschaftsvertrag wird in bestimmten Fällen zugunsten, in anderen zulasten des einzelnen Gesellschafters abweichen. Können Sie einzelne Regelungen Ihres Gesellschaftsvertrages rechtlich nicht genau einordnen, sollten Sie im Zweifel externen Rat einholen. Andernfalls droht ein Rechtsverlust mit oftmals irreparablen Folgen.

## 6.14 Die Feststellung des Jahresabschlusses als Druckmittel

Auf- und Feststellung des Jahresabschlusses haben viel miteinander zu tun, weswegen zu diesem Kapitel auch unsere Ausführungen unter Kapitel 5.5.2.5 beachtlich sind.

Jahresabschlüsse von **Kapitalgesellschaften** hat der Vorstand (die Geschäftsführung) binnen der ersten drei Monate eines Geschäftsjahres (bei großen und mittelgroßen Kapitalgesellschaften) aufzustellen beziehungsweise binnen der ersten sechs Monate eines Geschäftsjahres (bei kleinen und kleinsten Kapitalgesellschaften).

GmbH-Geschäftsführer haben den aufgestellten Jahresabschluss den Gesellschaftern unverzüglich vorzulegen. Die Geschäftsführer haben innerhalb der ersten acht Monate des Geschäftsjahres (bei großen und mittelgroßen Kapitalgesellschaften) beziehungsweise der ersten elf Monate des Geschäftsjahres (bei kleinen und kleinsten Kapitalgesellschaften) eine ordentliche Gesellschafterversammlung einzuberufen, damit die Gesellschafter den Jahresabschluss behandeln und feststellen können. Die Feststellung des Jahresabschlusses kann grundsätzlich auch mit Umlaufbeschluss erfolgen, sofern dieser Vorgehensweise alle Gesellschafter zustimmen, was aber im Gesellschafterstreit nur sehr selten der Fall sein wird.

Der Vorstand der AG hat den Jahresabschluss den Mitgliedern des Aufsichtsrates nach Durchführung der Abschlussprüfung vorzulegen. Innerhalb von acht Monaten nach Ablauf des Geschäftsjahres ist die Hauptversammlung mit dem Jahresabschluss zu befassen.

Nach ihrer Behandlung in der Gesellschafterversammlung/Hauptversammlung (spätestens zwölf Monate nach Ende des vergangenen Geschäftsjahres) hat die Geschäftsführung/der Vorstand einer Kapitalgesellschaft den Jahresabschluss und den Lagebericht im Bundesanzeiger zu veröffentlichen.

Der Jahresabschluss dient in zwei Varianten als Druckmittel im Gesellschafterstreit:

- Ein Mitglied der Geschäftsführung/des Vorstandes verweigert seine Zustimmung zum Jahresabschluss: Die Aufstellung des Jahresabschlusses ist eine Angelegenheit der Gesamtgeschäftsführung. Soweit die Satzung nichts anderes regelt, müssen die Mitglieder des Vorstands/der Geschäftsführung über den Inhalt von Jahresabschluss und Lagebericht einstimmig entscheiden.[208] Verweigert sich ein Organmitglied, kann der Jahresabschluss gegen den Willen dieses Vorstandsmitglieds/Geschäftsführers nicht aufgestellt werden.
- GmbH-Gesellschafter (bei AGs ist primär der Aufsichtsrat und nur in Ausnahmefällen die Hauptversammlung zur Feststellung berufen) verweigern die Feststellung des Jahresabschlusses. Diese Variante tritt häufig bei Pattsituationen auf, in denen nur ein Gesellschafter zur Geschäftsführung befugt ist. Für den anderen Gesellschafter ist die Verhinderung des Feststellungsbeschlusses ein wirkungsvolles Mittel, um lästig zu sein.

In der ersten Variante verhindert das Organmitglied die Aufstellung des Jahresabschlusses, der somit weder den Gesellschaftern innerhalb der gesetzlichen Fristen vorgelegt, noch fristgemäß im Bundesanzeiger veröffentlicht werden kann. Das Bundesamt für Justiz kann in solchen Fällen (sogar wiederholt!) Ordnungsgeld zwischen EUR 2.500 und EUR 25.000 über jedes einzelne Mitglied des Vorstandes beziehungsweise der Geschäftsführung verhängen.

In der zweiten Variante verhindert der Gesellschafter (bei der AG: das Aufsichtsratsmitglied) die Feststellung des Jahresabschlusses. Ohne Feststellung des Jahresabschlusses dürfen die Gesellschafter nicht über die Gewinnverwendung beschließen.[209] So können Gesellschafter finanzschwache Mitgesellschafter finanziell aushungern. Der feststellungswillige Gesellschafter (nicht jedoch der Geschäftsführer) kann Klage auf Feststellung des Jahresabschlusses erheben.[210] In der Praxis wird das kaum umsetzbar sein.

---

208 MüKoHGB/*Reiner* § 264 Rn. 17 f.
209 Für die GmbH: Baumbach/Hueck/*Fastrich* § 29 Rn. 8.
210 Baumbach/Hueck/*Haas* § 42a Rn. 20.

Beim Bundesanzeiger können/müssen die Geschäftsführer/Vorstandsmitglieder einen noch nicht festgestellten Jahresabschluss einreichen, sofern dies zur Fristwahrung erforderlich ist. So kann der Gesellschafter keine Verhängung von Ordnungsgeld gegen die Geschäftsführung erreichen.

Bei **Personengesellschaften** ohne eine natürliche Person als persönlich haftender Gesellschafter (zum Beispiel GmbH & Co. KG, GmbH & Co. OHG, AG & Co. KG usw.) gelten die obigen Ausführungen zu den Aufstellungs- und Veröffentlichungspflichten entsprechend. Im Übrigen sind Personengesellschaften zwar zur Aufstellung eines Jahresabschlusses, nicht jedoch zur Veröffentlichung im Bundesanzeiger verpflichtet. Die Aufstellung obliegt den Personengesellschaftern gemeinsam. Auch hier kann ohne Feststellungsbeschluss kein Gewinnverwendungsbeschluss gefasst werden, beziehungsweise es steht den Gesellschaftern ohne Feststellungsbeschluss kein Entnahmerecht nach § 122 Abs. 1 HGB zu.[211]

---

**Achtung** !

Mit Ausnahme von kleinen und kleinsten Kapitalgesellschaften (§ 267 Abs. 1 HGB und § 267a Abs. 1 HGB) sind der Jahresabschluss und der Lagebericht durch einen Abschlussprüfer zu prüfen. Andernfalls darf der Jahresabschluss nicht festgestellt werden. In Fällen, in denen kleine Gesellschaften aufgrund Überschreitung der Größenmerkmale des § 267 Abs. 2 HGB zu mittelgroßen Kapitalgesellschaften werden und damit erstmals prüfungspflichtig sind, kann es passieren, dass die Entstehung der Prüfungspflicht und die damit verbundene Pflicht zur Bestellung eines Abschlussprüfers übersehen wird.

Nach § 318 Abs. 4 HGB kann in einem solchen Fall jeder Gesellschafter – aber erst nach Ablauf des Geschäftsjahres – bei Gericht Antrag auf Bestellung eines Abschlussprüfers stellen und eine konkrete Person vorschlagen. Zwar hat das Gericht eine Auswahlermessen, gleichwohl besteht die Gefahr, dass selbst Kleinstgesellschafter auf die Person des Abschlussprüfers Einfluss nehmen. Im Gesellschafterstreit kann ein einem einzelnen Gesellschafter gegenüber »loyaler« (wenngleich nicht im Sinne des § 319 Abs. 2 HGB befangener) Abschlussprüfer ein strategischer Vorteil sein. Insofern sollte die Geschäftsführung bei Bestehen eines Gesellschafterstreits stets penibel auf eine etwaige Überschreitung der entsprechenden Größenmerkmale durch die Gesellschaft achten und rechtzeitig eine Gesellschafterversammlung einberufen, um einen Abschlussprüfer wählen zu lassen.

---

211 Baumbach/Hopt/*Roth* HGB § 122 Rn. 4.

## 6.15    Aushungern von Mitgesellschaftern

Immer wieder ergibt sich, dass finanzkräftige und finanzschwache Gesellschafter in ein und derselben Gesellschaft aufeinandertreffen. Finanzkräftige Gesellschafter mit langem Atem, die ihre finanzschwachen Gesellschafter loswerden wollen, verwenden oft die Taktik des Aushungerns, um ihr Ziel zu erreichen. Der finanzkräftige Gesellschafter kann ohne weiteres auf Gewinnausschüttungen der Gesellschaft verzichten. Der finanzschwache Gesellschafter könnte aber auf diese Gewinnausschüttungen geradezu angewiesen sein. Erreicht der finanzkräftige Gesellschafter, dass Gewinnausschüttungen in mehreren aufeinander folgenden Jahren unterbleiben, kann das dazu führen, dass der finanzschwache Gesellschafter zwar Eigentümer eines an sich wertvollen Geschäftsanteils ist, dieser Geschäftsanteil aber über einen längeren Zeitraum keine Rendite bringt.

Besonders gefährdet sind finanzschwache Gesellschafter, die sich der Gesellschaft gegenüber zur Erbringung von Arbeitsleistung verpflichtet haben (zum Beispiel als Geschäftsführer). Sie verfügen in der Regel über keine weitere Einkunftsquelle. Weil ihre Arbeitsleistung ihnen indirekt und anteilig ohnehin wieder zugutekommt (der Wert ihrer Arbeitsleistung steigert den Wert ihrer Beteiligung) und weil sie an Gewinnausschüttungen teilnehmen (die in der Praxis oft als Teil des Arbeitsentgelts gedacht sind), ist ihr laufendes Arbeitsentgelt oft niedrig. Das ist für den Gesellschafter akzeptabel, solange er jährlich Gewinnausschüttungen erhält. Was aber, wenn diese Gewinnausschüttungen mehrere Jahre hintereinander ausbleiben? Diese Situation kann sich für den finanzschwachen Gesellschafter-Geschäftsführer noch zuspitzen, wenn er als Geschäftsführer abberufen wird und so weder Gewinnausschüttungen noch laufendes Arbeitsentgelt erhält. Im Extremfall kann das dazu führen, dass sich der finanzschwache Gesellschafter seine Beteiligung an der Gesellschaft schlichtweg nicht mehr leisten kann.

Aber auch die umgekehrte Konstellation ist immer wieder anzutreffen, sodass in manchen Gesellschaften der Gesellschafter-Geschäftsführer ein unrealistisch hohes Gehalt bezieht. Er ist dann auf Gewinnausschüttungen nicht angewiesen und kann durch das Verhindern von Gewinnausschüttungen möglicherweise jene Mitgesellschafter aushungern, die über kein solches Gehalt verfügen (vgl. Beispiel »Aushungern von Gesellschaftern« am Ende des Kapitels). Auch aus diesem Grund ist die Vereinbarung fremdüblicher Gehälter für Gesellschafter-Geschäftsführer ein wesentlicher Beitrag zur Streitprophylaxe. Bei Kapitalgesellschaften sollte wegen der Gefahr von verdeckten Gewinnausschüttungen sowieso kein höheres Geschäftsführergehalt als fremdüblich vereinbart werden (vgl. Kapitel 5.5.2.2).

**Tipp**

Die Gefahr des Aushungerns lässt sich durch geschickte gesellschaftsvertragliche Gestaltung vermeiden (vgl. Kapitel 4.1.8.11). Als finanzschwächerer von mehreren Gesellschaftern sollten Sie darauf achten,

- dass der Gesellschaftsvertrag für den Gewinnverwendungsbeschluss nach Möglichkeit eine Mehrheit vorsieht, die gewährleistet, dass Sie mit Ihren Stimmanteilen in der Lage sind, einen Gewinnverwendungsbeschluss zu fassen, und Sie nicht auf die Mitwirkung Ihrer Mitgesellschafter angewiesen sind;
- wenn Sie ein derartiges Stimmgewicht nicht haben, alternativ, dass der Gesellschaftsvertrag vorsieht, dass ein vertraglich festgelegter Teil des Gewinns jedenfalls an die Gesellschafter ausgeschüttet wird, falls kein anderslautender Gewinnverwendungsbeschluss zustande kommt.

Das Aushungern von Mitgesellschaftern ist aber nicht unbegrenzt zulässig. Ohne gesellschaftsvertragliche Regelung haben

- **Personengesellschafter** das Recht, den Gewinn zu entnehmen, solange dies nicht »zum offenbaren Schaden« der Gesellschaft ist (vgl. § 122 Abs. 1 HGB);
- **GmbH-Gesellschafter** Anspruch auf Ausschüttung des gesamten Gewinns, soweit der Gesellschaftsvertrag keine anderen Regelungen enthält oder die Gesellschafterversammlung keinen anderen (Mehrheits-)Beschluss fasst (§ 29 Abs. 1 GmbHG);
- **Aktionäre** Anspruch auf Ausschüttung eines Gewinns entsprechend des von der Hauptversammlung gefassten Gewinnverwendungsbeschlusses (§ 58, § 174 AktG). Der überstimmte Minderheitsaktionär kann den Gewinnverwendungsbeschluss nach § 254 AktG anfechten, wenn die Thesaurierung der Gewinne nicht zur Sicherung des Unternehmens erforderlich war und deswegen keine Dividende von wenigstens 4 % ausgeschüttet wurde. – Die Hauptversammlung kann durch Satzung zur vollständigen Ausschüttung des Bilanzgewinns oder zu einer Mindestquote gezwungen werden.[212]

Aber selbst wenn die Gesellschafterversammlung durch Satzung oder Gesetz nicht gehindert ist, jedes Jahr auf das Neue den Gewinn zu thesaurieren, können sich entsprechende Schranken aus der Treuepflicht ergeben:[213]

Es besteht in der Rechtsprechung Einigkeit, dass bei personalistischen Gesellschaften – also bei Gesellschaften mit überschaubarem Gesellschafterkreis – im Rahmen der Beschlussfassung über die Gewinnverwendung die

---

212 MHdB GesR IV/*Hoffmann-Becking* § 47 Rn. 16 ff.
213 Eingehend *Lutz*, Der Gesellschafterstreit, Rn. 400 ff.

Gesellschafter das Interesse der Gesellschaft an einer Thesaurierung gegen das Interesse der einzelnen Gesellschafter an einer hohen Ausschüttung abzuwägen haben. Insoweit hat die Gesellschaftermehrheit auf die Interessen der Minderheit Rücksicht zu nehmen.

Haben die Gesellschafter im Rahmen der Beschlussfassung überhaupt keine entsprechende Abwägung vorgenommen, ist der Gewinnverwendungsbeschluss – unabhängig von seinem Inhalt – bereits aus formellen Gründen gerichtlich anfechtbar.

Haben die Gesellschafter zwar eine Interessenabwägung vorgenommen, aber die Interessen der Gesellschaft an einer Thesaurierung rechtswidrig über die Interessen der Minderheitsgesellschafter an einer Ausschüttung gestellt, ist der Gewinnverwendungsbeschluss aus materiellen Gründern gerichtlich anfechtbar. – Im Rahmen der Interessenabwägung zu berücksichtigen ist, ob die Thesaurierung für die Gesellschaft mit einem messbaren Vorteil verbunden ist (Stärkung der Eigenkapitalquote und damit der Krisenfestigkeit, Ablösung hochverzinslicher Kredite, Erforderlichkeit für organisches Wachstum oder Unternehmenszukäufe), in welchem Umfang in den Vorjahren Thesaurierungen bereits erfolgten und in welchem Umfang die Minderheitsgesellschafter zum Zwecke ihrer Lebensführung auf Ausschüttungen angewiesen sind. Tendenziell sind die Interessen der Minderheitsgesellschafter umso stärker zu berücksichtigen, je stärker die Gesellschafterstruktur vom persönlichen Vertrauen ihrer Mitglieder geprägt ist. Dagegen treten bei anonymem und umfangreichem Gesellschafterkreis die Interessen der Mitglieder stärker in den Hintergrund. Zudem sind auch die innere Organisation der Gesellschaft und die Stellung des jeweiligen Gesellschafters ausschlaggebend. Die Interessen eines persönlich haftenden und sechzig Wochenstunden in der Gesellschaft tätigen Gesellschafter-Geschäftsführers wiegen schwerer als persönliche Interessen eines lediglich mit einer geringen Einlage beteiligten Gesellschafters.

Nach überwiegender Auffassung kann der einen treuwidrig gefassten Gewinnverwendungsbeschluss anfechtende Minderheitsgesellschafter gleichzeitig mit der Anfechtungsklage auch Klage auf Fassung eines Gewinnverwendungsbeschlusses mit bestimmtem Inhalt erheben.[214]

Dennoch kann es für den finanzkräftigen Gesellschafter sinnvoll sein, das Aushungern schwächerer Mitgesellschafter auch über die Grenzen des Zulässigen hinaus auszuüben. Denn sobald ein entsprechender Beschluss der

---

214 Vgl. Baumbach/Hueck/*Fastrich* § 29 Rn. 39 ff.

Gesellschafterversammlung einmal formal richtig zustande gekommen ist, befindet sich der finanzschwache Gesellschafter in der Defensive. Die oben genannten Rechte des Minderheitsgesellschafters sind in der Praxis schwer durchsetzbar. Ein etwaiges Gerichtsverfahren dauert lange und sein Ergebnis ist kaum vorhersehbar. Vorab kann kaum abgeschätzt werden, wie das entscheidende Gericht die persönliche Interessenlage des klagenden Gesellschafters bewertet und mit den Interessen der Gesellschaft abwägt. – Zudem sind Partei eines derartigen Rechtsstreits der »ausgehungerte« Minderheitsgesellschafter und die Gesellschaft. Der Minderheitsgesellschafter muss als Kläger einen anwaltlichen Vertreter beauftragen und als ohnehin Finanzschwacher die gesamten Gerichtskosten vorschießen. Verliert er mit seiner Klage, hat er die gesamten Verfahrenskosten endgültig zu tragen. Obsiegt er, trägt zwar die Gesellschaft die Verfahrenskosten, als Gesellschafter trifft ihn dies jedoch auch mittelbar. Die treuwidrig handelnden Mehrheitsgesellschafter sind nicht Partei des Rechtsstreits, sie werden daher nicht unmittelbar mit Verfahrenskosten belastet; und dies, obwohl sie der eigentliche Verursacher des Rechtsstreits waren.

Selbst ein letztendlich erfolgloser Versuch, den finanzschwächeren Gesellschafter auszuhungern, kann daher dessen Situation zumindest vorübergehend verschlechtern. Dieses Zeitfenster kann der Finanzstarke unter Umständen für die Umsetzung seines Schlachtplans nützen.

Zudem droht dem Minderheitsgesellschafter jährlich das gleiche Spiel. Klagen »auf Vorrat« für zukünftige Geschäftsjahre können nicht erhoben werden, er muss also jedes Jahr den Gewinnverwendungsbeschluss gerichtlich bekämpfen, wenn er mit ihm nicht einverstanden ist. Schließlich wird die Abwägung zwischen den Interessen des Minderheitsgesellschafters und denen der Gesellschaft jedes Jahr mit einer anderen Gewichtung erfolgen. Für den Minderheitsgesellschafter besteht in solchen Situationen die Gefahr, dass ihn ein langfristiges erfolgreiches »Aushungern« zu einer Veräußerung seiner Beteiligung an die Mitgesellschafter zwingt. Nicht selten wird in derartigen Fällen kein marktgerechter Preis für die veräußerten Anteile erzielbar sein.

---

**Beispiel: Aushungern von Gesellschaftern**                                    **!**

A und B sind Gesellschafter der X-Getränkegroßhandels-GmbH. Der unternehmerisch geschickte A ist Gesellschafter-Geschäftsführer. Er agiert äußerst erfolgreich und erhält für seine Geschäftsführertätigkeit ein monatliches Entgelt von über EUR 10.000. Der in geschäftlichen Dingen unerfahrene B beschränkt sich auf seine Gesellschafterstellung. An Leistungen erhält er dementsprechend lediglich seine Gewinnanteile.

X-Getränkegroßhandels-GmbH macht satte Bilanzgewinne, die in den 1990er Jahren regelmäßig und vollständig zur Ausschüttung an die Gesellschafter gelangen. Nach dem Zusammenbruch des Eisernen Vorhangs wittert A die Chance der raschen Expansion nach Osteuropa. Die dafür nötigen Mittel beschafft er nicht durch Fremdfinanzierungen, sondern durch Eigenmittel der Gesellschaft. Parallel dazu bildet er auf Kosten des Bilanzgewinns enorme Rückstellungen zur Absicherung von Wechselkursverlusten. Seit Mitte der 2000er Jahre erreichen entsprechende Rückstellungen ein erhebliches und kaum noch zu rechtfertigendes Ausmaß. Gewinnausschüttungen werden vom Mehrheitsgesellschafter A verhindert. Die bei der Gesellschaft vorhandene Liquidität geht weit über das operativ Erforderliche hinaus und wird von dem A zum Teil in Goldreserven und niedrig verzinste Staatsanleihen investiert. Die Gesellschaft hat keine Finanzverbindlichkeiten.

B führt wegen behaupteter Rechtswidrigkeiten bei der Bildung der Rückstellungen beziehungsweise fehlerhafter Beurteilung der wechselseitigen Interessenlage eine Reihe von Anfechtungsprozessen gegen die Beschlüsse über die Feststellung der einzelnen Jahresabschlüsse und gegen die einzelnen Gewinnverwendungsbeschlüsse (Thesaurierungsbeschlüsse). Immer wieder gelingt es aber A, darzustellen, dass diese Rückstellungen sachlich begründet seien und die Gesellschaft eine hohe Eigenkapitalquote benötige. Dem B, der – anders als der A – nicht in den Geschäftsbetrieb integriert ist, gelingt es bei Gericht nie, das Gegenteil zu beweisen. Die Anfechtungen bleiben erfolglos. Letztendlich gelingt es A damit, B erfolgreich so auszuhungern, dass dieser seine Beteiligung verkaufen muss.

# 6.16 Gerichtliche Beseitigung von Gesellschafterbeschlüssen

Das Aufeinanderprallen (zumindest zweier) unterschiedlicher Meinungen ist Kernelement und gehört zum Wesen jedes Streits. Im Gesellschafterstreit ist der Mehrheitsgesellschafter gegenüber dem Minderheitsgesellschafter in einer vorteilhafteren Position, da er seine Meinung meist auch gegen den Willen des Minderheitsgesellschafters durchsetzen kann. Denn grundsätzlich muss jeder (Minderheits-)Gesellschafter Mehrheitsentscheidungen akzeptieren. Dies gilt selbst dann, wenn eine Mehrheitsentscheidung offensichtlich unvernünftig ist.

Der Minderheitsgesellschafter ist aber nicht vollkommen schutz- und wehrlos. Er hat die Möglichkeit, Gesellschafterbeschlüsse unter bestimmten Voraussetzungen anzufechten, die sich je nach Gesellschaftsform unterscheiden. Anfechtbar sind sowohl Beschlüsse, die die Durchführung bestimmter Maßnahmen zum Inhalt haben, als auch Beschlüsse, mit denen die Durchführung von Maßnahmen abgelehnt wird.

Ist seine Anfechtung erfolgreich, ist die Mehrheitsentscheidung beseitigt. Aber selbst wenn eine Anfechtung letztendlich scheitert, hat der Minderheitsgesellschafter die Gesellschaft und allenfalls seine Mitgesellschafter in ein Gerichtsverfahren gezwungen. Er kann also selbst bei Scheitern der Anfechtung zumindest »unbequem« sein. Die Anfechtung von Gesellschafterbeschlüssen ist dementsprechend ein zentrales Instrument bei der Führung von Gesellschafterstreitigkeiten.

## 6.16.1 Beseitigung von Hauptversammlungsbeschlüssen bei der AG

Beschlüsse der Hauptversammlung einer AG können aus zweierlei Gründen rechtswidrig sein: Bestimmte Rechtsfehler führen zur Nichtigkeit eines Beschlusses, andere Rechtsfehler dagegen lediglich zur Anfechtbarkeit eines Beschlusses.

Anfechtungsgründe führen nur dann zur Unwirksamkeit des Hauptversammlungsbeschlusses, wenn sie innerhalb der für AGs gesetzlichen Anfechtungsfrist von einem Monat (§ 246 AktG) von einem Aktionär oder von dem Vorstand angefochten werden und die Anfechtungsklage erfolgreich ist.

Nichtigkeitsgründe dagegen sind auch unwirksam, wenn sie nicht gerichtlich angegriffen werden. Ein nichtiger Hauptversammlungsbeschluss darf vom Vorstand nicht vollzogen werden. Soll ein Beschluss zum Handelsregister angemeldet werden, hat das Registergericht zu prüfen, ob er Nichtigkeitsgründe enthält und darf ihn gegebenenfalls nicht eintragen. Im Sinne der Rechtsklarheit können und sollten auch nichtige Beschlüsse mit gerichtlich angegriffen werden (§ 249 AktG – sogenannte Nichtigkeitsklage). Dies ist insofern ratsam, als durch die gerichtliche Entscheidung von »offizieller Seite« (dem Gericht) Klarheit über die Nichtigkeit eines Beschlusses geschaffen wird, währenddessen andernfalls weiter Unklarheit besteht, ob ein Beschluss nichtig ist oder eben nicht. Eine Nichtigkeitsklage muss nicht innerhalb einer bestimmten Frist nach Beschlussfassung erhoben werden.

## 6.16.1.1 Nichtigkeit von Hauptversammlungsbeschlüssen

Ein Hauptversammlungsbeschluss ist nichtig, wenn einer der in § 241 AktG abschließend aufgeführten Nichtigkeitsgründe vorliegt:

| | |
|---|---|
| **Einberufungsmängel (§ 241 Nr. 1 AktG)** (Heilung fehlerhafter Einberufung möglich, wenn alle Aktionäre im Rahmen einer Vollversammlung anwesend sind und kein Aktionär der Beschlussfassung widerspricht, § 121 Abs. 6 AktG; Heilung auch möglich, wenn der nicht geladene Aktionär den Beschluss genehmigt, § 242 Abs. 2 S. 4 AktG; Heilung zudem, wenn drei Jahre nach Eintragung des Beschlusses in Handelsregister keine Nichtigkeitsklage erhoben ist, § 242 Abs. 2 AktG) | • Einberufung der Hauptversammlung durch einen Unbefugten (§ 121 Abs. 2 AktG) <br> • Fehlen von Mindestangaben in der Einberufung (§ 121 Abs. 3 S. 1 AktG): Firma, Sitz der Gesellschaft, Zeit und Ort der Versammlung <br> • fehlerhafte Bekanntmachung der Einberufung (§ 121 Abs. 4 AktG): Veröffentlichung in den Gesellschaftsblättern (mindestens im Bundesanzeiger); ggf. alternativ Ladung mit eingeschriebenem Brief <br> • auch wenn nicht explizit im Gesetz genannt: Die gänzlich fehlende Einberufung stellt ebenfalls einen Nichtigkeitsgrund dar |
| **Protokollierungsmängel (§ 241 Nr. 2 AktG)** (Heilung von Protokollierungsmängel durch nachträglich ordnungsgemäß erstelltes Protokoll möglich; Nichtigkeit von wegen Beurkundungsmängeln fehlerhaften Beschlusses wird durch Eintragung des Beschlusses in das Handelsregister geheilt, § 242 Abs. 1 AktG) | • es wird über die gefassten Beschlüsse überhaupt kein Protokoll erstellt (§ 130 Abs. 1 AktG) <br> • falsche Form der Protokollierung: privatschriftlich anstatt einer gebotenen notariellen Niederschrift (§ 130 Abs. 1 AktG) <br> • inhaltliche Protokollfehler: Ort und Tag der Versammlung, Name des Notars, Abstimmungsergebnis, Beschlussfeststellung des Versammlungsleiters (§ 130 Abs. 2 S. 1 AktG) |
| **Beschluss widerspricht Wesen der AG oder verletzt gläubigerschützende beziehungsweise im öffentlichen Interesse liegende Vorschriften (§ 241 Nr. 3 AktG)** (Heilung, wenn drei Jahre nach Eintragung des Beschlusses in Handelsregister keine Nichtigkeitsklage erhoben, § 242 Abs. 2 AktG) | • Widerspruch zum Wesen der AG bei Verletzung von elementaren aktienrechtlichen Grundsätzen (praktische Bedeutung ist sehr gering) <br> • Verstoß gegen gläubigerschützende Vorschriften: Grundsätze der Kapitalaufbringung (§ 57 ff., § 71 ff., 207 Abs. 3 AktG) und Kapitalerhaltung (§ 268 AktG) <br> • Verstoß gegen Vorschriften des öffentlichen Interesses (praktische Bedeutung ist sehr gering): zum Beispiel Verstoß gegen nach DrittelbG oder MitbestG gebotene Berücksichtigung der Arbeitnehmerseite im Aufsichtsrat |
| **Verstoß gegen die guten Sitten (§ 241 Nr. 4 AktG)** (Heilung, wenn drei Jahre nach Eintragung des Beschlusses in Handelsregister keine Nichtigkeitsklage erhoben, § 242 Abs. 2 AktG) | • Inhalt des Beschlusses muss gegen die guten Sitten verstoßen (sittenwidrige Art und Weise der Beschlussfassung führt lediglich zu Anfechtbarkeit) |

| | |
|---|---|
| **Nichtigerklärung durch Anfechtungsurteil (§ 241 Nr. 5 AktG)** | ▪ ist die gegen einen Beschluss erhobene Anfechtungsklage erfolgreich, erklärt das Gericht den Beschluss durch Gestaltungsklage als von Anfang an (ex tunc) nichtig |
| **Amtslöschung (§ 241 Nr. 6 AktG)** | ▪ Amtslöschung eines in dem Handelsregister eingetragenen Beschlusses (praktische Bedeutung ist sehr gering) |
| **sonstige Nichtigkeitsgründe (§ 241 HS 1 AktG)** | ▪ Beschluss, der einer beschlossenen bedingten Kapitalerhöhung entgegensteht (§ 192 Abs. 4 AktG)<br>▪ Beschluss über disquotale Beteiligung der Aktionäre bei Kapitalerhöhung aus Gesellschaftsmitteln (§ 212 AktG)<br>▪ nicht fristgerechte Eintragung verschiedener Beschlüsse in das Handelsregister (§ 217 Abs. 2, § 228 Abs. 2, § 234 Abs. 3, § 235 Abs. 2 AktG) |

**Tab. 17:** Die Nichtigkeitsgründe in der AG

## 6.16.1.2 Anfechtbarkeit von Hauptversammlungsbeschlüssen

Hauptversammlungsbeschlüsse sind anfechtbar, wenn sie gesetzwidrig und/oder satzungswidrig sind oder der Beschluss einem Dritten rechtswidrig Sondervorteile zulasten der Gesellschaft oder der anderen Aktionäre zubilligt (§ 243 AktG). Die Verletzung schuldrechtlicher Vereinbarungen (insbesondere Stimmrechtspoolvereinbarungen unter Namensaktionären) führt grundsätzlich nicht zur Anfechtbarkeit des Hauptversammlungsbeschlusses. Deshalb ist zum Beispiel ein Beschluss unanfechtbar, der ausschließlich dadurch zustande kam, dass ein Treuhänder die Stimmrechte für die von ihm gehaltenen Anteile treuwidrig ausgeübt hat. Sehr streitig ist, ob die Verletzung von Stimmrechtspoolvereinbarungen, an denen alle Aktionäre beteiligt sind, einen Anfechtungsgrund darstellt.[215] Die überwiegende Auffassung bejaht dies.

| | |
|---|---|
| **Verfahrensfehler bei Vorbereitung der Hauptversammlung\*** (nur anfechtbar, wenn diese Mängel Auswirkungen auf die Beschlussfassung haben; heilbar, wenn trotz fehlerhafter Einberufung alle Aktionäre anwesend und mit der Abhaltung der Hauptversammlung einverstanden sind) | ▪ Einberufung an unzulässigem Ort (§ 121 Abs. 5 AktG)<br>▪ Nichteinhaltung der Einberufungsfrist (§ 123 Abs. 1 AktG)<br>▪ Kompetenzverstöße bei Unterbreitung von Beschlussvorschlägen<br>▪ Mängel im Hinblick auf die Ankündigung der Tagesordnung<br>▪ nicht: Verletzung bloßer Ordnungsvorschriften<br><br>\* MüKoAktG/*Hüffer/Schäfer* § 243 Rn. 33 f. |

---

215 MüKoAktG/*Hüffer/Schäfer* § 243 Rn. 24.

| | |
|---|---|
| **Fehler bei der Durchführung der Hauptversammlung** (anfechtbar, wenn sich Fehler auf die Wahrnehmung der Teilnahme- und Mitwirkungsrechte einzelner Aktionäre ausgewirkt hat) | ▪ unberechtigte Nichtzulassung von Aktionären<br>▪ unberechtigter Verweis von Aktionären aus der Hauptversammlung<br>▪ unzulässige Einschränkung von Redezeiten<br>▪ fehlerhafte Feststellung eines Beschlussergebnisses (Stimmen falsch gezählt oder Stimmen falsch berücksichtigt – Stimmverbote beachten!) |
| **Verletzung von Informationspflichten** (Bagatellfehler – das heißt Fehler, die aus der Sicht des vernünftigen Aktionärs eine informierte Willensbildung in der HV nicht gefährden – führen nicht zur Anfechtbarkeit, §243 Abs. 4 AktG) | ▪ Verletzung des Fragerechts der Aktionäre (§131 AktG)<br>▪ Verletzung von Berichtspflichten im Vorfeld der Hauptversammlung |
| **Inhaltliche Anfechtungsgründe** (Verstoß gegen allgemeine gesetzliche oder Satzungsbestimmungen) | ▪ Verstöße gegen Unvereinbarkeitsbestimmungen bei Aufsichtsrats- und Abschlussprüferwahlen<br>▪ sachlich nicht gerechtfertigte Ungleichbehandlung von Aktionären, insbesondere bei mitgliedschaftlichen Hauptrechten (Stimmrecht, Dividendenanspruch, Anteil am Liquidationserlös)<br>▪ Verstöße von Aktionären gegen die Treuepflicht<br>▪ sachlich nicht gerechtfertigter Bezugsrechtsausschluss bei Kapitalerhöhung<br>▪ streitig ist, ob auch andere Grundlagenbeschlüsse einer sachlichen Rechtfertigung bedürfen, so zum Beispiel bezüglich des Abschlusses von Unternehmensverträgen, bei Mehrheitseingliederungen, bei der Verschmelzung und beim Formwechsel*<br>▪ grundsätzlich keiner sachlichen Rechtfertigung bedürfen folgende Beschlüsse: Auflösung der Gesellschaft, Satzungsänderungen, Zustimmung zu Vermögensübertragungen, Squeeze-out<br>▪ eine Anfechtbarkeit besteht in Ausnahmefällen bei grundsätzlich nach freiem Ermessen zu treffenden Beschlüssen, wenn diese eine willkürliche Benachteiligung oder Schädigung der Minderheit bezwecken**<br><br>* MüKoAktG/*Hüffer/Schäfer* §243 Rn.63.<br>** MüKoAktG/*Hüffer/Schäfer* §243 Rn.66. |
| **Sonderfall: Unzulässige Gewährung von Sondervorteilen ohne Ausgleichsgewährung (§243 Abs. 2 AktG)*** | ▪ Auflösung zum Zwecke der kostengünstigen Unternehmensübernahme<br>▪ Abschluss von nicht fremdüblichen Verträgen zwischen der Gesellschaft und dem Mehrheitsaktionär<br>▪ unsachliche Überlassung von Geschäftschancen<br><br>* MüKoAktG/*Hüffer/Schäfer* §243 Rn.74 ff. |

**Tab. 18:** Die wichtigsten Anfechtungsgründe in der AG

Verfahrensfehler, das heißt Fehler bei der Vorbereitung der Hauptversammlung, Fehler bei der Durchführung der Hauptversammlung oder die Verletzung von Informationspflichten (für letztere gilt § 243 Abs. 4 AktG), führen nur zur Anfechtbarkeit, wenn die Verfahrensfehler für das Beschlussergebnis »relevant« waren. Inhaltliche Beschlussmängel sind dagegen stets relevant und führen immer zur Anfechtbarkeit.[216]

Ein Verfahrensfehler ist für das Beschlussergebnis regelmäßig relevant, wenn er zu einer spürbaren (!) Beschränkung von Teilnahme-, Rede/Frage- oder Stimmrecht der Aktionäre geführt hat. – Dagegen ist ein Verfahrensfehler für das Beschlussergebnis nicht schon deshalb irrelevant, weil davon auszugehen ist, dass die Mehrheit den Beschluss in jedem Fall und auch dann gefasst hätte, wenn der Verfahrensfehler nicht vorgelegen hätte. Andernfalls würden die auch dem Schutz der Minderheit dienenden Verfahrensgrundsätze faktisch leerlaufen, weil die Mehrheit sich stets auf den Standpunkt stützen könnte, die Minderheit hätte eine Beschlussfassung sowieso nicht verhindern können. Auch wenn dies häufig an der Realität vorbeigeht, so ist aus rechtlicher Sicht im Ansatz davon auszugehen, dass bei Einhaltung der Verfahrensgrundsätze die Minderheit in der Lage gewesen wäre, sich so zu verhalten, dass sie mit ihrer Argumentation in der Hauptversammlung die Mehrheit hätte überzeugen können.

Ist ein Verfahrensfehler dagegen so gravierend, dass er sogar zur Nichtigkeit des Beschlusses führt, so ist dieser Verfahrensfehler für das Beschlussergebnis stets relevant.

### 6.16.1.3 Klagebefugnis und Klagefrist

Anfechtungsbefugt sind nach § 245 AktG die bei der Hauptversammlung anwesenden und die zu Unrecht nicht zugelassenen Aktionäre. Bei Beschlüssen, mit denen einzelnen Aktionären Sondervorteile gewährt werden, sind auch die Aktionäre anfechtungsbefugt, welche aus in ihrer Sphäre liegenden Gründen an der Hauptversammlung nicht teilnehmen. Anfechtungsbefugt ist ferner der Gesamtvorstand und in bestimmten Fällen auch ein einzelnes Mitglied des Vorstandes oder des Aufsichtsrates.

Die Anfechtungsklage muss innerhalb eines Monats ab Beschlussfassung erhoben, das heißt im Ergebnis bei Gericht eingereicht werden (§ 246 Abs. 1 AktG). Die Klage ist gegen die Gesellschaft zu richten, nicht gegen einzelne

---

216 MüKoAktG/*Hüffer/Schäfer* § 243 Rn. 27 ff.

Aktionäre (§246 Abs. 2 AktG). Der Vorstand hat die Klageerhebung in den Gesellschaftsblättern bekanntzumachen. Einzelne Mitaktionäre können sich innerhalb eines Monats ab Bekanntmachung sowohl auf Seiten des klagenden Aktionärs als auch auf Seiten der beklagten AG als Nebenintervenient am Rechtsstreit beteiligen (§246 Abs. 4 AktG).

> **! Tipp**
>
> Bei Kapitalgesellschaften werden Satzungsänderungen (auch Kapitalmaßnahmen und Umwandlungen) erst wirksam, wenn sie im Handelsregister eingetragen sind (§181 Abs. 3 AktG und §54 Abs. 3 GmbHG). Die Handelsregistereintragung ist insoweit konstitutiv. Auch die Bestellung und Abberufung von Vorstandsmitgliedern oder Geschäftsführern wird im Handelsregister eingetragen. Hier ist die Eintragung aber nicht Wirksamkeitsvoraussetzung, also nur deklaratorischer Natur.
>
> Beabsichtigen Sie, gegen einen im Handelsregister zu vollziehenden Beschluss der Hauptversammlung einer AG oder der Gesellschafterversammlung einer GmbH Beschlussanfechtungsklage zu erheben, sollten Sie unverzüglich nach Beschlussfassung das Registergericht über Ihr Vorhaben informieren und eine Aussetzung des Eintragungsverfahrens anzuregen. In diesem Fall wird das Registergericht üblicherweise die Eintragung bis zu einer rechtskräftigen Entscheidung über die Anfechtungsklage aussetzen (§21, §381 FamFG).
>
> Die Gesellschaft kann in bestimmten Fällen bei dem örtlich zuständigen Oberlandesgericht einen Beschluss erwirken, wonach die Satzungsänderung trotz Erhebung einer Beschlussanfechtungsklage in das Handelsregister einzutragen und auch im Falle des Erfolges der Beschlussanfechtungsklage nicht mehr rückabzuwickeln ist (sogenanntes »Freigabeverfahren«). Bei Umwandlungsmaßnahmen besteht diese Möglichkeit rechtsformunabhängig (Verschmelzung: §16 Abs. 3 UmwG, Spaltung: §125 S.1, §16 Abs. 3 UmwG, Vermögensübertragung: §176 Abs. 1, §16 Abs. 3 UmwG, Formwechsel: §198 Abs. 3, §16 Abs. 3 UmwG). Bei Kapitalmaßnahmen und bei dem Abschluss von Unternehmensverträgen kann nur eine AG ein Freigabeverfahren durchführen (vgl. §246a AktG), nicht aber eine GmbH[217]. Auch bei Maßnahmen der Eingliederung (§319 Abs. 6 AktG) und bei einem Squeeze-out (§327e Abs. 2, §319 Abs. 6 AktG) kann ein Freigabeverfahren durchgeführt werden.
>
> Erfolgt aufgrund eines erfolgreichen Freigabeverfahrens eine Eintragung im Handelsregister und ist der Gesellschafter nachfolgend mit seiner Beschlussanfechtungsklage ebenfalls erfolgreich, steht ihm gegenüber der Gesellschaft ein Schadenersatzanspruch zu.

## 6.16.2 Beseitigung von Gesellschafterbeschlüssen in der GmbH

Das GmbH-Recht kennt keine Regelungen zur gerichtlichen Beseitigung von Gesellschafterbeschlüssen. Nach allgemeiner Meinung sind die Regelungen

---

217 KG Berlin, Beschluss vom 23.06.2011, Az. 23 AktG 1/11; weitere Nachweise bei Baumbach/Hueck/*Zöllner/Noack* §54 Rn. 28.

des AktG zur Anfechtung und Nichtigerklärung von Gesellschafterbeschlüssen analog anwendbar. Insoweit wird auf die obigen Ausführungen zur AG verwiesen (vgl. Kapitel 6.16.1.1 f.).

## 6.16.2.1 Anfechtungs- und Nichtigkeitsgründe

Auch im GmbH-Recht unterscheidet man rechtsfehlerhafte Beschlüsse in anfechtbare und nichtige Beschlüsse. Die entsprechende Einteilung der einzelnen Beschlussmängel ist an das Aktienrecht angelehnt. Auf die in Tabelle 17 und 18 zum Aktienrecht erfolgten Ausführungen wird verwiesen. Die nachfolgende Tabelle 19 fasst die wichtigsten Nichtigkeits- und Anfechtungsgründe bei der GmbH zusammen.

| nichtiger Beschluss | anfechtbarer Beschluss |
|---|---|
| **Einberufungs- und Ankündigungsmängel:** gesetzliche und gesellschaftsvertragliche Bestimmungen zur Einberufung der Gesellschafterversammlung und zur Ankündigung der Tagesordnungspunkte wurden nicht eingehalten (sind alle Gesellschafter anwesend, können diese eine Heilung der Mängel bewirken) | **Verfahrensmängel:** zum Beispiel Verletzung des Teilnahmerechts von Gesellschaftern, Vereitelung von Informationsansprüchen vor der Gesellschafterversammlung |
| **Beurkundungsmängel:** Die notarielle Beurkundung fehlt (nach GmbHG nur bei Beschlüssen erforderlich, die den Gesellschaftsvertrag ändern; für andere Beschlüsse gilt Formfreiheit) | Beurkundungsmängel führen stets zur Nichtigkeit (daher nicht bloß anfechtbar) |
| **Inhaltliche Mängel:** insbesondere Beschlüsse sittenwidrigen Inhalts oder Beschlüsse, die gegen wesentliche Ordnungs- und Zielvorstellungen verstoßen (zum Beispiel Beschlüsse, deren Umsetzung gegen den Gläubigerschutz, das öffentliche Interesse oder das Wesen einer Kapitalgesellschaft verstoßen) | **Inhaltliche Mängel** (Beispiele): <br>• Verletzung von Gesellschaftszweck <br>• Verletzung von Treuepflichten (zum Beispiel Ausdehnung von Wettbewerbsverboten; rechtswidrige und vertragswidrige Weisungen an Geschäftsführer) <br>• Verletzung des Gleichbehandlungsgrundsatzes (willkürliche Ungleichbehandlung der Gesellschafter, wie zum Beispiel Gewährung von Leistungen an einzelne Gesellschafter ohne jegliche sachliche Rechtfertigung) <br>• Eingriffe in das Mitgliedschaftsrecht, soweit sie nicht erforderlich oder unverhältnismäßig sind (zum Beispiel unbegründeter Ausschluss einzelner Gesellschafter vom Bezugsrecht bei Kapitalerhöhung) |

**Tab. 19:** Die wichtigsten Nichtigkeits- und Anfechtungsgründe in der GmbH

Auch hier gilt der Grundsatz, dass Verfahrensfehler nur »relevant« sind, wenn sie einen Einfluss auf das Beschlussergebnis haben konnten, inhaltliche Fehler jedoch stets relevant sind und – wenn sie nachgewiesen werden können, was oft schwer ist – die Anfechtbarkeit des Beschlusses begründen.[218] Insoweit wird auf die Ausführungen zur AG verwiesen (vgl. Kapitel 6.16.1.2).

### 6.16.2.2 Klagebefugnis und Klagefrist

Liegen Nichtigkeitsgründe vor, kann die Nichtigkeitsklage erhoben werden durch jeden Gesellschafter, und zwar selbst dann, wenn er bei der Abstimmung für den Beschlussvorschlag gestimmt hat. Ferner ist jeder einzelne Geschäftsführer klagebefugt; bei Bestehen eines Aufsichtsrates auch jedes einzelne Aufsichtsratsmitglied (§ 249 AktG analog).[219] – Liegen dagegen bloße Anfechtungsgründe vor, ist die Zahl der klagebefugten Personen beschränkt: Die Anfechtungsklage kann durch jeden Gesellschafter erhoben werden. (Fremd-) Geschäftsführer oder (Fremd-)Aufsichtsratsmitglieder sind in der Regel nicht klagebefugt, auch nicht, wenn Gegenstand des Beschlusses ihre eigene Abberufung ist. Eine eigene Anfechtungsbefugnis besteht für Geschäftsführer oder Aufsichtsratsmitglieder nur dann, wenn diese sich durch Ausführung des betreffenden Gesellschafterbeschlusses schadenersatzpflichtig, strafbar oder einer Ordnungswidrigkeit schuldig machen würden (§ 245 Nr. 5 AktG analog).[220]

Für die Anfechtungsbefugnis ist dagegen irrelevant, ob der Gesellschafter an der Versammlung teilgenommen und ob er Widerspruch erhoben hat.[221] Für die Klageberechtigung von Gesellschaftern ist ferner unerheblich, ob diese Gesellschafter die Anteile in ihrem rechtlichen und wirtschaftlichen Eigentum oder bloß als Treuhänder halten.

Die Befugnis eines Gesellschafters, gegen einen Beschluss Anfechtungsklage zu erheben, besteht allerdings nicht, wenn:

- er in der Gesellschafterversammlung für den anfechtbaren Beschluss gestimmt hat;
- er auf sein Anfechtungsrecht verzichtet oder nach der Abstimmung zu erkennen gegeben hat, dass er mit der Abstimmung einverstanden ist;

---

218  *Lutz*, Der Gesellschafterstreit, Rn. 92.
219  Vgl. Baumbach/Hueck/*Zöllner/Noack* Anh. 47 Rn. 69.
220  Vgl. hierzu Baumbach/Hueck/*Zöllner/Noack* Anh. 47 Rn. 135 f.
221  Baumbach/Hueck/*Zöllner/Noack* Anh. § 47 Rn. 136.

- dem Gesellschafterbeschluss ein Ladungsmangel zugrunde liegt und der Gesellschafter in der Versammlung einen »Rügeverzicht« erklärt hat – ein Rügeverzicht kann konkludent auch dadurch erklärt werden, dass der Gesellschafter bei der Gesellschafterversammlung anwesend ist, den Ladungsfehler nicht ausdrücklich rügt, im Verlauf der Versammlung an den Diskussionen teilnimmt und bei den jeweiligen Beschlussfassungen mit abstimmt (vgl. Kapitel 4.1.8.2).

---

**Achtung**     **!**

Geschäftsführer sind zur sorgfältigen Führung der Geschäfte der Gesellschaft verpflichtet. Von dieser Pflicht werden Geschäftsführer durch an sie gerichtete Weisungen der Gesellschafter nicht entbunden. Gesellschaftsschädigende Weisungen der Gesellschafterversammlung haben die Geschäftsführer nur zu befolgen, wenn dadurch nicht Interessen Dritter, insbesondere die Interessen von Gläubigern der Gesellschaft, beeinträchtigt werden.

Erhalten Sie als Geschäftsführer Weisungen der Gesellschafterversammlung, mit deren Befolgung Sie sich (beziehungsweise die Gesellschaft) strafbar beziehungsweise gegenüber Dritten schadenersatzpflichtig machen oder Gläubigerinteressen gefährden, haben Sie die Befolgung dieser Weisungen zu verweigern und sollten zur Vermeidung rechtlicher Risiken Anfechtungsklage erheben.

Dies gilt insbesondere für Gesellschafter-Geschäftsführer, da diese durch die Befolgung rechtswidriger Weisungen überdies ihre Position in einem etwaigen Gesellschafterstreit schwächen würden, weil ihnen Gesellschafter, die solchen Weisungen nicht zugestimmt haben, die Befolgung dieser Weisungen vorwerfen könnten.

---

Der Gesellschafter hat seine Klage gegen die Gesellschaft zu richten (nicht gegen die anderen Gesellschafter). Obsiegt der klagende Gesellschafter, führt dies zur Feststellung beziehungsweise Erklärung der Nichtigkeit des angegriffenen Beschlusses und die Gesellschaft ist zum Ersatz der Prozesskosten an den Gesellschafter verpflichtet. Unterliegt er, ist der angegriffene Beschluss rechtswirksam und der Gesellschafter hat der Gesellschaft die Kosten des Rechtsstreits zu ersetzen.

Die Geschäftsführer der Gesellschaft haben die übrigen Gesellschafter unverzüglich über die Erhebung einer Anfechtungsklage zu informieren.[222] Diese können dem Gerichtsverfahren auf Seiten des klagenden Gesellschafters oder auf Seiten der Gesellschaft als Nebenintervenienten beitreten, ohne diesen Beitritt begründen zu müssen. Der Nebenintervenient unterstützt die Hauptpartei im Verfahren. Unterliegt der anfechtende Gesellschafter, hat er auch

---

222 Baumbach/Hueck/*Zöllner/Noack* Anh. § 47 Rn. 170.

den Nebenintervenienten auf Seiten der Gesellschaft etwaige Prozesskosten zu ersetzen. Ein Beitritt möglichst vieler Gesellschafter auf Seiten der Gesellschaft erhöht damit das Prozessrisiko des klagenden Gesellschafters enorm.

Im Aktienrecht besteht eine eindeutige Frist zur Erhebung einer Beschlussanfechtungsklage. Eine solche ist nach § 246 Abs. 1 AktG innerhalb eines Monats ab Beschlussfassung zu erheben. Im GmbH-Recht gilt die Frist nicht in dieser Strenge. Nach der Rechtsprechung ist vielmehr innerhalb einer »angemessenen Frist« Anfechtungsklage zu erheben. Die angemessene Frist beträgt mindestens einen Monat ab Beschlussfassung, kann aufgrund der besonderen Umstände des Einzelfalls aber auch länger sein (zum Beispiel laufende Vergleichsverhandlungen).[223] Streitig ist, wann die Frist zu laufen beginnt. Nach der Rechtsprechung ist dies mit dem Tag der Beschlussfassung der Fall. Allerdings soll eine verspätete Kenntnis von der Beschlussfassung bei der Bemessung der »angemessenen« Frist zu berücksichtigen sein.[224]

**! Achtung**

Einen Gesellschafter, der Kenntnis davon hat, dass ein bestimmter Beschlussantrag auf die Tagesordnung gesetzt war, trifft die Pflicht, sich über die tatsächliche Beschlussfassung zu erkundigen.

Üblicherweise findet sich in GmbH-Satzungen eine spezielle Regelung zur Anfechtungsfrist. Vereinbart wird dabei meist ein Zeitraum von einem (zwingende Mindestfrist) oder zwei Monaten. Als Fristbeginn wird entweder auf die Beschlussfassung, auf die Kenntnis von der Beschlussfassung oder auf die Zustellung des Versammlungsprotokolls abgestellt.

**! Tipp**

Sofern die GmbH-Satzung die Frage der Anfechtungsfrist nicht regelt, sollten Sie bei der Frage der »angemessenen Frist« kein Risiko eingehen. Erheben Sie in solchen Fällen spätestens innerhalb eines Monats ab Beschlussfassung Beschlussanfechtungsklage.

**! Tipp**

Die Feststellung der Unwirksamkeit nichtiger Gesellschafterbeschlüsse ist grundsätzlich an keine bestimmte Frist gebunden (vgl. Kapitel 6.16.2.1). Anders ist dies bei bloß anfechtbaren Beschlüssen, welche innerhalb einer bestimmten Frist gerichtlich bekämpft werden müssen. Um der Gefahr vorzubeugen, dass ein Nichtigkeitsgrund von dem entscheidenden Gericht lediglich als Anfechtungsgrund gewertet wird, für

---

223 Vgl. Baumbach/Hueck/*Zöllner/Noack* Anh. 47 Rn. 144 ff.
224 Vgl. Baumbach/Hueck/*Zöllner/Noack* Anh. § 47 Rn. 153 f.

den die Klagefrist zu beachten ist, empfiehlt es sich, bei jedem mangelbehafteten Gesellschafterbeschluss, den Sie beseitigen wollen, so vorzugehen, als wäre dieser bloß anfechtbar, ihn also stets innerhalb der Anfechtungsfrist klageweise zu bekämpfen.

**Tipp** !

In personalistischen Gesellschaften finden häufig nach Beschlussfassung Einigungsgespräche zwischen den Gesellschaftern statt. Unter welchen Voraussetzungen Einigungsgespräche den Lauf der Anfechtungsfrist hemmen, ist nicht abschließend geklärt.[225] Lassen Sie sich auf kein Risiko ein. Machen Sie die Fortsetzung von Einigungsgesprächen von dem Abschluss einer Vereinbarung zwischen Ihnen, allen Ihren Mitgesellschaftern und der Gesellschaft abhängig, wonach die Anfechtungsfrist einvernehmlich verlängert wird.[226] Kommt eine derartige Vereinbarung nicht zustande, sollten Sie unbedingt fristgemäß Klage erheben. Sie können parallel zum Rechtsstreit die Einigungsgespräche fortführen.

**Tipp** !

Nach herrschender Meinung muss innerhalb der Anfechtungsfrist nicht nur Anfechtungsklage erhoben werden, es müssen innerhalb der Frist auch die Gründe in den Rechtsstreit eingeführt werden, aus denen die Anfechtbarkeit hergeleitet wird.[227] Die Beurteilung der Situation und der Folgen eines anfechtbaren Beschlusses, die Auswahl der richtigen Strategie und der Entwurf der Anfechtungsklage benötigen viel Zeit. Ein Monat ist schnell vorbei und die unvollständige Nennung der die Anfechtung begründenden Sachverhalte darf später nicht mehr nachgeholt werden. Im Ergebnis sollten Sie daher nach der Beschlussfassung keine Zeit verlieren. Setzen Sie sich unverzüglich nach der Beschlussfassung (oder am besten noch vorher) mit Ihrem Rechtsanwalt in Verbindung und beraten Sie die zu veranlassenden Schritte.

### 6.16.3 Beseitigung von Gesellschafterbeschlüssen in Personengesellschaften

Für Gesellschafterbeschlüsse in Personengesellschaften sehen das HGB (§ 119) und das BGB (§ 709 Abs. 1) grundsätzlich die Zustimmung aller Gesellschafter, also Einstimmigkeit, vor. Mangels besonderer Formerfordernisse für die Beschlussfassung rechtfertigt die vorübergehende Abwesenheit eines Gesellschafters für sich noch nicht dessen Übergehung bei der Beschlussfassung. Soweit die Gesellschafter ihre Beschlüsse nach den Regelungen des HGB oder des BGB fassen, erübrigt sich eine Klage gegen Gesellschafterbeschlüsse, weil ohne Einstimmigkeit ohnehin kein Beschluss zustande kommt.

---

225 Vgl. Baumbach/Hueck/*Zöllner/Noack* Anh. 47 Rn. 150.
226 *Lutz*, Der Gesellschafterstreit, Rn. 580.
227 Vgl. Baumbach/Hueck/*Zöllner/Noack* Anh. 47 Rn. 156 f.

> **! Tipp**
>
> Aufgrund des in Personengesellschaften (zumindest nach der gesetzlichen Grundregel) geltenden Zustimmungserfordernisses aller Gesellschafter kann eine Personengesellschaft durch einzelne opponierende Gesellschafter schnell blockiert sein. Die gesellschaftsrechtliche Treuepflicht kann von den Personengesellschaftern in bestimmten Fällen verlangen, dass sie sich einerseits an der Beschlussfassung beteiligen und andererseits ihre Stimme auf eine bestimmte Art und Weise abgeben. Verweigern sich einzelne Gesellschafter einer konstruktiven Beschlussfassung, können die anderen Gesellschafter gegen sie Klage auf Zustimmung zu der Beschlussfassung erheben.[228]

Es empfiehlt sich daher, auch bei Personengesellschaften zum Zwecke der Gewährleistung der Handlungsfähigkeit gesellschaftsvertraglich eine Beschlussfassung durch Mehrheitsentscheidungen zuzulassen und die Art und Weise der Beschlussfassung derjenigen bei der GmbH anzupassen (vgl. Kapitel 4.1.8.7).

Auch bei Personengesellschaften kann ein Verfahrensfehler nur zur Unwirksamkeit des Beschlusses führen, wenn nicht ausgeschlossen werden kann, dass der Beschluss durch den Verfahrensfehler beeinflusst war. Dies soll insbesondere für Verstöße gegen Form, Frist und Inhalt der Einberufung einer Gesellschafterversammlung gelten.[229]

> **! Tipp**
>
> Prüfen Sie nach einer Ihnen nicht genehmen Beschlussfassung der Gesellschaft stets und unverzüglich, ob der Gesellschaftsvertrag Ihrer Personengesellschaft entsprechende Regelungen enthält. Die Nichteinhaltung einer gesellschaftsvertraglichen Klagefrist kann zum endgültigen Rechtsverlust führen.

> **! Achtung**
>
> Bei Umwandlungsbeschlüssen gilt auch für Personenhandelsgesellschaften und Partnerschaftsgesellschaften eine gesetzliche Klagefrist von einem Monat nach der Beschlussfassung (§ 14 Abs. 1 UmwG, § 125 UmwG, §§ 176 ff. UmwG, § 195 Abs. 1 UmwG). Dies selbst dann, wenn der Gesellschaftsvertrag entweder keine Klagefrist gegen mangelhafte Beschlüsse oder eine längere Klagefrist vorsieht. – Achten Sie in diesem Zusammenhang auch darauf, unverzüglich mit einstweiliger Verfügung gegen Umwandlungsbeschlüsse vorzugehen. Sind derartige Beschlüsse einmal im

---

228 Baumbach/Hopt/*Roth* HGB § 119 Rn. 6 f.
229 BGH, Urteil vom 11.03.2014, Az. II ZR 24/13; *Lutz*, Der Gesellschafterstreit, Rn. 93a.

Handelsregister eingetragen, können Beschlussmängel nicht mehr geltend gemacht werden.[230]

---

**Achtung** !

Auch wenn der Gesellschaftsvertrag Ihrer Personengesellschaft keine Klagefrist vorsieht, können Sie das Recht zur Geltendmachung von Beschlussmängeln verwirken, indem Sie über mehrere Monate mit der Erhebung einer Klage warten (erforderliches Zeitmoment), obwohl Sie von dem Beschluss und den Beschlussmängeln Kenntnis haben und gleichzeitig den Eindruck vermitteln, Sie würden gegen den Beschluss nicht vorgehen (erforderliches Umstandsmoment). Stellen Sie daher bei mangelhaften Beschlüssen, die Sie gerichtlich angreifen wollen, Ihren Standpunkt und Ihre Absichten frühzeitig unmissverständlich klar und erheben Sie zeitnah Klage.[231]

---

## 6.17 Reduktion von Gesellschafterrechten

Die Gesellschafterrechte bestimmen den Handlungsrahmen eines Gesellschafterstreits (vgl. Kapitel 6.13). Wer nur wenige Gesellschafterrechte hat, dem stehen auch nur wenige Mittel zur Austragung des Gesellschafterstreits zur Verfügung. Es ist daher sinnvoll, einen Gesellschafterstreit vor seinem Ausbruch vorzubereiten, indem Sie Rechte der gegnerischen Gesellschafter reduzieren und so schon im Vorhinein deren Machtposition mindern.

Dieses Ziel ist allerdings ohne oder gegen den Willen Ihrer Kontrahenten kaum erreichbar. Denn Mehrheitsbeschlüsse (selbst mit noch so hoher Mehrheit) reichen zur Reduktion von Gesellschafterrechten nicht aus. Vielmehr muss dazu auch die Zustimmung jedes Gesellschafters eingeholt werden, dessen Rechte reduziert werden sollen. Diese Gesellschafter werden solchen Maßnahmen aber kaum zustimmen.

Es ist also wichtig, solche Maßnahmen so »zu verpacken«, dass die betroffenen Gesellschafter die Reduktion ihrer Rechte möglichst nicht erkennen. Am ehesten ist dies durch eine – mit wirtschaftlichen Argumenten und wesentlichen Interessen der Gesellschaft begründete – Rechtsformänderung möglich (vgl. das folgende Beispiel »Reduktion von Gesellschafterrechten«).

---

230 Vgl. *Lutz*, Der Gesellschafterstreit, Rn. 635.
231 Vgl. *Lutz*, Der Gesellschafterstreit, Rn. 636 und Baumbach/Hopt/*Roth* HGB § 119 Rn. 32.

**!** **Beispiel: Reduktion von Gesellschafterrechten**

M und N sind Gesellschafter der MN-OHG. M ist mit 60%, N mit 40% an der Gesellschaft beteiligt. Der Gesellschaftsvertrag enthält keine besonderen Regelungen zur Fassung von Gesellschafterbeschlüssen, sodass die Bestimmungen des HGB anwendbar sind und Gesellschafterbeschlüsse einstimmig gefasst werden müssen. M beabsichtigt einige wirtschaftliche Maßnahmen, von denen er weiß, dass N diesen nicht zustimmen wird. Aufgrund des Einstimmigkeitserfordernisses kann er diese Maßnahmen daher nicht umsetzen.

Die Geschäfte der MN-OHG haben sich in den letzten Jahren gut entwickelt, die Umsätze sind gestiegen, ebenso das Haftungsrisiko für die persönlich haftenden OHG-Gesellschafter M und N. Der Steuerberater der Gesellschaft empfiehlt die Umwandlung der MN-OHG in eine GmbH. N stimmt aufgrund der Empfehlung des Steuerberaters dieser Umwandlung zu.

Bei der Umwandlung erhält die nunmehrige MN-GmbH einen »Standard-Gesellschaftsvertrag« (vgl. Kapitel 4.1.1). Besondere Regelungen zu den Stimmrechten der Gesellschafter enthält dieser Gesellschaftsvertrag nicht. Die Beschlussfassung ist daher entsprechend dem GmbHG zu den meisten Beschlussgegenständen mit einfacher Mehrheit möglich. Die Stimmrechte der Gesellschafter bemessen sich nach dem Anteil am Stammkapital. Da M über 60% der Stimmrechte verfügt, kann er die geplanten Maßnahmen jetzt auch gegen den Willen von N umsetzen.

**!** **Tipp**

Je länger ein Gesellschafterstreit schwelt, desto skeptischer werden Maßnahmen von den Mitgesellschaftern (und im Streitfall auch von dem entscheidenden Gericht) auf ihre Wirkung im Gesellschafterstreit beurteilt. Deshalb wird es mit Fortschreiten eines Gesellschafterstreits immer schwieriger, eine Rechtsformänderung oder sonstige Maßnahmen zur Reduktion von Gesellschafterrechten mit wirtschaftlichen Argumenten und wesentlichen Interessen der Gesellschaft zu begründen.

Setzen Sie Maßnahmen zur Reduktion von Gesellschafterrechten daher möglichst früh und rasch um und putschen Sie (vgl. Kapitel 6.5.2). Langes Zuwarten bringt Sie nur in einen Argumentationsnotstand. Dazu sollten Sie aber bereits ein zu Ende gedachtes »Drehbuch« für Ihren Gesellschafterstreit haben (vgl. Kapitel 6.4.2).

So bringt zum Beispiel die Umwandlung einer GmbH in eine AG eine erhebliche Reduktion der Rechte der Minderheitsgesellschafter mit sich. Das nahezu unbeschränkte Bucheinsichtsrecht des GmbH-Gesellschafters wird durch die auf die Vorbereitung der Hauptversammlung beschränkten Informationsrechte des Aktionärs ersetzt. Beschlussgegenstände wandern von der Gesellschafterversammlung (in der Minderheitsgesellschafter vertreten sind) an den Aufsichtsrat (in dem Minderheitsgesellschafter nicht zwingend vertreten sein müssen) usw. Die Umwandlung einer GmbH in eine AG kann daher für den Mehrheitsgesellschafter auch aus der Sicht des Gesellschafterstreits sehr sinnvoll sein. Dies trotz des höheren Verwaltungsaufwandes und der höheren

»laufenden« Kosten einer AG (zum Beispiel für den Aufsichtsrat), die jedoch meist immer noch geringer sind als die Kosten eines länger andauernden Gesellschafterstreits.

---

**Achtung**                                                                  **!**

Ein Gesellschafter mit mindestens 75% des Stimmgewichts ist in der Lage, bei der Gesellschaft die Durchführung eines Formwechsels zu beschließen. Die Minderheitsgesellschafter können einen solchen Beschluss nicht verhindern, auch dann nicht, wenn der Wechsel in eine Rechtsform erfolgt, in der ihre Stellung als Minderheitsgesellschafter noch weiter geschwächt ist. Derartige Erwägungen begründen nicht die Anfechtbarkeit des Umwandlungsbeschlusses (vgl. §195 UmwG).

Der Minderheitsgesellschafter kann sich in solchen Fällen jedoch auf den Standpunkt stellen, dass seine Beteiligung nach dem Formwechsel weniger wert ist, und entweder (a) seinen Verbleib in der Gesellschaft wählen und Zahlung eines Ausgleichs für die Wertbeeinträchtigung verlangen (§196 UmwG), oder (b) bei Fassung des Umwandlungsbeschlusses Widerspruch erheben und protokollieren lassen; in diesem Fall hat die Gesellschaft dem widersprechenden Minderheitsgesellschafter den Erwerb seiner Anteile gegen eine angemessene Barabfindung anzubieten (§207 Abs. 1 UmwG). Maßgeblich ist der Verkehrswert (§208 UmwG). Ein zu niedriges Barabfindungsangebot führt nicht zur Anfechtbarkeit des Beschlusses über den Formwechsel (§210). Der Gesellschafter, der eine höhere Barabfindung erhalten will, kann jedoch bei dem zuständigen Gericht Antrag auf Erhöhung der Barabfindung stellen (§212 UmwG i.V.m. den Vorschriften des SpruchG – vgl. Kapitel 6.19).

---

## 6.18   Gesellschafterausschluss

Grundsätzlich ist es verlockend, unbequeme oder unangenehme Gesellschafter aus der Gesellschaft auszuschließen. Bevor Sie solche Überlegungen anstellen, sollten Sie allerdings genau prüfen, wer der Profiteur eines solchen Ausschlusses ist. Denn selbst wenn der Geschäftsanteil des auszuschließenden Gesellschafters zu gleichen Teilen auf die übrigen Gesellschafter aufgeteilt wird, können sich durch den Ausschluss eines Gesellschafters die Beteiligungsverhältnisse grundlegend ändern. Es ist durchaus möglich, dass dadurch neue Mehrheitsgesellschafter entstehen und für einzelne Gesellschafter das Problem, das durch den Ausschluss eines Gesellschafters gelöst werden sollte, durch die neue Vormachtstellung eines anderen Gesellschafters prolongiert wird (vgl. die folgende Abbildung 12).

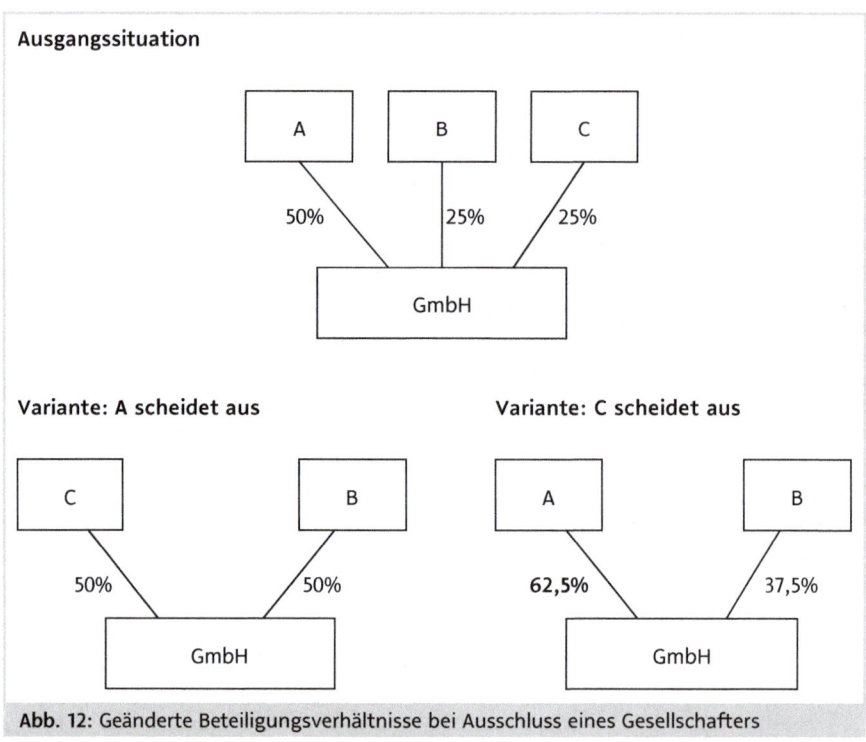

**Abb. 12:** Geänderte Beteiligungsverhältnisse bei Ausschluss eines Gesellschafters

Bedenken Sie, dass jener Gesellschafter, welchen Sie ausschließen wollen, noch vor Beschlussfassung versuchen wird, von den wesentlichen Geschäftsunterlagen (elektronische) Kopien anzufertigen. Treffen Sie daher frühzeitig Gegenmaßnahmen und schränken Sie zum Beispiel die Berechtigungen in Ihrer elektronischen Datenverarbeitung für diesen Gesellschafter ein, um Ihr Datennetzwerk zu sichern.

### 6.18.1 Gesellschafterausschluss aus einer Personengesellschaft

Der zwangsweise Ausschluss eines Gesellschafters auf Betreiben der übrigen Gesellschafter ist in Personengesellschaften möglich. Dazu muss allerdings ein wichtiger und in der Person des auszuschließenden Gesellschafters gelegener Grund vorliegen. Als derartige Gründe hat die Rechtsprechung beispielsweise anerkannt:

- schwere Pflichtverletzungen (auch der Treuepflicht);
- schuldhafte Herbeiführung eines tiefgreifenden, unheilbaren Zerwürfnisses durch einen Gesellschafter, einhergehend mit einer Zerstörung des Vertrauensverhältnisses;
- massive ehrenrührige Vorwürfe gegen Mitgesellschafter;

- geschäftsschädigendes Verhalten in der Öffentlichkeit;
- Straftaten gegen die Gesellschaft (zum Beispiel Veruntreuung von Gesellschaftsvermögen);
- Verstöße gegen ein Wettbewerbsverbot;
- die Verweigerung der Mitwirkung an einer erforderlichen und erfolgsversprechenden Sanierung (»Sanieren oder Ausscheiden«)[232].

Es empfiehlt sich, die »wichtigen Gründe« im Gesellschaftsvertrag konkret zu benennen (vgl. Kapitel 4.1.8.16.2) und gegebenenfalls um folgende weitere Gründe zu ergänzen:
- fortgesetzte Verletzung wesentlicher, aus dem Gesellschaftsverhältnis entspringender Pflichten;
- Eröffnung eines Insolvenzverfahrens über das Vermögen eines Gesellschafters beziehungsweise Abweisung eines Insolvenzantrages mangels Masse;
- Pfändung des Geschäftsanteils durch einen Gläubiger des Gesellschafters;
- Umgehung einer Vinkulierungsklausel: zum Beispiel, wenn nicht die vinkulierten Anteile an der Gesellschaft veräußert werden, sondern die Anteile an einer zwischengeschalteten Holding (vgl. Kapitel 4.1.8.14);
- Tod eines Gesellschafters (vgl. Kapitel 4.1.8.17);
- dauerhafte Arbeitsunfähigkeit eines Gesellschafters (dieser Ausschlussgrund ist üblicherweise nur bei Gesellschaften sachlich gerechtfertigt, bei denen die Gesellschafter im operativen Tagesgeschäft mitarbeiten, zum Beispiel bei Freiberufler-Gesellschaften);
- alle weiteren Gründe, die Sie ausdrücklich als Ausschlussgründe festlegen wollen.

Bei der OHG, der KG, der GmbH & Co. KG sowie bei der PartG erfolgt der zwangsweise Ausschluss durch gerichtliche Entscheidung. Dazu müssen die übrigen Gesellschafter eine Ausschließungsklage (§ 140 HGB) gegen den auszuschließenden Gesellschafter erheben. Diese Klage muss von allen anderen Gesellschaftern erhoben werden. Gesellschafter, die ihre Mitwirkung trotz Vorliegen eines Ausschlussgrundes verweigern, müssen auf Mitwirkung bei der Ausschließungsklage geklagt werden. Die Klage auf Mitwirkung und die Ausschließungsklage erfolgen gleichzeitig in einem Verfahren.[233]

Bei der GbR sieht das Gesetz im Falle des Vorliegens eines wichtigen Grundes in der Person eines Gesellschafters lediglich das Recht der anderen Gesell-

---

232 BGH, Urteil vom 19.10.2009, Az. II ZR 240/08; Urteil vom 25.01.2011, Az. II ZR 122/09, und Urteil vom 09.06.2015, II ZR 420/13; streitig ist, ob diese Grundsätze auch bei Kapitalgesellschaften gelten.
233 Baumbach/Hopt/*Roth* HGB § 140 Rn. 17 ff.

schafter zur außerordentlichen Kündigung der Gesellschaft vor (§ 723 Abs. 1 BGB) . Die Gesellschaft wird dann aufgelöst. Diese Regelung ist wenig sachgerecht. In der Regel sieht ein GbR-Gesellschaftsvertrag daher vor, dass bei Kündigung eines Gesellschafters die Gesellschaft unter den übrigen Gesellschaftern fortgesetzt wird (Fortsetzungsklausel). Besteht eine solche Fortsetzungsklausel, so können die Mitgesellschafter einen Gesellschafter, in dessen Person ein wichtiger Grund vorliegt, ausschließen. Dazu haben die Mitgesellschafter, ohne dass sie den von der Ausschließung Betroffenen hören müssen, einen entsprechenden Ausschließungsbeschluss zu fassen, bei dem der Auszuschließende kein Stimmrecht hat. Der Ausschließungsbeschluss wird wirksam, sobald er dem Auszuschließenden mitgeteilt wird. Eine mündliche Mitteilung ist ausreichend.[234] Eine derartige Ausschließung kann für den Betroffenen ohne Vorwarnung und damit völlig überraschend kommen.

> **! Achtung**
>
> Bevor Sie einen Gesellschafterausschluss durchführen, sollten Sie sicherstellen, dass dieser nicht zur (ungewollten) Auflösung der Gesellschaft führt.

### 6.18.2 Gesellschafterausschluss aus einer Kapitalgesellschaft

### 6.18.2.1 Ausschluss säumiger Gesellschafter/Aktionäre

Das GmbHG und das AktG ermöglichen den zwangsweisen Ausschluss von Gesellschaftern, die mit der Einzahlung einer übernommenen Einlage beziehungsweise eines Teils davon in Verzug sind. Dieser Vorgang wird als »Kaduzierung« bezeichnet. Die Kaduzierung ist zwar die einfachste Möglichkeit, einen ungewünschten Gesellschafter loszuwerden, allerdings auch nur beschränkt anwendbar: ausgeschlossen werden können nur Gesellschafter, die mit der Einzahlung übernommener Einlagen säumig sind.

### 6.18.2.1.1 Kaduzierung in der GmbH

Die Kaduzierung eines GmbH-Anteils setzt voraus, dass der betreffende Gesellschafter mit der Erfüllung einer sich aus dem Geschäftsanteil ergebenden Bareinlagepflicht in Verzug ist. Der Verzug muss die Leistung der Stammeinlage betreffen, ein Verzug mit Einzahlung eines etwaigen Aufgeldes (Agio) berechtigt nicht zur Kaduzierung eines GmbH-Anteils.

---

234 MüKoBGB/*Schäfer* § 737 Rn. 14 f.

§ 21 Abs. 1 GmbHG verlangt vor Einleitung des Kaduzierungsverfahrens, dass dem säumigen Gesellschafter unter Nachfristsetzung von mindestens einem Monat die Kaduzierung schriftlich angedroht wird. Diese Frist kann gesellschaftsvertraglich verlängert, aber nicht verkürzt werden. Der Gesellschaftsvertrag kann neben dem qualifizierten Zahlungsverzug weitere Voraussetzungen für die Einleitung eines Kaduzierungsverfahrens vorsehen.

Die Entscheidung über die Einleitung einer Kaduzierung liegt bei der Geschäftsführung. Voraussetzung für die Kaduzierung ist die Säumigkeit eines Gesellschafters bei der Leistung seiner Stammeinlage. Eine Zustimmung der Gesellschafterversammlung ist zur Einleitung des Kaduzierungsverfahrens nicht notwendig.[235] Der Gesellschaftsvertrag kann aber vorsehen, dass die Gesellschafterversammlung und/oder der Aufsichtsrat der Einleitung zustimmen müssen. Die Zustimmung der Gesellschafterversammlung ist nur sinnvoll, wenn sichergestellt ist, dass der säumige Gesellschafter die Beschlussfassung nicht vereiteln kann.

> **Achtung** !
>
> Für die Einleitung des Kaduzierungsverfahrens genügt die Säumigkeit mit der Einzahlung der übernommenen Stammeinlage. Säumigkeit tritt ein, wenn die Stammeinlage nicht zum Zeitpunkt ihrer Fälligkeit geleistet wird.
> Ist die Fälligkeit der Stammeinlage nicht im Gesellschaftsvertrag geregelt, können die Gesellschafter die geschuldete Stammeinlage mit einfachem Gesellschafterbeschluss jederzeit fällig stellen. Grundsätzlich ist aber Gleichbehandlung aller Gesellschafter bei Einlageeinforderung geboten. Minderheitsgesellschafter, die ihre Stammeinlage noch nicht voll geleistet haben, müssen im Gesellschafterstreit daher jederzeit mit der Fälligstellung der Stammeinlagen rechnen.

Zunächst fordern die Geschäftsführer den säumigen Gesellschafter mit eingeschriebenem Brief zur Einzahlung der Stammeinlage auf. Dazu müssen sie auch eine Nachfrist von mindestens einem Monat setzen, innerhalb welcher der säumige Gesellschafter die Kaduzierung durch Einzahlung der ausstehenden Stammeinlage abwenden kann. Gleichzeitig ist für den Fall der Nichtbeachtung der Frist die Kaduzierung des nicht voll eingezahlten Anteils anzudrohen. Nützt der säumige Gesellschafter die Nachfrist nicht, können die Geschäftsführer den konkreten Anteil mit eingeschriebenem Brief kaduzieren (vgl. § 21 GmbHG). Hält der Gesellschafter mehrere Anteile und sind diese teilweise voll einbezahlt, so können nur die nicht voll einbezahlten Anteile kaduziert werden.

---

235 Baumbach/Hueck/*Fastrich* § 21 Rn. 6.

**!** **Achtung**

Das Gesetz verlangt, dass sowohl die Aufforderung zur Zahlung als auch die Erklärung der Kaduzierung durch eingeschriebenen Brief (Übergabeeinschreiben oder Einwurfeinschreiben) erfolgen muss.

Die Ausschlussmitteilung der Geschäftsführer an den betroffenen Gesellschafter ist eine »empfangsbedürftige Willenserklärung«. Ihre Rechtswirkungen treten erst mit ihrem Zugang an den säumigen Gesellschafter ein. Der säumige Gesellschafter kann deshalb seinen Ausschluss auch nach Ablauf der gesetzten Nachfrist bis zum Zugang der Kaduzierungserklärung abwenden, indem er die ausstehende Stammeinlage einzahlt.

Beim Übergabeeinschreiben ist zu beachten, dass der Empfänger die Entgegennahme der Einschreiben verweigern kann (beispielsweise, indem er dem Briefträger die Tür nicht öffnet). In diesem Fall wird das Einschreiben bei der Post hinterlegt und bei Nichtabholung durch den Empfänger wieder an die Gesellschaft zurückversandt. Ein Zugang sowohl der Zahlungsaufforderung als auch der Kaduzierungserklärung ist dann nicht erfolgt.

Nach herrschender Auffassung ist auch die Zustellung durch einen Gerichtsvollzieher (§ 132 Abs. 2 BGB) möglich.[236] Nutzen Sie im Zweifel diese Option.

Bei einer GmbH hat die Kaduzierung zur Folge, dass die Gesellschaft den kaduzierten Anteil erhält. Sie muss dann die ausstehende Einlage bei einem etwaigen Rechtsvorgänger des Kaduzierten, das heißt, bei einem früheren Inhaber des Geschäftsanteils einfordern. Leistet dieser auf die Einlagepflicht, erhält er den Geschäftsanteil. Existiert kein Rechtsvorgänger oder leistet dieser nicht, ist der Geschäftsanteil durch öffentliche Versteigerung zu verwerten.

Der von der Kaduzierung betroffene Gesellschafter erhält für den Verlust seines kaduzierten Anteils keine Gegenleistung, insbesondere keine Abfindung. Seine aus dem Anteil resultierenden Mitgliedschaftsrechte (zum Beispiel Informationsrechte und Stimmrechte) sowie Rechte zur Beteiligung an künftig entstehenden Gewinnen verliert der ausgeschlossene Gesellschafter ebenfalls.

**!** **Achtung**

Kaduziert wird nicht ein Teil, sondern immer der gesamte Geschäftsanteil. Das gilt auch, wenn der Gesellschafter seine übernommene Stammeinlage bereits teilweise geleistet hat.

---

236 Baumbach/Hueck/*Fastrich* § 21 Rn. 8.

Wer meint, zu Unrecht aus der Gesellschaft ausgeschlossen worden zu sein, hat die Möglichkeit, eine »Klage auf Feststellung der Fortdauer der Mitgliedschaft« zu erheben.[237]

### 6.18.2.1.2 Kaduzierung in der AG

Auch in AGs ist die Kaduzierung nur gegen Aktionäre möglich, soweit diese auf bestimmte Aktien ihre Bareinlagen nicht fristgemäß einzahlen (§ 64 AktG). Anders als bei der GmbH (dort ist die Verletzung der Stammeinlagepflicht erforderlich) kann die Kaduzierung sowohl wegen Verzugs bei Zahlung der auf das Grundkapital entfallenden Einlageforderung als auch wegen Nichtleistung eines Aufgeldes (Agio) erfolgen.[238]

Die Entscheidung über die Einleitung eines Kaduzierungsverfahrens liegt beim Vorstand. Die Satzung kann vorsehen, dass vor Einleitung eines Kaduzierungsverfahrens der Aufsichtsrat um Zustimmung zu ersuchen ist. Ob die Satzung einen derartigen Zustimmungsvorbehalt auch zugunsten der Hauptversammlung regeln darf, ist streitig.[239]

Nach § 64 AktG ist eine Kaduzierung nur zulässig, wenn den säumigen Gesellschaftern zuvor eine Nachfrist gesetzt und diese Fristsetzung innerhalb eines Zeitraums von drei Monaten dreimal in den Gesellschaftsblättern bekannt gemacht wurde. Sind die Anteile der AG vinkuliert und ist damit der Gesellschaft der auszuschließende Aktionär namentlich bekannt, kann die Nachfristsetzung auch so erfolgen wie bei der GmbH.

Der Vorstand muss die Kaduzierung unter Setzung einer angemessenen Nachfrist zur Zahlung der fälligen Einlage androhen. Anfangs- und Endtermin der Nachfrist, der ausstehende Betrag sowie die betroffenen Aktien sind zu benennen (zum Beispiel durch Angabe der Ausgabe-Nummern). Der Ausschluss ist ausdrücklich anzudrohen.

Die Androhung erfolgt:
- durch dreimalige öffentliche Bekanntmachung in den Gesellschaftsblättern, wobei die erste Bekanntmachung drei Monate und die letzte spätestens ein Monat vor Fristablauf erfolgen muss, oder

---

237 Baumbach/Hueck/*Fastrich* § 21 Rn. 18.
238 MüKoAktG/*Bayer* § 64 Rn. 10.
239 MüKoAktG/*Bayer* § 64 Rn. 27.

- durch einmalige Einzelaufforderung mit eingeschriebenem Brief an den säumigen Aktionär unter Setzung einer zumindest einmonatigen Nachfrist (nur bei vinkulierten Namensaktien).

Zahlt der betroffene Aktionär den eingemahnten Betrag nicht bis zum Ablauf der Nachfrist vollständig ein, kann der Vorstand den Ausschluss des Aktionärs erklären. Wie bei der GmbH verhindert eine zwar verspätete, aber noch vor Ausschlusserklärung erfolgende Zahlung die Kaduzierung. – Der Ausschluss ist durch einmalige Veröffentlichung in den Gesellschaftsblättern zu erklären.

> **! Achtung**
>
> Eine anders als durch Bekanntmachung in den Gesellschaftsblättern erfolgende Ausschlusserklärung ist unwirksam. Das gilt auch für die Kaduzierung vinkulierter Namensaktien. Bei diesen ist die Androhung der Kaduzierung mit eingeschriebenem Brief zulässig, die Ausschlusserklärung muss aber bekannt gemacht werden.

> **! Achtung**
>
> Das AktG sieht zwar keine Frist vor, innerhalb der die Ausschlusserklärung erfolgen muss. Wird die Kaduzierung nicht innerhalb eines angemessenen Zeitraums nach Ablauf der Mahnfrist durchgeführt, sollte die AG zur Vermeidung rechtlicher Risiken das gesamte Kaduzierungsverfahren wiederholen. Verfolgen Sie ein einmal eingeleitetes Kaduzierungsverfahren daher zielstrebig und sprechen Sie etwaige Ausschlusserklärungen unmittelbar nach Ablauf der Mahnfrist aus.

Durch die Kaduzierung verliert der betroffene Aktionär alle Mitgliedschaftsrechte aus den kaduzierten Aktien; bereits geleistete Einzahlungen gehen verloren. Vor Wirksamwerden der Kaduzierung begründete Ansprüche bleiben erhalten (zum Beispiel noch nicht erfolgte Gewinnauszahlungen der letzten Geschäftsjahre). Die kaduzierten Aktien gehen unter und werden von der AG neu ausgegeben.

Gegen eine fehlerhafte Ausschließung kann der Aktionär Klage auf Feststellung des Fortbestandes der Mitgliedschaft erheben.[240]

---

240 MüKoAktG/*Bayer* § 64 Rn. 91.

## 6.18.2.2 Ausschluss eines GmbH-Gesellschafters aus wichtigem Grund

### 6.18.2.2.1 Erhebung einer Ausschließungsklage

Das GmbHG sieht nur bei Verzug eines Gesellschafters mit der Einzahlung der Stammeinlage oder vereinbarter Nachschüsse dessen Ausschluss vor (vgl. Kapitel 6.18.2.1). Weitere gesetzliche Ausschlussgründe kennt das GmbHG nicht.

Nach der Rechtsprechung besteht bei GmbHs die Möglichkeit, einen Gesellschafter, in dessen Person ein »wichtiger Grund« vorliegt, durch Ausschließungsklage auszuschließen – und zwar unabhängig von einer entsprechenden Satzungsregelung.[241] Die Ausschließungsklage wird durch die Gesellschaft (entweder vertreten durch den Geschäftsführer oder durch einen besonderen gesetzlichen Vertreter analog § 46 Nr. 8 GmbHG) gegen den Auszuschließenden erhoben. Die Erhebung einer Ausschließungsklage ist nur zulässig, wenn zuvor die Gesellschafterversammlung mit einer Mehrheit von 75 % der abgegebenen und stimmberechtigten Stimmen einen entsprechenden Beschluss gefasst hat. Der Auszuschließende ist bei der Beschlussfassung nicht stimmberechtigt. Zudem gebietet es die Treuepflicht, dass im Falle des Vorliegens eines wichtigen Grundes alle Stimmberechtigten für einen Ausschluss zu stimmen haben. – Die vorherige Beschlussfassung ist bei einer Zwei-Personen-GmbH nicht erforderlich. Bei ihr kann direkt Ausschließungsklage erhoben werden.[242]

Nach Erfolg der Ausschließungsklage und Rechtskraft eines entsprechenden Urteils kann die Gesellschaft gegen Zahlung der Abfindung entweder Abtretung des Anteils des von der Ausschließung betroffenen Gesellschafters verlangen oder den Anteil einfach einziehen. Die Einziehung ist ohne Zustimmung des Auszuschließenden zulässig.[243]

> **Tipp**
>
> Bei objektivem Vorliegen eines wichtigen Grundes kann selbst der Minderheitsgesellschafter mit dem geringsten Stimmgewicht eine Ausschließung durchsetzen. Dazu muss er zunächst versuchen, in der Gesellschafterversammlung einen mit der erforderlichen Mehrheit gefassten Beschluss auf Erhebung einer Ausschließungsklage und gegebenenfalls auf Bestellung eines besonderen gesetzlichen Vertreters für die Prozessführung zu erreichen (§ 46 Nr. 8 GmbHG). Kommt trotz objektiv vorliegendem wichtigen Grund keine entsprechende Beschlussmehrheit zustande,

---

241 Vgl. Baumbach/Hueck/*Fastrich* Anh. § 34 Rn. 8a.
242 Vgl. Baumbach/Hueck/*Fastrich* Anh. § 34 Rn. 9.
243 Vgl. Baumbach/Hueck/*Fastrich* Anh. § 34 Rn. 10.

kann der Minderheitsgesellschafter Beschlussfeststellungsklage erheben (gegebenenfalls in Kombination mit einer Beschlussanfechtungsklage). Nach erfolgreicher Beschlussfeststellungsklage ist die Ausschließungsklage zu erheben. – Im Ergebnis ein mühevoller und langwieriger Weg. Vor diesem Hintergrund sollte die Satzung zur Beschleunigung die Ausschließung durch Einziehung vorsehen.

An einen »wichtigen Grund« in diesem Sinne werden vergleichbare Anforderungen gestellt wie an denjenigen für einen Ausschluss aus einer Personengesellschaft (vgl. Kapitel 6.18.1). Die Kasuistik ist insoweit ähnlich. Auch bei der GmbH empfiehlt es sich, »wichtige Gründe« exemplarisch im Gesellschaftsvertrag anzuführen. Dies sorgt im Streitfall für Rechtsklarheit (vgl. Kapitel 4.1.8.16.2).

Bis zur Rechtskraft des Ausschließungsurteils bleibt der Auszuschließende als Gesellschafter mit allen Rechten und Pflichten beteiligt. Soweit der wichtige Grund derart erheblich ist, dass seine Gesellschafterstellung nicht mehr zumutbar ist, können durch einstweilige Verfügung vorläufige Regelungen getroffen werden.[244]

Sieht der Gesellschaftsvertrag die Möglichkeit der Einziehung vor, ist nach überwiegender Meinung die Erhebung einer Ausschließungsklage unzulässig.[245]

## 6.18.2.2.2 Zwangseinziehung und Zwangsabtretung von Geschäftsanteilen

Liegt in der Person eines Gesellschafters ein die Ausschließung rechtfertigender wichtiger Grund vor, kann der Zeitraum zwischen Beschlussfassung über die Erhebung einer Ausschließungsklage und Rechtskraft des Ausschlussurteils sehr lang sein. Geht das Gerichtsverfahren durch mehrere Instanzen, kann es sich um Jahre handeln. Häufig wiegt der die Ausschließung rechtfertigende wichtige Grund aber derart stark, dass der Gesellschaft die weitere Mitgliedschaft des Auszuschließenden für die Dauer der Ausschließungsklage nicht mehr zumutbar ist. Der Gesellschaftsvertrag einer GmbH sieht daher in den meisten Fällen die Möglichkeit einer Zwangseinziehung oder Zwangsabtretung von Geschäftsanteilen aus wichtigem Grund durch Mehrheitsbeschluss vor.[246] Der jeweilige Beschluss wird mit einfacher Mehrheit gefasst. Der betroffene Gesellschafter ist nicht stimmberechtigt.

---

244 Vgl. Baumbach/Hueck/*Fastrich* Anh. § 34 Rn. 15.
245 Vgl. Baumbach/Hueck/*Fastrich* Anh. § 34 Rn. 16.
246 Vgl. hierzu die Kommentierung bei Baumbach/Hueck/*Fastrich* § 34.

> **Tipp** !
>
> Sollte Ihnen eine Zwangsabtretung/Zwangseinziehung drohen, beteiligen Sie sich trotz Stimmverbotes gleichwohl an der Abstimmung und stimmen Sie dagegen. Möglicherweise gelingt es Ihnen dadurch, eine Beschlussmehrheit zu verhindern. Zwar ist der Leiter der Gesellschafterversammlung in der Lage, die Unwirksamkeit Ihrer Gegenstimme und damit das Zustandekommen des Zwangseinziehungs-/Zwangsabtretungsbeschlusses festzustellen. Häufig existiert aber kein Versammlungsleiter. In diesem Fall haben Sie mit Ihrer wahrscheinlich rechtswidrig abgegebenen Stimme die Beschlussfassung verhindert. Es obliegt dann Ihren Mitgesellschaftern, aktiv zu werden und mit einer Beschlussfeststellungsklage (gegebenenfalls in Kombination mit einer Beschlussanfechtungsklage) die Wirksamkeit des Zwangseinziehungs-/Zwangsabtretungsbeschlusses feststellen zu lassen.

Bei der Zwangseinziehung werden die betreffenden Geschäftsanteile eingezogen und gehen entweder unter (wenn gleichzeitig Kapitalherabsetzungsbeschluss gefasst wird, § 58 ff. GmbHG), oder wachsen den anderen Gesellschaftern entsprechend dem Verhältnis ihrer bisherigen Kapitalbeteiligung an (Aufstockung der Nennbeträge). Möglich ist auch eine Neubildung (Revalorisierung) der Anteile, die fortan von der Gesellschaft als eigene Anteile gehalten werden. Die Gesellschaft kann die Anteile zu einem späteren Zeitpunkt durch einen Geschäftsanteilsabtretungsvertrag auf Dritte übertragen.[247] – Bei der Zwangsabtretung gehen die betreffenden Geschäftsanteile unmittelbar auf einen Dritten, üblicherweise einen oder mehrere Mitgesellschafter, über. In der Regel sieht die Satzung vor, dass die Gesellschafterversammlung mit Fassung des Zwangsabtretungsbeschlusses auch beschließt, an wen die Geschäftsanteile abgetreten werden. Dabei ist der gesellschaftsrechtliche Gleichbehandlungsgrundsatz zu beachten (vgl. Kapitel 5.5.2.6).

Hat der auszuschließende Gesellschafter die Einlage auf seine Geschäftsanteile nicht in voller Höhe geleistet oder steht bereits bei Fassung des Einziehungsbeschlusses fest, dass die Bezahlung der Abfindung dazu führt, dass das buchmäßige Eigenkapital unter die Stammkapitalziffer sinkt (»Unterbilanz«), ist ein Ausschluss durch Einziehung aus Gläubigerschutzgründen nicht zulässig und ein entsprechender Einziehungsbeschluss nichtig. In diesen Fällen bleibt nur die Möglichkeit der Zwangsabtretung.

---

247 Vgl. Baumbach/Hueck/*Fastrich* § 34 Rn. 20.

**!** **Tipp**

Hat der von der Einziehung betroffene Gesellschafter seine Einlage nicht in voller Höhe einbezahlt, können die die Einziehung betreibenden Gesellschafter statt seiner die Einlage leisten und dadurch die Einziehung ermöglichen.[248] Den Einzahlenden steht dann gegen den von der Einziehung betroffenen Gesellschafter ein Ausgleichsanspruch zu.

Im Falle der Zwangseinziehung oder Zwangsabtretung erhält der ausgeschlossene Gesellschafter für den Verlust seiner Anteile eine Abfindung. Bei der Zwangseinziehung ist Schuldner der Abfindung die Gesellschaft (subsidiär in bestimmten Fällen die Gesellschafter), bei der Zwangsabtretung ist Schuldner der jeweilige Gesellschafter, an den die Anteile des Ausgeschlossenen abgetreten werden. Die Abfindung erfolgt in Höhe des Verkehrswertes, die Satzung kann unter bestimmten Voraussetzungen auch eine niedrigere Abfindung vorsehen. Wenn die Abfindung niedriger ist als der Verkehrswert, könnte darin eine Schenkung gesehen werden, die steuerpflichtig wäre.

Ein Zwangseinziehungsbeschluss beziehungsweise ein Zwangsabtretungsbeschluss werden mit Beschlussfassung und Bekanntgabe gegenüber dem Auszuschließenden wirksam. Der Ausgeschlossene ist jedoch von der Gesellschaft so lange als Gesellschafter zu behandeln, wie er in der im Handelsregister veröffentlichten Gesellschafterliste eingetragen ist (§16 Abs. 1 S. 1 GmbHG).

**!** **Achtung**

Betreiben in einer Zwei-Personen-Gesellschaft die Gesellschafter wechselseitig die Einziehung der Anteile des jeweils anderen Gesellschafters, sind nach dem OLG München[249] die Einziehungsbeschlüsse einheitlich zu behandeln. Insbesondere darf nicht dem einen Gesellschafter die Stimmberechtigung bei Fassung des Zweitbeschlusses deshalb verboten werden, weil seine Anteile bereits mit dem Erstbeschluss eingezogen wurden. Werden die beiden Beschlussanträge nicht einheitlich behandelt, ist ein dennoch »einseitig« gefasster Einziehungsbeschluss bereits aus diesem Grunde anfechtbar.

**!** **Achtung**

Ebenso wenig, wie Ausschüttungen an Gesellschafter erfolgen dürfen, wenn diese das Stammkapital der GmbH angreifen, dürfen in derartigen Fällen Abfindungszahlungen an Gesellschafter erfolgen. Dies gebietet der Schutz der Gläubiger der GmbH und folgt aus §§34 Abs. 3, 30 Abs. 1 GmbHG.

---

248 *Altmeppen*, Die Dogmatik des Abfindungsanspruchs und die offenen Fragen zum Ausscheiden aus der GmbH, ZIP 2012, 1685, 1694.
249 Urteil vom 08.10.1993, Az. 23 U 3365/93.

Nach der Rechtsprechung des BGH[250] ist der Beschluss über die Einziehung von GmbH-Geschäftsanteilen nichtig, wenn bereits bei Fassung des Einziehungsbeschlusses feststeht, dass der in Folge der Einziehung geschuldete Abfindungsbetrag höher ist als das die Stammkapitalziffer übersteigende Eigenkapital der Gesellschaft (sogenanntes ungebundenes Vermögen). Dagegen ist die Einziehung wirksam, wenn bei Beschlussfassung ausreichend ungebundenes Vermögen vorhanden war, sich dies aber später ändert und die Zahlung der (einzelnen Raten der) Abfindung das Stammkapital verletzen würde. In dem Fall haften die übrigen Gesellschafter auf Zahlung der Abfindung. Die Gesellschafter können dieser Haftung nur entgehen, indem sie durch Veräußerung von Anlagevermögen etwaige stille Reserven aufdecken, indem sie nach Möglichkeit das Stammkapital herabsetzen oder indem sie die Gesellschaft auflösen.

Diese neue Rechtsprechung des BGH ist noch erheblich lückenhaft. So ist nicht klar, ob alle verbleibenden Gesellschafter gegenüber dem ausgeschiedenen Gesellschafter haften oder nur diejenigen, die für die Einziehung seiner Geschäftsanteile gestimmt haben. Auch hat der BGH nicht abschließend geklärt, wie lange sich die Gesellschafter mit einem Liquidationsbeschluss Zeit lassen können, bis sie selbst für die Abfindung haften.

Die einziehenden Gesellschafter sollten stets im Hinterkopf behalten, dass zum Zeitpunkt der Fassung eines Einziehungsbeschlusses die Geschäftsanteile einen erheblichen Verkehrswert haben können, ohne dass die Gesellschaft über ungebundenes Vermögen verfügt. Dies kann beispielsweise bei Gesellschaften mit wenig Anlagevermögen, aber einem hohen, bilanziell nicht aktivierbaren Firmen- oder Geschäftswert sein (zum Beispiel Start-ups in der Wachstumsphase). Führen die die Einziehung betreibenden Gesellschafter die Gesellschaft fort, so haften sie gegenüber dem Ausgeschiedenen persönlich.

Für die verbleibenden Gesellschafter besteht deshalb die Gefahr, dass der Ausscheidende den anteiligen Verkehrswert an einer »gesunden Gesellschaft« erhält und die verbleibenden Gesellschafter sogar persönlich dafür haften. Gleichzeitig verbleibt ihnen eine durch den Gesellschafterstreit erheblich im Wert reduzierte Gesellschaft.

Diese Erwägungen sollten Gesellschafter bei Fassung des Einziehungsbeschlusses berücksichtigen. Ferner zeigt auch dies, dass für den Fall der Einziehung der Geschäftsanteile aus wichtigem Grund der Gesellschaftsvertrag eine so weit wie zulässige Reduktion der Abfindung vorsehen sollte.

### 6.18.2.2.3 Fakten schaffen durch Einreichung einer geänderten Gesellschafterliste beim Handelsregister

Für die **GmbH** und für den Rechtsverkehr gilt derjenige als Gesellschafter, der in der im Handelsregister hinterlegten und online veröffentlichten Gesell-

---

250 BGH, Urteil vom 24.01.2012, Az. II ZR 109/11 und BGH, Urteil vom 10.05.2016, Az. II ZR 342/14.

schafterliste als solcher eingetragen ist (§ 16 Abs. 1 S. 1 GmbHG). Dies bedeutet, dass auch nach Einziehung von GmbH-Geschäftsanteilen der Inhaber dieser Geschäftsanteile so lange sämtliche Mitgliedschaftsrechte innehat (Stimmrecht, Recht auf Teilnahme an Gesellschafterversammlung, Informations- und Kontrollrechte, Recht auf Ausschüttung), wie er noch in der Gesellschafterliste eingetragen ist. Ferner ermöglicht die Gesellschafterliste sogar unter bestimmten Voraussetzungen einen gutgläubigen Erwerb von einer in die Gesellschafterliste fehlerhaft eingetragenen Person (§ 16 Abs. 3 GmbHG).

Hat ein Notar an der Veränderung im Gesellschafterbestand mitgewirkt (beispielsweise bei einem Anteilskauf), so ist nur dieser berechtigt und verpflichtet, eine neue Gesellschafterliste bei dem Handelsregister einzureichen (§ 40 Abs. 2 GmbHG). In allen anderen Fällen, wie beispielsweise einer Veränderung im Gesellschafterbestand wegen einer vorangegangenen Einziehung von Geschäftsanteilen, sind die Geschäftsführer in vertretungsberechtigter Zahl zur Einreichung einer Gesellschafterliste berechtigt und verpflichtet (§ 40 Abs. 1, 3 GmbHG).

> **!** **Achtung**
>
> Sobald ein Einziehungsbeschluss gefasst wurde, ist der Geschäftsführer zur Einreichung einer abgeänderten Gesellschafterliste bei dem Handelsregister verpflichtet. Das Handelsregister prüft nur, ob die eingereichte Liste die formalen Vorgaben der GesLV erfüllt, aber nicht die inhaltliche Richtigkeit der eingereichten Gesellschafterliste. Sobald die Gesellschafterliste beim Handelsregister hinterlegt ist, gilt der von der Einziehung Betroffene nicht mehr als Gesellschafter. Dies gilt auch, wenn die Einziehung nur sehr fadenscheinig begründet wurde und der von der Einziehung Betroffene unverzüglich Beschlussanfechtungsklage erhebt. Der Betroffene ist dann nicht mehr zu Gesellschafterversammlungen zu laden und hat kein Stimmrecht. Die verbleibenden Gesellschafter können in diesem Zeitraum agieren, als wäre die Einziehung wirksam und sie alleinige Gesellschafter.[251] Insbesondere können die verbleibenden Gesellschafter auch Umwandlungsmaßnahmen ergreifen. – Lediglich treuwidriges, das Vermögen des Ausgeschlossenen schädigendes Verhalten ist pflichtwidrig und führt im Falle einer erfolgreichen Beschlussanfechtungsklage und einer damit verbundenen Beseitigung des Einziehungsbeschlusses zu Schadenersatzansprüchen.
>
> Es besteht eine erhebliche Missbrauchsgefahr. Für den Ausgeschlossenen besteht insbesondere die Gefahr, dass er im Falle des Obsiegens mit seiner Beschlussanfechtungsklage in eine Gesellschaft zurückkehrt, die er nicht wiedererkennt. Allgemein wird in der Literatur empfohlen, die Einreichung einer abgeänderten Gesellschafterliste und die damit verbundene Missbrauchsgefahr durch Erwirkung einer einstweiligen Unterlassungsverfügung gegen die Gesellschaft zu unterbin-

---

251 Vgl. *Lutz*, Der Gesellschafterstreit, Rn. 267 ff.

den.[252] Zuletzt haben jedoch vermehrt Gerichte entschieden, dass derartige einstweilige Unterlassungsverfügungen unbegründet wären und keine Erfolgsaussichten hätten.[253]

Bis Rechtsklarheit herrscht, sollte der Versuch unternommen werden, eine einstweilige Verfügung zu erwirken, mit dem Ziel, es der Gesellschaft, vertreten durch den Geschäftsführer, bis zur Entscheidung über die Beschlussanfechtungsklage zu untersagen, bei dem Handelsregister eine geänderte Gesellschafterliste einzureichen, und die Gesellschaft zu verpflichten, den Ausgeschlossenen weiterhin als Gesellschafter zu behandeln.

Erschwert wird die Situation, weil zwischen den Gerichten Uneinigkeit herrscht, gegen wen der Antrag auf Erlass einer einstweiligen Verfügung zu richten ist. Teilweise wird vertreten, dass der Antrag gegen den Geschäftsführer zu richten ist[254], nach anderer Ansicht ist er gegen die Gesellschaft zu richten[255]. – Es besteht damit das Risiko, dass man bei einem Antrag gegen nur einen der möglichen Antragsgegner nach Auffassung des zuständigen Gerichtes den falschen Gegner gewählt habe und bei einem Antrag gegen den anderen Antragsgegner das Unterliegen gegen einen der beiden bereits feststeht.

> **Tipp**
>
> Wenn Sie derjenige sind, der die Einziehung betreibt, sollten Sie unverzüglich nach der Beschlussfassung die Einreichung einer neuen Gesellschafterliste in die Wege leiten. Ferner kann es sich unter Umständen anbieten, die Gelegenheit und die – bis auf Weiteres – geänderten Mehrheitsverhältnisse zu nutzen, um in der Gesellschaft zu gestalten. Es sollte dabei aber stets darauf geachtet werden, weder die Treuepflicht noch den Gleichbehandlungsgrundsatz zu verletzen, andernfalls besteht die Gefahr, sich schadenersatzpflichtig zu machen.

Hat eine **AG** Namensaktien ausgegeben, sind die Namensaktien unter Angabe des Namens, Geburtsdatums und der Adresse des Inhabers sowie der Stückzahl oder der Aktiennummer und bei Nennbetragsaktien des Betrages in das Aktienregister der Gesellschaft einzutragen (§ 67 Abs. 1 S. 1 AktG). Im Verhältnis zur Gesellschaft gilt als Aktionär nur, wer als solcher im Aktienregister eingetragen ist (§ 67 Abs. 2 S. 1 AktG). Insofern hat das Aktienregister für das Verhältnis der AG zum Aktionär die gleiche Bedeutung wie die Gesellschafterliste für das Verhältnis der GmbH zum Gesellschafter. – Anders als die Eintragung in die Gesellschafterliste der GmbH kann die Eintragung im Aktienregister aber keinen gutgläubigen Erwerb von Anteilen ermöglichen.[256]

---

252 So auch *Lutz*, Der Gesellschafterstreit, Rn. 267b.
253 KG Berlin, Urteil vom 10.12.2015, Az. 23 U 99/15 und Beschluss vom 24.08.2015, Az. 23 U 20/15; OLG Jena, Urteil vom 24.8.2016, Az. 2 U 168/16.
254 KG Berlin, a.a.O.
255 OLG München, Beschluss vom 17.07.2015, Az. 14 W 1132/15.
256 MüKoAktG/*Bayer* § 67 Rn. 43.

### 6.18.2.3 Ausschluss eines Aktionärs aus wichtigem Grund

Es besteht Streit, ob bei einer AG die Erhebung einer Ausschließungsklage aufgrund eines in der Person des Auszuschließenden liegenden wichtigen Grundes zulässig ist. Der BGH[257] verneinte dies in zwei älteren Entscheidungen aus den 50er Jahren, fast die gesamte Literatur bejaht dies aber mittlerweile. Jedenfalls bei Publikumsgesellschaften dürfte eine Ausschließungsklage unzulässig sein. Bei personalistisch geprägten AGs liegt jedoch eine zur Situation bei der GmbH vergleichbare Interessenlage vor. Insofern spricht viel dafür, eine entsprechende Ausschließungsklage auch bei der AG zuzulassen.[258]

Dagegen lässt § 237 Abs. 1 S. 1 AktG ausdrücklich die Regelung einer Zwangseinziehungsklausel in der Satzung der AG zu. Im Hinblick auf eine solche Klausel und ein etwaiges Zwangseinziehungsverfahren gelten die Ausführungen zur Zwangseinziehung bei der GmbH entsprechend (vgl. Kapitel 6.18.2.2). Diese Zwangseinziehung erfolgt durch Mehrheitsbeschluss der Hauptversammlung. Nach § 237 Abs. 2 AktG sind bei der Einziehung die Vorschriften über die ordentliche Kapitalherabsetzung zu beachten. Dies ist ein erheblicher Aufwand. Ist auf die einzuziehenden Aktien der Ausgabebetrag (Nennbetrag und Agio) voll geleistet, kann die Zwangseinziehung auch im vereinfachten Einziehungsverfahren erfolgen (§ 237 Abs. 3 AktG). Die Einziehung verläuft ähnlich der Zwangseinziehung von GmbH-Geschäftsanteilen.[259]

Auch bei der Zwangseinziehung von Aktien darf die Abfindung nicht zulasten des durch das Grundkapital gebundenen Eigenkapitals erfolgen (Gläubigerschutz). Anders als bei GmbHs ist es bei AGs unzulässig, in der Satzung eine Pflicht zur Zwangsabtretung zu normieren.

### 6.18.2.4 Der aktienrechtliche Squeeze-out

Bei AGs ist unter bestimmten Voraussetzungen der Ausschluss von Minderheitsaktionären zulässig, auch wenn diese ihre Einlage in voller Höhe geleistet haben und kein wichtiger Grund für ihren Ausschluss vorliegt. Einen derartigen Ausschluss des Minderheitsaktionärs bezeichnet man als »Squeeze-out«.

---

257 BGH, Urteil vom 01.04.1953, Az. II ZR 235/52 und Urteil vom 27.10.1955, Az. II ZR 310/53.
258 Vgl. MHdB GesR IV/*Scholz* § 63 Rn. 56 ff.
259 Zu den einzelnen Schritten und Voraussetzungen der Zwangseinziehung bei der AG: MüKoAktG/
    *Oechsler* § 237 Rn. 9 ff.

§327a AktG sieht vor, dass ein Mehrheitsaktionär, der direkt oder über von ihm abhängige Unternehmen mindestens 95% des Grundkapitals der AG hält, die Minderheitsaktionäre gegen Zahlung einer angemessenen Abfindung (§327b AktG) aus der Gesellschaft ausschließen kann. – Ähnliche Möglichkeiten bietet der bei börsennotierten AGs unter bestimmten Voraussetzungen zulässige übernahmerechtliche Squeeze-out (§39a bis §39c WpÜG).

### 6.18.2.4.1 Der Hauptaktionär

Ein Squeeze-out ist nur durch den Hauptaktionär zulässig. Hauptaktionär ist, wer 95% des Grundkapitals hält. Anteile, die von einem abhängigen Unternehmen gehalten werden, und Anteile, die ein Treuhänder für den Hauptaktionär (oder für ein abhängiges Unternehmen) hält, werden dem Hauptaktionär zugerechnet (§16 Abs. 4 AktG). Der Hauptaktionär muss selbst mindestens eine Aktie halten. Die Beteiligungsquote von 95% muss ab dem Moment vorliegen, in dem das Übertragungsverlangen des Hauptaktionärs der Gesellschaft zugeht.

Wer weniger als 95% des Grundkapitals hält, ist nicht Hauptaktionär. Er kann Minderheitsaktionäre nicht nach §327a AktG ausschließen, selbst wenn er mithilfe dritter Aktionäre die Zustimmung von zumindest 95% der Stimmrechte erreicht. Er kann aber die erforderliche Hauptaktionärseigenschaft erwerben:

- **Holdinggesellschaft:** Die Aktionäre vereinigen ihre Anteile durch Einbringung in eine Holdinggesellschaft. Ein derartiges Vorgehen ist grundsätzlich zulässig.[260] Die Aktionäre können die Rechte aus den in die Holding eingebrachten Anteilen nur gemeinsam ausüben. – Einzig in dem Fall, dass die Aktien nur deshalb auf eine Holdinggesellschaft übertragen werden, um für einen kurzen Zeitraum einen »Hauptaktionär zu kreieren«, soll ein Rechtsmissbrauch vorliegen.[261]
- **Treuhand:** Die Aktionäre vereinigen ihre Anteile in der Hand eines Treuhänders, der dadurch die 95%-Schwelle erreicht und Hauptgesellschafter wird. Nach Durchführung des Gesellschafterausschlusses durch den Treuhänder überträgt dieser die Anteile wieder auf die verbleibenden Aktionäre zurück. Die Treuhandlösung soll ebenfalls unzulässig sein, wenn die Abtretung auf den Treuhänder zeitlich befristet und bloß zum Zwecke der Durchführung eines Squeeze-outs erfolgt.[262]
- **Wertpapierleihe:** Die Aktionäre verleihen an den Entleiher die Wertpapiere, der damit die 95%-Schwelle erreicht. Der Entleiher verpflichtet sich zur

---

260 MüKoAktG/*Grunewald* §327a Rn.8.
261 MüKoAktG/*Grunewald* §327a Rn.20.
262 Spindler/Stilz/*Singhof* §327a Rn.26.

Rückübertragung von Wertpapieren gleicher Art und Menge nach Durchführung des Squeeze-outs. – Auch diese Vorgehensweise soll rechtsmissbräuchlich sein, wenn die Wertpapierleihe nur dem Zweck dient, die 95 %-Schwelle zu erreichen und die Rückübertragung der Wertpapiere zeitlich unmittelbar nach dem Squeeze-out erfolgt.[263]

**! Tipp**

Die genannten Gestaltungsmöglichkeiten (Gründung einer Holdinggesellschaft, Treuhandmodell, Wertpapierleihe) begründen eine Anfechtbarkeit des Hauptversammlungsbeschlusses über den Squeeze-out, wenn sie rechtsmissbräuchlich erfolgen. Rechtsmissbrauch verlangt ein subjektives Element, nämlich die Gestaltung zum Zwecke der Durchführung des Squeeze-outs. Diesen beabsichtigten Zweck muss der anfechtende Minderheitsaktionär beweisen. Dafür wird er regelmäßig nach objektiven Anhaltspunkten für einen entsprechenden Zweck suchen, beispielsweise nach einer Abtretung der Aktien kurz vor dem Squeeze-out und einer Rückabtretung kurz danach.

Sofern Sie und Ihre Mitgesellschafter im zeitlichen Zusammenhang mit der Durchführung eines Squeeze-outs Abtretungen vornehmen wollen, sollten Sie daher darauf achten, dass diese nicht fälschlicherweise den Anschein erwecken, die Abtretungen würden die rechtsmissbräuchliche Durchführung eines Squeeze-outs bezwecken.

Übertragen Sie also zeitlich unmittelbar vor und unmittelbar nach einem Squeeze-out nur so viele Aktien wie unbedingt nötig. Begründen Sie die Aktienübertragungen sachlich mit Argumenten, die nichts mit dem Squeeze-out zu tun haben, und behandeln Sie derartige Übertragungen soweit wie möglich vertraulich. Andernfalls besteht die Gefahr, dass Ihnen der auszuschließende Aktionär einen rechtsmissbräuchlichen Plan vorwirft mit dem Ziel, einen Mitaktionär zu benachteiligen, und Sie dadurch zu Unrecht selbst in die Defensive geraten.

Zumindest bei der verdeckten Treuhand kann ein etwaiger Rechtfertigungsbedarf reduziert werden, wenn der Treuhänder als »endgültiger« neuer Hauptaktionär nach Außen auftritt.

Der Hauptaktionär kann immer nur alle Minderheitsaktionäre ausschließen. Der Ausschluss einzelner Minderheitsaktionäre ist unzulässig.

**! Achtung**

Besitzt die Gesellschaft Liegenschaften, löst ein Anteilserwerb von 95 % Grunderwerbsteuer aus (§1 Abs. 3 Nr. 2 GrEStG).

---

263 MüKoAktG/*Grunewald* §327a Rn. 21.

### 6.18.2.4.2 Durchführung des Verfahrens (§ 327b ff. AktG)

Das Verfahren wird durch den Hauptaktionär eingeleitet, der an den Vorstand das Verlangen auf Übertragung der Anteile der übrigen Aktionäre richtet. Der Hauptaktionär hat der Hauptversammlung einen schriftlichen Bericht zu erstatten, in dem die Voraussetzungen für die Übertragung dargelegt und die Angemessenheit der Barabfindung erläutert werden.

Die Angemessenheit der angebotenen Barabfindung beurteilt zunächst ein externer Sachverständiger. Dazu beantragt der Hauptaktionär die gerichtliche Bestellung eines sachverständigen Prüfers. Der Prüfer beurteilt die Richtigkeit dieses Berichts und die Angemessenheit der Barabfindung und erstellt einen Prüfbericht.

Sofern der Hauptaktionär dem Vorstand eine Bankbürgschaft vorlegt, in der sich die bürgende Bank zur Zahlung der Abfindung an die Minderheitsaktionäre verpflichtet, hat der Vorstand anschließend eine Hauptversammlung einzuberufen, die über den Squeeze-out Beschluss fasst.

Den Aktionären muss zur Vorbereitung der Hauptversammlung, in der über den Squeeze-out abgestimmt wird, Einsicht in folgende Unterlagen gewährt werden:
- Entwurf des Beschlussantrages für den Ausschluss;
- Bericht des Hauptgesellschafters über den geplanten Ausschluss;
- Bericht des gerichtlich bestellten Prüfers über die Angemessenheit der Barabfindung;
- Jahresabschlüsse und die Lageberichte der Gesellschaft für die letzten drei Jahre.

Die Unterlagen sind spätestens einen Monat vor der betreffenden Hauptversammlung am Sitz der Gesellschaft zur Einsicht auszulegen. Auf Verlangen ist jedem Aktionär unverzüglich eine kostenlose Abschrift zu übersenden. In der Hauptversammlung darf der Hauptgesellschafter seinen Beschlussvorschlag und die Bemessung der Höhe der Barabfindung erläutern. Die Beschlussfassung über den Ausschluss erfolgt mit einfacher Mehrheit (strengere Mehrheitserfordernisse sind gesellschaftsvertraglich vereinbar; vgl. Kapitel 4.1.8.16). Mit Eintragung des Beschlusses in das Handelsregister gehen die Anteile der Minderheitsgesellschafter auf den Hauptaktionär über, ohne dass es dazu einer weiteren Übertragung bedarf. Die Barabfindung ist nach Eintragung des Beschlusses in das Handelsregister zur Zahlung fällig.

Jeder Minderheitsaktionär kann die Barabfindung gerichtlich auf ihre Angemessenheit überprüfen lassen. Dabei ist unerheblich, ob er bei der Hauptversammlung anwesend war, ob und wie er sein Stimmrecht ausgeübt hat und ob er Widerspruch erhoben hat. Die Gerichtsentscheidung im Überprüfungsverfahren wirkt nicht nur gegenüber dem die Überprüfung verlangenden Aktionär, sondern gegenüber allen Aktionären (§ 13 SpruchG – vgl. Kapitel 6.19).

Eine strukturierte überblicksweise Zusammenfassung des Squeeze-out-Verfahrens samt Darstellung der wesentlichsten Fristen entnehmen Sie bitte Kapitel 12.7 »Checkliste für Gesellschafterausschluss aus wichtigem Grund«.

### 6.18.2.5 Der verschmelzungsrechtliche Squeeze-out

Daneben gibt es bei AGs die Möglichkeit eines verschmelzungsrechtlichen Squeeze-outs (§ 62 Abs. 5 UmwG i. V. m. § 327a AktG). Hält eine Mutter-AG mindestens 90% der Anteile an einer Tochter-AG, dürfen im Rahmen einer Verschmelzung der Tochter-AG auf die Mutter-AG die übrigen Minderheitsaktionäre der Tochtergesellschaft ausgeschlossen werden.

Dabei muss der Verschmelzungsvertrag die Angabe enthalten, dass im Zusammenhang mit der Verschmelzung ein Ausschluss der Minderheitsaktionäre der Tochtergesellschaft erfolgen soll.

Die im Vergleich zum aktienrechtlichen Squeeze-out geltende geringere Beteiligungsschwelle von 90% soll nur dann maßgeblich sein, wenn der verschmelzungsrechtliche Squeeze-out in sachlichem und zeitlichem Zusammenhang mit der Verschmelzung der Tochter-AG auf die Mutter AG erfolgt. [264]

### 6.18.2.6 Der Squeeze-out bei der Eingliederung

Die Eingliederung einer Aktiengesellschaft in eine andere Aktiengesellschaft (Hauptgesellschaft) nach den §§ 319 ff. AktG führt wirtschaftlich zu ähnlichen Folgen wie eine Verschmelzung.

Eine Gesellschaft kann in die Hauptgesellschaft eingegliedert werden, wenn die Hauptgesellschaft mindestens 95% der Aktien hält (§ 320 AktG). Nach erfolgreich durchgeführter Eingliederung gehen alle Aktien, die sich nicht

---

264 Schmitt/Hörtnagl/Stratz/*Stratz* UmwG § 62 Rn. 19.

in der Hand der Hauptgesellschaft befinden, automatisch auf diese über (§320a AktG). Es erfolgt ein Ausschluss der Minderheitsaktionäre der einzugliedernden AG. Die ausgeschiedenen Aktionäre erhalten eine Abfindung (§320b AktG).

### 6.18.2.7 Anteilsverwässerung zur Vorbereitung für Ausschluss von Aktionären oder zur Änderung der Mehrheitsverhältnisse

In vielen AGs existieren Mehrheitsaktionäre, die (noch) nicht die Voraussetzungen des »Hauptgesellschafters« zur Durchführung eines Squeeze-outs erreichen. Solche Aktionäre können versuchen, durch verschiedenste Maßnahmen eine anteilsmäßige Vergrößerung ihrer Beteiligungen zu erreichen. Ziel ist es, durch eine sogenannte Anteilsverwässerung die eigene Beteiligung solange auszubauen, bis der Mehrheitsaktionär über alle Voraussetzungen oder Stimmmehrheiten verfügt, um den Minderheitsaktionär über einen aktienrechtlichen oder einen verschmelzungsrechtlichen Squeeze-out auszuschließen.

Bei GmbHs ist kein Squeeze-out möglich. Gleichwohl kann ein Mehrheitsgesellschafter von der Verwässerung der Anteile eines Minderheitsgesellschafters profitieren, beispielsweise weil er dadurch eine satzungsändernde Mehrheit erreicht (in der Regel 75%) oder weil der Minderheitsgesellschafter unter die 10%-Beteiligungsschwelle fällt, die erforderlich ist, um Einfluss auf die Ansetzung und Gestaltung einer Gesellschafterversammlung nehmen zu können, oder einfach nur, um in Zukunft stärker an den wirtschaftlichen Chancen der Gesellschaft zu partizipieren. Insoweit sollten auch GmbH-Gesellschafter stets eine sich bietende Möglichkeit ergreifen, ihre Beteiligung durch Anteilsverwässerung der übrigen Gesellschafter zu erhöhen.

Soweit diese durchsetzbar und wirtschaftlich sinnvoll ist, bietet sich daher sowohl bei der GmbH als auch bei der AG eine Verwässerung der Beteiligung von Mitgesellschaftern an. Die nachfolgenden Ausführungen gelten daher für GmbHs und AGs gleichermaßen, auch wenn sich die Terminologie im Einzelnen entweder nur auf die eine oder nur auf die andere Gesellschaftsform beziehen sollte.

Bei Personengesellschaften besteht die Möglichkeit der Beteiligungsverwässerung nur, wenn die Gesellschaft kraft ihres Gesellschaftsvertrages kapitalistisch, das heißt, wie eine GmbH oder AG, organisiert ist. Je nach gesellschaftsvertraglicher Ausgestaltung gelten dann die gleichen Grundsätze wie bei GmbHs. Auf Personengesellschaften wird daher nachfolgend nicht gesondert eingegangen.

Bei der Anteilsverwässerung wird das Kapital der Gesellschaft (Stamm- oder Grundkapital) erhöht. An der Kapitalerhöhung können oder wollen sich aber unter Umständen nicht alle Gesellschafter beteiligen, sodass diese unbeteiligten Gesellschafter (meist die Minderheitsgesellschafter) nach Durchführung der Kapitalerhöhung mit einem geringeren Anteil am Stamm- beziehungsweise Grundkapital der Gesellschaft beteiligt sind. Anteilsverwässernd wirkt jede Maßnahme, die zu einer Erhöhung des Stamm- beziehungsweise Grundkapitals führt, sofern diese Erhöhung nur von einigen Gesellschaftern getragen wird. Die Anteile aller Gesellschafter, die sich an der Kapitalerhöhung nicht beteiligen, werden verwässert – sind also zum Gesamtkapital der Gesellschaft gesehen geringer als zuvor. Ziel jedes anteilsverwässernden Mehrheitsgesellschafters ist daher eine Kapitalerhöhung ohne Beteiligung der Minderheitsgesellschafter. Dies ist entweder möglich, wenn der Minderheitsgesellschafter durch einen Gesellschafter- oder Hauptversammlungsbeschluss (rechtmäßig) vom Bezugsrecht für die durch die Erhöhung entstehenden neuen Kapitalanteile ausgeschlossen ist oder wenn er sich die Beteiligung an der Kapitalerhöhung schlichtweg nicht leisten kann.

Allen Methoden zur Anteilsverwässerung ist gemeinsam, dass sie für den Mehrheitsgesellschafter kostspielig sind. Er muss sie sich also leisten können. Gleichzeitig wirken diese Methoden nur, wenn der/die Minderheitsgesellschafter von der Teilnahme ausgeschlossen werden. Das ist insbesondere möglich, wenn der Minderheitsgesellschafter es sich nicht leisten kann, mit dem Mehrheitsgesellschafter mitzuziehen. Diese Überlegungen sollten schon in die Auswahl der Mitgesellschafter einfließen (vgl. Kapitel 3.4.1.6).

Darüber hinaus ist allen Methoden gemeinsam, dass sie nicht vollkommen willkürlich, sondern nur bei Vorliegen sachlicher Gründe zulässig sind. Nach jahrelangen Gesellschafterstreitigkeiten erscheint fast jede noch so sachliche Begründung unglaubwürdig. Der Argumentationsaufwand ist dann ungleich höher als bei raschem Handeln unmittelbar nach Auftreten erster Unstimmigkeiten zwischen den Gesellschaftern. Die Anteilsverwässerung gelingt daher zumeist nur vor oder unmittelbar nach Ausbruch eines Gesellschafterstreits. Gute Planung und absolute Geheimhaltung sind Voraussetzung für das Gelingen einer Anteilsverwässerung. Die Anteilsverwässerung lässt sich deshalb am besten als Putsch durchführen (vgl. Kapitel 6.5.2).

### 6.18.2.7.1 Anteilsverwässerung durch Kapitalerhöhung

Die einfachste – aber auch am leichtesten zu durchschauende – Form der Anteilsverwässerung ist die Kapitalerhöhung. Sie bedarf eines 75%igen Mehrheitsbeschlusses. Im Übrigen entscheidet eine derartige Mehrheit über die Durchführung der Kapitalerhöhung nach ihrem weiten unternehmerischen Ermessen. Der Gestaltungsspielraum ist erst dann überschritten, wenn die Mehrheit ihr Stimmengewicht gezielt einsetzt, um durch die Erhöhung des Kapitals um ein Vielfaches einen finanzschwachen Gesellschafter herauszudrängen.[265] Ohne Weiteres zulässig ist eine sachlich begründete Kapitalerhöhung. Finanzbedarf (zur Konsolidierung, Sanierung, Investition, Expansion usw.) oder Sachbedarf (Immaterielle Vermögensgegenstände zur Verwertung von Erfindungen der Gesellschafter oder Grundstücke zur Bauausführung) können eine sachliche Begründung sein.

Die Gesellschafter beschließen zunächst die Kapitalerhöhung mit der erforderlichen Mehrheit. Die Verwässerung der Anteile der Minderheitsgesellschafter erfolgt in folgenden Fällen:

- Dem Minderheitsgesellschafter steht kein Bezugsrecht zu. Bei GmbHs kann bereits die Satzung einen Bezugsrechtsausschluss vorsehen, bei AGs ist dies nicht zulässig. Im Übrigen kann sowohl bei AGs als auch bei GmbHs im Einzelfall bei der Beschlussfassung über eine konkrete Kapitalerhöhung ein Bezugsrechtsausschluss beschlossen werden. Die Mehrheitsgesellschafter schließen dabei die Minderheitsgesellschafter (in der Regel gegen deren Willen) von der Teilnahme an der Kapitalerhöhung aus. Für einen derartigen Beschluss ist eine 75% Stimmen- und Kapitalmehrheit erforderlich. § 186 Abs. 4 AktG (gilt analog für die GmbH) sieht besondere formelle Voraussetzungen für einen Bezugsrechtsausschluss vor. Ein Bezugsrechtsausschluss ist gegen den Willen der ausgeschlossenen Gesellschafter nur zulässig, wenn dieser sachlich gerechtfertigt ist. Der Bezugsrechtsausschluss muss einem Zweck dienen, der im Interesse der Gesellschaft liegt, der Ausschluss muss zur Erreichung des beabsichtigten Zwecks geeignet und erforderlich sowie verhältnismäßig sein.[266]
- Der vom Bezugsrecht ausgeschlossene Gesellschafter verzichtet auf das Bezugsrecht. Dies ist nur realistisch, wenn er an der Kapitalerhöhung nicht teilnehmen will oder aus finanziellen Gründen nicht teilnehmen kann, er sich aber gleichwohl von der Kapitalerhöhungsmaßnahme Vorteile für die Gesellschaft und damit mittelbar Vorteile für seine Beteiligung verspricht.

---

265 Zur GmbH: MüKoGmbHG/*Lieder* §55 Rn.32.
266 Zum Bezugsrechtsausschluss bei der GmbH: Baumbach/Hueck/*Zöllner/Fastrich* §55 Rn.25 ff.; bei der AG: MüKoAktG/*Schürnbrand* §186 Rn.73 ff.

- Der Minderheitsgesellschafter wird nicht vom Bezugsrecht ausgeschlossen, übt aber sein Bezugsrecht nicht innerhalb einer gesetzten Zeichnungsfrist aus (zum Beispiel, weil ihm die finanziellen Mittel fehlen). Das Bezugsrecht kann in diesem Fall von den übrigen bezugswilligen Gesellschaftern entsprechend dem Verhältnis ihrer Beteiligung ausgeübt werden.[267]

Grundsätzlich steht bei einer Kapitalerhöhung allen bisherigen Aktionären beziehungsweise Gesellschaftern ein entsprechend ihrer bisherigen Beteiligung bestehendes Bezugsrecht zu. Für die AG ergibt sich das aus § 186 AktG, für die GmbH gilt diese Regelung analog[268]. Die Durchführung einer Kapitalerhöhung unter Ausschluss des Bezugsrechts einiger oder aller Altgesellschafter ist nur unter besonderen Voraussetzungen zulässig:[269]

- Der Zweck des Bezugsrechtsausschlusses erfordert einen im Gesellschaftsinteresse liegenden Sachgrund. Kein ausreichender Sachgrund ist das Interesse der Mehrheitsgesellschafter an einer Verwässerung der Minderheitsgesellschafter.
- Das Gesellschaftsinteresse kann nicht durch schonendere Mittel erreicht werden.
- Der für die Altgesellschafter mit dem Bezugsrechtsausschluss verbundene Nachteil darf nicht außer Verhältnis zu dem erstrebten Gesellschaftsinteresse stehen.

Ein sachlicher Grund zum Bezugsrechtsausschluss liegt beispielsweise vor, wenn die Kapitalerhöhung zur Begründung strategischer Allianzen erforderlich ist, ferner zum Zwecke der Beteiligung von Führungskräften, zum Zwecke einer nicht anders zu erreichenden Sanierung oder wenn die Kapitalerhöhung durch Sacheinlage erfolgt und von der Gesellschaft tatsächlich benötigt wird (zum Beispiel ein Grundstück des Mehrheitsgesellschafters, auf dem die Gesellschaft eine Betriebsstätte errichten muss).[270]

Auch ein zulässiger Bezugsrechtsausschluss muss den Gleichbehandlungsgrundsatz wahren, darf also nicht aus willkürlichen Gründen nur das Bezugsrecht der Minderheitsgesellschafter ausschließen und das Bezugsrecht der Mehrheitsgesellschafter unberührt lassen.

---

267 Baumbach/Hueck/*Zöllner/Fastrich* § 55 Rn. 23 f.
268 Baumbach/Hueck/*Zöllner/Fastrich* § 55 Rn. 20.
269 Baumbach/Hueck/*Zöllner/Fastrich* § 55 Rn. 26 f.
270 Vgl. dazu Baumbach/Hueck/*Zöllner/Fastrich* § 55 Rn. 27 f.

**Tipp** !

Berücksichtigen Sie, dass bei Gesellschaften mit mehr als nur zwei Gesellschaftern die Gefahr besteht, dass auch Ihnen gewogene Mitgesellschafter nicht in der Lage sind, sich an der Kapitalerhöhung zu beteiligen und deren Anteile verwässern. Ihre Machtposition verstärken Sie daher nur, wenn sowohl Sie als auch Ihre verbündeten Mitgesellschafter sich an der Kapitalerhöhung in vollem Umfang beteiligen können, oder Sie die nicht ausgeübten Bezugsrechte anderer Gesellschafter in einem möglichst großen Umfang – zumindest anteilig – übernehmen.

Besteht ausnahmsweise ein Bezugsrechtsausschluss des Minderheitsgesellschafters, so übernimmt der Mehrheitsgesellschafter alleine die Kapitalerhöhung, was die Vergrößerung seiner Anteile bei gleichzeitiger Reduktion der Beteiligung der Minderheitsgesellschafter bewirkt. Um eine für den Squeeze-out nach §327a AktG ausreichende Stimmmehrheit zu erreichen, muss die Kapitalerhöhung aber meistens kräftig ausfallen. Bei dieser Form der Anteilsverwässerung hat daher der Mehrheitsaktionär viel Geld oder erhebliches Sachvermögen aufzubringen (vgl. die folgende Abbildung 13). Dieses Geld und/oder Sachvermögen ist allerdings nicht verloren, sondern in die Gesellschaft eingelegt.

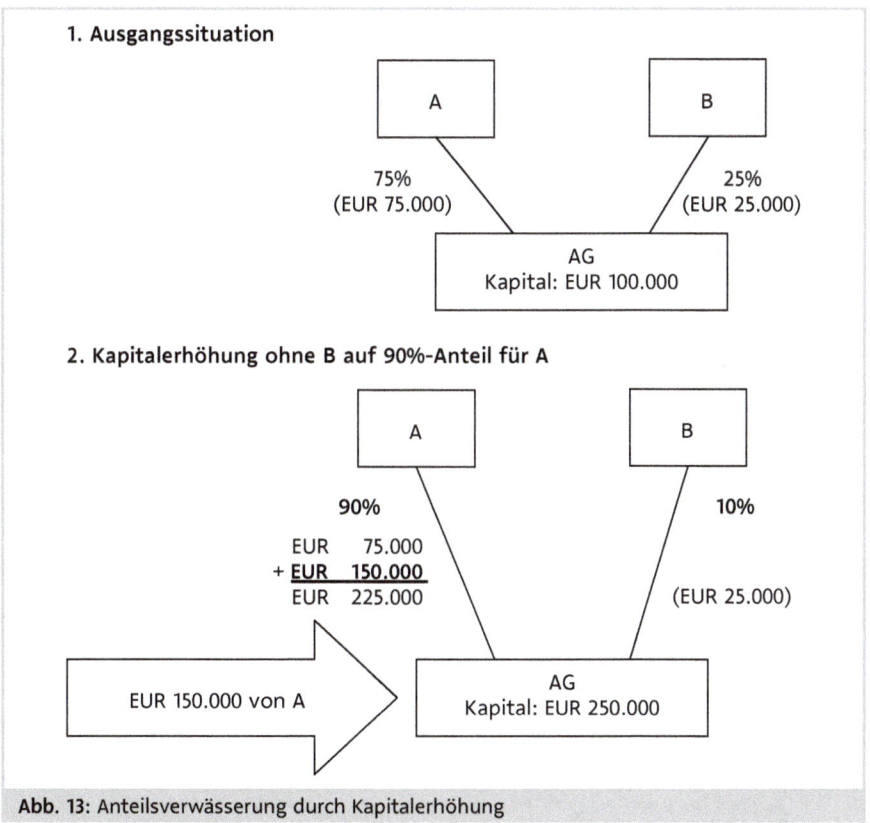

**Abb. 13:** Anteilsverwässerung durch Kapitalerhöhung

> **! Tipp**
>
> Soll die Ausübung des Bezugsrechts einem finanzschwachen Minderheitsgesellschafter gegenüber möglichst unattraktiv werden, muss die Gegenleistung für die neu auszugebenden Anteile (Ausgabepreis: Stammeinlage beziehungsweise Grundkapital zum Nennwert, gegebenenfalls zzgl. Agio) möglichst hoch gewählt werden. Liegt der Ausgabepreis über dem Verkehrswert der bisherigen Anteile, so partizipiert der nicht an der Kapitalerhöhung teilnehmende Gesellschafter andererseits wirtschaftlich durch eine Werterhöhung seiner bisherigen Anteile.
>
> Durch einen hohen Ausgabepreis erhöht der Mehrheitsgesellschafter damit einerseits die Wahrscheinlichkeit einer Verwässerung des Minderheitsgesellschafters, andererseits ist dies mit überdurchschnittlichen Kosten verbunden. In der Regel lohnt sich ein derartiges Vorgehen nur, wenn man durch die verwässernde Kapitalerhöhung eine maßgebliche Beteiligungsschwelle (zum Beispiel 75 % Kapitalmehrheit) überschreitet.

Eine besonders effektive Variante der Verwässerung ist der Kapitalschnitt.[271] Dabei handelt es sich um eine Kombination aus Kapitalherabsetzung und gleichzeitiger Kapitalerhöhung: Zunächst wird das Stammkapital herabgesetzt. Ist das Stammkapital wegen Verluste aus der Vergangenheit aufgebraucht, darf das Stammkapital sogar auf Null herabgesetzt werden. Anschließend dürfen neue Anteile ausgegeben werden. Die Anteile der nicht an der Kapitalerhöhung teilnehmenden Gesellschafter verwässern daher nicht nur, sondern gehen sogar unter. Die Vornahme der Kapitalherabsetzung und der Kapitalerhöhung muss nicht zwingend in einem Beschluss erfolgen, sondern kann auch erst mit zeitlicher Verzögerung erfolgen, sofern bei der Kapitalherabsetzung das gesetzliche Mindeststammkapital beziehungsweise Mindestgrundkapital nicht unterschritten wird. – Bei einem Kapitalschnitt muss der Mehrheitsgesellschafter zum Erreichen einer ausreichenden Anteilsverwässerung weniger Kapital zuschießen als ohne vorherige Kapitalherabsetzung (vgl. die folgende Abbildung 14).

---

271 Zum Kapitalschnitt bei der GmbH: Baumbach/Hueck/*Zöllner/Haas* § 58 Rn. 5.

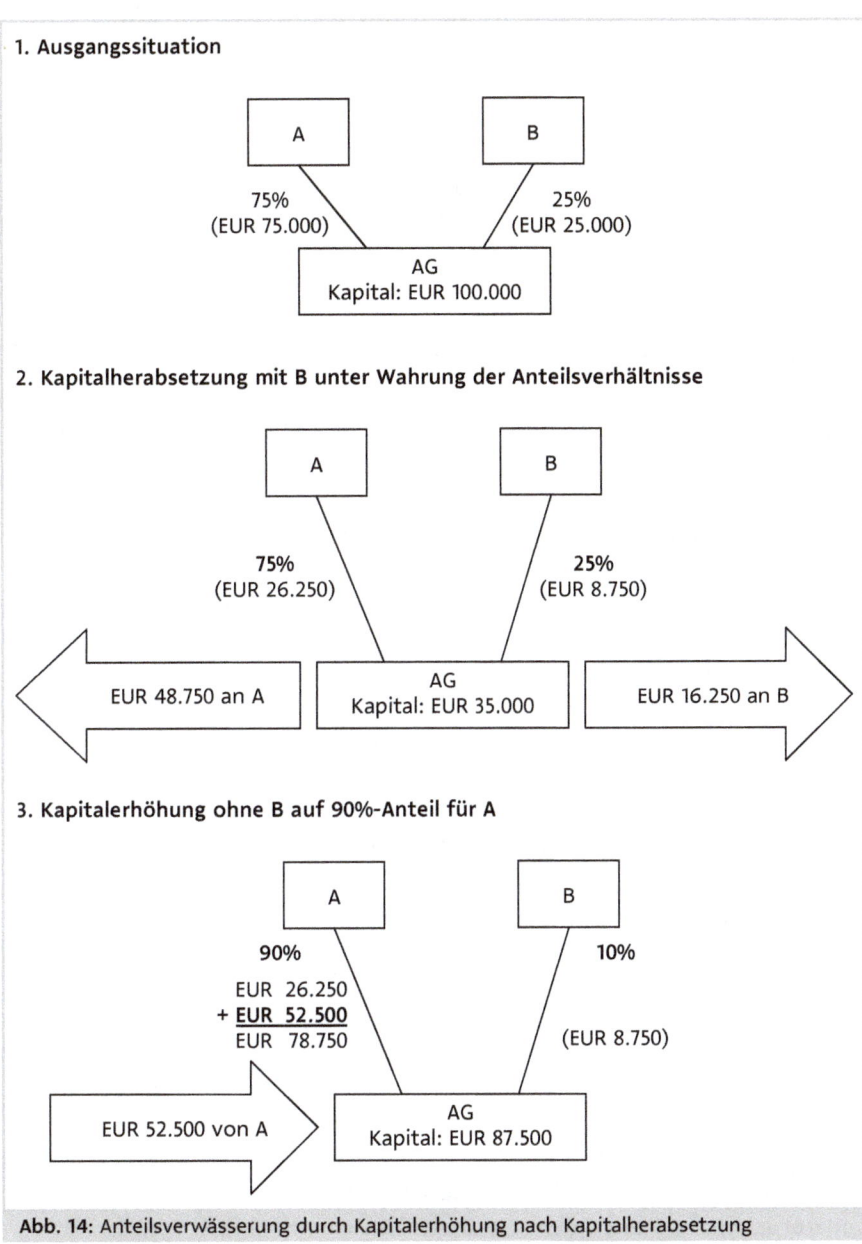

**1. Ausgangssituation**

A          B

75%                    25%
(EUR 75.000)           (EUR 25.000)

AG
Kapital: EUR 100.000

**2. Kapitalherabsetzung mit B unter Wahrung der Anteilsverhältnisse**

A          B

75%                    25%
(EUR 26.250)           (EUR 8.750)

EUR 48.750 an A     AG
Kapital: EUR 35.000     EUR 16.250 an B

**3. Kapitalerhöhung ohne B auf 90%-Anteil für A**

A          B

90%                    10%

EUR  26.250
+ **EUR  52.500**
EUR  78.750            (EUR 8.750)

EUR 52.500 von A     AG
Kapital: EUR 87.500

**Abb. 14:** Anteilsverwässerung durch Kapitalerhöhung nach Kapitalherabsetzung

Die Kombination aus Kapitalherabsetzung und gleichzeitiger Kapitalerhöhung bietet dem Mehrheitsgesellschafter also den Vorteil, dass sie insgesamt weniger Geld oder Sachvermögen erfordert. Im in den vorangegangenen Abbildungen dargestellten Beispiel benötigt der Gesellschafter A nun nur EUR 52.500 anstatt der ursprünglichen EUR 150.000 bei bloßer Kapitalerhöhung ohne vorherige Kapitalherabsetzung. Erfolgt eine Kapitalherabsetzung unter Zurückzahlung von Einlagen, kann der Mehrheitsgesellschafter den Geldbetrag, den er aus der Kapitalherabsetzung erhalten hat, gleich für die Kapitalerhöhung verwenden (der Gesellschafter A muss dann effektiv bloß EUR 3.750 »frisches« Geld für die Anteilsverwässerung in die Gesellschaft einbringen). Dies gilt aber auch für den/die anderen Gesellschafter. Wer im Gesellschafterstreit einem vorausplanenden Kontrahenten gegenübersteht, füllt daher mit diesem Manöver nicht nur die eigene Kriegskasse, sondern auch die der Gegenseite.

Die Kapitalherabsetzung (als mögliche Gesellschafterstreit-Vorbereitungshandlung) bedarf grundsätzlich keiner sachlichen Rechtfertigung.[272] Sie mag – insbesondere wenn die Gegenseite vom eigentlichen Zweck der Herabsetzung noch nichts ahnt – zudem durchaus auch von der Gegenseite als sachlich gerechtfertigt angesehen werden. Erfolgt unmittelbar im Anschluss an eine Kapitalherabsetzung eine grundsätzlich ebenfalls nicht rechtfertigungsbedürftige Kapitalerhöhung, so kann gleichwohl aus Treuegesichtspunkten heraus schnell ein Rechtfertigungsbedarf entstehen. Hier ist empfehlenswert, zwischen Kapitalherabsetzung und Kapitalerhöhung eine »Schamfrist« verstreichen zu lassen, sodass den Mitgesellschaftern der Zusammenhang zwischen den beiden Maßnahmen möglichst verborgen bleibt und möglicherweise auch eine zwischenzeitig geänderte Situation eine sachliche Rechtfertigung für die Kapitalerhöhung bietet.

### 6.18.2.7.2 Anteilsverwässerung durch Verschmelzung

Die Anteilsverwässerung erfolgt bei dieser Spielart durch Verschmelzung zweier Gesellschaften. Diese Methode ist – eine gute Begründung vorausgesetzt – eine besonders elegante (weil weniger durchsichtige) Möglichkeit der Anteilsverwässerung. Sie ist aber nur sinnvoll, wenn dem Gesellschafter, der die Anteile verwässern will, die zu verschmelzende (zweite) Gesellschaft gehört (beziehungsweise er an ihr mehr Anteile hält als der auszuschließende Gesellschafter). Um diese Methode anwenden zu können, benötigt der sie betreibende Gesellschafter bei beiden Gesellschaften eine Mehrheit, die es ihm erlaubt, Umwandlungsbeschlüsse zu fassen. Soweit die Satzung nichts anderes regelt, ist bei beiden Gesellschaften eine qualifizierte Mehrheit von 75 % erforderlich:

---

272 Vgl. MüKoGmbHG/*J. Vetter* § 58 Rn. 60.

- Bei der Verschmelzung wird das Vermögen einer oder mehrerer Gesellschaften auf eine bereits bestehende oder neu zu gründende Gesellschaft übertragen. Den Gesellschaftern der übertragenden Gesellschaften wird der Wert des Vermögens ihrer Gesellschaft durch Gewährung von Geschäftsanteilen an der übernehmenden beziehungsweise neugegründeten Gesellschaft abgegolten. Der übertragende Gesellschafter erhält also Geschäftsanteile an der übernehmenden oder neugegründeten Gesellschaft, ohne frisches Kapital einschießen zu müssen.

- Die Verschmelzung ist häufig mit Rationalisierungsmaßnahmen oder betrieblichen Notwendigkeiten gut begründbar (zum Beispiel der Zusammenschluss einer Produktionsgesellschaft mit einer Vertriebsgesellschaft, um Synergien zu erzielen).

- Die Anteilsverwässerung erfolgt durch Übergang des Vermögens des übertragenden Rechtsträgers auf den übernehmenden Rechtsträger. Die Gesellschafter der übertragenden Gesellschaft werden Gesellschafter der übernehmenden Gesellschaft. Wertverschiebungen erfolgen dabei zwischen den ursprünglichen Gesellschaftern der beteiligten Gesellschaften nicht. Sind die Minderheitsgesellschafter nicht zumindest zum selben Anteil an der eingebrachten Gesellschaft beteiligt, verringern sich deren Anteile an der einen verbleibenden Gesellschaft zwangsläufig.

- Das Ausmaß der Anteilsverwässerung hängt vom Umtauschverhältnis der eingebrachten Gesellschaftsanteile zu den Anteilen der verbleibenden Gesellschaft ab. Dieses Umtauschverhältnis legt der Verschmelzungsvertrag fest. Die Anteilsverhältnisse ändern sich zugunsten des Mehrheitsgesellschafters (vgl. folgendes Beispiel).

---

**Beispiel: Anteilsverwässerung durch Verschmelzung**

A ist zu 90% und B ist zu 10% an der Alt&Neu-Möbelhandels-GmbH beteiligt. A ist überdies Alleingesellschafter der A-Möbeltischlerei-GmbH, deren Gesellschaftswert jenem der Alt&Neu-Möbelhandels-GmbH entspricht. Er kann das Vermögen der A-Möbeltischlerei-GmbH in die Alt&Neu-Möbelhandels-GmbH durch Verschmelzung einbringen. Als Gegenleistung für den Wert seiner Einbringung erhält er zusätzliche Geschäftsanteile an der Alt&Neu-Möbelhandels-GmbH. A kann durch diese Abgeltung damit seinen Anteil an Alt&Neu-Möbelhandels-GmbH auf 95% vergrößern (vgl. folgende Abbildung 15). B hält nur mehr 5%. In einem nächsten Schritt kann A den Formwechsel der Alt&Neu-Möbelhandels-GmbH zu einer AG beschließen. Nach Verschmelzung und Formwechsel ist A »Hauptaktionär« im Sinne des §327a AktG und kann den B durch Squeeze-out ausschließen.

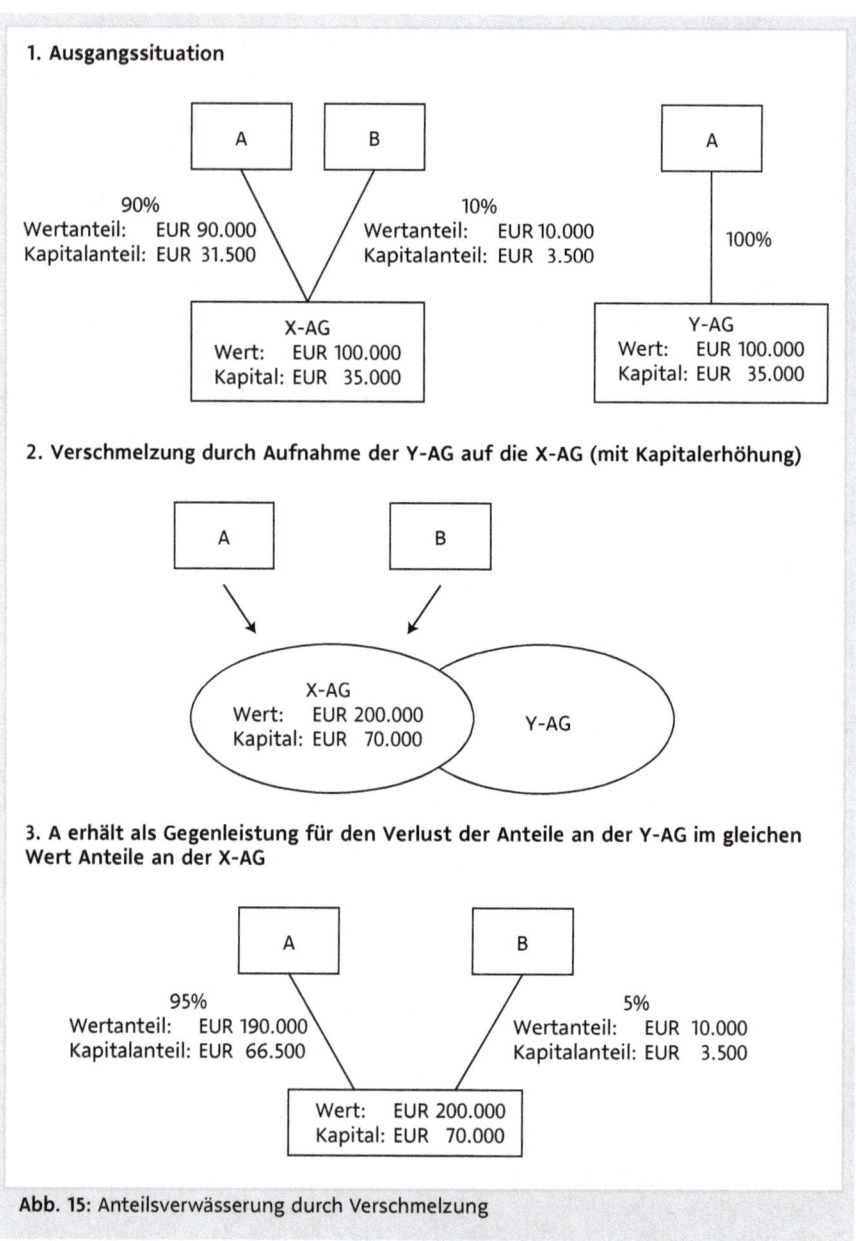

**1. Ausgangssituation**

90%
Wertanteil:    EUR 90.000
Kapitalanteil: EUR 31.500

10%
Wertanteil:    EUR 10.000
Kapitalanteil: EUR  3.500

100%

X-AG
Wert:    EUR 100.000
Kapital: EUR  35.000

Y-AG
Wert:    EUR 100.000
Kapital: EUR  35.000

**2. Verschmelzung durch Aufnahme der Y-AG auf die X-AG (mit Kapitalerhöhung)**

X-AG
Wert:    EUR 200.000
Kapital: EUR  70.000

Y-AG

**3. A erhält als Gegenleistung für den Verlust der Anteile an der Y-AG im gleichen Wert Anteile an der X-AG**

95%
Wertanteil:    EUR 190.000
Kapitalanteil: EUR 66.500

5%
Wertanteil:    EUR 10.000
Kapitalanteil: EUR  3.500

Wert:    EUR 200.000
Kapital: EUR  70.000

**Abb. 15:** Anteilsverwässerung durch Verschmelzung

Die Beschlussfassung bei der Verschmelzung bedarf einer Mehrheit von 75% der in der Gesellschafterversammlung abgegebenen Stimmen. Sofern einzelne Gesellschafter der Meinung sind, die ihnen gewährten Anteile an der übernehmenden Gesellschaft stellen keinen adäquaten Ersatz für die untergehenden Anteile an der übertragenden Gesellschaft, können sie den Verschmelzungsbeschluss zwar nicht anfechten, wohl aber einen Ausgleich durch bare Zuzahlung verlangen (§ 15 UmwG).

### 6.18.2.8 Gesellschafterausschluss durch Insolvenzplanverfahren

Infolge einer durch das ESUG im Jahr 2012 erfolgten Reform der Insolvenzordnung sind nunmehr auch im Rahmen eines Insolvenzplans gesellschaftsrechtliche Maßnahmen bis hin zum Ausschluss eines Gesellschafters möglich. Gedankengang ist der, dass eine überschuldete Gesellschaft wirtschaftlich nicht mehr den Gesellschaftern gehört, sondern ihren Gläubigern. Ein Insolvenzplan kann beispielsweise vorsehen, dass Fremdkapital zu Eigenkapital umgewandelt wird und die bisherigen Gläubiger der Gesellschaft durch Einlage ihrer werthaltigen Forderungen (fiktive Insolvenzquote) zu deren Gesellschaftern werden (Dept-Equity-Swap). Die Altgesellschafter scheiden aus.

Inwiefern das Insolvenzrecht auch dazu benutzt werden kann, sich im Gesellschafterstreit einen Vorteil zu verschaffen, hat der aufsehenerregende Fall »Suhrkamp«[273] gezeigt:

> **Beispiel: Der Fall »Suhrkamp«** !
>
> Die Suhrkamp Verlag GmbH & Co. KG hatte zwei Kommanditisten: einen 61%-Mehrheitsgesellschafter und einen 39%-Minderheitsgesellschafter. Beide waren auch im Verhältnis 55/45 zugunsten des Mehrheitsgesellschafters (mittelbar) an der Komplementärin beteiligt. Nachdem die Gesellschaft in der Rechtsform einer Personengesellschaft organisiert war, standen dem Minderheitsgesellschafter erhebliche Mitwirkungs- und Einflussnahmerechte zu, die dieser auch nutzte. Das war dem Mehrheitsgesellschafter stets ein Dorn im Auge. Die Folge war ein jahrelanger Gesellschafterstreit. Nachdem der Mehrheitsgesellschafter mit den gesellschaftsrechtlichen Möglichkeiten, sich einen Vorteil zu verschaffen, gescheitert war, griff er zu den Möglichkeiten, die ihm die reformierte Insolvenzordnung bot.
> Den Gesellschaftern standen Forderungen gegenüber der Gesellschaft aus nicht ausgeschütteten Gewinnen zu. Diese Forderungen waren fällig. Die Gesellschaft verfügte nicht über die Liquidität, um diese Forderungen zu erfüllen, und war damit zahlungsunfähig. Die Gesellschaft verfügte aber über ausreichendes Vermögen und war nicht überschuldet. Der Minderheitsgesellschafter wäre bereit gewesen, einen qualifizierten Nachrang zu erklären und so die Insolvenzreife zu beseitigen, wenn der Mehrheitsgesellschafter Gleiches getan hätte. Dem verweigerte sich der Mehrheitsgesellschafter aber. Stattdessen beantragte der Geschäftsführer die

---

273 Vgl. zu der Historie dieses Falls die Anmerkung von *Hölzle* zu dem Beschluss des BVerfG vom 18.12.2014, Az. 2 BvR 1978/13 in ZIP 2015, 80 und die Ausführungen in dem Wikipedia-Artikel »Suhrkamp Verlag«, abgerufen am 01.07.2018.

Eröffnung des Insolvenzverfahrens in Eigenverwaltung. Es wurde ein Insolvenzplan eingereicht, der vorsah, die in Form einer GmbH & Co. KG organisierte Gesellschaft mit einfacher Mehrheit der Gläubiger und der Zustimmung des Insolvenzgerichtes in eine AG umzuwandeln. Mit dieser Umwandlung sollten die Mitwirkungs- und Einflussrechte des Minderheitsgesellschafters entfallen. Der Minderheitsgesellschafter stellte mehrere Anträge auf Erlass einer einstweiligen Verfügung, um die Umsetzung des Insolvenzplans zu verhindern.

In einem der Verfahren urteilte das Landgericht Frankfurt a.M.[274], dass die Treuepflicht eines Gesellschafters es gebieten kann, für seine Ansprüche auf Gewinnauszahlung einen qualifizierten Nachrang zu erklären, wenn andernfalls für die Gesellschaft ein schwerer, nicht wiedergutzumachender Schaden drohen würde. Gleichzeitig stellte das Landgericht Frankfurt a.M. treuwidriges Verhalten des Mehrheitsgesellschafters fest und bezeichnete dessen Verhalten als rechtsmissbräuchlich. Das Landgericht Frankfurt a.M. war der Auffassung, dass unter diesen Voraussetzungen der Mehrheitsgesellschafter nicht für den Insolvenzplan stimmen dürfe. Letztlich hob das OLG Frankfurt a.M.[275] als Berufungsgericht dieses Urteil auf. Das OLG Frankfurt a.M. betonte, dass bei der Entscheidung über die Umsetzung eines Insolvenzplans **nur** die insolvenzrechtlichen Bestimmungen maßgeblich und gesellschaftsrechtliche Treuepflichtverletzungen im Insolvenzverfahren irrelevant wären.

Auch weitere Versuche des Minderheitsgesellschafters, die Umwandlung in eine AG zu verhindern, scheiterten und der Rechtsformwechsel wurde in das Handelsregister eingetragen.

Wie der Fall »Suhrkamp« zeigt, kann ein Insolvenzverfahren als strategisches Hilfsmittel im Gesellschafterstreit verwendet werden. Ob eine derartige Maßnahme auch für Ihren Gesellschafterstreit geeignet ist, muss sorgfältig geprüft werden.

Der Beratungsaufwand war in dem Fall »Suhrkamp« erheblich. Zudem ist zu beachten, dass das Verlagsgeschäft durch wirtschaftlich unnötige Insolvenzverfahren nicht derart in Mitleidenschaft gezogen wird wie beispielsweise der Betrieb eines Automobilzulieferers, denn ein Insolvenzverfahren ist bei Kunden stets mit einem Vertrauensverlust verbunden: Während es dem Käufer eines Buchs im Zweifel egal ist, ob der herausgebende Verlag noch existiert, kommt in anderen Branchen der dauerhaften wirtschaftlichen Leistungsfähigkeit des Vertragspartners ein erhebliches Gewicht zu.

Wichtig ist auch Folgendes: Dem Minderheitsgesellschafter mag es im Fall »Suhrkamp« nicht gelungen sein, den Insolvenzplan und damit die Umwand-

---

274 Urteil vom 13.08.2013, Az. 3-09 O 78/13.
275 Beschluss vom 01.10.2013, Az. 5 U 145/13.

lung der Gesellschaft in eine AG zu verhindern. Gleichwohl war das Handeln des Mehrheitsgesellschafters wohl treuwidrig. Ob und inwieweit dies zu Schadenersatzansprüchen des Minderheitsgesellschafters geführt hat, ist nicht bekannt. – Beabsichtigen Sie, Ihren Gesellschafterstreit durch eine strategische Insolvenz zu entscheiden, sollten Sie bei Ihrer strategischen Planung die Gefahr berücksichtigen, dass später gegen Sie Schadenersatzansprüche geltend gemacht werden.

## 6.19 Erhöhung einer Abfindung oder Ausgleichszahlung nach dem SpruchG

Das Gesetz sieht vor, dass bei Beschlussfassung der Gesellschafterversammlung oder der Hauptversammlung über bestimmte Maßnahmen gleichzeitig auch über die Höhe bestimmter Abfindungen oder Ausgleichszahlungen an bestimmte Anteilsinhaber (Gesellschafter oder Aktionäre) Beschluss gefasst werden muss. Im Hinblick auf AGs und GmbHs sind dies folgende Maßnahmen:

- Abschluss eines Beherrschungs- oder Gewinnabführungsvertrages: Pflicht zur Zahlung eines angemessenen Ausgleichs nach §304 AktG;
- Eingliederung einer Aktiengesellschaft: Pflicht zur Zahlung einer Abfindung nach §320b AktG;
- aktienrechtlicher Squeeze-out von Minderheitsaktionären: Pflicht zur Zahlung einer Barabfindung nach §§327a ff. AktG;
- Durchführung bestimmter Umwandlungsmaßnahmen: Pflicht zur Zuzahlung an Anteilsinhaber oder zur Barabfindung von Anteilsinhabern nach §§15, 34, 122h, 122i, 176 bis 181, 184, 186, 196 oder 212 UmwG.

Ist die in dem jeweiligen Beschluss geregelte Abfindung oder Ausgleichszahlung zu niedrig bemessen, führt dies allein regelmäßig nicht zur Anfechtbarkeit des betreffenden Beschlusses. Vielmehr ist der Anteilsinhaber, der eine höhere Abfindung oder Ausgleichszahlung erwirken will, auf die Stellung eines gerichtlichen Antrages nach §3 SpruchG verwiesen. Nach §4 Abs. 1 SpruchG ist dieser Antrag innerhalb von drei Monaten nach dem Tag der Bekanntmachung der jeweiligen Maßnahme zu stellen. Soweit es sich um rein nationale Vorgänge handelt, beginnt bei den oben genannten Maßnahmen die Dreimonatsfrist mit Eintragung der jeweiligen Maßnahme im Handelsregister. Der Antrag ist innerhalb gleicher Frist zu begründen (§4 Abs. 2 SpruchG). Bei internationalen Vorgängen hängt der Fristbeginn von den Rechtsordnungen der beteiligten Staaten ab.

Nach §13 S. 2 SpruchG wirkt die gerichtliche Entscheidung auch für und gegen diejenigen Anteilsinhaber, die keinen Antrag nach §4 SpruchG gestellt haben.

Damit die Rechte dieser außenstehenden Anteilsinhaber gewahrt werden, bestellt das Gericht für sie einen gemeinsamen Vertreter (§6 SpruchG). Dieser ist berechtigt, eigene Prozesshandlungen vorzunehmen, und zwar auch noch nach Rücknahme des Hauptantrags. Anteilsinhaber können insoweit also von den Anträgen anderer Anteilsinhaber profitieren.

## 6.20   Wettbewerbsrecht beachten!

Im Gesellschafterstreit kämpft man oft mit harten Bandagen. Nicht alles aber ist erlaubt. Die Verletzung rechtlicher Rahmenbedingungen macht oft angreifbar. Ein Schlag, der auf den ersten Blick gut »sitzt«, kann daher auf den zweiten Blick auch die eigene Situation untergraben.

Achten Sie bei der Führung von Gesellschafterstreitigkeiten daher auch auf jene Grenzen, die das Wettbewerbsrecht steckt (insbesondere das UWG). Das UWG ist auch dann zu beachten, wenn der betreffende Gesellschafter gegenüber der Gesellschaft keinem Wettbewerbsverbot unterliegt. Die für Gesellschafterstreitigkeiten wichtigsten Verbote sind folgende:

- **Abwerben von Mitarbeitern:** Das Abwerben einzelner Mitarbeiter ist an sich nicht rechtswidrig. Zulässig ist es, dem Angeworbenen günstige Konditionen zuzusagen oder auch Arbeitnehmer in besonderen Funktionen mit besonderen Kenntnissen anzusprechen. Dies darf auch planmäßig erfolgen. – Unzulässig ist ein Abwerben aber, wenn dieses in Behinderungsabsicht erfolgt, das heißt, wenn es dem Abwerbenden gezielt darauf ankommt, dem Arbeitgeber des Abzuwerbenden zu schaden (§4 Nr. 4 UWG und §826 BGB). Jedenfalls wettbewerbswidrig ist das bewusste Fördern von Vertragsbrüchen (zum Beispiel durch die Zusicherung, eine bei vorzeitiger Auflösung des alten Dienstvertrages fällige Vertragsstrafe zu bezahlen, oder die zeitgleiche Parallelbeschäftigung eines Arbeitnehmers, obwohl dieser einem Nebentätigkeitsverbot unterliegt).[276]
- **Abwerben von Kunden:** Kunden zu gewinnen, ist legitimes Ziel jedes Unternehmens. Dementsprechend ist auch das Abwerben von Kunden nicht von vornherein rechtswidrig. Hier ist allerdings zu differenzieren: Regelmäßig ist nicht das Abwerben von Kunden das Problem, sondern die Verwendung von Betriebs- und Geschäftsgeheimnissen der Gesellschaft, insbesondere deren Kundendaten. Dieses Konfliktfeld besteht solange nicht, wie Geschäftsführer und Vorstände im Amt sind, denn dann unterliegen sie gegenüber der Gesellschaft einem Wettbewerbsverbot. Scheiden sie jedoch

---

276 Zu dem Ganzen: Köhler/Bornkamm/Feddersen/*Köhler* UWG §4 Rn.4.104 ff.

aus, unterliegen sie in der Regel keinem nachvertraglichen Wettbewerbsverbot, es sei denn, ein solches wäre vertraglich vereinbart worden. Sie dürfen ihre Kenntnisse, Erfahrungen und ihr Wissen resultierend aus ihrer Organfunktion für eigene Zwecke nutzen und auch mit diesen Fähigkeiten zu der Gesellschaft in Wettbewerb treten. – Geschäftsführer (§ 85 GmbHG) beziehungsweise Vorstandsmitglieder (§ 404 AktG) einer Gesellschaft unterliegen gegenüber der Gesellschaft aber der zeitlich unbeschränkten Geheimhaltungspflicht. Darüber hinaus handeln Organmitglieder bei einem Verrat von Geschäfts- und Betriebsgeheimnissen unter bestimmten Voraussetzungen wettbewerbswidrig (§ 17 UWG). Auch nach deren Ausscheiden aus dem Amt dürfen diese Organmitglieder die ihnen obliegenden Geheimhaltungspflichten nicht verletzen, insbesondere keine listenmäßig erfassten Kundendaten der Gesellschaft verwenden. Diese Daten gehören der Gesellschaft und sind nach Beendigung der Organfunktion an sie zurückzugeben. – In welchem Umfang auch Nur-Gesellschafter verpflichtet sind, Betriebs- und Geschäftsgeheimnisse der Gesellschaft zu wahren, ist nicht abschließend geklärt. Viel spricht dafür, ihnen die eigene Nutzung der erhaltenen Informationen zu erlauben. Schließlich ist nicht einmal eine GmbH im Rahmen der Informationserteilung nach § 51a GmbHG verpflichtet, den Gesellschaftern Betriebsgeheimnisse wie Kunden-, Kalkulationsunterlagen oder ähnliche Interna zu offenbaren.[277] Die Gesellschaft hat es also selbst in der Hand, dass Gesellschafter nicht an sensible Daten gelangen.

---

**Achtung**  !

Die erste Amtshandlung eines im Rahmen der gesellschafterlichen Auseinandersetzung abberufenen Gesellschafter-Geschäftsführers ist häufig der Beginn einer Wettbewerbstätigkeit zulasten der Gesellschaft. Sofern der Gesellschafter ohne sein Geschäftsführungsamt keinem Wettbewerbsverbot unterliegt (vgl. Kapitel 5.5.2.1.3), ist daran grundsätzlich nichts auszusetzen. Problematisch wird die Angelegenheit in der Regel dann, wenn der Abberufene zum Zwecke des Wettbewerbs heimlich entwendete Kundenlisten verwendet. Ob dies der Fall ist oder ob der Abberufene (zulässigerweise) lediglich im Gedächtnis gespeicherte und gegebenenfalls per Internetrecherche vervollständigte Kundendaten verwendet, ist regelmäßig streitentscheidend. Die Gesellschaft ist in der Beweislast dafür, dass der Abberufene die Kundendaten unzulässigerweise aus Kundenlisten verwendet. Bei abberufenen Geschäftsführern, die sich geschickt anstellen, ist dieser Beweis häufig sehr schwer oder nicht zu führen.

---

277 MüKoGmbHG/*Hillmann* § 51a Rn. 63.

- **Herabsetzende Äußerungen:** Unlauter handelt, wer
  - »die Waren, Dienstleistungen, Tätigkeiten oder persönlichen beziehungsweise geschäftlichen Verhältnisse eines Mitbewerbers herabsetzt, oder verunglimpft« (§ 4 Nr. 1 UWG), oder
  - »über die Waren, Dienstleistungen oder das Unternehmen eines Mitbewerbers oder über den Unternehmer oder Mitglieder der Unternehmensleitung Tatsachen behauptet oder verbreitet, die geeignet sind, den Betrieb des Unternehmens oder den Kredit des Unternehmens zu schädigen, sofern die Tatsachen nicht erweislich wahr sind« (§ 4 Nr. 2 UWG).

In der zweitgenannten Variante schaden nur unwahre Tatsachen. Beachten Sie aber: Sie müssen beweisen, dass die behaupteten Tatsachen wahr sind. Können Sie dies nicht, handeln Sie wettbewerbswidrig. – In dem erstgenannten Fall können sogar wahre Tatsachenbehauptungen oder verletzende Werturteile wettbewerbswidrig sein, nämlich dann, wenn diese für den Mitbewerber geschäftsschädigend sind und die Äußerungen in keinem Bezug zum Wettbewerb stehen (zum Beispiel die Behauptung, dass der Geschäftsführer des Mitbewerbers jeden Sonntagmorgen die Zeitung ohne Bezahlung stiehlt).

> **! Achtung**
>
> Gesellschafterstreitigkeiten werden häufig sehr emotional geführt. Ein zuvor in der Gesellschaft aktiv tätiger, nun aber ausgeschiedener Gesellschafter wird oft in Konkurrenz zu seiner ehemaligen Gesellschaft treten müssen, um seinen Lebensunterhalt weiter bestreiten zu können. Besonders häufig besteht diese Situation in Gesellschaften, bei denen sich Freiberufler zusammengeschlossen hatten. Regelmäßig wird der Ausgeschiedene »es allen zeigen wollen«, dass er der fähigste Gesellschafter war, letztlich aber ausgebootet wurde. In der Emotion fallen dann häufig negative Aussagen über seine ehemalige Gesellschaft oder deren Gesellschafter (»Die können es sowieso nicht.«; »Es wird nur eine Frage der Zeit sein, bis die Gesellschaft insolvent ist.«; »Kunden beschweren sich bereits massiv.«). Grenzen Sie sich von Ihren ehemaligen Mitgesellschaftern ab, zeigen Sie, dass Sie ein besseres Leistungsangebot haben. Aber lassen Sie sich nicht zu unüberlegten Aussagen hinreißen. Sie können davon ausgehen, dass derartige Aussagen letztlich zu Ihren ehemaligen Mitgesellschaftern gelangen. Es drohen Verfahren auf Erlass einer einstweiligen Verfügung und Klageverfahren auf Unterlassung und Schadenersatz. Kunden, die Sie abgeworben haben, werden unter Umständen vor Gericht als Zeugen vernommen und über den damit verbundenen Aufwand, den Ärger und die geringe Zeugenentschädigung wenig erfreut sein.

# 7 Familienunternehmen

## 7.1 Streit im Familienunternehmen

Die rechtlichen Betrachtungen zum Gesellschafterstreit gelten unterschiedslos davon, ob es sich bei der betroffenen Gesellschaft um ein Familienunternehmen handelt oder nicht. Die Konfliktursachen sind in Familienunternehmen aber oft andere als in Gesellschaften, in denen die Gesellschafter bloß beruflich miteinander verbunden sind. Es macht einen Unterschied, ob Vater und Sohn widerstreitende Interessen unter einen Hut bringen müssen oder ob der Interessenskonflikt zwischen den Anlegern einer börsennotierten AG besteht.

Familienunternehmen bieten leider besonders häufig Gelegenheiten für Gesellschafterstreitigkeiten. Oft treten sie auf, wenn Mehrheitsgesellschafter Minderheitsgesellschafter auf Dauer dominieren, Minderheitsgesellschafter aus Trotz Sinnvolles, zu dem ihre Zustimmung erforderlich ist, verweigern, oder wegen einer Pattstellung keine Entscheidungen getroffen werden. Gesellschafterstreitigkeiten können aber schon alleine aus jenen Schwierigkeiten resultieren, die sich aus Mehrfachfunktionen der Gesellschafter von Familienunternehmen ergeben. Umso wichtiger ist in Familienunternehmen die Streitprophylaxe. Neben den allgemeinen Regeln dazu (vgl. Kapitel 5.1) sollten Gesellschafter in Familienunternehmen aber noch andere Überlegungen einfließen lassen.

Gerade in Familienunternehmen ist der Unternehmer zumeist Gesellschafter und Geschäftsführer. Neben seiner/ihrer daraus resultierenden Doppelrolle als Eigentümer/-in und Manager/-in ist er/sie Vater/Mutter, Ehegatte, Bruder/ Schwester usw. Die Beteiligten seines/ihres engsten geschäftlichen Umfelds sind identisch mit dem familiären Umfeld. Der Umgang mit ihnen verlangt aber im Unternehmen andere Verhaltensschemata als in der Familie. Der Wechsel zwischen den unterschiedlichen Systemen ist schwierig und emotional anstrengend.

Dazu kommt, dass betrieblich notwendige Entscheidungen möglicherweise ihren familiären Interessen vollkommen entgegenstehen. Zum Beispiel: Investitionsbedarf in der Gesellschaft gegen privaten Finanzbedarf wegen Hausbau. Das eigene Kind wirft man auch in der Krise nicht so schnell aus dem Unternehmen. Oder stellen Sie sich vor, Sie müssen die wirtschaftlichen Potenziale Ihrer Kinder unterschiedlich beurteilen, um eine Unternehmensposition zu besetzen, für die sich mehrere Ihrer Kinder interessieren. Nicht zuletzt aus diesen Gründen sind die Entscheidungträger in Familienunternehmen bei der Besetzung von Führungspositionen besonders zerrissen.

Unternehmer in Familienunternehmen sollten daher Strukturen schaffen, die betriebliche von familiären Entscheidungen trennen. Hilfreich dafür kann die Einrichtung verschiedener Foren sein, an denen zwar jeweils die Familienmitglieder teilnehmen. Diese Foren sollten sich in Bezug auf den Veranstaltungsort und der zugezogenen Fachleute aber klar von familiären Zusammenkünften unterscheiden. So könnte etwa ein aufsichtsratsähnliches Forum organisiert werden, in dem ausschließlich unternehmerische Grundsatzentscheidungen diskutiert werden. Um eine Pattsituation zwischen einzelnen Familienmitgliedern zu vermeiden, könnte diesem Forum ein familienfremder Experte vorstehen, dem Leitungsbefugnis, möglicherweise auch Entscheidungsbefugnis bei Stimmengleichheit zukommt. Um zu vermeiden, dass familiäre Konflikte in dieses Forum einfließen, könnte zugleich ein regelmäßig stattfindender und auf neutralem Boden ausgetragener »Aussprachetag« unter Leitung eines Dritten organisiert werden, der Expertise aus Mediation und Aufsicht vereint.

Dazu gehört auch, bei Familienfesten Unternehmensangelegenheiten nicht zu thematisieren und unternehmensfremde Personen als solche zu behandeln, selbst wenn sie enge Familienmitglieder sind (zum Beispiel Ehepartner, die nicht Gesellschafter oder Geschäftsführer des Familienunternehmens sind). Lassen Sie daher nicht zu, dass Familienmitglieder, die nicht am Unternehmen beteiligt sind, sich in betriebliche Entscheidungen einmischen.

Auch wenn dies für viele Familienunternehmen undenkbar scheint: Sollte in Ihrem Unternehmen trotz allem die Trennung von familiären und betrieblichen Angelegenheiten nicht gelingen, überlegen Sie, die Unternehmensleitung einem familienfernen Dritten zu übertragen. Ein Fremdgeschäftsführer läuft weniger Gefahr, sich bei unternehmerischen Entscheidungen von betriebsfernen, familiären Überlegungen leiten zu lassen.

In Familienunternehmen verlaufen Gesellschafterstreitigkeiten aufgrund der engen persönlichen Bindung der Beteiligten meist besonders emotional. Emotionale, nicht rein sachlich geführte Gesellschafterstreitigkeiten bedrohen den Bestand eines Unternehmens besonders. Es kann daher durchaus zielführend sein, das Unternehmen weitgehend »familienfern« zu strukturieren, um Streitigkeiten aus der Gesellschaft herauszuhalten, vor allem ab der zweiten oder dritten Generation.

**Tipp** !

Prof. Dr. Mark K. Binz, ein hochspezialisierter Anwalt für Familienunternehmen, veröffentlichte 2012 in *»DIE NEWS. Das Magazin für selbstständige Unternehmer«* den Beitrag: *»Nicht zögern – gezielt handeln: Die sieben Todsünden der Unternehmensnachfolge.«* Darauf replizierte seine Tochter, Mag. jur. cand. med Rebecca Ramona Binz-Stichter, Kinderärztin, in der Festschrift *»Familienunternehmen im Fokus von Wirtschaft und Wissenschaft«*, welche 2014 für ihren Vater herausgegeben wurde. Die Replik trägt die Überschrift *»Die sieben Kardinaltugenden eines Familienunternehmers«*.

Beide Artikel sind lesenswert, ersterer im Internet leicht abrufbar. Der zweite von Mag. jur. cand. med Rebecca Ramona Binz-Stichter nicht, sodass wir hier ein wenig aus diesem wiedergeben. Die sieben Kardinaltugenden sind nach ihr:

- Erstens: Sich Zeit nehmen für die Familie, nicht nur für gemeinsame Urlaube, sondern auch im Alltag (gemeinsame Mahlzeiten usw.).
- Zweitens: Interesse zeigen, womit gemeint ist, dass Sie Ihre Kinder zumindest genauso gut kennen sollten wie Ihr Unternehmen.
- Drittens: Ein gutes Gedächtnis haben, und zwar nicht in Bezug auf jenes, was Sie an Ihren Kindern stört, sondern in Bezug auf deren Leben und deren Lebensumfeld, also für die Freuden und Sorgen Ihrer Kinder.
- Viertens: Den Kindern Vorbild sein, ihnen also nicht nur Wissen und Fertigkeiten beibringen, sondern ihnen Ihre Werte vorleben, ohne Ihren Kindern den Freiraum zur Selbstverwirklichung zu nehmen.
- Fünftens: Fördern, aber auch fordern, also Begabungen der Kinder erkennen und fördern, aber auch akzeptieren, wenn Kinder sich für unorthodoxe Dinge entscheiden; und niemals bei deren Ausbildung sparen.
- Sechstens: Kämpfen und Zivilcourage zeigen, womit gemeint ist, Ihre Kinder in kritischen Situationen bedingungslos zu unterstützen und sich nie von Kindern distanzieren, wenn diese Fehler machen.
- Siebtens: Loslassen, Ihren Kindern also das Gefühl vermitteln, sie müssten die Nachfolge im Familienunternehmen nicht unbedingt antreten.

Zumindest für Familien mit sehr umfangreichem Familienvermögen ist die Einbringung des Familienunternehmens in eine Stiftung ein geeigneter Weg zur Erreichung dieser Wirkungen. Dazu bietet sich neben der Stiftung nach deutschem Bundesrecht auch eine österreichische Privatstiftung an.[278] Die Aufsicht über die Unternehmensführung wird dadurch »entfamilisiert« und professionalisiert. Die Stiftung wird vom Stiftungsvorstand vertreten und wirtschaftlich geführt. Seine Entscheidungen und Vorgaben haben direkten Einfluss auf das Schicksal des eingebrachten Unternehmens, agiert er doch als Organ der Stiftung, die Eigentümerin des eingebrachten Unternehmens ist.

---

278 *Singer*, Gesellschafterstreit, Kapitel 8; www.stiftungsverband.at/pages/facts-figures/die-oester-reichische-privatstiftung.php; www.wko.at/service/wirtschaftsrecht-gewerberecht/Die_Privat-stiftung.html (jeweils abgerufen am 01.07.2018).

Besetzen Sie den Vorstand deshalb mit Personen, die nicht nur über das nötige Fachwissen und Erfahrung verfügen, sondern auch in keiner emotionalen Bindung zu einem Mitglied Ihrer Familie stehen.

## 7.2 Unternehmensnachfolge

Nach einer statistischen Erhebung des Instituts für Mittelstandsforschung Bonn existierten 2018 im gesamten Bundesgebiet 3.380.000 Familienunternehmen, darunter befanden sich 700.000 »übernahmewürdige« Unternehmen und davon wären im Zeitraum 2018 bis 2022 150.000 Unternehmen »übergabereif« (Ungefährwerte).[279] Die Übergabe von einer Generation an die nächste stellt für Familienunternehmen einen äußerst schwierigen Entscheidungsprozess dar. Statistiken zeigen, dass lediglich 50 % der Familienunternehmen die geregelte Übergabe von der 1. an die 2. Generation schaffen, von denen wiederum bloß der Hälfte der Übergang von der 2. an die 3. Generation gelingt. Diese verbleibenden Familienunternehmen stabilisieren sich zumeist in der dritten Generation.

Gehäuft treten Streitigkeiten in Familienunternehmen bei der Unternehmensnachfolge sowie dann auf, wenn neue Akteure das familiäre Umfeld betreten (zum Beispiel Eheschließungen, vgl. Kapitel 7.4). Familienunternehmen sind oft das Lebenswerk des Firmengründers, dem das Loslassen als Firmen- und Familienpatriarch möglicherweise schwerfällt. Deshalb werden Unternehmensübergaben gerade (aber nicht nur) von Familienunternehmen nur selten rechtzeitig vorbereitet. Dieser Umstand mag zu Konstellationen führen, in denen über achtzigjährige Unternehmensgründer sich weigern, das Unternehmen an ihre fast schon sechzigjährigen Nachfolger zu übergeben. Das wiederum führt oft zu starker Verunsicherung bei Geschäftspartnern, die ihre Geschäftsbeziehungen lieber mit Unternehmen führen, deren Fortbestehen langfristiger gesichert ist und in denen sie in etwa gleich alte Ansprechpartner vorfinden. Auch bei der Unternehmensnachfolge gilt daher: Wer seine Hände frei haben will, muss loslassen können. Der Abschied aus dem Unternehmen muss ja nicht im altersbedingten Altenteil enden, möglicherweise warten neue Herausforderungen auf Ihre »freien Hände«!

Ein reibungsloser Eigentümerwechsel bedeutet für jedes Unternehmen eine enorme Herausforderung. Besonders gilt dies aufgrund ihrer besonderen

---

[279] www.ifm-bonn.org/statistiken/unternehmensuebertragungen-und-nachfolgen/#accordion=0&tab=0 (abgerufen am 01.07.2018).

Struktur und der dichten Vermengung wirtschaftlicher mit familiären Interessen für Familienunternehmen. Der Generationswechsel bedarf daher einer genauen Planung. Statistiker gehen davon aus, dass die rechtzeitige Planung und Durchführung des Generationswechsels in den vergangenen Jahren nur bei jeder fünften Übergabe gelang. Ziehen Sie deshalb Berater zu Hilfe. Ein gut durchgeführter Generationswechsel kostet Geld, ein misslungener Generationswechsel aber führt oft zu Gesellschafterstreit und kostet dann unter Umständen das Unternehmen.

Ab Erreichen eines bestimmten Alters ist es notwendig, sich abgeklärt und unsentimental mit den eigenen gestiegenen Lebensrisiken auseinandersetzen. Es ist schon vorgekommen, dass ein – bis dahin kerngesunder Unternehmer – mit siebzig Jahren plötzlich starb und seine Erben weder die nötige Unternehmenskenntnis noch die nötigen Vollmachten hatten, um zumindest die Gehälter der Arbeitnehmer weiter zu bezahlen. Derartige Vorkommnisse sind keine Seltenheit. Wer eine Unternehmensnachfolge nicht rechtzeitig umsetzt, riskiert also nicht nur Gesellschafterstreitigkeiten, sondern auch den Bestand seines Unternehmens!

Der familiär richtige Zeitpunkt ist meist schwer zu bestimmen. Wer die Nachfolge zu lange verzögert, zwingt dem ständig vertrösteten ewigen Nachfolger ein »Prince-Charles-Schicksal« auf. Der Nachfolger entwickelt Unzufriedenheit, die beträchtliches Konfliktpotenzial birgt. Umgekehrt zeigen auch potenzielle Nachfolger manchmal zu wenig Verständnis. Immer wieder kommt es vor, dass Nachfolger von ihren Eltern erwarten, dass diese knapp nach dem fünfzigsten Lebensjahr ausschließlich an gesellschaftlichen Verpflichtungen, zum Beispiel Golfplatzveranstaltungen, interessiert sind. Dass ihre Eltern weiterhin ein großes Potenzial an unternehmerischer Erfahrung, Kreativität und Gestaltungswillen aufweisen, negieren Nachfolger nur allzu leicht. Zur gelungenen Unternehmensnachfolge gehört daher nicht nur das Loslassen der älteren Generation. Auch die Nachfolgegeneration ist gefordert und sollte das Potenzial der Elterngeneration weiter für das Unternehmen nützen.

Generell gilt aber: Ein Unternehmen zu vererben, ist der schlechteste Weg der Unternehmensübergabe. Der Zeitpunkt der Übergabe ist für den Erben meist nicht genau bestimmbar, die Vorbereitung ungenügend. Der Erbe muss plötzlich und unvorhergesehen das gesamte Unternehmen und die gesamte Verantwortung übernehmen, und zwar ohne Unterstützung des erfahrenen Unternehmers. Ein gleitender Übergang und Einstieg ist nicht möglich.

Im Idealfall führt der Übergeber den Nachfolger ins Unternehmen ein und stellt ihn Partnern und Kunden vor. Dies ist nach Tod des Übergebers nicht mehr möglich. Das Know-how des Vorgängers ist zum Zeitpunkt der Übergabe unwiederbringlich verloren, der Vorgänger für Rückfragen durch den Nachfolger nicht mehr greifbar. Dementsprechend empfiehlt es sich, eine Unternehmensnachfolge zeitgerecht und gewissenhaft vorzubereiten und rechtzeitig durchzuführen.

Verfallen Sie dabei aber auch nicht ins andere Extrem. Ein Unternehmen mit über 1.000 Mitarbeitern und zahlreichen Stammkunden in nur wenigen Monaten an noch unerfahrene Zwanzigjährige zu übergeben, nur um den sogenannten »Vater-Sohn-Konflikt« zu vermeiden, mag einem Unternehmen vielleicht auch nicht guttun.

Der wirtschaftliche Erfolg Ihres Unternehmens gedeiht am besten bei Vorliegen klarer Verhältnisse. Zeiten des Übergangs rufen zumindest bei denjenigen Verunsicherung hervor, welche den Übergang nicht aktiv gestalten können (Belegschaft, Geschäftspartner, Banken). Das lässt sich kaum vermeiden. Die zeitliche Dauer dieser Phase sollte daher kurz gehalten werden. Ordnen Sie zunächst Ihre eigenen Gedanken und Interessen. Treffen Sie Vorbereitungen mit Ihren Beratern. Erst wenn Sie Ihren individuellen Plan zur zügigen Umsetzung in der Tasche haben (und von seinem Gelingen überzeugt sind), ist die »Veröffentlichung« Ihres Vorhabens angepasst. So gelingt es Ihnen nicht nur, die Übergangsphase kurz zu halten. Sie zeigen, dass Sie als erfahrener Unternehmer selbst persönlich schwierige unternehmerische Vorgänge mit kühlem Kopf meistern und spielen so bei Ihrem Abschied noch einmal Ihre volle Souveränität und unternehmerische Sicherheit aus.

Denken Sie daher auch die Unternehmensnachfolge systematisch durch:

- Werden Sie sich über Ihre eigenen Vorstellungen klar. Wollen Sie einen gleitenden Übergang oder wollen Sie das Unternehmen und Ihre gesamte Verantwortung an einem Stichtag auf Ihren Nachfolger übertragen? Was planen Sie für die Zeit nach dem Unternehmensübergang? Wollen Sie Gewinnbeteiligungen halten? Wollen Sie Kontrollfunktionen ausüben (zum Beispiel als Mitglied des Aufsichtsrates)?
- Stellen Sie die wirtschaftlichen Voraussetzungen für die Unternehmensnachfolge fest. Wie sind die Ertragslage Ihres Unternehmens, seine Marktposition und die Prognosen für die zukünftige Geschäftsentwicklung? Wie hoch ist der Unternehmenswert? Gibt es bereits Kandidaten für die Nachfolge oder müssen diese erst aufgebaut werden? Bestehen im Unternehmen besondere Altlasten (zum Beispiel Umweltschäden)?
- Klären Sie Ihre eigene finanzielle Situation. Haben Sie Pensionsansprüche? Wie hoch sind diese Ansprüche? Werden Sie weiterhin am Unternehmensgewinn beteiligt sein? Wie ist Ihr Privatvermögen zusammengesetzt? Kön-

nen Sie aus Ihrem Privatvermögen weitere Einkünfte erzielen? Können Sie aus den Ihnen nach Unternehmensübergabe zur Verfügung stehenden Einkünften Ihre Lebenserhaltungskosten decken? Bestehen Unterhaltsansprüche Dritter (zum Beispiel geschiedene Ehepartner, Kinder)? Werden (wollen/müssen) Sie Ihre privaten Ausgaben senken? Beachten Sie dabei auch »Kleinigkeiten«, wie zusätzliche Kosten durch den Wegfall eines eventuellen Anspruchs auf einen Firmenwagen oder dergleichen.

- Klären Sie auch die finanzielle Situation der übrigen Beteiligten. Sind alle Beteiligten finanziell abgesichert? Wie sieht es mit der Altersvorsorge der übrigen Beteiligten aus?

- Werden alle Ihre Kinder (Erben) in Ihr Unternehmen einsteigen? Gibt es zum Ausgleich für Nichteinsteiger andere Vermögenswerte? Wollen Sie alle Ihre Kinder (Erben) gleichbehandeln?

- Bei Übergaben innerhalb der Familie wird oft auch das Erbrecht vergessen. Dieses berührt zwar noch nicht die Unternehmensübergabe selbst. Die Unternehmensübergabe könnte aber unter Umständen nach Ihrem Tod noch einmal thematisiert werden, insbesondere wenn sich einzelne Ihrer Erben aufgrund der Unternehmensübergabe benachteiligt fühlen. Denn auch Zuwendungen zu Lebzeiten werden bei der Verteilung Ihrer Erbmasse unter Umständen berücksichtigt und können zugunsten von benachteiligten Pflichtteilsberechtigten Pflichtteilsergänzungsansprüche auslösen. Die Pflichtteilsberechtigten haben in diesem Fall Anspruch auf Ausgleichszahlungen in Höhe ihres fiktiven Pflichtteils am Wert des vor dem Ableben übergebenen Unternehmens. Unternehmensübergaben können so den erbrechtlichen Pflichtteil vergrößern, der Ihren Kindern und Ihrem Ehegatten zusteht. Stellen Sie deshalb schon bei der Planung Ihrer Unternehmensübergabe fest, wer voraussichtlich Pflichtteilsberechtigter Ihres Nachlasses sein wird. Klären Sie ab, ob Sie jedem Pflichtteilsberechtigten einen gleich großen Anteil Ihres Vermögens vererben werden. Überlegen Sie, wie etwaige Ausgleichzahlungen an bei der Unternehmensnachfolge unberücksichtigt gebliebene Pflichtteilsberechtigte finanziert werden sollen. Beachten Sie, dass eine Schenkung und damit Übertragung zu Lebzeiten dieses Problem nicht zwingend löst. Vielmehr reduzieren sich Pflichtteilsergänzungsansprüche ab dem Zeitpunkt der Schenkung jährlich um ein Zehntel des unentgeltlich zugewendeten Betrages. Je rechtzeitiger vor Ihrem Ableben Sie also Ihr Unternehmen übertragen haben, umso geringer sind Pflichtteilsergänzungsansprüche etwaiger Pflichtteilsberechtigter. Auch dies kann ein Anreiz für eine möglichst rechtzeitige Unternehmensübergabe sein.

- Schaffen Sie die rechtlichen Voraussetzungen für die Unternehmensnachfolge: Enthält Ihr Gesellschaftsvertrag Regelungen zur Unternehmensnachfolge? Müssen Sie vielleicht Nachfolgerechte Ihrer eigenen Geschwister beachten, die an Unternehmen noch beteiligt sind, bevor Sie an eine Übergabe an Ihre Kinder denken können? Bestehen Stimmrechtspoolvereinbarungen? Beachten Sie insbesondere etwaige Zustimmungsvorbehalte und Vorkaufsrechte Dritter im Zusammenhang mit Anteilsübertragungen. Gibt es vertragliche Verpflichtungen mit Dritten, die an Ihre persönliche Mitwirkung gebunden sind (»Change-of-Control-Klauseln«, vgl. »ACHTUNG« gegen Ende dieses Kapitels)? Gehen Lizenz-, Miet- und Pachtverträge auf Ihre Nachfolger über?

- Ermitteln Sie die Voraussetzungen für eine erbschaft- und schenkungsteuerliche Privilegierung Ihrer Unternehmensnachfolge. Können Ihre Nachfolger die 85%ige Regelverschonung oder die 100%ige Optionsverschonung in Anspruch nehmen? Sind diese bereit, das Unternehmen über den erforderlichen Zeitraum in seinem bisherigen Umfang weiterzuführen?

Ziehen Sie für diese Erhebungen externe Berater bei. Die betriebswirtschaftlichen und steuerlichen Voraussetzungen sollten Sie jedenfalls mit einem Steuerberater abklären. Die Beratung mit einem Rechtsanwalt oder Notar schützt vor Fehlern bei der Beurteilung der rechtlichen Voraussetzungen und bei der Umsetzung Ihrer Unternehmensnachfolge.

Meistens erfolgt die Übertragung des Unternehmens auf die eigenen Kinder. Beachten Sie dabei:
- Kinder haben verschiedene Interessen, die Sie nicht ändern können und deshalb akzeptieren sollten. Zeigen Sie Größe und zwingen Sie Ihre Kinder nicht in Ihr Unternehmen.
- Jedes Kind hat andere Talente. Nicht jedes Kind ist zur Führung eines Unternehmens geeignet. Haben Sie den Mut, Kinder aus dem Unternehmen fernzuhalten, die Sie für die Unternehmensführung für ungeeignet halten (planen Sie für diese Kinder aber entsprechende Ausgleichsleistungen).
- Vorhandene Talente sind unterschiedlich stark ausgeprägt. Zögern Sie nicht, klare Mehrheiten zugunsten des unternehmerisch talentierteren Kindes zu schaffen.
- Zwingen Sie Ihre Kinder nicht zur Zusammenarbeit, wenn diese nicht wollen. Auch wenn es Sie als »Gründungsvater« Ihres Unternehmens schmerzt: Nahezu jedes Unternehmen lässt sich sinnvoll teilen (zum Beispiel Großtischlerei: Möbelerzeugung und Vertrieb/Handel). Schaffen Sie mehrere Unternehmen und übertragen Sie diese jeweils einem Ihrer Kinder.
- Wenn mehrere Kinder ein Unternehmen gleichberechtigt übernehmen, sollte der Gesellschaftsvertrag besondere Regelungen enthalten, wie in einem Gesellschafterstreit vorzugehen ist (vgl. zum Beispiel: Kapitel 4.1.8.13 bis 4.1.8.17 und 4.1.8.19, 4.1.8.21 ff.).

- Ab der Vererbung einer Gesellschaft auf die zweite Generation nach dem Gründer ist nicht nur das Rechtsverhältnis Ihrer Erben zu regeln. Ihre Erben werden nicht nur miteinander, sondern auch mit den weiteren Gesellschaftern, den Erben Ihrer Geschwister, zurechtkommen müssen. Eine solche Gesellschaft aus Cousinen und Cousins enthält erhebliches Konfliktpotenzial und bedarf einer besonderen gesellschaftsrechtlichen Strukturierung. Üblicherweise bilden die einzelnen Nachkommen in der ersten Generation nach dem Gründer jeweils einen Familienstamm und sichern die einheitliche Willensbildung ihres Stammes entweder durch eine Stammesholdinggesellschaft oder über einen Stimmrechtspoolvertrag ab.

Potenziellen Nachfolgern sind die Hände meist gebunden. Das Gesetz sieht keine Möglichkeit vor, den die Übergabe verweigernden Firmenpatriarchen zur Unternehmensübergabe an den Nachfolger zu zwingen. Auch entsprechende vertragliche Regelungen finden sich nur in den seltensten Fällen. Einer der wenigen gangbaren Wege ist hier im Zusammenwirken mit einer finanzierenden Bank möglich. Die strengen Eigenkapitalvorschriften des »Basel III Abkommens« bewegen Banken dazu, verstärkt Wert auf die strategische Positionierung des Unternehmens und damit auf die Voraussetzungen für die Erhaltung des Unternehmenswertes zu legen. Dieser kann aber durch die mit einer verzögerten Unternehmensübergabe verbundenen Unsicherheiten sinken. Eventuell kann man als potenzieller Nachfolger die kreditgewährenden Banken dazu bewegen, weitere Kreditgewährungen von der Neuordnung der Führungsstrukturen des Familienunternehmens abhängig zu machen. Die Tür für die Unternehmensübergabe könnte so geöffnet werden. Bedenken Sie dabei aber, dass es riskant sein kann, vor den kreditgewährenden Banken zu streiten, da diese im Streit ein Risiko sehen könnten, das sie von weiteren Kreditgewährungen abhält oder sogar veranlasst, bereits gewährte Kredite fällig zu stellen.

Sozial intelligente Nachfolger versuchen, dem Firmenpatriarchen die »Ownership-Rolle« schmackhaft zu machen. Möglicherweise ist der Firmenpatriarch ja zur Nachfolgeregelung zu überreden, wenn diese weiterhin eine Funktion für ihn vorsieht. Die Vereinbarung eines Beratervertrages bietet sich dazu ebenso an wie ein Aufsichtsratsmandat. Der Firmenpatriarch hat das Gefühl, weiterhin Sinnvolles für »sein« Unternehmen zu leisten, erwirtschaftet durch seine Tätigkeit noch Geld, vermeidet damit das Gefühl, ein »nutzloser Alter« zu sein, und hat so Gelegenheit, sich weiterhin als Leistungsträger anzusehen. Der Nachfolger ist bei entsprechender Gestaltung des Beratervertrages nicht an die Ausführung und Umsetzung der erbrachten Beratungsleistungen gebunden, hat also trotzdem ein hohes Maß an unternehmerischer Entscheidungsfreiheit. Allerdings muss der Firmenpatriarch tatsächlich Leistungen für das Unternehmen erbringen und diese dürfen nicht überbezahlt werden. Das im Beratervertrag vereinbarte und tatsächlich bezahlte Honorar muss also einem Fremdvergleich standhalten und darf nicht über dem Verkehrs- beziehungsweise Marktwert liegen, andernfalls besteht bei Kapitalgesellschaften das Risiko einer verdeckten Gewinnausschüttung (vgl. Kapitel 5.5.2.2).

---

**! Achtung**

Unternehmensübergaben führen üblicherweise zu einem »Change of Control« – das heißt, es wechselt die Person desjenigen, der gesellschaftsrechtlich die beherrschende Funktion in der Gesellschaft innehat (Mehrheitsgesellschafter). In Gewerberaum-Mietverträgen finden sich häufig Regelungen, die den Vermieter im Falle eines Change of Control berechtigen, den Mietvertrag zu kündigen. Solche Klauseln sind zulässig, wenn schützenswerte Interessen des Vermieters überwiegen.[280]
Eine Kündigung des Mietvertrages kann insbesondere für Familienunternehmen mit Standorten in guten Lagen problematisch werden. Deren Mietzins ist in den letzten Jahren oft nur im Rahmen der vertraglich vereinbarten Preisanpassungsklausel gestiegen, diese orientieren sich an der Veränderung der Lebenshaltungskosten. Der angemessene Mietzins nach dem wahren Verkehrswert für solche Lagen ist aber um ein Vielfaches gestiegen. Der Nachfolger kann mit der Unternehmensübergabe unter Umständen nicht den Mietzins übernehmen, den die Gesellschaft derzeit zahlt, oder er muss sogar damit rechnen, wirksam gekündigt zu werden. Der Nachfolger sollte die mögliche Mietzinssteigerung oder die Kündigung des Mietverhältnisses bei seinen wirtschaftlichen Überlegungen unbedingt berücksichtigen.
Immer wieder finden sich auch in anderen Verträgen Kündigungsmöglichkeiten im Falle eines Change of Control. Das gilt insbesondere bei Verträgen über wiederkehrende Dienstleistungen, deren Erbringung ein enges Vertrauensverhältnis zwischen den Vertragsparteien voraussetzt. Prüfen Sie daher auch die Leistungsverträge mit den wichtigsten Geschäftspartnern des Unternehmens auf solche Klauseln. Sollten Sie entsprechende Vertragsbestimmungen finden, kann ein persönliches Vorstellungsgespräch des Nachfolgers gemeinsam mit seinem Vorgänger entscheidend zum Weiterbestand solcher Verträge beitragen.
Es lohnt sich daher, vor einer Übergabe sein Unternehmen genau prüfen zu lassen (vgl. unsere Ausführungen zur Due Diligence in Kapitel 3.7).

---

**! Tipp**

Eltern übertragen ihre Unternehmensanteile an ihre Kinder oft im Wege einer Schenkung. Wir meinen, solche Schenkungsverträge bedürfen einer besonderen Gestaltung. Überlegen Sie sich daher, ob Sie in Ihre Schenkungsverträge folgende Absicherungen vornehmen wollen:

---

280 *Disput*, »Change of Control«-Klauseln im gewerblichen Mietvertrag, NZM 2008, 305.

- Soll es die Möglichkeit geben, die Schenkung Ihres Unternehmens(teils) zu widerrufen? Falls ja, definieren Sie die Gründe, welche zum Widerruf berechtigen (zum Beispiel, wenn Ihr beschenktes Kind die Geschäftsführung nicht mehr selbst ausübt, wenn der Beschenkte den geschenkten Vermögensgegenstand innerhalb einer bestimmten Frist veräußert oder diesen belastet, der Beschenkte heiratet und keinen Ehevertrag schließt, wenn sich der Lebenswandel des Beschenkten in die »falsche« Richtung entwickelt, wenn der Beschenkte in Vermögensverfall gerät und Gläubiger die Zwangsvollstreckung in den Geschäftsanteil betreiben, oder wenn die Schenkung Schenkungsteuer auslösen sollte). Alternativ können Sie bei Vorliegen dieser Gründe auch eine auflösende Bedingung vorsehen. Tritt der Grund ein, führt die auflösende Bedingung zum sofortigen Rückfall der Schenkung, das (flexiblere) Widerrufsrecht erst dann, wenn der Schenker sein Widerrufsrecht ausgeübt hat.
- Um derartige Gründe frühzeitig zu erkennen, sollten Sie sich von Ihrem Kind Informations- und Kontrollrechte in Bezug auf das übertragene Unternehmen einräumen lassen, soweit dies gesellschaftsrechtlich zulässig ist.

Sollten Sie nur einen Teil Ihres Unternehmens schenken und selbst Geschäftsanteile behalten, können Sie die in den vorhergehenden Punkten genannten Maßnahmen in Form von Einziehungs- und Vorkaufsrechten zusätzlich im Gesellschaftsvertrag absichern.

### Beispiel: Der zeitlich befristete Beirat

Irgendwann wollen beschenkte Kinder eigenständig agieren. Dazu folgendes Beispiel aus unserer Praxis:

Eltern bauten auf ihrer wertvollen Betriebsliegenschaft ein Handelsunternehmen erfolgreich auf und hatten einen im Unternehmen bereits als Geschäftsführer tätigen Sohn sowie eine Tochter, welche als Lehrerin im Unternehmen nicht mitarbeitete. Die Eltern wollten das Unternehmen ihrem Sohn übertragen, aber ihre Tochter nicht benachteiligen, für welche kein nennenswertes Vermögen mehr vorhanden war. Die Eltern übertrugen daher das Unternehmen einschließlich der Betriebsliegenschaft ihrem Sohn mit der Auflage, ihrer Tochter (seiner Schwester) den halben Verkehrswert des Unternehmens sowie der Liegenschaft als Kaufpreis zu bezahlen, und zwar in zu verzinsenden Fünfjahresraten. Bis zur Tilgung dieses Kaufpreises wurde ein von den Eltern zu besetzender Beirat eingerichtet, der die Unternehmensentwicklung kontrollierte, um die Bezahlung des Kaufpreises aus den Unternehmensgewinnen sicherzustellen. Nach Tilgung der letzten Kaufpreisrate wurde der Beirat aufgelöst, der Sohn ist jetzt sein eigener Herr.

Die Eltern waren klug, sie fungierten nicht selbst als Beiratsmitglieder, um einen Generationenkonflikt zu vermeiden, sondern entsandten einen Unternehmensberater, einen Steuerberater, einen Wirtschaftsanwalt und eine Vertrauensperson des Sohnes.

## 7.3    Geschwisterkonflikte

Gesellschafterstreite unter Geschwistern können ausbrechen, wenn sie von ihren Eltern nicht gleich behandelt wurden (werden), oder sich nicht gleichbehandelt fühlen. Das muss nicht unbedingt im Zusammenhang mit dem Familienunternehmen stehen. Das Gefühl der Ungleichbehandlung kann schon in der Kindheit, aber auch in der Gegenwart im außerbetrieblichen Bereich entstehen (zum Beispiel hatte ein Kind in seiner Kindheit wesentlich teurere Hobbies, oder ein Lieblingskind wird von der im Unternehmen nicht tätigen Ehepartnerin des Firmengründers bevorzugt und erlangt dadurch im Familiensystem eine auffallend bedeutendere Stellung).

Zwillinge ausgenommen sind Kinder unterschiedlich alt und nicht stets gleich erfahren beziehungsweise reif. Das kann dazu führen, dass ältere Kinder früher in ein Familienunternehmen eingebunden werden, was jüngere Kinder als Benachteiligung empfinden könnten. Noch schlimmer kann es sein, wenn jüngere Kinder – aus welchen Gründen auch immer – früher ins Familienunternehmen oder in Unternehmensentscheidungen eingebunden werden als ältere, welche sich übergegangen fühlen könnten.

Das alles und vieles mehr kann zu Eifersucht führen. Bedauerlicherweise erkennen die anderen – manchmal sogar das sich benachteiligt fühlende Kind selbst – diese Eifersucht erst, wenn ein Gesellschafterstreit zwischen Geschwistern bereits ausgebrochen ist.

Solche Gesellschafterstreite können auch erst in der folgenden Generation auftreten (zum Beispiel zwischen Onkel und Neffe oder zwischen Cousins). Das kann in der Folge zu gefährlichen Stammesdenken führen, welches meist zu unsachlichen Vorgehensweisen führt, dadurch dem Unternehmen schadet und Ausbruch und Eskalation von Gesellschafterstreitigkeiten zur Folge hat.

Für die Betroffenen ist es meistens schwer, Lösungen zu finden. Die erste Hürde ist genommen, wenn Familienunternehmer sich ein entsprechendes Problembewusstsein schaffen. Der zweite Teil der Lösung ist es, solche Themen ehrlich anzusprechen und sie keinesfalls zu verdrängen. Lösungen können mit ihren Anwälten, aber zum Beispiel auch mit Mediation gefunden werden (vgl. Kapitel 6.7).

## 7.4 Ehe und Familienunternehmen

Eine ältere Frau fragt ihre gleichaltrige Freundin: »*Wie hast Du Deinen Mann kennengelernt?*« Die Freundin: »*Ich habe ihn geheiratet!*«

### 7.4.1 Ehepartner gründen/betreiben gemeinsam ein Unternehmen

Nicht selten gründen und betreiben Ehepartner gemeinsam ein Unternehmen. Solange die Ehe gut läuft, ist auch das Unternehmen erfolgreich. Sobald ein Rosenkrieg vor der Tür steht, liegt meistens das Unternehmen lahm.

Wenn wir Ehepaaren bei der Gründung von Gesellschaften empfehlen, einen wohlüberlegten und ausführlich ausformulierten Gesellschaftsvertrag zu erstellen, werden wir milde belächelt und hören: »*Wir haben ja auch keinen Ehevertrag.*« Ein fehlender Ehevertrag führt jedoch meistens »nur« dazu, dass man sich jahrelang darüber streitet, wem was zusteht. Haben Ehepartner für ihr gemeinsames Unternehmen keinen wohlüberlegten und ausführlich ausformulierten Gesellschaftsvertrag abgeschlossen, sind nicht nur die beiden Ehepartner, sondern ein ganzes Unternehmen vom Ausgang des Rosenkrieges abhängig.

Zudem wird bei der Gründung von Gesellschaften unter Ehepartnern oft übergangen, wer welches Know-how und welche Arbeitsleistung in die Gesellschaft einbringt. Der im Unternehmen tatsächlich tätige Ehepartner steht dann im Streitfall oft vor der Situation, dass sein Ehepartner einen gleich hohen oder aus steuer- und sozialversicherungsrechtlichen Gründen auch oft einen höheren Anteil an der Gesellschaft hält als der in der Gesellschaft tätige Ehepartner. Umsichtige Ehepartner haben für einen solchen Fall bei der Gründung der Gesellschaft Optionsverträge vorgesehen, mit welchen sie jederzeit oder zumindest im Falle der rechtskräftigen Scheidung – egal wen das Verschulden an der Scheidung trifft – den Geschäftsanteil des anderen Ehepartners auf sich übertragen können (zu einem marktüblichen Preis).

Ehepartner machen sich bei der Führung von Unternehmen auch oft voneinander abhängig. Einer ist beispielsweise der Zahlenmensch und der andere derjenige, der die Kunden akquiriert. Ohne einander können sie die Gesellschaft nicht ordnungsgemäß führen und bleiben auch in Zeiten des Scheidungsverfahrens und danach vom anderen Partner abhängig. Bei fast allen Scheidungen gelingt es den Ehepartnern nicht, einander als Geschäftspartner zu sehen. Die Emotionen gehen hoch und die Umsätze nach unten. Achten Sie darauf, dass Sie auch von dem Tätigkeitsgebiet des Ehepartners ausreichend Ahnung haben und auf dem aktuellen Stand sind, um für den schlimmsten Fall gerüstet zu sein.

## 7.4.2 Einfluss der Eheschließung auf die Familiensysteme

Eines ist gewiss: Eine Eheschließung verändert das Leben, aber nicht nur das eigene, sondern auch das gesamte Familiensystem. Ein Familiensystem ist ein soziales Gefüge, welches aus verschiedenen Personen besteht, die sich in einem steten Prozess wechselseitig beeinflussen. Bei jeder Familie sind zwei Teilsysteme zu unterscheiden: Die Herkunftsfamilie, zu der wir, unsere Geschwister, Eltern, Großeltern usw. gehören, und die Hinkunftsfamilie mit unserem Ehepartner und dessen Geschwister, Eltern, Großeltern usw. Unbewusst halten wir uns – jedenfalls am Beginn unserer Ehe – an die Systemregeln unserer Herkunftsfamilie. Werden diese von unserem Ehepartner nicht eingehalten, weil er sich an die divergierenden Systemregeln seiner Hinkunftsfamilie hält, kann es zu systemischen Problemen kommen.

Das ist bei jeder Eheschließung so. Um eine Facette reicher ist eine Eheschließung, wenn es in einem der Familiensysteme (Herkunftsfamilie oder Hinkunftsfamilie) oder gar in beiden ein Familienunternehmen gibt. Nicht nur die für unser Privatleben typischen Konfliktfelder, sondern auch die beruflichen müssen harmonisiert werden. Das kann zu Streit – auch zu einem Gesellschafterstreit – führen, wenn ein Ehepartner aus zum Beispiel der Hinkunftsfamilie im Unternehmen der Herkunftsfamilie arbeitet und vielleicht daran auch beteiligt ist.

Nicht zu unterschätzen ist der Einfluss von Ehepartnern, selbst wenn sie im Familienunternehmen nicht mitarbeiten:

**!** **Beispiel: Brüderchen und Schwesterchen**

Ein Bruder und eine Schwester übernahmen zu gleichen Teilen von ihren Eltern Aktien eines stark florierenden Pharmaunternehmens. Beide waren gleichberechtigte Vorstandsmitglieder. Der Bruder heiratete, wurde Vater und ließ für sich ein Familienhaus errichten. Die Schwester blieb ledig und wohnte weiterhin in einer Zweizimmerwohnung. Natürlich waren sowohl die finanziellen Bedürfnisse der Geschwister als auch ihre zeitlichen Ressourcen für die Unternehmensführung höchst unterschiedlich. Dies sorgte für Konflikte.

Der Bruder übernahm immer mehr auch Systemregeln der Familie seiner Ehepartnerin (seiner Hinkunftsfamilie), die Schwester blieb bei den Systemregeln der gemeinsamen Herkunftsfamilie. Dazu kam eine – nie artikulierte – Eifersucht der Schwester, weil sie weder Ehepartner noch Kinder hatte. Dem stand eine – ebenfalls nie artikulierte – Eifersucht des Bruders gegenüber, weil seine Schwester im Unternehmen viel erfolgreicher war als er selbst. Auch das alles sorgte für Konflikte.

Die Ehepartnerin des Bruders spürte (nur) dessen Eifersucht und litt mit ihm. Immer wieder versuchte sie, ihn zu stärken, ließ ihn wissen, wie gut er sei, und zeigte

auf, was seine Schwester alles besser hätte machen können usw. Dadurch goss sie unbewusst, aber stetig Öl ins Feuer zwischen den Geschwistern.
Nach einem mehrjährigen erbitterten Gesellschafterstreit wurde das Unternehmen an einen internationalen Pharmakonzern verkauft ...

Wir wollen mit diesem Kapitel, insbesondere mit diesem Beispiel, keine Wertung verknüpft wissen. Familiensysteme sind hoch komplex, dazu braucht es keine Wertungen zu geben. Wichtig ist nur, zu wissen, dass Ehepartner Einfluss aufeinander haben und dieser auch auf Familienunternehmen durchschlagen kann. Vielleicht würden die Gesellschafter selbst grundsätzliche Einigkeit in schwierigen Fragen erzielen können, wenn deren Ehepartner im Hintergrund nicht »mitbestimmten«. Immer wieder lässt sich der Ausbruch von Gesellschafterstreitigkeiten in Familienunternehmen relativ bald nach der Hochzeit eines Gesellschafters beobachten.

In diesem Kapitel beziehen wir uns auf klassische Eheschließungen. Natürlich gelten unsere Ausführungen genauso für außereheliche Lebensgemeinschaften, gleichgeschlechtliche Lebenspartnerschaften oder gleichgeschlechtliche Ehen.

## 7.5 Ausstieg aus Familienunternehmen

Seltener, aber doch mag es vorkommen, dass Kinder im Familienunternehmen weder mitarbeiten noch beteiligt sein wollen. Da droht vielleicht Enttäuschung der Eltern, manchmal auch psychologischer Druck, aber kein klassischer Gesellschafterstreit, es sei denn, ein ausstiegswilliges Kind wird aus seiner Gesellschafterstellung nicht entlassen und muss als lästiger Gesellschafter zu streiten beginnen, damit man ihn schließlich doch ziehen lässt.

In der Regel ist es jedoch so, dass Kinder um ihre Position im Familienunternehmen kämpfen, vor allem, wenn sie wegen bestimmter Zwänge gar nicht ausscheiden können (wollen). Solche Zwänge können wirtschaftliche, rechtliche oder psychologische sein.

- Wirtschaftliche Zwänge sind zum Beispiel: Arbeitseinkommen, Dividenden, Wertsteigerung des Unternehmens, an der man teilhaben will, und/oder niedrige Verkaufspreise von Geschäftsanteilen an Familienunternehmen sowie deren späte Fälligkeit, sodass ein Ausstieg oft gar nicht leistbar ist oder nur unter Einbuße des gewohnten Lebensstandards.
- Rechtliche Zwänge sind zum Beispiel: Vinkulierung der Geschäftsanteile, Vorkaufsrecht, Andienungspflicht usw., wodurch ein Ausstieg oft nur sehr schwer möglich ist.

- Psychologischer Zwang: Status des Unternehmers, den man nicht verlieren will, vor allem, wenn man kaum Aussichten hat, woanders einen Beruf mit einem vergleichbaren Status zu ergreifen.

Es ist in jedem Fall hilfreich, diese Zwänge zu kennen, und zwar sowohl, wenn man selbst ans Aussteigen denkt, aber sich vielleicht nicht traut, als auch, wenn man im Zuge eines Gesellschafterstreits Mitgesellschafter »aussteigen lassen«, also loswerden will. Vielleicht schafft man es, solche Zwänge zu beseitigen, zum Beispiel mit Übergangsregelungen oder Rückkehrmöglichkeiten. Solche sind zwar nicht das Gelbe vom Ei, aber allemal besser als ein das Familienunternehmen gefährdender Gesellschafterstreit!

## 7.6 »Institutionalisierung« der Familie

Die Anforderungen an das, was neudeutsch »Family Governance« genannt wird, steigen mit jeder Generation nach der Gründergeneration. Der Gründer ist noch hauptsächlich mit Themen wie der Übergabe der unternehmerischen Führung auf die nächste Generation, der Absicherung des Ehepartners und einer günstigen Erbschaftsteuerplanung befasst. Bei der nächsten Generation, der Geschwistergesellschaft, dominieren bereits Aufgaben wie die Sicherung der Eigentümerstellung der Familien, die Bewahrung von Familienharmonie und Streitverhinderung und die Nachfolgeregelung. Auf den darauffolgenden Generationen besteht bereits eine sogenannte »Vetterngesellschaft« oder »Familiendynastie«. Hier stehen Themen im Fokus wie die sinnvolle Verwendung des Unternehmenskapitals (Ausschüttungen/Entnahmen), die Familientradition und -kultur, Streitvermeidung und Streitlösung sowie die Beteiligung und Rolle der Familienmitglieder im Unternehmen.[281]

Spätestens ab der zweiten Generation nach dem Gründer besteht daher das Bedürfnis nach Einrichtungen und Regelungen, die über die üblichen gesellschaftsrechtlichen Verträge hinausgehen. Dazu gehören turnusgemäße Familientage im Familienunternehmen ebenso wie die Einrichtung eines Familienrates.

Von besonderer Bedeutung ist die Verabschiedung einer Familienverfassung oder Familiencharta. Dabei handelt es sich nicht um ein rechtsverbindliches Vertragswerk, sondern um allenfalls moralisch verbindliche Leitlinien an der

---

281 Vgl. *Kirchdörfer/Lorz*, Corporate Governance in Familienunternehmen, Familienverfassungen und Schnittstellen zum Gesellschaftsvertrag, FuS 2011, 97, 99.

Schnittstelle zwischen Familie und Unternehmen. Nach *Schulz/Werz*[282] kann sich eine Familienverfassung beispielsweise mit folgenden Fragestellungen beschäftigen, die für die Organisation der Familie wichtig sind, oft aber nicht in gesellschaftsrechtlichen Verträgen thematisiert werden:

- Wo liegen die historischen Wurzeln des Unternehmens? Welche Bedeutung hat das Unternehmen für die Familie gegenwärtig und in der Zukunft? Worin liegt die gemeinsame Motivation zur Fortsetzung und Weiterentwicklung des Unternehmens? Was ist das Familienvermächtnis?
- Welches Ziel verfolgt die Familie? Welche maßgeblichen Werte stehen für die Familie im Vordergrund? Wird der Familie oder dem Unternehmen der Vorzug gegeben? Hält die Familie zusammen oder soll sie verkaufen?
- Wer gehört zur Familie (Ehegatten, Adoptivkinder, Schwiegerkinder)?
- Wer soll das Unternehmen führen (Eigen- oder Fremdgeschäftsführung, mehrere oder alleiniger Geschäftsführer)?
- Ab welchem Alter beziehungsweise bei welchen Qualifikationen rücken Familienmitglieder in die Unternehmensverantwortung auf?
- Wie werden Nachfolger auf die Übernahme der Unternehmensverantwortung vorbereitet (family education)?
- Wer darf Gesellschafter werden?
- Welche »Institutionen« gibt sich die Familie zur Entscheidung und Vermittlung (zum Beispiel Familientag, Family Office usw.)?
- Wie werden Konflikte bewältigt?
- Welche Möglichkeiten gibt es für ein Familienmitglied, sich von dem Unternehmen zu trennen (Exit-Lösungen)? Wie sieht die harmonische und geordnete Ausgestaltung dieses Vorgangs aus?

Eine exemplarische Familienverfassung findet sich bei *Schulz/Werz*, Die Familienverfassung (Teil 2), ErbStB 2007, 353.

Entscheidet man sich für eine Familienverfassung, sollte damit keine zusätzliche Rechtsunsicherheit geschaffen werden. Insbesondere sollte unbedingt darauf geachtet werden, dass sich die Regelungen in den gesellschaftsrechtlichen Verträgen und in der Familienverfassung nicht widersprechen (vgl. Kapitel 4.1.3).

---

282 Die Familienverfassung (Teil 1), ErbStB 2007, 310, 311 f.

# 8 Freie Berufe

Zu den freien Berufen zählen unter anderem wissenschaftliche, künstlerische, unterrichtende, beratende oder heilende Berufe (zum Beispiel Rechtsanwälte, Notare, Steuerberater, Wirtschaftsprüfer, beratende Betriebswirte, Ingenieure, Architekten, Dolmetscher, Ärzte, Physiotherapeuten usw.). Auf Grundlage besonderer beruflicher Qualifikationen und/oder schöpferischer Begabungen erbringen sie persönlich, eigenverantwortlich und fachlich unabhängig Dienstleistungen höherer Art. Ihre Berufsausübung unterliegt spezifischen Berufs- und Standesregeln, und zwar gemäß staatlicher Gesetze und der von der jeweiligen Berufsvertretung erlassenen Vorschriften. Auf diese hier einzugehen, würde den Rahmen unseres Buchs sprengen, sind aber den einzelnen Vertretern der freien Berufe bestens bekannt und können im Internet oder einschlägigen Gesetzeskommentaren leicht nachgelesen werden.

Einen freien Beruf kann man als Einzelunternehmer ausüben. Nicht zuletzt aufgrund des fortschreitenden Konsolidierungsdrucks schließen sich allerdings immer mehr Freiberufler zusammen und gründen Gesellschaften, um miteinander am Markt aufzutreten und ihren Beruf gemeinsam auszuüben. Für solche Gesellschaften gilt grundsätzlich dasselbe, wie wir in den Kapiteln 2 bis 6 dieses Buchs ausgeführt haben. Für manche Gesellschaften von Freiberuflern mag auch das Kapitel 7 »Familienunternehmen« wichtig sein (zum Beispiel »Unternehmensnachfolge-Generationswechsel beziehungsweise Geschwisterkonflikte« oder »Eheschließungen«). Zusätzlich ist Folgendes zu beachten:

Freiberufler sind in der Regel sehr individualistische Wesen und lassen sich nicht gerne in ein Korsett drängen. Je mehr Gesellschafter eine Gesellschaft von Freiberuflern hat, desto mehr Spielregeln werden für die gemeinsame Berufsausübung gebraucht, welche von einigen als Korsett betrachtet werden, vor allem, wenn diese Spielregeln nicht gemeinsam erarbeitet, sondern vom Management des Unternehmens vorgegeben werden. Viele halten sich an diese Spielregeln, ärgern sich aber dabei und bauen – oft unbemerkt – Emotionen auf. Manche glauben, sich an die Spielregel nicht halten zu müssen, einige halten sich justament nicht daran. Auch dies baut Emotionen auf, und zwar wieder bei jenen, welche die Spielregeln einhalten. Gerade solche Emotionen können sich zum falschen Zeitpunkt an der falschen Stelle – für alle überraschend – entladen und zum Gesellschafterstreit führen.

Viele Gesellschaften außerhalb der freien Berufe zeichnen sich dadurch aus, dass mindestens ein Gesellschafter als reiner Kapitalgeber beteiligt ist und nicht aktiv am operativen Geschäft der Gesellschaft teilnimmt. Bei börsennotierten Aktiengesellschaften ist regelmäßig der weit überwiegende Teil der Anteilseigner nicht operativ für die Gesellschaft tätig. Bei Freiberufler-Gesellschaften sind dagegen in der Regel keine reinen Kapitalgeber beteiligt. Häufig verbietet das Standesrecht eine gesellschafterliche Beteiligung von berufsfremden Personen sogar. Zweck der Beteiligung des einzelnen Freiberuflers an der Gesellschaft ist also regelmäßig nicht die Zurverfügungstellung von Kapital, sondern die Zurverfügungstellung von Arbeitsleistung.

Dies führt zu folgenden Besonderheiten:

## 8.1 Das richtige Vergütungssystem

Während die Frage, welche Einlage ein kapitalgebender Finanzinvestor zu leisten hat, noch mehr oder weniger finanzmathematisch berechnet werden kann, ist der Wert der von den einzelnen Freiberufler-Gesellschaftern zu erbringenden und erbrachten Leistungen deutlich schwerer zu quantifizieren und zu qualifizieren. Die einzelnen Leistungen der vergesellschafteten Freiberufler sind fast immer unterschiedlich. Der eine akquiriert viel, der andere arbeitet effizient ab, einer hat besondere Menschenkenntnisse, welche bei der Personalauswahl und -führung von besonderer Bedeutung sind, wieder ein anderer liebt Zahlen, Daten und Fakten, was glänzend zum Rechnungswesen und zur Finanzierung passt usw. Die Krux ist, jeder glaubt, sein Beitrag wäre der wichtigste und ohne ihn ginge es nicht. Gleichzeitig besteht oft die Befürchtung, man bringe sich in die Gesellschaft mehr ein als die anderen und die Mitgesellschafter würden davon zu Unrecht profitieren. Wenn diese (gefühlte) Ungleichheit nicht durch ein adäquates Vergütungssystem ausgeglichen werden kann, führt dies über kurz oder lang zu Spannungen. Insofern erlangt die Frage, wie die Erträge der Gesellschaft auf die einzelnen Gesellschafter am gerechtesten zu verteilen sind, mithin der **Frage des richtigen Vergütungssystems,** eine überragende Bedeutung. Insbesondere bei wirtschaftsberatenden Berufen (Rechtsanwalt, Steuerberater, Wirtschaftsprüfer) haben sich im Wesentlichen folgende Modelle durchgesetzt:[283]

- **Gleiche Anteile:** Hier erfolgt eine gleichmäßige Verteilung des Gewinns auf alle Partner. Wird dieses »kommunistische« Modell von allen Kollegen akzeptiert, fördert es wie kein anderes den Teamgedanken und vermeidet Reibungsverluste durch internen Wettbewerb. Bei größerem Gesellschafterkreis steigt allerdings die Gefahr, dass einer der Gesellschafter

---

283 Eingehend Schieblon/*Seisler* Seite 79 ff.: Vergütungssysteme in Partnerschaften.

die Situation (oft auch nur unbewusst) ausnutzt und die Leistung des gesamten Teams nach unten zieht. Zudem berücksichtigt eine Verteilung zu gleichen Teilen zu wenig die Verdienste älterer und treuer Kollegen und bietet den jüngeren zu wenige Anreize, der Gesellschaft die Treue zu halten. Dieses Modell ist daher in der Regel nur zu empfehlen, wenn eine Gesellschaft nur einige wenige, in etwa gleichaltrige Gesellschafter hat, die mit vergleichbarem Einsatz und Mehrwert für die Gesellschaft tätig sind.

- **Lockstep:** Das Lockstep-System kann insoweit ebenfalls als »kommunistisches« Modell eingeordnet werden, als Gesellschafter mit gleicher Anzahl an Partnerjahren in gleicher Höhe am Gewinn beteiligt sind. Die Gewinnverteilung erfolgt dabei nach der Anzahl an Punkten, die ein Partner erworben hat. Jeder Partner startet mit der gleichen Anzahl an Anfangspunkten. Die Punktzahl erhöht sich pro Jahr der Zugehörigkeit zur Partnerschaft und verharrt nach einer bestimmten Dauer der Zugehörigkeit auf einem Plateau.

- **Profitcenter:** Im Fachjargon wird dieses Prinzip auch als »Eat-what-you-kill«-System bezeichnet. Jeder Gesellschafter wird dabei nur nach seiner eigenen Leistung honoriert. Probleme treten dabei regelmäßig bei der Bewertung und Erfassung von Leistung auf. Welchen Anteil am Ertrag hat der Akquisiteur (der »Finder«), welchen Anteil hat der das Mandatsverhältnis laufend betreuende (der »Minder«) und welchen Anteil hat der konkrete Sachbearbeiter (der »Grinder«)? Welchen Anteil hat der überwiegend wissenschaftlich tätige Mitarbeiter, der das Renommee der Gesellschaft steigert und welchen Anteil haben die kaum mit Mandatsarbeit beschäftigten Managing Partner? Zudem ist dieses Modell bei einem Full-Service-Anspruch einer Gesellschaft nicht fair gegenüber den für sie wichtigen Partnern, die in Rechtsgebieten mit niedrigeren Umsätzen tätig sind. Auch verhindert dieses Modell, dass in einer Gesellschaft derjenige ein Mandat bearbeitet, der es am besten kann. Schließlich kann sich der extreme Leistungsgedanke nachteilig auf das Betriebsklima auswirken, wenn Misstrauen und Angst vor dem internen Wettbewerb dominieren.

- **Mischformen:** Mischformen sind bei größeren Einheiten geeignet, die einzelnen Vorteile zu bündeln und die Nachteile zu minimieren. So kann ein Sockelbetrag nach gleichen Anteilen oder über Lockstep verteilt werden, ein Spitzenbetrag über die individuelle Leistung. Auch können innerhalb einer Gesellschaft Teams gebildet werden (zum Beispiel eingeteilt nach Standort oder Praxisgruppe). Die Teams konkurrieren dann zueinander nach dem Leistungsprinzip, innerhalb eines Teams erfolgt aber beispielsweise eine Verteilung nach gleichen Anteilen.

## 8.2    Wer darf Partner werden?

Das bei großen wirtschaftsberatenden Gesellschaften vorherrschende System ist das Lockstep-Modell. Gemäß dem Grundsatz »Ein faules Ei verdirbt den ganzen Brei!« kann dieses System nur funktionieren, wenn auf die Auswahl der Gesellschafter (Partner) größter Wert gelegt wird. Insofern ist bei gesellschaftsrechtlicher Strukturierung einer wirtschaftsberatenden Gesellschaft der **Frage der Partnerwerdung** mindestens die gleiche Bedeutung zuzumessen wie der Frage des Vergütungssystems.[284] Hier gilt in der Regel der Grundsatz »up or out«: Dieses System lebt von einer Masse an jungen und hoch qualifizierten Berufseinsteigern, die im Angestelltenverhältnis beginnen (sogenannte Associates). Associates, die den Anforderungen an Leistungsfähigkeit und Leistungsbereitschaft genügen, werden zu Senior Associates und später zu Partnern. Alle anderen Berufsträger scheiden aus der Gesellschaft aus.

## 8.3    Wirtschaftliche Konditionen der Beteiligung

Besonderheiten bestehen auch bei der **Frage der wirtschaftlichen Konditionen,** zu denen ein Eintritt in die Partnerschaft oder ein Austritt aus ihr erfolgt. Der Wert eines Unternehmens von Freiberuflern besteht im Wesentlichen aus dem Wert der von ihnen erbrachten Dienstleistungen, also aus ihrem Ruf am Markt, der sich im nur schwer greifbaren Geschäftswert niederschlägt. Dagegen besitzen Freiberufler-Gesellschaften regelmäßig kaum (leicht zu bewertendes) Substanzvermögen. Diese Umstände erschweren eine objektive Bewertung der Unternehmen. Generationenkonflikte sind vorprogrammiert, wenn ältere Freiberufler mit jüngeren vergesellschaftet sind, denn die einen wollen bei ihrem altersbedingten Ausscheiden eine höhere Abfindung erhalten, als es dem objektiven Unternehmenswert entspricht, der wiederum wegen des Ausscheidens renommierter Freiberufler noch dazu sinkt, wenn wegen deren Pensionierung Umsatzteile wegbrechen (könnten). Umgekehrt wissen jüngere Freiberufler die Aufbauarbeit älterer Freiberufler oft ebenso wenig zu schätzen wie die Ausbildung, die sie von den älteren Freiberuflern genießen durften. Insbesondere große Beratungsgesellschaften sind jedoch darauf angewiesen, stets die fachlich geeignetsten Partner als Gesellschafter zu gewinnen. Gleichzeitig ist der Unternehmenswert solcher Gesellschaften regelmäßig sehr hoch. Um die besten Berufsträger nicht durch hohe Anschaffungskosten für den Erwerb der Anteile abzuschrecken und gleichzeitig eine

---

284 Eingehend Schieblon/*Harting* Seite 97 ff.: Karrierewege und Partnerwerdung.

Karriere als Partner attraktiv zu machen, sehen die Beteiligungsverträge dort deshalb regelmäßig vor, dass bei Eintritt in die Gesellschaft die Anteile zum (sehr niedrigen) Nominalwert übernommen werden und bei Ausscheiden aus der Gesellschaft wieder zum Nominalwert zurückgegeben werden. Neudeutsch wird eine derartige Regelung als »naked in and naked out« bezeichnet. Die Honorierung der Verdienste der älteren Partner erfolgt dann in der Regel über ein Lockstep-Vergütungsmodell.

## 8.4 Unternehmensführung durch Managing Partner

Bei kleineren Freiberufler-Gesellschaften erfolgt die **Unternehmensführung** in der Regel durch alle Partner gemeinschaftlich. Ab einer gewissen Gesellschaftsgröße ist dies nicht mehr möglich und die Gesellschaft benötigt ein Management, das überwiegend oder ausschließlich mit administrativen Aufgaben befasst ist. Freiberufler sind in der Regel in Personengesellschaften organisiert. Dort ist eine Fremdgeschäftsführung in der Regel unzulässig. Daher agieren bestimmte Gesellschafter als »Managing Partner«. Nach Rizor[285] muss ein Managing Partner zwölf Rollen einnehmen: die des Erfolgsgaranten, des Diplomaten und Schlichters, des Visionärs, des Strategen, des Motivators, des Wahrers der Unternehmenskultur, des Vollstreckers der Partnerbeschlüsse, des Entscheiders im Alltag, des Administrators, Kommunikators, des Kümmerers sowie des Repräsentanten und Akquisiteurs. Diese herausgehobene Stellung kann Neid und Missgunst der anderen Partner hervorrufen. Insofern kann Managing Partner denknotwendig nur derjenige werden, der von möglichst vielen Partnern anerkannt ist und außerhalb jeglicher Kritik steht. Darüber hinaus sollte die Macht des zweiten Entscheidungsorgans, der Partnerversammlung, nicht unnötig über Gebühr beschnitten werden. Weiteres Konfliktpotenzial birgt der Umstand, dass ein Manager häufig einen gleich hohen Gewinnanteil erhält wie die fachlich arbeitenden Gesellschafter, obwohl er wegen seiner Managementaufgaben deutlich weniger oder gar keinen primär messbaren Umsatz erwirtschaftete. Ein Manager eines Unternehmens von Freiberuflern hat meistens wenig bis keinen Kundenkontakt, weil er nicht am Markt tätig ist, sondern seine Arbeitszeit mit unternehmensinternen Managementaufgaben verbraucht. Das schwächt seine Position innerhalb des Gesellschafterkreises, denn dort gelten meist jene als mächtig, welche den meisten Umsatz akquirieren (oder abarbeiten). Dem Managing Partner muss klar sein, dass seine Stellung in der Regel nur zeitlich befristet ist und endet, wenn er den Rückhalt eines wesentlichen Teils seiner Mitgesellschafter ver-

---

285 Schieblon/*Rizor* Seite 55 ff.: Rolle und Aufgabe des Managing Partners einer Kanzlei.

liert. Er muss in der Lage sein, ihm zeitweise verliehene Macht wieder abzugeben und in das zweite Glied zurückzutreten. Mandate, die der Managing
Partner vor Ausübung dieser Funktion noch selbst betreute, werden zudem
häufig schon von Kollegen bearbeitet werden und der ehemalige Managing
Partner muss seinen Kundenstamm neu aufbauen. Diese Situation ist konfliktanfällig und verlangt nach gezielten Regelungen, die die Reintegration des
Managing Partners in die »normale« Mandatsarbeit gewährleisten.

> **!** **Tipp**
>
> Bei allen genannten Aspekten wirkt die Beachtung folgender Grundsätze regel-
> mäßig streitvermeidend:
> Überlegen Sie, ob Sie tatsächlich besser sind als Ihre Partner oder einfach nur
> anders? Nehmen Sie sich und Ihre Leistungen nicht zu wichtig und schätzen Sie
> die Leistungen Ihrer Partner. Lassen Sie Ihrer Partner auch wissen, dass Sie deren
> Leistungen anerkennen, denn Lob verstärkt erwünschte Verhaltensweisen.
> Man kann auch einmal über einen Fehler einfach hinwegsehen. Ihre Partner sind
> auch nur Menschen. Das heißt aber nicht, dass Kritik verboten ist, aber kritisieren
> Sie nur, wenn es notwendig ist, und immer respektvoll, denn Kritik ist eine Waffe,
> welche durch häufigen Gebrauch stumpf wird.
> Umgekehrt sollten Sie nicht jedes Wort Ihrer Partner auf die Goldwaage legen.
> Versuchen Sie deren berechtigte Kritik ernst zu nehmen, das zeugt von Selbst-
> bewusstsein.

## 8.5 Das Gesamtpaket ist entscheidend

Es gibt die unterschiedlichsten Modelle der wirtschaftlichen Vergesellschaftung, für welche sich einmal die eine, ein anderes Mal eine andere Gesellschaftsform besser eignet. Zur Streitvermeidung erscheint uns unabhängig
von der Gesellschaftsform zweierlei wichtig:

- **Kommunizierendes Gefäß:** Das Beteiligungausmaß, die (Ver-)Kaufpreise
  der Geschäftsanteile, die Vergütung und die Gewinnverwendung sowie
  -verteilung müssen gemeinsam betrachtet werden, allenfalls unter Einbe-
  ziehung weiterer Rechte/Pflichten, wie zum Beispiel Karenzregelungen. Alles zusammen ergibt ein Paket, welches für alle passen muss. Es hat keinen
  Sinn, einen Punkt herauszunehmen und diesen mit dem entsprechenden
  Punkt eines anderen freiberuflichen Unternehmens zu vergleichen. Wenn
  schon verglichen wird, müssen die gesamten Pakete verglichen werden.
- **Transparenz:** Je transparenter ein solches Modell ist, desto eher findet es
  Akzeptanz oder eben nicht. Im zweiten Fall kommt es zu keiner Vergesell-
  schaftung und daher zu keinem Gesellschafterstreit. Im ersten Fall hält

eine Vergesellschaftung besser, weil für alle klar (transparent) war, worauf sie sich eingelassen haben.

- **Praktikabilität:** Je gerechter ein System ist, umso aufwändiger ist dessen Umsetzung, die eine genaue Erfassung und Auswertung der Leistungsdaten erfordert. Das gerechteste System nützt nichts, wenn es voraussetzt, dass sich die Gesellschaft fortan nur noch mit sich selbst beschäftigt. Insofern ist es weder möglich, noch kann es das Ziel sein, alle Ungerechtigkeiten auszuräumen. Solange (gefühlte) Ungerechtigkeiten kein kritisches Maß übersteigen und solange Ungerechtigkeiten mit ähnlicher Wahrscheinlichkeit jeden Partner treffen können, werden sie von den Gesellschaftern üblicherweise akzeptiert; und ein von den Mitgliedern akzeptiertes System funktioniert.

---

**Achtung** !

Freiberufler arbeiten weniger miteinander als nebeneinander, vor allem, wenn sie unterschiedliche Spezialisierungen aufweisen. Das kann unbemerkt zu einem Auseinandertriften der Gesellschafter führen. Dann ist es oft nicht mehr weit zum Gesellschafterstreit!

Dagegen hilft, sich regelmäßig über die gemeinsamen Unternehmensvisionen sowie Unternehmensziele Gedanken zu machen, am besten in sogenannten Strategiemeetings.

---

**Tipp** !

Beruflich verbundene Partner müssen nicht unbedingt miteinander persönlich befreundet sein, aber ihre Beziehung vertieft sich, das wechselseitige Vertrauen steigt, wenn man nicht nur miteinander arbeitet, sondern hin und wieder gemeinsam etwas unternimmt (Bergtour, Oldtimerausflug, Kabarettbesuch oder dergleichen) und dadurch einander besser kennenlernt, denn eine Partnerschaft muss gepflegt werden.

# 9 Start-ups

Bei Start-ups sind aus gesellschaftsrechtlicher Sicht zwei grundlegende Verhältnisse zu unterscheiden: die Beziehung der Gründer untereinander und die Beziehung der Gründer zu Kapitalinvestoren, die der Gesellschaft Kapital und – bei Beteiligung sogenannter Business Angels – auch Erfahrungswerte zur Verfügung stellen, im Übrigen aber am operativen Geschäftsbetrieb nicht teilnehmen.

## 9.1 Verhältnis der Gründer untereinander

### 9.1.1 Jungen Gründern fehlt Kapital und Erfahrung

Das erste Verhältnis wird geprägt von der Schicksalsgemeinschaft der Gründer. Die Gründer sind oft sehr jung, in der Regel ohne unternehmerische Erfahrung und benötigen ihr gesamtes Kapital für das operative Geschäft. Für die innere Organisation der Gesellschaft steht in der Regel nur wenig Zeit und Geld zur Verfügung. Bei ausreichend vorhandener Vertrauensbeziehung unter Gründern ist es auch allemal sinnvoller, ohne oder mit unzureichenden Gesellschaftsverträgen zu starten und die Geldmittel in den Anschub des Geschäftsbetriebes zu investieren, als aufwändige Gesellschaftsverträge zu gestalten und anschließend festzustellen, dass die Geschäftsidee wegen der hohen rechtlichen Gründungskosten nicht umgesetzt werden kann. Hier gilt aber der Grundsatz: »Aufgeschoben ist nicht aufgehoben!« In jedem Fall sollte das rechtliche Korsett der Gesellschaft unverzüglich nachjustiert werden, sobald die Startphase überwunden ist und der Geschäftsbetrieb komplexer wird.

Start-up-Gründer meinen immer wieder: »Wir werden uns sowieso nicht streiten.« Als junger Gründer muss Ihnen aber klar sein, dass immer dann, wenn gesellschaftsinterne Entscheidungen zu treffen sind, in denen es um die Verteilung von Macht und Geld geht, ein natürlicher Interessengegensatz der Gründer besteht. Natürlich ist es das Recht eines jeden Gründers, seine individuellen Interessen durchzusetzen und seine Position innerhalb der Gesellschaft zu stärken. Damit dies nicht zum Schaden der Gesellschaft erfolgt, bedarf es Spielregeln.

### 9.1.2 Veränderte individuelle Lebenssituation verursacht Anpassungsbedarf

Gerade bei jungen Start-ups, vor allem, wenn sie erfolgreich sind, besteht regelmäßiger Prüfungs- und gegebenenfalls Anpassungsbedarf der bestehenden Verträge (vgl. Kapitel 4.1.1 und 4.1.8.31). So kann es Anpassungsbedarf geben, wenn ein Start-up personell beziehungsweise örtlich expandiert oder nach einer längeren Entwicklungsphase zur Produktion ihrer Produkte übergeht usw.

Überdies befinden Gründer sich häufig noch in ihrer persönlichen Entwicklungsphase; Änderungen der persönlichen Prioritätensetzung sind jederzeit möglich. Die private Partnersuche ist in der Regel noch nicht abgeschlossen. Gerade der mittelbare Einfluss der Lebenspartner auf den Frieden in der Gesellschaft darf nicht unterschätzt werden (vgl. Kapitel 7.4.2). Jeder Mensch sucht gerne nach Partnern, die ihn ergänzen und ausgleichen. Harmonieren die Gegenpole Gesellschafter (Pluspol)/eigener Lebenspartner (Minuspol) und Gesellschafter (Pluspol)/Mitgesellschafter (Minuspol) gut, kommt es bei den »Minuspolen« Lebenspartner/Mitgesellschafter des »Pluspol-Gesellschafters« oft zu Spannungen. Um ein konfliktträchtiges Aufeinanderprallen der beiden »Minuspole« zu vermeiden, sollten die Privatsphäre und die betriebliche Sphäre strikt getrennt werden.

> **!** **Beispiel: Anpassungsbedarf durch veränderte Verhältnisse**
> A, B, C und D haben vor zehn Jahren ein Start-up in Form einer GmbH gegründet. Zuvor hatten die vier Gesellschafter noch keine unternehmerische Erfahrung gehabt. Die ersten Jahre waren sehr zeitintensiv. Alle Gesellschafter haben wöchentlich bis zu 70 Stunden in der Firma verbracht. Nach fünf Jahren erlitt A ein »Burn-Out«. Er arbeitet seitdem nur noch halbtags. B wurde wegen Vernachlässigung der Familie von seiner Partnerin verlassen. Mit seiner neuen Partnerin will B nun alles besser machen. C hat ebenfalls einen neuen Partner. C's Ehemann findet, seine Frau werde von A und B im Stich gelassen. Nach Feierabend stachelt er C täglich und erfolgreich an, sich das nicht länger gefallen zu lassen. D ist von A, B und C mittlerweile völlig genervt. – Die Karten gehören neu gemischt!

### 9.1.3 Mitarbeiterbeteiligungsprogramme

Gerade junge Technologieunternehmen sind darauf angewiesen, hoch qualifizierte, hoch motivierte und innovative Mitarbeiter zu erhalten. Diese Unternehmen sind regelmäßig nicht in der Lage, mit dem Lohnniveau von Konzernen zu konkurrieren. Daher finden sich bei derartigen Start-ups regelmäßig Mitarbeiterbeteiligungsprogramme (vgl. Kapitel 3.4.1.5). Üblicherweise erhalten Mitarbeiter zunächst einen bestimmten Anteil der Geschäftsanteile und partizipieren so an der Wertsteigerung des Unternehmens und an etwaigen Ausschüttungen. Bei Erreichen bestimmter Meilensteine dürfen diese Mitarbeiter ihre Mitarbeiterbeteiligung dauerhaft behalten (»negatives Vesting«[286]). Sofern und soweit ein Mitarbeiter sein Ausscheiden vor Erreichen eines Meilensteins schuldhaft verursacht (»Bad Leaver«), muss er seine Beteiligung an die Gesellschaft zurückgeben. Scheidet der Mitarbeiter ohne eigenes Verschulden aus (»Good Leaver«), sind die Vertragsbedingungen üblicherweise so gestaltet, dass der Mitarbeiter seine Beteiligung auch vor dem Erreichen des Meilensteins behalten darf. – Bei Beendigung der Zusammenarbeit bestehen konträre Interessen der Gesellschaft und des ausscheidenden Mitarbeiters. Die Gesellschaft will die Zahl der Gesellschafter, die zukünftig weder Kapital noch Arbeitskraft zur Verfügung stellen, möglichst gering halten, um die anderen Gesellschafter (Mitarbeiter) maximal zu motivieren und den Beitritt für neue Gesellschafter attraktiv zu halten. Der Ausscheidende will dagegen möglichst langfristig von dem Erfolg der Gesellschaft profitieren. Solche Situationen sind streitanfällig. Regelmäßig geht es dabei darum, ob der Ausscheidende ein Good oder ein Bad Leaver ist.

---

**Achtung**   !

Derartige Vesting-Klauseln bedürfen bei einer GmbH einer notariellen Beurkundung (beispielsweise durch Einziehungsklauseln in der Satzung). Andernfalls können die Anteile auch bei einem Ausscheiden als Bad Leaver nicht zurückverlangt werden.

---

**Tipp**   !

Mitarbeiterbeteiligungen dienen der Motivation der Mitarbeiter. Der Wert einer Mitarbeiterbeteiligung zeigt sich nicht zuletzt darin, wie die Gesellschaft bei Beendigung der Zusammenarbeit mit einem Ausscheidenden umgeht. Gesellschafterstreite um die Beteiligung sollten Sie als Gründer nicht leichtfertig und immer sachlich führen, denn die anderen beteiligten Mitarbeiter werden Ihr Handeln ganz genau beobachten. Empfinden die anderen Mitarbeiter Ihr Verhalten als unfair, so kann dies für sie den subjektiven Wert ihrer Mitarbeiterbeteiligung reduzieren und beeinträchtigt damit im Ergebnis auch ihre Motivation. – Sind Sie dagegen zu nachgiebig gegenüber einem Bad Leaver, besteht die Gefahr, dass sein Verhalten Schule macht. Keine leichte Ausgangssituation …

---

286 Vgl. hierzu Weitnauer/*Weitnauer* S. 377 ff.

## 9.2 Verhältnis der Gründer zu Kapitalinvestoren

Beteiligen sich an dem Start-up Kapitalinvestoren, so gilt es nicht nur das Verhältnis der Gründer untereinander zu regeln, sondern auch das Verhältnis der Gründer zu den Investoren. In der Regel handelt es sich entweder um reine Risikokapitalinvestoren (sogenannte Venture-Capital-Investoren, kurz: »VCs«), Business Angels oder strategische Investoren.

### 9.2.1 Exit-Strategie versus Lebenswerk

Während strategische Investoren durchaus an einer längeren Partnerschaft interessiert sein können, ist die Beteiligung eines Venture-Capital-Investors regelmäßig auf einen überschaubaren zeitlichen Horizont angelegt. Sein Ausstieg (»Exit«) aus der Gesellschaft bei Erreichen eines bestimmten Meilensteins oder nach Ablauf einer bestimmten Zeit ist von Anfang an geplant. Ein Exit kann ein Börsengang (»IPO«) sein oder ein Unternehmensverkauf (»Trade Sale«). Der von Anfang an geplante Exit des Venture-Capital-Investors bedingt, dass regelmäßig Nebenvereinbarungen abgeschlossen werden, die Exit-Klauseln enthalten, beispielsweise in Form von Mitveräußerungsrechten und Mitveräußerungspflichten (vgl. Kapitel 4.1.8.18).[287] Motiv für solche Mitveräußerungsrechte ist, dass ein mit 10% an einer GmbH beteiligter Gesellschafter bei Verkauf der gesamten GmbH einen höheren Erlös für seinen 10%-Anteil erhält als bei isolierter Veräußerung eines (oft unattraktiven) 10%-Anteils. Bei vertraglich geregelter Mitveräußerungspflicht kann ein auch nur in sehr geringem Umfang beteiligter Investor einen als Mehrheitsgesellschafter beteiligten Gründer dazu zwingen, das gesamte Unternehmen an einen Dritten zu veräußern.

Strategische Investoren verfolgen ein anderes Investitionsziel. Ihre Interessen sind nicht durch eine Portfoliostrategie gekennzeichnet, vielmehr erhoffen sie sich durch die Kreativität der Gründer Anregungen und Innovationen für den eigenen Geschäftsbetrieb sowie Synergieeffekte. Diese Investoren wollen Exit-Regelungen nicht primär für den Fall, dass sich die Situation eines gewinnbringenden Verkaufs an den Meistbietenden ergibt, sondern für den Fall, dass sich das Start-up aus Sicht des Investors in die »falsche« Richtung entwickelt. Insofern besteht ein strategischer Investor regelmäßig auf die Vereinbarung einer Call-Option, welche er unter bestimmten Voraussetzun-

---

287 Zu Mitveräußerungsrechten und Mitveräußerungspflichten bei Venture-Capital-Beteiligungen: Weitnauer/*Weitnauer* S. 370 ff.

gen ausüben kann, um als Allein- oder qualifizierter Mehrheitsgesellschafter das Start-up zu kontrollieren und gegebenenfalls in das eigene Unternehmen zu integrieren.

---

**Tipp** !

Sofern in dem Unternehmen Ihr Herzblut steckt und es Ihr Lebenswerk darstellt, sollten Sie mit der Vereinbarung von Mitveräußerungspflichten oder von Call-Optionen vorsichtig sein. In jedem Fall sollten Sie sich ein Vorkaufsrecht sichern, wonach Sie berechtigt sind, im Mitveräußerungsfall das Unternehmen zu den Konditionen zu übernehmen, zu denen es ein Dritter übernehmen würde.

---

**Tipp** !

Tendenziell mischen sich Finanzinvestoren weniger in den laufenden Geschäftsbetrieb eines Start-ups ein als strategische Investoren. Dies hängt nicht zuletzt damit zusammen, dass der Finanzinvestor weder die Zeit noch Ressourcen hat, die operativen Entscheidungen des Start-ups mitzugestalten. Dagegen verfügt der strategische Investor regelmäßig über Spezialisten aus derselben Branche, die auf jahrzehntelange Erfahrung zurückgreifen können und mit vielen gut gemeinten Ratschläge aufwarten. Hier besteht zwischenmenschliches Konfliktpotenzial.

Als strategischer Investor sollten Sie sich stets vergegenwärtigen, weshalb Sie sich an einem Start-up beteiligen: nämlich weil dieses Unternehmen in bestimmten Bereichen kreativer und innovativer ist als das Ihre. Sie sollten daher akzeptieren, dass die Geschäftsführung des Start-ups unternehmerische Freiheiten braucht (auch für »Bauchentscheidungen«). Gewähren Sie dem Start-up auch das Recht, Fehler zu machen und aus diesen Fehlern zu lernen. Machen Sie als strategischer Investor nicht den Fehler, die Organisationsstruktur Ihres Großunternehmens eins zu eins auf ein Start-up zu übertragen. Denken Sie daran, dass auch Ihr Unternehmen vor langer Zeit als Start-up begonnen hat und deshalb erfolgreich wurde, weil es anfangs andere Strukturen hatte, als es die heutigen sind.

---

### 9.2.2 Portfoliostrategie versus Risikominimierung

Venture-Capital-Fonds erhalten von ihren Anlegern für einen von vornherein begrenzten Zeitraum Kapital zu Verfügung gestellt, mit dem Auftrag, dieses maximal zu vermehren. Solche Fonds verfolgen eine Portfoliostrategie. Sie beteiligen sich an einer Vielzahl an Unternehmen und kalkulieren von Anfang an, dass – grob gesagt – 40 % dieser Unternehmen scheitern, weitere 40 % der Beteiligung an Unternehmen keine nennenswerte Rendite bringen und allenfalls 20 % der Beteiligungen eine weit überdurchschnittliche Rendite erwirtschaften. Als Gründer muss Ihnen klar sein, dass Ihr Venture-Capital-Investor Wachstum um nahezu jeden Preis will und das Risiko des Scheiterns Ihrer Unternehmung billigend in Kauf nimmt. Wenn Sie als Gründer nur an einem (nämlich »Ihrem«) Unternehmen beteiligt sind, stellt die Existenz Ihres Unternehmens für Sie die einzige Einkunftsquelle dar. Die unterschiedliche Risikobereitschaft der Gesellschafter kann zu erheblichen Spannungen führen.

### 9.2.3 Verwässerungsschutz bei Finanzierungsrunden

Mit Ausnahme von Freiberufler-Gesellschaften haben Start-ups einen durch die ausgeprägte Entwicklungstätigkeit und/oder das ausgeprägte Wachstum einen erheblichen Kapitalbedarf. Gleichzeitig verfügen Start-ups in der Regel noch nicht über ein funktionierendes Geschäftsmodell mit entsprechenden operativen Cash-Flows. Mangels Innenfinanzierung ist das Start-up daher auf eine Außenfinanzierung durch Eigen-, Fremd- oder Mezzaninekapital angewiesen. Banken sind häufig nicht bereit, ein Start-up zu finanzieren und dadurch sein unternehmerisches Risiko mitzutragen. Insofern erfolgt die Finanzierung in der Regel entweder über Mezzaninekapital oder über Eigenkapital. Die Eigenkapitalfinanzierung erfolgt dabei mittels einer Kapitalerhöhung, bei der neue Anteile gebildet und an die sich neu oder in zusätzlichem Umfang beteiligenden Investoren gegen Zahlung einer Einlage (Nennbetrag zuzüglich Agio [Aufgeld]) ausgegeben werden. Eine solche Kapitalerhöhung erfolgt im Rahmen einer Finanzierungsrunde. Beteiligen sich einzelne Altgesellschafter nicht an der Kapitalerhöhung, so verwässert sich deren Beteiligung (beispielsweise von ursprünglich 20 % auf 17 %). Insofern haben die eine Kapitalerhöhung initiierenden Altgesellschafter regelmäßig ein Interesse daran, dass der Umfang der Verwässerung (auch als »Dilution« bezeichnet) und damit der Umfang der Kapitalerhöhung möglichst gering und nur im Rahmen des unbedingt erforderlichen Kapitalbedarfs erfolgt. Dies führt dazu, dass später bei einem Kapitalbedarf erneute Finanzierungsrunden stattfinden, bei denen weitere Kapitalerhöhungen zu weiteren Verwässerungen führen. Eine ökonomische Verwässerung (im Sinne einer Wertminderung) der Beteiligung tritt bei nachfolgenden Kapitalerhöhungen nur dann ein, wenn die Ausgabe der Anteile in der betreffenden Finanzierungsrunde zu einer niedrigeren Bewertung erfolgt als in früheren Finanzierungsrunden (sogenannte »Down Round«). Investoren wollen sich regelmäßig vor derartigen Verwässerungen bei nachfolgenden Finanzierungsrunden schützen (»Down-Round-Protection«). Dies kann über sogenannte »Ratchet«-Klauseln geschehen, die dem Investor für den Fall einer Down-Round einen Ausgleich in Form der Ausgabe weiterer Anteile zum Nominalwert gewähren.[288]

---

288 Vgl. zum Verwässerungsschutz und zu Ratchet-Klauseln: Weitnauer/*Weitnauer* S. 347 ff.

Maßgeblich für den Preis der bei einer Kapitalerhöhung ausgegebenen Anteile ist der Wert des Unternehmens vor Durchführung der Kapitalerhöhung (»Pre-Money-Value«). Bei Finanzierungsrunden besteht regelmäßig das Problem der realistischen Unternehmensbewertung. Ausgangspunkt einer Unternehmensbewertung ist üblicherweise eine in die Zukunft gerichtete Unternehmensplanung. Da Start-ups kein seit längerer Zeit vom Markt bestätigtes Geschäftsmodell mit nachhaltigen Erträgen aufweisen, kann diese Unternehmensplanung nicht mit Zahlen aus der Vergangenheit plausibilisiert werden. Der Gründer wird seine Unternehmensplanung tendenziell zu positiv präsentieren, der Investor wird eher von konservativen Annahmen ausgehen. Auf den ersten Blick erscheinen Ratchet-Klauseln als ideale Lösung dieser Bewertungsunsicherheit, erlauben sie doch, Fehlbewertungen bei nachfolgenden Finanzierungsrunden zugunsten des Investors auszugleichen. Berücksichtigen Sie aber, dass die Lösung von heute das Problem von morgen darstellt. Bei der nächsten Finanzierungsrunde verwässern sich Ihre Anteile bereits durch die Beteiligung neuer Investoren. Die Anpassung der Beteiligung des Ratchet-gesicherten Investors verwässert Ihre Beteiligung zusätzlich. Wurde frühen Investoren ein Ratchet-Schutz gewährt, werden Investoren bei späten Finanzierungsrunden ebenfalls darauf bestehen; es entsteht ein Dominoeffekt. Die nachteiligen Folgen von Ratchet-Klauseln führen dazu, dass Gründer weitere Finanzierungsrunden nicht oder nur zögerlich durchführen. Dies schadet der Gesellschaft, der weiteres Wachstumskapital vorenthalten wird, und dies schadet damit mittelbar auch den durch die Ratchet-Klauseln gesicherten Investoren. Ein solcher Interessengegensatz kann Auslöser eines Gesellschafterstreits sein.

Dieser Zielkonflikt kann abgemildert werden, wenn die Ratchet-Klausel bei nachfolgenden Finanzierungsrunden keinen vollen Wertausgleich gewährt (»Full Ratchet«), sondern nur einen Teilausgleich (»Average«- oder »Weighted-Average«-Methode). Eine weitere Abmilderung der Folgen der Ratchet-Klausel ist möglich durch »Pay-to-Play«-Klauseln.[289] Der Ausgleichsanspruch des Ratchet-geschützten Investors bei späteren Finanzierungsrunden wird in diesem Fall davon abhängig gemacht, dass dieser Investor bei der späteren Finanzierungsrunde erneut in einem bestimmten Mindestumfang investiert.

## 9.2.4 Liquidationspräferenzen

In der Regel erwarten sich Investoren eine Liquidationspräferenz.[290] Diese führt im Falle der Veräußerung oder Liquidation des Unternehmens zu einer

---

289 Vgl. Weitnauer/*Weitnauer* S. 350.
290 Eingehend Weitnauer/*Weitnauer* S. 373 ff.

bevorzugten Beteiligung des Investors am Veräußerungs- oder Liquidationserlös. Diese Bevorzugung geht ausschließlich zulasten der Gründer. Auch solche Klauseln können dazu führen, dass am Ende der Einsatz der Gründer vergeblich war und diese mit leeren Händen dastehen. Das Risiko ist, dass die Gründer – sobald eine solche Entwicklung absehbar ist – die Motivation an der Fortentwicklung des Unternehmens verlieren könnten. Ist die weitere Motivation der Gründer für das Unternehmen erforderlich, schadet eine solche Situation der Gesellschaft und damit mittelbar den Investoren.

Umgekehrt kann die Gesellschaft von dem Einstieg eines Investors (und damit die Gründer vom Akzeptieren einer Liquidationspräferenz) profitieren, nämlich dann, wenn andernfalls kein Kapitalgeber bereit wäre, das mit der Investition verbundene Risiko zu tragen.

# 10 Konzerne

## 10.1 Grundsätzliches zum Konzernrecht

Konzerne im rechtlichen Sinne haben in der Bundesrepublik eine erhebliche volkswirtschaftliche Bedeutung. Dies zeigt sich bereits statistisch an der in Deutschland am häufigsten verwendeten Gesellschaftsform, der GmbH: Man geht davon aus, dass etwa die Hälfte aller deutschen GmbHs einem Konzern angehören.[291]

Konzernrechtliche Regelungen finden sich nur im Aktiengesetz. Die dortigen Regelungen werden teilweise bei anderen Kapitalgesellschaften analog angewandt. Im Personengesellschaftsrecht spielt das Konzernrecht eine untergeordnete Rolle. Insofern wird nachfolgend lediglich auf die Rechtslage bei der AG und bei der GmbH eingegangen.

Die Begriffe »Konzern« und »Konzernunternehmen« werden in § 18 AktG definiert. Unterschieden wird zwischen dem Gleichordnungskonzern und dem Unterordnungskonzern. Die konzernspezifischen rechtlichen Fragestellungen stellen sich hauptsächlich beim Unterordnungskonzern, weswegen wir lediglich auf diesen eingehen. Sofern wir nachfolgend den Begriff »Konzern« verwenden, ist der Unterordnungskonzern gemeint. § 18 Abs. 1 AktG definiert den Unterordnungskonzern wie folgt:

»*Sind ein herrschendes und ein oder mehrere abhängige Unternehmen unter der einheitlichen Leitung des herrschenden Unternehmens zusammengefaßt, so bilden sie einen Konzern; die einzelnen Unternehmen sind Konzernunternehmen. Unternehmen, zwischen denen ein Beherrschungsvertrag (§ 291) besteht oder von denen das eine in das andere eingegliedert ist (§ 319), sind als unter einheitlicher Leitung zusammengefaßt anzusehen. Von einem abhängigen Unternehmen wird vermutet, daß es mit dem herrschenden Unternehmen einen Konzern bildet.*«

Nach h.M. ist diese Vorschrift auf die GmbH analog anwendbar.[292]

Charakteristisch für einen Konzern ist also ein herrschendes Unternehmen und ein von ihm abhängiges Unternehmen. Die Abhängigkeit kann demnach aufgrund drei verschiedener Tatbestände bestehen:

---

291 BeckGmbH-HdB/*Vogt* § 17 Rn. 1.
292 Baumbach/Hueck/*Beurskens* KonzernR Rn. 12.

- **Eingliederungskonzern:** Eine Eingliederung liegt nach §319 ff. AktG vor, wenn eine AG (Hauptgesellschaft) eine andere AG aufnimmt. Die wirtschaftlichen Folgen sind ähnlich wie bei der Verschmelzung. Anders als dort bestehen aber weiterhin zwei Gesellschaften fort. Die Eingliederung stellt die intensivste Form der Konzernbindung dar.
- **Vertragskonzern:** Schließen zwei Unternehmen einen Unternehmensvertrag nach §§291 f. AktG, entsteht ein Vertragskonzern. Unternehmensverträge sind Beherrschungsverträge, Gewinnabführungsverträge, Verträge über eine Gewinngemeinschaft, Teilgewinnabführungsverträge und Betriebsüberlassungsverträge (bei der abhängigen GmbH auch Betriebspachtverträge oder Betriebsführungsverträge). – Von Bedeutung ist hier der Beherrschungsvertrag. Er berechtigt die in dem Vertrag als herrschend bezeichnete Gesellschaft, also deren Vorstand (bei der GmbH: deren Geschäftsführung), der in dem Vertrag als abhängig bezeichneten Gesellschaft Weisungen zu erteilen (§308 AktG). Da auch nachteilige Weisungen zulässig sind, existieren verschiedene Vorschriften zum Schutz der Gesellschaftsgläubiger. Die bedeutendste dürfte die in §302 AktG geregelte Verlustausgleichspflicht der herrschenden Gesellschaft sein (gilt analog für die GmbH[293]).
- **Faktischer Konzern:** Auch ohne Eingliederung oder Abschluss eines Unternehmensvertrages kann ein Konzern vorliegen, wenn zwischen zwei Gesellschaften ein Abhängigkeitsverhältnis besteht. Nach §17 AktG ist das insbesondere bei einer Mehrheitsbeteiligung der herrschenden an der abhängigen Gesellschaft der Fall.

Gesellschaftsrechtliche Konflikte können sich im Konzern insbesondere deshalb ergeben, weil die abhängige Gesellschaft nicht mehr autonom ihre eigenen unternehmerischen Interessen verfolgen kann, sondern dem Einfluss der herrschenden Gesellschaft ausgesetzt ist. Divergieren die unternehmerischen Interessen, droht eine schädliche Einflussnahme der herrschenden auf die abhängige Gesellschaft. Leidtragende einer solchen Konstellation sind die Gläubiger der abhängigen Gesellschaft und – für die nachfolgenden Ausführungen von besonderer Bedeutung – die nicht herrschenden, außenstehenden beziehungsweise konzernfreien Gesellschafter der abhängigen Gesellschaft. Bei den außenstehenden Gesellschaftern handelt es sich üblicherweise um die Minderheitsgesellschafter. Wesentliche Aufgabe des Konzernrechts ist es, diese Leidtragenden der Konzernierung zu schützen. Konzernrecht ist also in erster Linie Schutzrecht.

---

293 H.M., vgl. Baumbach/Hueck/*Beurskens* KonzernR Rn.121.

> **Tipp** !
>
> Für Gesellschafter ist es stets erstrebenswert, maßgebliche Beteiligungsschwellen zu überschreiten. Relevante Schwellen sind vor allem 25%, 50% und 75% der Stimmen. Bei Erreichen dieser Schwellen steigt der Wert der eigenen Beteiligung überproportional zu dem Umfang der bisherigen Beteiligung. Eine Beteiligung von 50% ist mehr als nur doppelt so wertvoll wie eine 25%-Beteiligung.
>
> Der größte Wertsprung erfolgt bei Erreichen einer ein faktisches Konzernverhältnis begründenden beherrschenden Beteiligung. Wenn Sie die wirtschaftlichen und tatsächlichen Möglichkeiten haben, sollten Sie als Gesellschafter stets bestrebt sein, eine beherrschende Stellung zu erlangen und mit Ihren Tochtergesellschaften einen faktischen Konzern zu bilden. – Sofern Sie auf die persönliche Mitarbeit Ihrer Mitgesellschafter angewiesen sind, sollten Sie jedoch bedenken, dass die Beherrschung für Sie auch nachteilig sein kann. Dies ist dann der Fall, wenn sich Minderheitsgesellschafter unterdrückt oder eingeschränkt fühlen und dadurch weniger motiviert sind.

## 10.2 Rechtsschutz der außenstehenden Gesellschafter vor und bei der Konzernbildung (sogenannte Konzerneingangskontrolle)

### 10.2.1 Eingliederungskonzern

Eine Eingliederung ist nur unter Beteiligungen von AGs möglich. Die Eingliederung einer AG in eine andere AG (Hauptgesellschaft) ist zulässig, wenn die Hauptgesellschaft mindestens 95% der Aktien an der einzugliedernden Gesellschaft hält. Liegen diese Voraussetzungen vor, kann die jeweilige Hauptversammlung der Hauptgesellschaft (mit Dreiviertelmehrheit des vertretenen Grundkapitals) und der einzugliedernden Gesellschaft (mit einfacher Mehrheit des Grundkapitals) die Eingliederung beschließen. Die Eingliederungsbeschlüsse bedürfen keiner sachlichen Begründung. Die Minderheitsgesellschafter der einzugliedernden Gesellschaft können die Eingliederung bei Vorliegen der entsprechenden Mehrheitsverhältnisse also nicht verhindern.

Mit wirksamer Eingliederung scheiden die Minderheitsgesellschafter aus der einzugliedernden Gesellschaft gegen Zahlung einer Abfindung aus (vgl. Kapitel 6.18.2.6). Die ausscheidenden Minderheitsgesellschafter können die Höhe der Abfindung nach den Vorschriften des SpruchG gerichtlich prüfen lassen (vgl. Kapitel 6.19).

## 10.2.2 Vertragskonzern

Unternehmensverträge werden zwischen den beteiligten Gesellschaften, vertreten durch den Vorstand beziehungsweise die Geschäftsführer, abgeschlossen. Sie sind nach §294 Abs. 2 AktG in das Handelsregister der abhängigen Gesellschaft einzutragen (gilt für die GmbH analog).

Bei der abhängigen **AG** bedarf der Abschluss des Unternehmensvertrages eines zustimmenden Hauptversammlungsbeschlusses (§293 AktG). Dieser erfordert eine Mehrheit von 75% des bei der Beschlussfassung vertretenen Grundkapitals. Die Satzung kann höhere Mehrheitserfordernisse vorsehen. Die Vorbereitung und Durchführung der Beschlussfassung der Hauptversammlung ist von erheblicher Komplexität (vgl. §293 ff. AktG). Der Hauptversammlungsbeschluss bedarf keiner besonderen sachlichen Rechtfertigung und unterliegt keiner Kontrolle der Erforderlichkeit und Angemessenheit.[294] Er kann mit Anfechtungsklage angefochten werden (vgl. Kapitel 6.16.1). Die Gesellschaft kann bei Gericht eine Freigabeentscheidung nach §246a AktG beantragen (vgl. den Tipp in Kapitel 6.16.1.3).

Ein Gewinnabführungs- oder Beherrschungsvertrag muss einen angemessenen Ausgleich für die außenstehenden Aktionäre in Form einer wiederkehrenden Geldforderung vorsehen (§304 AktG). Beherrschungs- und Gewinnabführungsverträge müssen darüber hinaus eine Verpflichtung des herrschenden Vertragsteils enthalten, die Aktien von außenstehenden Aktionären der abhängigen Gesellschaft auf deren Verlangen gegen eine im Vertrag bestimmte Abfindung zu erwerben. Die Abfindung erfolgt unter den Voraussetzungen des §305 AktG entweder durch Gewährung von Aktien an der beherrschenden Gesellschaft oder durch Zahlung einer Barabfindung. Das gänzliche Fehlen einer Regelung zum Nachteilsausgleich führt zur Nichtigkeit eines Gewinnabführungs- oder Beherrschungsvertrages (§304 Abs. 3 S.1 AktG). Eine unangemessene Höhe des in dem Unternehmensvertrag vorgesehenen Nachteilsausgleichs oder der Abfindung führt weder zur Nichtigkeit des Unternehmensvertrages noch zur Anfechtbarkeit des Hauptversammlungsbeschlusses. Der betroffene Aktionär kann jedoch im Spruchverfahren eine angemessene Abfindung beziehungsweise einen anderen Nachteilsausgleich geltend machen (§304 Abs. 3 S.2, 3 und §305 Abs. 5 AktG, vgl. Kapitel 6.19)

Bei der abhängigen **GmbH** muss für den wirksamen Abschluss eines Unternehmensvertrages die Zustimmung der Gesellschafterversammlung eingeholt

---

294 MHdB GesR VII/*Busch/Link* §42 Rn. 26.

werden. Der Gesellschafterbeschluss bedarf nach neuerer Rechtsprechung einer Dreiviertelmehrheit der anwesenden Stimmen. Streitig ist, ob die herrschende Gesellschaft bei der Abstimmung ein Stimmrecht hat.[295] Stimmen einem solchen Beschluss nicht alle Gesellschafter zu, können die sich verweigernden Gesellschafter Beschlussanfechtungsklage erheben. Anders als bei der AG darf eine GmbH die Durchführung eines Freigabeverfahrens nicht beantragen (vgl. Kapitel 6.16.1.3).

### 10.2.3 Faktischer Konzern

Ein faktischer Konzern bildet sich durch tatsächliches Entstehen eines Abhängigkeitsverhältnisses. In der Regel ist das Abhängigkeitsverhältnis Folge einer Mehrheitsbeteiligung der herrschenden Gesellschaft. Ein faktisches Konzernverhältnis kann schon mit Gesellschaftsgründung bestehen. Dann obliegt es den mitgründenden Minderheitsgesellschaftern, zu entscheiden, ob sie sich darauf einlassen. Ein faktisches Konzernverhältnis kann aber auch nach Gründung durch eine Veränderung in der Gesellschafterstruktur entstehen, beispielsweise durch Veräußerung der Anteile, durch Erbfall, durch Umwandlungsmaßnahmen (zum Beispiel Verschmelzung) oder in Folge der Durchführung einer Kapitalerhöhung. Auf solche Veränderungen haben die Minderheitsgesellschafter nur bedingt Einfluss.

Bei der **GmbH** kann unliebsamen Veränderungen in der Gesellschafterstruktur und der ungewollten Bildung eines faktischen Konzerns durch Satzungsgestaltung vorgebeugt werden: Beispielsweise können die Geschäftsanteile vinkuliert werden (vgl. Kapitel 4.1.8.14). Die Satzung kann Höchststimmrechte für einzelne Gesellschafter vorsehen (vgl. Kapitel 4.1.8.8.2), ein Recht zur Einziehung der Geschäftsanteile eines beherrschenden oder in die Erbfolge tretenden Gesellschafters (vgl. Kapitel 6.18.2.2), ein erhöhtes Mehrheitserfordernis für die Durchführung von Kapitalmaßnahmen und Umwandlungsmaßnahmen sowie ein Wettbewerbsverbot für die Gesellschafter (vgl. Kapitel 4.1.8.24.1). Letzteres kann zwar nicht die Entstehung eines Abhängigkeitsverhältnisses verhindern, wohl aber den Interessengegensatz zwischen der herrschenden und der abhängigen Gesellschaft abfedern.[296]

Bei der **AG** besteht im Vergleich zur GmbH nur eine reduzierte Freiheit, die Satzung nach Belieben zu gestalten. Beispielsweise können lediglich Namensak-

---

295 Baumbach/Hueck/*Beurskens* KonzernR Rn. 107.
296 Vgl. Baumbach/Hueck/*Beurskens* KonzernR Rn. 104 ff.

tien vinkuliert werden (vgl. Kapitel 4.1.8.14). Nur bei nicht an der Börse notierten Gesellschaften ist ein Höchststimmrecht zulässig (vgl. Kapitel 4.1.8.8.2). Auch darf die Satzung kein Wettbewerbsverbot für Aktionäre vorsehen (vgl. Kapitel 4.1.8.24.1). – Dagegen kann die Satzung die erforderliche Stimmenmehrheit für die Durchführung von Kapitalerhöhungen auf jede beliebige Schwelle bis zur Einstimmigkeit erhöhen (§ 133 Abs. 1 HS 2 AktG). Ferner sind Regelungen zur Einziehung der Geschäftsanteile aus wichtigem Grund (zum Beispiel bei Erbfolge) zulässig (vgl. Kapitel 6.18.2.3).

Bei der börsennotierten AG erfolgt eine Konzerneingangskontrolle über kapitalmarktrechtliche Schutzvorschriften des WpHG und des WpÜG. Nach § 33 Abs. 1 WpHG muss ein Investor die Gesellschaft und die BaFin informieren, wenn er durch Erwerb, Veräußerung oder auf sonstige Weise die Schwellen von 3 %, 5 %, 10 %, 15 %, 20 %, 25 %, 30 %, 50 % oder 75 % der Stimmrechte erreicht, überschreitet oder unterschreitet. §§ 29 ff. i. V. m. 10 ff. WpÜG sehen verschiedene Pflichten vor, wenn die Beteiligung eines Investors an der AG 30 % der Stimmrechte erreicht. Aufgrund der niedrigen Präsenzquoten bei Hauptversammlungen geht das Gesetz bereits bei dieser Beteiligungsschwelle von einem Kontrollerwerb aus, weil ein Aktionär auch mit nur 30 % in Hauptversammlungen eine absolute Mehrheit besitzt, bei welchen weniger als 60 % des Grundkapitals anwesend sind. Bei Erreichen der Schwelle von 30 % hat der Kontrollierende daher ein öffentliches Übernahmeangebot abzugeben (Pflichtangebot gemäß § 35 ff. WpÜG). Dadurch erhalten außenstehende Aktionäre die Möglichkeit, an den Kontrollierenden zu veräußern und sich der Konzernbildung zu entziehen.

## 10.3 Rechtsschutz der außenstehenden Gesellschafter bei bestehendem Konzern

### 10.3.1 Eingliederungskonzern

Mit Wirksamkeit der Eingliederung scheiden die Minderheitsgesellschafter der eingegliederten Gesellschaft aus, es stellt sich daher die Frage ihres Rechtsschutzes bei einem bestehenden Eingliederungskonzern nicht.

### 10.3.2 Vertragskonzern

Der Rechtsverlust der außenstehenden Gesellschafter der abhängigen Gesellschaft bei Abschluss eines Unternehmensvertrages ist erheblich. Mit Abschluss eines Beherrschungsvertrages verlieren sie ihren gesamten Einfluss auf die Geschäftsführung beziehungsweise den Vorstand. Bei Abschluss eines Gewinnabführungsvertrages muss die verpflichtete Gesellschaft ihren gesamten Gewinn abführen. Wegen dieser gravierenden Rechtsfolgen für die außenstehenden Gesellschafter bestehen einerseits hohe rechtliche Hürden bei Begründung eines Vertragskonzerns und andererseits umfangreiche Ausgleichs- und Abfindungsansprüche der außenstehenden Gesellschafter. Insofern ist der Rechtsschutz im Wesentlichen vorgelagert auf die Konzerneingangskontrolle.

Streitigkeiten zwischen den außenstehenden Gesellschaftern und der Gesellschaft beschränken sich üblicherweise auf die Frage der ordnungsgemäßen Erfüllung der Ausgleichs- und Abfindungsansprüche.

Umstritten ist, ob einzelne Aktionäre den Verlustausgleichsanspruch geltend machen und Leistung an die abhängige Gesellschaft verlangen können.[297]

### 10.3.3 Faktischer Konzern

Mit Ausnahme der kapitalmarktrechtlichen Vorschriften nach dem WpHG und dem WpÜH bestehen keine gesetzlichen Vorschriften, die die Bildung eines faktischen Konzerns erschweren oder verhindern würden. Zudem haben nicht beherrschende Gesellschafter bei Begründung eines faktischen Konzernverhältnisses keine Ausgleichsansprüche oder Austrittsrechte mit Abfindungsansprüchen. Das Gesetz schützt weder die Gesellschaft noch die Gesellschafter vor der Bildung eines faktischen Konzerns durch einen Mitgesellschafter. Insofern kommt deren Schutz vor dem gesellschaftsschädlichen Einfluss des herrschenden Gesellschafters während des laufenden Konzernverhältnisses eine überragende Bedeutung zu. Gesetzgeber, Rechtsprechung und Literatur haben vor diesem Hintergrund ein umfassendes Konzept entwickelt. Im Einzelnen:

### 10.3.3.1 Spezialgesetzlicher Rechtsschutz bei der abhängigen AG

Für die abhängige **AG** bilden die §§311 ff. AktG ein gesetzliches Rechtsschutzsystem zum Schutz der außenstehenden Minderheitsgesellschafter. Zu deren Schutz sieht §311 Abs. 2 AktG vor, dass kein beherrschender Aktionär seinen Einfluss auf die AG ausüben darf, um diese zu einem für sie nachteiligen

---

297 MHdB GesR VII/*Busch/Link* §42 Rn.162.

Rechtsgeschäft zu veranlassen, es sei denn, der beherrschender Aktionär gleicht diese Nachteile aus. §312 AktG regelt eine Pflicht des Vorstandes, einen Bericht über die Beziehungen der AG zu den mit ihr verbundenen Unternehmen aufzustellen. Dadurch sollen die Aktionäre ohne beherrschenden Einfluss über potenzielle Interessenkonflikte informiert werden. Zudem sehen §313 und §314 AktG eine Prüfung dieses Berichts durch einen etwaigen Abschlussprüfer und durch den Aufsichtsrat der AG vor. Unter bestimmten Voraussetzungen, die auf einen Missbrauch der beherrschenden Stellung des Aktionärs schließen lassen, können die anderen Aktionäre bei Gericht die Bestellung eines Sonderprüfers beantragen, der die geschäftlichen Beziehungen der AG einerseits und zu dem herrschenden Aktionär oder einem mit ihm verbundenen Unternehmen andererseits zu prüfen hat (§315 AktG).

Missbraucht der herrschende Aktionär seine Stellung, ist er der AG zum Schadenersatz verpflichtet (§317 AktG). Verletzen die Mitglieder des Vorstandes oder des Aufsichtsrates ihre Berichtspflicht und entsteht der AG dadurch ein Schaden, haften auch diese Organmitglieder auf Schadenersatz (§318 AktG).

Insbesondere das Recht, bei Gericht die Bestellung eines Sonderprüfers zu beantragen, der dann auf Kosten der AG tätig wird, ist im Gesellschafterstreit ein beliebtes Mittel der Minderheitsaktionäre gegen den beherrschenden Aktionär.

### 10.3.3.2 Rechtsschutz bei der abhängigen GmbH

Die §§311 ff. AktG sind auf die abhängige GmbH nicht analog anwendbar. Der Schutz der außenstehenden Minderheitsgesellschafter erfolgt daher lediglich nach allgemeinen gesellschaftsrechtlichen Grundsätzen:[298]

- **Zweckbindung und Treuebindung der Gesellschafter:** Gesellschaftszweck einer nicht gemeinnützigen Zwecken dienenden GmbH ist regelmäßig die eigene Gewinnmaximierung und damit indirekt die Gewinnmaximierung für alle Gesellschafter. Etwaige Partikularinteressen des herrschenden Gesellschafters, beispielsweise durch Hebung von Synergien seinen eigenen Gewinn zu maximieren, sind für die abhängige Gesellschaft irrelevant. In Kapitel 5.5.1.1 haben wir bereits ausgeführt, dass die Treuepflicht der Gesellschafter mit der Höhe ihrer Beteiligung ansteigt. Treuepflichtverletzungen des herrschenden Gesellschafters können Unterlassungs- und Schadenersatzansprüche zugunsten der abhängigen GmbH begründen.

---

298 Vgl. dazu Baumbach/Hueck/*Beurskens* KonzernR Rn. 42 ff.

- **Konzernführungsabwehrmöglichkeit für Minderheit:** Verträge zwischen einer abhängigen GmbH und ihrem beherrschenden Gesellschafter bedürfen eines Gesellschafterbeschlusses, bei welchem der beherrschende Gesellschafter nach § 47 Abs. 4 GmbHG kein Stimmrecht hat. Setzt er sich über das Stimmverbot hinweg, kann Beschlussanfechtungsklage erhoben werden. – Entgegen dem Rechtsverständnis vieler herrschender Gesellschafter steht ihnen gegenüber der Geschäftsführung der GmbH kein direktes Weisungsrecht zu. Das Weisungsrecht kann lediglich indirekt durch die Gesellschafterversammlung ausgeübt werden: Jede Weisung bedarf einer eigenständigen Beschlussfassung, welche gerichtlich bekämpfbar ist (vgl. Kapitel 6.16.2). Überdies kann der Minderheitsgesellschafter Unterlassungsansprüche gegen die Gesellschaft geltend machen, unseres Erachtens aber auch unmittelbar gegenüber dem herrschenden Gesellschafter.
- **Geltendmachung von Schadenersatzansprüchen oder Rückzahlungsansprüchen:** Gelingt es dem Minderheitsgesellschafter nicht, den Eintritt der durch die schädigenden Handlungen des Herrschenden entstehenden Schaden rechtzeitig zu verhindern, kann die GmbH, vertreten durch den Geschäftsführer oder durch einen besonderen Prozessvertreter (§ 46 Nr. 8 GmbHG), Schadenersatzansprüche geltend machen. Gleiches gilt für die Geltendmachung von Rückzahlungsansprüchen wegen einer unzulässigen verdeckten Gewinnausschüttung an den herrschenden Gesellschafter (vgl. Kapitel 5.5.2.2). Unter bestimmten Voraussetzungen ist auch die Erhebung einer »actio pro socio« zulässig.[299]
- **Austrittsrecht:** Teile der Literatur[300] bejahen unter gewissen Voraussetzungen ein Austrittsrecht des Minderheitsgesellschafters aus wichtigem Grund. Der Austritt soll gegen Zahlung einer Abfindung erfolgen. Der Abfindungsanspruch soll direkt gegenüber dem Mehrheitsgesellschafter bestehen. Rechtsprechung gibt es dazu nicht.
- **Gleichbehandlung im Konzern:** Der gesellschaftsrechtliche Gleichbehandlungsgrundsatz gilt im Konzern uneingeschränkt (vgl. zum Gleichbehandlungsgrundsatz Kapitel 5.5.2.6). Der herrschende Gesellschafter ist nicht berechtigt, sich sachwidrig Sondervorteile zukommen zu lassen.
- **Informationsrecht:** Das Informationsrecht der Gesellschafter einer abhängigen GmbH (vgl. Kapitel 4.1.8.10) erstreckt sich auch auf die Beziehungen der abhängigen Gesellschaft zur herrschenden.

---

299 Dazu im Einzelnen: Baumbach/Hueck/*Fastrich* § 13 Rn. 36 ff.
300 Für sie Baumbach/Hueck/*Beurskens* KonzernR Rn. 54.

> **!** **Achtung**
>
> Der Rechtsschutz der außenstehenden Minderheit bei der GmbH sieht auf dem Papier sehr umfangreich und abschließend aus. In der Praxis lässt er sich aber entweder nicht, nur mit erheblichem wirtschaftlichem Aufwand (zum Beispiel wegen anfallender Beratungs- und Prozesskosten) oder nur mit erheblicher zeitlicher Verzögerung erreichen.
>
> Haben sich die Beteiligungsverhältnisse erst einmal zu einem faktischen Konzern entwickelt, ist es für einen effektiven Rechtsschutz der Minderheitsgesellschafter oft schon zu spät. Dem präventiven Schutz, also der Konzerneingangskontrolle, kommt deshalb eine überragende Bedeutung zu.
>
> Bei der GmbH kann eine effektive Konzerneingangskontrolle nur über entsprechende Satzungsregelungen erfolgen. Was der Minderheitsgesellschafter bei der Gründung oder bei seinem Beitritt zur Gesellschaft versäumt, kann er später nicht wieder gutmachen.

## 10.4 Rechtsschutz des herrschenden Gesellschafters im Vertragskonzern bei rechtswidrigem Verhalten der abhängigen Gesellschaft

Die mittels eines Beherrschungsvertrages herrschende Gesellschaft hat gegen die abhängige Gesellschaft einen Anspruch auf Befolgung der unternehmensvertragsgemäßen Weisungen. Verweigert sich die abhängige Gesellschaft, kann die herrschende Gesellschaft gegen sie Leistungsklage erheben und gegebenenfalls Schadenersatzansprüche geltend machen. Umstritten ist, ob der herrschenden Gesellschaft diese Rechte auch unmittelbar gegenüber den Geschäftsleitern der abhängigen Gesellschaft zustehen.[301] – Ist der herrschende Gesellschafter im Vertragskonzern daneben noch Gesellschafter der abhängigen GmbH, kann er in der Gesellschafterversammlung die Abberufung des verweigernden Geschäftsführers aus wichtigem Grund auf die Tagesordnung setzen. Bei der abhängigen AG ist die Abberufung des Vorstandes aus wichtigem Grund ebenfalls grundsätzlich möglich, doch obliegt diese dem Aufsichtsrat.

Die herrschende Gesellschaft eines Gewinnabführungsvertrages hat einen Anspruch auf Abführung des gesamten Gewinns der abhängigen Gesellschaft. Schranken ergeben sich bei der AG aus §301 AktG. Hat die herrschende Gesellschaft weder unmittelbaren noch mittelbaren Einfluss auf die Erstellung des Jahresabschlusses der abhängigen Gesellschaft, können sich Streitigkeiten über die Art und Weise der Aufstellung des Jahresabschlusses ergeben,

---

301 MHdB GesR VII/*Busch/Link* §42 Rn.93.

insbesondere über die Frage der Bildung von Rücklagen (§ 300 AktG). Die herrschende Gesellschaft kann ihre Ansprüche aus dem Gewinnabführungsvertrag gegen die abhängige Gesellschaft mit der allgemeinen Leistungsklage geltend machen.

## 10.5   Joint Ventures

Konzerngesellschaften bilden oft Joint Ventures mit Gesellschaften anderer Konzerne. Dadurch entstehen Kooperationen zwischen zwei oder mehreren rechtlich und wirtschaftlich voneinander unabhängigen Unternehmen, um gemeinsam ein Ziel zu erreichen, welches sie in einem Joint-Venture-Vertrag definieren. In diesem werden neben dem Ziel die Führung (das Management) des Joint Ventures, Gewinnverteilung, Kontrollrechte usw. geregelt.

Mit Joint Ventures können Unternehmen Synergien heben, Risiko streuen, Kosten für Forschung aufteilen und diese vielleicht auch beschleunigen, Branchenentwicklungen rascher erkennen, oder sogar steuern usw.

Im Wesentlichen gibt es zwei Arten von Joint Ventures[302]:
- Arbeiten Unternehmen auf bloß vertraglicher Ebene zusammen, ohne eine Joint-Venture-Gesellschaft zu errichten, spricht man von einem »Contractual Joint Venture«.
- Errichten Unternehmen eine eigene Gesellschaft, spricht man von einem »Equity Joint Venture«. Solche Joint Ventures können in jeder erdenklichen Gesellschaftsform errichtet werden.

Zusätzlich unterscheidet man
- zwischen horizontalen Joint Ventures, bei denen die beteiligten Unternehmen in derselben Branche tätig sind und
- vertikalen Joint Ventures, bei denen die beteiligten Unternehmen in vor- beziehungsweise nachgelagerten Branchen tätig sind.

Die an einem Joint Venture beteiligten Unternehmen können unterschiedliche Ziele verfolgen, oftmals ohne dass dies – zumindest bei der Gründung – bekannt ist oder hervorgehoben wird. Bei Equity Joint Ventures kann das zum Gesellschafterstreit führen. Die Medien sind voll von Beispielen.

---

302 *Schulte/Pohl*, Joint-Venture-Gesellschaften, S. 3.

Für das Vermeiden oder Führen von Gesellschafterstreiten in Joint Ventures gilt im Grunde dasselbe, was wir in den Kapiteln 2 bis einschließlich 6 für »normale« Gesellschaften ausgeführt haben. Auf Grund unserer Erfahrung erscheint uns besonders wichtig, auf die Bedeutung der Vertragsgestaltung hinzuweisen (vgl. Kapitel 4, vor allem Kapitel 4.1.1, 4.1.3, 4.1.5, 4.1.7, 4.1.8.13 bis einschließlich 4.1.8.18 sowie 4.1.8.16 bis einschließlich 4.1.8.24). Vertrauen Sie nicht auf »Handschlagmentalität«, denn bei Konzerngesellschaften können die handelnden Personen rasch ausgewechselt werden (vgl. Beispiel in Kapitel 4.1.8.13.2). Es könnte Ihnen daher passieren, dass Ihnen der Geschäftsführer Ihres Joint-Venture-Partners, zu dem Sie ein vertrauensvolles Verhältnis pflegen, aus welchen Gründen auch immer abhandenkommt (Karriereschritt, attraktives Angebot eines anderen Konzerns, Wechsel in eine politische Funktion usw.). Falls er durch einen Geschäftsführer ersetzt wird, mit dem Sie nicht können und/oder der sich an die Vereinbarungen nicht halten will, die Sie mit dessen Vorgänger mündlich trafen, helfen nur »wasserdichte«, schriftliche Verträge.

Schließlich ist hinzuweisen, dass bei Joint Ventures – oft bewusst – eine Pattsituation eingegangen wird (vgl. Kapitel 3.4.2.2).

# 11 Public Private Partnerships

Public-Private-Partnership-Projekte (PPP-Projekte) sind Joint Ventures zwischen der öffentlichen Hand und privaten Unternehmen, um Vorhaben gemeinsam umzusetzen. Der Zusammenschluss erfolgt oft in einer Gesellschaft, an der sowohl die öffentliche Hand als auch private Rechtsträger beteiligt sind (Kooperationsmodell). Grundsätzlich sollten Gesellschafter, die PPP-Projekte planen, dieselben Überlegungen anstellen wie andere Gesellschafter auch (vgl. Kapitel 2 bis einschließlich 6 und 10.5). Wegen der Beteiligung höchst unterschiedlicher Gesellschafter ergeben sich aber einige Besonderheiten, die von Anfang an zusätzlich in die Planung einbezogen werden sollten.

## 11.1 Unterschiedliche Zielsetzungen, unterschiedliche Willensbildungsprozesse

Zum einen gehen die Gesellschafter mit sehr unterschiedlichen Zielsetzungen in die Gesellschaft. Die öffentliche Einrichtung verfolgt in erster Linie Zwecke der Daseinsvorsorge, wirtschaftliche Interessen spielen nur eine untergeordnete Rolle. Der private Gesellschafter verbindet seine Teilnahme am PPP-Projekt meist mit Gewinnerwartungen (Investor) oder dem Ausbau seiner Marktstellung beziehungsweise seines Images als Branchenführer. Für ihn stehen wirtschaftliche Interessen daher im Vordergrund.

Zum anderen läuft die interne Entscheidungsfindung der Gesellschafter unterschiedlich ab. Unternehmer haben meist straffe Entscheidungsstrukturen, die rasche Entscheidungen ermöglichen, weil nur wenige Personen in die Entscheidungsfindung eingebunden sind. Die Entscheidungsstrukturen der öffentlichen Hand sind schon alleine aufgrund verfassungs- oder verwaltungsrechtlicher Regelungen komplex. Darüber hinaus ist der Entscheidung der öffentlichen Hand oft ein zusätzlicher Entscheidungsprozess innerhalb einer oder mehrerer politischer Parteien vorgelagert. An Entscheidungen der öffentlichen Hand sind also meistens viele Personen mit unterschiedlichen Interessen beteiligt. Das bedingt, dass Entscheidungsprozesse der öffentlichen Hand oft wesentlich länger dauern als jene eines privaten Unternehmens, das im Idealfall den gesamten Entscheidungsprozess in einer Person bündelt (Einzelunternehmer, einzelvertretungsberechtigter Geschäftsführer).

Gleichzeitig erschweren die komplexen Entscheidungsstrukturen der öffentlichen Hand die Geheimhaltung sensibler Betriebs- und Geschäftsgeheimnisse.

Die Entscheidungsträger der öffentlichen Hand sind immer wieder vom Ausgang verschiedener Wahlen abhängig. Wechselt im Zuge einer solchen Wahl die Besetzung der Entscheidungsfunktionen, steht der private Gesellschafter plötzlich völlig neuen Entscheidungsträgern auf der öffentlichen Seite gegenüber, die allenfalls sogar ganz andere Vorstellungen zum konkreten PPP-Projekt verfolgen als ihre Vorgänger.

Vor diesem Hintergrund bietet es sich bei PPP-Projekten an, Gremien wie Beiräte oder Aufsichtsräte einzurichten und mit umfassenden Kompetenzen auszustatten. Durch eine »Entmachtung« der Gesellschafter zugunsten solcher unabhängigen und nur der Gesellschaft verpflichteten Gremien kann es gelingen, die Unterschiede auf Gesellschafterebene in den Hintergrund zu drängen.

## 11.2 Vergaberecht

Wird eine privatrechtliche Gesellschaft überwiegend von Gebietskörperschaften finanziert oder beherrscht, kann sie nach §99 Nr. 2 GWB »öffentlicher Auftraggeber« sein. Die Erteilung von Aufträgen Dritten gegenüber kann in solchen Fällen vergaberechtlichen Beschränkungen unterliegen. Dies sind Unternehmer in Bezug auf ihren Einkauf oft nicht gewohnt, schränkt die Gesellschaft in ihrer wirtschaftlichen Entfaltungsfreiheit ein und führt zu einer Verzögerung von Beschaffungsvorgängen und damit zu betriebswirtschaftlichen Beeinträchtigungen.

## 11.3 Umfassender Gestaltungsbedarf

Es gibt kaum eine größere Vielfalt an möglichen Gesellschafterstrukturen als für jene von PPP-Gesellschaften. Die Vergesellschaftung mit der öffentlichen Hand im Rahmen eines PPP-Projekts bedarf daher umfangreicher vertraglicher Vorbereitungen, die diese Besonderheiten berücksichtigen. Nur so gelingt es beiden Teilen (dem öffentlichen und dem privaten Partner), jeweils ihre Stärken optimal in das Projekt einzubringen, das Projekt bestmöglich umzusetzen und selbst optimal von den Stärken des jeweils anderen Projektpartners zu profitieren.

Die häufigste Gesellschaftsform für PPP-Projekte ist die GmbH, weil bei ihr – anders als bei einer AG – der öffentlichen Hand ein Recht auf Entsendung eines Geschäftsführers eingeräumt werden kann (vgl. Kapitel 4.1.8.13). Andererseits sprächen gerade die in Kapitel 11.1 geschilderten Probleme für eine AG, weil bei dieser die Gesellschafterrechte geringer sind als in anderen Gesellschaftsformen (vgl. Tabellen in Kapitel 6.13).

Besonders zu beachten ist, dass bei einem PPP-Projekt nicht nur »ein« Gesellschaftsvertrag, sondern eine Vielzahl von Verträgen errichtet werden (Nebenvereinbarungen, Stimmrechtspoolvereinbarungen, Optionen, Konzessionsverträge, Generalübernehmerverträge, Werkverträge, Betreiberverträge, Pachtverträge, Wartungsverträge, Kreditverträge, Garantieverträge, Verträge über andere Sicherheiten, Patronatserklärungen, Versicherungsverträge usw.). Wegen dieser Vielzahl von Verträgen sei an dieser Stelle besonders auf Kapitel 4.1.3 verwiesen.

Mit all diesen Verträgen müssen unterschiedlichste Risiken abgedeckt werden,
- angefangen von technischen Risiken (Planungsrisiko, Fertigstellungsrisiko usw.)
- über wirtschaftliche Risiken (Marktrisiko, Finanzierungsrisiko (vor allem bei zeitlichen Verzögerungen), Insolvenzen beteiligter Partner usw.)
- bis zu politischen Risiken (Änderung der politischen Verhältnisse durch Wahlen oder durch andere Wertungen der sozialen Gesellschaft usw.).

Das Eingehen eines PPP-Projekts bedarf daher nicht bloß gesellschaftsrechtlicher Überlegungen, sondern es muss auch geklärt werden, wie die soeben – bloß beispielhaft – aufgezählten Risiken zwischen der öffentlichen Hand und dem jeweiligen privaten Rechtsträger verteilt werden.

# 12 Checklisten für Eilige

**Tipp** !

Aktualisierungen der Checklisten finden Sie nach deutschem Recht auf www.klx-rechtsanwaelte.de und nach österreichischem Recht auf www.sfr.at.

## 12.1 Checkliste gegen Gesellschafterstreit vor Beteiligung an einer Gesellschaft oder vor Aufnahme neuer Gesellschafter

**Sinnhaftigkeit der Gesellschaftsgründung hinterfragen:**

- Welchen Mehrwert erhoffe ich mir von einer Gesellschaft im Vergleich zu einem Einzelunternehmen?
- Überwiegen Vorteile einer Vergesellschaftung wie die Hebung persönlicher Synergien der Gesellschafter (zum Beispiel der »Kreative« und der »Macher«), die Risikostreuung sowie die Möglichkeit der Spezialisierung und Aufgabenteilung gegenüber den mit der Einschränkung der individuellen Entfaltungsfreiheit verbundenen Nachteilen?

**Gesellschaftsform und Gesellschafterstellung festlegen:**

- **Persönlich haftender Gesellschafter** in GbR, OHG und (als Komplementär) in KG: großer Einfluss auf Gesellschaft, aber persönliche Haftung.
- **Kommanditist** in KG: geringer Einfluss auf Geschäftsführung, keine persönliche Haftung.
- **GmbH-Gesellschafter:** Einfluss abhängig von Beteiligungsausmaß und Ausgestaltung des Gesellschaftsvertrages (Entsendungsrechte, vom Kapitalanteil abweichende Stimmanteile, zustimmungspflichtige Geschäfte); als Gesellschafter-Geschäftsführer unabhängig vom Beteiligungsausmaß großer Einfluss auf Geschäftsführung.
- **Aktionär:** Einfluss abhängig von Beteiligungsausmaß, üblicherweise kein Einfluss auf Geschäftsführung.

### Zahlungsfähigkeit der Mitgesellschafter:

- **Personengesellschafter (ausgenommen Kommanditist):** persönliche Haftung auch mit dem Privatvermögen, Gesellschafter sind Gesamtschuldner (jeder Gesellschafter haftet nach außen für die gesamten Gesellschaftsschulden)
- **Kapitalgesellschafter:** anteilige Haftung für Kapitaleinlage. Jeder Gesellschafter haftet auch für die noch nicht eingezahlten Kapitaleinlagen seiner Mitgesellschafter (daher Volleinzahlung verlangen!)
- **Bei besonders finanzstarken Mitgesellschaftern:** Besteht die Gefahr, dass diese die Gesellschaft zur Gänze übernehmen wollen?

### Motive und Ziele aller Mitgesellschafter hinterfragen:

- Was sind meine Motive für die Vergesellschaftung? Welche Motive haben die Mitgesellschafter?
- Sind alle Gesellschafter in gleichem Umfang auf den Erfolg der Gesellschaft angewiesen?
- Wie sieht meine Prioritätensetzung aus? Schließen sich die Verwirklichung meiner Prioritäten und der Prioritäten der Mitgesellschafter aus? Ist eine zeitversetzte Verwirklichung möglich? Wer stellt seine Prioritäten zeitlich hintan?
- Stimmen Motive, Ziele und Prioritäten aller Gesellschafter nicht 100%ig überein: Aufnahme der Motive, Ziele und Prioritäten in den Gesellschaftsvertrag und Festlegung einer Reihenfolge für deren Verwirklichung.

### Persönlichkeiten und Fähigkeiten der Mitgesellschafter prüfen:

- Ist die Zusammenarbeit mit Mitgesellschaftern emotional möglich?
- Sind die Gesellschafter in der Lage (ausreichend sozialintelligent), Konflikte zu lösen?
- Liegen Eigenschaften vor, die Sie keinesfalls akzeptieren können?
- Ergänzen Ihre Mitgesellschafter fehlende Ressourcen optimal?
- Können Sie sich gegen Ihre Mitgesellschafter durchsetzen? Ist eine sachliche Diskussion mit den Mitgesellschaftern möglich?
- Bei der Beurteilung von Persönlichkeiten und Fähigkeiten auf das eigene Gefühl verlassen: »Läuft's wie geschmiert oder ist es ein Krampf?«

### Verhältnisse der Gesellschafter zueinander prüfen:

- Gibt es unter den Gesellschaftern Koalitionen, oder können sich welche entwickeln?
- Wie wirkt sich die Bildung einer Koalition auf die Mehrheitsverhältnisse in der Gesellschaft aus?
- Sind einzelne Mitgesellschafter im Konzern verbunden?
- Können Sie (Gegen-)Koalitionen bilden?

**Entscheidungsfähigkeit der Gesellschaft wahren:**

- Gibt es klare Mehrheiten? Wenn nein:
  - Will ich Pattsituationen um den Preis eingeschränkter Kontrolle der Gesellschafter über die Geschäftsführung vermeiden?
  - Kann ich klare Mehrheiten durch die Ungleichgewichtung von Kapitalanteilen bei der Stimmrechtsverteilung erzielen?
- Hat die Geschäftsführung klare Entscheidungsstrukturen?

**Mut haben, die beste Variante zur Verwirklichung der eigenen unternehmerischen Ziele zu wählen. Vergesellschaftung ist nicht in jedem Fall der beste Weg zum unternehmerischen Erfolg.**

## 12.2 Checkliste für Streitprophylaxe im Gesellschaftsvertrag

*Umfassendes Regelwerk erstellen, inhaltlich durchdenken und auf Übereinstimmung mit bereits bestehendem Regelwerk und Nebenvereinbarungen prüfen*

*Erstellen:*

- Alle Verträge sollten schriftlich abgeschlossen oder notariell beurkundet werden.
- Nichts ist so kompliziert, dass es nicht lesbar formuliert werden kann. Akzeptieren Sie nur leicht verständliche und gut lesbare Verträge.
- Beschränken Sie sich nicht auf die gesetzlich notwendigen Verträge, sondern regeln Sie alle relevanten Rechtsbeziehungen, also auch:
  - Geschäftsführeranstellungsverträge;
  - Mandatsvereinbarungen für Aufsichtsräte und Beiräte;
  - Geschäftsordnungen für Geschäftsführung und Aufsichtsrat/Beirat;
  - Stimmrechtspoolvereinbarungen.
- Sparen Sie nicht beim Regelwerk. Selbst teure Regeln sind billiger als regelloses Streiten. Standardverträge enthalten meist keine praktikablen Spielregeln für Gesellschafterstreitigkeiten.

*Durchdenken:*

- Denken Sie jede einzelne Regelung inhaltlich durch – stellen Sie sich dabei folgende Fragen:
  - Was bedeutet diese Regelung jetzt für mich?
  - Was könnte ich in Zukunft einmal wollen? Was wird diese Regelung dann für mich bedeuten?
  - Wie kann ich das (jetzt/zukünftig) Gewollte – eventuell auch gegen den Willen meiner Mitgesellschafter – umsetzen?
  - Was bedeutet diese Regelung jetzt für meine Mitgesellschafter?
  - Was könnten meine Mitgesellschafter in Zukunft wollen?
  - Können meine Mitgesellschafter das (jetzt/zukünftig) Gewollte – eventuell auch gegen meinen Willen – umsetzen?

*Übereinstimmung prüfen:*

- Abschließend alle Verträge in einem Zug lesen: Stimmen sie überein? Gibt es Widersprüche?
  Einander widersprechende Verträge schaffen ein hohes Maß an Unsicherheit und sind oft Ursache für Gesellschafterstreitigkeiten.

**Folgende Regelungen im Gesellschaftsvertrag sind anzudenken:**

### Finanzierungspflicht

- Erfolgt die Finanzierung über Einlagen in Stamm- beziehungsweise Grundkapital, Zuzahlungen in die freie Kapitalrücklage oder Gesellschafterdarlehen?
- Konkretisierung und Deckelung einer Finanzierungspflicht der Gesellschafter.
- Wann sind die Finanzmittel fällig und zu leisten?

### Bucheinsicht

- Ist eine Vertretung und/oder Begleitung zulässig?
- Durch wen darf vertreten werden? Vorschlag: nur durch per Gesetz zur Verschwiegenheit verpflichtete berufliche Parteienvertreter.
- Jedenfalls Vertretung und/oder Begleitung durch Konkurrenten ausschließen.

### Turnusmäßige Information an Gesellschafter

- Jahresabschluss und Quartalsberichte
- Unternehmensplanung: Budget und Strategie

### Gewinnverteilung

- Welcher Gewinnanteil ist auszuschütten, welcher zu thesaurieren?
- Soll es eine (quotale) Mindestausschüttung und/oder eine quotale Mindestthesaurierung geben?
- Fälligkeit
- Alineare Gewinnverteilung

### Gesellschafterversammlung

- Die Modalitäten der Einberufung genau regeln:
  - Wer ist zur Einberufung berechtigt – Geschäftsführung auf Vorschlag der Gesellschafter oder jeder einzelne Gesellschafter direkt?
  - Wohin ist die Einberufung zuzustellen (zum Beispiel an die im Handelsregister eingetragene Adresse, Wohnadresse, Rechtsvertreter)?
- Ist das Nachschieben von Tagesordnungspunkten zulässig? Wer darf Tagesordnungspunkte nachschieben? Innerhalb welcher Frist?
- Vertretung und Begleitung in der Gesellschafterversammlung regeln:
  - Ist eine Vertretung und/oder Begleitung zulässig?
  - Durch wen darf vertreten werden? Vorschlag: nur durch per Gesetz zur Verschwiegenheit verpflichtete berufliche Parteienvertreter.
  - Jedenfalls Vertretung und/oder Begleitung durch Konkurrenten ausschließen.

- Mehrheitserfordernisse für verschiedene Beschlüsse nach Gegenständen festlegen:
  - Kapitalerhöhung
  - Gesellschafterausschluss
  - Zustimmung zu zustimmungspflichtigen Geschäften
  - Änderungen des Gesellschaftsvertrages
- Anwesenheitsquorum festlegen; eventuell ebenfalls nach Beschlussgegenständen differenzieren.

### Bestellung der Geschäftsführer

- Personengesellschaft: keine Fremdgeschäftsführung möglich.
- GmbH: Wer bestellt – Gesellschafterversammlung, einzelne Gesellschafter oder Gremium (Beirat/Aufsichtsrat)?
- Sonderrechte einzelner Gesellschafter auf Geschäftsführung oder Aufsichtsrat regeln:
  - Soll es Sonderrechte geben?
  - Soll Sonderrecht einer bestimmten Person oder dem jeweiligen Inhaber eines bestimmten Geschäftsanteils zustehen?
  - Muss Gesellschafter Organfunktion selbst wahrnehmen oder darf er Dritten entsenden?
  - Entsendungsrecht (Gesellschafter bestimmt Organmitglied) oder Vorschlagsrecht (Gesellschafter schlägt eine Person vor, die von Gesellschafterversammlung zum Organmitglied bestellt wird/werden sollte)? Vorschlagsrechte sind streitanfälliger.
  - Sollen bei bestimmten Beschlussgegenständen Zustimmungs- oder Vetorechte einzelner Gesellschafter bestehen?
  - Sonderrechte sind inhaltlich genau zu regeln.
- Abberufungsmodalitäten regeln:
  - Unter welchen Voraussetzungen ist die Abberufung eines Organmitglieds zulässig? (Beispiel: nur aus wichtigem Grund – falls ja, wichtige Gründe definieren)
  - Welches Verhalten soll die Abberufung aus wichtigem Grund rechtfertigen?
  - Soll zwischen Geschäftsführern und Gesellschafter-Geschäftsführern differenziert werden?
- Die Regeln zur Geschäftsführerbestellung sind auch auf Liquidatoren zu erstrecken – oder es sind eigene Regeln vorzusehen.

### Weisungen an GmbH-Geschäftsführer

- Persönliche Weisungsbeschränkungen: zum Beispiel Weisungsfreistellung (aller/einzelner) Gesellschafter-Geschäftsführer?
- Sachliche Weisungsbeschränkungen: Einrichtung weisungsfreier Bereiche (auch nur für einzelne (Gesellschafter-)Geschäftsführer möglich).

- Übertragung von Weisungsrechten der Gesellschafterversammlung auf den Aufsichtsrat oder Beirat – Achtung: Kontrollbefugnisse der Gesellschafter dürfen nicht vollständig aufgegeben werden.

### Insichgeschäfte und Mehrfachvertretung regeln

- Grundsätzliches Verbot von Insichgeschäften und Mehrfachvertretung vorsehen.
- Ausnahme: Befreiung von Beschränkungen nach § 181 BGB im Gesellschaftsvertrag.

### Bestellung von Beiräten und Aufsichtsräten

- Welche Organe sollen eingerichtet werden?
- Welche Kompetenzen soll das Organ haben? Achtung: Bestimmte Grundlagenentscheidungen müssen der Gesellschafterversammlung vorbehalten bleiben.
- Bei GmbH: Sind Mitglieder des Beirates und des Aufsichtsrates den Interessen der Gesellschaft oder den Interessen der Gesellschafter verpflichtet?
- Zu Sonderrechten vgl. oben »Bestellung der Geschäftsführer«.

### Veränderungen in der Gesellschafterstruktur

- Vinkulierung der Geschäftsanteile:
  - Alle Übertragungen erfassen, auch Erbfolge, Schenkungen usw.
  - Soll Vinkulierung auch Change-of-Control beim Gesellschafter verbieten?
- Vorkaufsrechte:
  - Alle Übertragungen erfassen, auch Erbfolge, Schenkungen usw.
  - Eventuell Vorkaufsrechte nach Gesellschaftergruppen trennen, sodass beispielsweise bestimmte Anteile in der Hand eines bestimmten Familienstammes bleiben oder umgekehrt auf einen anderen Familienstamm übergehen.
  - Auf Durchführbarkeit des Vorkaufsrechts achten: insbesondere Bewertung einer nicht aus Geld bestehenden Gegenleistung.
- Tod eines Gesellschafters:
  - Bei Personengesellschaften: Führt Tod zur Auflösung der Gesellschaft (Fortsetzungsklausel vorsehen)? Besteht im Todesfall Eintrittsrecht der Erben (Nachfolgeklausel vorsehen)?
  - Bei Kapitalgesellschaften: Besteht im Todesfall Recht auf Einziehung der Geschäftsanteile?
  - Ist die Abfindung im Todesfall ausgeschlossen?
- Ausschluss eines Gesellschafters:
  - Soll Zwangsausschluss/Zwangseinziehung/Zwangsabtretung durch Gesellschafterbeschluss möglich sein?

- – Ausschlussgründe genau definieren (GmbHG und AktG enthalten lediglich qualifizierten Zahlungsverzug der Stammeinlage als Ausschlussgrund – wer weitere Ausschlussgründe wünscht, muss diese im Gesellschaftsvertrag definieren).
- – Gesellschafterduell oder »Russian Roulette«/Versteigerung oder »Texan Shoot Out« erwägen.
- Abfindungsentgelt:
  - – Klare Regeln für Höhe oder klare Regeln für Preisermittlung durch Bewertung:
  - – Wie hoch ist die Abfindung: Buchwert? Substanzwert? Verkehrswert? Mit oder ohne Abschläge? Reduzierung der Abfindung bei Ausschluss aus wichtigem Grund?
  - – Wer bewertet: am besten ein gemeinsam oder von unparteiischen Dritten (zum Beispiel Kammerpräsident) bestimmter Sachverständiger.
  - – Nach welcher Bewertungsmethode: zum Beispiel nach den jeweils geltenden Grundsätzen des Instituts der Wirtschaftsprüfer (IDW).
  - – Fälligkeit der Abfindung? Ratenzahlung? Verzinsung? Sicherheitsleistung?

### Sonstige Regelungen

- Wettbewerbsverbote für Gesellschafter und/oder Geschäftsführer regeln – Nachwirkung vereinbaren.
- Verschwiegenheitpflicht für Gesellschafter und/oder Geschäftsführer regeln – Nachwirkung vereinbaren.
- Immaterialgüterrechte:
  - – Wer bringt Immaterialgüterrechte ein?
  - – Pflicht zur Nutzungsüberlassung oder zur Übertragung an Gesellschaft?
  - – Was geschieht mit Immaterialgüterrechten bei Ausscheiden des Berechtigten aus der Gesellschaft?
- Vorsehen, dass Zustellungen immer an die zuletzt bekannt gegebene Adresse eines Gesellschafters vorzunehmen sind.
- Gegebenenfalls Schiedsklausel vorsehen.
- Bei Auslandsbezug:
  - – Berater jenes Staates beiziehen, in dem Gesellschaft registriert ist (registriert werden soll).
  - – Anwendbares Recht klären (bei Gesellschaftssitz in Deutschland zwingend deutsches Recht); eventuell auf alle Streitigkeiten unter den Gesellschaftern ausdehnen.
  - – Gerichtsstand in jenem Staat vereinbaren, dessen Recht anzuwenden ist.

## 12.3 Checkliste für Streitprophylaxe in bestehender Gesellschaft

- Gesunde Konflikte zulassen – streiten, um Streit zu vermeiden!
  - Aber an neutralem Ort: nicht vor Mitarbeitern, Lieferanten, Kunden, Familienmitgliedern.
  - Forum für Konfliktlösung schaffen (Aufsichtsrat, Beirat).
- Nicht »step by step« streiten:
  - rechtzeitig Berater beiziehen;
  - Strategie samt Alternativszenarien entwickeln;
  - allenfalls andere Gesellschafter, Geschäftsführer, Aufsichts- und Beiratsmitglieder einbinden – gegebenenfalls auch Betriebsrat;
  - konsequente Umsetzung der festgelegten Strategie – darauf achten, ob Alternativszenarien erforderlich werden.
- Nicht unnötig streiten:
  - zu begangenen Fehlern stehen und deren Folgen rasch bereinigen; Leugnen und halbherzige Rechtfertigungsversuche stärken die Position des Gegners – je länger ein Fehler thematisiert wird, desto schlechter;
  - **nicht rechtshängige** Fehler: Fehlerhafte Handlung aufheben und Handlung – diesmal fehlerfrei (!) – wiederholen;
  - **rechtshängige** Fehler: möglichst vergleichen. Achtung: Es gibt gesellschaftsrechtliche Ansprüche, über die ein Vergleichsabschluss nur zulässig ist, wenn einem solchen alle Gesellschafter zustimmen oder darüber zumindest ein förmlicher Mehrheitsbeschluss der Gesellschafter eingeholt wird.
- Beweise sammeln und aufheben.
- Insichgeschäfte und Mehrfachvertretungen vermeiden oder durch Aufsichtsrat/Gesellschafterversammlung genehmigen lassen.

## 12.4 Checkliste für GmbH-Gesellschafterversammlungen

- Anlass der Einberufung:
  - einmal jährlich für Feststellung des Jahresabschlusses und gegebenenfalls Entlastung der Geschäftsführung;
  - bei Entscheidungen, die nach Gesetz (zum Beispiel §46 GmbHG) oder Satzung (zum Beispiel Zustimmungsvorbehalte für bestimmte Geschäftsführungsmaßnahmen) in die Zuständigkeit der Gesellschafterversammlung fallen;
  - wenn es Gesellschafter verlangen, deren Geschäftsanteile zumindest einem Zehntel des Stammkapitals entsprechen.
- Gesellschaftsvertrag auf Regelungen prüfen, die von den gesetzlichen Einberufungs- und Durchführungsbestimmungen für Gesellschafterversammlung abweichen.
- Art und Weise der Einberufung (soweit Gesellschaftsvertrag nichts anderes regelt):
  - durch Geschäftsführer oder ausdrücklich in der Satzung als einberufungsbefugt bezeichnete Person;
  - mit eingeschriebenem Brief (Versendung eines Einwurfeinschreibens genügt, erfolgreiche Zustellung ist nicht erforderlich) an alle Gesellschafter (Regelungen über Zustelladressen beachten);
  - so rechtzeitig, dass mit Zugang sieben Tage vor Abhaltung der Gesellschafterversammlung zu rechnen ist (etwaige längere gesellschaftsvertragliche Fristen beachten);
  - Bekanntgabe von Ort und Zeitpunkt der Gesellschafterversammlung;
  - Bekanntgabe der Tagesordnung;
- Durchführung der Gesellschafterversammlung:
  - Ermittlung des anwesenden/vertretenen Stammkapitals;
  - Beschlussfähigkeit der Gesellschafterversammlung feststellen; Gesetz verlangt kein bestimmtes Quorum, sodass Anwesenheit eines einzigen Gesellschafters ausreicht; abweichende gesellschaftsvertragliche Regelungen sowie abweichende gesetzliche Regelungen bei bestimmten Beschlussgegenständen beachten;
  - Kontrolle der (Stimmrechts-)Vollmachten vor der ersten Abstimmung. Können die Vertreter nicht persönlich anwesender oder nicht vertretener Gesellschafter Vollmachten nachweisen (allenfalls in der gesellschaftsvertraglich geforderten Form)?
  - Stimmrechtsausschluss bei bestimmten Beschlüssen beachten (praktisch vor allem bei Entlastungsbeschlüssen, Beschlüssen über Ersatzansprüche und Interessenkollisionen relevant);
  - Ermittlung der erforderlichen Stimmmehrheiten für die jeweiligen Beschlussgegenstände;

- – Abstimmung über einzelne Beschlussgegenstände und Stimmzählung;
- – Einholung etwaiger Zustimmungsrechte einzelner Gesellschafter(-gruppen) zu bestimmten Beschlussgegenständen (insbesondere bei Vinkulierung von Geschäftsanteilen relevant);
- – Ergebnisfeststellung erster Schritt: Erreichen die Ja-Stimmen die erforderliche Beschlussmehrheit?
- – Ergebnisfeststellung zweiter Schritt: Liegen alle erforderlichen Zustimmungen einzelner Gesellschafter(-gruppen) vor?
- – soweit gesetzlich oder gesellschaftsvertraglich geboten (zum Beispiel bei Satzungsänderungen): notarielle Beurkundung der Gesellschafterbeschlüsse.
- Übermittlung des Gesellschafterversammlungsprotokolls an die Gesellschafter.

## 12.5 Checkliste für die Vorbereitung der Hauptversammlung einer AG

- Satzung auf Regelungen prüfen, die von den gesetzlichen Einberufungsfristen, Veröffentlichungsbestimmungen und Durchführungsbestimmungen für HV abweichen, insbesondere:
  - Sieht die Satzung die Möglichkeit der Teilnahme an der Hauptversammlung auf elektronischem Wege und/oder die Möglichkeit der elektronischen Stimmabgabe vor (virtuelle Hauptversammlung)?
  - Sieht die Satzung die Möglichkeit der Abstimmung mit Brief vor?
  - Welche Möglichkeiten sieht die Satzung für Inhaberaktionäre vor, ihre Teilnahmeberechtigung nachzuweisen?
- HV-Termin mit Notar abstimmen (für notarielle Beurkundung der HV-Beschlüsse).
- HV Termin mit Abschlussprüfer abstimmen (Teilnahme des Abschlussprüfers ist nur bei HV notwendig, die Feststellung des Jahresabschlusses und/oder Konzernabschluss behandelt und beschließt, § 176 Abs. 2 AktG).
- Einberufung durch Gesamtvorstand, Satzung kann auch andere Einberufungsberechtigte vorsehen (§ 121 Abs. 2 AktG).
- Veröffentlichung der Einberufung im Bundesanzeiger und etwaigen weiteren gesellschaftsvertraglich bestimmten Bekanntmachungsblättern (wenn Aktionäre der Gesellschaft namentlich bekannt sind: auch mit eingeschriebenem Brief – Einwurfeinschreiben genügt), § 121 Abs. 4 AktG; zwischen der letzten Veröffentlichung und dem Tag der HV müssen zumindest 30 Tage – zuzüglich der Dauer einer etwaigen Anmeldefrist von maximal sechs Tagen – liegen (§ 123 Abs. 1, 2 AktG) – etwaige längere gesellschaftsvertragliche Fristen beachten.
- Inhalt der Veröffentlichung (§ 121 Abs. 3 AktG):
  Angabe von Firma, Sitz der Gesellschaft sowie Zeit und Ort der HV **bei Börsennotierung:**
  - Voraussetzungen über die Teilnahme an der HV und die Ausübung des Stimmrechts sowie den Nachweisstichtag und dessen Bedeutung;
  - Verfahren der Stimmabgabe;
  - Information über Rechte von Aktionären bezüglich der Hauptversammlung, nämlich auf Ergänzung der Tagesordnung, auf Antragstellung, auf Wahlvorschläge und auf Auskunft;
  - Angabe der Internetseite, über die weitere Informationen zugänglich sind;
  - § 49 WpHG: Mitteilungen über die Ausschüttung und Auszahlung von Dividenden, die Ankündigung der Ausgabe neuer Aktien und die Vereinbarung oder Ausübung von Umtausch-, Bezugs-, Einziehungs- und Zeichnungsrechten sowie die Beschlussfassung über diese Rechte.

- Sondermitteilung gegenüber Kreditinstituten, Finanzdienstleistungsunternehmen und Aktionärsvereinigungen, die in der letzten Hauptversammlung Stimmrechte für Aktionäre ausgeübt haben oder die die Mitteilung der Einberufung verlangt haben (§ 125 Abs. 1 AktG).
- Sondermitteilung gegenüber Aktionären, die Mitteilung der Einberufung verlangt haben (§ 125 Abs. 2 AktG).
- Sondermitteilung gegenüber Aufsichtsratsmitgliedern, die Mitteilung der Einberufung verlangt haben (§ 125 Abs. 2 AktG).
- Bekanntmachung der Tagesordnung muss gemäß § 124 Abs. 3 AktG zu jedem Tagesordnungspunkt, über den Beschlüsse gefasst werden sollen, Beschlussvorschläge von Vorstand und Aufsichtsrat enthalten (bei Wahl von Aufsichtsratsmitgliedern sowie Abschluss- und Sonderprüfern nur Vorschläge des Aufsichtsrates); Vorschläge der Verwaltung sind nicht erforderlich, wenn Tagesordnungspunkt auf Verlangen der Minderheit auf Tagesordnung gesetzt wird.
- Tagesordnung der ordentlichen Hauptversammlung (§ 175 Abs. 1 AktG):
  - Entgegennahme des festgestellten Jahresabschlusses und des Lageberichts (gegebenenfalls auch des Konzernabschlusses und des Konzernlageberichts);
  - Verwendung des Bilanzgewinns.
- Unverzügliche Ergänzung der Tagesordnung, wenn entsprechendes Verlangen ergänzungsberechtigter Aktionäre mindestens 24 Tage (**bei Börsennotierung**: 30 Tage) vor der HV bei Gesellschaft eingeht (§ 124 Abs. 1 AktG).
- Auslage in den Geschäftsräumen der AG (auf Wunsch eines Aktionärs auch Übersendung) von Informationen für die Aktionäre ab dem Tag der Einberufung einer HV (Auslage teilweise ersetzbar durch Veröffentlichung im Internet):
  - Nachgründungen (§ 52 Abs. 1 AktG): Verträge zwischen Gesellschaft und Gründern;
  - ordentliche HV (§ 175 Abs. 2 AktG): (vollständiger) Jahresabschluss und Lagebericht, (vollständiger) Konzernabschluss und Konzernlagebericht, Gewinnverwendungsvorschlag des Vorstandes und des Aufsichtsrates;
  - Beschlussfassung über Verträge zur Übertragung des ganzen Gesellschaftsvermögens (§ 179a Abs. 2 AktG): Übertragungsvertrag;
  - Rechtsprechung: auch Kapitalerhöhung mit Bezugsrechtsausschluss (§ 186 Abs. 4 AktG): Bericht des Vorstandes;
  - Zustimmung zu Unternehmensvertrag (§ 293f AktG): Unternehmensvertrag, Jahresabschlüsse und Lageberichte der vertragsschließenden Unternehmen für die letzten drei Geschäftsjahre, Berichte von Vorstand und Vertragsprüfer;

- Eingliederung (§ 320 Abs. 4 AktG): Entwurf des Eingliederungsbeschlusses, Jahresabschlüsse und Lageberichte der vertragsschließenden Unternehmen für die letzten drei Geschäftsjahre, Berichte von Vorstand und Eingliederungsprüfer;
- Squeeze-out nach AktG (§ 327c Abs. 3 AktG): Entwurf des Übertragungsbeschlusses, Jahresabschlüsse und Lageberichte für die letzten drei Geschäftsjahre, Bericht des Hauptaktionärs und Prüfungsbericht; gilt entsprechend für Squeeze-out nach UmwG (§ 62 Abs. 5 UmwG);
- Verschmelzung (§ 63 Abs. 1 UmwG; über § 125 UmwG auch bei Spaltung): Verschmelzungsvertrag oder Entwurf, Jahresabschlüsse und Lageberichte der an der Verschmelzung beteiligten Rechtsträger für die letzten drei Geschäftsjahre, gegebenenfalls Zwischenbilanz, Verschmelzungsberichte, Prüfungsberichte;
- Formwechsel (§ 230 Abs. 2, § 239 Abs. 2 UmwG): Umwandlungsbericht.

- Nicht zwingend mit Einberufung in den Geschäftsräumen der AG auszulegen, aber im Rahmen der HV zugänglich zu machen sind (§ 176 Abs. 1 AktG):
  - **bei Börsennotierung:** Corporate-Governance-Erklärung (§ 289a Abs. 1 und § 315a Abs. 1 AktG);
  - Bericht des Aufsichtsrates.

- Den gemäß § 125 Abs. 1 bis 3 AktG Sondermitteilungsberechtigten sind spätestens unverzüglich nach Ablauf des 14. Tages vor der HV folgende Informationen zugänglich zu machen (grundsätzlich formlos möglich, **bei Börsennotierung:** über Internetseite der AG):
  - Gegenanträge von Aktionären zu in der Einladung genannten Beschlussvorschlägen (zugänglich zu machen sind auch der Name, die Begründung und eine etwaige Stellungnahme der Verwaltung), § 126 AktG;
  - Wahlvorschläge von Aktionären zur Wahl von Aufsichtsratsmitgliedern oder von Abschlussprüfern; Vorstand hat Vorschlag mit Inhalten gemäß § 96 Abs. 2 AktG zu versehen (§ 127 AktG).

- **nur bei Börsennotierung:** Bereitstellen folgender Informationen auf der Internetseite der Gesellschaft »alsbald« nach Einberufung (§ 124a AktG):
  - Inhalt der Einberufung;
  - Erläuterung, wenn zu einem Gegenstand der Tagesordnung kein Beschluss gefasst werden soll;
  - sämtliche, der Versammlung zugänglich zu machende Unterlagen (ergänzend zur Auslage in den Geschäftsräumen der Gesellschaft);
  - Gesamtzahl der Aktien und der Stimmrechte im Zeitpunkt der Einberufung, einschließlich getrennter Angaben zur Gesamtzahl für jede Aktiengattung;
  - Formulare, die bei Stimmabgabe durch Vertretung oder bei Stimmabgabe mittels Briefwahl zu verwenden sind, sofern diese Formulare den Aktionären nicht direkt übermittelt werden;

- Verlangen von Minderheitsgesellschaftern zur Ergänzung der Tagesordnung;
- dauerhaft und unabhängig von HV: Erklärung zum Corporate Governance Kodex (§ 161 AktG).

- Falls Satzung fristgebundene Anmeldung vorsieht: fristgerechte Anmeldung der eigenen Teilnahme (§ 123 Abs. 2 bis 5 AktG):
  - sechs Tage vor der HV bei der Gesellschaft (Satzung kann kürzere Frist vorsehen);
  - falls Satzung Teilnahmerecht der Aktionäre an der HV von der Hinterlegung der Aktien abhängig macht, durch Hinterlegung der Aktien am satzungsmäßig bestimmten Ort (Notar, Gesellschaftssitz, Kreditinstitut);
  - **nur bei Börsennotierung**: bei depotverwahrten Inhaberaktien genügt für den Nachweis des Anteilsbesitzes am Nachweisstichtag (21. Tag vor der Hauptversammlung) eine Bestätigung des depotführenden Kreditinstituts.

## 12.6 Checkliste für die richtige Abhaltung der Hauptversammlung einer AG

Die nachfolgende Checkliste betrifft die Durchführung der HV einer börsennotierten AG. Sie ist auch auf nicht-börsennotierte AGs übertragbar, kann aber – abhängig von der Größe des Aktionärskreises – an bestimmten Stellen deutlich kürzer ausfallen.

- Vor Beginn der HV: Vorbereitung eines Hauptleitfadens und verschiedener Sonderleitfäden für den Versammlungsleiter. Der Hauptleitfaden soll dem Versammlungsleiter als Gedankenstütze dienen und ihn durch die Hauptversammlung führen. Die Sonderleitfäden betreffen bestimmte Sondersituationen, zum Beispiel die Anordnung einer Beschränkung der Redezeit oder Ordnungsmaßnahmen bei Störungen. Sonderleitfäden sollten bereitgehalten werden und bei Eintritt der Sondersituation zur Verfügung stehen.
- Prüfung der Zulassung der Aktionäre:
  - Satzung kann Teilnahme an HV von fristgebundener Anmeldung abhängig machen, Anmeldefrist ist höchstens sechs Tage.
  - **Bei Börsennotierung:** Besitz von Inhaberaktien muss bei Beginn des 21. Tages vor der HV bestehen (»record date«) und AG bis spätestens sechsten Tag vor der HV (Satzung kann kürzere Frist regeln) nachgewiesen werden (in der Regel erfolgt Nachweis durch Depotbank), § 123 Abs. 4 AktG.
- Feststellung des satzungsmäßigen Versammlungsleiters.
- Begrüßung und Feststellung der form- und fristgerechten Einberufung.
- Gegebenenfalls Vorstellung des beurkundenden Notars; Feststellung der Anwesenheit der Mitglieder des Vorstandes und des Aufsichtsrates (sowie gegebenenfalls des Abschlussprüfers).
- Mitteilung, welche Räume zum Versammlungsort im rechtlichen Sinne gehören und in welchen Räumen eine Abstimmung möglich ist.
- Hinweis auf Möglichkeit der Bevollmächtigung bei Stimmabgabe, insbesondere bei einem vorzeitigen Verlassen der Hauptversammlung.
- Mitteilung, wie in das Teilnehmerverzeichnis Einsicht genommen werden kann.
- Bericht des Aufsichtsrates (durch den Aufsichtsratsvorsitzenden); Information über Grundzüge des Vergütungssystems (Ziffer 4.2.3 Abs. 6 DCGK).
- Bericht des Vorstandes (durch den Vorstandsvorsitzenden).
- Vor der ersten Beschlussfassung: Teilnehmerverzeichnis anfertigen und auflegen. Dieses muss so aufgelegt werden, dass jeder Aktionär Einsicht nehmen kann.
- Präsenzrecht einzelner Aktionäre: gesetzlich nicht vorgesehen. Die Satzung kann aber vorsehen, dass die HV nur durchgeführt werden darf, wenn bestimmte Aktionäre anwesend sind – Anwesenheit dieser Aktionäre protokollieren!

- Vor Eintritt in die Generaldebatte: Verlesung der Tagesordnung und die dazu bekannt gemachten Beschlussvorschläge; Hinweis auf etwaige Gegenanträge von Aktionären. Typischer Inhalt der Tagesordnung:
  - Hinweis auf Offenlegung bestimmter Abschlüsse und Berichte; Information über Prüfung der Abschlüsse und das Prüfungsergebnis.
  - Beschlussfassung über Verwendung des Bilanzgewinns.
  - Entlastung der Mitglieder des Vorstandes und des Aufsichtsrates.
  - Wahl des Abschlussprüfers.
- Generaldebatte:
  - Wortmeldungen der Aktionäre, Frage- und Rederecht: Jeder Aktionär darf sich zu Angelegenheiten der AG äußern (§ 131 AktG). Der Leiter einer HV kann eine allgemeine Beschränkung der Redezeit verfügen. Beschränkungen gegen einzelne Aktionäre kommen nur in Betracht, wenn der Aktionär sich ungebührlich benimmt oder die HV sich in die Länge zieht. Sieht die Satzung eine bestimmte Mindestredezeit vor, kann diese nur verlängert, nicht aber verkürzt werden.
  - Bei großer Zahl von Wortmeldungen: Bündelung der Redner zu Blöcken.
  - Beantwortung der Fragen durch den Vorstand.
  - Hinweis auf Möglichkeit der notariellen Protokollierung unbeantwortet gebliebener Fragen.
- Abstimmungsverfahren (§ 133 bis § 136 AktG):
  - Satzung überlässt Wahl des Abstimmungsverfahrens in der Regel dem Versammlungsleiter; dann: Festlegung des Abstimmungsverfahrens durch Versammlungsleiter lange im Vorfeld der HV, um technische Voraussetzungen zu schaffen.
  - Erläuterung des Abstimmungsverfahrens durch den Versammlungsleiter in der HV.
  - Beispiele: Handaufheben und Zuruf der Stimm- oder Eintrittskartennummer, Einlesen von Barcodes auf den Stimmkarten mit mobilen Erfassungsgeräten oder Einsammeln von Stimmkarten zu jedem Beschlussgegenstand und Auslesen aller Stimmkarten mit einem Datenlesegerät.
- Festlegung und Information der Anwesenden über das Verfahren der Stimmzählung:
  - Additionsverfahren: Ja- und Nein-Stimmen werden gezählt (aufwändig, aber rechtssicher);
  - Subtraktionsverfahren: Stimmenthaltungen (Stimmverbote) und ungültige Stimmen werden immer gezählt, zusätzlich entweder Ja-Stimmen oder Nein-Stimmen. Ermittlung der nicht gezählten (entweder Ja- oder Nein-) Stimmen erfolgt durch Subtraktion der gezählten von den anwesenden Stimmen (dieses Verfahren erfordert strenge Präsenzkontrolle und laufende Aktualisierung des Teilnehmerverzeichnisses).

- Zulassung der Anträge zur Beschlussfassung:
  - entweder Verlesung der Anträge im Wortlaut,
  - oder Bekanntmachung der Anträge schon mit der Einberufung der HV und Auslage der Anträge in der HV zur Einsicht: unmissverständliche Bezugnahme auf den betreffenden Beschlussantrag ausreichend.
  - Antragsrecht der Aktionäre in der HV: durch die Tagesordnung begrenzt.
- Ermittlung der Stimmrechte:
  - Kontrolle der Vollmachten und Legitimationsübertragungen vor der ersten Abstimmung. Vertreter nicht persönlich anwesender Aktionäre müssen Vollmachten in der vorgeschriebenen Form (bei börsennotierten AG in Textform oder weniger streng) nachweisen.
  - Stimmrechtsausschluss bei bestimmten Beschlüssen beachten (praktisch vor allem bei Entlastungsbeschlüssen und Beschlüssen über Ersatzansprüche relevant).
  - Mögliche aufgelebte Stimmrechte von Vorzugsaktionären ohne Stimmrecht berücksichtigen (Stimmrecht lebt auf, wenn Gewinn nicht vollständig an Aktionäre ausgezahlt wurde).
  - Etwaige Stimmrechtbeschränkungen einzelner Aktionäre beachten.
  - Sofern Satzung Briefwahl oder Online-Abstimmung zulässt: Berücksichtigung der jeweiligen Stimmen.
- Sofern für Beschlussquorum erforderlich: Ermittlung des anwesenden/vertretenen Grundkapitals
- Ermittlung der erforderlichen Stimmen/Kapitalmehrheit für die jeweiligen Beschlussgegenstände.
- Stimmenzählung entsprechend dem gewählten Zählverfahren:
  - Wie viele Stimmen für den Antrag?
  - Wie viele Stimmen gegen den Antrag?
  - Wie viele Stimmenthaltungen?
- Falls Zustimmung einzelner Aktiengattungen erforderlich ist: Durchführung von Sonderabstimmungen.
- Ergebnisfeststellung erster Schritt: Erreichen die Ja-Stimmen das erforderliche Beschlussquorum?
- Ergebnisfeststellung zweiter Schritt: Liegen alle erforderlichen Zustimmungen einzelner Aktionärsgattungen vor?
- Abstimmungsergebnisse sind vom Versammlungsleiter nach jeder Abstimmung zu verkünden unter Angabe von:
  - Zahl der Aktien, für die gültige Stimmen abgegeben wurden;
  - Anteil des durch diese Stimmen vertretenen Grundkapitals am eingetragenen Grundkapital;
  - Gesamtzahl der abgegebenen gültigen Stimmen;
  - Zahl der für den jeweiligen Beschlussantrag abgegebenen Stimmen, Gegenstimmen und Enthaltungen.

- Entscheidung der HV, ob Feststellung der Beschlüsse in »Langfassung« oder in »Kurzfassung« erfolgt.
- Notarielle Beurkundung des Beschlusses (ansonsten Nichtigkeit).
- Aufnahme der Widersprüche von Aktionären gegen Beschlussfassung in das notarielle Protokoll.
- Schließung der HV.
- Abstimmungsergebnisse sind innerhalb von sieben Tagen auf der Internetseite der AG zu veröffentlichen.
- Einreichung einer öffentlich beglaubigten Niederschrift und ihrer Anlagen zum Handelsregister.

## 12.7 Checkliste für Gesellschafterausschluss aus wichtigem Grund

- Gesellschaftsvertrag lässt Gesellschafterausschluss oder Einziehung der Geschäftsanteile aus wichtigem Grund durch Gesellschafterbeschluss **nicht ausdrücklich** zu:
  - GbR: Bei Fortsetzungsklausel ist Ausschluss durch Beschluss zulässig, ohne Fortsetzungsklausel ist nur Gesellschaftskündigung und Liquidation möglich;
  - andere Personengesellschaften: gemeinsame Ausschließungsklage durch alle nicht von dem Ausschluss betroffenen Gesellschafter zulässig; gegebenenfalls müssen sich treuwidrig widersetzende Gesellschafter mitverklagt werden;
  - GmbH: Fassung eines Gesellschafterbeschlusses über Erhebung einer Ausschließungsklage und anschließende Erhebung einer solchen Ausschließungsklage;
  - AG: Nach herrschender Auffassung in der Literatur ist bei personalistisch geprägten AGs unter den gleichen Voraussetzungen wie bei der GmbH die Ausschließungsklage zulässig; dies soll aber nicht bei Publikumsgesellschaften gelten.
- Gesellschaftsvertrag lässt Gesellschafterausschluss oder Einziehung der Geschäftsanteile aus wichtigem Grund durch Gesellschafterbeschluss **ausdrücklich** zu:
  - bei GmbH oder AG erfolgt Ausschluss durch Einziehung der Geschäftsanteile; Gesellschafterversammlung beziehungsweise Hauptversammlung fasst Einziehungsbeschluss;
  - bei Personengesellschaften erfolgt Ausschluss durch Ausschließung des betroffenen Gesellschafters; Beschlussfassung erfolgt durch Gesellschafter, Gesellschaftsvertrag sieht häufig Beschlussfassung in Gesellschafterversammlung vor.
- Voraussetzungen eines Zwangsausschlusses beziehungsweise einer Zwangseinziehung: Vorliegen eines wichtigen Grundes.
- Zusätzliche Voraussetzungen einer Zwangseinziehung:
  - GmbH: Auf die einzuziehenden Geschäftsanteile wurde das Stammkapital vollständig einbezahlt (unter Umständen ist eine Einzahlung durch Mitgesellschafter sinnvoll); bei Beschlussfassung steht nicht fest, dass die Zahlung der geschuldeten Abfindung nur bei verbotener Rückzahlung des Stammkapitals möglich wäre.
  - AG: Auf die einzuziehenden Aktien wurde der Ausgabebetrag (Nennbetrag und Agio) in voller Höhe bezahlt; Abfindung ist entweder (zulässigerweise) ausgeschlossen oder erfolgt zulasten der Gewinn- oder Kapitalrücklage und nicht zulasten des Grundkapitals.

- Umgang mit dem Anteil des Ausgeschlossenen:
  - Personengesellschaften: Sofern der Gesellschaftsvertrag nichts anderes regelt, wächst der Anteil automatisch den verbleibenden Gesellschaftern an.
  - GmbH: Eingezogener Geschäftsanteil geht unter; gesonderte Beschlussfassung über Anpassung der Nennbeträge an das Stammkapital erforderlich: Nennbeträge der Anteile anderer Gesellschafter können aufgestockt werden, oder eingezogener Anteil wird von Gesellschaft übernommen und als eigener Anteil gehalten (Revalorisierung); unter bestimmten Voraussetzungen zulässig, aber wegen Komplexität und Aufwand unüblich: Herabsetzung des Stammkapitals um die eingezogenen Anteile, nur zulässig, wenn dadurch das Mindeststammkapital von EUR 25.000 nicht unterschritten wird.
  - AG: Eingezogene Aktien gehen unter; entweder Herabsetzung des Grundkapitals um die eingezogenen Aktien: nur zulässig, wenn dadurch das Mindestgrundkapital von EUR 50.000 nicht unterschritten wird; sofern es sich um Stückaktien handelt – Neuverteilung des Grundkapitals auf die Aktien.
- Bei Gesellschafterausschluss durch Gesellschafterbeschluss müssen neben den besonderen Einziehungsvoraussetzungen auch alle sonstigen Voraussetzungen an eine wirksame Beschlussfassung beachtet werden (zum Beispiel form- und fristgemäße Ladung). Zudem ist Folgendes zu beachten:
  - Die Ladung muss die Beschlussfassung über den beabsichtigten Ausschluss ausdrücklich ankündigen;
  - der Betroffene hat ein Teilnahmerecht und ist vor der Beschlussfassung anzuhören, er muss Gelegenheit zur Stellungnahme erhalten;
  - bei wechselseitiger Einziehung in Zwei-Personen-Gesellschaft müssen beide Beschlussanträge gleichzeitig behandelt und zur Abstimmung gestellt werden (OLG München 08.10.1993, Az. 23 U 3365/93);
  - der von dem Zwangsausschluss Betroffene ist bei der Beschlussfassung nicht stimmberechtigt.

# Literaturverzeichnis

Abram/Oberlechner/Stelzel (Hrsg.): Handbuch Hauptversammlung. MANZ Verlag, 2010.

Ammer: Die Organisation der Unternehmerfamilie in Stämmen. V & R unipress, 2017.

Axmann/Degen (Hrsg.), Trölitzsch/Leinekugel (*Bearbeiter*): Anwaltsstrategien bei Auseinandersetzungen unter GmbH-Gesellschaftern. Richard Boorberg Verlag, 2008.

Bauer: Warum ich fühle, was du fühlst. Hoffmann und Campe Verlag, 23. Aufl. 2016.

Baumbach/Hueck: GmbHG. Verlag C. H. Beck, 21. Aufl. 2017 (zit.: Baumbach/Hueck/*Bearbeiter*).

Baumbach/Hopt: Handelsgesetzbuch. Verlag C. H. Beck, 38. Aufl. 2018 (zit.: Baumbach/Hopt/*Bearbeiter*).

Beck'sches Handbuch der GmbH. Verlag C. H. Beck, 5. Aufl. 2014 (zit.: BeckGmbH-HdB/*Bearbeiter*).

Beck‹sches Handbuch der Personengesellschaften. Verlag C. H. Beck, 4. Aufl. 2014 (zit.: BeckPersonenGes-HdB/*Bearbeiter*).

Beck'sches Notar-Handbuch. Verlag C. H. Beck, 6. Aufl. 2015 (zit.: BeckNotar-HdB/*Bearbeiter*).

Baumgartner: Familienunternehmen und Zukunftsgestaltung. Springer Gabler Verlag, 2009.

Binnewies/Wollweber: Der Gesellschafterstreit – GmbH/GmbH & Co. KG. Verlag Dr. Otto Schmidt, 2017.

Böhm: Konfliktbeilegung in personalistischen Gesellschaften. Verlag Dr. Otto Schmidt, 2000.

Böhm/Burmeister (Hrsg.): Münchner Vertragshandbuch Band 1: Gesellschaftsrecht. Verlag C. H. Beck. 8. Aufl. 2018.

Büchel/von Rechenberg: Handbuch des Fachanwalts Handels- und Gesellschaftsrecht. Carl Heymanns Verlag, 2009.

Czernich/Guggenberger/Schwarz (Hrsg.): Handbuch des österreichischen Familienunternehmens. LexisNexis ARD Orac, 2005.

DACH Schriftenreihe: Managerhaftung. Schulthess Juristische Medien, 2002.

DACH Schriftenreihe: Unternehmensnachfolge. Schulthess Juristische Medien, 2006.

DACH Schriftenreihe: Europäisches Gesellschaftsrecht. Schulthess Juristische Medien, 2012.

Daeubner/Pavlovic: Kapitalkiller Konflikt. Redline Wirtschaft bei ueberreuter, 2002.

Dauner-Lieb (Hrsg.): Familienunternehmen im Fokus von Wirtschaft und Wissenschaft: Festschrift für Mark K. Binz. Verlag C. H. Beck, 2014.

Ekman: Gefühle lesen. Springer Verlag, 2. Aufl. 2010.

Emmerich/Habersack: Aktien- und GmbH-Konzernrecht. Verlag C. H. Beck, 8. Aufl. 2016.

Ettinger/Jaques (Hrsg.): Beck'sches Handbuch Unternehmenskauf im Mittelstand. Verlag C. H. Beck, 2. Aufl. 2017.

Gesellschaftsrechtliche Vereinigung (Hrsg.): Gesellschaftsrecht in der Diskussion. Verlag Dr. Otto Schmidt, 2016.

Grigoleit (Hrsg.): Aktiengesetz. Verlag C. H. Beck, 2013.

Gruber/Mitterlechner/Wax: D&O-Versicherung mit internationalen Bezügen. Verlag C. H. Beck, 2011.

Hannes (Hrsg.): Formularbuch Vermögens- und Unternehmensnachfolge. Verlag C. H. Beck, 2. Aufl. 2017.

Happ (Hrsg.): Die GmbH im Prozess. Verlag Dr. Otto Schmidt, 1997.

Henssler/Strohn (Hrsg.): Gesellschaftsrecht. Verlag C. H. Beck, 3. Aufl. 2016 (zit.: Henssler/Strohn/*Bearbeiter* Gesetz).

Holzhammer/Roth: Gesellschaftsrecht. Springer Verlag, 2. Aufl. 1997.

Horn/Brick: Das verborgene Netzwerk der Macht. GABAL Verlag, 4. Aufl. 2001.

Hüffer/Koch: Aktiengesetz. Verlag C. H. Beck, 13. Aufl. 2018 (zit.: Hüffer/Koch/*Koch*).

Kalss/Probst: Familienunternehmen. MANZ Verlag, 2013.

Knies: Das Patt zwischen den Gesellschaftern der zweigliedrigen GmbH. Verlag Peter Lang, 2005.

Köhler/Bornkamm/Feddersen: Gesetz gegen den unlauteren Wettbewerb. Verlag C. H. Beck, 36. Aufl. 2018 (zit.: Köhler/Bornkamm/Feddersen/*Bearbeiter*).

Landes: Die Macht der Familie. Pantheon Verlag, 2008.

Lange: D&O-Versicherung und Managerhaftung. Verlag C. H. Beck, 2014.

Lutter/Hommelhoff (Hrsg.): GmbH-Gesetz. Verlag Dr. Otto Schmidt, 19. Aufl. 2016.

Lutz: Der Gesellschafterstreit. Verlag C. H. Beck, 5. Aufl. 2017 (zit.: *Lutz*, Der Gesellschafterstreit).

Manz/Mayer/Schröder (Hrsg.): Die Aktiengesellschaft. Haufe-Lexware, 7. Aufl. 2014.

Mehrbrey (Hrsg.): Handbuch gesellschaftsrechtliche Streitigkeiten (Corporate Litigation). Carl Heymanns Verlag, 2. Aufl. 2015.

Meitner/Streitferdt: Unternehmensbewertung. Schäffer-Poeschel Verlag, 2011.

Mertens/Stein: Das Recht des Geschäftsführers der GmbH. de Gruyter Verlag, 2. Aufl. 2014.

Münchener Handbuch des Gesellschaftsrechts, Band 4: Aktiengesellschaft, Verlag C. H. Beck, 4. Aufl. 2015 (zit.: MHdB GesR IV/*Bearbeiter*).

Münchener Handbuch des Gesellschaftsrechts, Band 7: Gesellschaftsrechtliche Streitigkeiten (Corporate Litigation). Verlag C. H. Beck 5. Aufl. 2016 (zit.: MHdB GesR VII/*Bearbeiter*).

Münchener Kommentar zum AktG, Band 1: §§ 1-75. Verlag C. H. Beck, 4. Aufl. 2016 (zit.: MüKoAktG/*Bearbeiter*).

Münchener Kommentar zum AktG, Band 2: §§ 76-117. Verlag C. H. Beck, 4. Aufl. 2014 (zit.: MüKoAktG/*Bearbeiter*).

Münchener Kommentar zum AktG, Band 3: §§ 118-178. Verlag C. H. Beck, 4. Aufl. 2018 (zit.: MüKoAktG/*Bearbeiter*).

Münchener Kommentar zum AktG, Band 4: §§ 179-277. Verlag C. H. Beck, 4. Aufl. 2016 (zit.: MüKoAktG/*Bearbeiter*).

Münchener Kommentar zum AktG, Band 5: §§ 278-328. Verlag C. H. Beck, 4. Aufl. 2015 (zit.: MüKoAktG/*Bearbeiter*).

Münchener Kommentar zum AktG, Band 6: §§ 329-410. Verlag C. H. Beck, 4. Aufl. 2017 (zit.: MüKoAktG/*Bearbeiter* Gesetz).

Münchener Kommentar zum BGB, Band 2: §§ 241-432. Verlag C. H. Beck, 7. Aufl. 2016 (zit.: MüKoBGB/*Bearbeiter*).

Münchener Kommentar zum BGB, Band 6: §§ 705-853. Verlag C. H. Beck, 7. Aufl. 2017 (zit.: MüKoBGB/*Bearbeiter*).

Münchener Kommentar zum GmbHG, Band 1: §§ 1-34. Verlag C. H. Beck, 3. Aufl. 2018 (zit.: MüKoGmbHG/*Bearbeiter*).

Münchener Kommentar zum GmbHG, Band 2: §§ 35-52. Verlag C. H. Beck, 2. Aufl. 2016 (zit.: MüKoGmbHG/*Bearbeiter*).

Münchener Kommentar zum GmbHG, Band 3: §§ 53-88. Verlag C. H. Beck, 2. Aufl. 2016 (zit.: MüKoGmbHG/*Bearbeiter*)

Münchener Kommentar zum Handelsgesetzbuch, Band 2: §§ 105-160. Verlag C. H. Beck, 4. Aufl. 2016 (zit.: MüKoHGB/*Bearbeiter*).

Münchener Kommentar zum Handelsgesetzbuch, Band 4: §§ 238-342e. Verlag C. H. Beck, 3. Aufl. 2013 (zit.: MüKoHGB/*Bearbeiter*).

Musielak/Voit (Hrsg.): Zivilprozessordnung. Verlag C. H. Beck, 15. Aufl. 2018 (zit.: Musielak/Voit/*Bearbeiter*).

Murphy: Die Macht Ihres Unterbewusstseins. Ariston Verlag, 2016.

Osten: Die Kunst, Fehler zu machen. Suhrkamp Verlag, 2006.

Pattakos: Gefangene unserer Gedanken. Linde Verlag, 2011.

Picot (Hrsg.): Handbuch Mergers & Acquisitions. Schäffer-Poeschel Verlag 5. Auflage 2012.

Picot (Hrsg.): Unternehmenskauf und Restrukturierung. Verlag C. H. Beck, 4. Aufl. 2013.

Pitkowitz: Praxishandbuch Vorstands- und Aufsichtsratshaftung. Verlag C. H Beck, 2014.

Rechenberg/Ludwig (Hrsg.): Kölner Handbuch Handels- und Gesellschaftsrecht. Carl Heymanns Verlag, 4. Aufl. 2017.

Reich-Rohrwig/Ginthör/Gratzl (Hrsg.): Handbuch der Generalversammlung der GmbH. MANZ Verlag, 2014.

Riss: Doppelorganschaft und Treuepflichten. Jan Sramek Verlag, 2009.

Römermann (Hrsg.): Münchener Anwaltshandbuch GmbH-Recht. Verlag C. H. Beck, 3. Aufl. 2014.

Rosengarten/Burmeister/Klein: Mergers & Acquisitions in Germany. C. H. Beck Verlag, 2. Aufl. 2016.

Roth/Altmeppen: GmbHG. Verlag C. H. Beck, 8. Aufl. 2015.

Rowedder/Schmidt-Leithoff (Hrsg.): GmbHG. Verlag Franz Vahlen, 6. Aufl. 2017.

Rust: Verdeckte Einlagenrückgewähr durch Leistung an Dritte in der Kapitalgesellschaft. Nomos Verlagsgesellschaft, 2000.

Saenger/Inhester (Hrsg.): GmbHG. Nomos Verlagsgesellschaft, 3. Aufl. 2016.

Schieblon (Hrsg.): Kanzleimanagement in der Praxis. Springer Gabler Verlag, 3. Aufl. 2015 (zit.: Schieblon/*Bearbeiter*).

Schmidt: EStG. Verlag C. H. Beck, 37. Aufl. 2018.

Schmitt/Hörtnagl/Stratz: Umwandlungsgesetz, Umwandlungsteuergesetz. Verlag C. H. Beck, 7. Aufl. 2016 (zit.: Schmitt/Hörtnagel/Stratz/*Bearbeiter* Gesetz).

Schulte/Pohl: Joint-Venture-Gesellschaften. RWS Verlag, 4. Aufl. 2016 (zit.: *Schulte/Pohl*).

Servatius (Hrsg.): Corporate Litigation. RWS Verlag, 2016.

Singer: Gesellschafterstreit – vermeiden oder gewinnen. MANZ Verlag, 2009 (zit.: *Singer*, Gesellschafterstreit).

Sparrer: Wunder, Lösung und System. Carl-Auer-Systeme Verlag, 5. Aufl. 2009.

Süß/Wachter: Handbuch des internationalen GmbH-Rechts. zerb Verlag, 3. Aufl. 2016.

Uhlenbruck (Hrsg.): Insolvenzordnung. Verlag C. H. Beck, 14. Aufl. 2015.

Verse: Der Gleichbehandlungsgrundsatz im Recht der Kapitalgesellschaften. Mohr Siebeck, 2006.

Wachter (Hrsg.): Praxis des Handels- und Gesellschaftsrechts. ZAP Verlag, 4. Aufl. 2018.

Waclawik: Prozessführung im Gesellschaftsrecht. Verlag C. H. Beck, 2. Aufl. 2013.

Wegmann/Wiesehahn (Hrsg.): Unternehmensnachfolge – Praxishandbuch für Familienunternehmen. Springer Gabler Verlag, 2015.

Wimmer/Domayer/Oswald/Vater: Familienunternehmen – Auslaufmodell oder Erfolgstyp. Gabler Verlag, 2. Aufl. 2005.

Wimmer/Gebauer: Nachfolge in Familienunternehmen, Wittener Diskussionspapiere, Heft Nr. 135. Schäffer Poeschel Verlag, 2004.

Wimmer/Groth/Simon: Mehr-Generationen-Familienunternehmen. Carl-Auer Verlag, 3. Aufl. 2017.

# Stichwortverzeichnis

# Autoren

Mag. Alexander Singer ist Rechtsanwalt in Österreich und war davor elf Jahre als geschäftsführender Gesellschafter mehrerer Gesellschaften der Unternehmensgruppe ASSA Objektservice tätig. Vor Gründung der Singer Fössl Rechtsanwälte OHG war er unter anderem sieben Jahre bei der renommierten, internationalen Anwaltskanzlei Wolf Theiss tätig. Alexander Singer war zudem zehn Jahre lang Prüfer von Rechtsanwaltsanwärtern.

Als Rechtsanwalt und Unternehmer bringt Alexander Singer beide Sichtweisen in seine tägliche Arbeit ein, seine Schwerpunkte als Rechtsanwalt sind Gesellschafts-, Vertrags- und Prozessrecht einschließlich Geschäftsführerhaftung sowie Insolvenzrecht, Wirtschaftskriminalität und Finanzstrafrecht. Alexander Singer übernimmt für seine Mandanten unternehmerische Verantwortung, so war/ist er Mitglied diverser Aufsichtsräte sowie Beiräte und Mitglied von Vorständen einiger Privatstiftungen. Seit über 30 Jahren ist er auf **Gesellschafterstreit** spezialisiert und hat 2009 im österreichischen MANZ-Verlag das Praxishandbuch »*Gesellschafterstreit vermeiden oder gewinnen*« herausgegeben. Alexander Singer gilt als führender Experte für Rechtsberatung, juristisches Coaching und Moderation bei Auseinandersetzungen zwischen Gesellschaftern und Geschäftsführern, in Klein- und Mittelunternehmen ebenso wie in großen Unternehmen oder Konzernen.

Dr. Florian Kreis ist Rechtsanwalt in Deutschland. Er ist Mitgründer der Kanzlei KLX Rechtsanwälte PartGmbB. Zuvor war er in einer mittelständischen Wirtschaftskanzlei und anschließend zwei Jahre als Einzelanwalt tätig. Florian Kreis ist Fachanwalt für Handels- und Gesellschaftsrecht und Fachanwalt für Bank- und Kapitalmarktrecht. Er ist überwiegend mit der Führung von sowie Prävention gegen Gesellschafterstreitigkeiten befasst, daneben noch mit den Themen Unternehmensnachfolge, Unternehmenskauf (M&A), Unternehmensfinanzierung und Insolvenzrecht. Abseits der täglichen Mandatsarbeit ist Florian Kreis in diesen Bereichen auch regelmäßig als Dozent tätig. Er ist Mitglied verschiedener Aufsichtsräte.